이스라엘 역사

HISTORY OF ISRAEL
이스라엘 역사

마르틴 노트
박문재 옮김

크리스챤다이제스트

차례

서론 ·· 9
    1. 이스라엘 / 9
    2. 이스라엘 땅 / 17
    3. 주전 1200년경의 팔레스타인의 역사적 상황 / 30
    4. 이스라엘 역사 서술을 위한 사료들 / 61

제1부
열두 지파 동맹으로서의 이스라엘

제1장 이스라엘 지파들의 기원 ·· 75
    5. 팔레스타인에서의 지파들의 거주지 / 75
    6. 이스라엘 지파들의 팔레스타인 점령 / 94

제2장 이스라엘 열두 지파 동맹 ··· 115
    7. 열두 지파 체제 / 115
    8. 열두 지파 동맹의 제도들 / 130

제3장 열두 지파의 제의동맹 전승들 ·· 146
    9. 애굽으로부터의 구원 / 146
    10. 족장들 / 160
    11. 시내산 계약 / 168

제2부
팔레스타인-수리아 세계에서
고대 이스라엘의 생활

제1장 팔레스타인에서 열두 지파의 공고화 과정 ········· 185
12. 지파들과 팔레스타인 땅의 이전 거민들의 관계 / 185
13. 이스라엘과 이웃 나라들의 싸움 / 201

제2장 정치 권력의 발전 ········· 214
14. 단명한 사울 왕정 / 214
15. 다윗 제국 / 232
16. 솔로몬의 치세 / 263
17. 다윗과 솔로몬 치세에서 이스라엘의 지적·문화적 생활 / 278

제3장 분열 왕국 유다와 이스라엘의 공존 ········· 290
18. 솔로몬 사후의 유다와 이스라엘 / 290
19. 주변국들과의 싸움 / 306

제3부
고대 오리엔트의 강대국들의
통치 아래에서의 이스라엘

제1장 앗수르와 신바빌로니아 시대 ········· 325
20. 새로운 국제정세와 이스라엘의 상황 / 325
21. 앗수르인들에 대한 예속 / 330
22. 앗수르의 멸망과 요시야 치하에서의 회복 / 346
23. 느부갓네살과 유다 왕국의 멸망 / 359

24. 예루살렘 멸망 후의 상황 / 370

제2장 페르시아와 마케도니아의 지배 ································ 383
25. 예루살렘 성소와 제의의 중건 / 383
26. 페르시아 지배 아래에서 국민 생활의 재편 / 403
27. 페르시아 치하에서 예루살렘 제의 공동체의 생활 / 428
28. 마케도니아의 오리엔트 정복과 사마리아의 분리 / 438

제4부
회복, 쇠퇴, 멸망

제1장 마카베오 항쟁과 왕정 복고 ································ 455
29. 안티오쿠스 4세 치하의 충돌과 그 결과 / 455
30. 하스모네 왕조의 등장과 몰락 / 484
31. 헬레니즘 시대에 있어서 이스라엘의 영적 생활 / 497

제2장 로마시대 ································ 507
32. 로마 세력의 개입 / 507
33. 헤롯과 그 후손들의 치세 / 520
34. 거부당한 그리스도 / 539
35. 로마에 대한 봉기와 이스라엘의 종말 / 544

참고문헌 ································ 555

약어표

AASOR	= Annual of the American Schools of Oriental Research
AfO	= Archiv für Orientforschung
ANET	= Ancient Near Eastern Texts Relating to the Old Testament edited by J. B. Pritchard (1950)
AO	= Der Alte Orient. Gemeinverständliche Darstellungen herausgegeben von der Vorderasiatisch-Ägyptischen Gesellschaft
AOB²	= H. Gressmann, Altorientalische Bilder zum Alten Testament, 2. Aufl. 1927
AOT²	= H. Gressmann, Altorientalische Texte zum Alten Testament, 2. Aufl. 1926
BASOR	= Bulletin of the American Schools of Oriental Research
BBLAK	= Beiträge zur biblischen Landes- und Altertumskunde
BHK	= Biblia Hebraica ed. R. Kittel
BRL	= K. Galling, Biblisches Reallexikon (Handbuch zum Alten Testament, I, 1) 1937
BWANT	= Beiträge zur Wissenschaft vom Alten und Neuen Testament
BZAW	= Beihefte zur Zeitschrift für die alttestamentliche Wissenschaft
EA	= J. A. Knudtzon, Die El-Amarna-Tafeln (1915)
HAT	= Handbuch zum Alten Testament
IEJ	= Israel Exploration Journal
JBL	= Journal of Biblical Literature
JPOS	= Journal of the Palestine Oriental Society
MVA(e)G	= Mitteilungen der Vorderasiatisch(-Ägyptischen) Gesellschaft
NKZ	= Neue Kirchliche Zeitschrift
PJB	= Palästinajahrbuch
RB	= Revue Biblique
TGI	= K. Galling, Textbuch zur Geschichte Israels (1950)
ThLZ	= Theologische Literaturzeitung
WAT	= M. Noth, Die Welt des Alten Testaments (² 1953)
WO	= Die Welt des Orients. Wissenschaftliche Beiträge zur Kunde des Morgenlandes
WZKM	= Wiener Zeitschrift für die Kunde des Morgenlandes
ZAW	= Zeitschrift für die alttestamentliche Wissenschaft
ZDMG	= Zeitschrift der Deutschen Morgenländischen Gesellschaft
ZDPV	= Zeitschrift des Deutschen Palästina-Vereins

서론

1. 이스라엘

 '이스라엘 역사'의 주제인 '이스라엘'이 실제로 무엇이었는가 하는 질문은 그렇게 간단명료하지 않기 때문에 책 머리에서 어느 정도의 설명을 해둘 필요가 생기게 된다. 그리고 이 질문에 대한 대답의 근거가 되는 증거들은 '이스라엘 역사'를 서술하는 과정에서만 나타날 것이긴 하지만, 이러한 문제가 존재한다는 사실을 분명히 해두고 우리의 탐구 주제 및 우리의 과제의 방대함을 명확히 해줄 수 있는 잠정적인 대답을 제시해 두지 않으면 안 될 것이다.

 우리가 활용할 수 있는 모든 정보는, '이스라엘'은 주변 세계의 다양한 삶과 긴밀하게 연관되어 있는 자신의 역사적 시대를 지닌 역사적 실체였다는 것을 확증하는 데 도움을 준다. 그러므로 이스라엘은 역사학적 연구를 통해서만 올바로 규명될 수 있다. 일정한 시기에서의 이스라엘 역사를 구성하는 일련의 사건들 및 그 사건들 상호간의 관계, 그 사건들과 매우 풍부한 인물들 및 사건들을 지니고 있었던 동 시대의 오리엔트(동방)의 역사와의 관계에 관한 지식은 우리에게 직접적으로 전해 내려왔기 때문에 부분적으로는 쉽게 활용할 수 있다.

 하지만 그밖의 모든 역사의 영역에서와 마찬가지로 증거가 더 간접적인 영역에서는 무한한 인과관계의 연속을 직감적으로 재구성하지 않으면 안 된다. '이스라엘'은 의심할 여지 없이 역사적 실체이기 때문에 '이스라엘' 역사의 전 분야는 가능한 모든 시각에서 그리고 역사학적 연구에서 가능한 모든 방법들을 동원하여 철두철미하게 탐구되지 않으면 안 된다.

그러한 역사적 실체의 진정성은, 그 역사 속에서 우리가 인간이 이해할 수 있는 범위를 뛰어넘는 요소, 기존의 인과관계들로서는 설명할 수 없는 요소를 만나기도 한다는 부수적인 사정에 의해 영향을 받지 않는다. 불가해한 요소는 사실 모든 인간 역사 속에 존재하고, 머나먼 과거는 말할 것도 없고 과거가 아니라 역사적 현재에 있어서조차도 원인과 결과의 모든 융합을 포괄한다는 것은 전혀 가능하지 않을 뿐만 아니라, 무엇보다도 하나님이 단지 "프로톤 키눈"(πρῶτον κινοῦν)으로서가 아니라 표면적인 원인과 결과의 상호작용 내부에서 일하는 항존하시는 주(主)로서 역사 속에서 활동한다면, 역사는 단순히 원인과 결과의 복잡한 연쇄의 끊임없는 반복이 아니기 때문에 그런 불가해한 요소는 존재할 수밖에 없다.[1] 그러므로 모든 역사학적 지식의 전선(戰線)들에서 불가사의한 요소의 존재를 느끼게 만드는 모든 인간의 역사 속에는 불가사의한 요소, '비역사적인' 요소가 존재하는 것은 불가피하다.

'이스라엘' 역사도 이 일반적인 법칙에 대한 예외가 아니고, 그럼에도 불구하고 아니 바로 그런 이유 때문에 이스라엘 역사는 진정한 역사라 할 수 있다. 그러나 보다 깊은 역사학적 통찰과 세계사의 다른 분야들에 나오는 사건들과의 새로운 비교의 가능성들을 통해, 처음에는 이해할 수 없는 것으로 보였던 것이 용이하게 조명될 수 있을 것이기 때문에 '이스라엘'의 진정한 성격에 관한 어떤 선입견을 토대로 '이스라엘' 역사에 나오는 모든 모호한 사건들을 이러한 '비역사적인' 영역으로 치부해 버리는 것은 아주 안이한 태도라고 하지 않을 수 없을 것이다. 그리고 역사가의 임무는 언제나 '비역사적인' 요소의 존재를 결코 잊지 않는 가운데서도 가능한 비교들과 설명들을

---

1) Cf. Karl Barth, *Die kirchliche Dogmatik*. III, I (1945), pp. 84 ff. ; E. T. *Church Dogmatics. The Doctrine of creation* (1958), pp. 78 ff.

추구하는 것이다.

　현재 한 세기 넘게 진행되어 오면서 상상할 수 없을 정도의 성공을 거두었고 그 공로로 수많은 예기치 않은 것들을 발견해 온 오리엔트의 역사에 관한 연구는 '이스라엘' 역사의 배경을 탁월하게 조명해 주었다. 이 연구는 '이스라엘' 역사가 고대 오리엔트의 다양한 삶과 역사적 동향들에 얼마나 밀접하게 연관되어 있었는지를 밝혀주었고, '이스라엘' 역사에 나오는 사건들과 비교될 수 있는 풍부한 자료들을 제공해 주었기 때문에 이제는 고대 오리엔트의 역사에 관한 지식 없이는 '이스라엘' 역사 전체 또는 세부적인 내용을 설명하는 것이 불가능하게 되었다. '이스라엘' 역사에서 이 고대 오리엔트라는 배경과 분명하게 연관되어 있지 않고 그 뿌리들을 고대 오리엔트의 소란한 역사 속에서 찾을 수 없으며 이스라엘의 오리엔트적 주변환경에서 그 병행들을 찾아볼 수 없는 사건은 거의 없다.

　이와 같은 다면적인 관련성들은 '이스라엘' 역사의 역사적 실체를 극명하게 조명해 주었고, 우리로 하여금 구약의 역사적 전승을 그 광범위한 배경 및 현실 가운데서 좀더 잘 이해하도록 해주었다. 그것들은 흔히 놀라운 비교의 가능성들을 열어 주었고, 우리로 하여금 다시 한번 진지하게 구약의 역사적 정보를 되돌아보아 연구하도록 해주었다.

　그렇지만 이 모든 역사직 관련싱들과 비교의 가능싱들에도 불구하고, 단순히 모든 역사적 실체는 나름대로의 개성과 독특성의 요소를 지니고 있다는 의미에서가 아니라, '이스라엘' 역사의 바로 중심에서 우리는 아직까지 비교를 위한 자료가 발견되지 않아서가 아니라, 우리가 알고 있는 한 그러한 일들이 다른 곳에서는 결코 일어나지 않았기 때문에 다른 곳에서는 유례가 없는 그런 현상을 만난다는 의미에서 '이스라엘'은 여전히 그 시대의 세계에서 이방인, 그 시대의 옷을 입고 그 시대의 방식으로 행동하지만 그 세계와는 동떨어진 이방인으로 보인다. 이 사실을 분명히 하는 일은 우리가 '이스라엘' 역사를 서술하면서 수행해야 할 과제들 가운데 하나가 될 것이다.

　이러한 관점에서 이스라엘이 실제로 무엇이었는가 하는 질문은 보다 더 절실해진다. 나중에 정밀하게 규정된 역사적 상황, 우리가 익히 알고 있는 상황들(cf. p.237)에서 생겨난 좀더 특수화되고 제한적인 이 이름의 사용과는 별도로, '이스라엘'이라는 이름은 구약 전승에서 오직 자신의 별개의 역사를 지녔던 열두 지파로 이루어진 하나의 집단을 가리키는 집합적인 용어로 사용된다. 이 이름은 구약에서 역사 이전의 이스라엘을 의인화하여 묘사하는 과정에서 지파들의 시조들(heroes eponymi)인 열두 조상들의 아버지를 '이스라엘'이라 부르고 있는 대목에서 처음으로 등장하고(창 32:29), 그후로 이 이름은 이 인물을 지칭하는 것으로 또는 집합적인 용어로 사용된다.

열두 지파의 집단이 이 이름을 어떻게 얻었는지, 이 이름이 모종의 의미 변화들을 거쳐서 이러한 집합적인 이름으로 귀결되게 된 전사(前史)를 가지고 있었는지에 관해서는 전혀 증거가 없다. 어쨌든 아무런 현실적인 토대가 존재하지 않는데 추측으로 말한다는 것은 무의미하다. 이 이름이 등장하는 매우 초기의 가장 오래된 금석문도 우리에게 도움이 되지 않는다. 이 이름은 테베의 파라오 고분들에 있는 이집트 파라오 메르넵타의 시신을 안치한 사원에 세워진 석비에 씌어져 있는 승전가에 나오는데, 이 비문은 현재 카이로의 이집트 박물관에 있다(이른바 '이스라엘 석비'[2]). 27행에서 팔레스타인의 몇몇 성읍들의 정복과 관련하여 이 파라오는 '이스라엘'을 멸하였다는 이유로 찬양을 받고 있다.[3] 그러나 여기에 언급된 '이스라엘'이 주전 1225년의 팔레스타인에서 실제로 무엇이었고, 그것이 구약 전승에 나오는 형태로서의 열두 지파로 된 '이스라엘'이었는지 아니면 '이스라엘'이라는 이름을 지닌 보다 오래된 어떤 실체였는데 지금은 모호해진 역사적 이유로 인하여 우리가 지금 알고 있는 '이스라엘'에게 그 이름이 옮겨진 것인지를 확실하게 말하기는 불가능하다.

만약 그것이 명확하게 확증될 수 있다고 할지라도 이 이름의 어원은 거

---

[2] 본문의 역문 AOT² pp. 20-25, ANET, pp. 376-378, DOTT, pp. 137-141; 석비의 탁본 AOB², No. 109, ANEP, Nos. 342, 343, DOTT, p. 8.
[3] 그 뒤에 붙어 있는 이집트식 설명부호는 이 명칭이 '이방 족속'의 이름임을 보여 준다. 한편 그밖의 팔레스타인의 지명들은 '이방 땅'을 가리키는 설명부호가 붙어 있다.

의 어떠한 도움도 되지 않을 것이다. 우리가 확실히 알고 있는 것은, 구조적으로 이 이름은 우리에게 알려져 있는 가장 오래된 인명들과 지파명들 가운데서 꽤 흔히 쓰이던 유형과 부합한다는 것이 전부이다.[4] 한편 정확하게 동일한 구조를 지닌 확실한 지명들도 팔레스타인에서 발견되기 때문에,[5] 이 이름의 원래 의미에 관하여 어떤 명확한 결론을 내리기는 불가능하다. 우리는 구약 전승이 제공하는 자료들보다 더 앞으로 나아갈 수 없기 때문에 이 이름의 가장 초기의 의미는 열두 지파 집단을 지칭한다는 사실로 만족하지 않으면 안 된다. 그러므로 이 지파 집단은 '이스라엘' 역사의 주제 내용을 이룬다.

이제 우리가 제기해야 할 질문은 그 특별한 성격을 손상시키지 않고 '이스라엘'을 그 명확한 역사적 실체 및 고대 오리엔트의 역사와의 관련성을 토대로 특정한 범주에 부가시킬 수 있느냐 하는 것이다. 명확한 호칭으로 사용되는 경우에 '이스라엘'은 보통 구약 전승에 나오는 하나의 '민족'으로 묘사되고, 고대 오리엔트의 많은 민족들 가운데 하나로 간주된다.[6] 그것은 스스로를 시사해줄 수밖에 없었던 묘사이다. 이스라엘의 지파들은 공통의 언어로 결집되어 있었다. 물론 주지하다시피 그들은 그 언어를 수많은 이웃 나라들과 공유하였다. 그 언어는 수리아-팔레스타인의 문화 속에서 이루어진 가나안 방언들 가운데 하나였다.[7]

가나안 땅을 점령하기 전 시대에 그들의 조상들은 아마도 수리아와 팔레스타인 국경지대에 살던 그밖의 다른 유목민들, 땅을 찾아다니는 집단들과

---

4) 이에 관하여 더 자세한 것은 M. Noth, *Die israelitischen Personennamen* (1928), pp. 207 ff.
5) 파라오 Thothmes III의 팔레스타인 명단에 지명으로 나오는 이스르엘, 야브넬(Jabneel), 이르펠(Irpeel)과 jsp'r(No. 78), j'kb'r(No. 102)를 참조하라.
6) 구약에서 '백성'을 가리키는 단어인 'am과 góy는 예전에 자기 백성을 가리킬 때에도 이방 족속들을 가리킬 때에도 사용되었다. góy의 복수형이 '이방 족속들'을 가리키는 특별한 용어가 된 것은 후대에 와서였다.
7) 이 언어, 더 정확하게 말해서 후대에 구약을 개정할 때 사용된 유대인이 사용한 언어에 있어서, '히브리어'라는 용어는 '히브리'라는 개념의 이차적인 의미를 토대로 신약 시대 이래로 사용되어 왔다.

마찬가지로 고대 아람어를 사용했었을 것이다. 또한 그들은 동일한 한정된 지역 안에서 사는 것을 통해 결집되어 있었다. 그들은 결코 그 지역을 완전히 장악하지 못했고 그들의 정착은 결코 완전히 자족적인 단위를 구성하지 못했다는 것은 사실이지만, 그럼에도 불구하고 그들은 지리적 인접성으로 결합되어 있었다.

끝으로―그리고 현재로서는 이것이 가장 중요한 점이다―그들은 기본적으로 비슷한 역사적 상황 및 공통의 역사적 체험에 의해 결집되어 있었다. 그러나 그들에게는 보통 "민족" 개념에 필수적인 것으로 생각되는 몇몇 요소들이 결여되어 있었다는 것을 우리는 인정하지 않으면 안 된다. 우리가 아는 한, 이스라엘의 지파들은 역사 속에서 상당한 기간 동안 하나의 단일체로서 행동한 적이 거의 없었다―그 성격상 오랫 동안 존속할 수 없었음이 분명한 사울 왕정이라는 아주 일시적인 국면을 빼고는.

팔레스타인 토양에서 왕정이 등장하기 이전 시기에서 우리는 단지 각각의 지파들―분명히 당시에 통용되던 지파 조직의 형태들로 구성된―과 때때로 역사적 사건들에 적극적으로 개입하는 지파들의 작은 집단들만을 발견한다. 실제로 형성되게 된 왕국들도 지파들의 결합을 토대로 지어진 것이 아니었고 마치 이스라엘의 지파들은 여기에서 보다 분명한 역사적 형태를 띠고 있었다. 왕국들이 쇠퇴하자 지파들은 이후의 대제국들의 여러 속주가 되어 주체적인 집단들로 존속하였고, 이후에 있어서 그들의 운명의 어떤 변화들도 결집된 역사적 행동을 위하여 결합하게 할 수 없을 정도로 지파들은 아주 깊게 나뉘어 있었다.

그러므로 구약을 따라 우리가 모든 것에도 불구하고 '민족'이라는 다소 희미한 개념을 역사적 실체를 위한 가장 적합한 명칭으로서 이스라엘에 적용하는 경우에, 우리는 이 용어는, 여기에서 다른 민족들과 관련하여 사용되는 것과 정확히 동일한 의미로 사용될 수 없다는 것을 명심하여야 한다. 그리고 '이스라엘 민족'보다는 민족이라는 말을 아예 버리고 단지 '이스라엘'이라고 말하는 것이 더 좋을 것이다.

이스라엘 지파들을 결집시키고 결합시켰던 것―달리 말하면 이 이상한 실체의 진정한 성격을 구성했던 것—은 그 역사에 관한 자세한 서술을 통해서만 드러날 수 있다. 반면에 '이스라엘'이 그밖의 역사적 민족들 가운데서 독특한 현상이었다는 사실은 아주 일반적인 고찰로부터 생겨난다. 후대의 유대교와 '이스라엘'을 동일체로 간주하고 이 두 개의 완전히 구별되는 역사적 현상을 동일시하는 것은 분명히 아주 잘못된 것이지만, 그럼에도 불구하고 이 둘 사이에는 직접적인 역사적 관련성이 존재한다. 그리고 유대교에 있는 역사적으로 독특한 요소는 그 유대가 연원한 '이스라엘' 속에 붕아로 존재하고 있었음에 틀림없다. 그러나 이러한 사실을 인정한다고 할지라도 우리는 '이스라엘'을 고대 오리엔트의 역사적 세계로부터 분리하고 그 세계에의 총체적 관여의 현실을 감추고자 유혹이 되어서는 안 된다.

나중에 자세하게 볼 것이지만, 보다 큰 실체인 '이스라엘'을 형성하였던 지파들은 팔레스타인의 농경지를 점령할 때에는 완전히 연합되어 있었고, "이스라엘 역사"가 출발점을 삼을 수 있는 것은 바로 그 시점으로부터이다. 구약 전승은 팔레스타인에 정주한 열두 지파들의 이러한 연합 이전의 그 어떠한 형태의 '이스라엘'을 인정하지 않는다는 것을 역설해 두지 않으면 안 된다. 구약 전승이 팔레스타인 땅의 점령 이전의 사건들을 보도하면서 사용하는 이스라엘이라는 이름은 오직 그 후대의 역사적 형태로서의 '이스라엘'을 가리키는 것이다. 이 '이스라엘'은 다시 한번 공통의 아버지를 둔, 이 땅의 점령 이후의 역사적 상황에 대한 의인화인 열두 '시조들'의 자손들로서 거의 돌연히 무대에 등장한다.

'이스라엘'의 역사적 진화와 관련하여 우리에게는 아무런 정보도 없고 단지 역사 이전 시대의 사건들에 관한 전승들만이 있는데, 그 내용들은 잘 알다시피 결정적으로 중요하지만 현존 형태 속에서는 이후의 역사의 '이스라엘'을 전제하고 있다. 또한 우리에게는 예전에 존재하였다가 일종의 민족을 구성하였던 팔레스타인의 열두 지파들로 이루어진 '이스라엘'로 나중에 대체되었을지도 모르는 '시원적인 이스라엘'의 보다 초기의 사회 조직의 형태들에 관한 정보도 전혀 없다. 심지어 순전히 추측이라도 해볼 만한 정도의 단서 같은 것들이 전혀 존재하지 않는다.[8]

'이스라엘 역사'의 서술을 위한 적절한 출발점이 설정된다고 하더라도, '이스라엘'의 존재가 어느 시점까지 지속되었다고 할 수 있고 그 역사에 대한 해설이 어느 정도까지 확대되어야 하는지가 곧 분명해지는 것이 아니다. 주전 733/721년과 주전 587년의 사건들을 통해 일어난 '이스라엘' 땅에서의 정치적 자치의 파괴는 이스라엘의 종언을 의미한 것이 아니라 정치 조직 형태들의 발전과정에서의 또하나의 시작을 의미하였다. 그것은 단지 그 역사의 특정한 시기의 종언을 의미하였을 뿐이다.

이 사건들 이후에 일어난 포수(捕囚)의 정도에 관하여 잘못된 인식을 가진 사람만이 이스라엘 지파들의 실질이 일반적으로 말해서 그때에 해소되고 파괴되었으며 이전의 '이스라엘'은 진실로 종말을 고했다는 결론을 내릴 수 있다. 사실 지파들과 '이스라엘' 자체는 존속하였다. '이스라엘' 역사를 그 정치적 자치의 몰락 이후까지 추적하는 것은 실제적인 이유들 및 구약 문헌의 후기 층들과 가장 후기의 층들의 역사적 배경이 된다는 이유만이 아니라 순전히 객관적인 이유들로도 바람직하다.

알렉산더 대왕의 등장으로 야기된 역사적으로 중요한 고대 오리엔트의 몰락과 오리엔트의 헬레니즘화의 시작은 이스라엘에게 중요한 변화들을 초래하였지만 그 상황에 결정적인 영향을 미치지는 못하였다. '이스라엘' 역사의 맥을 그 시점에서 끊어버릴 아무런 이유도 없다. '이스라엘'의 역사적 실존이 끝이 나고 유대인들이 열방들 가운데로 흩어진 것은 로마 시대에 일어난 사건들에 의해 야기되었을 뿐이다.

이 시기에 우리는 이스라엘 지파들이 다시 한번 그들 자신의 땅에 정주

---

8) W. Caspari는 *Die Gottesgemeinde vom Sinai und das nachmalige Volk Israel* (1922)에서 M. Weber의 *Das antike Judentum* (Gesammelte Aufststätze zur Religionssoziologie, III(1923))를 논하면서 '후대의 이스라엘 백성'의 '민족 이전의 조직체'를 발견하려는 시도를 하고 있는데, 이러한 그의 시도는 그 자체로는 상당히 흥미롭고 상당히 자세하게 서술하고 있지만 나는 그 타당성에 대해서는 근본적으로 회의적이다.

9) 요세푸스는 "민족"(τὸ ἔθνος)라는 용어를 사용하여 이 땅의 이스라엘 지파들을 하나의 통일체로 서술하고 있다.

하여 그들의 공통의 유산을 자각했다는 것을 발견한다.[9] 그러나 이와 동시에 내적, 외적 와해의 과정이 수행되었는데, 이것은 로마 통치에 반발한 불행하고도 재난스러운 봉기들을 통해 분명히 드러나고 그 절정에 도달하게 된다. '이스라엘' 역사를 마감했다고 할 수 있는 것은 바로 이 봉기들이다. 그러므로 주후 66-70년과 132-135년의 봉기들에 관한 서술은 '이스라엘' 역사에 관한 서술의 결론으로 적절하다고 할 것이다.

이러한 '이스라엘'의 붕괴로부터 생겨난 것은 우리가 보통 '유대교'라 부르는 현상이었다. 주지하다시피 유대교는 그 뿌리를 '이스라엘'의 역사에 두고 있었고 '이스라엘' 역사의 후기에 생겨난 발전들과 연관되어 있었으며 언제나 '이스라엘'이라는 이름을 자신에게 적용하여 왔다. 그러나 예배의 중심지가 폐지되었고 조국 땅과 통일적인 역사적 행동의 기회가 존재하지 않았으므로, 유대교는 사실 실질적으로 새로운 것이었고, 따라서 우리는 '이스라엘'이라는 옛 이름보다는 '유대교'라는 특별한 용어를 사용하는 것이 옳을 것이다.

물론 '유대교'의 모태로부터 시온주의 운동에 힘입어 고대의 이스라엘 땅을 다시 한번 조국 땅으로 삼아 '이스라엘'이라는 새로운 국가를 세운 '이스라엘'이라는 이름의 새로운 역사적 실체가 최근에 등장했다는 것은 사실이다. 역사적 관련성들이 틀림없이 존재함에도 불구하고, 이 새로운 '이스라엘'은 거의 2,000년 가까운 기나긴 세월에 의해서만이 아니라 부침(浮沈)으로 가득찬 긴 역사에 의해서도 옛 이스라엘과 단절되어 있고, 전혀 다른 역사적 조건들 가운데서 탄생되었다. 그러므로 우리의 역사적 탐구를 옛 '이스라엘'의 종말로부터 현재의 '이스라엘'까지 확장하는 것은 부적절할 것이다.

2. 이스라엘 땅

처음부터 끝까지, 우리가 방금 정의한 의미로 이 두 용어를 사용하는 경우에, 이스라엘 역사는 좁게 한정된 공간, 해당되는 기간 동안에 구약에 단 한번 나오는 표현을 사용하여(삼상 13:19) '이스라엘 땅'이라고 묘사하는 것이 적절할 수 있는 그런 땅에서 일어났다. 이 땅 전체에 대한 고유한 본래의 이름은 구약 시대로부터 우리에게 전해내려 오지 않았는데,[10] 아마도 그러한 이름은 존재하지 않았던 것 같다. 자연스러운 현상으로서 이 땅은 동질적이고 자족적인 실체가 결코 아니었고 동질적인 주민이 거주한 적이 결코 없었으며, 실질적으로 그 실제적인 영역과 일치하는 정치 조직의 무대인 적이 거의 없었기 때문이다. 따라서 '이스라엘의 땅'이라는 표현은 이스라엘 지파들이 정착한 지역에 대한 어느 정도 유연한 표현이라고 할 수 있다.

이 지역은 지중해의 동쪽 경계선과, 종(縱)으로 가로지르는 깊은 계곡에 의해 서부와 동부로 반씩 나뉘어 있는 수리아 사막 사이에 있는 광범위한 산악 지대의 남부의 삼분의 일로 이루어져 있다. 북쪽으로 이스라엘 땅은 대략 레바논과 안티 레바논의 고산들의 남단에까지 미치고, 남쪽으로는 농경지에서 시나이 반도라 불리는 초원 지대와 사막으로 전이(轉移)되는 지점인 대략 사해의 남단의 위도쯤 되는 곳까지 미친다.

이스라엘 땅을 '팔레스타인'이라는 부르는 것이 보통인데, 이 이름은 초기 기독교 문헌에서 당시의 공식적인 용어를 따라서 성서 이야기의 무대를 묘사하기 위하여 사용되었다. 여러 차례의 유대인들의 봉기들이 있고 난 후에 그때까지 사용되었다가 당시에는 적절하지 않게 된 유대라는 속주 이름을 사용하는 것이 꺼려졌고, 팔레스타인('블레셋인의 땅')이라는 이전의 이름[11]이 어느 정도 이스라엘 땅과 일치하였던 로마의 속주를 지칭하기 위하여 선택되었는데, 물론 이 용어는 보다 제한된 지역에 적용되었다. 그리고 그 이후로 이 이름은 기독교회에서 공식적, 비공식적으로 계속해서 사용되었고, 그 경계선들은 시대에 따라 약간씩 변화가 있었지만 그 기본적인 함의(含意)는 변경되지 않고 유지되어 왔다.

---

10) 이에 대하여 더 자세한 것은 WAT, pp. 42 ff.
11) 더 자세한 것은 M. Noth, ZDPV, 62 (1939), pp. 125-144.

현실의 진정한 역사로서의 이스라엘 역사는 언제나 그 역사의 무대가 된 토양의 성격에 의해 깊은 영향을 받았다. 그러므로 팔레스타인의 지리에 관한 지식은 이스라엘 역사를 올바로 이해하기 위한 선결요건들 가운데 하나이다. 그러므로 이스라엘 역사를 해석하기에 앞서 이 땅 자체의 기본적인 특성에 관한 간단한 개관이 선행되지 않으면 안 된다.[12]

　　이 땅의 중추는 석회암으로 된 산맥들로 이루어져 있는데, 그 층들은 원래 수평을 이루고 있었으나 동쪽 경계선인 지중해의 여러 지각변동으로 인해 단층을 이루게 되었다. 그러므로 이 땅이 원래 갖고 있었던 고원지대로서의 성격은 여전히 동부 지역, 즉 수리아 사막과 접해 있는 지역에서 분명히 나타나고 있는 반면에, 서부 지역에서는 석회암 고원지대는 보다 작은 덩어리들로 나뉘어져 있다. 이 땅 전체를 북에서 남으로 가로질러 양쪽 끝에서 이 땅보다 더 길게 뻗어 있는 계곡의 커다란 단층은 특히 인상적이다. 그 안에서 요단강의 하상(河床)이 굽이치고 있는데, 그 원류는 안티 레바논의 산자락인 이 땅의 북단에 있다: 요단강은 남쪽 경계에 있는 깊은 계곡의 바닥을 채우고 있는 사해로 흘러든다. 그러므로 그것은 흔히 요단 계곡이라 불리고, 이 땅 전체는 요단 동편과 서편 땅으로 나뉜다.

　　대체로 원래의 형태를 간직하고 있는 요단 동편의 고원지대는 수많은 강들과 시내들이 그 가장자리를 침범하고 있는 가운데 많은 곳에서 단층이 지고, 바다의 고원에 의해 지중해 해안으로부터 단절되어 있는 요단 서편의 산들에 의해 요단 계곡의 저편과 마주하고 있다. 따라서 그 협소하고 한정된 지역 내에서 이 땅은 수많은 차이와 대조를 보이는 풍경 및 기후를 포괄하고 있고, 생활의 조건들은 이 땅의 여러 곳에서 서로 매우 달랐다.

---

12) 우리는 여기에서 팔레스타인의 실제적인 지리(地理)의 윤곽조차도 제시할 수 없다. 특히 H. Guthe, *Palaestina* (Monographien zur Erdkunde, 21) (²1927), 또한 H. Guthe, *Bibelatlas* (²1926), G. E. Wright and F. V. Filson, *The Westminster Historical Atlas to the Bible* (1945, new ed. 1958), L. H. Grollenberg, *Atlas of the Bible* (1956)을 참조하라. WAT, pp. 1-82에서 팔레스타인의 자연 지리와 역사 지리를 다루고 있기 때문에 여기서는 재론하지 않을 것이다.

요단 동편의 남부와 북부 지역에 있는 비옥한 고원지대(대략 2,000-2,500피트 높이의)—이것은 강우량이 감소함에 따라 점차로 초원과 사막 지대로 옮겨간다—에서의 삶은, 오늘날까지 숲이 우거진 요단 동편의 중부 산악 지대에서의 삶과 달랐다. 또한 깎아지른 듯한 산들의 자락에 있는 여러 지점에서 나오는 물이 오아시스를 형성하여 곡물 재배가 성한 협곡 같은 요단 계곡의 뜨겁고 사막 같은 토양에서의 삶과 산들의 선선한 고원지대에서의 삶은 달랐다. 그리고 이스르엘의 광활하고 비옥한 평지—이것은 요단 서편의 산들을 가로막고 있고, 저지대를 향하여 끊임없이 물을 실어나르는 기손강을 통해 지중해로 흘러든다—에서의 삶은, 여름에는 말라 버리는 개울들이 교차하는 요단 서편의 고원 지대에서의 삶은 달랐다. 또한 요단 서편 및 이스르엘 평지의 남쪽 산지들의 보다 온화된 중부의 구릉지대—여기에는 다양한 크기의 좋은 평지들이 산재해 있다—에서의 삶은 보다 북쪽과 남쪽의 산지들의 깎아지른 듯한 매우 험해서 접근하기가 어려운 다소 황무지인 지역에서의 삶과 달랐다.

또한 요단 서편과 동편 산지들의 서부 지역들—겨울비들로 촉촉히 젖어 있는—에서의 삶은, 강우량이 적은 요단 서편의 흔히 사막 같은 동쪽 경사지들에서의 삶과 달랐다. 그리고 또한 비교적 습도가 높고 따뜻하며 생산성 있는 해안 평지—거의 끊어지지 않은 모래 언덕에 의해 해안과 분리되어 있는—에서의 삶은, 모래 언덕들을 뚫고 나와 바다로 솟아 있는 갈멜산의 삼림지대에서의 삶과 달랐다. 또한 초지(草地)가 빈약하고 토양이 척박한 요단 서편의 산지들의 남쪽 비탈에서의 삶은, 몇몇 샘들에 의지하여 목자들이 가축떼를 키우며 살아가는 남쪽의 사막에 인접한 지역에서의 삶과 달랐다.

이러한 땅이 통일적인 주민에 의한 통일적인 정주(定住)에 거의 기여할 수 없었고 또한 그 기존의 거민들을 하나로 통합시킬 수 없었다는 것은 놀랄 일이 아니다. 이 땅에서 여건이 보다 좋은 지역들, 특히 해안 평지와 이스르엘 평지, 요단 계곡의 오아시스들, 요단 동편의 북부 및 남부의 고원 지대들은 지속적인 정주(定住)와 경작이라는 관점에서 가장 매력적일 수밖에 없었다.

그리고 보다 형편이 좋지 않은 구릉 지대는 이 땅의 다른 지역들에 이미 사람들이 정착해 있어서 새로운 유입자들이 그럭저럭 정착을 하지 않을 수 없게 된 형편에 있을 때에만 정착민들을 끌어들일 수 있었다. 따라서 이 땅의 특성 자체가 애초부터 통일적인 정주(定住)를 불가능하게 만들었다. 또한 이 땅의 특성으로 인해 그 거민들 전체의 후속적인 통합도 결코 쉽지 않았다.

이 땅의 여러 지역들의 서로 다른 여건들은 사람들의 생활 방식에 차이를 가져다 주었고, 이것은 그들을 서로를 소원하게 만드는 경향이 있었다. 그리고 도처에 깊고 깎아지른 듯한 계곡을 지니면서 이 땅을 가로지르고 있는 산지들은 서로간의 교류를 어렵게 만들었다. 어느 정도 제한받지 않는 교류는 오직 커다란 평지들에서만 가능했고, 산지들에서는 서로간의 교류가 어려웠기 때문에 작은 집단들이 고립되어 생활하는 일이 가속화되었다.

그럼에도 불구하고 이 땅의 모든 거민들은 특히 기후 조건들을 비롯한 매우 중요한 것들에 있어서 몇몇 전제조건들을 공유하고 있었다. 팔레스타인은 지중해 세계의 아열대 기후 및 이 기후가 이 세계의 석회암 산지들에서 갖고 있는 구체적인 결과들을 공유하고 있다. 이 기후는 겨울의 우기와 여름의 건기의 교대를 특징으로 한다. 겨울비는 이 땅 전체에 걸쳐 지속적으로 내리는 것이 아니라, 국지적으로 짧고 집중적으로 쏟아지는 폭우로 내리는데 몇 날에 걸쳐 집중적으로 오는 경우가 흔하다. 그리고 이 폭우는 이른 비(특히 10월), 주된 비(대체로 1월), 늦은 비(대략 4월)가 내리는 우기들만이 아니라 이 우기들 중간중간에도 산의 계곡들에서 흔히 위험하고 격렬한 급류들을 만들어낸다.

더욱이 석회질의 토양은 매우 구멍이 많고 숲다운 숲은 거의 없고 아마도 가장 초기의 역사 시대로부터 없어 왔기 때문에—보통 "숲"이라고 묘사되는 것은 사실은 단지 낮게 깔린 덤불에 불과하다—이 땅은 여름철에는 극히 메말라진다. 샘들—이 땅의 산악 지대에서는 결코 흔치 않고 산들의 자락에 있는 평지에서조차도 그 수가 많지 않은—의 수량은 매우 빈약하고 어떤 때는 아주 말라버리는 경우도 있으며, 단지 평지들, 특히 지중해 연안에 인접한 평지들에 있는 몇몇 계곡들은 어느 정도 물이 차 있다. 팔레스타인의 북쪽 경계에 있는 고산들의 지하 수원에 의해 공급되는 요단강만은 풍부한 물을 사해로 끊임없이 실어나른다. 그러나 그 물길이 깊은 요단 계곡의 사막지대를 굽이쳐 통과하기 때문에 이 땅에서의 생활에는 거의 실제적인 중요성이 없다.

물의 공급은 언제나 팔레스타인의 거민들 모두에게 가장 사활이 걸린 문제가 되어 왔다. 커다란 강 계곡들이 있어서 주기적으로 홍수가 일어나 범람하여 그 땅을 적셔주고, 인간과 동물을 위해 강물을 항상 이용할 수 있는 이집트 및 바빌로니아와는 대조적으로 팔레스타인과 수리아 전 지역에서는 식물과 동물, 인간에게 필요한 물을 비에만 의존하고 있다. 우기에 비가 너무 적게 내린다거나 아예 내리지 않는 경우에, 그것은 이 땅의 전체 생활에 커다란 재앙을 의미한다.

그리고 해마다 작물을 재배하는 것은 겨울 우기철에만 국한되어 있지만, 사람들과 동물들은 여름에도 지난 겨울비의 혜택을 여전히 이용할 수 있는 곳, 즉 일년 내내 지하수의 공급으로 샘물이 솟아나는 지역 또는 겨울비를 인간이 만든 저장고, 이른바 유수지들에 상당량 모아놓은 곳에서만 지속적으로 살아갈 수 있다.

이미 이스라엘 지파들이 이 땅에 정착했을 때 만들어져 있었던[13] 이 유수지는 샘물들이 불충분하거나 땅에 우물을 파서 지하수를 끌어올리는 것이 불가능했던 지역에서도 지속적인 정주(定住)를 가능하게 만들어 주었다. 잘 알다시피 유수지의 물은 샘들의 "살아있는 물"과 같지 않았다. 그리고 요단 서편의 산지들의 몇몇 동쪽 경사지와 같은 어떤 지역들에서는 강우량이 아주 적었기 때문에 유수지들을 채우기에도 충분하지 않았으므로 사람과 동물들이 그런 곳에 지속적으로 정착하기가 불가능했다.

따라서 물 사정은 이 땅에서의 사람들의 거주 분포 및 이 땅의 여러 곳

---

13) Cf. W. F. Albright in *Studies in the History of Culture* (1942), p. 33.

에서의 사람들의 생활과 경제에 지대한 영향을 미쳤다. 샘물이 있는 곳에는 반드시 사람들이 그 인접한 곳에 정착하였다. 그리고 샘물은 특히 산자락에서 솟아나기 때문에, 평지의 경계들은 특히 초기부터 조밀한 군락을 이루었다. 샘과 우물들이 드문드문 있고 그 수량(水量)이 별로 많지 않은데다가 사람들이 군락을 이룰 공간이 없는 곳은 목자들이 조그만 가축떼, 양떼, 염소떼를 치며 살았다. 아주 초기부터 요단 서편의 산지들의 동쪽 사면과 동쪽 및 남쪽 사면에 있는 평지와 접해 있는 지역들은 그러한 양떼, 염소떼, 돼지떼를 위한 목초지들이었다.

특이한 기후는 언제나 인간의 생활과 노동의 절기들에 기본적인 영향을 미쳐 왔다.[14] 늘어나는 이슬과 이른 비로 인하여 가을에 작물의 싹이 나는 것을 새로운 해의 시작으로 생각했던 이유를 우리는 쉽게 이해할 수 있다. 농경생활을 했던 토착민들이 밭을 갈고 씨를 뿌리고—우기가 끝난 후에—추수하고, 추수의 시작과 끝에 있는 고대의 전통적인 종교적 축제들, 무교절과 맥추절을 지키는(출 23:15,16) 일이 이어졌고, 한여름과 가을에는 과실들, 특히 포도와 무화과와 올리브가 익고 그들을 추수하는 기쁜 절기, 끝으로 "수장절"(출 23:16)이 이어졌다.

그러나 양떼와 염소떼를 치는 자들은 주기적인 이동, 이른바 초지를 바꾸는 일이 한 해의 사선에 포함되어 있었다.[15] 겨울의 우기는 가축떼들이 조원과 사막 지대에서도 풀을 뜯어먹을 수 있는 좋은 기회를 제공해 주었지만, 건조한 여름에는 그들은 가축떼들을 기후적으로 보다 형편이 좋은 농경지로 몰고가야 했는데, 거기서 그들은 추수가 끝난 밭에서 충분한 꼴을 얻을 수 있었다. 이런 모습은 오늘날에도 아랍 부족들이 여전히 겨울 초지와 여름 초지를 따로 갖고 있는 것에서 찾아볼 수 있다.

이 모든 것은 농경 지역과 그 인접한 초원과 사막 지대간에 끊임없는 교

---

14) G. Dalman, *Arbeit und Sitte in Palaestina*, especially Vol. I, i, 2(1928) : Jahreslauf und Tageslauf에서는 이 주제를 아주 자세하게 다루고 있다.
15) 가장 최근의 것으로는 L. Rost, ZDPV, 66 (1943), pp. 205 ff.를 참조하라.

류가 있었다는 것을 의미하였다. 그리고 이 땅이 어떤 지역들에서는 천연의 경계들에 의해 둘러싸여 있고 어떤 지역들에서는 열려 있다는 것은 팔레스타인 지리의 역사적으로 중요한 특성 중의 하나이다. 팔레스타인의 서부 전체는 지중해를 경계로 하고 있는데, 이것은 그 해안이 그 전체 면적에 비해 매우 길다는 것을 의미한다. 그렇지만 그럼에도 불구하고 팔레스타인은 바다와 그리 긍정적인 관계를 갖고 있지 못했고, 대체적으로 그 거민들은 해양 활동과 해양 무역에 거의 관심을 갖지 않아 왔다.

북쪽으로 레바논 산맥의 자락에 있는 인접한 페니키아 해안 및 그 유서 깊고 유명한 항구들과 교역 도시들과는 대조적으로 낮게 깔린 모래 언덕들이 일직선을 이루고 있는 팔레스타인 해안은 천혜의 항구로서의 여건을 거의 갖추고 있지 못하기 때문에 그 거민들은 해양 활동의 유혹을 느끼지 못했고 외국의 선원들의 눈길도 끌지 못했다. 먼 옛날부터 이집트인들은 해로를 따라 보다 먼 거리에 있는 페니키아 도시들과 교역을 했지만 이집트와 훨씬 더 가까웠던 팔레스타인과는 거의 교역이 없었다.

일직선으로 된 완만한 해안은 몇몇 곳에서만 바위들이 바다를 향하여 불쑥 솟아 있고 절벽들이 바다로부터 솟아 있을 뿐인데, 이러한 지점들, 특히 구약의 욥바(Japho)인 "야파", 후대의 바다에 인접한 헤롯-로마 시대의 가이사랴인 "케사리예", 십자군들의 순례성이었던 "아들릿" 등도 쓸 만한 천혜의 항구는 되지 못했다. 일직선으로 된 해안은 오직 갈멜산에 의해서만 차단을 당하고 있고, 그 피난처에는 커다란 만(灣)이 형성되어 있긴 하지만 여전히 해안은 완만하고 모래로 뒤덮여 있는데, 그 만의 북단에는 구약에서 아코라 불리고, 욥바를 제외하고는 고대에 바다에 인접한 정착지로는 유일하게 언급할 만한 가치가 있는 오래된 해안 도시가 있었다.

이 땅이 인접한 바다로부터 단절되어 있었다는 사실은 해양 활동과 해양 무역이 이스라엘에서 전혀 아무런 역할도 하지 못했고, 그 근접성에도 불구하고 바다가 이스라엘의 인생관 속에서 순전히 주변적인 역할만을 하고 있으

---

16) Cf. M. v. Oppenheim, *Die Beduinen*, I (1939), II (1943), III (1952).

며, 이스라엘이 바다의 존재 자체를 완전히 무시하는 창조 이야기를 형성하는 것이 가능했던 이유를 설명해준다.[17] 그리고 구약에서 바다가 언급될 때, 바다는 서로 다른 나라들간의 교류의 수단으로서가 아니라 오히려 그 기분나쁘고 위험한 세력이 오직 마른 땅을 만날 때에야 꺾이우는, 사람이 사는 땅의 가장자리에 있는 하나의 위협적인 존재로 등장한다.[18]

북부에서도 팔레스타인 땅은 천연의 장애물에 의해 단절되어 있다. 레바논과 안티 레바논의 고산들은 북부 지역에서 이 땅을 에워싸고 있다. 요단 서편의 북부 지역 대부분, 이 땅 전체에서 가장 높은 봉우리들을 포함하고 있는 상부 갈릴리의 산지들은 이미 사람이 접근할 수 있는 지역이 아니다. 또한 이 땅에는 북쪽으로 통하는 천연의 출구가 전혀 없는데, 해안선을 따라서는 아코와 두로 사이의 산기슭의 언덕들이 바다와 바로 접해 있어서 페니키아로 이르는 길을 거의 뛰어넘을 수 없을 만큼 봉쇄하고 있고, 육로로는 레바논과 안티 레바논 사이의 저지대로 통하는 요단 계곡은 통과하기가 아주 어렵다. 오직 북동쪽 방면으로만 요단 동편의 북쪽 지역에 있는 안티 레바논의 동쪽 사면에 다메섹 방향으로의 출구가 있다.

그러나 반면에 팔레스타인은 동부와 남부, 접경지대를 형성하고 있는 초원과 사막으로는 훨씬 더 열려 있다. 이 전이(轉移)는 이 땅이 비를 가져오는 시중해도부터 멀어져가면서 강우량이 줄어듬에 따라 아주 서서히 일어난다. 여기에는 길을 가로막는 험한 천연의 장애물들이 거의 존재하지 않는다. 요단 동편의 이 땅의 경계선에서는 요단 서편의 이 땅의 남쪽 경계선에서와 마찬가지로 정확한 경계선을 확정한다는 것은 불가능하다.

그리고 이 지역들에서 인간의 정착 지역은 인공물들을 통해 겨울의 강우량을 충분히 활용함으로써 주변지역들에서 인간의 정착이 가능해진 정도에

---

17) 야휘스트 설화, 창세기 2:4b ff.
18) 예를 들면, 욥 38:8-11을 참조하라.
19) 만약 jebel ed-druz의 화산이 동쪽 깊숙이 위치해 있다면, 그 곳은 팔레스타인에 포함되지 않는다.

따라 시대마다 변해 왔다.[20]

관리가 소홀해지면 이 지역들은 다시 사막으로 돌아갔다. 그러므로 농경 지대와 그 동부 및 남부에 있는 인접한 초원 및 사막 지대간의 끊임없는 교류가 있었다는 것을 깨닫기는 쉽다. 왜냐하면 후자 지역들의 거민들은 언제나 욕심나는 농경 지대에 눈독을 들이고 있어서 틈만 나면 그 곳에 발 붙일 기회를 노리고 있었기 때문이다. 초지가 변화됨으로 인해서 가축떼들을 기르는 많은 목자들은 주기적으로 농경 지대에서 그들의 가축떼를 먹일 여름 초지를 찾아야 했고, 이로 말미암아 경계선 양 지역을 끊임없이 들락날락 하게 되었다. 이 땅이 동부와 남부로 개방되어 있었다는 사실은 그 역사에 있어서 여러 가지 점에서 기본적으로 중요하였다. 소집단들의 끊임없는 유입과 아울러 이러한 지역들로부터의 대규모의 유입은 팔레스타인의 역사에 지대한 영향을 미쳤다.

이와 동시에 천연의 조건들로 인하여 팔레스타인은 고대 오리엔트의 매우 긴 교역로들과 어느 정도의 접촉을 하게 되었다. 보다 큰 단위인 수리아 전체와 마찬가지로 팔레스타인은 통과 지대였고, 따라서 고대 오리엔트의 강대국들의 교류 및 갈등들에 반복해서 연루되었다. 이집트에서 근동으로 이어지는 교역로는 시나이 반도의 북부 지역을 지난 후에 무엇보다도 아시아의 토양에서 팔레스타인의 해안 평지로 이어졌다. 그리고 이 땅의 북부 경계선에 있는 페니키아에 이르는 해안길은 거의 쓸모가 없었기 때문에, 팔레스타인을 경유하는 교역로가 흔히 선호되었다: 갈멜산의 등성이를 지나서 이스르엘 평지를 거쳐 디베랴 바다의 남쪽 또는 북쪽의 요단 계곡을 지나 요단 동편에 나있는 다메섹으로 향하는 길을 통해 더 나아가면 북부 수리아로 갈 수 있었고, 수리아 사막을 통과하는 대상로(隊商路)를 따라 유프라테스강 중류로 갈 수 있었다.

---

20) 초원지대(steppe)와 사막의 개념 및 팔레스타인 근방에서 그러한 지대들의 분포에 대해서는 R. Gradmann, ZDPV, 57 (1934), pp. 161 ff.와 특히 Plan I을 참조하라.

교역을 위해 중요하였던 남부 아라비아에서 지중해 지역으로 통하는 길도 팔레스타인 접경 지대와 닿아 있었다. 이 길은 요단 동편 땅의 가장자리를 따라 가다가 북쪽으로 다메섹으로 통하거나 "엘 아카바" 만의 북단에서 남부 팔레스타인 해안으로 통해 있었다. 따라서 팔레스타인도 고대 오리엔트의 문화의 산물들의 교류에 참여하였다. 이 땅의 특성과 지리적 위치로 인하여 그 거민들은 외부 세계와의 온갖 종류의 접촉을 통해 풍부해지고 많은 서로 다른 관심들을 가진 극히 다양한 삶을 누렸다.

팔레스타인은 결코 풍요로운 땅이 아니었고 그 거민들은 언제나 "이마에 땀을 흘려야" 빵을 먹을 수 있었다. 이 땅은 결코 한정된 인구밀도 이상의 주민을 먹여살릴 수가 없었다. 이 땅의 보다 형편이 좋고 비옥한 지역들에서 조차도 사람들은 언제나 흙으로부터 생계를 꾸려나가기 위해서는 그들의 밭과 농장들에서 고된 일을 하지 않으면 안 되었고, 풍부한 작물 재배는 오직 요단 계곡의 소수의 오아시스들에서만 찾아볼 수 있다. 그러나 산지들에서의 삶은, 돌이 많은 밭들에서 어떤 것이 자란다고 할지라도, 또 그것이 불가능한 곳에서는 드문 초지들과 물이 있는 곳들에서 가축떼들이 충분한 먹을 것을 발견한다고 할지라도 더욱 어려웠다.

그리고 이렇게 근근히 살아가는 것조차도 건조하고 뜨거운 여름철을 지난 후에 비가 정상적인 시기에 설쳐 충분한 양으로 내리느냐에 달려 있었다. 그러나 이것은 결코 의지할 수 있는 것이 아니었기 때문에 필연적으로 비가 오지 않거나 불충분하게 오는 경우에는 가뭄과 기갈이 들고 흉작과 기아의 재난스러운 위협이 올 것이라는 사실을 언제나 예상하고 있어야 했다. 그리고 모든 것이 만족스럽게 잘 자랐다고 할지라도, 반복되는 메뚜기떼로 인한 병충해들 중의 하나가 언제나 때도 없이 이 땅 전체의 풍요로움을 파괴하였고 사람들과 짐승들을 굶주림에 빠뜨렸다. 아울러 사람들의 정착 생활은 이 땅에서 심심치 않게 일어나는 지진에 의해 끊임없이 위협을 받았다.

최근까지도 사람들은 이 땅에서 매우 열악한 생활을 영위하여 왔고, 이런 상황은 언제나 마찬가지일 것이다. 거민들의 생계가 지역 사정에 따라 달라지는 농경과 소규모의 목축의 결합에 의존해 있었기 때문에, 집에서 구운

빵과 다양한 유제품들, 계절에 따라 나는 여러 가지 과실들이 주식(主食)이었다. 고기를 먹는 것은 언제나 예외적인 것이었고 몇몇 특별한 경우들 및 축제일들—옛날에는 짐승의 희생제사를 드린 종교적 축제들 및 그것들과 결부된 희생제사 식사들—또는 전형적인 오리엔트식으로 후하게 대접을 받았던 손님들의 특별한 방문들, 기타 이와 비슷한 경우들에 국한되어 있었다. 보다 빈번한 고기 소비는 이례적으로 사치스러운 생활의 징표로 여겨졌다.[21]

아마도 적당량의 포도주 소비는 회교가 그 추종자들에게 포도주를 마시는 것을 금지할 때까지 개인의 소득에 따라 차이는 있었지만 관례적인 것이었던 것 같다. 아마도 특히 숲이 우거진 구릉 지대에서는 오늘날보다 좀더 거친 사냥감과 육식 동물들이 있었다. 지중해 연안을 제외하고는 비록 이 땅의 가장 큰 내륙 호수인 사해는 그 주변에 생물이 살 수 없을 정도로 강력한 철분 성분을 지니고 있긴 하지만 고기잡이는 특히 디베랴 바다에서 수지맞는 직업이었다.

구약에서—특히 신명기와 신명기사학파의 문헌에서—팔레스타인이 "좋은 땅", "젖과 꿀이 흐르는 땅"으로 상찬(賞贊)될 때, 그것은 주로 농경 지대의 혜택들을 초원과 사막 지대와 대비하여 말하는 것이다. "젖과 꿀이 흐르는 땅"은 더욱이 분명히 낙원 지역을 가리키는 판에 박힌 용어인데, 이 용어는 고대 세계에서 통용되었던 것으로서 특별히 팔레스타인을 지칭하기 위하여 만들어진 것이 아니라, 이스라엘 사람들이 자신들의 땅을 고대 오리엔트의 보다 멀고 친숙하지 않은 강 유역의 땅들이 아니라 자신들이 접근할 수 있는 인접한 초원과 사막 지대와 비교하여 상찬하기 위하여 사용하였다. 그러므로 "젖과 꿀이 흐르는 땅"이라는 언급은 특히 팔레스타인의 조건들로부터 생겨난 것이라고 여겨져서는 안 된다.

이스라엘에서 이 표현을 처음으로 채택한 사람들은 분명히 소규모 가축떼들의 유제품을 증가시켰던 몇몇 지역들에 있는 좋은 초지들과 꿀포도를 제공해 주었던 포도원들(벌꿀이 아니라 이것이 그들이 염두에 두었던 것이었

---

21) 예를 들면, 아모스 6:4b을 참조하라.

다)을 마음에 두었음이 틀림없다.[22] 초원과 사막 지대의 거민들에게는 팔레스타인의 형편 없는 농경지조차도 유혹적이고 갖고 싶은 대상물로 보였고, 이스라엘 지파들도 거기에 정착하고자 했을 때에 그런 견지에서 이 땅을 보았던 때가 있었으며, 그들은 특히 이 땅에서의 그들의 체류가 위협을 받았을 때 그 과실들을 기뻐하였고 다시 한번 그것들을 소중하게 여기는 법을 배웠다.

신명기 8:9에서 팔레스타인은 그 돌들이 철을 함유하고 있고 그 언덕들에서 동을 캐낼 수 있다는 이유로 상찬되고 있는 것은 더욱 흥미롭다. 여기에는 약간의 과장이 있다. 요단 동편 땅에서 얍복 계곡의 북부 지역의 한 두 곳에서 철이 난다는 것은 사실이고, 그 곳들은 고대의 브누엘인 "툴룰 엣 다합"으로부터 멀지 않은 "므가렛 와르데"의 철광산 같이 고대에 개발되었을 가능성이 있다.[23] 그러나 이러한 철의 산출은 거의 중요하지 않았고, 대체로 모든 필요한 광석들은 외부로부터, '와디 엘 아라바'(사해와 홍해 사이에 있는), 레바논 지역으로부터 수입되어야 했다. 이 땅에는 그밖에 중요한 광석이 풍부히 있지 않았다.[24] 그럼에도 불구하고 초원과 사막 지대에 비해서 이 땅에는 적어도 그 거민들이 사용할 만한 정도의 그런 유의 것들이 있었다고 할 수 있다.

팔레스타인에는 고대 오리엔트의 교역에 있어서 잠재적으로 중요성을 지닌 그 어떤 여분의 생산물들도 없었다. 기껏해야 팔레스타인은 긴급하게 필요한 수입품들의 대가로 지불하기 위하여 그 밭과 과수원의 산물의 일부를 나눠줄 수 있었을 뿐이고,[25] 아마도 그 소규모의 가축떼 중의 일부를 팔 수도 있었을 것이다. 이 땅은 이런 식으로 외국의 산물들―특히 광석들―에 대

---

22) 더 자세한 것은 A. Bertholet, *Kulturgeschichte Israels* (1919), pp. 4 ff.
23) Cf. C. Steuenagel, *Der Adschlun* (1927), p. 286.
24) 고대에는 사해의 광석 자원들은 거의 채굴되지 않았다. 그러한 채굴이 헬레니즘 시대 이전에 시작되었다는 증거는 없고(cf. Hieronymus of Cardia in Siculus, XIX, 98, I-99, 3), 대규모의 채굴은 아주 최근에야 시작되었다.
25) 열왕기상 5장 24절 이하에 의하면, 두로의 왕 히람이 목재를 공급해준 데 대하여 솔로몬은 그 대가로 밀과 감람유를 주었다고 한다.

한 직접적인 필요를 충족시킬 수 있었을 것이다.

그러나 팔레스타인의 보잘 것 없는 생산물들을 가지고 대규모의 교역을 수행하는 일을 거의 불가능했을 것이다. 이와 관련하여 이 땅의 거민들에게는 고대 오리엔트의 강대국과 적극적인 관계를 맺을 기회가 주어지지 않았다. 중요한 장거리 교역로들의 중간에 위치해 있다는 상황을 제외하고는, 이 땅의 특성 자체가 그 거민들을 결합시키기 보다는 서로를 분리시키는 경향이 있었던 것과 마찬가지로 이 땅의 천연의 조건들은 팔레스타인의 사람들을 초원과 사막 지대 너머의 강대국으로부터 분리시키는 역할을 하게 되어 있었다.

3. 주전 1200년경의 팔레스타인의 역사적 상황

이스라엘 지파들이 이 땅에 들어왔을 때, 이 땅은 이미 인간의 정착 및 문화와 관련하여 특수한 상황을 생겨나게 한 기나긴 파란만장한 역사를 지니고 있었고, 이 역사는 이스라엘의 초기의 발달과정에 직접적인 상당한 중요성을 띨 수밖에 없었다. 그러므로 우리는 그 역사를 주의깊게 검토하지 않으면 안 된다. 그리고 구약의 전승이 이스라엘 지파들이 팔레스타인에 들어왔을 때 직면한 여건들에 관한 우리의 유일한 사료가 아니기 때문에 우리는 그 역사를 꽤 구체적이고 정확하게 기술할 수 있는 위치에 있다. 몇 가지 다행스러운 발견들 덕분에 우리는 주전 2천년대의 수리아와 팔레스타인의 역사에 관한 일련의 총체적인 문서를 지니게 되었고, 또한 특히 지난 삼십 년 동안에 집중적이고도 성공적으로 수행된, 팔레스타인에서 여러 역사적 시기들이 남겨 놓은 유물들에 대한 고고학적 탐구의 결과들을 활용할 수 있게 되었다.[26]

---

26) 팔레스타인 고고학의 활동과 성과에 대해서는 cf. WAT, pp. 83-143.

제일 먼저 언급하지 않으면 안 되는 문서는, 특별한 주술 의식에 사용되었고 도기 파편들에 씌어진 주전 1800년경의 이집트 제12 왕조의 후기에 나온 이른바 이집트의 주문 문서들이다.[27] 이 문서들 속에는 팔레스타인과 페니키아의 인접한 아시아 땅들로부터의 몇몇 대적들을 비롯하여 이집트와 그 왕가의 온갖 대적들이 열거되어 있다. 이와 관련하여 우리는 온갖 종류의 방백들 및 지역들의 이름들을 알게 된다. 통치자들의 이름들이 구성된 방식은 그 이름들을 지니고 있는 자들의 인종학적 기원들에 대한 어떤 단서를 제공해주고 있고 그 인구의 인종적 구조를 어느 정도 밝혀준다.

또한 지명들도 정착지의 성격을, 많이는 아니지만 어느 정도 밝혀 주었다. 이른바 마리 문서들[29]은 어느 정도 동시대적이다—아주 약간 후대의 것이다. 이 문서들은 중부 유프라테스에 있는 옛 성읍(abu'l-kemal 근처에 있는 현재의 tell hariri)인 마리(Mari)의 왕들의 매우 광범위한 서고들을 보여주는 것으로서 법률과 경제 문서들 외에도 동시대의 수리아에 관한 다양한 정보를 보여주는 광범위한 왕들의 정치적 서간들을 포함하고 있다. 그러나 그것들이 팔레스타인에 관한 어떤 구체적인 내용들을 담고 있으리라고 기대하기는 힘들다.[30]

---

27) 이집트 역사를 '왕조들'을 따라 구분하는 것에 대해서는 WAT, pp. 195 ff.를 참조하라. 고대 오리엔트의 역사 속에서 가장 중요한 현상들 및 고대 오리엔트 연구에서 관례적으로 사용되어 온 용어들의 주요 개념들에 대해서는 WAT, pp. 144-236에 아주 완벽하게 나와 있다.

28) 이 본문들은 K. Sethe in *Die Ächtung feindlicher Fürsten, Völker und Dinge auf altägyptischen Tongefässscherben des Mittleren Reiches* (Abh. d. Preuss. Ak. d. Wiss., 1926, phil.-hist. Kl., No. 5), G. Posener, *Princes et pays d'Asie et de Nubie. Textes hieratiques sur des figurines d' envoutement du Moyen-Empire* (1940)에 나와 있다. 이 주제에 대해서는 cf. A. Alt, ZDPV, 64 (1941), pp. 21 ff.

29) 최근에 알려지게 된 몇몇 다른 문서들과 마리 문서들을 통해 이제까지 통용되어 왔던 메소포타미아의 연대표를 바로잡을 수 있게 되었다. E. F. Weidner, AfO, 15 (1945-1951), pp. 85-105와 WAT, p. 214에 나오는 간단한 서술을 참조하라.

30) 1934/1935년 이래로 프랑스 마리에 있는 동굴들에서 발견된 마리 문서는 이제까지 그 일부만이 *Textes cunéiformes du Musée du Louvre*, Vol XXII (1946), XXIII (1941), XXIV (1948), XXV (1951), XXVI (1951)으로 출간되었다;

주전 14세기의 문서들은 더 유익하고 시기적으로도 이스라엘의 역사에 보다 더 가깝다. 우리는 무엇보다도 이른바 아마르나 토판들을 제일 먼저 생각하지 않으면 안 된다. 이 토판들은 약 4백 개의 토판들로 이루어져 있는데 1887년에 발굴 도중에(in situ) 최초로 발견되었고, 이 모든 것은 지금 베두인 부족이 거주하고 있는 엘 아마리나(el-'amarina) 지역에 위치해 있는 상부 이집트 유적지의 고분(tell)으로부터 나왔다. 이 고분은 파라오 아멘호텝 4세(주전 1377-1360년)의 새로이 세워졌지만 곧 버려진 거주지의 유물들을 포함하고 있고, 아마르나 토판들은 근동의 여러 나라들, 특히 팔레스타인과 수리아가 어쨌든 명목상으로는 이집트의 지배 아래 있었던 시기에 팔레스타인과 수리아의 속국들의 통치자들과의 자신의 선왕 및 자신의 외교 서한들이 소장된 이 파라오의 정치적 서고들의 일부를 이루고 있다.

이 서한은 고대 오리엔트의 국제적인 서신 교환에 있어서 당시의 관습에 따라 메소포타미아에서 공통적으로 사용되었던 서판들에 바빌로니아의 철자법과 언어로 씌어져 있는데, 그것은 당시의 정치적 상황과 역사적 사건들, 팔레스타인과 수리아의 생활에 관한 풍부하고 자세한 정보를 제공해 준다. 아마르나 토판들은 팔레스타인에서의 이스라엘의 초창기에 관한 역사적 배경을 분명하게 밝혀주는 최초의 문서였고, 따라서 그것들은 이스라엘 역사에 있어서 직접적인 자료들 가운데 하나이다.[31]

또한 아주 최근에 발견된 이른바 라스 샤므라 문서들도 아마르나 토판들과 동일한 시기의 것이다. 그것들은 1929년의 우연한 발견에 고무되어 북부 수리아의 해안—구브로 섬의 길게 뻗은 부분 반대편에 있는—에 있는 고분에

Archives royales de Mari I(1950), II (1950), III (1950), IV (1951), V (1952)에 나오는 원문을 그대로 옮겨 놓은 것과 그 역문(프랑어)을 참조하라. 공문서의 내용에 관해서는 잠정적으로 G. Dossin, *Syria*, 19 (1938), pp. 105-126과 W. v. Soden, Wo, I, 3 (1948), pp. 187-204를 참조하라. Cf. ANET, pp. 482-483.

31) 아마르나 문서를 설명을 붙여 원문을 음역하고 독일어로 번역한 것은 J. A. Knudtzon, *Die El-Amarna-Tafeln* (Vorderasiatische Bibl. 2), 1915에서 찾아볼 수 있다. Cf. ANET, pp. 483-490, DOTT, pp. 38-45.

서 1939년까지 수행되다가 1949년에 재개된 프랑스인들의 발굴작업 과정에서 발견되었다. 지금은 "라스 에쉬-샤므라"라 불리는 이 고분에는 우리가 아마르나 토판들과 이집트의 문서들을 통해서도 알고 있는 우가릿의 고대 도시의 유물들이 매장되어 있다. 1930년부터 해마다 여기에서—토판에 쓴 잘 알려진 쐐기 문자 서법을 보여주기는 하지만, (놀라울 정도로 신속하게 해독된 30개의 글자로 된) 이제까지 전혀 알려져 있지 않던 쐐기 문자 알파벳으로 그 대부분이 씌어진—수많은 토판들이 발견되었다. 이것은 수리아-팔레스타인에서 헬레니즘 시대 이전에 씌어진 문서들의 최초의 광범위한 발견이다. 그것들은 비록 그 중의 몇몇은 이해하기가 아주 난해하긴 하지만, 크고 작은 수많은 종교적, 신화적 문서들을 포함하고 있는데 고대의 수리아와 팔레스타인의 종교사에 관한 최초의 유일한 원본 문서들이다.

또한 그것들은 비교적 역사적 정보를 거의 담고 있지 않지만 무엇보다도 인구의 인종적 구성을 밝혀주는 풍부한 인명들을 담고 있는 왕의 서고들에서 나온 아주 다양한 정부 문서들을 포함하고 있다. "라스 에쉬-샤므라"는 이스라엘 땅과 상당히 떨어져 있다는 것은 사실이고, 그 곳은 천혜의 항구(지금은 minet el-beda, "백항"(白港)이라 불리는)를 지닌 고대의 해안 도시의 유적지로서 팔레스타인에서의 생활과는 판이하게 다른 생활 무대이다. 그러나 그럼에도 불구하고 그 곳은 이스라엘 지파들이 등장하기 이전 시대에 매우 다양하지만 기본적으로 통일적인 생활을 영위하여 왔던 수리아-팔레스타인의 보다 큰 덩어리의 일부였기 때문에, 라스 샤므라 문서들은 이스라엘 지파들이 팔레스타인에 이르렀을 때 발견한 상황을 조명하는 데 도움을 준

---

32) 라스 샤므라 문서의 대부분은 Syria 제10호(1929)부터 차례로 출간되었다. O. Eissfeldt, ZDMG, N. F. 21(1942), pp. 507-539에서는 당시까지 알려진 이 문서 전체를 개관하고 있다. 문서의 문법, 사본, 용어설명 등은 C. H. Gordon, *Ugaritic Handbook* (Analecta Orientalia, 25(1947, new ed. 1955))에 나와 있다. C. H. Gordon은 *Ugaritic Literature* (Scripta Pontificii Instituti Biblici, 98 (1949)) and G. R. Driver in *Canaanite Myths and Legends* (1956)에서 문서들을 영어로 번역해 놓았다; 발췌된 내용들은 ANET, pp. 129-155 (H. L. Ginsberg)와 DOTT, pp. 118-133 (J. Gray)에 나와 있다.

다.[32]

이미 언급한 여러 문서 집단들 외에도 신왕조의 파라오들이 팔레스타인과 수리아에 원정한 정복 사업들에 관한 이집트의 보고서들도 이스라엘 이전의 팔레스타인에 관한 어느 정도의 자료를 제공해준다. 한 동안 이 파라오들은 사실상 또는 적어도 명목상으로 팔레스타인과 수리아에 대한 지배권을 행사하였고, 주전 16세기와 13세기 사이에 이집트의 왕들 또는 그 군대들이 이 땅을 여러 차례 드나들었다. 우리가 알고 있는 한, 주전 15세기의 전반부에 파라오 토트메스 3세는 자신이 정복한 나라들의 명단들을 만들어서 자신을 더 영광스럽게 하기 위하여 이집트의 테베에 있는 아몬-레 신의 대제국 신전에 걸어놓은 최초의 인물이었다.

그것들 가운데 하나가 이른바 토트메스 3세의 '팔레스타인 명단'으로서 원래 자신의 군대들이 팔레스타인에 대한 최초의 원정에서 어느 곳에 진주하였는지를 보여주는 117곳의 팔레스타인 지명들과 지역 묘사들을 포함하고 있었다.[33] 이 명단은 그 목적 및 성격상 당시의 팔레스타인에 있어서의 정착지들에 대한 개관을 제공해줄 수 없다는 것은 사실이지만, 그것이 언급하고 있는 지명들은 팔레스타인에 수많은 지역들이 존재하고 있었다는 것을 명확하게 입증해주고 있다.

주전 1200년경, 즉 이스라엘 지파들이 이 땅에 정착했을 무렵에 팔레스타인에서는 문명의 한 시대인 '청동기 시대'가 마감되고 철기 시대가 서서히 도래하고 있었다. 이러한 금속들(청동과 철)을 알고 사용했다는 것이 두 시대를 나누는 매우 실질적이거나 안전하고 분명한 판별기준이 되지는 못하지만, 이러한 관습적인 용어들을 사용하여 고고학적으로 그 문화 유물들을 토대로 분류될 수 있는 문명의 큰 시기들을 서술하는 것이 관례이다. 특히 고대의 모든 정착지들에 그 파편들과 유물들이 남아 있어서 수천 년 동안이나

---

33) W. M. Müller, *Die Palästinaliste Thutmosis' III* (MVAG), 12, 1, 1907 and J. Simons, *Hanbook for the Study of Egyptian Topographical Lists relating to Western Asia* (1937), No. I으로 출간되었다 ; 보다 자세한 설명은 cf. M. Noth, ZDPV, 61 (1938), pp. 26-65. Cf. ANET. pp. 244.

보존되어 온 그 도기의 종류들과 형태들, 그리고 단지 희소하게 그 유물이 남아 있는 장신구의 특징들, 가옥과 성벽의 축조 방법들은 이러한 문명 시기들 및 그 하위 시기들마다 전형적인 특징을 지니고 있다.

팔레스타인에서 많은 발굴작업이 행해짐으로써 우리는 여러 단계로 진화해 온 그 땅에서의 청동기 문명을 꽤 분명하게 알 수 있게 되었다: 주전 3000년대의 초기 청동기 시대, 주전 2000년대의 처음 네 세기에 걸친 중기 청동기 시대, 주전 1550년에서 1200년 사이에 걸친 후기 청동기 시대.

정착지들과 인구가 조밀한 도시들에서 살았던 이 시기에 있어서 청동기 시대 문명에 관한 우리의 지식은 도시 문화의 징후들을 토대로 하고 있다. 이러한 도시들은 사실 그 안에 사람들이 사는 도시들이 아니라 작은 가옥들이 다소 어지럽게 세워져 있고, 많은 좁은 골목길들이 불규칙적으로 나있는 성안의 요새와 저장소들, 보통 공공 생활의 무대가 되었던 성문 바로 안쪽의 시장 하나 규모의 광장이었다. 그러나 주민들의 일상 생활은 주로 도시 밖에 있는 밭과 농장에서 이루어졌는데, 거기에서 여름철과 추수기 동안에는 밤을 지새우는 것이 확실한 관습이었다.

이 땅에서 지속적인 도시의 수는 청동기 시대를 거치면서 점차 증가하였다. 고고학적 발견들로부터 추론해 본다면, 새로운 도시들은 중기 청동기 시대와 후기 청동기 시대에 건설되었다. 이따금 새로운 도시들이 건설되면서 이전의 거주지들이 폐기되는 일이 있었는데, 이것조차도 청동기 시대의 도시들의 수가 꾸준히 증가하고 있었다는 것을 의미한다. 이것은 이스라엘 지파들이 이 땅을 점령하였을 당시에 "가나안인들"이 지속적인 도시들에 거주하고 있음을 발견하였다는 구약 전승의 기사와 정확히 일치한다(cf. 예를 들면, 민 13:28).

이러한 도시들의 건설에 있어서 제일 중요한 관심사였던 성벽 축조 기술도 청동기 시대에 꾸준한 진보를 이루었다. 이미 중기 청동기 시대에 이른바 '사이클롭스식' 기법(모르타르 없이 거대한 돌들을 사용하는)으로 웅장한 깎

---

34) 이 기법에 관한 보다 자세한 설명은 WAT, pp. 114 ff. and illustration 5A

아지른 듯한 도시 성벽을 쌓는 방법이 알려져 있었고,[34] 후기 청동기 시대에도 이러한 성벽들 및 그 축조 기술이 전수되었다.

도시로의 인구 집중으로 인하여 직업의 특화 및 특수한 기술들의 전수가 촉진되었다는 점에서 이러한 도시들은 단일한 도시 문명의 등장 및 성장을 위한 선결요건들을 마련하여 주었다. 통상적인 유형의 농부와 작은 가축떼를 기르는 목축업자가 팔레스타인의 청동기 시대의 도시들에서 지배적인 위치를 차지하고 있었다는 것은 사실이다. 그러나 이미 진보된 도기 및 금속 제품 같은 지방 생산물들의 교역이 보여주듯이, 이러한 도시들에는 확실히 전문적인 교역들과 예술품 및 공예품들이 있었고, 이러한 것들은 무엇보다도 물물교환으로 이루어지다가 교역이 확대되고 발전되면서 지불 수단으로 화폐가 등장하게 된 상업의 시작을 의미한다. 이렇게 금속의 각기 다른 중량들을 지불 수단으로 하는 단일한 화폐 경제가 어쨌든 팔레스타인에서 후기 청동기 시대의 도시들에서 형성되어 있었다는 증거가 존재한다.[35]

또한 이것은 구약에서 청동기 시대의 문명을 이루었던 조상들을 지니고 있었던, 이스라엘 이전의 거민들 전체를 묘사하는 용어로 관례적으로 사용되었던 "가나안인"이라는 명칭이 때때로 '상인'과 '무역상'이라는 특별한 의미를 전제하고 있었다(사 23:8 등)는 사실에 의해서도 확증된다.[36] 고고학적 발견들은, 청동기 시대의 도시 문명에서의 교역 관계들과 문화 교류가 아주 두드러지게 경과 지대였던 수리아-팔레스타인에서 예상될 수 있듯이 모든 방면으로 광범위하게 확대되었다는 것을 보여준다. 이 도시들의 청동기 시대 층들에서는 메소포타미아와 이집트에서 수입한 온갖 종류의 도기들과 장신구

를 보라.
35) Cf. K. Galling. BRL, 174 ff.
36) '가나안 사람'이라는 말은 원래 '자줏빛 의복을 만드는 자들', '자줏빛 의복을 파는 자들'을 가리키는 용어였던 것 같다. 이런 사람들은 특히 페니키아 해안 촌락들에 많았는데, 이러한 의미로부터 '가나안'이라는 명칭이 이 땅 자체를 가리키는 다소 모호한 용어로 발전되었다(cf. B. Maisler. BASOR, 102 [1946], pp. 7-12). 구약은 이 말의 원래의 의미에는 생소한 것 같고, 단지 이 땅 또는 그 종족을 가리키는 이차적인 의미로만 이 용어를 사용하고 있다.

들이 발견되었고, 이러한 순수하게 수입된 물품들 외에도 외국의 공산품들을 모방한 국내의 모조품들도 들어 있다. 또한 지중해 세계로부터 물품들 및 문화적 영향력들의 수입을 환영한 것도 후기 청동기 시대의 특징이다. 이러한 영향력들은 특히 구브로와 크레테의 여러 섬들로부터 온 것들로서, 팔레스타인 자체는 바다에 대하여 그리 열려 있지 않았지만 아마도 페니키아의 해안 도시들의 중개를 통하여 이러한 수입품들을 공유하였던 것 같다.[37]

이러한 문명 지역에는 풍부하고 항상 유동하는 다양한 주민들이 거주하였고, 그 전체적인 복잡한 상황에 대한 완벽한 통찰 같은 것은 불가능하다고 할지라도 그 주민들의 동향은 주전 2000년대의 문헌 자료들을 통해 어느 정도 밝혀져 있다.[38] 이 땅에 정착한 여러 집단들은 각각 고유한 전승들 및 문화 유산들을 가져왔다가 이 땅의 문명의 보다 큰 복합체 속에 흡수되었음이 분명하다. 왜냐하면 고고학적 발견들의 증거는 이 문명이 사실 팔레스타인에서만이 아니라 팔레스타인을 포함한 수리아 전역에 걸쳐 청동기 시대에 꽤 동질적이었음을 보여주기 때문이다. 도시 정착지들의 거민들은 각기 다른 출신 배경 및 성격, 단일한 큰 정치적 단위로 결합되기 어려운 애로를 가지고 있었음에도 불구하고 이 문명을 공유하였고, 그 산물들은 교환과 교역을 통해 전지역으로 분배되었다. 수리아-팔레스타인에서 이 땅 자체의 일부에 속하는 하나의 문명이었던 청동기 시대의 도시 체제는 점차로 발전하고 변화되다가, 그 쇠퇴와 몰락의 명확한 이유들을 알기는 어렵지만, 마침내 주전 1200년경에 끝이 났다.

우리가 현재 알고 있는 시기, 즉 주전 3000년대의 초기 청동기 시대로부터 셈어를 사용하는 사람들이 이 땅의 주민의 주된 부분을 이루고 있었다. 구약에서는 이전의 거민들 전체를 그 출신 및 언어와는 상관 없이 "가나안인들"로 지칭한다. 현대의 학계에서는 이러한 구약의 용례를 따르고 있지는 않

---

37) P. Thomsen, *Palästina und seine Kultur in fünf Jahrtausenden*, 3rd edition (AO, 30 〔1932〕, pp. 33-61)은 팔레스타인에서의 청동기 시대를 짧게 개관하고 있다.
38) 더 자세한 것은 M. Noth, ZDPV, 65 (1942), pp. 9-67에 나와 있는데, 이하의 설명에 대한 전거(典據)들도 거기에서 찾아볼 수 있다.

으나 그 서술이 구약의 용례와 연관이 있고 통상적으로 각기 다른 셈어 방언들을 사용하는 이 거민의 기본적인 무리를 '가나안인'으로 지칭한다. 이 명칭은 이 땅의 '원래의' 거민들 또는 가장 초기의 거민들을 가리키지 않는다. 셈어를 사용하지 않고 있는, 수많은 오래된, 일부는 아주 오래된 지명들은 각기 다른 출신의 사람들이 이 땅을 전에 점령하였음을 입증해준다. 그러나 우리는 아직도 이러한 사람들에 관해서는 아무 것도 확실하게 알고 있지 못하고,[39] 그리고 어쨌든 그들은 이스라엘 역사와 관련해서는 아무런 의의도 없다.

그러나 이스라엘 지파들이 이 땅에 이르렀을 때, 그들은 이 곳에서 사용되는 언어가 셈어 계통의 '가나안어'라는 것을 발견하였고, 많은 이전의 이주자들과 마찬가지로 그들 및 그들의 친족은 그들이 이전에 사용하였던 것으로 보이는 아람어 방언 대신에 이 언어를 채택하였다. 우리는 "가나안인들"이 이 땅을 점령한 시기 및 그 성격, 이전에 거기에 살고 있었던 거민들과의 충돌에 관해서는 아무 것도 알지 못한다. 그들은 이전의 정착지들에 자리를 잡았고 아울러 새로운 정착지들을 건설하였다. 그들은 나중에 아주 중요하게 된 페니키아의 해안 중심지들 및 그 천연 항구들을 점령하였던 최초의 사람들이었던 것으로 보인다: 왜냐하면 그 지명들이 사실 철저하게 셈어적이기 때문이다.[40]

페니키아의 해안 지대는 레바논의 막강한 성벽에 의해 내륙으로부터 차단되어 있었고, 따라서 비교적 늦은 시기에 사람들이 정착할 수 있었다. "가나안인"의 이주는 아주 엄청난 것이었기 때문에 이전의 거민들은 여기에 흡수되었고, 그때로부터 그들의 언어가 이 땅에서 사용되다가 훨씬 후대에 와서야 처음에는 부분적으로, 나중에는 전면적으로 아람어로 대체되었다.

---

39) 고고학적 발견물들을 통해서 청동기 시대에 앞서는 문명 시대들이 존재하였음이 입증되었고, 가나안족 이전의 거민들은 아마도 이러한 이전 시대들에 속했을 것이다. 그러나 문헌 기록이 없기 때문에 이 초기 시대에 관하여서는 더 자세한 것을 알 수가 없다.
40) Cf. M. Noth, WO, I, 1 (1947) pp. 21-28.

주전 19/18세기에 셈족 계열의 새로운 지배 계층이 수리아-팔레스타인을 장악하였다. 이집트의 주문 문서와 마리 문서에 나오는 전형적인 인명들에 의하면, 그들은 대략 동일한 시기에 중부 유프라테스와 남부 메소포타미아에서 정권을 장악하여 바빌로니아 제1왕조와 고대 바빌로니아 제국을 건설하였던 계층의 사람들이었다. 이러한 동향이 수리아-팔레스타인에 있어서 갖는 역사적 의의는 아직 분명하지 않고, 또 이 지배 계층에 대한 알맞는 명칭도 발견되지 않았다. 그들은 흔히 '아모리족'이라는 이름으로 잘못 지칭되고 있다.

이스라엘 역사의 초기에 매우 근접한 주전 14세기의 문서들은 주민 구성의 큰 변화를 밝혀준다. 여기에서도 우리에게 알려진 이 시기의 인명들의 수는 상당하다. 그것들이 밝혀주는 새로운 구성 부분은 특히 도시 중심지들에서 비셈어적인 요소이다. 그 사이에 있는 인구 이동으로 인하여 이 땅의 인종적 구성이 변화되었음이 분명하다. 쐐기문자 기록에 의하면 "후리족"이라 부를 수 있는 인명들을 가진 사람들은 특히 이러한 새로운 유입자들 가운데서 상당수 등장한다.

쐐기문자로 된 자료들에 의하면, 이 "후리족"[41]은 동일한 시기의 중부 티그리스는 물론이고 중부 유프라테스와 티그리스 사이의 지역인 메소포타미아에서도 발견되었고, 셈어도 아니고 인도-게르만어도 아닌 그들의 언어는 우리에게 주전 1000년대의 전반부로부터 알려진 아르메니아 산맥의 거민들인 우라르티아족의 언어와 같은 어족인 것으로 판명되었다. 이에 따르면 후리족은 북동 방향에서 고대 오리엔트 지역과 수리아-팔레스타인으로 와서 특히 메소포타미아에 정착했고, 그 상당수는 수리아-팔레스타인에까지 이르러 [42] 무엇보다도 도시들을 장악하여 새로운 지배 계층이 되었던 것으로 보인다.

그러나 후리족과 동시에 비셈족 계통의 다른 인구 성분들, 즉 인도-이란

---

41) 이 명칭은 구약에도 나오지만("호리족") 어떤 구체적인 설명은 없다.
42) ras esh-shamra에서 후리족의 언어로 쐬어진 몇몇 문서들이 발견되기도 하였다.

족의 후손들 및 이른바 사템 어족을 사용하는 지역으로부터 온 인도-게르만족도 등장했는데[43], 이들은 수적으로는 적었지만 그들의 인명을 통해 분명하게 확인할 수 있다. 그들은 아마르나 토판들에서 수리아-팔레스타인의 여러 지역들을 다스리는 군소 통치자들 가운데 나오고, 또한 그들이 메소포타미아에서도 여러 소국들을 다스리는 통치자들이었다는 증거도 있다.

그밖에도 분명히 비셈어이지만 보다 정확하게 분류하기 어렵고 해석하기 어려운 수리아-팔레스타인의 청동기 시대의 온갖 종류의 인명들을 보여주는 증거들이 있다. 그러나 이러한 인명들은 그 주민이 얼마나 이질적이었는지를 보여준다. 따라서 청동기 시대의 도시 문명을 구가하였던 이스라엘 이전의 주민 전체에 대한 극히 포괄적인 명칭들과 아울러[44] 다양한 결합들과 순서들을 통해 수많은 족속들의 명칭들을 매우 자주 열거하고 있는 구약 전승은 사실 상당히 올바른 것으로서, 이러한 명칭들은 우리에게는 아무런 의미가 없지만 이스라엘 지파들이 이 땅을 점령할 당시에 발견하였던 주민의 다양성을 보여준다(창 10:16-18; 15:19-21 등).

수리아-팔레스타인에서 도시들에 정착하여 새로운 지배 계층으로 부각된 비셈족 성분들의 유입은 우리가 그에 대하여 직접적인 정보를 가지고 있지는 않지만 그 부산물들을 볼 수 있는 보다 광범위한 역사적 인구 이동의 일부로서 일어났음에 틀림없다. 이러한 인구 이동을 동일한 시기에 이집트에서 일어난 사건들과 결부시키는 것은 거의 불가능하고, 이에 관한 이집트의 자료들은 불행히도 드물고 서로 잘 맞지 않는다.

중왕조와 신왕조 사이에 이집트는 팔레스타인-수리아의 인접한 아시아 땅으로부터 온 외적에 정복되어 대략 18세기 말경부터 16세기 초에 이르기까지 외세의 통치를 받았다. 정복자들은 이집트의 왕들이 되었고, 지배 계층

---

43) '백'을 가리키는 단어의 특징에 따라 인도-게르만어는 보통 centum어와 satem 어라는 두 개의 큰 어족으로 나뉜다.
44) '가나안 사람'이라는 명칭은 대체로 이런 의미로 사용된다. 그러나 구약 문헌의 어떤 부분들에서는 '아모리족'과 '헷족'이라는 명칭들도 이와 동일한 의미로 사용되고 있다. Cf. WAT, p. 67.

으로서 그 땅과 거민들을 복속시켰다. 그 왕들은 이집트와 아시아의 접경 근처에 있는 나일강의 동쪽 삼각지에 위치한 아바리스라는 도시에 거주하였다. 그리고 이러한 거처의 소재 자체는 그들의 왕국이 이집트와 아울러 근동의 일부, 어쨌든 팔레스타인-수리아를 포함하고 있었다는 것을 보여준다. 이 왕들은 "이방 땅들의 통치자들", 즉 이집트의 왕들인 그들에 의해 공식적으로 사용된 이집트어로 hk w hs. wt로 자랑스럽게 자처하였는데, 이 호칭은 나중에 헬라어로 음역되면서 힉소스족이라는 단어⁴⁵⁾로 발전되었고, 오늘날에는 다소 부정확하긴 하지만 이 역사적 현상 전체를 지칭하는 일반적인 용어로 사용하는 것이 관례가 되었다. 신왕국의 처음 몇몇의 파라오들은 이집트를 이러한 정복자들의 통치로부터 해방시키고, 그들을 다시 팔레스타인으로 몰아낸 다음에 힉소스족의 왕들의 유산을 장악하기 위한 목적으로 팔레스타인-수리아를 복속시켰다.

아마도 메소포타미아까지 미쳤던 것으로 보이고 확실하게 수리아-팔레스타인, 끝으로 이집트를 포함하였던 힉소스족의 통치⁴⁶⁾는 분명히 북동쪽 또는 동쪽 방향으로부터 와서 고대 오리엔트에 강력한 새로운 지배 계층이 되었던 민족 대이동의 결과였다는 결론은 피할 수 없는 것으로 보인다. 이에 편승하여 주전 14세기의 문서들에 상당히 많이 등장하는 후리족, 인도-이란족, 그리고 그밖에 비셈족의 다른 외국 족속들이 수리아-팔레스타인으로 왔다. 그러나 그러한 강력한 역사적 인구 이동은 통상적으로 단순히 인구 구성에만 영향을 미치는 것이 아니라 역사적 상황도 변화시켜 놓음으로써 그 효과들은 그 직접적인 영향권 안에 있는 시기 이후에까지 미치게 된다.

따라서 우리가 힉소스 시대에 관한 직접적인 정보를 전혀 갖고 있지 않을 뿐만 아니라 힉소스족이 도래하기 이전의 수리아-팔레스타인의 자세한 상

---

45) 이 단어는 Josephus, *Contra Apionem*, I, 14, 75 ff. Niese에 보존되어 있는, 힉소스라는 단어를 잘못 설명한 후대의 이집트 제사장 Manetho의 Αἰγυπτιακά에 나오는 힉소스에 관한 장황한 인용문에 의해 잘 알려지게 되었다.
46) 힉소스족을 내쫓는 과정에서 파라오들은 여러 차례 수리아-팔레스타인을 거쳐 유프라테스, 즉 후리족과 인도-이란족이 살던 메소포타미아까지 진출하곤 하였다.

황에 관하여 아는 바가 별로 없어서 그 시기에 어떤 변화들이 일어났는지를 정확하게 규정할 수 없기 때문에 그 영향력을 구체적으로 규명하기가 어렵기는 하지만, 우리에게 비교적 친숙한 주전 14세기의 수리아-팔레스타인의 형세는 힉소스족의 이전의 통치에 의해 많은 점에서 영향을 받았다. 그럼에도 불구하고 우리는 상당한 개연성을 가지고 몇 가지 사항들을 확정할 수 있다.

일반적으로 중요한 첫번째 사항은 우리가 볼 수 있는 한에 있어서 힉소스족을 통하여 수리아-팔레스타인은 고대 오리엔트의 세계적인 큰 사건들에 직접적으로 연루되게 되었다는 것이다. 그때까지만 해도 이집트인들은 시나이 반도에 있는 철광석 매장지들과 페니키아의 교역항들, 레바논 삼림의 목재들에 눈독을 들여왔었다. 메소포타미아의 지배세력들은 아마누스 산맥의 목재, 북부 수리아를 통한 "윗 바다"(지중해)로의 접근 및 풍부한 철광석 산지를 지닌 소아시아로의 접근에 관심을 두고 있었지만, 수리아-팔레스타인은 대체로 고대 오리엔트의 역사에 있어서 별 흥미를 끌지 못하여 왔었다.

수리아-이집트가 그 지리적 위치에 걸맞는 역할, 즉 고대의 유프라테스-티그리스 문명과 나일 문명 사이에서의 교량 역할을 하기 시작한 것은 힉소스족이 이 땅에 정착하여 마침내 이집트를 정복할 때부터였다. 수리아-팔레스타인의 매개를 통하여 이 두 문명간의 활발한 교류가 발전되었다. 아마르나 토판들이 근동의 여러 나라들과 이집트의 파라오들의 집중적인 외교 관계들을 밝혀주고 있는데, 그것은 아마도 파라오들이 이전의 힉소스족 왕들의 역할을 계승한 것으로서 힉소스족 통치의 부산물이었던 것으로 보인다.

이와 관련하여 아마르나 시대에 외교적 교류에서 관례적으로 사용되었던 바빌로니아의 서법(書法)과 언어—보다 제한적인 분야에서이긴 하지만 마리 문서의 시대에 있어서 이러한 것을 보여주는 증거가 있다—가 이집트에까지 확대되고 촉진되었는데 특히 힉소스족은 최초로 고대 오리엔트를 이동하면서 처음으로 여러 지역에 쐐기문자 서법의 오래된 전통을 퍼뜨렸다고 추측하는 것도 가능하다.

수리아-팔레스타인에서 후기 청동기 시대에 이러한 서법은 이 땅 자체에서만이 아니라[47] 고유의 오래되고 고도로 발전된 서법 전통을 지닌 땅에서 살았던 이집트 영주와의 교신에서도 사용되었다는 사실은, 처음에는 강제되었고 나중에는 그대로 유지되었던 국제적 교신의 표준화의 결과였다고 밖에는 설명할 수 없을 것이다.

아울러 힉소스족은 새로운 전쟁 기법도 도입하여 고대 오리엔트에서 새로운 사회 질서를 가져 왔다. 힉소스족은 아시아 내륙의 초원 지대로부터 기원하였음이 분명한, 말이 모는 병거(전차)를 도입하였다. 그때부터 고대 오리엔트의 왕들과 통치자들은 이 귀족적인 병기를 사용하였다. 사실 고대 오리엔트에서 이 일 이전에 말이 전혀 알려져 있지 않았던 것은 아니다: 그러나 말이 중요성을 획득하고 일반적으로 보급되게 된 것은 병거와 결부되면서였다.

사람이 타는 짐승이자 전쟁용으로서 고대 오리엔트에 말이 점차로 도입된 것은 후대에―주전 2000년대 말엽에―아시아 내륙으로부터 북동쪽의 변경으로 기병들이 유입한 결과였다. 그리고 축력(畜力)으로서의 말은 오늘날까지도 이 지역에서는 여전히 보편화되어 있지 않다. 그러나 전쟁에서 전차는 힉소스족의 시대로부터 고대 오리엔트에서 두드러진 역할을 하였다. 전차가 일반 군대의 모든 병사가 사용하는 병기가 될 수 없었다는 것은 분명하다: 전차는 기술과 연습만이 아니라 높은 사회적 지위와 이에 걸맞는 부(富)를 요구하였다.[48] 오직 기사(騎士)들만이 전차와 맞붙어 싸울 수 있었으므로 힉소스족의 지배 계층은 십중팔구 일종의 기사 계급을 대표하였다.

힉소스족의 기사들은 많은 오래된 도시들과 수리아-팔레스타인에서 중기 청동기 시대에 새로 건설된 도시들에서 힉소스족 왕의 군소 통치자들과

---

47) 이것은 tell ta'annek (AOT², P. 371에 나오는 몇 가지 예들을 참조하라)에서 발견된 쐐기문자 토판들, rās esh-shamra에서 나온 몇몇 서신들, 북부 수리아에 있는 Alalakh(현재의 tell el-'alshane)에서 출토된 토판들에서 볼 수 있다.
48) 후대에 가서야 국가가 전사(戰士)에게 필요한 병기와 물품들을 보급해 주었고, 그 이전에는 병사 스스로가 이런 것들을 마련해야 했다.
49) 고대 바빌로니아 왕 함무라비의 법령집에서 '자유인'의 법적, 사회적 지위를 서술할 때 사용되었던 '사람'(amelu)이라는 단어는 위 본문에서 전문용어로서 '봉신'(封臣)으로 번역되어야 할 것이다.

가신들로 자리를 잡았다. 아마르나 시대에 수리아-팔레스타인의 거의 모든 도시들에서 스스로를 '도시의 사람들'(파라오와 반대되는)[49]로 자처하고 세습적인 통치권을 행사하는 그런 통치자들은 사실 전차를 몰고 전쟁에 나가는 이러한 힉소스족의 기사들과 동일 인물들이었다. 그리고 우리가 그 시대의 문서들에서 대하게 되는 수많은 셈족 인명들과 나란히 적혀 있는 후리족과 인도-이란족의 인명들은 바로 이러한 사람들의 일부이다.

힉소스족의 통치자들이 등장하기 이전에 청동기 시대 도시들에서 사회 질서가 어떤 모습이었든간에 힉소스족 시대 이래로 우리는 봉건 질서, 즉 지배 계층과 자유가 없고 조세와 강제 역무(役務)에 시달렸던 종속된 주민들의 대비되는 모습을 고려하지 않으면 안 된다. 힉소스족 통치의 핵심이었던 것으로 보이는 수리아-팔레스타인은 이집트 및 메소포타미아의 개화된 지역들과는 달리 깊은 역사적 뿌리를 지닌 정치적, 사회적 질서를 가지고 있지 않았기 때문에 그러한 봉건 질서가 자리를 잡기에 적합한 토양을 제공하였다. 그러나 이스라엘 지파들이 이 땅을 점령할 당시와 그 후에 "철병거"를 지닌 도시 거주의 "가나안족"을 두려워하였다고 말하고 있는 구약 전승은 다시 한 번 옳다(수 17:16; 삿 1:19; 4:3).[50]

우리는 힉소스족의 통치에 관하여 직접적으로 알고 있지는 못하고 그 유물들과 부산물들을 통해서만 알고 있다. 주전 1580년 이후로 이집트 자체에서와 팔레스타인-수리아에서의 힉소스족의 통치의 유산은, 여러 차례의 원정을 통하여 유프라테스에 이르기까지 팔레스타인-수리아를 복속시키고 여러 번 반복하여 그 곳을 자기 지배하에 두었던 제18 왕조의 파라오들에게 넘겨졌다. 그들은 도시들에 거주한 군소 통치자들의 봉건적 의존관계를 인정하는 것을 자신들의 주권의 토대로 삼았다는 점에서 대체로 힉소스족의 통치 체제를 유지하였던 것으로 보인다. 그리고 일부 통치자들이 여전히 후리족과 인도-이란족의 인명을 지니고 있다는 사실이 보여주듯이, 그들은 어쨌든 부분

---

50) 이 병거들은 당연히 다 철로 만들어진 것이 아니라 나무로도 만들어졌다. 위의 표현은 금속제 장비들을 가리킨다.

적으로는 힉소스족 통치자들의 옛 왕가들을 그 왕좌에 그대로 남겨 두었던 것으로 보인다.

또한 그들은 수적으로는 매우 적은 수비대들을 지닌 강력한 거점으로서의 몇몇 요새들을 유지하였다. 몇몇 해안 성읍들에 그들은 그들의 원정에 필요한 물자를 공급해 줄 보급 기지를 설치하였다. 여기저기에 그들은 이집트 신전들을 세웠고 몇몇 땅의 소유권들을 이집트의 신들, 즉 그들의 신전들과 제사장들에게 넘겨주었다.[51] 그러나 대체로 그들은 많은 도시 통치자들의 봉건적 충성만을 요구하였을 뿐이었다. 그리고 이 충성은 파라오들이 반복되는 원정을 통하여 우월한 힘을 과시하였을 때에만 유지될 수 있었을 뿐이었다. 제18 왕조 말기에 파라오 아멘호텝 3세(주전 1413-1377년)와 아멘호텝 4세(주전 1377-1360년)가 더 이상 이러한 원정을 계속하지 못하게 되자, 수리아-팔레스타인에 대한 이집트의 실제적인 지배력은 급속히 쇠퇴하였다.

이 두 파라오의 시대로부터 나온 아마르나 토판들은 이집트의 통치가 철저하게 해체된 상태였다는 것을 보여준다. 아주 초기부터 활발한 교역 관계로 말미암아 이집트와 밀접한 관계를 맺어 왔던 그발(Byblos, 베이루트 북쪽에 있는 jebel) 도시의 통치자 같은 오직 소수의 봉신들만이 여전히 파라오에 대한 충성을 유지하였고, 그밖의 대부분의 봉신들은 독립된 통치자들로 행동하였고 가능한 한 그들의 빈약한 세력을 확대하고자 시도하였다.

제19 왕조에서 가장 중요한 파라오들, 특히 세티 1세(주전 1308-1290년)와 라암세스 2세(주전 1290-1223년)는 이전과 동일한 정도는 아니지만 수리아-팔레스타인에 대한 이집트의 지배권을 되찾았다. 그러는 사이에 소아시아에 있는 자신의 거점으로부터 히타이트족(헷족)은 북부 수리아에 대한 지배권을 획득한 상태였다. 라암세스 2세 치세 제 5년에 오론테스 강변에 있는 가데스(현재의 tell nebi mend) 전투에서 그들은 히타이트의 세력권을 침범하고자 한 이 파라오의 시도를 좌절시킬 정도로 강력하였으므로 수리아

---

51) Cf. A. Alt, ZDPV, 67 (1944-1945), pp. I ff,; BBLAK, 68 (1946-1951), pp. 97 ff.

의 절반인 북부 전지역을 장악할 수 있었다. 이렇게 탄생된 '현상'(status quo)을 토대로 라암세스 2세와 히타이트 왕 하투실리스(Hattusilis) 사이의 호혜조약이 라암세스 2세 제21년에 맺어졌다.[52]

그러다가 제19 왕조의 파라오들이 다시 한번 팔레스타인에 이집트의 지배권을 확립하였다. 그러나 주전 1200년경에 이집트의 신왕조의 세력이 마침내 몰락하면서 그들의 가장 가까운 이웃이었던 팔레스타인에 대한 파라오들의 통치는 막을 내리게 되었고, 그 이후로 그들은 이 땅에 대하여 오직 이론적으로만 지배권을 주장하였을 뿐이다. 므깃도를 발굴하는 도중에 발견된 라암세스 4세의 석비 단편(주전 1150년경)은 그때쯤에는 이미 완전히 사라져 버렸던 팔레스타인에 대한 이집트의 통치에 대한 최후의 유형의 증거물이다. 그 이후로 이 땅의 운명은 스스로의 손에 맡겨지게 되었다.

그러나 이 땅에 대한 이스라엘 지파들의 점령 바로 직전에 한 세기 동안에 걸친 이집트의 통치가 있었음으로 인하여 우리는 후기 청동기 시대의 팔레스타인의 상황에 관한 풍부한 이집트측의 정보를 제공받을 수 있게 되었다. 아마르나 토판들은 이와 관련하여 가장 유익한 문서 집단이다. 이 토판들 및 토트메스 3세의 팔레스타인 명단으로부터 얻은 정보를 고고학자들의 발견들과 결합함으로써 우리는 매우 정확한 주민의 생활상을 얻을 수 있다.[53]

이 고고학적 발견들에 의하면, 원래의 가나안인 신민(臣民)들이 기사 계층의 통치자들 아래에서 살았던 그러한 도시 정착지들은 거의 전부가 이 땅에서 가장 자연의 혜택을 받은 지역들, 즉 무엇보다도 평지에 위치해 있었

---

52) Cf. G. Roeder, *Agypter und Hethiter* (AO, 20 [1919]) and pp. 36 ff. 조약의 본문에 대해서는 cf. ANET, pp. 199-203. 가데스 전투의 역사적 배경에 대해서는 cf. J. Sturm, *Der Hettiterkrieg Ramses' II* (Beihefte zur 'Wiener Zeitschrift für die Kunde des Morgenlandes', 4. Heft [1939], pp. I ff.).
53) 이하의 서술에 대해서는 특히 A. Alt, *Die Landnahme der Israeliten in Palästina* (Reformationsprogramm der Universität Leipzig, 1925) ; reprinted in *Kleine Schriften zur Geschichte des Volkes Israel*, I (1953), pp. 89-125을 참조하라.

다. 그러나 평지에서 그 정착지들은 오밀조밀 모여 있었고 서로간의 거리가 단지 몇 마일밖에 떨어지지 않는 경우도 흔했다. 무엇보다도 비교적 풍부한 수량과 비옥한 충적토를 지닌 갈멜 남쪽과 북쪽의 해안 평지는 이러한 "도시들"로 붐볐다. 요단 서편 산지들의 자락에 있는 이 평지의 내륙쪽 끝부분은 샘들이 많이 있어서 가장 인구가 조밀하였다. 그러나 평지가 해안과 나란히 형성되어 있는 모래 언더들에 이르는 부분까지 정착 촌락들은 확대되었던 반면에, 거의 항구가 없는 해안 자체에는 정착 촌락들이 거의 없었다.

기손 계곡을 통하여 해안으로부터 갈멜 북쪽으로, 남부 해안 평지로부터 갈멜과 팔레스타인의 중부 산악지대 사이에 있는 낮은 구릉 지대를 거쳐 쉽게 접근할 수 있었던 비옥하고 광활한 이스르엘 평지에는 수많은 도시들이 남서 모서리를 따라 자리잡고 있었다. 요단 계곡으로 말하자면, 요단강의 발원지와 이스르엘 평지에서 나오는 수로(지금 nahr jalud이라 불리는)가 가로지르는 저 광활한 서쪽 돌출지 사이에 있는 북부 절반에는 일련의 정착지들이 있는 반면에, 사막 같은 남부 절반에는 오직 사해 북쪽에 있는 몇몇 오아시스들에만 정착지들이 있었다. 요단 계곡 동쪽, 삼림이 우거진 산지 모서리 너머에는 요단강의 최북쪽의 지류인 야르묵의 양편에 요단 동편의 북부 지역의 광활하고 비옥한 평지가 있었는데, 이 지역은 도시 정착지들이 몰려 있는 곳이었다.

반면에 요단 동편의 남부 지역의 고원지대는 마찬가지로 농경에 꽤 적합한 지대여서 고고학적 증거에 의하면, 초기 청동기 시대에는 도시들로 가득 들어차 있었으나 중기 청동기 시대 제 1기에 우리에게 알려지지 않은 이유로 인하여 이 정착지들은 포기되어졌고, 이집트 통치 시대에는 여기에 도시적인 생활은 거의 존재하지 않았다. 그러다가 대략 주전 13세기에 와서야 흥미롭게도 해안으로부터 아주 멀리 떨어진 지역에 지중해 문명과 적어도 어느 정도의 연관성을 지닌 사람들이 여기에 새로운 지속적인 정착지들을 세웠다.[54]

---

54) 크레타식의 선(線)으로 된 B라는 명각(銘刻)이 새겨진, 아르논 남쪽 el-balu'a 에서 발견된 비석이 이를 보여준다 (cf. A. Alt, PJB, 36 [1940], pp. 34 ff.).

후기 청동기 시대에 와서도 팔레스타인의 산지들은 여전히 인구 밀도가 매우 희박하였다. 요단강의 지류인 얍복강의 양편에 있는 요단 동편의 삼림 우거진 중부 지역에는 지속적인 정착지들이 거의 전무하다시피 했고 얍복 계곡 자체에만 오직 소수가 존재하였을 뿐이다. 이스르엘 평지의 북쪽, 요단 서편의 산지들의 북쪽 지방의 대부분도 사정은 마찬가지였다. 이 산지의 중부 지역에는 특히 유서깊은 도시인 세겜이 자리하고 있었는데, 이 도시는 편리한 계곡을 통하여 서쪽 해안 평지로부터 접근할 수 있는, 깊이 파여 산지가 된 평지의 서쪽 경계에 위치해 있었다. 이 도시는 주전 19세기에 있었던 제12 왕조의 한 파라오인 세소스트리스(Sesostris) 3세 시대와 관련된 이집트의 금석문에 언급되어 있고,[55] 아마르나 토판들에는, 세겜 근방에는 거의 경쟁자들이 없었기 때문에 여러 지역으로 자신의 세력권을 넓혀나갈 수 있었던 한 통치자의 본거지로 등장한다.

남쪽으로 더 내려가서 그 산지들은 사람이 접근하기 어렵고 비옥하지도 않았기 때문에 별로 매력적이지도 않음에도 불구하고 예루살렘 근처의 지역은 여러 도시들로 가득차 있었다는 것은 주목할 만한 일이다. 이집트의 주문 문서에 의하면, 주전 2000년대 초에 존재했던 것으로 입증되는 예루살렘 자체는 아마르나 시대에 파라오에게 일련의 서한들로 인해 아마르나 문서들에 나타나 있는 어떤 통치자의 본거지였다. 남쪽으로 그에게는 어느 정도의 운신의 폭이 있었다: 남쪽으로 5마일 떨어진 베들레헴은 당시에 "예루살렘 땅의 도시"[56], 즉 예루살렘의 통치 하에 있는 지역이었다.

그리고 남쪽의 산지들에 있었던 그밖의 다른 청동기 시대의 도시에 관해서는 우리는 아는 바가 없다. 그러나 예루살렘의 북쪽, 북서쪽, 서쪽에는 청동기 시대의 여러 이웃 도시들이 있었는데, 이에 관해서 우리는 문서 전승으로부터만이 아니라 유적지들에 대한 고고학적 발견들을 통해 알고 있다. 예루살렘에서 북쪽으로 이르는 길에는 10마일 떨어진 곳에 중기 청동기 시대

---

55) Cf. AOT², PP. 81 f.
56) EA, 290, 15 f. (예루살렘의 통치자 Abdiheba의 서신으로부터). Cf. ANET, p. 489.

이래로 사람이 거주하였던 루즈(오늘날의 "betin")라는 도시가 있었고, 북서쪽으로 6마일 정도 떨어진 곳에는 청동기 시대의 에아 입(ea-jib)이라는 도시가, 예루살렘 서쪽으로 8마일 되는 곳에는 구약에도 나오는 기럇 여아림이라는 도시가 있었다.

그러므로 동쪽으로 요단 계곡으로 경사를 이루고 있는 "유다 광야"(이 사람이 거주하지 않는 지역을 나중에 구약에서는 이렇게 불렀다)와 이 산지의 서쪽 경사지 사이에 있는 이 산지의 전체 고지에는 도시 국가들의 영토들이 꽤 응집력 있게 자리잡고 있었고, 이로 인해 이들은 각자의 세력권을 넓혀가기가 어려웠다. 이 일군의 도시 국가들은 오지에 자리잡고 있었기 때문에 역사적으로 큰 중요성을 갖지 못했다. 그러므로 이집트의 자료들에서 예루살렘을 제외하고는 이에 관하여 아무런 언급도 없다는 것은 놀랄 일이 아니다.

예루살렘 북쪽으로 25마일 떨어진 산지에 위치해 있던 헤브론(el-khalil)—오늘날과 마찬가지로 옛날에도 포도 산지로 유명했던 지역—도 사정은 마찬가지였다. 민수기 13장 22절로부터 판단하건대, 헤브론은 이미 청동기 시대에 존재했었다. 그리고 헤브론은 청동기 시대의 한 도시로서 그 위

---

57) 이것은 후대에 그 동편에 위치한 유명한 성소의 이름을 따라 벧엘이라 불리게 된 곳의 원래 이름이었다.
58) 여호수아 15:13-19 = 사사기 1:10-15, 여호수아 10:36 ff., 11:21에 헤브론과 관련하여 언급되어 있는, 예전에 기럇세벨이라 불렸다고 하는 드빌 성읍의 경우는 여전히 의심스럽다. 이 기럇세벨이 이미 이집트의 암세스 시대의 것인 Pap. Anastasi, I, 22, 5에 언급되어 있다고 가정하는 것은 분명히 잘못일 것이다 (cf. M. Noth, ZDPV, 60 (1937), p. 224, Note 2). 그러나 구약에 언급된 구절들로부터 판단해 볼 때 드빌은 청동기 시대의 성읍이었던 것으로 보인다. W. F. Albright, *The Archaeology of Palestine and the Bible* (1932), pp. 77 ff. 등등에서도 이 견해를 따르고 있다. 드빌이 tell bet mirsim에 위치해 있었다고 한다면, 드빌은 헤브론에서 서남서쪽으로 12마일 떨어진 산자락에 위치해 있었다는 말이 되는데, 그렇게 되면 위의 문맥에 맞지 않게 될 것이다. 그러나 구약에 나오는 말 그대로 드빌이 헤브론에 훨씬 더 가까운 산지에 있었다고 한다면(M. Noth. JPOS, 15 (1935). pp. 48 ff.에서는 드빌의 위치를 이렇게 추정하고 있다), 드빌은 요단 서편 산지의 최남쪽 지역에 있던 청동기 시대의 성읍이었다고 할 수 있다.

치가 다소 외진 곳에 있었기 때문에 이집트 자료들에 전혀 언급되고 있지 않다고 하더라도 이러한 사실은 변함이 없다.[58]

따라서 이스라엘이 이 땅을 점령할 당시에 산지들에는 아직 대체로 정착지들이 별로 형성되어 있지 않은 상태였고, 단지 여기 저기에 산발적으로 도시들 또는 일군의 도시들이 드문드문 자리잡고 있었을 뿐이다. 정치적, 경제적 생활은 교류가 비교적 수월하였던 평지들과 고원 지대들에서 형성되었다. 이집트의 통치가 종언을 고한 후에는 널리 산재해 있는 수많은 도시 국가들은 서로 정치적으로 결집되어 있지 않았다.

한때 힉소스 왕들과 파라오들의 봉신들이었던 이 도시 국가의 통치자들은 이제 "왕들"로 자처하였다. 그리고 어쨌든 "가나안" 도시의 통치자들을 구약에서는 그런 식으로 불렀다. 아마르나 시대 이후에도 틀림없이 이 도시 국가들 사이에서는 우호적이거나 적대적인 다양한 접촉들이 있었고 무수한 충돌이 발생하였을 것이다. 그러나 이 모든 것에 대하여 우리는 현재로서 아는 것은 실제적으로 아무것도 없다.

아마르나 시대와 마찬가지로 그 이후에도 지배 계층에 속하지도 않고 이전의 도시 원주민에 속하지도 않으면서 이 땅에서 일익을 담당하였던 또하나의 인구 성분이 있었다. 아마르나 토판들에 의하면, 이들은 특히 반이집트적인 도시 통치자들을 위한 군역에 종사하였다. 아마르나 토판의 쐐기문자로 이들은 보통 SA. GAZ라는 두 음절로 이루어진 발음 기호로 묘사되고 있다. 그리고 이 단어는 예루살렘의 도시 통치자 압디헤바(Abdiheba)의 글들에서만 하비루[59]라는 음절 문자로 나온다. 이것이 구약의 "히브리"[60]와 동일한 단어라는 것은 거의 의심할 여지가 없다. 그러한 "히브리인"은 고대 오리엔트 세계 전체에 걸쳐 나타난다―그들은 통상적으로 여러 가지 일들을 수행

---

59) SA. GAZ가 Habiru와 동일하다는 것은 이제 특히 히타이트 왕국의 수도(현재의 boghazköi)에서 나온 쐐기문자 문서들에 의해 확증되었다.

60) SAZ. GAZ를 'prm으로 번역하는 것은 최근에 ras esh-shamra에서 나온 문서들을 통해 입증되었는데, 그렇다고 해서 그것을 '히브리'라는 단어와 동일시할 수 없는 것은 아니다; cf. W. F. Albright, BASOR, 77 (1940), pp. 32 f. (E. G. Kraeling, ibid. p. 32는 이를 반대하고 있다).

했음에 틀림없다.

이들은 고대 바빌로니아 제국의 기록들과 마리 문서들,[61] 주전 15세기의 티그리스강의 동쪽 땅에 있는 도시 누주(Nuzu)의 기록들, 주전 14세기 경의 소아시아의 히타이트의 기록들, 동일한 시기의 수리아-팔레스타인의 기록들에 나오고, 이집트의 제 19왕조와 제 20왕조의 기록들에는 "pr이라는 형태로 나온다.[62] 그것이 한 민족에 대한 명칭이었다거나 히브리인이라는 민족이 있었다는 것은 불가능하다. 왜냐하면 그러한 "히브리인"의 인명들이 언급되고 있는 대목들을 보게 되면 그들은 각양각색의 출신 배경을 갖고 있는 것을 보기 때문이다. 그것은 특별한 법적, 사회적 신분을 나타내는 특수한 용어였을 가능성이 더 높다.

우리는 때때로 이 용어가 구약의 율법서들에서 이런 식으로 사용되는 것을 보게 된다(출 21:2; 신 15:12).[63] 열등한 법적 권리들과 빈약한 재산을 지닌 사람들 또는 일군의 사람들이 고대 오리엔트의 개화된 땅에서 "히브리인"이라는 명칭 아래 등장한다: 그들은 자기들을 필요로 하는 곳에서 그 필요에 따른 일을 수행한다. 그들은 기존의 주민의 여러 계층에 속해 있지 않았고 땅에 뿌리를 내리지 않은 모종의 끊임없이 떠도는 유목민들이었다. 우리가 활용할 수 있는 자료를 가지고는 그들의 성격을 정확하게 규정하는 것은 불가능하지만, 아마도 그들의 지위는 시간과 장소, 역사적 상황에 따라

---

61) *Textes cuneiformes du Louvre*, XXII (1941), No. 131, 13.
62) 상당 기간 알려져 왔던 자료는 *Die Wanderungen der Hebräer im 3. und 2. Jahrtausend v. Chr.* (AO, 24, 2 [1924], pp. 13 ff.)에서 그 대부분을 찾아볼 수 있을 것이다. 새로운 자료로는 멤피스에서 발견된 파라오 Amenhotep II (1448-1420 B.C.)의 비석 제 30행에 나오는 'pr인데(A. M. Badawi, *Annales du Services des Antiquités de l'Égypte*, 42 [1943], pp. I ff.), 이 비석에서 '히브리인들'은 파라오가 팔레스타인-수리아에서 잡아온 전쟁 포로들의 일원으로 나온다. 팔레스타인의 벧산 성읍에서 발견된 파라오 Seti I의 비석에 나오는 'pr이라는 글자(cf. AOB^2, No. 97)도 이집트의 'pr과 근동의 Habiru간의 관련성을 입증해준다.
63) 그러나 A. Jepsen, AfO, 15 (1945-1951), pp. 54 ff.도 참조하라.
64) 이 점에 관한 추정은 W. F. Albright, *The Biblical Period* (in L. Finkelstein, *The Jews* [1949]), p. 57, note 39에서 찾아볼 수 있다.

변했던 것으로 보인다.

"히브리"라는 널리 퍼진 용어의 의미[64]와 기원조차도 아직까지 명확히 밝혀져 있지 않은 상태이다. 그러나 그것이 널리 퍼져 있었다는 사실은 아마르나 토판들에 나오는 하비루와 이스라엘 지파들간에 어떤 실질적인 연관성이 있다고 볼 이유가 없다는 것을 의미한다. 아마르나 토판들에는 그들이 사막으로부터 수리아-팔레스타인으로 들어 왔다거나 그들이 최근에 들어 왔었다는 언급이 없다.

이스라엘 지파들이 팔레스타인에 정착할 무렵에 다른 방향에서의 하나의 중요한 민족 이동이 도시 국가의 영토들에 영향을 미쳤다. 주전 1200년 경에 지중해 지역으로부터 땅을 찾아 나선 집단들이 해로와 육로를 통해 고대 오리엔트의 문명 지역들로 유입해 온 사건이 있었다. 우리는 이집트 자료들을 통해 이 민족 이동을 잘 알고 있다. 이 이주자들은 이집트도 공격하였고, 파라오 메르넵타, 특히 라암세스 3세는 이 '해양 민족들'로부터 자기네 땅을 수호하여야 했기 때문이다. 그들은 그렇게 하는 데 성공하였고 자신의 승리들을 글과 그림으로 표현해 놓았다.[65]

이 '해양 민족들'의 침입은—그리스에의 이른바 도리아인의 이주도 그 가운데 일부분이었던—북방으로부터 동부 지중해 세계로 엄습해 왔던 대규모 민족 이동의 끝부분에 불과했다. 이 이주자들은 일부는 황소가 이끄는 수레들에 짐을 싣고 해안을 따라 왔고, 일부는 배를 타고 섬에서 섬으로 또는 지중해의 동쪽 경계선을 따라 왔다. 그들은 소아시아 전역을 누비며 히타이트족의 왕국을 공격하여 멸망시켰다. 수리아-팔레스타인 해안에서 그들은 남쪽으로 이동했다.

또한 그들은 그리스와 그리스의 섬들을 건너 북 아프리카의 리비아 해안에 상륙하여 이 방면에서 이집트를 위협하였던 것으로 보인다. 그러나 이 민

---

65) medinet habu(이집트 테베의 서쪽 지역에 있는)에 위치한 라므세스 3세의 궁전 속의 도해들과 명각(銘刻)들은 특히 이와 관련이 있다 ; cf. J. H. Breasted, *Ancent Records of Egypt*, IV (1906), pp. 59-82 : AOB², N0 111,112. ANEP, No. 341.

족 이동의 마지막 파도는 이집트의 접경 지대에서 부숴졌다.

이집트인들은 그들의 시야에 들어온 온갖 부류의 '해양 민족들'의 이름들을 기록해 놓았는데, 이 가운데는 이러한 이름들로 불리운 '해양 민족들'이 이 시기에 팔레스타인에 정착했기 때문에 우리에게 중요한 의미가 있는 prst족과 tkr족이라는 족속들도 들어 있었다. 그리고 이집트의 관리 웬 아몬(Wen-Amon)의 보고서에 의하면, 주전 1100년 경에 tkr족은 몇 안 되는 팔레스타인의 해안 도시들 가운데 하나인 갈멜 돌출부의 남쪽에 있는 돌(Dor, 현재의 et-tantura 근처의 el-burj)을 점령하였다고 한다.[66]

블레셋인들이 팔레스타인에 정주하게 된 것은 이스라엘 역사에 특히 중요한 의미를 갖는다. 구약 전승에 의하면, 블레셋인들은 팔레스타인의 해안 평지의 남쪽 부분을 점령하였고, 북쪽으로는 나르 엘 아우야에 이르렀으며, 거기에서 다섯 개의 소국들을 이루었고 이 국가들은 각각 하나의 도시를 행정 중심지로 삼았다―증거에 의하면 대체로 이 도시들은 고대 청동기 시대의 도시들이었다. 이 도시들은 가사(현재의 ghuzzeh), 아스칼론(현재의 'askan), 아스돗(현재의 esdud), 아카론(현재의 'akir)[67], 갓(해안 평지에서 내륙으로 깊숙이 들어간 지점으로서 아직 그 위치가 파악되지 않고 있다)이었다.

이 국가들에서 블레셋인들은 꽤 응집력 있는 호전적인[68] 계층으로서 이 지역의 가나안 원주민들을 다스렸던 것 같고, 다섯 통치자들[69]은 평상시에도 연합되어 있었지만 전시에는 이들 중의 한 명이 맹주(primus inter pares)가 되어 지휘하였다. 주전 1200년 경에는 파라오들이 여전히 팔레스타인에

---

66) 이 여행기의 번역문은 AOT², pp. 71 ff.와 TGI, pp. 36 ff.에 나와 있다: 해당 구절은 I, 8 f., ibid. p. 71 or p. 36에 나온다. Cf. ANET, pp. 25-9.
67) 구약에서는 이 명칭을 '에그론'이라고 잘못 발음하고 있다. 그 정확한 발음은 후대의 앗수르어 번역문인 Amkarruna로부터 추론해 볼 수 있다.
68) 사무엘상 17:5-7에서 찬탄과 경외심으로 묘사하고 있는 블레셋의 병거부대의 무장에 관한 서술과 비교해보라.
69) 구약에 의하면 이 블레셋 통치자들은 블레셋어로 seranim이라는 칭호를 지니고 있었는데, 이 칭호는 τύραννος와 연관이 있었던 것으로 추정된다.

대한 지배권을 지니고 있었고, 이 남방 해안 평지는 이집트에 가장 가까운 땅의 일부로서 이집트의 행정과 이집트의 신전들이 운용되고 있었기 때문에 이집트와 특히 긴밀한 관계에 있었다는 점을 감안하면, 이 지역에 대한 블레셋인들의 점령은 "해양 민족들"로 하여금 인접한 팔레스타인에 정착하도록 유도하여 이집트 자체에서 몰아내고자 한 파라오들의 묵시적 또는 명시적인 동의 아래 이루어진 것이라는 것을 쉽게 짐작할 수 있다.[70] 블레셋인들은 팔레스타인에서는 활발하게 영토를 확장하며 군사적 통치를 수행해 나갔다고 할지라도 우리가 아는 한 결코 다시는 이집트를 위협한 적은 없었다.

블레셋인들은 이민족으로서 팔레스타인 세계에 발을 들여 놓았다. 이스라엘 사람들은 그들을 "무할례자들"이라고 부르기를 좋아하였다. 왜냐하면 그들은 수리아-팔레스타인에서는 물론이고 이집트에서도 매우 오래된 전통이 었음이 분명하고 아마도 이전의 이주자들에 의해서도 채용되었던 것으로 보이는 할례의 관습을 알지도 못했고 채용하지도 않았기 때문이다. 아모스 9장 7절과 예레미야 47장 4절에 따르면, 그들은 갑돌, 즉 크레타 섬으로부터 왔다. 그러나 그들은 크레타 섬의 원주민도 아니었고, 이집트인들이 아주 다르게 묘사하고 있는 미노아 문명의 유지자들도 아니었다. 크레타 섬은 그들이 팔레스타인에 정착하기 이전에 그들의 여로에서 마지막 기착지였다고 할 수 있다. 그들의 출발지는 분명히 훨씬 먼 곳이었고, 우리가 알고 있는 몇몇 블레셋인들의 이름들은 일리리아의 후손일 가능성을 시사해준다.[71] 그들은 팔레스타인에서 단일한 자족적인 지역 내에서 꽤 큰 규모로 정착했을 것이기 때문에 그들 고유의 특성과 선천적인 호전적 용맹성을 수 세기 동안 보존할 수 있었지만 결국은 모든 지배 계층의 운명이 그러했듯이 원주민들에게 점점 더 동화되어 갔다.

블레셋인들은 분명히 주전 1200년 경에 팔레스타인에 등장한 가장 중요하고—가장 강성하지는 아니했을지라도—우리에게 가장 잘 알려진 "해양 민

---

70) A. Alt, ZDPV, 67(1944-1945), pp 15 ff.
71) Cf. G. Herbig, *Jahrb. d. Dtsch. Arch. Instituts*, 55 (1940), pp. 58 ff. ; A. Jirku, WZKM, 49 (1943), pp. 13 f.

족"이었으나, 그들이 유일한 해양 민족이었던 것은 아니다. 북쪽으로 더 올라가 팔레스타인의 해안 평지에 있는 돌(Dor)에는 블레셋인들과는 떨어져서 위에서 말한 tkr족이 정착하여 작은 "해양 민족" 영지를 건설하였다. "해양 민족들"의 이러한 족속들은 갈멜 북쪽의 해안 평지와 이스르엘 평지로 침투하였던 것으로 보인다. 사사기 4장과 5장에 나오는 시스라 왕은 북방 해안 평지와 이스르엘 평지 사이의 길목 지역에 근거지를 두고 있었는데, 이 왕도 일리리아 식의 이름을 지니고 있었던 것으로 보인다.[72]

이스르엘 평지의 중심부에 있는 "아풀라"(affula)를 발굴하는 과정에서 '블레셋 도자기들'이 발견되었고,[73] "나르 얄룻"(nahr jalud, 이스르엘 평지로부터 요단 계곡으로 흐르는)에 있는 도시 벳산(현재의 besan 근처의 tell el-husn)의 유적지에 대한 발굴을 통해서는 철기 시대 초기에 속하는 유물들이 발견되었는데, 이것들은 지중해 세계와의 구체적인 접촉을 보여주는 증거들이다.[74] 돌(Dor)에 있던 tkr족에 관한 정보는 부수적이고 단편적인 것이어서, 우리는 이와 같은 tkr족 또는 "해양 민족들"에 속하는 그밖의 다른 집단들이 돌의 근방 또는 조금 떨어진 다른 지역들에 정착하지 않았나 추측할 수 있을 뿐이다.

이보다 먼 지역에 관해서는 이 이방인들에 의한 이 땅의 점령이 팔레스타인에서의 블레셋인들의 정착과 마찬가지로 이십트인들의 동의 아래 이루어진 것인지, 아니면 이 족속들이 독단적으로 무력을 사용하여 정복한 것인지는 확실치 않다. 그러나 발굴들을 통해서 어쨌든 도시 벳산이 이집트 세력권 안에 있었던 특별한 요새였고, 이집트 신전들이 있었던 곳임을 감안할 때, 중부 팔레스타인의 이 지역에서도 이집트의 영토를, 파라오들이 땅을 찾는 "해양 민족들"의 집단들을 이집트로부터 몰아낸 후에, 그들에게 허용한 것일 가능성을 배제할 수 없다.

---

72) Cf. A. Alt ZAW, N. F. 19 (1944), P. 78, note 3.
73) Cf. M. Maisler, *Biblical Archaeologist*, 15 (1952), p. 22.
74) Cf. AOB², No. 675 with 671 and No. 676 with No. 674. 이러한 문제들 전체에 대해서는 cf. J. Hempel, PJB, 23 (1927), pp. 52-92.

그러나 "해양 민족들"의 여러 족속들은 처음에는 이집트인들이 허용한 땅을 통해 팔레스타인에 교두보를 마련하였다고 할지라도 그들의 처음의 영지로 만족하지 않고 그들의 입지를 강화하고자 애를 썼다. 약간 후대에 관한 것이긴 하지만 우리는 블레셋인들의 강력한 팽창주의와 요단 서편 땅 전체에 대한 지배권을 성공적으로 획득한 것에 관하여 알고 있는데, 우리가 이것은 팔레스타인에서 그들을 처음부터 자극하였던 팽창욕의 연속이자 완성이었을 뿐이라고 추측한다고 해도 틀리지는 않을 것이다.

그리고 사사기 4장과 5장에 나오는 시스라가 "해양 민족" 출신이라면, 이 호전적인 군주도 팔레스타인에서의 "해양 민족들"의 세력 확장의 전형을 보여주는 것으로 생각할 수 있을 것이다. 이러한 해양 민족들의 출현으로 이 땅은 우리에게 전해 내려온 역사적 전승이 분명하게 보여주고 있는 것 이상으로 불안정과 격동에 휘말리게 되었을 것이다. 왜냐하면 팔레스타인에 대한 이집트의 통치가 사실상 끝나면서 이 땅의 상황 및 사건들에 관한 이집트측의 정보는 단절되고, "해양 민족들"은 그들 자신의 역사적 전승을 기록으로 전혀 남겨놓지 않았고, 또한 어쨌든 그러한 기록이 우리에게 전혀 전해오지 않았기 때문이다.

이와 같은 사건들은 처음에는 이스라엘 지파들과 별 상관이 없는 지역들에서 일어났기 때문에, 우리는 구약에 이에 관한 정보가 담겨 있으리라고 기대할 수가 없다. 왜냐하면 "해양 민족들"은 해안으로부터 와서 가나안 도시 국가들로 들어가 그러한 지역들에 정착했기 때문이다. 처음에는 요단 서편 땅의 평지들에 있는 옛 가나안 도시 국가들만이 그 영토가 이 호전적인 "해양 민족들"의 침입을 받았고 그들에 항거하여 자신들을 수호하고자 하였다. 이로 인하여 주전 12세기와 11세기에 해안 평지와 이스르엘 평지는 격동에 휩싸였는데, 그 상세한 내용에 관해서는 우리는 전혀 알지 못하고 있고 단지 그 흔적들만이 여기저기 남아 있을 뿐이다.[75] 고고학적 발굴을 통하여 이 시

---

75) 그 한 예는 A. Alt, ZAW, N. F. 19 (1944), pp. 67-85에서 찾아볼 수 있다.

기 동안에 이 평지 지역에 있는 도시들의 유적지들에서 수많은 전투와 정복과 불탄 흔적들이 발견되었기 때문에, 우리는 이에 대한 설명을 무엇보다도 "해양 민족들"과의 사이에서 일어난 충돌들에서 찾지 않을 수 없다.

이렇게 이스라엘 지파들이 이 땅을 점령하기 위하여 발을 들여 놓았을 때, 이 땅은 격동의 세월로 인하여 각기 매우 다른 사회를 이루며 살아가는 매우 다양한 족속들로 이루어진 각양각색의 거민들이 거주하는 도시들, 이집트의 통치가 종식되고 "해양 민족들"의 새로운 지배 계급이 등장함으로써 상호간에 치열한 군사적 충돌이 벌어지는 시기로 옮겨가고 있었던 도시들이 몇몇 지역에 밀집해 있었다. 그러나 이와 아울러 이 도시들은 청동기 시대 이래로 진보된 물질 문명의 중심지들이었을 뿐만 아니라 거민의 특성과 출신만큼이나 다양했을 수밖에 없는 어떤 지적 생활의 중심지들이기도 했다.

우리가 이에 관하여 알고 있는 것은 거의 없고, 기껏해야 성장과 풍산(豊産)의 세력들이 지배적인 역할을 하였던 종교 체계에 관한 약간의 정보만이 있을 뿐이다―특히 라스 샤므라 문서를 통해. 힉소스족이 외교적 교류를 위하여 도입했었겠지만 이전에도 친숙했던 것으로 보이는 바빌로니아의 서법(書法)과 언어를 통해 바빌로니아 전승들과 세계관도 입지를 확보하였다. 이 어려운 서법을 배우고 행하기 위하여서라도 바빌로니아의 여러 문헌들이 필요했고 그럼으로써 그 내용들도 친숙하게 되었기 때문이다.[76]

구약에서 볼 수 있듯이 이스라엘 사람들에게 알려지게 된 온갖 바빌로니아 전승들과 사상들은 분명히 청동기 시대의 도시들을 거쳐 그들에게 알려졌을 것이다. 또한 법률 분야에서도, 특히 법률 사무의 문서화에 있어서 바빌로니아의 영향력은 수리아-팔레스타인에서 우세하였다.[77] 한편으로 이집트가 팔레스타인을 오랫동안 지배하면서 이집트의 제도들과 신전들을 들여 왔기

---

76) 한 예로 바빌로니아의 Adapa 신화의 사본이 아마르나 서고에서 발견되었는데, 이것은 서기관들을 훈련시키는 데 사용되었다.
77) cf. A. Alt, WO, I, 2(1947), pp. 78 ff.
78) 이 태양신에 대한 찬가의 역문은 AOT², PP. 15-18, ANET, pp. 369-371; DOTT, pp. 142-150에 나온다.

때문에 도시들의 지적 생활은 이에 영향을 받지 않을 수 없었다. 시편 104편이, 스스로 아케나텐(Akhenaten)[78]이라 자처한 파라오 아멘호텝 4세가 지은 태양신에 대한 찬가에 대한 지식을 명확하게 보여주는 것이라면, 이스라엘 사람들이 그것을 알게 된 것도 청동기 시대의 도시들을 통해서였음이 틀림없다.

이스라엘 지파들이 들어간 세계는 매우 중요한 지적 도구이자 그 지적 생활의 전수와 보급을 위한 중요한 선결요건인 알파벳을 이미 갖추고 있었다. 사실 후기 청동기 시대의 수리아-팔레스타인은 극히 중요하고 대단히 중대한 순수한 표음 문자가 최초로 발견되고 발전된 곳이었던 것으로 보인다. 고대 동방의 오래된 서법 체계들, 즉 원래 수메르에서 기원한 쐐기문자(메소포타미아 전 지역과 인근 지역들에 널리 퍼졌던)와 이집트의 상형문자는 단어 부호들과 그것들로부터 발전된 수백 개의 음절 문자들의 극히 복잡한 결합으로 이루어진 독창적인 체계들이어서 소수의 전문가들만이 읽고 쓸 수 있었고, 이로 인하여 이들은 정치와 행정에서 극히 중요하고 영향력 있는 자리들을 차지하였을 뿐만 아니라 "학식있는 자들"로서 지적 전승들의 수호자들이자 매개자들이 되었다.

그러나 20여자 남짓한 서로 다른 글자들로 이루어진 알파벳을 통한 표음식 철자법이 발명됨으로써 이제 누구라도 원하기만 한다면 배울 수 있었기 때문에 읽고 쓰는 기술이 보편적으로 널리 보급되는 것이 가능해졌다. 이러한 발명은 이미 주전 1200년 이전에 수리아-팔레스타인에서 이루어졌고, 이스라엘 지파들은 그것을 곧 배우고 채용할 수 있었다.

라스 샤므라 문서들 대부분을 기록하는 데 사용된 라스 샤므라 문자는 바빌로니아 쐐기문자의 기법을 사용하는 알파벳 문자였고, 따라서 이 땅에서 이에 대한 지식이 있었음을 보여준다. 그것은 주전 14세기에 고대의 우가릿(현재의 ras esh-shamra)에서 사용되었지만, 우가릿 이외에 수리아-팔레스

---

79) Cf. WAT, p. 168.
80) Yeivin Kedem, 2(1945), pp. 32-41, cf. BASOR, 99(1945), p. 21.

타인에서 전혀 알려져 있지 않았던 것은 아니었다. 이를 보여주는 두 가지 작은 흔적들이 팔레스타인에서 실제로 발견되었는데, 남방 해안 평지의 내륙 끝지점에 있는 후기 청동기 시대의 벳세메스에서 출토된 한 토판[79]과 다볼산 동쪽 지역에서 나온 청동검(주전 1350-1250년 경으로 추정되는[80])이 바로 그것들이다. 이것들에 적혀 있는 글들은 "라스 에쉬 샤므라"에서 나온 한 토판과 마찬가지로 오른편에서 왼편으로 씌어져 있는 반면에, 우가릿에서는 통상적으로 그 반대 방향으로 글을 써나갔다. 그러나 이 문자는 바빌로니아 쐐기문자로부터 나온 것이 아니라 그 기법에 있어서조차 이집트의 상형문자와 연관되어 있었던, 보다 오래되고 어쨌든 보다 쓸모있는 알파벳 원리의 응용에 밀려서 널리 확산되거나 오랫동안 사용되지 못했던 것으로 보인다. 왜냐하면 이 문자는 쐐기문자 같이 토판의 부드러운 진흙에 각인한 것이 아니라 금석문의 경우를 제외하고는 도기 파편이나 파피루스에 이런저런 잉크로 적었기 때문이다.

오늘날의 세계에서 사용하는 모든 알파벳 문자들의 원조인 이 서법은 무엇보다도 주전 10세기로 추정되는 비블로스에서 나온 일련의 금석문들을 통해 우리에게 알려져 있다.[81] 그러나 이보다 더 오래된 것이 분명히 존재하고, 또한 중기 및 후기 청동기 시대에는 아주 유명해졌지만 아직까지도 만족스러울 정도로 완선히 해녕되지 못하고 있는, 시나이 반도의 이집트 광산 지역인 "세라빗 엘 카뎀"에서 나온 이른바 시나이 금석문들을 비롯하여 여러 가지 알파벳 실험들이 있었음이 분명하다.[82]

일찍이 주전 1100년 경에 파피루스는 페니키아에서 필기도구로서 많이

---

81) Cf. WAT, pp. 168 f. 아마도 가장 오래되긴 했지만 유일하게 Ahiram 명각(銘刻)이 주전 10세기의 것인 것 같다.
82) Cf. WAT, pp. 169 ff. W. F. Albright, BASOR, 110(1948), pp. 6 ff. 는 시내산 명각들의 해독을 실질적으로 증진시켰다. 그는 이 명각들의 연대를 주전 15세기로 추정하고 있다. 후기 청동기 시대의 오래된 명각 단편이 tell es-sarem(벧산의 남쪽)에서 새로이 발견되었다. cf. BASOR, 99 (1945), p. 21에 의거하고 있는 R. Brandstetter-Kallner, *Kedem*, 2(1945).
83) Cf. AOT², p. 75 ; TGI, p. 41(II, 41).

사용되고 있었다. 이미 언급한 웬 아몬의 여행일지에 의하면, 비블로스와 그 밖의 지역에서 이집트인들은 레바논의 목재를 파피루스 두루마리 500개를 주고 샀다고 한다.[83] 수리아-팔레스타인에서는 이러한 파피루스 두루마리들은 이집트의 상형문자를 기록하는 데 사용되는 일이 드물었고 아마도 알파벳 문자를 기록하는 데 사용되었을 것이다. 주전 1100년 경에 이러한 알파벳 문자를 이용한 서법은 매우 보편화되었을 것인데, 그러한 발전은 수리아-팔레스타인에서 일찍이 후기 청동기 시대에 일어났을 것임에 틀림없다―수많은 매우 어설픈 실험들을 거쳐서.

이 문자가 지금까지 보존되어 온 문서들에 의해 명시적으로 입증되는 것보다 시공간적으로 더 널리 확산되었다는 것은 쉽게 예상할 수 있다. 쐐기문자를 기록한 일상적인 필기도구로서 그 위에 문자들을 각인하였던 말린 또는 구운 토판은 조건만 어느 정도 양호하다면 비교적 쉽게 수천 년을 보존할 수 있었다. 그러나 알파벳 문자를 도기 파편에 적을 때 사용하는 잉크는 보존되는 경우가 거의 없었다. 필기도구로 사용된 귀중한 파피루스는 이집트 같이 건조한 기후에서는 보존이 잘 될 수 있었지만 수리아-팔레스타인에서는 오랫동안 보존될 수 없었다. 따라서 이 문자를 사용한 초기의 증거들로서 보존된 것은 오직 돌에 새긴 금석문들뿐이다. 그러나 수리아-팔레스타인에서는 금석문들은 언제나 극히 드물었다.

읽고 쓰는 기술의 광범위한 보급이 행정, 교역과 상업, 법률, 지적 및 문화적 생활 일반에 대하여 미친 영향은 지대하였다. 수리아-팔레스타인에서 이스라엘 지파들은 그 문화적 업적의 독창성이라는 측면에서는 이집트 및 유프라테스-티그리스 하류의 고대 문명과는 상대가 되지 않았지만, 많은 방면에서 풍부하게 된 매우 다양한 생활을 가져왔고, 알파벳 문자의 발명과 최초의 활용을 통하여 인류 문명에 결정적인 기여를 한 극히 중요한 고유의 문화 자산을 소유한 세계와 조우하였다.

4. 이스라엘 역사 서술을 위한 사료들

역사는 사건들이 기록되어 있고 인명들과 지명들이 구체적으로 등장하는 문헌 전승들을 토대로 해서만 기술될 수 있다. 고고학적 발견들은 문헌 자료들로부터 나오는 정보와 관련해서만 이해되고 평가될 수 있다. 단지 고고학에만 토대를 두고 고대 문화들의 발전과정을 서술한 것은 역사가 아니라 기껏해야 선사(先史)일 뿐이다. 한편 해당 시기의 물질적인 유물들에 대한 탐구를 통해 흔히 문헌 전승들은 색깔과 생명력을 부여받게 되고 우리가 그 전승들을 이해하는 데도 크게 도움이 된다. 상당한 정도로 그 진실성이 확증된 팔레스타인 고고학의 풍부한 성과들을 무시하고 단순히 우리에게 전해진 문자 기록들을 토대로 하여 "이스라엘 역사"를 서술하는 것은 더이상 불가능하다.

우리로 하여금 이스라엘 역사의 외적인 과정 전체 또는 그 세부적인 사항들을 확증할 수 있게 해주는 자료들을 조사하고자 한다면, 우리는 무엇보다도 먼저 풍부한 역사적 자료를 지닌 구약을 참조해야 할 뿐만 아니라 또한 구약 이외의 매우 많은 자료들도 참조하지 않으면 안 된다. 구약과 관련해서는 무엇보다도 주전 587년의 사건들까지의 "이스라엘 역사"를 동일한 이법과 정신으로 최초로 해설해 주고 있는, "신명기사학파적"(deuteronomistic)이라 불리는[84] 신명기, 여호수아, 사사기, 사무엘서, 열왕기 등을 포괄하는 방대한 역사서를 언급하지 않을 수 없다.

이 역사서를 결집한 저자는 여러 시기, 여러 기원과 성격을 지닌 수많은 자료들을 일부는 원문 그대로, 일부는 초록으로 다양한 모양으로 전해 받아서 이 자료들로부터 역사서 전체를 만들어 냈다.[85] 그렇게 함으로써 그는 후손들에게 가치있는 방대한 전승 자료들을 전해주었는데, 그의 저작이 없었다

---

84) 이후로는 Deut. 라는 약자로 나타내기로 한다.
85) 더 자세한 것은 cf. M. Noth, *Überlieferungsgeschichtliche Studien*, I (Schriften der Königsberg. Gel. Ges., geisteswiss. Kl. XVIII, 2 (1943)), p. 3-110.

면 우리는 이스라엘 역사의 초기 국면들에 관해서 거의 알 수 없었을 것이다.

구약에서 또다른 방대한 역사서인 "역대기사가적" 저작은 그 해당 부분에서 신명기사학파의 저작을 이스라엘 역사의 초기 단계들을 위한 유일한 또는 적어도 주요한 자료로 사용하였고, 주전 587년 이후 시기를 기술하기 위하여 몇몇 다른 자료들로부터 새로운 자료들을 가져와 덧붙였다. 그러므로 주전 5세기까지의 이스라엘 역사에 대한 우리의 주된 사료는 위에서 말한 두 종류의 역사서들 외에도 아주 많은 역사적 자료들을 제공해주고 있는 구약이다.

이와 관련하여 보다 어려운 문제는 어떤 의미에서 오경을 역사서라 부를 수 있는가 하는 것이다. 오경이 과거에 일어난 사건들을 말하고자 하고 있고 역사적 전승들과 관련된 상당한 양의 자료를 담고 있다는 것은 의심할 여지가 없다. 그러나 한편으로 오경은 어쨌든 애초에는 역사서로 출발하거나 기획된 것이 아니었고, 특정한 역사적 사건들을 전제하고 토대로 하고 있는 거룩한 전승들을 연속적으로 결합한 것이라는 것도 사실이다.[87] 오경은 역사적 정보를 전해주기는 하지만 통일적인 역사적 설화로서 기획되거나 초안이 잡혀지지 않은—그 모습이 형성된 구전 전승 단계에서는—방대한 총서(叢書)이다. 그러므로 이스라엘 역사의 경과를 서술함에 있어서 오경을 어느 정도까지 원용할 수 있는가 하는 것은 특히 문제가 된다: 오경은 많은 단서들을 유보하고서만 사용될 수 있다.

이스라엘 역사가 고대 오리엔트 세계와 밀접하고 끊임없이 연관되어 있다는 것은 고대 오리엔트의 역사적 문헌들 중 다수—무엇보다도 왕의 금석문들과 그밖의 공문서들—가 간접적이든 직접적이든 이스라엘 역사와 관련되어 있다는 것을 의미한다. 이집트 자료들로부터 나오는 온갖 종류의 산발적인 정보 외에도 후기 앗수르 왕들의 금석문들은 이스라엘 역사의 초기를 위한

---

86) 약자로 Chr. 이 문제에 대해서는 cf. M. Noth, op. cit. pp. 110-180.
87) 더 자세한 것은 M. Noth, *Überlieferungsgeschichte des Pentateuch* (1948).

주된 사료이다. 이 왕들 가운데 몇몇은 큰 자극 없이 결정적으로 이스라엘 역사에 개입하였다. 마찬가지로 영향을 끼쳤던 신바빌로니아와 페르시아 왕들은 불행히도 그들의 금석문들을 통하여 단지 극소수의 역사적 정보만을 남겨 놓았을 뿐이다.[88]

구약의 실제적인 역사적 전승이 끝나는 곳에서 이스라엘 역사에 관한 사료들은 애석하게도 공백을 이루고 있다. 주전 2세기의 1분기와 3분기에 가서야 비로소 구약의 헬라어판, 즉 헬라어로 된 칠십인역을 통해 우리에게 전해진 마카베오서 두 권에 자세한 역사적 전승이 다시 한번 등장하게 된다. 이 책들도 몇 가지 문제점, 특히 마카베오 상하권의 상호관계에 관한 문제점을 노정하고 있다는 것은 사실이나, 이 책들은 아주 많은 구체적인 역사적 정보를 담고 있기 때문에 그것들이 서술하고 있는 시기는 이스라엘 역사 가운데서 우리가 가장 잘 알고 있는 시기가 되었다.

그후의 시기와 관련해서는 유대인 역사가 요세푸스가 주된 사료이다.[89] 그는 이스라엘 역사에 관한 방대한 저작인 「유대 민족의 역사」(ἱστορίαι τῆς Ἰουδαϊκῆς ἀρχαιολογίας)를 도미티아누스 황제 치하에서 편찬하였는데, 그 전반부는 거의 전적으로 마카베오서를 포함한 구약 전승에 의존하였으나 후반부는 자신의 고유한 믿을 만한 역사적 자료들을 토대로 기술함으로써 스스로 역사적 사료가 되었다. 주전 1세기 경부터는 요세푸스의 역사적 정보는 매우 자세하고 완벽하기 때문에, 그는 주후 73년까지의 이스라엘 역사를 위한 우리의 주된 사료가 된다.[90]

---

88) 이 기록들 중에서 아주 중요한 것들은 ANET와 AOT²에 나오는 번역문들에서 찾아볼 수 있는데, 역사적인 본문들을 지닌 부분들은 거의 찾아보기 힘들다. 이 집트인들의 역사적 전승은 J. H. Breasted, *Ancient Records of Egypt*, I-V(1906-1907)에서, 앗수르인들의 역사적 전승은 D. D Luckenbill, *Ancient Records of Assyria and Babylonia*, I/II (1927)에서 찾아볼 수 있다. DOTT, pp. 46-94에는 이 본문들을 잘 발췌해 놓고 있다.
89) 이 본문을 모아 놓은 것으로는 *Flavii Josephi opera recogn.* B. Niese, I-VI (1888-1895).
90) 주후 66-73년의 봉기에 대해서는 마카베오 시대에서 시작하는 역사적 서론을 포함하고 있는 Josephus, ἱστορια Ἰουδαικοῦ πολέμου πρὸς Ῥωμαίους를 참조하라.

아울러 이 후자의 시기에 있어서 이스라엘 역사를 직간접으로 언급하고 있는 수많은 단편적인 정보들이 있는데, 그것들은 주로 그리스-로마 세계로부터 나온 것들이다. 그것들은 무엇보다도 이스라엘 역사와 매우 긴밀하게 연관되어 있던 헬레니즘 국가들과 로마 제국의 역사에 관한 저작들에서 찾아볼 수 있다. 불행히도 이러한 자료들은 다소 드문 편이다.

사료들에 관한 연구는 관련 정보를 수집하고 정리하는 것에서 그칠 수도 없고 그쳐서도 안 된다. 사료들의 상대적인 유용성과 중요성을 해석하는 작업이 더욱 중요한 경우도 있다. 특히 이스라엘 역사, 그 중에서도 공식적인 기록들이 드물고, 존재한다고 하더라도 그것들을 활용하기 위해서는 그 취사선택의 근저에 있는 원칙을 파악하지 않으면 안 되는 초기 단계들이 그렇다. 그러나 구약은 특히 처음에 구두로 전승되었고 나중에까지 문자로 기록되지 않은 이스라엘의 초기 역사에 관한 역사적 민간 전승들을 상당 부분 담고 있다. 그것들은 어떤 사건들과 경과들에 관하여 우리가 갖고 있는 유일한 정보인 경우가 많아서 그것들의 정확성을 검토할 가능성이 없게 된다.

그러한 경우에 이 기록들의 자료를 검토하고, 무엇이 그것들을 규정하였으며, 그것들이 왜 만들어졌고 그런 형태로 만들어졌으며, 그것들이 나타내고자 하는 의미는 무엇이며, 그것들은 역사적으로 무엇을 의미할 수 있는지를 묻는 것은 절대적으로 필요불가결하다. 이러한 질문은 각각의 전승에 적용되지 않으면 안 된다. 다윗과 솔로몬 시대의 다소 초기에까지 거슬러 올라가고 그 산물들이 우리에게 전해 내려오는 초창기의 역사 서술들의 목적과 성격조차도 그것들이 신명기사학파에 의한 대집성 속에 편입되었다는 점에서 검토되어야만 그것들의 가치를 객관적으로 평가할 수 있게 된다.

왜냐하면 특정한 내용과 이해관계를 지니고 우연히 보존되어 온 전승 자료만을 정통적인 것으로 취급하고, 이 자료와 관련이 없는 그밖의 다른 관련된 역사적 질문들과 문제들을 제기하지 않는다면, 그것은 분명히 잘못된 것일 것이기 때문이다. 실제로 우리가 활용할 수 있는 전승들은, 비록 그러한 문제들에 직접적인 이해관계와 관심을 가지고 있지 않다고 하더라도 그 문제들에 답하는 데 도움이 될 수 있다. 아니면 그 전승들은 그 자체의 성격과 한계들을 통해 이 질문들이 대답될 수 없는 것임을 보여줄 수도 있다. 그렇다면 기록되어 있는 사실들로부터 조심스럽게 추론을 이끌어내는 것은 적절하다고 하겠다.

특히 이스라엘 역사의 초창기와 아주 초기들에 관하여 여전히 지속되고 있는 견해차들은 대체로 구약의 민간 전승들을 활용하는 것과 관련된 여러 불확실성들에 기인한다. 그러나 이 전승의 기원들과 동기들과 발전과정에 대한 검토가 아직은 체계적으로 전혀 이루어지지 않았고 적극적인 결과들이 나온 것은 더더욱 아니기 때문에 이것은 놀랄 일이 아니다. 이 분야에서 해야 할 일은 여전히 산적해 있다.

민간 전승이라는 성격을 가지고 있다고 하여 우리 자신의 분별력에 따라 어떤 구절들의 역사적 신빙성을 부인하고, "역사적 핵(核)"으로서의 나머지만에 집착하여 그것을 이스라엘 역사에 통합시키거나, 여러 전승들의 대략적인 연대를 토대로 역사적 신빙성을 평가하는 것으로는 충분치 않다. 중요한 것은 전승 자료 자체로부터 이러한 전승들의 배후에 있는 역사적 전제들을 개별적으로 가능한 한 정확하게 파악한 다음에, 그 전승들이 이스라엘 역사의 외적 경과에 대한 우리의 지식에 어떤 기여를 할 수 있고, 어떤 기여를 할 수 없는지를 가능한 한 객관적으로 평가하는 것이다.

그러나 문헌에 의한 역사 설화들과 후대의 보다 포괄적인 역사서들, 그것들 속에 통합된 전승 자료들에 대해서도 마찬가지로 말할 수 있다. 그 전승들이 어떤 상황에서 생겨났고 무엇을 지향하고 있는지를 파악한 후에야 우리는 어떻게 그것들이 수많은 사건들 가운데서 특정한 사건을 선택하게 되었고, 왜 그 전승들이 그 사건을 특정한 방식으로 표현하였는지에 관한 결정적인 질문에 답할 수 있다. 이것에 답한 후에야 우리는 그것들이 알려줄 것으로 기대할 수 있는 주제들과 그것들이 말하고 있는 것과 그것들이 억누르고 있는 것이 지니는 무게를 알아낼 수 있다.

가능한 한 이러한 질문들을 던지고 답하는 것이 절대적으로 필요하기는 하지만 그러한 대답들을 수학적인 명료함과 확실함으로 할 수 없다는 것도 애초부터 분명하다. 왜냐하면 거기에는 우리가 알지 못하는 많은 요소들이 포함되어 있고 그 대답들은 모든 상황을 고려하고 가능한 한 이해할 수 있게 종합에 도달하는 것을 통해 이루어져야 하기 때문이다. 이런 유의 접근방법에 토대를 둔 역사 해설은 비록 그 자료들을 양심적으로 해석한다고 할지라도 "주관적"이라고 할 수 있다. 그러나 이런 의미에서 모든 역사 해설은 스스로는 "객관적"이라고 생각할지라도 불가피하게 "주관적"일 수밖에 없다. 왜냐하면 활용 가능한 전승들은 사건들의 경과 전체에 순전히 우연적인 빛을 던져줄 뿐이고 오직 그 자료에 대한 특정한 접근방법이라는 틀 안에서만 평가될 수 있기 때문이다. 그러나 모든 활용 가능한 정보를 정당하게 다룸으로써 그러한 "주관적" 접근방법은 설득력 있게 되고 정당한 것이 될 것이다.

심지어 고고학적 발견물들, 즉 과거 역사의 전적으로 가시적이고 구체적이고 검증 가능한 유물들을 해석하고 활용하는 데에도 역사적 종합은 필수불가결하다. 이 경우에도 그것은 고립된 세부사항들을 먼저 재구성되지 않으면 안 되는 역사적 맥락들 속에 끊임없이 맞추는 문제가 된다. 잘 알다시피 모든 가능성들과 불가능성들을 건전하게 검토하는 것은 이 분야에서 특히 절실하게 요구되는 것이다. 고고학적 작업의 성과들이 무엇을 입증할 수 있고 무엇을 입증할 수 없는지가 아주 분명해지지 않으면 안 된다.

한 세기 이상 발굴자들의 삽을 통해 근동의 땅에서는 고대 오리엔트의 광대하고 풍부한 세계와 그 격동의 역사에 놀라울 정도로 여러 측면에서 정확하게 정보를 제공해주는 수많은 자료들이 쏟아져 나왔다. 그러나 이 현대의 지식이 주로 무엇에 근거하고 있는 것이냐는 질문을 받는다면, 그 대답은 발굴들의 직간접적인 성과로서 빛을 보게 된 무수한 기록 문헌들이라고 할 수밖에 없다.

만약 우리가 광의의 문헌 유물들을 제외한 모든 물질적 유물들을 가지고 있다면, 우리는 고대 오리엔트에 관한 어떤 진정으로 정확한 역사적 실질을 지닌 지식을 소유하고 있는 것인가? 전자의 유물이 주로 고고학적 작업의 성과로서 활용 가능하게 되었다고 할지라도, 이 문헌 유물은 이스라엘 역사에 관한 지식을 비롯한 역사적 지식에 있어서 단연 최고로 중요한 지위를 누려 왔다.

수리아-팔레스타인에서 이스라엘의 보다 좁은 영역에 있어서 문자 기록들이 발견되는 일은 드물고 놀라운 일이라는 것은 사실이다. 그리고 그것은 결코 우연이 아니다. 메소포타미아의 하류와 이집트의 큰 강 유역들과는 대조적으로 구릉이 많고 여러 지형이 혼합된 수리아-팔레스타인에서는 커다란 정치 조직들이 발전되지 못하였고, 따라서 비문이 새겨진 기념비들이나 금석문들이 있는 대형 구조물들이 세워질 기회가 거의 없었다.

그러나 일상적인 기록물들이 메소포타미아에서는 쐐기 형태의 문자들로 새겨진 토판들의 형태로, 이집트의 매우 건조한 기후에서는 글자가 적힌 파피루스 종이들의 형태로 남아 있을 가능성이 있었던 반면에, 수리아-팔레스타인에서는 오직 쐐기 문자들로 기록된 후기 청동기 시대의 토판들만이 수 세기 동안 보존될 수 있었을 뿐 파피루스는 전적으로 겨울 비 때문에 부식되었고, 도기 파편들에 적힌 문자들도 오직 극히 좋은 조건 아래에서만 보존될 수 있었다. 그러므로 철기 시대의 기록 문서들은 대부분 남아 있지 못했다.

그러므로 이스라엘 시대에 관한 한 수리아-팔레스타인 고고학은 거의 침묵으로 일관하고 있다. 그리고 이러한 상황 아래에서 고고학적 발견들에 관한 역사적 해석이 특히 어려울 것임은 분명하다. 이스라엘 역사의 적극적이고 확고부동한 흔적들을 발견할 목적으로 순전히 성경적 동기로 인하여 대단한 열심으로 팔레스타인에서 이례적으로 집중적인 발굴 작업들이 수행되었지만, 결국에는 발견된 것들과 기존에 알려진 역사상의 사건들과의 유비(類比)를 지나치게 성급하게 도출해냄으로써 그러한 것은 유지될 수 없는 것으로 판명되는 경우가 허다하였다.

---

91) 이러한 질문들을 던지지 않는 사람은 상황을 잘못 판단하여 대답하게 된다. 그러나 이러한 대답들은 탄탄한 토대를 갖춘 것이 아니기 때문에 면밀하게 검토하게 되면 무너지고 말 것이다.
92) 그들의 성과들은 풍부한 사진들과 함께 C. Watzinger, *Denkmäler Palästinas. Eine Einführung in die Archäologie des Heiligen Landes*, I/II (1933-1935)에서 전문적이고도 철저하게 취합되었고, 더 간략하긴 하지만 매우 믿을 만한 것으로는 P. Thomsen, *Palästina und seine Kultur in fünf Jahrtausenden nach den neuesten Ausgrabungen und Forschungen dargestellt*, 3rd ed. (AO,Vol. 30)과 W. F. Albright, *The Archaeology of Palestine*

수리아-팔레스타인 고고학은 오랜 세월에 걸쳐 성서학의 보조학문에서 자신의 고유한 작업을 통하여 나름대로의 방법론들과 목적들을 지닌 독자적인 학문으로 발전해 왔음에도 불구하고[92] 여전히 성서와의 직접적인 연관성 하에서 부적절하게 탐구해온 관행을 완전히 극복하지 못한 상태에 있다. 잘못된 방향에서 그 의의를 찾는 것은 팔레스타인 고고학에 부당한 요구를 하는 것이며 그것이 우리의 역사적 지식과 관련하여 할 수 있는 진실로 긍정적인 기여를 놓치는 꼴이 된다. 일반적으로 팔레스타인 고고학이, 기록 문헌들을 운좋게도 발견하게 되는 경우를 제외하고는, 특정한 역사적 사건들과 경과들에 관한 적극적인 증거를 내놓을 것이라고 기대해서는 안 된다.

그러나 고고학은 생활의 전제들과 조건들, 그러한 것들이 시간의 흐름에 따라 겪은 변화들을 광범위하게 조명해 줌으로써 역사적 인물들이 활동했고 실제의 역사적 사건들이 일어났던 그 시대적 배경을 밝혀줄 수 있다는 것은 확실하다. 그리고 이러한 현상들과 동향들이 언제나 그러한 배경과 밀접한 관계를 맺고 있다는 점에서, 고고학은 역사적 과정에 대한 우리의 통찰에 실질적으로 기여한다. 따라서 끊임없이 수리아-팔레스타인 고고학의 성과들을 참조하지 않고 이스라엘 역사를 서술하는 것은 이러한 자료들이 접근 가능하게 된 오늘에 와서는 옹호될 수 없다.

이 고고학은 수많은 세부적인 내용들을 통하여 이스라엘 역사가 진행되어 왔던 세계를 밝혀줌으로써, 이 역사에 대한 우리의 전체적인 인식에 가장 크고 지속적인 영향력을 행사하여 왔고, 이를 통하여 우리로 하여금 문헌 전승에 의해 전승되어 온 역사적 사건들 배후에 있는 현실에 대한 신선하고 생생한 이해를 얻을 수 있게 해 주었다. 사실 특정한 사건이 실제로 일어났고 그 사건이 기록된 문서들에 적혀 있는 대로 일어났다는 것을 입증해줄 수 있는 고고학적 증거가 나오는 일은 성질상 매우 드문 일이다. 어떤 사건이 일어났을 가능성이 있다는 것을 입증했다고 해서 그 사건이 실제로 일어났다는

(1951)이 있다. W.F.Albright, *From the Stone Age to Christianity* (2nd ed. 1946)는 이스라엘 역사의 내적인 연속성과 진전에 대하여 그간의 고고학적 성과들을 종합적으로 평가하고 있다.

것이 증명되는 것은 아니고, 어떤 특정한 시기에서의 일반적인 상황이 고고학적으로 밝혀졌다고 해서 우리에게 전해진 기록들에 간직되어 있는 전승들의 성격에 관한 연구를 하지 않아도 되는 것이 결코 아니다.

그러나 반면에 전승에 의해 입증된 정보는 물질적인 유물들에 의해 밝혀진 특정 시기의 상황에 비추어 볼 때에 그렇지 않은 경우보다 더 정확하고 구체적으로 이해될 수 있고, 더 긍정적이고 포괄적으로 이해될 수 있으며, 더 생생하게 가시화될 수 있는 것이 보통이다. 아울러 문헌 기록들 속에 개략적으로만 그려져 있는 모습은 흔히 고고학적 발견들에 의해 보완되고 가다듬어질 수 있다. 따라서 이스라엘 역사는 수리아-팔레스타인 고고학의 성과를 통하여 실질적으로 색채와 유연성을 획득하여 왔다고 할 수 있다.

우리가 이제까지 말한 모든 것은 이스라엘 역사의 외적 경과 및 활용 가능한 자료들의 문제에 관한 것이다. 직간접으로 조금이라도 기여할 수 있는 것이라면 무엇이나 진심으로 환영받을 것이다. 그러나 이스라엘 역사의 근본적인 의미는 자료들에 나오는 무수한 산발적인 단언들 또는 실제 역사의 경과 자체로부터 추론될 수 없다. 이 문제에 관한 유일한 정보원은, 온 세계의 주이신 하나님이 "땅의 모든 족속이 … 복을 얻을"(창 12:3) 수 있도록 하기 위하여, 그 역사 속에서 한 민족을 자신의 도구로 사용하였다는 것을 분명하게 선포함으로써, 모든 인류 역사와 마찬가지로 단순히 외적인 것으로부터 판단하는 경우에 불가사의하고 모호한 이스라엘 역사에 통일적인 의미를 부여할 수 있다고 설명하고 있는 구약의 증언뿐이다.

이 증언이 존재한다는 것은 우선 그 자체가 이스라엘 역사의 일부로 되어 있는 하나의 역사적 사실이다. 그리고 이 진정으로 유례없는 사실을 도외시하는 것은 비과학적이 될 것이다. 이 자기 증언으로 인하여 이스라엘 역사는 이 땅의 모든 민족사가 독특하고 반복될 수 없는 것이라는 의미에서 독특할 뿐만 아니라 민족사들 가운데서 전적으로 유일무이한 성격을 지니게 된다. 이 자기 증언이 타당하다는 것은 증명될 수 없다. 이스라엘의 외적 역사는 어떤 보다 깊은 문제 제기 없이 서술될 수 있고, 이 자기 증언을 무시하고라도 통일된 전체로 묘사될 수 있다. 그리고 많은 현상들의 토대와 의미에 관한 문제들은 답할 수 없는 것들로 남겨둘 수 있다: 세계사도 결국 그러한 답할 수 없는 문제들로 가득차 있다.

그러나 이스라엘 역사의 보다 깊은 의미와 관련된 이 문제를 무시하는 것은 어떤 사실―이스라엘 역사에 있어서 그밖의 다른 자료들은 전적으로 부차적이고, 전승에 의한 주된 정보원은 이 증언과 뗄래야 뗄 수 없도록 결합

---

93) 이 주제에 관하여 이미 간행된 책들은 많지만, 우리는 여기에서 단지 역사적인 가치만을 가지고 있는 것이 아니라 오늘날에도 직접적으로 참고하지 않으면 안 되는 책들만을 언급하고자 한다. 따라서 이스라엘 역사 서술에 있어서 고대 오리엔트에 관한 학문이 사용되기 이전에 출간된 책들은 포함시키지 않았다. 먼저 R. Kittel의 저작을 언급하지 않으면 안 된다. 그의 저작은 그 초판이 *Geschichte der Hebräer*라는 이름으로 1888-1892년에 나왔고 제2판(Vol. I, 1912, Vol. II, 1909) 이후로는 *Geschichte des Volkes Israel*로 책명을 바꾸어 출간되었는데, 이 저작들은 고대 오리엔트에 관한 새로운 발견물들과 지식들을 활용하고 있다. 그 최종판($I^{5,6}$, 1923; II^6, 1925)은 여전히 표준적인 저작이라 할 수 있다. 주전 587년까지의 역사를 다룬 첫 두 권이 먼저 나왔고 훨씬 후에야 페르시아 시대의 종말까지 다룬 2부로 된 제3권이 나왔다(1927-1929). 이제는 아무도 이스라엘 역사를 팔레스타인의 선사시대 전체와 그 역사시대 초기에 관한 서술로 시작하지 않는다(II^6, p. xi에서는 반대하고 있다). 왜냐하면 오늘날에는 팔레스타인의 역사는 이미 이스라엘 역사와는 다른 독립적인 연구분과로 되어 있고, 팔레스타인의 문화사는 어쨌든 수리아 문명이라는 보다 폭넓은 관점에서만 다루어질 수 있기 때문이다.

그러나 키텔이 분명히 자신의 과제로 인식했듯이 이스라엘을 그 주변세계의 보다 광범한 실체 속에서 바라보는 것은 언제나 이스라엘 역사를 연구하는 사람들에게는 꼭 필요한 일이 될 것이다. 간략한 개설서인 E. Sellin's *Geschichte des israelitisch-jüdischen Volkes*, I (1924), II (1932)―온갖 독창적인 주장들을 펼치고 있지만 다 타당한 견해들인 것은 아니다―는 원래 주후 처음 두 세기에서 이스라엘의 역사를 종결하기 위하여 계획된 제3권이 씌어지지 않았기 때문에 알렉산더 대왕 시대까지만을 다루고 있다. 그 배경에 관한 해박한 지식을 바탕으로 에스라와 느헤미야 시대까지의 이스라엘 역사를 독자적이고 흥미롭게 서술한 E. Auerbach의 *Wüste und Gelobtes Land*, I (1932), II (1936)는 주변 사막지대의 문화가 팔레스타인, 곧 이스라엘 역사에 어떤 영향을 미쳤는지를 밝혀주고 있다.

더 자세한 서술로는 T. H. Robinson and W. O. E. Oesterley, *A History of Israel*, I/II (1932), A. Lods, *Israël des origines au milieu du VIIIe siécle* (1930) E. T. Israel (1932), *Les Prophètes et le début du judaisme* (1935) E. T. *The Prophets and the Rise of Judaism* (1937) 등이 있다. 이스라엘 역사의 최후 시기를 종합적으로 다룬 것으로는 F. M. Abel, *Histoire de la Palestine depuis la conquéte d'Alexandre jusqu'à l'invasion arabe*, I/II (1952)가 있다; 이스라

되어 있다는 사실―을 설명하지 않고 남겨두는 것이다. 구약은 바로 이 증언을 위하여 그토록 상세하게 이스라엘 역사를 말하고 있다. 이러한 사실은 진지하게 받아들여지지 않으면 안 된다.

구약은 꽤 오랜 세월에 걸친 이스라엘 역사의 외적 경과를 통일적으로 설명해줄 뿐만 아니라 이 역사의 이해를 위한 결정적인 발언을 해준다는 점에서, 단순히 전승에 의한 역사적 정보의 보고(寶庫)가 아니라 보다 높은 차원에서 이스라엘 역사를 위한 유일하게 진정한 사료이고, 이에 비하면 그밖의 다른 모든 사료들은 부차적인 것으로 취급될 수밖에 없다.[93]

역사의 최후 국면을 아주 자세하게 다룬 E. Schürer, *Geschichte des jüdischen Volkes im Zeitalter Jesu Christi*, I (³, ˙1901), II (˙1907), III (˙1909)는 여전히 기본적으로 중요하다. 이 책은 마카베오 시대에서 시작하여 주후 135년까지를 다루고 있다. A. Schlatter, *Geschichte Israels von Alexander dem Grossen bis Hadrian* (³1925)는 사료들을 독자적으로 철저하게 연구하여 이해하기 쉽게 설명을 해주고 있는데, 그 결론 부분은 이스라엘 역사를 그 종교적, 지성적 생활이라는 관점에서 바라본 내용을 담고 있다. 부피가 작은 교과서들로는 주후 135년까지 서술하고 있는 H. Guthe, *Geschichte des Volkes Israel* (³1914)는 많은 점에서 시대에 뒤떨어져 있긴 하지만 여전히 유용하고, A. Jirku, *Geschichte des Volkes Israel* (1931)은 주전 587년까지만 다루고 있다. W. F. Albright, *The Biblical Period*는 페르시아 시대까지의 이스라엘 역사를 개략적으로 다루고 있고, E. Bickermann의 *The Historical Foundations of Postbiblical Judaism*은 그 이후의 시대를 개략적으로 다루고 있다(이 두 책은 L. Finkelstein, *The Jews ; their History, Culture and Religion* 〔1949〕에 실려 있다). A. Alt, *Kleine Schriften zur Geschichte des Volkes Israel*, I/II (1953)에는 이스라엘 역사에 관한 문제들을 연구할 때 기본적으로 중요한 여러 편의 논문들이 실려 있다.

제1부

열두 지파 동맹으로서의 이스라엘

제1장

이스라엘 지파들의 기원

5. 팔레스타인에서의 지파들의 거주지

　구약 전승에 의하면, 열두 개의 독립된 지파들의 연합체였던 '이스라엘'은 사실 팔레스타인 땅에서 살아가는 하나의 실체가 될 때까지는 하나의 역사적 실체로 파악될 수 없다. 당연히 구약 전승이 지파들을 팔레스타인의 토착민이 아니라 특정한 시점에 광야와 초원 지대로부터 이 곳에 들어와 입지를 확보한 것으로 파악한 것은 의심할 여지 없이 옳다. 그 사건이 아주 많은 말들로 기록되지 않았다고 할지라도, 그 사건은 팔레스타인에서 지파들이 점령한 지역들의 소재지와 거기에서 그들의 생활 및 거주 방식으로부터 생겨났을 것이라고 추론할 수 있을 것이다. 이 지파들이 팔레스타인에 들어오기 전에 나름대로의 고유한 자신의 역사를 지니고 있었고 구약에는 의심할 여지 없이 진정한 그 초기 시대에 생겨난 몇몇 지파 전승들이 보존되어 있다는 것은 두말할 필요도 없다. 이러한 것들은 나중에 보다 자세하게 다루어질 것이다.

　한편 이러한 전승들은 이미 팔레스타인에서 결합된 이스라엘 내에서 최초로 그 뚜렷한 형태를 갖추게 되었고 바로 그러한 관점에 의해 규정되었다. 그 전승들의 토대를 이루고 있는 역사적 사건들과 아울러 그 전승들은 팔레스타인에 사는 동안에 이스라엘의 자의식과 신앙에 기본적으로 중요한 기여를 하였지만, 이와 동시에 현존하는 형태의 그 전승들은 지파들이 이미 팔레스타인 땅에 정착할 때까지는 존재하지 않았던 여러 전제들을 바탕으로 하고 있다.

잠시 후에 보게 되겠지만, 무엇보다도 지파들이 통합되어 '이스라엘'이라는 실체를 형성하게 된 것은 팔레스타인에 와서야 최종적이고 지속적으로 이루어진 것이었다. 그리고 이 땅을 점령하는 과정에서는 오직 개별 지파들만이 지속적인 역사적 실체들로 공고화되었을 뿐이다. 이 전승들은 우리가 팔레스타인에서 알고 있는 이스라엘의 유산 가운데 본질적이고 결정적으로 중요한 부분이다. 그리고 이와 같은 맥락에서 우리는 그 전승들을 이스라엘의 전사(前史)에 뿌리를 둔, 근본적으로 중요한 역사적 사실로 취급하지 않으면 안 된다. 한편 어느 정도 정의 가능한 실체의 역사라는 엄밀한 의미에서의 이스라엘의 역사는 팔레스타인의 땅에서 비로소 시작된다고 할 수 있다.

이 실체를 정확하게 규정하기 위해서는 무엇보다도 먼저 이스라엘로 간주되는 지파들의 실제 명단 및 그 지파들이 거주했던 지역들을 확정할 필요가 있다. 이것은 신명기사학파의 방대한 총서(叢書) 및 이전의 여러 전승들을 팔레스타인 땅에서 결집한 오경에 보존되어 있는 설화 전승의 단편들 여기저기에 흩어져 있는 극히 다양한 자료들을 활용함으로써 이루어질 수 있다. 이 가운데서 가장 중요한 자료는 개별 지파들을 구체적으로 다루고 있는 몇몇 전승들이다.

지파들의 지지(地誌)에 관한 포괄적인 서술은 정치 조직이 생겨나기 전 시기에 나온 것으로서 개별 지파들의 여러 거주지들을 고정적인 지계표(地堺標)를 나열하는 형태로 말하고 있는 지파 영토들의 경계선들에 관한 오래된 목록을 포함시킨 신명기사학파의 저작들(수 13-19, 21장) 속에 나중에 삽입되었다. 그 목록이 특정한 시기에 있어서의 지파들의 실제 영토를 그대로 보여주는 것이 아니라 팔레스타인 땅 "전체"가 이스라엘의 연합된 지파들에 속한다는 이론에 따라 각 지파들이 소유권을 주장하는 지역들을 서술하고 있다는 것은 사실이다. 그러나 분명히 실제로 각 지파들이 거주했던 영토들은 이 목록의 토대를 이루고 있다.[1]

순전히 이론적인 요소들을 제거하고 나면 추측과 전제만 남는 것이 아니다. 왜냐하면 사사기 1장 21, 27-35절에는 적어도 중부 및 북부 팔레스타인의 지파들에 관한 한 비록 여기에서도 그 영토들이 마땅히 자기들의 것이어야 한다는 전제 위에 서있기는 하지만[2] 어쨌든 그들이 사실상 점령할 수 없었던 가나안 도시국가의 영토들을 간략하게 언급하고 있는, 왕정 이전 시대의 자료를 바탕으로 목록이 나오기 때문이다. 게다가 지파들의 지지(地誌)를 다루고 있지는 않지만 이스라엘 지파들의 지속적인 존재와 구성에 관한 몇 가지 정보를 담고 있는 한두 개의 전승들이 더 있다. 민수기 26장 4b-51절에는 그 정확한 연대를 확정하기는 불가능하지만[3] 아마도 꽤 오래된 것으로 보이는 각 지파들에 속한 가족들의 명단이 나온다.

그리고 창세기 49장 1b-27/28절과 신명기 33장 6-25절에는 나중에 "야곱의 축복"과 "모세의 축복"이라는 형태로 오경 설화에 삽입된 각 지파들에 관한 짤막한 경구들을 모은 글이 나온다. 이 경구들은 칭찬하는 말들도 있고 가벼운 놀림이나 조롱을 담은 말도 있는데, 이것들은 아마도 오랫동안 지파들 가운데서 회자되었을 것이다. 그것들은 이제는 정확하게 확정할 수 없는 여러 시기로부터 나온 것들로서 체계없이 결집되었다. 드보라의 노래(삿 5:2-30)에 담겨 있는 중부 및 북부 팔레스타인의 여러 지파들의 행태에 관한

---

1) 특히 A. Alt, *Das System der Stammesgrenzen im Buche Josua*, Sellin-Festschrift (1927), pp. '13. 24 = *Kleine Schriften sur Geschichte des Volkes Israel*, I (1953), pp. 193-202, M. Noth, ZDPV, 58 (1935), pp. 185 ff.를 참조하라.
2) 그것은 신명기사학파의 저작을 보완하기 위하여 융합해 놓은 것들 속에서 발견되는데, 그것이 어떻게 거기에 있게 되었는지는 불확실하다. 현존 형태의 본문 속에서 그것은 이 도시국가 영토들이 후대에 다윗과 솔로몬 왕국에 병합되었다는 것을 전제하고 있다.
3) 이 명단은 나중에 출애굽 때에 이스라엘 각 지파들의 인구수에 관한 후대의 외경에 나오는 명단을 편집하는 데 사용되었다. 따라서 모세가 인구조사를 실시하였다는 가정하에 이 일화 전체는 이미 편집되어 있던 오경 설화에 보론(補論)으로 삽입되었다; cf. M. Noth, *Das System der zwölf Stämme Israels* (1930) pp. 122 ff.

묘사는 여기에서 송축되고 있는 단일한 사건을 바탕으로 한 것이라기 보다는 각 지파들의 습관적인 행동 양식을 토대로 한 것이라고 보아야 할 것이다.

이스라엘 지파들은 지리적으로 서로 연관되어 있는 몇 개의 그룹으로 나뉘어진다. 우리가 알고 있는 한, **유다 지파**는 남부 팔레스타인의 지파들 가운데서 언제나 주도적인 역할을 했다. 이 지파는 요단 서편 산지의 남부 지역, 예루살렘의 남쪽에 거주하였는데, 그 지역은 남쪽으로 거의 헤브론 성읍까지 미쳤다. 아마르나 시대에 "예루살렘 땅의 한 성읍"[4]이었던 베들레헴이 그 중심지였다. 현재로서는 아마도 단지 일시적으로만 예루살렘의 통치를 받았을 뿐이고 그 자신이 작은 행정 중심지였던 이 성읍이 어떻게 유다 지파의 소유로 되었는지를 설명하기는 불가능하다.

북쪽으로 유다 지파의 영토는 예루살렘의 도시 국가 및 그 인근의 다른 도시 국가들의 영토들과 접경을 이루고 있었다. 동쪽으로는 사해쪽으로 경사가 진 "유다 광야"가 자연적인 경계선을 이루었다. 사해 서안에 있는 몇몇 오아시스 정착지들에도 유다인들이 살았던 것으로 보인다. 이 경계선들에 관한 한, 여호수아 15장 1-12절에 나오는 묘사들은 사실과 부합하지만, 우리가 나중에 논하게 될 여러 가지 이유들 때문에 거기에서는 유다의 경계선을 남쪽과 서쪽으로 상당히 확대시켜 놓았다. 사실 유다 남쪽의 산지들에는 곧 언급하게 될 다른 지파들이 거주하였고, 헤브론 성읍조차도 유다 지파의 것이 아니라 그 지파들 가운데 하나의 소유였다.

그러나 서쪽으로 팔레스타인 해안 평지의 남쪽 지역은 이전에 거기에 있었던 가나안 도시 국가들을 복속시켰던 처음부터 강력한 블레셋족의 수중에 있었다. 그리고 원래의 산지와 평지 사이의 구릉에는 비교적 소수의 도시 국가들이 있어서 새로운 정착지들이 들어설 여지가 있었을 뿐이다. 강성한 유다 지파가 영토를 확장할 수 있는 방향은 바로 이 방향뿐이었다. 그리고 때가 되자 유다 족속들은 사실 이 구릉 지대로 진입하였고 거기의 몇몇 성읍들에 거주하고 있던 가나안인들과 우호적인 관계 속에서 지냈다.[5]

---

4) 본서 p. 48 참조.

유다(יהודה)라는 명칭은 잘 알려진 셈족의 인명과 아무런 관련이 없고 원래부터 인명이었을 가능성도 희박하다: 어쨌든 그 명칭은 어원학적으로 하나님의 이름(יהוה)을 포함하는 복합어라는 식으로 설명될 수 없다. 반면에 비슷한 구조를 지닌 여러 인명들을 보여주는 증거들이 있는 것으로 보아,[6] 이 명칭이 원래 예루살렘 남쪽의 산악 지역의 일부를 가리키는[7] "유다 산지"(הר יהודה)라는 어구와 산지의 동쪽, 사해 쪽으로 경사진 지역을 가리키는[8] "유다 광야"(מדבר יהודה)라는 어구에서 사용되었을 가능성이 높다. 이 지역에 정착한 족속들이 나중에 스스로를 "유다 사람", "유다인들"(בני יהודה)이라 불렀으므로 "유다 지파"가 되었을 것이다.

구약의 여기저기에 산재해 있는 언급들을 통해 우리는 이 유다인들의 남쪽, 즉 산지의 가장 남쪽 지역에 몇몇 다른 지파들 또는 족속들이 살고 있었음을 알게 된다. 아마도 이미 가나안의 한 성읍이었던 것으로 보이는 헤브론(현재의 el-khalil 지역에 있는)은 그니스족[9]의 친척이었던 갈렙족(Calebites)의 소유였는데, 그니스족은 에돔족 가운데서도 그 일부를 찾아볼 수 있다.[10] 민수기 13장과 14장, 신명기 1장 22-45절, 여호수아 14장 6a b-15절 배후에 있는 전승들은 복되고 중요한 성읍인 헤브론이 갈렙족의 시조(始祖)인 갈렙에게 어떻게 해서 주어지게 되었는지를 설명해준다. 그러므로

---

5) 이것은 특히 지파 역사에 속하는 사건들이 하나의 복합적인 단원 내에서 다른 설화 요소들과 함께 등장하지만 오늘날에는 그것들을 확실하게 분리할 수는 없는 창세기 38장(cf. M. Noth, *Überlieferungsgeschichte des Pentateuch*, pp. 162 f.)과 역대기상 2:4에 실려 있는 정착지들의 지지(地誌) 목록에서 볼 수 있다(cf. M. Noth, ZDPV, 55 〔1932〕, pp. 97-124). 이 사건 자체에 대해서는 cf. M. Noth, PJB, 30 (1934), pp. 31-47.
6) 구약을 통해 우리는 יהודה와 אראל라는 성읍 명칭들을 알고 있다. 한편 יהוד (수 19:45)라는 지명은 어원학적으로 יהודה는 명칭과 분리되기 어렵다.
7) 유다인들이 전혀 거주하지 않았던 헤브론을 הר יהודה에 위치해 있는 것으로 서술하고 있는 여호수아 11:21, 특히 수 20:7, 21:11을 참조하라. 또한 대하 27:4도 참조하라.
8) 삿 1:16; 시 63:1.
9) 민 32:12; 수 14:6, 14에서는 갈렙은 "그니스 사람"이라 부른다; 또한 수 15:17; 삿 1:13, 3:9을 참조하라.
10) Cf. 창 36:11, 42.

이 전승들은 헤브론이 갈렙족의 소유임을 전제하고 있다. 갈렙족의 영지가 어디까지 미쳤는지에 대해서는 확실하게 말하기가 불가능하다. 사무엘상 25장 1-3절에 의하면, 한 갈렙족 사람이 헤브론 남쪽 10마일쯤에 있는 마온(현재의 tell ma'in)에 살고 있었다고 하며, 사무엘상 30장 14절에 의하면 갈렙 지파가 요단 서편 산지의 남쪽에 있는 초원 지대의 약간 애매한 지역인 네게브의 일부도 소유하고 있었다고 한다. 갈렙족이 점유한 지역은 헤브론으로부터 남쪽으로 있었던 것으로 보인다.

옷니엘족(Othnielites)도 그니스족이었다: 여호수아 15장 15-19절 = 사사기 1장 11-15절에 의하면, 그들은 이전에 기럇 세벨이라 불렸다고 전해지는 드빌 성읍을 소유하였다. 불행히도 그 위치는 확실하게 알려져 있지 않다.[11] 그러나 이 성읍은 헤브론 남서쪽, 요단 서편 산지의 고지대에 있었던 것으로 보인다. 옷니엘족의 땅이 이 지역에서 어디까지 미쳤는지에 대해서는 알 수가 없다.

산지의 가장 남쪽 지역에도 창세기 4장 1-16절에 나오는 가인을 시조(始祖)로 하는 겐족(Kenites)이 거주하였다. 여호수아 15장 56-57절에서 מנוח חצור 이라는 단어가 결합되어 있고 "겐족의 사노아"라고 번역하는 것이 옳다면, 겐족은 헤브론 남동쪽에 살았다는 것이 된다. 왜냐하면 여호수아 15장 55-57절에서 이 사노아를 이 지역에 있는 여러 다른 지방들과 나란히 언급하고 있기 때문이다. 어쨌든 사무엘상 30장 29절에서 "겐족의 성읍들"을 산지의 남쪽 지역에 있는 다른 유명한 지방들과 연관시켜 언급하고 있는 것으로 보아 우리는 겐족이 요단 서편 산지의 남쪽 지역 어딘가에 살았었다고 추측할 수 있다. 또한 그들은 네게브의 일부도 차지하고 있었다. 사무엘상 27장 10절에는 "겐족의 네게브"라는 말이 나온다. 겐족은 꽤 후대까지 완전히 정착 생활을 하지 못했던 것으로 보이며 단지 그 족속의 일부만이 정착 생활을 했을 것이다.

---

11) 위 p.49 주 58을 참조하라.

사사기 4장 11, 17절, 5장 24절에는 한 겐족의 유목민이 갈릴리 어딘가에 자신의 장막을 쳤다는 말이 나온다. 사사기 4장 11절에 의하면 그가 "자기 족속(겐족)을 떠나" 왔다는 것은 사실이지만, 그런 "떠돌이" 겐 사람들이 꽤 있었던 것으로 보인다. 한편으로 사무엘상 15장 6절에 의하면 사울 시대에 겐족은 여전히 자기들이 아말렉족의 유목민 친척이라고 생각했음을 알 수 있다. 그러므로 겐족의 일부만이 경작지와 초원 지대의 경계선[13] 가까이에 있는 헤브론 남동쪽의 작은 지역에 정착해서 살았을 것이고, 다른 일부는 초원 지대와 광야에서, 그리고 어떤 경우에는 심지어 경작지의 한복판에서 유목민적인 생활 양식을 유지하고 있었다.[14]

끝으로, 우리는 이와 관련하여 언급하지 않으면 안 되는 **여라무엘족**(Jerahmeelites)에 관하여는 아는 바가 거의 없다. 사무엘상 30장 29절에는 "여라무엘 사람의 성읍들"을 "겐 사람의 성읍들"과 나란히 언급되어 있고, 사무엘상 27장 10절에서는 "여라무엘 사람의 남방(네게브)"을 "겐 사람의 남방"과 나란히 언급하고 있다. 후대의 목록에서 여라무엘은 갈렙의 형으로 나온다(대상 2:9, 42). 그들의 영토를 아주 정확하게 결정하기는 불가능하지만, 여라무엘족도 산지의 가장 남쪽 지역에 살았을 것임에 틀림없다.[15]

시므온(Simeon) **지파**는 최남단에 거주하였음이 분명하다. 우리는 이 지파에 관하여 아는 것이 거의 없다. 왜냐하면 여호수아 13장 이하에 나오는 지파들의 경계선들의 목록에 이에 대한 언급이 전혀 없고, 구약의 역사적 전

---

13) 사무엘상 15:6에 담겨 있는 꽤 후대의 기록은 아마 유목민 겐족과 정착한 겐족이 함께 병존하였다는 사실에서 연유하였을 것이다. 사사기 1:16에 의하면, 팔레스타인에 정착한 것은 특히   의 겐족이었다.
14) 이 지파의 명칭은 사막의 대장장이들과 연관성을 갖고 있었음을 보여준다(cf. 아랍어 kain = '대장장이'). 그러나 정착한 겐족은 다른 거민들과 마찬가지로 분명히 농부들이었다.
15) 이 지파 명칭들 가운데서 옷니엘, 특히 여라무엘은 인명으로서 이들 지파의 실제적인 또는 가공적인 조상들의 이름이다. 겐족의 명칭에 대해서는 앞의 주를 참조하라. '개'(이 단어의 고대 형태로)를 의미하는 갈렙이라는 지파 명칭에 대해서는 아직도 의문이 있는데 아마도 그런 의미를 지닌 인명이었을 것이다. 한편 동물 이름들도 원래 지파 명칭들로 쓰였을 것이다. 꼭 고대의 토테미즘 신앙과 결부시켜서가 아니라 어떤 지파들의 상징들이었을 가능성이 있기 때문이다

승에서도 이 지파는 아무런 역할도 하지 못하고 있기 때문이다. 단지 이스라엘 지파들이 팔레스타인 땅을 점령하는 사건을 다루고 있는, 그 출처가 알려져 있지 않은 사사기 1장 1절 이하의 단편적인 이야기들에서만 이 지파는 유다 지파와 나란히 등장하고 있는데(삿 1:3) 이 이야기들은 그후에 신명기사학파의 저작에 편입되었다. 그리고 이 지파에 관한 단 하나의 구체적인 언급인 사사기 1장 17절에서 우리는 이 지파가 이전에 스밧(bir es-seba' =브엘세바 동쪽에 있는 현재의 tell el-mushash)이라 불렸던 호르마 성읍을 소유하고 있었음을 알게 된다. 그리고 시므온족이 이 남쪽 접경 지대에 살고 있었다는 사실로 인하여 후대의 한 편집자는 유다의 가장 남쪽 지역의 일부(수 15:21-32)를 시므온 지파의 것(수 19:2-8)으로 할당하고 있다.

각 지파의 경계선 체계에 있어서 시므온의 영토는 단지 보다 큰 유다 영토의 일부로 이루어졌다(cf. 수 19:1, 9). 그리고 사사기 1:1 이하의 이야기에서도 시므온은 철저하게 유다의 그늘 아래 등장한다. 그러므로 시므온 지파는 이스라엘 영토의 변방에 살면서 우리가 알고 있는 역사 시기에서 독자적인 역할을 할 수 있는 위치에 있지 않았던 것으로 보인다. 이 지파의 명칭은 원래 인명이었음이 거의 확실하다(cf. 스 10:31). 그러므로 이 지파의 명칭은 그 선조들 가운데 한 사람의 이름을 따라 지어졌다.

역사적으로 가장 중요한 지파들은 중부 팔레스타인의 지파들이었다. 그 지파들 가운데서 제일 먼저 "요셉의 집"을 들 수 있다. 매우 오래된 원래적인 모습을 보여주는[16] 이 용어는 이스라엘의 지파들 전체 속에서 "요셉"의 중요성을 특히 부각시켜 주고 있고 실제로 하나 이상의 지파가 관련되어 있음을 보여주는 것 같다. 이 말과 쌍벽을 이루는 "유다의 집"이라는 표현은 바로 실제의 유다 지파만이 아니라 "유다"라는 명칭 아래 연합되어 "유다"라 불린 왕국을 구성하였던 남부 팔레스타인 지파들의 전체 집단을 지칭할 때 사용된다.[17]

---

16) 이 용어는 수 17:17; 삿 1:23, 35; 삼하 19:21; 왕상 11:28 같은 꽤 오래된 본문들과 수 18:5; 암 5:6; 옵 18; 슥 10:6에 나온다.
17) 특히 삼하 2:4, 7, 10, 11을 참조하고 또한 왕상 12:21, 23도 참조하라. "이스

사실 "요셉의 집"은 요단 서편 산지의 중앙 지역 전체를 장악함으로써 그 어떤 다른 지파들보다 더 광대한 지역을 소유한 족속들의 특히 큰 연합체였다. 산지들 가운데 이 지역, 특히 그 북쪽 절반은 비교적 삼림이 우거져 있었기 때문에 정착을 위해서는 먼저 개간이 이루어져야 했지만,[18] 남부와 북부의 산악 지대들은 거의 그렇지 않았기 때문에 보다 많은 수의 지파들이 오밀조밀 모여 살았다.

여호수아 16장 1-3절에 나오는 경계선에 관한 묘사에 의하면, 남쪽으로 "요셉의 집"은 벧엘 성읍[19] (현재의 betin)에 이르기까지 그 성읍을 포함한 요단 서편 지역을 점유하였다. 북쪽으로는—요셉 지파의 북쪽 경계선에 대해서는 여호수아서는 정확한 묘사를 하지 않고 있다—요단 서편 산지의 흐름을 차단하고 있는 이스르엘 대평야의 남단에까지 미쳤다. 동쪽으로 요단 계곡으로 이르는 경사지에는 사람들이 드문드문 거주하였고, 계곡 자체에는 이 시기에 있어서 언급할 가치가 있는 요단 서편의 정착지들이 존재하지 않았다. 그러나 서쪽에 있는 해안 평지는 그 일부가 수풀이 우거진 지역이어서 사람들이 거주할 수 있었기 때문에 옛 도시 국가들의 수중에 여전히 남아 있었다 (cf. 삿 1:29).

"요셉의 집"(분명히 원래는 인명이었을 것이다)이라는 대규모의 연합체는 사실 팔레스타인에서 두 지파, 곧 므낫세와 에브라임[20]으로 나뉘어 있었고, 이 가운데 에브라임이 더 크고 중요한 지파였다. 여호수아 16장 5-8절을 보면, 에브라임의 영토는 요셉의 집이 차지하고 있던 보다 큰 지역 내에서 특정하여 표시되어 있다. 이 기록에 의하면, 에브라임은 므낫세의 남쪽에 있

라엘 집"이라는 표현은 이스라엘 왕국과 유다 왕국이 공존하게 됨으로써 "유다의 집"이라는 표현을 본따 만들어졌을 것이다. 삼하 12:8; 왕상 12:21 등등도 마찬가지이다(그러나 삼하 2:10과 5:3은 아니다. 2:4도 참조). '이스라엘'은 처음부터 지파 명칭이 아니라 모든 지파를 포괄하여 가리키는 용어였다.

18) Cf. 수 17:18.
19) 위 p. 48을 참조하라.
20) 이 두 명칭을 이런 순서로 부르는 것이 원래 관습이었다. 후대에 가서야 그 중요성으로 인하여 에브라임을 먼저 부르는 관습이 생겨났다; cf. 창 48:1-20.

는 이웃이었고, 그 영토는 남쪽의 벧엘 이북으로부터 므낫세의 영토가 된 세겜(nablus 동쪽에 있는 현재의 tell balata) 성읍에까지 이르렀다.

"에브라임"이라는 이름은 그 접미어가 흔히 지명들에서 나타나는 것으로 보아 분명히 인명이 아니라 어떤 지역의 이름이다. 사무엘하 18장 6절에 의하면, 요단 동편 지역에 아마도 특정한 지역 이름을 본뜬 것으로 보이는 "에브라임 수풀"이 있었다: 분명히 그 곳은 요단 서편의 에브라임과는 아무런 상관이 없다. 후자가 원래 지닌 의미는 구약에 자주 나오는 "에브라임 산지"(הר אפרים)라는 말에 나오는 것 같다. 이 말은 보통 요단 서편 산지의 광활한 중앙 지역 전체―에브라임 지파의 영토를 뛰어넘는[21]―를 가리킨다. 그러나 이것은 아주 작은 지역에 국한하여 사용되었던 것으로 보이는 그 원래의 의미를 후대에 확장한 것일 가능성이 있다.

사무엘하 18장 23절에 의하면, 벧엘에서 북동쪽으로 6마일 남짓 거리에 있는 오늘날 엘 아쉬르로 알려진 산 정상에 있는 바알 하솔의 성소가 "에브라임 근처에"[22] 위치해 있었다고 한다. 그리고 여기에서 "에브라임"은 어떤 촌락을 가리킬 가능성이 높다.[23] 그러나 이 경우에 있어서 지명으로서의 "에브라임"이 사실 본래적인 것이었는지 아니면 일정한 산지 지역으로 되어 있는 "에브라임 산지"가 본래적인 것이었고 그 곳에서 성장한 한 촌락에 에브라임이라는 명칭이 주어졌는지는 알 수 없다.[24] 어떤 것이 옳든 한 지역에 대한 명칭으로서의 에브라임은 원래 후대에 보다 넓은 의미에서 "에브라임 산지"로 알려지게 된 지역의 가장 남동쪽 부분을 본거지로 하고 있었고 그

---

21) 이 점은 특히 왕상 4:8; 수 20:7에 분명하게 나타난다. "에브라임 산"이라는 표현을 언급하고 있는 그밖의 오래된 구절들로는 수 17:15; 삿 7:24; 삼상 1:1이 있다.
22) עם이라는 전치사를 쓴 두드러진 용례에 대해서는 창 35:4을 참조하라.
23) 에브라임의 이 곳은 samye 근방의 khirbet el merjame의 폐허에 위치해 있었던 것으로 보인다; cf. W. F. Albright, JPOS, 3 (1923), pp. 36 ff. AASOR, 4 (1924), pp 127 ff. and also A. Alt, PJB, 24 (1928), pp. 35 ff.
24) 이 명칭의 의미 변천은 길르앗이라는 명칭의 의미변천과 비교해 볼 수 있다. 후자에 대해서는 cf. M. Noth, PJB, 37 (1941), pp. 59 ff.

곳은 에브라임 지파가 거주하는 지역의 가장 남동쪽 부분에 있었던 것으로 보인다.

그러므로 에브라임이라는 지파 명칭은 "유다의 산지"에 정착한 족속들이 "유다인들"(בני יהודה)이라는 이름을 얻었듯이 이 지역에 거주한 "에브라임 사람들"(בני אפרים)이라 불리는 족속들로 인해 생겨난 것으로 보인다. 그 후에 서쪽과 북서쪽으로 더 멀리 떨어져 있는 친척 족속들이 아마도 어떤 족속이 그 지역에 거주하게 되자 "에브라임"이라는 명칭에 포함되었을 것이고, 에브라임이라는 명칭과 함께 "에브라임 산지"라는 명칭도 확장되어 마침내 에브라임 지파가 거주하는 지역 훨씬 너머에까지 확대되었을 것이다.

아주 초기부터 활동적이었던 에브라임 지파는 북쪽과 남쪽의 산지들에 이스라엘의 다른 지파들이 정착해 있었고 서쪽으로는 가나안 도시 국가의 영토들이 해안 평지로 가는 길을 차단하고 있었기 때문에 제한적으로만 영토 확장의 기회가 주어질 수밖에 없었던 요단 서편의 영토로만으로는 만족할 수 없었다.[25] 그래서 에브라임 족속들은 요단 계곡을 건너 요단 동편 땅의 중앙 지역으로 나아갔다. 여기에는 얍복강(현재의 nahr ez-zerka)의 양 편으로 거의 인적이 닿은 적이 없고 삼림이 우거진 산지가 있었다. 잘 알다시피 이 지역은 특별히 매력적인 땅은 아니었으나 삼림을 개간하는 고된 수고를 두려워하지 않고 땅을 얻고자 하는 사람들에게 기회를 제공해 주었다.

요단 서편의 자신의 거주지들로부터 온 에브라임 사람들은 지금도 여전히 이 지역의 지명들에 그 흔적이 남아 있듯이 길르앗의 본향이었던 얍복강 남쪽 지역에 도달하였다. 거기에 정착한 사람들은 스스로를 "길르앗인들"(גלעד) 또는 "길르앗 사람들"(אנשׁ גלעד)[26]이라 불렀고, 드보라의 노래(삿 5:17)에 나오는 "길르앗"은 이들을 가리키는 말이다. 그들이 에브라임 지파의 자손들이었다는 것을 우리는 격렬하고 위태한 싸움의 과정에서 그들이 요단 서편 땅으로부터 온 같은 지파 사람들로부터 "에브라임의 도망자들"로 경멸적

---

25) cf. 수 17:14-18.
26) 이에 관하여 더 자세한 것은 cf. M. Noth, PJB, 37 (1941), pp. 59 ff.

인 소리를 들었다고 말하고 있는 사사기 12장 4절을 통해 알게 된다.

그들은 요단 동편 땅의 중앙에 있는 이 지역에 최초로 정착한 사람들이었다. 주지하다시피 그들의 영토는 결코 크지 않았고 또 북쪽으로는 얍복 계곡의 협곡 때문에, 동쪽과 남동쪽으로는 이웃한 암몬족 때문에 거의 확장하기가 불가능하였다.

"요셉의 집"이라는 틀 내에서 에브라임의 북쪽에 연한 이웃으로서 자리를 잡은 다른 지파는 다소 복잡한 역사를 가졌던 것으로 보인다. 구약에서 가장 오래된 구절들 가운데 하나인 드보라의 노래는 에브라임과 마찬가지로 마길을 언급하고 있고(삿 5:14), 여호수아 17장 1절의 이상하게 빙 둘러 말하는 어투는 여호수아 13-19장에 나오는 지파 경계들에 관한 이전의 체계에서, 마길에게는 요셉의 영토 중에서 에브라임의 영토가 공제된 후에 남은 부분이 주어졌음을 시사해주는 듯이 보인다.[27]

그러나 그 후에 마길(Machir) 지파—또는 어쨌든 이 지파의 주류—는 요단 동편 땅으로 이주해 갔고, 구약 전승에서는 이 지파가 이 곳에 위치해 있는 것으로 보통 말하고 있다. 요단 서편 땅, 에브라임의 북쪽 접경지역에 남아 있던 사람들은 므낫세(Manasseh) 지파를 형성하였는데, 므낫세라는 이름은 분명히 인명이다. 므낫세 지파는 남쪽의 세겜으로부터 요단 산지의 서편의 중앙 지역의 북쪽 절반을 차지하고 있었다. 북쪽으로 그 영토는 꽤 삼림이 울창하였고 서쪽, 북쪽, 동쪽으로 이 지역은 해안 평지, 이스르엘 평지, 요단 계곡으로 둘러싸여 있어서 산지 너머로 영토 확장을 하는 것이 불가능하였다(cf. 삿 1:27-28).

그러나 마길 지파, 즉 처음에는 에브라임의 북쪽 이웃이었던 족속들의 주류는 그 동안에 맞은 편인 요단 동편 땅, 얍복강 북쪽의 산지로 이주하여 갔고, 거기서 그들은 동부 요단의 에브라임 사람들의 북쪽 이웃이 되었다. 얍복강 남쪽에 있는 동부 요단의 개척지의 최초의 거주민들을 지칭하였던 길르앗이라는 명칭은 이제 얍복강 북쪽 지역으로 확대되었고, 따라서 마길은

---

27) 또한 cf. M. Noth, *Das Buch Josua*(^{2}1953).

"길르앗의 아비"가 되었는데, 이 표현은 구약에서 거의 판에 박힌 표현이다 (수 17:1 등).

민수기 32장 39-42절에는 얍복강 북쪽 땅을 점령한 과정에 관한 몇 가지 희소한 말들이 나온다. 이 땅은 꽤 넓었고 보다 접근이 쉬운 지역들에 사람들이 희박하게 정착해 있었던 것 같다. 개척이 진행되면서 길르앗이라는 이름도 퍼져 나갔다. 이러한 점령은 동쪽으로는 경작지가 사막으로 변해가는 곳, 북동쪽과 북쪽으로는 오늘날의 이르빗(irbid, Arbela)을 중심으로 하여 수많은 가나안 도시 국가들로 인하여 더 이상의 영토 확장이 불가능한 곳에 이르러서야 한계에 도달하였다. 요단 동편의 소유지에 비해 요단 서편의 소유지가 더 중요했다는 것은 "므낫세"는 이제 진정한 지파 명칭이 되었지만—실제의 역사 과정과는 상관 없이—마길은 족보상으로 므낫세에 종속되어 그 자손이 되었다는 사실(민 26:29 등)에서 드러난다.

요셉의 집, 더 구체적으로는 에브라임 지파의 남쪽 이웃은 여전히 가나안인들에게 속해 있었던 예루살렘의 북동쪽의 그리 넓지 않은 지역을 차지하였던 작은 지파 베냐민(Benjamin)이었다. 그 경계들은 여호수아 18장 11-20절에 아주 정확하게 묘사되어 있다. 이 설명에 의하면, 그 땅은 사사기 1장 21절에 의하면 베냐민이 정복할 수 없다고 말하고 있는 예루살렘만이 아니라 단지 나중에야 베냐민 지파와 보나 밀접한 관계를 맺게 된 예루살렘 북동쪽의 일군의 가나안 도시 국가들도 포함하고 있었다. 베냐민 지파가 실제로 거주하였던 영토는 요단 서편의 요단 계곡 남단의 일부, 여리고의 오아시스 주변, 벧엘과 예루살렘 사이의 산지를 가로질러 남쪽으로 향하는 북쪽의 대로상에 있는 베냐민 지파 사람들의 몇몇 촌락들이 있었던, 산 정상을 향해 올라가는 그 땅의 인접한 서쪽 지역에 국한되어 있었다. 베냐민이라는 명칭은 "남방에 사는 자"를 의미하고 중부 팔레스타인의 지파들이라는 틀 내에서 그 땅에서의 정착민들의 상황을 가리키는 것일 가능성이 높다. 만약 그렇다면, 베냐민 지파도 그 땅에의 정주(定住)의 직접적인 결과로서 그 명칭을 얻었다고 할 수 있다.[28]

끝으로, 이스라엘의 지파들 가운데서 유일하게 애초부터 요단 동편 땅에 살았던 갓(Gad) 지파는 중부 팔레스타인의 지파들에 속하는 것으로 보아져야 한다. 어쨌든 갓은 요셉의 집에 속한 다른 지파들과 마찬가지로 원래는 요단 서편 땅에 있다가 나중에야 요단 동편 땅으로 이주하였다고 추측할 이유가 전혀 없다. 갓의 경계들에 관한 서술은 여호수아 13장 15절 이하에 나오는 매우 복잡한 구절에 담겨 있는 것으로 보이는데, 여기에서 이 지파는 남쪽의 아르논(현재의 sel el-mojib)으로부터 북쪽의 얍복강에 이르는 요단 동편의 산지 일대와 요단 계곡의 동쪽 절반 전체를 할당받았던 것으로 보인다.

한편 보다 오래되고 구체적인 전승에 의하면, 이 지파는 "야셀 땅"(יעזר)의 초지에 정착하였다고 한다(민 32:1). 잘 알다시피 야셀 성읍의 위치는 현재로서는 다만 개략적으로만 추정되어 왔지만, "야셀 땅"은 사해 북단의 북동쪽에 있는 요단 동편 산지의 어딘가에 있었음에 틀림없다.[29] 그러므로 갓은 동쪽으로는 이웃의 암몬족의 영토에 의해 막혀 있고, 북쪽으로는 숲이 우거진 산지로 인해 영토 확장의 가능성이 거의 없었던 작은 지역만을 차지하고 있었다. 남동쪽으로는 아르논 북쪽의 고원지대에 있는 도시들이 평화로운 영토 확장을 제한하였기 때문에 사해 동쪽 산지의 외곽을 따라 남쪽으로 나아가는 길만이 유일한 출구였으므로 갓 지파는 사실 그 방향으로 점차로 영토를 확장하여 갔다.[30]

각 지파의 영토에 대한 구약의 언급들 속에서 르우벤(Reuben) 지파는 언제나 갓과 관련하여 언급이 된다(민 32:1 이하; 수 13:15 이하). 그러나 자세히 살펴보면 이러한 언급들은 르우벤 지파에 속하는 특정한 영토에 관한 어떤 분명한 개념을 토대로 하고 있는 것이 아니라 갓의 영토를 언제나 이론

---

28) 마리 문서를 통해 알게 된 Banu-yamina 지파 (cf. W. v. Soden, WO, I, 3 〔1948〕는 베냐민이라는 이름과 어떤 연관이 있을 수 있으나(서로 동일한 의미이다) 실제로는 아무런 연관도 없다.
29) 자세한 것은 M. Noth, ZAW, N. F. 19 (1944), pp. 30 ff.
30) 갓이라는 명칭은 해석하기가 어렵다. 이 명칭은 원래 인명이었을 것이다. (cf. M. Noth, *Geschichte und Altes Testamene = Alt-Festschrift*, 〔1953〕, pp. 145 f.

적으로 여러 가지 방식으로 나누어서 그 절반을 르우벤에게 할당하고 있다는 것을 알 수 있게 된다. 지파들의 경계에 관한 오래된 목록은 르우벤의 영토에 관한 것은 포함하지 않았고 단지 요단 동편 땅에 있는 갓에 속한 영토만을 담고 있었던 것으로 보인다.

그러나 지파들의 지지(地誌)에서 갓과 나란히 르우벤이 들어설 여지를 찾고자 한 후대의 시도들에 어떤 구체적인 이유가 존재하지 않았다고 믿기는 어렵다. 아마도 갓 지파 근방에, 비록 우리가 그들의 본향에 관하여는 확실히 아는 것이 없긴 하지만 스스로를 르우벤 지파 사람들이라고 자처하는 족속들이 있었던 것으로 보인다. 원래 르우벤 지파는 요단 동편 땅이 아니라 요단 서편 어딘가에 거주하였다. 드보라의 노래는 르우벤이 요단 서편에 거주하였음을 시사해주고 있는 것으로 보인다(삿 5:15b-16).[31]

그리고 그밖의 대목들에서도 르우벤 지파 사람들이 이전에 요단 서편에 살고 있었음을 보여주는 흔적들이 보인다. 여호수아 15장 6절, 18장 17절에 의하면, 여리고 남쪽 산지의 모퉁이 지역에는 "르우벤 자손 보한의 돌"이라 불린 한 지역이 있었다고 한다. 이 돌은 원래 "엄지 돌"(thumb-stone)로 불렸었는데, "엄지"라는 단어는 그런 이름을 지닌 한 르우벤 지파 사람으로 오해되어 왔다. 왜냐하면 르우벤 지파 사람들이 한때 그 지역—요단 계곡의 나쁜 편에 있는 갓 시파의 영토의 바로 맞은 편—에 살았기 때문이나. 이러한 지역 이름은 분명히 르우벤 지파가 유다와 베냐민의 접경지대에서 더 이상 알려지지 않았고 이 지파의 일부가 거기에 이전에 살았다는 기억만이 남아 있었던 때에 생겨났음에 틀림없다.

이 "엄지 돌" 서쪽으로는 아마도 르우벤 지파의 한 가족인 갈미(민 26:6)와 동일한 것으로 보이는 갈미 가족에 속한 아간에 관한 이야기를 말해주는 여호수아 7장의 전승과 결부된 돌더미가 있는 아골 평지가 있었다(수 15:7). 여호수아 7장 1절과 18절을 보면, 아간과 갈미 가족은 유다 지파에 속해 있는 것으로 되어 있으나, 이러한 구절들은 유다 지파와 이웃해 살고

---

31) 17절까지는 요단 동편 땅에 대한 언급이 전혀 없다.

있던 르우벤 지파 사람들이 결국에는 유다 지파에 통합되었다는 것만을 말해줄 따름이다. 민수기 26장 6절에서 헤스론이라는 이름이 르우벤 지파의 족속들 가운데 등장하고, 민수기 26장 21절에서는 한 유다의 족속의 가족의 이름으로도 나온다는 사실도 마찬가지로 설명될 수 있다. 따라서 구약 전승을 통해 알 수 있는 한, 르우벤 지파는 독자적인 영토를 갖고 있지 않았다고 하겠다.

예전에 르우벤 지파 사람들이 요단 서편 산지의 동쪽 산록에 있는 유다 지파와 베냐민 지파의 접경 지대에 살았었다는 것을 보여주는 흔적들이 아주 조금 남아 있을 뿐이고, 전승에 의하면 르우벤 지파는 요단 동편 땅에서 갓 지파 바로 맞은 편에 살았다고 한다. 이로부터 우리는 르우벤 지파가 한때는 요단 서편 땅의 어딘가에 진정한 자신의 영토를 갖고 있었다고 추론해 볼 수 있다. 그러나 전승이 우리에게 확실히 말해주고 있는 것은 이 지파가 와해된 후에 일부는 유다 지파로 흡수되고 나머지 일부는 결국에는 주로 요단 동편 땅으로 물러가서 이스라엘 영토의 최변방에 거주하게 되었다는 것이 그 전부이다. 따라서 르우벤 지파는 위에서 말한 시므온 지파와 마찬가지로 지파들의 지지(地誌)에서 결국 유명무실한 존재가 되고 말았다.[32]

북부 팔레스타인의 지파들은 이스르엘 평지로부터 북쪽으로 솟아서 팔레스타인의 가장 높은 고지들을 형성하고 있는 갈릴리 산지라 불리는 산지의 자락에 거주하였다. 여호수아 19장 24-31절에 나오는 경계들에 관한 서술에서는 아셀(Asher) 지파에게 해안 평지의 북쪽 일부와 갈멜산 및 그 갑(岬)을 포함하는 광대한 영토를 할당하고 있다. 사실 사사기 1장 31, 32절에 의하면, 아셀 지파는 평지의 도시 영토를 차지하고 있지 않았고, 그 실제 영토는 악고 및 악고 근방의 평지에 있는 가나안 성읍들 동쪽 하부 갈릴리 산지의 서쪽 대지(帶地)에 국한되어 있었다. 반드시 그렇지는 않지만 아마 어떤 신의 이름일 가능성이 있는[33] 아셀이라는 작은 지파는 분명히 동쪽과 북쪽에

---

32) 르우벤이라는 이름의 의미는 모호하다.
33) 그러므로 여신의 이름인 אשרה 에 대응되는 남신이었을 것이다

있는 하부 및 상부 갈릴리의 내지(內地)의 거의 텅 빈 땅들로 영토를 확장할 필요성을 느끼지 못하였을 것이다. 이 지파는 악고 평지 위에 있는 매력적인 구릉과 산지들로 만족하였다. 하부 갈릴리의 산지 깊숙이에 자리잡은 살 엘 바토프라는 대평지의 서쪽에 있는 그 영토의 남동쪽 모서리에서 아셀 지파는 이스라엘의 다른 지파와 접경을 이루고 있었다.

그 이웃은 스불론(Zebulun) 지파인데, 그 경계들은 여호수아 19장 10-16절에 꽤 정확하게 설명되어 있다. 이 설명에 따르면, 이 지파는 남쪽의 이스르엘 평지와 북쪽의 살 엘 바토프(sahl el-battof, 방금 위에서 말한) 사이의 하부 갈릴리 남단에 있는 산지, 곧 오늘날의 엔 나쉬라인 후대의 성읍 나사렛 근방에 거주하였다. 스불론 역시 작은 지파였고, 그 영토는 그리 넓지 않았다. 서쪽으로 그 경계는 갈멜 북쪽의 해안 평지와 접경을 이루고 있었고, 그 도시 국가 영토들에 스불론은 접근하지 못했다(삿 1:30). 남쪽으로는 가나안 도시 국가들이 이 확고하게 점령하고 있었던 이스르엘 대평지가 있었다. 스불론은 갈릴리 내륙 쪽으로 깊이 침투해야만 영토 확장이 가능했으나 그러한 대규모의 영토 확장의 필요성이 없었던 것으로 보인다. 스불론이라는 명칭은 확실히 설명할 수 없지만, 아마도 원래는 인명이었을 것이다.[34]

신명기 33장 18-19절에서는 스불론과 잇사갈(Issachar)을 함께 언급하고 있는데, 그 주된 취지는 이 지파들이 "어떤 산에서" 희생 제사를 함께 지내곤 했다는 것이다. 여기에서 말하고 있는 산은 이스르엘 평지의 북동쪽에 원형 돔처럼 웅장하게 솟아 있는 다볼 산임에 틀림없다: 왜냐하면 다볼 산에 있던 성소는 스불론과 잇사갈의 접경 지대에 있던 성소, 즉 스불론의 남동쪽 경계와 잇사갈의 북서쪽 경계에 있던 성소였기 때문이다. 여호수아 19장 17-23절에 나오는 잇사갈 지파의 영토에 대한 자세한 설명으로 볼 때 잇사갈은 서쪽으로 이스르엘 평지와, 남쪽으로 벳산(besan 근방의 현재의 tell

---

34) 사사기 9:28 ff.에 나오는 스불론이라는 인명과 특별히 영예로운 칭호였던 것으로 보이는 우가릿어의 zbl을 참조하라.

el-husn)의 고대 가나안 도시가 있던 나르 얄룻의 드넓은 계곡과, 동쪽으로는 요단 계곡과 접경을 이루고 있던 갈릴리 산지의 남쪽 지맥(枝脈)을 차지하고 있었던 것으로 보인다.

잇사갈이 여기에 정착할 수 있었던 특별한 상황들에 관해서는 나중에 보다 자세하게 설명하게 될 것이다.[35] 이 상황들은 이 땅에 정착한 이후에 생겨난 이 지파의 이상한 명칭을 설명해 준다. 잇사갈은 "품군"을 의미하고, 이 명칭은 잇사갈의 지위를 머슴이라고 말하고 있는 창세기 49장 15절의 야곱의 축복을 통해 우리에게 전해 내려온 잇사갈에 관한 풍자적인 말과 관련하여 분명히 처음에는 이 지파의 별명으로 붙여졌다.

다볼 산에서 스불론과 잇사갈은 납달리 지파와 접경을 이루고 있었고, 납달리(Naphtali) 지파의 영토는 여호수아 19장 34절에 의하면 다볼 산까지 미쳤고, 여호수아 19장 32-39절에 의하면 하부 및 상부 갈릴리 산지의 동쪽 경계를 따라 위치해 있었다. 경계들에 관한 이 설명에서 납달리의 경계가 갈릴리 내지(內地) 꽤 깊숙이까지 미쳐 있었고 아셀 지파의 경계까지 미쳤다고 하고 있다는 사실은 단지 온 땅이 이스라엘 지파에게 분할되었다는 이론 때문일 것이다. 납달리의 실제 중심지들은 디베랴 바다와 그 인접한 요단 계곡의 북쪽 지역 위에 있었을 것이다. 그 근거지로부터 납달리는 필요하다면 부분적으로 숲이 우거지고 사람이 거주하지 않았던 서쪽으로 땅을 더 넓힐 수 있었다는 것은 사실이다. 그러나 이 지파가 실제로 이러한 가능성을 광범위하게 활용하였으리라고는 거의 생각되지 않는다. 납달리라는 명칭은 인명이었을 가능성은 별로 없고 다소 모호하다. 이 경우에도 핵심은 이 명칭

---

35) pp. 107f.를 참조하라.
36) 이 구절에 의하면, 가데스(현재의 kedes)는 구체적으로 '납달리 산', 즉 요단 바다의 끝에서 북서쪽에 있는, 현재 hule라 불리는 호수 곁에 위치해 있었다. 그러므로 납달리 지파는 처음에 이 지역을 근거지로 삼았던 것 같다. 이와 동일한 지지학적 의미가 "가데스 납달리"(삿 4:6)라는 표현에도 담겨 있는데, 여기서 "납달리"는 지명에 덧붙여져서 어떤 지방임을 나타내 주는 속격일 것이다. 이런 용례는 "야베스 길르앗"(삼상 11:1 등)과 "베들레헴 유다"(삿 17:7 등)— '유다'는 이 지방의 이름으로서의 원래의 의미를 보유했던 것으로 보인다—같은 복합어들에서 찾아볼 수 있다.

이 원래 특정한 지역, 곧 여호수아 20장 7절에 나오는 "납달리의 산지"(נפתלי הר)[36]를 가리키는 것이었는지의 여부를 생각해야 한다는 것이다—비록 현존하는 전승에 의하면 이 산지는 이 지파 명칭을 본떠서 지어졌다고 하고 있지만. 사실 유다와 에브라임의 경우에서처럼 이 산지에 정착한 족속들은 이 산지의 이름을 따라 지어졌을 것이다.

단(Dan) 지파는 요단 계곡의 가장 높은 곳에 있는 요단강의 발원지 근처, 최변방이자 오지(奧地)에 살았다. 그 중심지는 토트메스 3세의 팔레스타인 목록에 나오는 이전의 가나안 도시 라이스(현재의 tell el-kadi)였다. 사사기 18장 27절에 의하면, 이 지파는 무력으로 정복하여 이 도시를 얻었고 그 도시에 자신의 명칭을 따라 단이라는 새로운 명칭을 붙였다. 이 지파 명칭은 원래 인명이었을 것이다.[37] 경계들에 관한 오래된 목록에서 단을 언급하고 있는 부분의 일부가 민수기 34장 7-11절에 담겨 있는 듯한데, 여기에서 그 경계들은 대부분의 북부 지파의 경계들과 마찬가지로 이스라엘의 전체 영토의 북쪽 경계를 확정하기 위하여 소개되고 있는 것이다. 이것은 민수기 34장 3-5절에서 여호수아 15장 2-4절에 나오는 유다의 남쪽 경계선이 전체 영토의 남쪽 경계선을 결정하는 역할을 하는 것과 마찬가지이다. 이에 의하면, 단은 요단 계곡의 최상부 지역만이 아니라 현재 욜란이라 불리는 지역에 있는 인접한 동쪽의 삼림이 우거진 산지도 차지하고 있었다. 그리고 이것은 사실 그랬을 것이다(cf. 신 33:22). 왜냐하면 서쪽으로 연한 산지들이 이웃 지파인 납달리의 수중에 있었기 때문이다. 그러나 북쪽으로 중부 수리아의 다소 매력적이지 않은 산지들과 남쪽으로 요단 계곡의 최북단의 호수 주변의 습지는 정착하기에 적합하지 않았기 때문에 이 지파가 영토를 확장할 수 있는 길은 오직 동쪽 방면뿐이었다.

단은 이 땅의 전혀 다른 지역을 점령하려던 최초의 시도가 실패한 후에 이 오지(奧地)를 본거지로 삼게 되었다. 사사기 1장 34-35절에 의하면, 단

---

37) Cf. M. Noth, *Geschichte und Altes Testament = Alt-Festschrift* (1953), p. 146.

지파는 처음에 예루살렘 서쪽의 산지와 해안 평지 사이의 구릉 지대를 확보하고자 하였었다. 그러나 성읍들에서 이 지역을 통치하고 있던 이전의 거민들[38]은 단 지파가 정착에 필요한 땅을 확보하는 것을 허용하지 않았다. 이것은 이스라엘 지파들이 이미 가나안 도시들이 들어차 있던 지역들에서는 여지를 발견할 수 없었고, 보통 무력으로 자리를 확보할 수 있는 위치에 있지도 못했으며, 그런 시도조차 하지 못하였을 것이라는 사실을 시사해 주는 대목이다. 따라서 사사기 18장에 의하면 단 지파는 이 지역에서 물러갔는데, 그러는 사이에 그 때까지 비어 있었던 인근의 땅은 이스라엘의 다른 지파들의 수중에 넘어갔기 때문에 무력으로 한 조그만 가나안 도시를 점령하여—이것은 예외적인 것이다—최북방의 오지(奧地)에 자신의 본거지를 마련하게 되었다. 이렇게 함으로써 이 지파는 이스라엘 지파들 가운데서 정착지를 마지막으로 얻은 지파가 되었다.

6. 이스라엘 지파들의 팔레스타인 점령

팔레스타인에서의 이스라엘의 정착지들의 전 범위를 살펴보게 되면, 이스라엘 지파들은 청동기 시대에 사람들이 드문드문 거주하였거나 전혀 거주하지 않았던 지역들로 들어갔다는 것이 분명해진다.[39] 그 지파들은 요단 서

---

38) 사사기 1:34, 35에서는 이들을 이스라엘 이전 거민들을 통칭하는 "아모리족"이라 부른다. 같은 지역에 있는 단 지파 사람 삼손의 이야기(삿 13-16장)에 의하면, 적대관계에 있던 주변 종족은 블레셋족으로서 그들은 남부 해안 평지에서 "아모리족"을 다스리고 있었다.

39) A. Alt, *Die Landnahme der Israeliten in Palästina* (1925), 특히 pp. 31 ff.와 아울러, 무엇보다도 A. Alt, *Erwägungen über die Landnahme der Israeliten in Palästina*, PJB, 35 〔1939〕, pp. 8-63 = *Kleine Schriften zur Geschichte des Volkes Israel*, I (1953), pp. 89-125 (특히 pp. 121 ff.)와 pp. 126-175을 참조하라.

편 산지의 여러 지역들, 요단 동편 고지의 중앙 지역을 점령하였던 반면에 천혜의 혜택을 누리고 있었던 평지들은 여전히 도시들을 중심으로 밀집되어 있던 보다 오래된 가나안 거민의 수중에 있었으므로 이제 그들과 나란히 주민의 새로운 구성분자로서 살게 되었다. 이러한 사실은 이스라엘의 점령이 새로운 이주자들과 이 땅의 이전 소유자들과의 무력 충돌을 통해 얻어지지 않았다는 것을 아주 극명하게 보여준다. 이스라엘 사람들이 점령한 지역들에는 오직 소수의 가나안 정착지들이 흩어져 있었을 뿐이다.

물론 이스라엘 지파들은 이 정착지들 가운데 일부를 조만간 무력으로 점령하였을 것이다. 그러나 그러한 소규모의 군사력에 의한 정복이 있었다고 하더라도 이스라엘 지파들이 점령한 지역에 거주하지 않았던 가나안인들의 주류와의 충돌은 없었다. 그리고 예루살렘 근방에서처럼 산지들에 일련의 가나안 도시들이 인접해 있던 곳에서도 대규모의 충돌은 일어나지 않았다. 이와는 반대로 지파들은 이 도시들의 영토 가까이로는 접근하지 않았다. 해안 평지의 내륙쪽 끝부분에 있는 구릉 지대를 확보하고자 하다가 실패한 단 지파의 특별한 사례는 다른 지파들이 감히 시도할 수 없었던 방식을 보여주는 예라 할 수 있는데, 사실 이스라엘 지파들은 그 통치자들의 가공할 철병거를 지닌(cf. 수 17:16; 삿 1:19; 4:3) 굳건한 가나안 도시들과 대규모의 군사적 충돌을 일으킬 엄두를 내지 못하였다.

우선 이스라엘 지파들이 이 땅을 점령한 사건은 대체로 상당히 조용하고 평온하게 이루어졌고 이전 거민들의 대다수의 삶을 심각하게 동요시키지 않았다는 것은 분명하다. 우리는 그것이 오늘날에서도 볼 수 있듯이 작은 가축 떼를 기르는 반유목민들이 인접한 초원과 사막 지대로부터 경작 가능한 지역에서의 정착 생활로 옮겨오는 것과 같은 방식으로 진행되었다고 생각할 수 있는데, 유일한 차이점이라면 당시에는 오늘날보다 사람이 거주하지 않았던 빈 공간이 더 많았다는 것이다. 보통 그러한 반유목민들은 이른바 초지를 변경하는 과정에서 농경지와 접촉하게 된다: 양떼와 염소떼들이 외부에서 충분한 꼴을 찾을 수 없게 되는 여름 건기에, 그들은 정착민들과의 명시적 또는 암묵적인 약속에 의해 추수가 끝난 농경지로 이동해 온다.

그리고 여기에서 그들은 가축떼들을 쉽게 만족시킬 수 있을 정도로 충분한 꿀을 발견하게 된다. 자신들의 유목 생활에 자부심을 가지고 정착 생활을 경멸하는 사막의 낙타 유목민들과는 달리 이 평화로운 반유목민들은 언제나 탐나는 농경지에서의 보다 정착된 생활을 갈망한다. 그리고 이전의 정착지들 속에 공한지가 생겼거나 사람이 거주할 수 있지만 이전에 거주한 적이 없는 지역들을 발견하여 기회가 생기기만 하면, 그들은 초원과 사막 지대에 있는 그들의 겨울 초지로 돌아가지 않고 농경지에 영속적으로 정착한다.

이스라엘 사람들은 이 땅을 점령하기 전에 바로 그러한 땅을 갈망하던 반유목민들이었다: 그들은 아마도 초지를 변경하는 과정에서 처음으로 이 땅에 발을 들여 놓았을 것이고, 결국에는 이 땅의 인구가 희박한 지역들에서 영속적으로 정착하기 시작한 다음에 그들의 원래의 영지들로부터 기회가 닿는 대로 영토를 확장하였을 것인데, 이 모든 과정은 무엇보다도 무력의 사용 없이 평화적인 수단을 통하여 수행되었을 것이다.

이것은 이스라엘의 팔레스타인 점령이 각 개별 지파가 자신의 영토를 점령하는 데는 어느 정도의 시간이 필요하였다는 의미에서만이 아니라 지파들은 동일한 시기에 이 땅에 정착한 것이 아니라는 의미에서도 상당 기간 동안 지속된 과정이었다는 것을 의미한다. 우리는 단 지파가 다른 대부분 또는 모든 지파들이 이미 자신의 본거지를 확보한 후에야 그 최종적인 영지로 이동해 갔다는 것을 확실히 알고 있다. 이것은 특별한 사례이었을 수도 있다. 왜냐하면 이 지파는 처음에 가나안 도시들이 이미 거기에 있었던 관계로 특히 사정이 좋지 않았던 지역에 발을 붙이고자 시도하였었기 때문이다. 그리고 우리는 다른 지파들이 다른 지역에 정착하려는 여러 번의 시도들이 실패한 후에야 자신의 영토를 궁극적으로 확보하게 되었다는 것을 보여주는 정보를 갖고 있지 않다. 그러나 팔레스타인에서 각 지파의 영토들의 분포에 관한 여러 가지 자세한 설명들은 이스라엘 지파들에 의한 이 땅에 대한 전체적인 점령은 꽤 오랜 기간 동안에 여러 단계를 거쳐 이루어졌음에 틀림없는 복잡한 과정이었음을 보여준다.

이와 관련하여 지파들을 전통적으로 열거하고 있는 목록에서 언제나 선두에 나오는, 88면 이하에서 논의한 르우벤 지파의 상황은 특히 주목할 만하다. 오래된 전승에서는 이 지파에게 특별히 어떤 지역을 할당하고 있지 않았다. 갓 지파의 이웃에 르우벤 지파의 족속들이 있었다면, 분명히 그들은 나중에야 요단 동편 땅으로 이주해 왔을 것이다. 요단 서편 땅의 맞은 편 지역에도 이전에 르우벤 지파 사람들이 거주하였던 몇몇 흔적들이 남아 있는데, 이들의 일부는 유다 지파에 흡수되었다. 그러므로 우리에게는 요단 서편 땅의 중앙 지역의 어딘가에 살고 있었음에 틀림없는 이전의 르우벤 지파의 남은 자들에 관한 증거만이 남아 있다.

그러나 우리가 보다 정확히 알고 있는 시기에 이 지역은 가나안 도시 국가의 영토들이 되어 있지 않아서 이스라엘 사람들에게 접근 가능하였다고 한다면 이미 다른 지파들의 수중에 들어가 있는 상태였다. 따라서 이 지파들은 르우벤 지파가 우리가 알지 못하는 어떤 이유들로 인하여 몇몇 미미한 수만을 남겨둔 채 완전히 사라져 버린 후에야 그 영토들을 완전히 확보할 수 있었다. 따라서 르우벤 지파는 다른 지파들이 자신의 영토에 대한 점령을 완료하기 전에 정착하고 있었음에 틀림없다는 결론이 나온다.

이러한 추론은 지파들의 전통적인 목록에서 보통 르우벤 다음에 나오는 시므온과 레위 지파도 분명히 아주 비슷한 상황이었다는 사실에 의해 확증된다. 오래된 전승은 시므온 지파에게도 특정한 지역을 할당하고 있지 않다. 그리고 시므온 지파의 족속들이 이 땅의 가장 남쪽에 살았고 "유다"라는 보다 큰 전체의 일부로 간주되었다는 사실에 관한 간략한 기록만이 있다. 그러나 전승에서는 레위 지파가 점령한 지역에 대해서는 전혀 언급이 없고, 이 지파가 다른 지파들과 동일한 지역 속에서 어디에 거주하였는지를 알아내는 것은 불가능하다.[40]

그러나 지파들의 목록에 언급되어 있는 것으로 보아 시므온과 레위 지파

---

40) 이것은 레위 지파가 다른 지파들의 명단에 언급되어 있다는 사실과 레위 지파가 다른 지파들과 마찬가지로 '세속적인' 지파였다는 창세기 49:5-7로부터 분명하게 알 수 있다. 후대의 레위인 제사장단과 레위 지파는 어떤 관계에 있었느냐 하는 것은 별개의 문제로서 위에서의 논의에는 전혀 영향을 미칠 수 없다

는 분명히 한때 팔레스타인의 어딘가에 본거지를 두고 있었을 것이다. 그리고 창세기 34장의 전승은 이 두 지파가 한때 요단 서편의 중앙 지역에 있는 이전의 가나안 성읍 세겜 근방에 살았다는 사실에서 유래한 것이다. 그러나 그 곳에는 "요셉의 집"이 나중에 거주하였다. 따라서 우리는 다시 한번 "요셉의 집"은 시므온과 레위 지파가 그 곳을 떠난 후에야 자신의 새로운 본거지를 점령할 수 있었을 것이고, 이로 보아 요셉의 집은 이 두 지파보다 팔레스타인에 나중에 들어왔다는 결론을 내리지 않을 수 없다. 야곱의 축복에 나오는 시므온과 레위에 대한 언급에서 이 두 지파는 창세기 34장의 전승을 토대로 "이스라엘 중에서 흩으리로다"(창 49:5-7)라는 저주를 받고, 르우벤도 저주를 받는다(창 49:3-4). 이것은 이 지파들의 후대의 상황을 가리키는 것인데 그 상황이 처음과 같지 않았다는 것을 보여준다. 그러나 이와 같은 "흩어지는" 것은 다른 지파들이 팔레스타인에서의 그들의 거주지들로 들어오기 위한 전제조건이었다.

또한 이것은 이스라엘 지파들의 전사(前史)와 그들에 의한 이 땅의 점령은 후대에 발전된 구약 전승에 나타나 있는 것보다 더 많은 것을 포함하고 있었다는 것을 보여준다. 이 전승은 지파들이 이미 팔레스타인에서 질서있게 나란히 살고 있고 이미 상당한 공통의 역사적 경험을 축적해 놓은 상황에서 나왔다. 이 전승 배후에 있는 가정은 이러한 상황을 가져온 사건들이 모든 지파들에게 동시적이고 비슷하게 일어났다는 것, 사실 이스라엘은 애초부터 팔레스타인에서 단일한 통일체로서 연합되어 있었다는 것이다. 대 가족들과 족속들의 발전을 토대로 하는 개념의 영향 아래에서 이 가정은, 지파들과 이스라엘 전체가 공통의 조상인 가족으로부터 자손의 번식과 분지(分枝)를 통하여 생겨났고, 먼 옛날부터 혈연 관계를 바탕으로 통일체를 이루고 있었으며 공동 운명에 의해 결합되어 있었다고 생각한다. 따라서 각 지파들은 자기 지파의 이름이 된 한 조상으로부터 유래하였다.

---

41) '이스라엘'의 시조(heros eponymus)와 '족장' 야곱을 동일시하는 것은 구약에서 상당히 초기에 등장하지만 역사적 전승 속에서 이차적으로 일어난 일이다.

그리고 이 조상들은 형제들로서 '이스라엘'이라는 사람의 아들들이었고, 이로부터 그들 전체의 이름이 유래하였다.[41] 지파들의 형성과 그들의 상호 관련성에 있어서 혈연 관계의 요소가 중요한 역할을 하였다는 것은 엄연한 사실이다. 그러나 이와 아울러 어느 정도 관련성이 있는 족속들을 하나의 지파로 결합시키고 특정한 수의 지파들의 지파 동맹으로 연합시킨 특정한 역사적 상황들이 존재하였다.

구약 전승이 집합체로서의 이스라엘로 발전하게 만든 사건들을 아주 단순하게 보았다는 것은, 이미 언급했듯이 이스라엘 지파들은 동시에 팔레스타인 땅에 정착한 것이 아니라, 우리에게 전해진 전승에 나오는 여러 가지 설명들을 놓고 판단컨대 이 땅에 대한 그들의 점령은 적어도 두 개의 구분되는 단계로 나뉘어져 있었다는 사실을 보아서도 분명하다. 그러한 자료들은 공통의 전사(前史)와 이 땅에 대한 공동의 점령이라는 개념 위에서 형성된 전승의 주류에 비해 아주 드물고 부수적이다. 우리는 팔레스타인에서의 이스라엘의 정착은 훨씬 더 얽히고 설킨 복잡한 과정이었을 가능성을 고려하지 않으면 안 된다. 그러나 자료의 부족으로 인하여 이런 저런 식으로 어떤 단정적인 결론을 내리기는 불가능하다.

그러나 우리가 알고 있는 것만으로도, 개별 지파들은 자기 나름대로의 특별한 전사(前史)를 지니고 있었고, 이스라엘이라는 집합적인 명칭 아래 팔레스타인 땅에서 견고하고 지속적인 연합체를 결성하기 전에는 그들의 상호 관계는 기껏해야 느슨하고 유동적인 관계였다는 것을 추론하기에 충분하다. 후대의 상황들에 비추어 생각하여 구약 전승은 개별 지파들은 애초부터 분명한 실체들로서 확고하게 정립되어 있었다고 전제함으로써 그러한 사실들을 단순화시켰다.

이스라엘 지파들 가운데 몇몇은 그 지파들이 정착한 지역들에서 유래한, 원래는 지명이었던 명칭들을 지니고 있다.[42] 또한 그 지파 명칭이 그 지파가

---

42) 유다, 에브라임, 베냐민 그리고 아마도 납달리도 그랬을 것이다; cf. pp. 79f., 84f., 88, 92.
43) 잇사갈도 마찬가지이다; cf, pp. 104f.

자신의 땅을 얻게 된 특정한 상황으로부터 유래한 경우도 있다.[43] 이런 지파들은 팔레스타인 땅에 도착하기 전에는 그 명칭이 없었다고 할 수 있는데, 이것은 그 지파들이 이 땅에 도착하기 전에는 최종적인 모습을 갖추고 있지 못했다는 것을 의미한다. 이러한 지파들로 결합된 족속들은 이전에 공통의 지파 명칭을 갖고 있지 않았음이 분명한데, 만약 그러한 명칭을 갖고 있었더라면 팔레스타인에서 다시 지파 명칭을 붙일 필요가 없었을 것이다. 그러므로 이러한 지파들은 이 땅을 점령하기 전에는 자족적인 단위들이 아니었고, 팔레스타인에서 함께 살기 시작할 때까지는 지파들로 구성되지 않았던 여러 족속들로 이루어져 있었다는 결론이 나온다.

이러한 말은 그 정확한 의미를 추출해낼 수 없는 명칭들을 지닌 지파들이나 조상의 이름을 따라 지어진 주도적인 족속의 명칭을 지파의 명칭으로 채택한 지파들에게도 적용될 수 있을 것이다.[44] 그러므로 구약 전승은 지파들의 명칭을 점령 시기 이전으로 소급함으로써만이 아니라 지파들이 자족적인 단위들로 오랫동안 존재해 왔다고 전제함으로써 사실들을 넘어서고 있다. 또한 이것은 점령 과정이 오랫동안 지속되었음에 틀림없는 것으로 보아져야 하고, 이 과정에서 지파들의 모습이 분명하게 형성되었으며, 이 과정은 수많은 각기 다르고 넓은 지역에 걸쳐 산발적으로 행해진 인구 이동들로 이루어졌다는 것을 시사해준다.

구약이 "약속의 땅"인 팔레스타인 땅에 대한 이스라엘 전체 지파들에 의한 정복을 단일하고 자족적인 군사작전으로 기록하고 있다는 것은 사실이다. 오경 설화의 보다 오래된 층들은 원래부터 정복을 그런 식으로 묘사하는 것으로 낙착되었다. 그렇지만 그 처음 과정들만이 민수기 32장 1절 이하에 보존되어 있고, 그 이후의 과정들은 오경을 최종적으로 편집할 때 삭제되었기 때문에 그것을 상세하게 재구성하는 것은 불가능하다. 그러나 민수기 32장

---

44) 므낫세가 이런 예라 할 수 있다—이 이름은 틀림없이 인명이다. 므낫세는 요단 동편 땅으로 이주하는 데 합류하지 않았던 한 마길 족속으로서 요단 서편 땅에 그대로 머물렀던 모든 마길 족속들을 이런 이름으로 부르다가 마침내 요단 동편 땅으로 이주해 갔던 사람들까지도 이러한 이름으로 불리게 되었다(cf. p.85f.).

1절 이하로부터 이 서술에 의하면, 연합된 지파들이 그들의 장래의 본거지들을 향하여 아마도 모두 동시에 요단 동편 땅의 남쪽 지역으로부터 출발하고 있음을 추론할 수 있다.

이것은 실질적으로 일련의 별개의 설화들로 이루어진 오래된 자료를 바탕으로 여호수아 1-12장에 제시된 신명기사학파의 설화에 나오는 이 땅의 점령에 관한 기사(記事)와 일치한다. 이 기사에 의하면, 연합된 지파들은 요단강 하류를 건넌 후에, 즉 요단 동편 땅의 남쪽 지역으로부터 이 땅에 접근하여 무력으로 요단 서편 땅을 정복하여 수중에 넣었다는 것이다. 그러나 보다 면밀하게 분석을 해보면, 여호수아 1-12장 가운데서 보다 오래된 핵(核)은, 이 장(章)들에서 말하고 있는 이야기들은 이스라엘 전체가 아니라 오로지 베냐민 지파만을 다루고 있다는 것을 입증해준다—여호수아 10장 1절 이하에 나오는 에브라임 전승과 여호수아 11장 1절 이하에 나오는 갈릴리 전승을 제외하면.

지리적으로 볼 때, 이 모든 일들은 베냐민 지파의 작은 영토 안에서 일어난다. 이웃하고 있는 에브라임 지파의 특별한 전승은 이것과 아주 잘 연결되고 있는 반면에 갈릴리 전승은 지리적으로 앞에서 말한 것과 전혀 연결되지 않은 채 완전히 구분되어 있다. 그러나 베냐민 전승은 원래 베냐민 지파가 농변에서 요단상 하류를 건너 여리고 및 그 인근 산지의 서쪽 지역 주위의 자신의 영토에 들어 왔다는 전제 위에서 짜맞추어진 일련의 인과관계학적 설화들로 구성되어 있었다.[45]

이러한 가정은 베냐민 지파가 이 땅을 점령한 과정에 관한 자신의 생생한 전승을 보여준다. 그리고 이것은 개별 지파들은 이 땅을 점령하게 된 방법에 관한 자신의 특별한 전승을 소유하고 있었다는 사실을 구체적으로 보여주는 예이다.[46] 그러나 이것은 베냐민 지파에게만이 아니라 다른 지파들에게

---

45) 더 자세한 것은 M. Noth, *Das Buch Josua* (^{2}1953), pp. 20 ff.
46) 사사기 1:1 ff.에 나오는 설화 단편들 속에 구체적으로 어떤 지파 전승들이 어느 만큼 반영되어 있는가를 말하기는 이제 불가능하게 되었다. 판이하게 다른 문맥이긴 하지만, 민수기 13, 14장의 전승은 어느 특정한 지파 전승을 토대로 하고 있다. cf. pp. 103f.

도 해당된다. 그리고 각 지파들이 매우 초기에 자신만의 점령 전승을 가지고 있었다면, 그들은 각각 나름대로의 특별한 방법으로 팔레스타인에 있는 그들의 장래의 영토로 이동하여 왔을 것이 분명하다.

그러나 각 지파들의 이러한 특별한 전승들은 거의 일실(逸失)되었다. 왜냐하면 이미 구약 전승 내에서 그러한 것들은 이스라엘 전체에 의한 팔레스타인의 공동의 점령이라는 개념으로 대체되었고, 오직 베냐민 지파의 설화만이 앞으로 논의하게 될 몇몇 특별한 이유로 인하여 요단 서편 땅에 대한 이스라엘 공동의 점령을 말해주는 구체적인 설명의 토대로서 특히 적합하여 그러한 점을 염두에 두고 발전되고 보완되었기 때문이다. 그러나 그것이 베냐민 지파의 전승을 토대로 하고 있다는 점은 여전히 아주 분명하게 나타난다.

그러므로 우리는 구약에 나와 있는 여러 지파들의 영토의 상황 및 여기저기 흩어져 있는 몇몇 특별한 기사(記事)들을 고찰함으로써 복잡한 점령 과정을 어느 정도 조명해 보지 않으면 안 된다. 중부 팔레스타인 지파들에 관한 한, 우리는 비교적 안전한 토대 위에 있는 셈이다. 이미 말했듯이, 베냐민 지파에 관해서 우리는 여호수아서 처음 절반에 나와 있는 일련의 인과관계학적 설화들에 관한 가설을 갖고 있다. 그리고 이것은 내용적으로 이 지파의 점령지들의 상황과 아주 잘 부합하기 때문에, 그 설화들은 의심할 여지 없이 역사적으로 정확한 것이다.

이 기사(記事)에 의하면, 베냐민 지파를 구성한 족속들은 동쪽 또는 남동쪽에서 요단 동편 땅의 남쪽 지역을 거쳐 요단강 하류를 건너 진행하여 여리고(현재의 eriha)[47] 성읍에 속하는 지역에 정착하였고, 거기로부터 예루살

---

47) 가나안 성읍 여리고가 언제 종말을 맞았는지에 관한 문제는 고고학적으로 아직 완전하게 해명되어 있지 않은 상태이다. 베냐민 지파가 갔을 때는 여리고는 사람들이 확고하게 정착하여 살았던 성읍은 아니었을 것이다. cf. M. Noth, op. cit. p. 21.

48) 창세기 35:16-20로부터 베냐민 지파는 나중에 가서야 팔레스타인에서 '요셉의 집'으로부터 갈라져 나와 요셉과 나란히 독자적인 지파를 구성하였다는 결론을 내리는 것은 잘못이다. '족장' 설화에 나오는 여러 이야기들을 지파 역사로 바꿔 놓는 것(창 35:16-20은 라헬의 무덤에 주목한다)은 용납될 수 없다. 베냐민 지파는 다른 지파들과 마찬가지로 팔레스타인 땅에서 처음으로 생겨났다. 그리

렘 북서쪽의 가나안 도시들로 인하여 서쪽으로 더 이상 전진할 수 없게 된 요단 서편 산지의 고지(高地)들로 올라갔다.[48] "요셉의 집"도 같은 방향에서 왔다. 왜냐하면 요셉의 집은 남동쪽 모퉁이로부터 나중에 정착하게 된 지역을 점령하였음이 분명하기 때문이다.

에브라임 지파를 형성한 족속들은 처음에는 그 지파 명칭의 유래가 된 "에브라임 산지"를 확보하였는데, 이 "에브라임 산지"는 아마도 요단 계곡 하류 위, 베냐민 지파 영토의 약간 북쪽에 있었던 것으로 보인다.[49] "요셉의 집"은 구약 전승에 상당한 규모를 지닌 통일적인 연합체로 등장하기 때문에, 에브라임 지파를 형성하는 데 합류한 족속들만이 아니라 이 연합체의 다른 족속들도 동일한 방향에서 와서 중단없이 요단 서편 산지의 광대한 중앙 지역 전체를 점령하였을 가능성이 높다.

갓의 영토는 이 모든 그룹들이 요단 동편의 남쪽 땅을 통과하여 진행했던 바로 그 길을 따라 사해 북동쪽에 자리잡고 있었다. 그러므로 갓 지파의 족속들은 동일한 이주의 일부로서 이 땅에 대한 점령을 수행하였다고 할 수 있다. 그들은 요단 계곡 동쪽의 작은 지역에 머물렀는데, 이는 그들이 그 지역을 보고 바로 맘에 들어서 요단 계곡을 통과하지 않아도 되었기 때문이던가[50] 아니면 그들이 요단 동편 땅의 남쪽으로부터 접근할 수 있는 요단 서편의 땅들이 이미 섬령되어 있었음을 발견하였고 따라서 요단 계곡 농쪽의 별로 좋지 않은 공간으로 만족하지 않으면 안 되었기 때문일 것이다.

여호수아 1-12장에 담겨 있는 베냐민 진승이 나중에 요단 서편 땅에 대한 이스라엘 공동의 정복에 관한 묘사의 토대로 사용된 것은 결코 우연이 아니다. 왜냐하면 그 전승과는 상관없이 오경 설화의 좀더 오래된 층들은 하나 된 이스라엘 군대가 요단 동편의 남쪽 땅을 거쳐 팔레스타인을 점령하기 위하여 진군하였다고 하고 있기 때문이다. 그러므로 시간이 지나면서 중요한

고 베냐민 지파가 이 땅을 어떻게 점령하였는지에 대하여는 구체적인 전승이 존재한다.
49) cf. p. 84f.
50) 이 문제는 민수기 32:1 이하에 그런 식으로 서술되어 있다.

중부 팔레스타인의 지파들에 의한 이 땅의 점령에 대한 역사적으로 정확한 특별한 기억들이 이스라엘의 모든 지파들 위에 덧씌워졌다. 이스라엘의 공통의 역사가 이 땅을 점령하기 이전에도 존재하였다는 개념이 후대의 상황들에 비추어 발전되었을 때, 중부 팔레스타인의 전승들이 이스라엘 전체에 의한 이 땅의 전체적인 점령에 대한 모습을 결정하였다.

우리가 언급한 지파들이 팔레스타인의 중부 지역에 정착하기 전에, 르우벤, 시므온, 레위 지파(이미 95면 이하에서 논의한 대로)는 요단 서편의 중앙 지역 어딘가에 정착하였다가 확실치 않은 이유들로 인하여[51] 이주하고 흩어짐으로써 이 지파들이 나중에 들어올 수 있는 여지를 만들어 주었다. 우리는 그들이 처음에 정확히 어디에 정착하였는지를 모르기 때문에, 그들이 이 땅을 점령하게 된 정확한 과정을 설명하는 것은 불가능하다. 그들은 나중에 온 중부 팔레스타인의 지파들과 대략 동일한 경로로 이 땅에 들어왔을 가능성이 있다. 그랬다고 한다면 그들의 출발지점은 요단 동편의 남쪽 땅의 접경에 있는 초원과 사막 지대 어딘가에 있었을 것이다.

남부 팔레스타인 지파들은 사정이 달랐다. 그들에 관한 것으로는 우선 갈렙 지파가 남방으로부터, 즉 이른바 네게브 지역으로부터 팔레스타인의 자신의 영토로 들어왔음을 보여주는 갈렙 이야기가 있다. 왜냐하면 민수기 13, 14장에 담겨 있는 이야기의 토대가 되고 갈렙이 중요한 성읍인 헤브론을 얻게 된 과정을 설명하고자 하는 이 전승은, 틀림없이 원래 결국 이 전승이 나중에 오경의 좀더 방대한 설화 복합체로 삽입된 것이 시사해 주듯이, 요단 동편의 남쪽 땅을 거치는 긴 우회로에 합류함이 없이 헤브론 성읍과 그 주변의 비옥한 땅이 갈렙에게 할당되었다는 것이 되기 때문이다. 그러나 이 설화의 진정한 출발 지점은 네게브였다. 바로 거기로부터 북쪽의 산지들로 진출하여 갈렙은 헤브론을 소유하게 되었다. 갈렙 지파의 영토의 상황은 갈렙의 행로(行路)에 관한 이 기사가 역사적으로 정확할 가능성이 높다는 것을 시사

---

[51] 창세기 34장에 의하면, 가나안 성읍 세겜과 무력으로 충돌을 일으킨 지파는 시므온과 레위 지파였던 것으로 보인다

해준다. 대체로 가장 분명한 전제는 요단 서편 산지의 최남쪽 지역에 정착한 지파들은 인접한 반유목민 지역으로부터 남방으로 왔다는 것이다.

이와 아울러 갈렙 지파의 경우에는 어떤 족속과의 연관성을 볼 수 있는데, 이 족속은 에돔 사람들 가운데서도 나타난다.[52] 그니스족이라는 이 족속의 본거지는 네게브에 있었을 것으로 보여지는데, 여기로부터 일부가 와디 엘 아라바를 넘어 에돔에 이르렀고, 일부는 요단 서편의 산지로 들어 왔다. 갈렙 지파와 관련되어 있고 한때 우리가 방금 언급한 지파 동맹의 구성원이기도 하였던 옷니엘 지파도 마찬가지로 원래 네게브로부터 왔을 것이다. 겐족도 갈렙 지파와 옷니엘 지파의 근방에 거하였다는 점으로 미루어 남방으로부터 왔음에 틀림없다. 왜냐하면 사무엘상 15장 6절에 의하면 한때 이 지파들은 시나이 반도의 북쪽 지역 어딘가에 거주하고 있던 아말렉족과 동일한 지파 동맹에 속해 있었기 때문이다.

우리가 이례적이고 예기치 않은 지파들의 이주를 상당히 고려하지 않으면 안 된다는 것은 **시므온 지파**의 경우를 통해서 볼 수 있다. 이 지파는 브엘세바 지역의 최남쪽, 실제로 네게브 자체에 거주하였지만 어쨌든 직접적으로는 이 반유목민 지역으로부터 온 것이 아니라 팔레스타인의 바로 심장부로부터 이주해 왔는데, 최북쪽에 있던 단 지파와 마찬가지로 그 자신의 원래의 팔레스타인 정착지에서 더 이상 버틸 수 없게 된 후에 이스라엘 영토의 변경 지역에 최종적으로 정착하게 되었다. 요단 서편 산지의 남쪽 지역은 시므온 지파의 남은 자들이 새로운 본거지를 찾고자 했을 때 이미 점령되어 있는 상태였기 때문에 오직 네게브에서만 어느 정도 영속적인 정착에 적합한 지역을 발견하였다고 볼 수 있다.

유다 지파가 어떻게 이 땅을 점령하게 되었는지를 확실하게 말하는 것도 매우 어렵다. 남쪽으로부터는 헤브론과 드빌 성읍이 그 영토로의 접근을 가로막았고, 북쪽으로부터는 예루살렘 지역의 도시 국가들이 접근을 어렵게 만들었다. 유다 지파는 이 두 지역 사이에 정착하였다. 그 영토의 상황은 유다

---

52) cf. p. 79

지파가 네게브로부터 남쪽 방향에서 또는 요단 계곡의 최남단에서, 따라서 결국 동쪽으로부터 이동해 왔다는 것을 시사해 준다. 이스라엘의 열두 지파를 열거하고 있는 전승에서 유다가 르우벤, 시므온, 레위와 아울러 선두 그룹을 형성하고 있다는 사실은 유다 지파가 팔레스타인 점령의 개시 단계에서 입지를 확보하였다는 것을 시사해 준다. 지파들 중에서 이 가장 오래된 그룹은 주로 요단 서편의 중앙 지역에 정착하였던 것으로 보이기 때문에, 그들이 동쪽 방면에서 요단강 하류를 건너 들어왔다고 추측할 수 있고, 이 말은 유다 지파에게도 그대로 해당될 것이다. 그러나 구체적인 증거가 전혀 없기 때문에 어느 정도의 확실한 결론도 내리기 어렵다.

갈릴리 지파들과 관련된 사건의 경과는 가장 불확실하고, 이 지파들에 관하여 우리에게 전해진 전승들은 매우 드물다. 이 그룹에 속한 각 지파들이 팔레스타인에서 자신의 땅을 소유하게 된 방법들은 상당히 달랐을 가능성이 높다. 우리가 보다 자세한 정보를 갖고 있는 유일한 경우는 그 점령의 전사(前史)가 얼마나 복잡한 것인가를 보여준다. 팔레스타인의 전혀 다른 곳에서 입지를 확보하려는 시도가 실패한 후에, 최종적으로 요단강의 발원지 근처의 최북쪽 지역에 정착하게 된 단 지파가 바로 그 경우이다.

스불론과 잇사갈 지파의 경우에 사정은 또 아주 달랐다. 앞으로 살펴보게 될 전통적인 열두 지파 체제의 구성 이후에 이 두 지파는 르우벤, 시므온, 레위, 유다, 즉 정복의 아주 초창기에 요단 서편의 중앙 지역에 정착했던 지파들과 아울러 독자적인 특별한 그룹을 형성하였다. 그러므로 그들은 거의 동시에 비슷한 방법으로 그 땅에 진입하였고, 그들 간에는 어느 정도 밀접한 관계가 형성되어 있었을 가능성이 있다.

갈릴리 지파들 가운데서 유다 지파의 본거지는 요단 서편 산지의 중앙 지역과 가장 가까웠고 단지 이스르엘 평지 또는 도시 국가들의 영토인 나르얄룻의 계곡 평지만이 그 사이에 끼어 있었다. 유다 지파가 한때 다른 지파들과 함께 거기에 거주했다가 나중에야, 우리에게 알려지지 않은 이유들로 인하여, 거기로부터 인근의 남부 갈릴리로 이주하여야 했다는 것은 확실하게 증명될 수도 없고 또 반드시 그렇게 추측할 필요도 없다.[53]

그러나 유다 지파는 남쪽 또는 남동쪽 방면으로부터 그들의 장래의 거주지들로 이동해 들어 갔을 가능성은 생각해 볼 수 있다. 반면에 납달리 지파가 게데스(Kedesh) 지역에 있는 "납달리" 산지에 처음으로 입지를 확보했다고 한다면, 이 지파는 동쪽 방면으로부터 요단 동쪽의 북쪽 지역을 거쳐 들어왔을 것임에 틀림없다. 아셀 지파가 어떻게 그 영토에 이르렀는가에 대해서는 확실하게 말하기는 거의 불가능하다.

구약에는 여러 갈릴리 지파들이 팔레스타인에서의 자신들의 영토를 소유하게 된 특별한 사정들을 추측해 볼 수 있게 해주는 한두 개의 주목할 만한 말들이 나온다. 야곱의 축복에서는, 잇사갈 지파를 평화와 평온과 좋은 땅을 위하여―"양의 우리 사이에 꿇어 앉은 건장한 나귀"처럼― "어깨를 내려 짐을 메고 압제 아래서" 섬기었다고 하여 (창 49:14-15) 비판하고 조롱하고 있는데, 잇사갈이라는 명칭(품군)은 이런 연유로 붙여진 것임에 틀림없다. 이 말이 사실이라면, 잇사갈은 자신의 독립을 희생한 대가로 자신의 영토를 얻었다고 할 수 있다.

실제로 무슨 일이 일어났는가는 아마르나 토판들에 나오는 몇몇 말들로부터 추론해 볼 수 있다. 그에 의하면, 나중에 잇사갈 영토가 된 곳에 위치해 있던 수넴(현재의 solem)이라는 가나안 성읍은 아마르나 시기에 파괴되었고, 그 땅은 당시의 이집트 군주들을 위하여 가나안 노시 통지자들의 감독과 지시 아래에서 강제 노역에 의해 경작되어야 했다.[54] 땅을 구하던 족속들이 노역을 제공한다는 조건으로 이전의 수넴 성읍의 영토에 정착하여 "잇사갈" 지파를 형성하였고, 결국 수넴으로부터 동쪽으로 인접한 산지를 점령하였다.

구약에서 이스라엘 지파들에 관한 그밖의 몇몇 주목할 만한 말들은 이 패 구체적인 상황에 비추어 보면 아마 가장 잘 이해될 수 있을 것이다. 야곱

---

53) 우리는 이 특정한 사례에 있어서 어떤 특수한 상황이 있었는지를 모르기 때문에, 사사기 10:1, 2에 의하면 잇사갈 사람 도도가 "에브라임 산지 사밀"(정확한 위치는 알려져 있지 않다)에 살다가 장사되었다는 사실로부터 잇사갈 지파의 과거의 거주지에 관한 어떤 확정적인 결론을 이끌어내기는 불가능하다.

54) 전거(典據)들과 그 정확한 설명은 A. Alt, PJB, 20 (1924), pp. 34 ff.에 나와 있다.

의 축복에서는 스불론 지파에 관하여는 "해변에 거하리니 배 매는 해변이라"[55] (창 49:13)는 말이 나온다. 현재 우리에게 알려져 있는 이 지파의 거주지들은 전혀 해변이나 그 근처에 있지 않았다. 그리고 스불론 지파가 이전 시기에 바다 옆에서 살았었다고 추측할 만한 이유도 전혀 없다. 왜냐하면 해안의 모든 거주할 만한 지역들은 이스라엘 지파들이 등장하기 훨씬 전부터 사람들이 거주하고 있었기 때문이다.

아마도 비판하기 위하여 만들어진 것 같은 스불론 지파에 대한 이 말은 스불론 지파 사람들이 특히 북쪽 해안 평지의 항구들에서 어떤 강제 노역을 행하지 않으면 안 되었다는 것을 의미하는 것일 가능성이 크다. 그리고 이러한 지속적인 의무를 수용한 것은 스불론을 구성하고 있던 족속들이 해안 평지의 내륙 지역에 있는 하부 갈릴리의 산지에 정착하는 것을 이웃한 가나안 도시들이 허가하는 조건으로 이루어진 것이었음을 쉽게 짐작할 수 있다. 이러한 가정은 사실 아셀 지파가 그 이웃인 스불론 지파와 마찬가지로 해안이 아니라 북쪽 해안 평지의 내륙 산지에 살았음에도 불구하고, 사사기 5장 17b절에서 아셀 지파에 대해서도 "해빈에 앉고"라고 말하고 있다는 사실을 통해 확증된다. 그러므로 이 말은 스불론에 대한 말과 동일한 의미를 지닌 것으로 추측할 수 있다.

이들 지파가 이웃한 가나안 성읍들에 의존해 있었기 때문에, 그 성읍들의 부(富)의 상당 부분이 북쪽 해안 평지의 모퉁이와 이스르엘 평지에 거하였던 이 지파들에게로 흘러 들어왔다. 야곱의 축복과 모세의 축복에는 아셀 지파가 잘 살았다는 말이 나온다(창 49:20; 신 33:24). 그리고 신명기 33장 19절에서는 스불론과 잇사갈 지파에 대하여 "바다의 풍부한 것을 흡수하리로다"고 말하고 있는데, 이것은 그들이 가나안인들의 교역에 의한 이익들을 간접적으로 얻었다는 것을 의미한다. 그러므로 하부 갈릴리에서 지파들의 상황은 성읍들이 있는 평지와의 직접적인 인접성에 의해 특별한 방식으로 결정되

---

55) '배들'에 관한 구절에서 본문의 순서가 제대로 되어 있지 않고 또한 확실하게 복원하기도 불가능하다. 마지막에 나오는, 스불론의 지경이 "시돈까지 이를 것"이라는 말은 나중에 덧붙여진 것으로 보인다.

었고, 여기에서 이 땅의 점령은 특별한 조건들 아래에서 일어났다.

　단 지파의 거주지는 바다로부터 아주 멀리 있는 요단강의 발원지 옆에 있었음—이러한 사실은 드보라의 노래에서 분명히 당연한 것으로 받아들여지고 있고 사사기 18장 28절에서도 성읍 라이스가 "시돈과 상거가 멀다"고 되어 있다—에도 불구하고, 사사기 5장 17a절에서 단 지파에 관하여 "배에 머물렀다"고 말하고 있는 매우 흥미롭다. 그러나 사사기 18장 28절의 말은 단 지파의 영토와 시돈 성읍(cf. 삿 18:7), 지중해 해안과의 어떤 관련성을 확증해 준다는 점에서 중요하다. 그리고 당시에 시돈은 요단 계곡의 발원지에 대한 어떤 권리들을 갖고 있었던 것으로 보인다. 그러므로 사사기 5장 17a절에 나오는 단 지파에 대한 언급은 이 지파도 남부 페니키아 항구들에서의 일정한 양의 강제 노역을 부담하는 조건으로 그 정착지를 얻어야 했다는 것을 의미하는 것으로 해석할 수 있을 것이다.

　모든 갈릴리 지파들 가운데서 **납달리**는 이와 관련하여 전혀 언급되고 있지 않은 유일한 지파인데, 그것은 결코 우연이 아닐 것이다. 왜냐하면 납달리는 훌레(bahret el-huleh) 호수 서쪽의 산지와 자연의 혜택을 거의 받지 못한 디베랴 바다를 그 영토로 차지하고 있었기 때문이다. 납달리 지파의 족속들은 아마도 이 보잘 것 없는 거처로 만족하고 자신의 독립성을 보존하였을 것이다.

　그러므로 이스라엘 지파들이 이 땅을 점령한 것은 오랜 시간에 걸쳐 여러 지역에서의 다양한 이동들로 이루어진 과정이었기 때문에, 팔레스타인 점령의 정확한 연대를 확정하는 것은 불가능하다. 우리가 할 수 있는 것은 대략적인 시기(terminus a quo)와 종기(terminus ad quem)를 확정하는 것뿐이다. 나중에 구약 전승은 이 점령 과정을 아주 단순화시켜 하나의 짤막한 일화로 농축시켰기 때문에 그 기간과 이동들의 일련의 경과에 관한 정확한 정보원으로서는 아주 신빙성 없게 되었다. 그리고 우리는 구약 외부에서는 이러한 문제들에 관한 어떤 역사적 정보를 가지고 있지 못하고 또한 그런 것을 기대할 수도 없다. 왜냐하면 대체로 팔레스타인 점령은 팔레스타인의 이전 역사의 주무대로부터 멀리 떨어져서 다소 평온하게 이루어졌고, 특별히 주목할 만한 사건들이 일어나지 않아서 당시의 고대 오리엔트의 강대국들의 관심을 끌지 못함으로써 어떤 유의 기록도 남겨지지 않게 되었기 때문이다.

우리는 아마르나 시기를 시작점으로 생각할 수 있을 것이다. 그러나 이 것은 그렇지 않았다면 이 땅의 점령 과정이 아마르나 토판들의 정치적 서한 속에서 언급되지 않을 수 없었을 것이라는 이유 때문이 아니다.[56] 아마르나 토판들의 무대가 된 팔레스타인의 도시 국가들은 팔레스타인에 관한 한 무엇 보다도 이스라엘의 점령에 의해 거의 영향을 받지 않았다. 그러나 아마르나 시대에 이스라엘 지파들이 아직 이 땅에 정착하지 않고 있었음을 시사해 주 는 두 가지 증거가 있다. 당시에 베들레헴은 여전히 "예루살렘 땅의 한 성 읍"[57]이었고 나중에 가서야 유다 지파의 중심지가 되었다. 그리고 수넴 성읍 이 파괴되어 이스르엘 평지 근처에 있는 가나안 도시 국가들의 체제에 공백 이 생기고 그 곳으로 잇사갈 지파가 들어갈 수 있는 여지가 만들어진 것은 바로 그 시기밖에 없다.[58]

유다와 잇사갈은 이 땅에 정착한 선두 주자였던 보다 오래된 이스라엘 지파 그룹의 일부였다. 반면에 잇사갈의 경우에는 그 실제적인 사건들의 경 과는 이 지파가 아마르나 시대가 끝난 후 오래지 않아 자신의 영토로 이동해 왔음을 시사해 준다. 그러므로 우리는 이스라엘의 점령의 시기(始期)를 주전 14세기 후반으로 설정하지 않으면 안 된다. 이 과정이 최종적으로 끝난 시기 는 아마도 적어도 사울이 왕으로 등극하기 백 년 전으로 잡아야 할 것이다. 이스라엘 왕국이 형성되기 전 팔레스타인 땅에서 일어났던 일련의 사건들의 경과와 그 지속 기간을 기록해 놓은 믿을 만한 정보가 우리에게 없다는 것은 사실이다. 그러나 이 시기에 속하는 사사기 10장 1-5절과 12장 7-15절에 나 오는 "이스라엘 사사들"의 명단만 해도 68년에 걸쳐 있고, 이 명단의 처음과 끝이 완벽하게 작성되어 있는지도 불확실하다. 이로부터 판단컨대, 팔레스타

---

56) 아마르나 토판들에 나오는 Habiru-히브리인을 이스라엘인과 동일시할 수는 없 다. Cf. 위 p. 49f.
57) Cf. 위 p. 48.
58) Cf. 위 pp. 107f.

인 점령은 늦어야 주전 1100년 경에 끝난 것으로 보인다.

이 연대들, 특히 종기(終期)는 각각 상한선과 하한선만을 보여주는 것일 뿐이고, 그 연대들에 의해 팔레스타인 점령에 모두 200년의 세월이 소요되었다는 것을 의미하는 것으로 추측해서는 안 된다. 그럴 가능성은 없다. 그러나 전승이 현존하는 그대로 사실이라면, 우리는 그 가능성의 상하한선들을 주의깊게 계산해낼 수는 있다. 아마도 점령은 꽤 짧은 기간, 즉 수십 년 동안에 일어난 것으로 보인다. 그리고 우리가 이미 살펴본 잇사갈 지파의 사정은 이 과정이 이 시기의 후반부보다는 전반부에, 즉 대략 주전 13세기에 일어났을 가능성을 시사해 준다. 그러나 이러한 좀더 정확한 연대 설정은 추측에 불과하다는 것을 명심하지 않으면 안 된다.

최근에는 고고학적 자료들을 토대로 이 과정 또는 그 개별 요소들의 연대를 보다 정확하게 설정해 보고자 하는 시도들이 있어 왔다. 현재로서는 물질적인 유물 증거들만을 토대로 하여 금석문 발견물들의 도움 없이, 발굴된 고대의 유적지들에 있는 정착지들의 관련 층들의 연대를 불과 수십 년 정도의 오차만을 허용하는 가운데 추정하는 것이 가능해졌다. 해당 시기 안에서 분명한 증거가 있는 팔레스타인 성읍들의 파괴를 팔레스타인에서의 이스라엘 사람들의 출현과 연관시켜서 이에 따라 그 출현의 연대를 확정하고자 하는 생각도 필연적으로 들게 된다.[60]

그러나 이제까지 이런 유의 절대적으로 확실한 증거는 나오지 않았고, 그러한 증거는 사실 발견될 가능성이 거의 없다. 왜냐하면 이스라엘 지파들은 무력에 의한 정복과 가나안 성읍들의 파괴를 통해 자신의 영토를 획득한 것이 아니라[61] 통상적으로 이제까지 사람들이 거주하지 않은 지역들에 정착하였기 때문이다. 이러한 파괴들은 아마르나 시대에 일어났던 것으로 알려져 있는 성읍 통치자들 사이의 지속적인 충돌들과 주전 1200년 경 팔레스타인

---

59) 이 전승요소에 관하여 더 자세한 것은 아래 pp. 135f.를 보라.
60) W. F. Albright는 많은 논문에서 반복해서 이런 시도를 하여 왔다.
61) 여호수아서의 처음 절반(특히 수 6; 8; 10:28 ff.; 11:10 ff.)에 나오는 정복 설화들은 해당 유적지들이 후대에 초토화된 상태에서 연유한 인과관계학적 전승들로부터 유래한 것이다 (cf. M. Noth, *Das Buch Josua*, [² 1953]).

도시 국가들 지역들에의 호전적인 "해양 민족들"의 출현으로 기인했을 가능성이 높다. 이스라엘 사람들은 주로 자기들이 새로이 발견한 정착지들에 정착하였다.

이러한 정착지들에서의 정착 시점(始点)의 연대가 고고학적으로 정확하게 밝혀질 수 있다면, 그것은 점령의 연대를 확정하는 데 도움이 될 것이다. 그러나 그럴 가능성은 희박하다. 철기 시대 초기에 세워진 이러한 새로운 정착지들은 정착지들의 연속적인 층들을 수천 년 동안 원형 그대로 보존해 온 청동기 시대의 가나안 성읍들의 강한 성벽들이 아니라 돌담들로 되어 있었다는 것은 사실이다. 철기 시대에 세워진 옛 유적지들은 보통 무너져서 세월이 흐르면서 그 유물들도 흩어져 사라져 버렸다: 옛 유적지들에 남아 있는 것이라고는 그 층을 확인할 수 없는 잡다한 유물들뿐이다.

또한 초기 철기 시대의 문명은 앞서의 청동기 시대의 문명보다 훨씬 더 초라했고 그 단계들도 명확하게 구분되어 있지 않았다는 것을 기억해야 한다. 따라서 이런 이유로 아주 희소하게 남아 있는 유물조차도 그 연대를 정확하게 확정하는 것이 불가능하다. 그러므로 고고학적 관점에서 이스라엘의 정착의 시기(始期)를 문헌 전승의 증거보다 더 정확하게 구체적으로 확정할 수 없다는 결론이 나온다. 그러므로 이것은 이스라엘의 점령의 시기를 조심스럽게 규명하는 문제로 남겨지게 된다.

그러나 이스라엘의 팔레스타인 점령은 보다 폭넓은 역사적 이동의 일부였다. 동일한 시기에 땅을 찾는 종족들이 수리아와 팔레스타인의 접경 지대 도처에, 그리고 거기를 넘어 유프라테스 강 상류와 티그리스 강 사이의 메소포타미아와 유프라테스강 중류에도 출현하였다. 그들은 특히 수리아 내륙 지방과 유프라테스 상류의 양편에 있는 인접 지역에 대규모로 정착한 후에 지역 사정에 따라 어느 정도 지속적이고 포괄적인 정치 조직들을 형성하였다. 이스라엘 지파들의 인근에도 동일한 이동의 일부로서 수많은 종족들이 수 세기 동안 거의 사람이 살지 않았던 요단 동편 땅의 남쪽 지역, 남쪽으로는 엘 아카바 만 근방에 정착하였고, 거기에서 그들은 암몬족과 모압족과 에돔족을 형성하였고[62] 매우 일찍이 왕국들을 건설하였음이 분명하다.

수리아와 메소포타미아에서는 이러한 종족들은 **아람인들**이라는 집합적인 명칭으로 알려져 있었는데, 이 명칭은 이웃한 앗수르인들 가운데서 앗수르 중왕조의 금석문들에 이따금 나오고 구약에도 자주 등장한다.[63] 이 대이동은 청동기 시대에서 철기 시대로 넘어가는 기간 동안에 일어났고 수리아-아라비아 사막에서 시작되어 인접한 농경지들로 확산되었는데, 이스라엘 지파들의 정착도 수많은 이동들로 이루어진 이 이동의 일부였다. 그러므로 이 이동을 "아람인들의 이주"라고 부르는 것이 자연스럽고, 사실 이 이동이 획일적이고 계획적인 과정이 아니었음을 감안한다면 그렇게 부르는 것이 지극히 옳다. 구약에서 이스라엘의 조상은 엄숙한 제의적 신앙고백 속에서 한 "아람 사람"으로 묘사된다(신 26:5). 그리고 이스라엘 사람들은 팔레스타인에서 가나안 원주민들의 언어, 문자 그대로 말한다면 "가나안 방언"(사 19:18)을 채택하기 전에는 한때 고대 아람어 방언을 사용하였다. 구약의 히브리어는 여전히 여러 가지 방언들이 혼합적으로 사용된 흔적들을 보여준다.

이러한 견해를 취하게 되면, 매우 오래되었고 가장 최근까지도 여러 가지 형태와 각기 다른 근거들 위에서 부활되어 왔던 한 이론은 거부되어야 한다: 이스라엘 지파들의 전사(前史)가 힉소스족의 이동과 결부되어 있었다는 이론.[64] 이스라엘 사람들을 정복자 힉소스족의 지배 계급과 단순하게 동일시하는 것은 불가능하다는 것이 확증된 이래로, 학자들은 그들이 힉소스족의 이주를 따라, 힉소스족이 원래 있었고 또 구약 전승에 의하면 이스라엘의 선조들이 살았던 메소포타미아로부터 들어왔다고 생각하여 왔다.[65]

"족장들"에 관한 구약의 이야기들로부터 친숙한 법률적, 사회적 제도들에 대한 언급들이 나와 있는, 티그리스(현재의 kerkuk 근처) 동쪽의 고대 성읍 누주(Nuzu)에서 발견된 주전 15세기의 수많은 문헌들[66]은 이 이론을

---

62) 이 족속들에 대한 더 자세한 내용은 WAT, pp. 68 ff.
63) 아람족이라는 명칭의 전사(前史)에 대해서는 cf. A Dupont-Sommer, Supplements to VT, I (1953), pp. 40 ff.
64) 특히 Josephus, *Contra Apionem*, I, 14, 75 ff. 현대에 와서 특히 이집트 학자들은 이러한 견해를 공유하여 왔다.
65) 특히 창 24:10 ff.; 27:43 ff.; 창 11:10-32; 12:5을 참조하라

밑받침해 주는 듯이 보인다. 당시에 누주는 후리족의 성읍이었고 여전히 이전의 힉소스족의 이동 중의 후리족들과 어떤 연관성들을 갖고 있었다. 따라서 이스라엘 사람들은 힉소스족과의 관련성으로 인하여 이 후리족의 제도들을 익히 알게 되었을 것이고 그것들을 팔레스타인에 도입하였을 것이다.

그러나 이러한 가정들이 토대로 하고 있는 논거들은 불리하다. 만약 앞에서 가정한 것과 같은 실제적인 연관성이 있다고 하더라도, 이러한 제도들은 힉소스족 자신들에 의해 수리아-팔레스타인으로 도입되었을 것이고, 따라서 이스라엘 사람들이 팔레스타인에 들어왔을 때 그것들을 알게 되었을 것이다. 그러나 이스라엘의 선조들의 고향을 메소포타미아로 소급하여 추적하고 있는 것은, 나중에 구체적으로 유프라테스 상류의 양편에 있는 아람인들의 주된 본거지까지 말해주고 있는, 아람인들과의 관계에 관한 정확한 전승을 토대로 하고 있다.[67]

이스라엘 사람들의 팔레스타인 점령과 "아람인들의 이주"를 힉소스족과 연결시키는 것은, 우리가 아는 한 그 점령은 힉소스족의 출현보다 훨씬 후대에 일어났고, 아람인들은 힉소스족의 시대 훨씬 후에야 하나의 이주 집단으로 등장한다는 사실에 의해 거부된다. 그러나 무엇보다도 이스라엘의 팔레스타인 점령이 팔레스타인에서 힉소스 시대에 전혀 역할을 하지 못했고, 힉소스족의 통치에 의한 직접적인 영향을 받지 않았던 바로 그 지역들에서 일어났고, 힉소스족의 이동 방향과는 전혀 공통점이 없는 방향들로부터 진행되었다는 사실을 들 수 있다. 팔레스타인에서의 힉소스족의 통치는 이 땅의 도시 국가 지역들에 미쳤다. 그러나 원래 이스라엘 지파들은 그러한 통치 체제와는 아무런 관련도 갖지 않았고, 나중에야 지역 사정에 따라 어떤 관련을 맺게 되었다는 것은 분명하다.

---

66) 가장 최근의 것으로는 C. H. Gordon, BASOR, 66 (1937), PP. 25 ff ; M. Burrows, JAOS, 57 (1937), pp. 259 ff; R. de Vaux, RB, 56 (1949), pp. 22 ff.를 참조하라.
67) 이 전승의 원형(原型)은 야곱과 '아람인 라반'의 관계에 관한 이야기 속에 보존되어 있다(cf. 특히 창 31:19 ff.).

제2장

이스라엘 열두 지파 동맹

7. 열두 지파 체제

　우리에게 전해진 전승은 이스라엘의 지파들을 오직 보다 큰 전체의 구성원들로만 언급한다. 개별 지파들의 거주지, 특성, 특정한 운명에 대한 언급들은 거의 예외없이 이 지파들은 보다 큰 전체의 구성원들이라는 전제를 바탕으로 하고 있다. 이러한 전제는 "이스라엘"을 구성한 "열두 지파"에 관한 잘 다듬어진 전승 속에 표현되어 있다. 열두 지파 체제에 관한 이러한 전승 요소는 오직 한 가지 사항에서만 차이가 나는 두 가지 형태로 우리에게 전해 내려 왔다.

　한 형태의 전승에는 레위 지파가 포함되어 있고 요셉은 "하나의" 지파로 등장하는 반면에, 다른 형태의 전승에는 레위가 탈락되어 있고 요셉의 지위는 요셉의 하부 단위인 므낫세와 에브라임이 취하여 독자적인 지파들로 등장한다. 첫번째 형태의 전승은 무엇보다도 지파들의 조상들인 야곱의 아들들의 출생에 관한 창세기 29장 31절에서 30장 24절까지의 이야기 속에서 찾아볼 수 있고, 두번째 형태의 전승은 무엇보다도 민수기 26장 4b -51절에 나오는 방대한 목록에서 찾아볼 수 있다.[1]

　레위 지파는 우리가 보다 자세히 알고 있는 역사 시대에서는 "세속 지파"로서는 완전히 사라졌기 때문에, 이 지파를 포함하고 있는 전승이 둘 중에서 더 오래된 것이라 보지 않을 수 없다. 창세기 29장 31절 이하에서는 조상들을 그들이 어느 어머니에게서 났느냐에 따라 분류를 하고 있고, 창세기 49장과 민수기 26장에서는 조상들을 순서대로 열거하고 있는데, 이 두 전승은 이렇게 지파들을 아주 다르게 분류하고 있는 것을 공유하고 있다. 보다 오래된 전승은 창세기 29장 31절 이하를 따라 보통 "레아 지파들"로 불리는 여섯 지파들을 한 그룹으로 하여 시작된다. 르우벤, 시므온, 레위, 유다, 스불론, 잇사갈 지파[2]는 어느 정도 확정된 순서로 열거된다.

후대의 형태의 전승에서는 갓 지파가 레위 지파를 대신함으로써 이 전승도 역시 여섯 지파로 이루어진 한 그룹으로 시작된다. "라헬 지파들"도 한 그룹을 형성하는데, 보다 오래된 형태의 전승에서는 요셉과 베냐민으로 이루어지고, 후대의 형태의 전승에서는 므낫세, 에브라임, 베냐민으로 이루어진다. 나머지 지파들은 세번째 그룹을 형성하는데, 이들의 형태는 가장 고정되어 있지 못하다. 창세기 49장에 의하면, 단, 갓, 아셀, 납달리[3]가 이 그룹에 속하는 반면에, 민수기 26장이 보여주는 후대 형태의 전승에서는 단, 아셀, 납달리가 이 그룹 속에 등장한다.

열두 지파 체제의 이 전승 요소를 객관적으로 평가하기 위해서는 한편으로는 그것이 특정한 시기에 주어지거나 자연스럽게 발전된 이스라엘의 조직을 그대로 반영하고 있지 않다는 것을 명심하지 않으면 안 된다. 그것은 결코 우리가 보다 정확한 역사적 지식을 갖고 있는 시기에서의 실제 상황과 일치하지 않는다. 그것은 지파들을 열거할 때 르우벤, 시므온, 레위와 같은 다

---

1) 상세한 내용과 전거들은 M. Noth, *Das System der zwölf Stämme Israels* (1930)에 나와 있다.
2) 스불론-잇사갈 순서는 창세기 49장에 나오고 창세기 29:31 ff.의 가장 오래된 자료층에도 나오는 것 같으나 현존 형태의 창세기 29:31 ff.와 민수기 26장에서는 스불론이 잇사갈 다음에 나온다.
3) 이것은 창세기 49장에 나오는 순서이다. 창세기 29:31 ff.에서는 이 지파들을 다르게 분류하고 있다. 그러나 이것은 아마도 단순히 설화를 구성하기 위한 것일뿐 역사적 중요성은 없는 것 같다.

소 잊혀진 지파들로부터 시작하는 반면에, 적어도 헤브론 성읍을 소유한 갈렙 지파는 독자적인 구성원들로 열거되어 있는 모든 갈릴리 지파들만큼 중요했었을 것임에도 유다의 남쪽에 이웃한 지파들은 나오지 않고 남부 지파들—극히 주변적인 시므온은 차치하고—은 유다에 포함되는 것으로 여겨지고 있다.

그러나 이 체제는 르우벤, 시므온, 레위가 여전히 그들 본래의 역할을 하고 있었고 그 체제에서 높은 지위를 차지할 자격이 있었던 반면에, 남부 지파들은 아직 그 땅에 정착해 있지 않았던 이전의 그 어떤 시기의 상황을 반영하고 있는 것이 아니다. 이러한 가정은 불가능하다. 왜냐하면 르우벤, 시므온, 레위 지파가 흩어진 것은 "라헬 지파들"이 이 땅을 점령하게 되는 선결요건인데, 그럼에도 불구하고 이 지파들이 이 체제에 등장한다는 것은 말이 안 되기 때문이다. 그러나 이 체제의 기원을 점령 이전의 시기에서 찾을 수도 없다. 왜냐하면 대체로 지파들은 팔레스타인 땅을 점령하기 전에는 확정된 실체들이 되어 있지 않았기 때문이다. 그러므로 이스라엘의 실제 상황이 이 두 형태의 전승에 나오는 체제와 정확히 부합하는 어떤 시기를 찾아내는 것은 불가능하다.

그러나 그렇다고 해서 이 체제가 지파들이 더 이상 역사적으로 어떤 중요한 역할을 하지 못하게 되어 고대 이스라엘이 열두 부분으로 나뉘어졌다고 자의적인 구성을 하더라도, 이제는 역사적 현실에 의해 방해를 받지 않게 된 때에 순전히 이론적인 구성물로서 등장하였다는 결론을 내려서는 안 된다. 왜냐하면 그러한 시기가 과연 존재하였는가라는 문제와는 상관없이 이 체제는 틀림없이 거기에 열거된 대부분의 지파들—모든 지파들은 아닐지라도—의 현실적인 존재와 연계되어 있고, 그 세부적인 내용들은 순전히 이론적인 견지에서는 설명될 수 없기 때문이다.

이 체제 전체를 어느 정도 자의적인 편집으로 돌려 버린다면, 이렇게 열두 지파를 특정해서 선택한 것 또는 이 체제가 비록 실제로는 단지 한 가지 사항에서만 서로 다르긴 하지만 어쨌든 두 가지 다른 형태의 전승으로 우리에게 전해져 내려 왔다는 사실은 설명될 수 없고, 르우벤과 시므온을 선두로 하는 지파 명칭들의 확정된 순서나 서로 떨어져 살고 있던 지파들이 위에서 말한 그룹들에서 첫번째와 세번째에 등장하는 것과 같은 특정한 형태의 분류법을 설명하기가 불가능해진다. 명확하고 아주 구체적인 역사적 전제들이 내포되어 있음이 분명하다. 위에서 말한 대로 이 체제가 특정한 시기의 역사적 상황으로부터 도출될 수 없다면, 이 체제는 아마도 복잡한 역사적 과정 속에서 생겨났을 것이다.

　잘 알다시피 이 체제는 겉보기에 인위적인 것처럼 보이는 숫자 12라는 매우 수상한 요소와 아주 긴밀하게 결합되어 있기 때문에, 그 요소는 특히 12라는 숫자가 초기 형태의 전승에서 후기 형태의 전승으로 넘어 오면서도 엄격하게 고수되었다는 사실에서도 볼 수 있듯이 분명히 이 체제의 매우 본질적인 구성요소였음에 틀림없다. 12라는 이 숫자는 지파 체제 전체의 기원과 의의(意義)를 조명해 주는 역사상의 요소이다. 왜냐하면 열두 지파—이따금 여섯 지파—를 열거한 목록들은 이스라엘 외부에서도 생겨났고 우리에게 전해져 내려 왔다.

　에발트(H. Ewald)[4]는 처음으로 구약 자체가 이에 가장 근접한 예들을 제시하고 있음을 지적하였다. 구약을 보면 창세기 22장 20-24절에는 아람인들의 열두 지파의 목록, 창세기 25장 13-16절에는 이스마엘 사람들의 열두 지파의 목록, 창세기 36장 10-14절에는 에돔 사람들의 열두 지파의 목록이 나오고, 창세기 36장 20-28절에는 호리 사람들의 여섯 지파의 목록이 나온다. 그러므로 이스라엘의 열두 지파 체제는 결코 고립적인 현상이 아니다. 따라서 이 체제는 역사적으로 지파들의 조상들인 열두 형제로 인하여 우연한 상황에서 생겨난 것도 아니고, 보다 큰 전체를 도식적으로 나누어 부차적으로 구성한 설명으로 돌릴 수도 없다.

　이와는 반대로 이 숫자는 아직 정착된 정치 제도들을 갖추지 못하고 있던 지파 사회들에서 관습이 되어 있었던 어떤 확고한 원칙들의 결과이다. 이 말은 구약에 나오는 모든 예들에 적용될 수 있다. 잘 알다시피 이러한 단순

---

4) H. Ewald, *Geschichte des Volkes Israel*, I, 3rd ed. (1864), pp. 528 ff.

한 목록들은 이 조직들의 목적에 관해서는 말해주는 것이 거의 없다. 열두 지파로 구성된 비슷한 연합체들이 고대 그리스와 이탈리아에도 존재했었다는 사실은 더욱 도움이 된다. 그리고 이것들 가운데는 공동으로 드려지는 제의가 구심점 역할을 하였고, 이 연합체들의 구성원들은 특정한 절기들에 중앙 성소에서 만나곤 했으며, 그 제의는 전적으로 그러한 열두 또는 여섯 지파의 연합체들에 의해 유지되고 운영되었다는[5] 것을 보여주는 여러 가지 전승 기사들이 있다.

그러므로 이 연합체의 구성원들은 한 달 또는 두 달 간격의 순번을 따라 공동의 성소와 그 예배를 유지할 책임을 져야 했다는 점에서 열둘(또는 여섯)이라는 숫자를 고정적이고 항상적으로 유지해야 할 아주 실제적인 이유들이 있었던 것으로 보인다. 그리스에서는 그러한 신성한 결사(結社)는 인보동맹(隣保同盟), 즉 "주변에(특정한 성소 주변에) 거하는 자들의 공동체"로 불렸다. 그리고 이 표현은 이런 유의 연합체를 가리키는 데 적절한 전문용어 역할을 할 수 있을 것이다.

따라서 이스라엘의 지파들의 거룩한 연합체를 우리는 "고대 이스라엘의 인보동맹"이라 부를 수 있을 것이다. 열둘이라는 숫자는 이 체제 안에서 여러 가지 변화들이 있다고 할지라도 유지되어야 했던 제도의 일부였다: 그러므로 그 숫자는 인간 십난의 자연석인 분기(分岐)의 결과나 후대의 장작이 아니라 그러한 지파 동맹의 역사적 조직에 있어서 본질적인 요소였다는 것이 증명된다. 열두 지파 체제가 역사적으로 진화하고 변화하는 한 제도의 일부였다는 사실은 이 체제 자체에 남아 있는 복잡한 기원과 발전의 흔적들을 충분히 설명해 준다.

르우벤, 시므온(과 레위) 지파의 전통적인 우위성은 이 지파들이 중요한 역할을 했던 상황 속에서 유래하였음에 틀림없다. 그것은 나중의 중부 팔레스타인 지파들이 아직 그들의 장래 거주지들을 점령하고 있지 않았던 시기에 해당한다. 이 후자의 지파들은 전자와는 다른 하위 그룹에 속해 있다. 르우

---

[5] 자세한 내용과 전거에 대해서는 M. Noth, op. cit. pp 47 ff.

벤, 시므온(과 레위)은 "레아 지파들"이라는 특수한 그룹을 인도하였다. 그리고 엄격하게 유지된 여섯이라는 숫자는 이 그룹의 두드러진 특징이다. 레위 지파의 탈락으로 인하여[6] 이 그룹에 공백이 생겼을 때, 열두 지파라는 전체 숫자는 "라헬 그룹"에 속한 요셉 지파를 므낫세와 에브라임으로 나누고, 갓 지파[7]를 목록의 순서에서 레위 지파의 위치로 옮겨서 여섯 지파의 수적인 연속성을 보존하는 식으로 유지되었다.

그렇게 한 유일한 이유는 열둘이라는 숫자가 전체의 중요한 일부분이었던 것과 마찬가지로 첫번째 그룹의 여섯이라는 숫자도 이 제도의 중요한 일부였고, 여섯 지파로 구성된 그룹이 전체의 생활 가운데서 특별한 기능들을 수행했으므로, 보다 큰 전체에서 그것을 보존할 필요성이 있었기 때문이었음에 틀림없다.

끝으로, 이스라엘 외부에서도 여섯 지파로 된 연합체들이 수많은 열두 지파 연합체들과 나란히 존재하였다는 것이 입증된다는 것을 생각하면, 우리는 "레아 지파들"인 르우벤, 시므온, 레위, 유다, 스불론, 잇사갈이 한때―이 지파들 가운데 처음에 나오는 지파가 아직 그들의 원래의 지위를 완전히 유지하고 있었고, 요셉과 베냐민 지파가 아직 점령을 완료하지 못했던 시기에―여섯 지파 연합체를 구성하였었고, 이 여섯 지파 연합체는 나중의 열두 지파 연합체의 전신(前身)이자 토대가 되었다고 결론을 내리지 않을 수 없다. 우리가 알고 있는 한, 이 여섯 지파들은 비교적 점령의 초기 단계에 팔레스타인에 정착했던 이스라엘 지파들에 속했다.

우리가 잘 모르는 이유들로 인하여 기존의 상황이 격변하면서 특히 시므온, 레위 지파가 큰 영향을 받아 요단 서편 산지의 중앙 지역에 공백이 생기

---

[6] 레위와 마찬가지로 이미 옛 지위를 잃어버린 르우벤과 시므온 지파가 계속해서 허구적으로 지파들로 계수되었기 때문에 이러한 생략의 이유를 확실히 알기는 불가능하다. 레위를 이 체제로부터 배제한 것은 아마도 구약 전승에서 분명히 언급하고 있듯이 백성들이 '레위' 지파가 '레위인 제사장단'이라는 제도 속에 보존되어 있다고 생각했다는 사실과 연관이 있는 듯하다. 실제로 이 둘 사이에 어떤 역사적 연관성이 있는지 아니면 단순히 명칭만 동일했던 것인지는 또다른 문제이다.

[7] 갓 지파가 여섯 지파 그룹에 이차적으로 통합된 이유를 아는 것은 불가능하다.

면서 새로운 족속들이 그 땅에 들어와 새로운 지파들을 형성하자, 이 이전의 여섯 지파 연합체는 열두 지파 연합체로 확대되었고, 이전의 여섯 지파들은 비록 이제는 여러 곳에 흩어진 남은 자들로만 존재하였지만, 계속해서 온전한 구성원들로 간주되었을 뿐만 아니라 고참이라는 이유로 이 확대된 연합체 속에서 그들에게 맡겨진 특별한 권리들과 책무들을 고려하여 이 체제의 구성원들을 열거할 때 첫번째의 지위가 주어지고 하나의 자족적인 그룹으로 보존되었다.

요셉과 베냐민은 새로 이주해 온 지파들 가운데 주도적인 지파였다. 베냐민은 소수의 족속들로 이루어진 독자적인 지파로서 좁은 지역에 거주하면서 언제나 이 체제에서 독자적인 구성원으로 취급되었던 반면에, "요셉의 집"은 분명히 매우 많은 족속들을 포괄한 연합체였고, 이 땅에 대한 점령이 시작되었을 때 이내 두 지파로 갈라졌다. "요셉의 집"이라는 명칭은 진정한 지파 명칭이 아닌 반면에, 마길(므낫세)과 에브라임은 팔레스타인에 정착하게 되면서 다른 지파들과 마찬가지로 특정한 지역 내에 함께 거주한다는 것을 토대로 확고하고 자족적인 지파들로 형성되었던 것으로 보인다.

"요셉(의 집)"이라는 명칭이 어디에서 유래하였는가 하는 문제는 여전히 남는다. 이 두 지파가 팔레스타인에서 나중에 공동의 이름 아래 결합되었을 가능성은 없기 때문에, "요셉(의 집)"이라는 명칭은 궁극적으로는 요단 서편의 중앙 지역에 정착한 족속들의 꽤 큰 연합체를 묘사하는 명칭으로서 점령 이전 시기로부터 유래하였다고 추측하지 않을 수 없다. 그들은 처음에는 이전의 공동의 이름 아래에서 단일한 구성원으로 이 열두 지파 체제에 받아들여졌다. 왜냐하면 접경 지대에 있는 네 지파들—세 개의 갈릴리 지파와 하나의 요단 동편 지파—을 열두 지파 연합체에 동시에 받아들여야 하는 상황에서 확고한 열둘이라는 틀 안에서 그들에게는 단지 한 자리만이 남아 있었기 때문이다. 우리는 이 네 지파의 전사(前史), 그들이 이 땅을 점령한 시기, 그들이 열두 지파 동맹에 들어올 때의 상황에 관해서는 더 이상 아는 바가 없다.

일단 열두 지파 연합체가 여섯 지파 연합체라는 모델을 토대로 구성된 다음에는 레위 지파가 탈락되는 일밖에는 변화가 없었는데, 이로 인해 이전에 "요셉의 집"이라는 명칭으로 이 체제에 들어 왔던 마길(므낫세)과 에브라임 지파가 별개의 구성원으로서 참여하게 될 기회가 제공되었다. 그것을 제외한다면, 역사적 발전 과정에서 지파들의 구성에 여러 가지 변화가 있는 경우에도 이 확고한 체제에서는 더 이상의 변화는 없었다. 열두 지파 체제의 이 복잡한 진화 과정은 우리에게 전해 내려온 두 가지 형태의 전승 중 그 어느 것도 특정한 시기의 상황을 재현하지 않고 있는 이유를 설명해 준다. 왜냐하면 후대의 요소들이 첨가되었다고 하더라도 이전의 조직들은 그 체제 안에 언제나 보존되었기 때문이다. 그러나 이 모든 것은 이 체제 자체가 역사적 제도와 관련된 하나의 역사적 현상임을 보여줄 뿐이다.

이 모든 것들은 열두 지파 체제에 관한 전승들의 존재를 토대로 그 전승들을 이스라엘 외부의 이와 비슷한 전승들과 비교하여 내린 결론들이다. 문제는 이스라엘의 열두 지파 체제의 모습을 완성시키기 위하여 이 비교학적 자료를 어느 정도까지 사용할 수 있느냐 하는 것이다. 우리가 꽤 광범위하게 알고 있는 그리스의 인보동맹들[8]은 이스라엘 외부의 비슷한 제도의 가장 좋은 예이다. 그러나 우리는 이 자료가 비교적 먼 지역에 관한 것이고, 서로 비교할 수는 있지만 각기 다른 역사적 배경 속에서 나온 것이기 때문에 그것을 주의해서 활용하지 않으면 안 된다. 그럼에도 불구하고 구약 전승에 나오는 말들이 그 자료와 일치하고 그 문맥을 잘 밝혀주고 설명해 준다면, 우리는 그 자료를 도외시해서는 안 될 것이다.

우리가 갖고 있는 정보가 정확하다면, 이 지파 연합체들의 제도들의 본질적인 특징은 언제나 **중앙 성소**였다. 우리는 이스라엘 연합체의 경우에도 이 점을 분명히 고려할 수 있다. 거룩한 법궤[9]라는 하나님의 보좌가 예배의

---

8) Cf. G. Busolt, *Griechische Staatskunde* (Handb. d, Klas. Altertumswiss. IV, I, 1), II (²1926), revised by H. Swoboda, pp. 1280 ff.
9) 민수기 10:35 f.와 예레미야 3:16 f.는 법궤가 원래 눈에 보이지 않는 하나님의 빈 보좌로 인식되었을 가능성이 높다는 것을 시사해준다.

중심을 형성하였을 것이다. 이 궤가 나중에 블레셋인들과의 싸움에서, 또 다윗과 솔로몬 아래에서 행한 역할로 보아 법궤는 이스라엘 지파들의 생활 속에서 중심적인 중요한 위치를 차지하고 있었을 가능성이 극히 높다. 우리는 법궤의 기원에 관하여 믿을 만한 정보를 갖고 있지 않다. 아마도 법궤는 원래 유랑민들의 이동 성소였을 것이다.[10]

법궤에 관한 고대의 전승들의 흔적들은 완전히 사라져 버렸기 때문에, 누가 법궤를 팔레스타인으로 들여왔고, 왜 법궤가 이스라엘 지파 연합체의 주된 성물(聖物)이 되었는지는 전혀 알 수가 없다. 법궤가 이전의 여섯 지파 연합체 때에도 시초부터 중심적인 역할을 하였는지 또는 오직 후대에 가서야 중앙 예배소에 특히 유서깊은 성물(聖物)로서 안치되게 되었는지는 알 수 없다. 그러나 이와 관련하여 가장 중요한 사실은 후대의 역사로부터 추론해 보건대 법궤는 이스라엘의 열두 지파 연합체를 하나로 묶는 공동의 제의 대상물이었다는 것이다.

팔레스타인에 정착한 지파들에게 법궤는 이제 진정한 의미의 이동 성소가 아니었다. 아직 영구적으로 안치할 장소는 마련되지 않았기는 해도[11] 법궤는 일정 기간 동안 한 곳에 안치되었고, 그 장소는 중심적인 예배소, 고대 이스라엘 지파동맹의 지리적 중심지가 되었다. 구약에 보존되어 있는 몇몇 전승들에 의하면, 요단(현새의 tell balata) 서편 산지의 중앙에 위치한 세겜 성읍 동쪽의 매우 오래 되었음에 틀림없는 나무 성소는 이스라엘 지파들의 예배 중심지였던 것으로 보인다. 그리고 그것을 통하여 우리는 가장 초기의 상황을 여전히 엿볼 수 있는 것 같다.

주로 요단 서편 산지의 중앙 지역에 거주하였던 것으로 보이는 "레아 지파들"의 이전의 여섯 지파 연합체는 거기에서 이미 그 종교적 중심지를 갖추

---

10) 특히 민수기 10:35 f.에 나오는 분명히 오래된 '법궤에 관한 말들'을 참조하라. 이 말들을 현재의 문맥에 포함시켰다는 것과 또 민수기 14:44에 나오는 법궤에 관한 말은 출애굽기 25:10 ff.; 37:1 ff.에 나오는 후대의 서술과 마찬가지로 법궤가 이동 성소였음을 보여준다.
11) 이와 관련하여 사무엘하 7:6에는 법궤가 다윗 시대까지 "돌아다녔다"는 말이 나온다.

고 있었고, 열두 지파 연합체는 이와 관련하여 보다 오래된 전승과 연결되어 있었던 것으로 추측해 볼 수 있다. 그러나 이것은 단순한 추측일 뿐이다.

그러나 열두 지파 연합체에 관하여서는 특히 여호수아 24장에 "세겜 성회"에 관한 이야기가 나온다. 이 특별한 단락은 후대에 신명기사학파의 역사서에 추가된 신명기사학파적 개정판으로 수록되어 있다. 이에 의하면, 여호수아는 이스라엘의 모든 지파들을 "하나님 앞" 거룩한 곳에 모아 놓고 야훼를 섬길 것이냐 다른 신들을 섬길 것이냐를 결단하도록 촉구한 후에, 그들이 야훼를 섬기기로 결단하자 하나님과 백성들간에 언약을 맺고 "세겜에서 … 율례와 법도를 베풀"고, 이에 대한 증거로 "큰 돌을 취하여 거기 여호와의 성소 곁에 있는 상수리 나무 아래 세웠다"고 한다.

이 전승 또는 어쨌든 이 전승이 전해지고 보존되었다는 것은 분명히 세겜의 상수리 나무 성소에 있는 거룩한 돌 앞에서 야훼에 대한 공적인 신앙고백과 언약 체결의 행위, 율례의 선포를 포함한 정기적인 예배 의식이 베풀어졌다는 것을 보여준다. 그리고 신명기사학파가 부차적으로 덧붙인 구절들인 신명기 11장 29절 이하, 27장 1-26절, 여호수아 8장 30-35절[12]에는, 이 땅을 점령한 직후에 이스라엘 지파들은 세겜 근처에 돌들과 제단을 세우고, 그 돌들 위에 "(모세의) 율법"을 새기고 축복과 저주를 엄숙하게 선포하였다는 말이 나오는데, 이것은 틀림없이 앞에서와 동일한 의식에서 유래하였을 것이다.

꽤 후대의 것인 이 후자의 구절들 속에서 전승 자료는 나중에 다듬어지고 재형성되었을 것이다. 그러나 이 전승 자료가 여호수아 24장과 동일한 것을 가리키고 있다는 것은 아주 분명하다. 따라서 이에 의하면, 어떤 의식이 아마도 일정한 시간 간격을 두고 비교적 후대까지 이 성소에서 베풀어졌다는 것인데, 이것은 이스라엘 지파들 전체에게 하나님에 대한 관계가 중요했다는 것을 보여준다. 아울러 야훼는 세겜 근처의 바로 이 성소에서 "이스라엘의

---

12) 이것들은 모두 형태나 내용면에서 서로 동일하지 않으나 분명히 모두 다 동일한 상황에서 나온 것이다.

하나님"으로 예배드려졌던 것으로 보인다(창 33:20; 수 8:30; 24:2, 23).[13]

이 모든 것은 이 성소가 한때 이스라엘 지파 연합체 전체에게 중심적으로 중요했다는 것을 시사해 준다. 그리고 종교적 의식들은 그 실제적 형태뿐만 아니라 특정한 장소와의 연관성을 대단히 끈질기게 보존하는 습성이 있기 때문에, 지파 연합체의 예배 중심지가 다른 성소들로 옮겨진 후에도 이전의 의식은 여전히 계속해서 세겜 근처에서 베풀어졌을 것이라고 추측하는 것은 전혀 무리가 없다. 이것은 우리가 언급한 구약 전승의 여러 구절들에서 어쨌든 당연한 것으로 받아들여져 있다.[14]

따라서 세겜 근처의 성소는 아마도 한때 이스라엘의 지파 연합체라는 인보동맹의 중심지였을 것이라는 결론이 나온다. 그리고 그것은 우리가 확실하게 식별할 수 있는 가장 초기의 상태인 것으로 보인다. 위에서 말한 것에 의하면, 야훼의 법궤는 당시에 그 곳에 안치되어 있었음에 틀림없다. 잘 알다시피 실제로 그랬다는 증거는 없으나 그것이 놀랄 일은 아니다. 왜냐하면 우리가 직접적인 역사적 기록들을 갖고 있는 시기에는 지파들의 중앙 성소와 법궤는 이미 세겜으로부터 옮겨졌고, 그 곳에서는 한때 중요시되었던 세겜 근처의 성소로부터 유래한 어떤 전통적인 의식들만이 종교적 의식들에 내재하는 통상적인 보수성으로 인하여 지켜지고 있었기 때문이다.

여호수아 24장의 오래된 전승으로부터 역사적 가치가 있는 어떤 내용을 더 추출해낼 수 있느냐 하는 문제는 훨씬 더 대답하기가 어렵다. 이 이야기는 거기에 기술된 의식들의 정기적인 반복을 통해 전승되었겠지만, 그럼에도 불구하고 이 이야기는 이 반복적인 의식들을 정당화하는 독특한 사건을 자세히 말해준다. 그리고 그 독특성은 무엇보다도 여호수아라는 인물이 그 이야기 안에서 행하는 역할을 보면 분명해진다. 문제는 여호수아라는 인물이 이 전승 자료의 기본적인 내용물의 일부인가 하는 것이다.

---

13) Cf. C Steuernagel. *Wellhausen Festschrift* (BZAW, 27 〔1914〕), pp. 329 ff.
14) 이 구절들에서는 여호수아 3, 4, 6장에서 법궤가 행하는 역할로 인하여 법궤를 언급하고 있는 가장 후대의 구절인 여호수아 8:30 ff.를 제외하고는 법궤에 관한 언급이 전혀 없다.

에브라임 지파 사람인 여호수아[15]는 원래 여호수아 2-12장에 나오는 이 땅의 점령에 관한 베냐민 지파의 인과관계학적 설화들에 등장하지 않았고—오경의 몇몇 구절들에 이차적으로 삽입된 것들은 차치하고라도—여호수아 11장 1절 이하의 갈릴리 지파의 설화와 여호수아 10장 1절 이하의 베냐민 지파의 전쟁 설화에 확고하게 뿌리를 내리고 있지 않았다. 이것은 여호수아가 사실 열두 지파 연합체의 역사에서 한 몫을 했느냐 하는 의문을 불러일으킨다.

우리는 여호수아 24장을 토대로 적어도 그가 세겜에 있던 열두 지파 연합체에게 "율례와 법도"를 처음으로 주었고 이 지파동맹의 창립에서 주도적인 지위를 차지하고 있었던 것이 아니냐라고 말할 수 있다. 이것이 사실이라면, 일단 이스라엘이 단일한 연합체로서 이 땅을 점령한 독특한 사건이라는 사상이 형성되자 팔레스타인 땅에서 열두 지파 연합체의 율례를 창시한 자로서 여호수아가 공동 사업의 지도자가 되었다고 생각하기는 어렵지 않을 것이다. 그러나 여호수아 24장에 토대를 둔, 여호수아에 관한 전승의 역사적 출발점에 관한 이러한 가정은 현재로서는 우리에게 활용 가능한 자료들을 통해 확실하게 확증될 수 없으므로 하나의 가능성에 불과하다.

우리에게 알려지지 않은 여러 이유들로 인하여, **세겜** 근처의 지파동맹의 중앙 성소는 시간이 지나면서 폐기되고 다른 곳으로 옮겨졌다. 이 성소는 그것이 자리잡고 있는 세겜의 도시 국가와의 우호적인 합의에 의해서만 제 역할을 할 수 있었다는 점을 생각할 때,[16] 아마도 세겜 거민들과의 갈등으로 인해 이스라엘 지파들은 성소를 옮기게 되었을 것이다.[17] 그러나 이러한 초기 시대에 예배 중심지를 때때로 옮기는 일은 어느 정도 있을 수 있는 일이었다. 왜냐하면 법궤는 이전에 이동 성소였고 가나안인들의 방식을 따라 한

---

15) 여호수아를 매장한 곳은 에브라임 지파 영토의 어느 곳이었다(수 24:30).
16) 도시국가 세겜은 매우 일찍부터 므낫세 지파와 우호적인 관계를 맺었고 실제로 이 지파와 동맹관계에 있었다; cf. 아래 p. 190.
17) 우리는 사사기 9장에서 그러한 갈등에 관하여 듣는다(cf. 아래 pp. 199f.). 그러나 우리에게 전해지지 않은 비슷한 성격의 또다른 사건이 아마도 중앙 성소를 옮긴 이유가 되었을 것이다.

지역의 제의 대상물로 생각되지 않았기 때문이다.

어쨌든 남부 에브라임의 벧엘(betin 근처의 현재의 burj betin)이 한동안 중앙 성소 역할을 했던 것으로 보인다. 이것은 사사기 19장 이하에 담겨 있는 이야기의 무대가 된 바로 그 시기에 법궤는 벧엘에 있었다고 말하고 있는 사사기 20장 26절 이하(cf. 20:18; 21:2)의 말에 의해 시사되고 있다. 법궤는 벧엘 이외의 다른 곳과 결부되어 있지 않고, 어떻게 그러한 가정이 저절로 발생할 수 있었는지도 그리 분명하지 않기 때문에,[18] 이 정보는 역사적으로 정확하다고 할 수 있다.

또한 이 기사의 정확성은 창세기 35장 1-7절에 나오는 이야기의 토대가 되고 있는[19] 세겜으로부터 벧엘로 순례를 행한 것에 의해서도 확증된다. 이에 따르면, 어떤 예비적인 행위들이 세겜에서 수행되었고 순례 후에 진정한 종교 의식들이 벧엘에서 행해졌다는 것이다. 원래는 완결적이었던 하나의 의식이 나뉘어져서 오직 몇몇 흔적들만이 원래의 예배소에서 보존되었고, 주된 의식은 다른 장소로 옮겨졌던 것으로 보인다. 더욱이 창세기 35장 2, 4절에 의하면 세겜 근처의 성소에서의 실제 의식 가운데서 행해졌다고 하는 "이방 신상을 버리는" 일이 본문상으로 틀림없이 여호수아 24장 14, 23절과 연결되어 있다는 점을 주목한다면, 사실 세겜으로부터 벧엘로의 이 순례는 지파 동맹의 중앙 성소를 전자에서 후자로 옮긴 데 기인했다고 할 수 있다.

그후 얼마 있다가 벧엘도 폐기되었다. 한 동안 법궤는 베냐민 지파가 거주하는 여리고의 시가지에 있는 길갈 성소에 안치되어 있었던 것으로 보인다. 이스라엘 사람들이 이 땅에 들어오기 위하여 요단강을 건너는 사건에 관한 여호수아 3장과 4장의 설화는 틀림없이 길갈에서 유래하였을 것인데, 이 설화의 기본적인 내용에서 법궤가 행하는 역할을 보게 되면 법궤가 **길갈의**

---

18) 이 이야기에서 지파들의 회합 장소는 미스바였고(삿 20:1 ff.), 벧엘은 법궤가 안치된 곳으로서의 역할만을 하고 있다.
19) Cf. A. Alt, *In piam memoriam Alexander von Bulmericq* (1938), pp. 218 ff. = *Kleine Schriften zur Geschichte des Volkes Israel*. I (1953), pp. 79 ff.

부속물들 가운데 하나였다는 것을 짐작케 한다.[20] 법궤가 다윗 이전에 고정된 안치 장소가 없었다는 것을 감안한다면, 길갈 성소도 한 동안 법궤의 안치 장소였을 것이라고 추측하는 것은 큰 무리가 없을 것이다. 그러나 우리가 확실하게 아는 것은 아무것도 없다. 길갈 및 그밖의 여러 곳에 법궤는 영구적으로 안치되어 있지 않았을 것이다.

어쨌든 우리는 법궤를 에브라임 지파의 영토 한복판에 있는 **실로**(현재의 khirbet selun)에서 마지막으로 발견한다. 여기에서 법궤는 성전을 갖고 있었는데(삼상 3:3; cf. 렘 7:14; 26:9), 세겜에서는 그렇지 않았을 것이고 벧엘과 길갈은 확실히 그렇지 않았다. 왜 실로가 선택되었는지를 말하는 것은 불가능하다. 세겜 근처의 테레빈 나무는 세겜이 산지들과 지파들이 거하는 지역에 있는 몇몇 오래된 가나안 도시 국가들의 하나에 속해 있었다는 점을 감안할 때 이스라엘 사람들이 이 땅에 등장하였을 때에 틀림없이 중앙 지역에 위치한 유서깊은 성소였을 것이다.

벧엘도 마찬가지이다. 이 성소는 중기 청동기 시대 이래로 존재해 왔던 성읍에 속해 있었다.[21] 원래 루스(Luz)라는 이름을 갖고 있던 벧엘은 나중에 그 성소(현재의 betin) 이름을 본따 벧엘이라 불렸는데 아마도 세겜과 마찬가지로 요단 서편 산지의 중앙 지역에서 가장 중요한 고대 성소들 가운데 하나였을 것이기 때문에, 세겜이 폐기되면서 지파동맹의 중심지를 옮겨야 한다는 생각이 들었을 때 제일 먼저 떠오르게 되었을 것이다.

길갈도 이전의 여리고 도시 국가의 영토에 있는, 유서깊은 고대의 성소였음에 틀림없다. 반면에 실로는 에브라임 지파가 거주하였던[22] 에브라임 산지에서 특별히 중요하지 않은 지역이었는데 법궤가 그 성소에 안치되면서 일시적으로 중요시된 곳이었다. 우리는 그 이른 시기의 사건들에 관하여는 거

---

20) H.-J. Kraus, *Vetus Testamentum*, I (1951), pp. 184 f. 이 이것에 주목한 것은 옳은 일이었다.
21) 이것은 이 유적지에 대한 발굴들을 통해 입증되었다; W. F. Albright, BASOR, 55 (1934), pp. 23 ff., 56(1934), pp. 2 ff. 의 중간 보고서들을 참조하라.
22) 덴마크의 발굴단들은 고대 실로를 밝혀 내었다.

의 아는 것이 없기 때문에 법궤가 실로로 옮겨진 이유를 알 수가 없다. 법궤는 실로의 성읍과 성소를 파괴한 블레셋인들의 수중에 들어갈 때까지 그 곳에 있었다. 왕정이 등장하면서 예배 중심지에 관한 문제는 완전히 새롭게 생각되었다.

이스라엘은 열두 지파가 연합한 지파동맹이라는 형태로 역사적 실체가 되었다. 이러한 사실은 이스라엘 역사의 이후의 전 과정에서 기본적으로 중요하였다. 어쨌든 이스라엘은 언제나 스스로를 열두 지파의 공동체로 생각하였고, 그 외적인 형태에 대한 후대의 모든 공격에도 불구하고 그러한 개념을 견지하였다. 이스라엘 역사가 끝나는 그 날까지 그것은 결코 순수한 허구가 되지 않았다. 왜냐하면 언제나 이러한 전승을 지탱하는 옛 지파들의 후손들이 있었기 때문이다.

그러나 반면에 열두 지파로 이루어진 이스라엘의 조직은 나중에 실제 사실과 전혀 부합하지 않는 단순한 이론적 전승의 일부가 되는 경향이 있었다. 이것은 애초부터 어느 정도 사실이었다. 왜냐하면 열두 지파 체제에서조차도 이전에 여섯 지파 체제에 속했던 구성원들은 오직 그 남은 자들만이 여기저기 흩어져 살고 있었을 뿐이었기 때문이다. 이와 같은 일은 나중에 다른 지파들에게도 일어났을 것이다. 그럼에도 불구하고 열둘이라는 고정된 숫자를 그 구성요소로 하는 이 체제는 계속해서 유지되었다. 그리고 이 체제는 전통적인 명칭들 아래에서 각 지파들의 남은 자들을 통합시켰다.

이스라엘은 결코 이례적이지 않은 외적 형태를 지니고 역사에 진입하였다. 이와 비슷한 열두 지파의 연합체로 된 인보동맹들이 이스라엘 인방과 그 너머의 고대 지중해 세계에 존재했다는 사실로 인해 우리는 이스라엘의 열두 지파 체제를 적절하게 이해할 수 있게 되었다. 이스라엘은 영토를 점령하기 위한 대이동, 이스라엘 자체를 훨씬 뛰어넘어 아람인들의 이주라는 형태로 진행되었고, 많은 종족들을 광야로부터 수리아와 팔레스타인(그리고 메소포타미아)의 농경지로 불러들인 이동 과정에서 열두 지파 연합체를 형성하였는데, 이 대이동 속에는 이스라엘과 비슷한 열두 지파 연합체들에 관한 증거들이 있다. 이스라엘은 그때로부터 아주 다양한 방식으로 그 역사와 결부된 세계에 진입하였을 뿐만 아니라 보다 큰 역사적 이동들과의 연관성 속에서 자신의 모습을 갖추게 되었다. 그러므로 이스라엘의 특수성은 단지 우리가 논의한 과정들과 형성물들 속에서는 찾아볼 수 없다.

모든 열두 지파 연합체들의 생활의 본질적인 특징이었던 중앙 성소 주변에 모여 사는 것도 여기에 속한다. 이스라엘에서 중앙 성소는 다른 지파 연합체들과 마찬가지로 그밖의 다른 성소들의 사용을 배제했던 것이 아니다. 그밖의 다른 성소들에서 그 성소들을 주관한 지역의 공동체들과 족속들은 자신의 지방 제의들을 거행하였다. 그리고 더 나아가 바로 여기에서 개별 지파들은 그들 독자적으로 만났고 전통적인 순례자들의 무리들도 이에 합류하였을 것이다. 그러나 이스라엘 전체에 있어서는 중앙 성소에서의 예배만이 공식적인 것이었고, 바로 거기에서만 이스라엘의 기본적인 공동체가 예배 가운데서 표현되었다. 중앙 성소는 이스라엘에게 특별한 의의를 갖는 예배소가 되었다.

그리고 나중에 아주 중요한 역할을 했던 종교 의식의 훨씬 광범위한 중앙 집중화 경향은 애초부터 이스라엘에 존재하였다. 그러나 이 문제에 있어서의 이스라엘의 위치에는 어떤 예외적인 것이나 특이한 것은 없었다: 이스라엘은 단지 모든 열두 지파 연합체들에 의해 공유된 발전과정을 따랐을 뿐이다. 이스라엘의 특이성이라고 한다면 역사적 상황이 변화되었을지라도 오래된 형태가 다른 곳에서보다는 좀더 광범위하게 보존되었다는 것뿐이다.

8. 열두 지파 동맹의 제도들

구약 전승은 이스라엘의 열두 지파 연합체의 생활과 기능들에 관하여 직접적인 정보를 거의 전해주지 않고, 단지 여기저기 흩어져 있는 자료들로부터 제한된 범위 내에서 간접적인 결론들을 이끌어내는 것만이 가능할 뿐이다. 그러나 이것은 놀랄 일이 아니다. 왜냐하면 제대로 잘 운영되고 따라서 특별히 주목할 만한 일이 없는 제도들에 관하여 많은 것을 기록하고 전하는 법은 없기 때문이다. 통상적으로 이 제도들은 공식적인 기록의 시대가 시작될 때까지는 문헌들에 언급되지 않고 있는데, 그 시대는 이스라엘에서 왕정의 등장과 함께 도래하였다. 구약이 이 제도에 관하여 거의 보도하지 않는 것은 바로 인보동맹적인 열두 지파 연합체가 이스라엘에 아주 본질적인 것이어서 지속적이고 자명한 제도로 계속해서 존속하였기 때문이었다.

"야훼 앞", 즉 하나님의 임재 장소인 법궤 앞(cf. 삿 20:26 ff.) 중앙 성소에서의 공동의 예배는 이스라엘의 공동체적 생활의 가시적인 표현으로서 그 주된 특징이었다. 그러나 우리는 이 예배에 관한 상세한 내용을 알지 못한다. 이 예배는 특정한 시기마다 온 이스라엘의 이름으로 드려진 정기적인 희생제사, 적어도 일 년에 한 번 순례 절기들을 지키는 것 등을 포함하였을 것이라고 추측할 수 있다. "너희 모든 남자는 매년 세 번씩 주 여호와께 보일지니라"(출 23:17; 34:23)는 오래된 규례는 중앙 성소에서는 수행하기가 불가능하였을 것이기 때문에 전국에 걸쳐 있는 지방 성소들과 그 성소들에서 거행되었던 세 차례의 농경 축제들에만 해당될 수 있다.

반면에 사무엘상 1장 3절 이하에는 사무엘의 아버지인 엘가나가 그의 가족과 함께 "매년"(7절) 실로로 가서 "여호와의 집에 올라가 … 경배하며 제사를 드렸다"는 말이 나오는데, 그것은 아마도 모든 지파의 대표들이 공식적으로 참여해야 했고, 아울러 에브라임 지파의 엘가나의 경우처럼 특별히 그 중앙 성소에 쉽게 갈 수 있었던 그밖의 많은 이스라엘 사람들도 참석하였을 연례적인 인보동맹적 축제였을 것이다.

이러한 절기들에 지파들은 그들의 공식적인 대표들을 통하여 서로 만나서 공동의 관심사들을 논의했을 것임에 틀림없다. 이 대표단들은 두령(נשיא)이라 불렸던 것으로 보이는데, 이 명칭은 히브리 표현인 נשא קל 등[23]을 고려한다면 "대변인"이라는 의미를 지니고 있었을 것이다. 어쨌든 민수기 1장 5-

---

23) 더 자세한 내용과 전거에 대해서는 M. Noth, op. cit. pp. 151 ff.

16절, 13장 4-15절, 34장 17-28절에는 각각 열두 지파를 대표하는 열두 명의 두령들(שיאם)의 명단들이 나온다. 그리고 창세기 25장 16절에는 이스마엘의 열두 지파 체제에 속해 있음이 분명한 열두 명의 두령들(שיאם)에 대한 언급이 나온다. 하나의 신성한 제도의 틀 내에 있는 관리들로서 이 두령들(שיאם)은 하나님의 율법의 특별한 보호 아래 있었다. 출애굽기 22장 28절을 보면, 하나님을 저주하지 말라는 명령과 직접적인 연관 하에서 두령(שיא)에 대한 저주를 금하는 명령이 나온다. 그러나 두령(שיא)의 직임과 책무들에 관하여서는 자세한 내용이 나와 있지 않다.

이스라엘의 열두 지파 연합체에서는 좁은 의미에서의 제의 행위들에 주안점이 두어져 있지 않았던 것 같다. 영속적인 제사장직이라는 제도가 중앙 성소에 존재했었을 것이라는 것은 사실이다. 실로 성전에서 엘리와 그의 아들들은 법궤 앞에서 제사장들로 복무하였고(삼상 1-3장), 법궤가 블레셋인들과 전쟁을 위하여 전장으로 나아갔을 때는 엘리의 아들들이 동행하였다(삼상 4:4, 11).[24] 이로부터 판단하건대, 법궤 앞에서의 제사장 직분은 세습적이었던 것으로 보인다. 그러나 우리는 지파동맹의 중앙 성소에서의 제사장직이 지파 전체에 의해 임명되었는지, 아니면 그 제사장직이 이전에 세겜과 벧엘과 실로의 지방 제사장들이 그랬을 것처럼 중앙 성소가 실로로 옮겨졌을 때 법궤를 돌보게 된 실로의 이전의 제사장직이었는지, 아니면 지파들의 두령들(שיאם)이 지파동맹의 대축제일들에 필요한 제사장 직무를 수행한 것이었는지에 대해서는 알지 못한다.

모든 것이 매우 불확실하고, 구약 전승의 여기저기에 드물게 흩어져 있는 자료들은 여러 가지 가능성들을 열어 놓고 있다. 어쨌든 세겜, 벧엘, 길갈의 경우에는 지파동맹의 중앙 예배 의식은, 비록 세겜, 벧엘, 길갈이 므낫세, 에브라임, 베냐민 지파들과 아주 밀접한 관계에 있었긴 하지만, 고대 가나안 성소들에서 거행되었다는 것은 주목할 만한 일이다. 거룩한 장소들과

---

24) 엘리의 아들들이 법궤 자체를 운반하였는지는 명확히 표현되어 있지 않다. 제사장들이 법궤와 함께 있는 것만이 필수적으로 요구되었다. 실제로 법궤를 운반한 것은 아마도 하위 제관(祭官)들이었을 것이다.

아울러 가나안 고유의 제의 전승들과 관습들도 이스라엘의 종교 생활에 도입되었을 것이 확실하다. 그리고 이 말은 전국에 걸친 수많은 지방 성소들만이 아니라 세겜의 오래된 신성한 테레빈 나무 앞에서(cf. 창 12:6), 마찬가지로 오래 전에 세워진 돌인 벧엘의 "맛세바" 등등에서(cf. 창 28:18, 22) 거행된 연합체 전체의 공식 예배에도 적용된다.

그러나 이 모든 것은 이스라엘의 공적 예배에서 새로운 땅의 전승들이 점령 후에 매우 광범위하게 채택되었다는 사실과 일치한다: 희생제사들은 이 땅의 고유한 방식대로 드려졌고,[25] 팔레스타인 고유의 농경 축제들이 열렸으며, 아득한 옛날부터 신성시되었던 장소들은 숭앙되었다. 그렇다고 해서 팔레스타인 제의들 및 그들의 신들로 완전히 바뀌어 버렸다는 것은 아니다. 그러나 이스라엘이 광야에서 가져왔던 온갖 종류의 관습들에 더하여 이스라엘은 사실 그 예배 속에서 팔레스타인에서 발견한 틀과 관습적인 형태들을 광범위하게 채택하였다: 이방적인 우상 숭배라 해서 거부되었던 것은 모신(母神)과 젊은 식물신 같은 제의들에 속하는 특정한 관습들뿐이었다.

이스라엘의 종교 조직은 사실 결코 자신의 고유한 성격을 표현하는 것이 아니었다는 결론이 나온다. 이 영역은 이스라엘의 생활의 일부였고 열두 지파 연합체로서 이스라엘은 다른 유사한 연합체들과 마찬가지로 종교적 중심지와 순례 절기들과 희생제사들을 지니고 있다는 것은 아주 당연한 것으로 받아들여졌다. 그러나 종교 의식들은 분명히 이스라엘에서 가장 중요한 것으로 취급되지 않았고, 이스라엘 주변 세계에서 나온 다른 종교사 문헌들과 비교해 볼 때[26] 구약이 순전히 제의적인 절차들과 문제들에는 놀라울 정도로 거의 관심을 보이지 않는다는 것은 결코 우연이 아니다.

지파동맹의 중앙 성소에서 행해진 종교 의식들에 관하여 구약에 남아 있는 희소한 정보들은 특별히 제의적인 행위들보다는 그밖의 것들을 더 강조하

---

25) *Les Origines cananéennes du sacrifice israélite* (1921)라는 책명에 표현되어 있는 R. Dussaud의 주장은 나중에 발견된 우가릿 문서에 의해 완벽하게 확증되었다. 우가릿 문서와 구약 성경의 기도 용어들간에는 여러 가지 점에서 유사성들이 있다.
26) 이제 우가릿 문서의 기도 및 신화 내용들과 비교해 보지 않으면 안 된다.

고 있다. 여호수아 24장에는 희생제사들에 관하여는 언급이 전혀 없고 야훼에 대한 신앙 고백, 계약을 맺는 일(그 외적인 형태에 관해서는 아무 말이 없지만), "하나님의 율법 책에" 기록된 "율례와 법도"의 확립에 관한 말만이 나오고, 끝으로 야훼의 성소에 있던 상수리 나무 아래 커다란 돌을 세웠다는 말이 나온다. 신명기 11장 29절 이하, 27장 1절 이하, 여호수아 8장 30절 이하 같은 후대의 이차적인 신명기사학파의 구절들도 마찬가지이다.

이러한 구절들에서는 제단을 세우고 희생제사를 드렸다는 말이 나오는 것은 사실이지만(신 27:5-7; 수 8:30-31), 무엇보다도 거기에 세워진 커다란 돌들 위에 "율법의 말씀"을 기록한 것(신 27:2-4, 8; 수 8:32)과 "율법의 말씀"과 틀림없이 연관되어 있는 축복과 저주의 엄숙한 선포(신 11:29-30; 27:11-13; cf. 수 8:33과 신 27:14-26)에 관하여 말하고 있다. 잘 알다시피 신명기사학파의 구절들은 여러 가지 개념들을 전혀 일관되지 않고 어느 정도 모호한 방식으로 결합해 놓았고, 커다란 돌들 위에 율법의 말씀을 기록했다는 언급에는 진정성이 없는 후대의 요소를 포함하고 있는 듯하다. 그러므로 이 구절들은 중앙 성소에서의 의식들에 관한 일차적인 자료들로 사용될 수 없고, 그러한 것들에 대한 지식을 전혀 보여주고 있지 않다는 것은 분명하다.

그러나 "율례와 법도", "율법의 말씀"이 중앙 성소에서의 지파들의 모임에서 결정적으로 중요한 역할을 했다는 여호수아 24장의 기사(記事)와 일치하는 것으로 보아, 이 구절들은 그러한 의식(儀式)들을 단편적으로 반영하고 있는 것으로 보인다. 그 의식들은 율법과 규례의 준수 및 침해에 대한 축복과 저주를 포함하고 있었고, 이러한 규례의 타당성의 토대는 여호수아 24장 5절에 의하면 중앙 성소에서 정기적으로 갱신되었던 하나님과 백성 사이의 계약이었다.

우리는 이 모든 것으로부터 이스라엘이 지파들의 엄숙한 모임에서 거행된 의식들에서 무엇을 본질적인 것으로 생각하였는지를 대략적으로나마 알 수 있지만, 구약에 나오는 희소하고 전적으로 간접적인 정보를 토대로 그 전체적인 상황을 재구성하려는 시도는 세심한 주의를 기울이지 않으면 안 된다. 신명기 31장 10-13절에 나오는 구절은 보다 구체적인 그 어떤 증거도 제공해 주지 않는다: 그러나 이 구절은 중앙 성소의 위치를 언급하지 않고 있고, 이미 예루살렘 성전을 의중에 두고 있다고 하더라도 이와 관련하여 활용되어야 할 것이다.

이 구절은 신명기사학파의 역사서의 이차적인 구절들 가운데 하나인데 칠 년마다 가을 절기에 "온 이스라엘이 하나님 여호와 앞 그 택하신 곳에 보일 때에" 온 이스라엘을 가르치기 위하여 율법을 공적으로 봉독하라는 지시를 담고 있다. 이것은 보다 정확하게는 후대의 신명기 율법을 가리키지만 칠 년마다 율법을 봉독하라는 지시는 이스라엘의 중앙 성소에서 아마도 애초부터 준수되어 왔던 오래된 관습과 관련이 있는 듯하다. 이것이 사실이라면, 매년 열렸던 의식들과는 별도로 칠 년마다 율법의 봉독을 중심으로 한 특히 엄숙한 의식이 중앙 성소에서 거행되었다고 할 수 있다.

그러므로 애초부터 이스라엘의 특수성은 중앙 성소에서의 독특한 형태의 예배에서가 아니라 그 예배가 정기적으로 지파들의 모임에서 봉독되고 이스라엘이 이에 대하여 끊임없는 갱신과 확인 의식들을 가졌던 하나님의 율법에 종속되어 있었다는 사실에서 찾아져야 한다. 이것은, 가장 오래된 구약 전승에 분명하게 언급되어 있는, 온 이스라엘을 위한 유일한 직분은 제사장이 아니라 사사였다는 사실과도 부합한다.

사사기 10장 1-5절, 12장 7-15절에는 이른바 "소사사들"의 명단이 나온다. 이들은 "사사기"에 자세히 기록되어 있는 "대사사들"과 구별되도록 기술되어 있다. 어떤 면으로 보든 사사가 아니라 여러 모양의 전쟁들에서 지파들을 이끈 카리스마적 인물들이었던 대사사들은, 그들 중의 한 사람이었던 입다가 "소사사들"의 명단에도 끼어 있었기 때문에, 신명기사학파의 연대기 저자에 의해 "사사들"의 명단에 통합되었을 뿐이다.[27]

보다 오래된 전승에서는 오직 "소사사들"만을 이스라엘의 사사로 취급하였고, 전승 자료에 따르면 "사사"라는 직함은 오직 이들에게만 꼭 들어맞는

---

27) 그 문헌화 과정에 대해서는 cf. M. Noth, *Überlieferungsgeschichtliche Studien*, I (1943), pp. 47 ff.

다. 위에서 말한 명단에서 그들은 "한" 사람에 의해 수행된 직분을 담당하는 자들로 등장한다. 그리고 명단에는 중단없이 차례로 사사 직분을 수행한 여섯 명의 사사가 언급되어 있다. 각 사사에 대해서는 단지 이름과 후손과 고향만을 간략하게 언급한 다음, 재임 기간이 기록되어 있고, 끝으로 묻힌 장소가 짤막하게 나온다. 몇몇 경우에는 간단한 일화들도 이 구도 내에 포함되어 있다.[28]

이러한 자료들을 제외한다면, 이 전승 자료는 공식 기록들을 바탕으로 하고 있는 듯이 보인다. 그들이 이스라엘을 "다스렸던" 기간에 대한 언급이 특히 그렇다. 구약에는 오직 여기에만 왕국이 세워지기 전 시대에 관한 유일하게 정확하고 진정한 연대기적 정보(단지 대략적인 수치가 아니라)가 나온다는 것을 주목할 필요가 있다. 이 정보가 공식적으로 기록되었고 후손에게 전해졌다는 사실은 이스라엘 역사의 가장 초기에는 사사들의 재임 기간을 토대로 연대 계산이 이루어졌다는 사실에 의해서만 설명될 수 있다. 이것이 사실이라면, 사사가 이스라엘의 열두 지파 연합체에서의 중앙직이었고, 율법이 이 연합체에서 결정적인 역할을 하였다는 결론이 나온다.[29]

그러나 이 명단에 담겨 있는 희소한 세부적 내용들 외에는 사사직의 지위와 기능들에 관한 더 이상의 정보는 없다. 분명히 부정기적으로 아주 다른 지파들로부터 사사가 된 사람들은 이런저런 때에 지파들에 의해 선출되었는가? 이 선출은 중앙 성소에서의 하나의 대규모의 연합 모임에서 지파들의 공식적인 대표자들인 두령들(נשיאם)에 의해 이루어졌는가? 아니면 선출은 중앙 성소에서 제비를 뽑는 것을 통해 이루어진 하나님의 결정에 위임되었는가?[30]

여러 가지 가능성들을 생각해 볼 수 있으나, 우리는 어느 쪽이 확실한지

---

28) 자세한 것은 M. Noth, *Festschrift Alfred Bertholet* (1950), pp. 404 ff.
29) 제의가 극히 중요했었다면, 연대계산은 중앙 성소의 (대)제사장—이런 직위가 존재했다고 했을 때—의 재임 기간을 기준으로 산정되었을 것이다.
30) 비록 후대의 것이긴 하지만 사울을 왕으로 삼기 위하여 제비를 뽑았다는 사무엘상 10:19b-21의 이야기를 이것과 비교해 볼 수 있을 것이다(cf. 또한 수 7:16-18). 그러나 어쨌든 그것은 이 방법이 이스라엘에서 알려져 있다는 것을 입증해 준다.

에 대한 정확한 증거를 갖고 있지 않다. 단지 우리는 사사직의 권리와 의무가 무엇이었는지만을 추측해 볼 수 있을 따름이다. 사사가 재판의 운영을 담당했을 가능성은 거의 없다. 왜냐하면 그런 일은 족속들의 장로들(זקנים)의 수중에 있었기 때문이다. 전승, 특히 나중에 문서화된 순수하게 구전된 "시민법" 규례들에 의하면, 공공 생활 전체의 중심지였던 "성문에서", 즉 성문의 통행로와 그 앞 광장에서 재판을 행하는 것이 그들의 관례였다. 또는 재판 사무는 지방 성소의 제사장들의 수중에 있었다. 사람들은 제사장들의 거룩한 법정에 재판을 신청하였고, 사실을 확정하기 불가능한 사건들의 경우에는 제사장들은 "하나님의 판단"[31]을 구하였다.

"이스라엘의 사사"는 기껏해야 상소 법원 역할만을 할 수 있었을 것인데, 그러나 일단 내려진 어떤 선고에 대한 상소가 허용될 수 있다고 생각되었는지는 의심스럽다. 이스라엘의 중앙직인 사사가 온 이스라엘에 타당한 율법, 이스라엘이 복종해야 했고 주기적으로 새롭게 선포되어야 했던 하나님의 율법과 어떤 관련이 있었고, 이스라엘의 "사사"는 그 율법을 알고 해석하고 그에 관한 정보를 주어야 했으며, 율법이 잘 지켜지는가를 감시하고 아마도 그 자신이 그 율법을 공적으로 선포했으며, 율법을 새로운 상황들에 적용함으로써 율법을 발전시키고, 지파들에게 율법의 개별 조항들의 의미와 적용을 끊임없이 가르칠 의무를 지고 있었을 가능성이 대단히 높다. 이스라엘 역사의 이른 시기에 관하여 우리가 알고 있는 것은 적지만 그것으로부터 아주 많은 것을 추론할 수 있을 것이다. 그리고 이러한 사사직이 존재했다는 것은 이스라엘에서 율법의 기본적인 중요성을 증언해 준다.[32]

---

31) 이에 대해 더 자세한 것은 A. Bertholet, *Kulturgeschichte Israels* (1919), pp. 194 ff.와 L. Kohler, *Die hebräische Rechtsgemeinde (Der heräische Mensch* [1953], pp. 143 ff. E. T. *Hebrew Man* (1956), pp. 149 ff.).
32) 구약의 서술들로부터 도출된 이러한 결론들을 확증하기 위하여 역사적 유비(類比)들이 필요한 것은 아니다. 그러나 그러한 유비들이 때와 장소에 있어서 너무도 멀리 떨어져 있어서 서로간에 역사적 관련성이 있다고 할 수 없다고 할지라도 그 유비들을 인용할 수 있다는 것은 나쁘지 않다. A. Klostermann, *Der Pentateuch*, N. F. (1907), pp. 348 ff.는 아이슬란드의 "법률 대변인"(law speaker)이라는 직임을 면밀하게 연구하여 그것을 가지고 "소사사들"이

구약에 나오는 수많은 포괄적인 율법과 규례들의 모음집들은 이스라엘의 가장 오래된 하나님의 율법의 형성물들을 보존한 것이 아닌가 하는 질문이 제기된다. 왜냐하면 그런 것들은 처음에는 입에서 입으로 전해내려 왔을지라도 시간이 흐름에 따라 문서로 기록되었을 것이고 구약 전승에 포함되었을 것이라고 분명히 추측할 수 있을 것이기 때문이다. 그러나 우리는 그 내용에 관하여 확실하게 아는 것이 전혀 없기 때문에 그런 일이 실제로 일어났는지를 확인할 길이 없다.

그리스의 인보동맹들 같은 다른 지파 연합체들이 그 모든 구성원들을 구속하는 "인보동맹의 법"을 갖고 있었다는 것은 사실이다. 그러나 이 점에 있어서 역사적 유례(類例)들은 그리 도움이 되지 않는다. 왜냐하면 이스라엘의 하나님의 율법은 특별하고 독특한 것이었을 가능성이 대단히 크기 때문이다. 구약에 나오는 이스라엘 고유의 율법과 규례들의 가장 오래된 흔적들은 원래 이스라엘의 동맹법이었을 것이고,[33] 레위기 17-26장의 이른바 성결 법전과 신명기 12-24장의 신명기 율법을 포함하고 있는 후대의 율법책들은 이 가장 초기의 규례들을 좀더 발전시킨 것으로 보아야 할 것이다.

이러한 가장 초기의 율법과 규례들은 출애굽기 21-13장에 나오는 이른

라는 제도를 설명함과 동시에 신명기 율법의 형태가 율법을 해석하고 낭송하는 것으로부터 연원하였다고 말하고 있다 (op. cit. pp. 419 ff.). A. F. Punkko, *Das Deuteronomium* (BWAT, 5(1910))는 신명기에 관한 Klostermann의 추론들을 자세하게 비판하고 있지만, 이스라엘의 제도를 아이슬란드의 "법률 대변인"과 비교한 클로스터만의 연구는 점점 더 그 타당성이 입증되고 있다. M. Weber, *Gesammelte Aufsätze zur Religionssoziologie*, III (1923), p. 93는 몇 가지 단서를 달아 동의하고 있다. 특히 이스라엘의 사사들에 대해서는 A. Alt, *Die Ursprünge des israelitischen Rechts* (1934), pp. 31 ff. = *Kleine Schriften zur Geschichte des Volkes Israel*, I(1953), pp. 300 ff., 신명기와 율법의 낭송의 관련성에 대해서는 G. V. Rad *Deuteronomium-Studien* (1947), pp. 7 ff. E. T. *Studies in Deuteronomy* (1953), pp. II ff.를 참조하라.

33) '논리필연적으로' 또는 '결의론적(決疑論的)으로' 규정된 법령들(이 구별에 대해서는 cf. A. Alt, op. cit. pp. 12 ff. and pp. 285 ff.) 중에서 오직 전자(前者)만이 이스라엘 고유의 것이라고 할 수 있다. 그러한 것들은 보통 "-하지 말지니라"는 금령(禁令)으로 되어 있다.

바 계약의 책 안에서 찾아볼 수 있다. 따라서 계약의 책 가운데서 이스라엘 고유의 부분, 출애굽기 22장 17절 이하에 나오는 종교적, 도덕적 금령들[34]은 원래 이스라엘의 하나님 율법의 요소들로 생각하는 것이 옳을 것이다.[35] 그것들의 내용은 한 마디로 요약될 수는 없다. 그러나 구약의 규례들이 일반적으로 그렇듯이 이스라엘과 하나님의 관계를 손상없이 보존하고 불법한 행위들에 대한 금지 명령을 통하여 삶의 모든 분야에서 그 관계의 훼손을 막는 것이 그것들의 관심사였다.[36]

이스라엘은 삶의 모든 상황들 속에서 검증받기를 요구하고 이스라엘과 하나님의 엄격하게 규제된 관계를 전제하였던 하나님의 율법에 복종하였다. 이 하나님의 율법은 지파들의 총회에서 반복해서 선포되고 해석되었고, 중앙직인 "이스라엘의 사사"는 세심한 주의를 기울여 이 율법을 수호하였다. 이러한 하나님의 율법에 대한 강조로 인하여 이스라엘은 다른 민족들과 구별되었고, 하나님의 율법이라는 전제조건이야말로 이스라엘의 존재와 성격을 규정한 독특한 특질이었다.[37]

지파 연합체는 이 하나님의 율법에 헌신하였을 뿐만 아니라 그리스의 인보동맹들 같은 다른 지파 연합체들에서 말을 듣지 않는 구성원들을 무력으로 다스렸던 것과 마찬가지로 범법 행위들을 벌하여야 했고, 필요하다면 그러한 구성원을 저빌하기 위하여 소집될 수 있었다. 이스라엘에서 범법사들에 내린 처벌은 "너희 중에서 악을 제할지니라"(신명기 13:6 등등에 나오는 신명기적

---

34) 계약의 책의 문학적 분석과 그 내용 분석, 그리고 위의 서술에 대해서는 cf. A. Jepsen, *Untersuchungen zum Bundesbuch* (1927).
35) 그 자체로 완비된 법령들은 사실 출애굽기 22:17 ff.에 존재하지 않기 때문에 이 말은 조심스럽게 하지 않으면 안 된다.
36) 이에 대하여 더 자세한 것은 M. Noth. *Die Gesetze im Pentateuch* (Schriften der Königsberger Gelehrten Gesellschaft, geisteswiss. Klasse, XVIII, 2 〔1940〕), pp. 40 ff.).
37) '율법'은 이스라엘에서 선지자 이후에 일어난 후대의 현상이었다는 J. Wellhausen 및 그 학파의 견해는 매우 잡다한 구약의 율법 부분들이 대체로 꽤 후대의 것이라는 의미에서만 옳다고 할 수 있다. 그러나 하나님의 율법을 체계화시켜 놓은 것으로서의 '율법'은 이스라엘 열두 지파 동맹이 최초로 결성된 때부터 시작되었고 거기에 뿌리를 두고 있다.

문구)는 명령을 지키기 위하여 수행되었다. 하나님의 율법에 대한 범법을 무효화시키기 위하여서는 범법자를 마치 그가 이 백성에 속한 적이 없었던 것인 양 "자기 백성으로부터 뿌리가 뽑아내졌다"—보통 온 백성들이 돌을 들어 쳐죽이는 방식으로.

구약 전승에는 하나님의 율법을 범한 어떤 사람에 대한 격렬한 처벌에 관한 이야기가 하나 나오는데, 극히 이례적인 사례였기 때문에 분명히 후손의 유익을 위하여 기록될 가치가 있다고 여겨진 이 이야기는, 왕국이 형성되기 이전 시대에서 지파들의 거룩한 연합체의 모습을 보여주는 유일한 이야기이다. 오래된 전승에 토대를 두고 있음이 분명하고 단지 자구만을 약간 가다듬는 정도의 변화만을 겪은 것으로 보이는 사사기 19-20장에 나오는 이 이야기에 의하면, "이스라엘에 왕이 없을 그 때에"(19:1) 베냐민 성읍 기브아(현재의 tell el-ful)에서 하룻밤 이 성읍에서 유숙하고자 했던 한 레위인의 아내에 대한 성적인 범죄가 자행되었다.

이것은 נבלה בישראל ("이스라엘 중에서 망령된 일", 삿 20:10; cf. 19:23)이 발생했다는 것을 의미하였다. 이 전문적인 용어는 분명히 의도적으로 가나안인들의 생활 양식과 대조를 보이기 위하여 성문제에 있어서 특히 엄격했던 지파 사회에서 당시에 통용되었던 하나님의 율법에 대한 침해를 의미하였다. 기브아 거민들도 집단적으로(en masse) 이 범죄에 가세하였기 때문에, 강간당한 후 살해된 아내의 남편된 그 레위인은 자기 아내의 시신을 열두 조각을 내어 이런 유의 사건을 위하여 특별히 예비된 문구를 동봉하여 각 지파에게 보내어[38] 지파 연합체를 소집하였다: "이 일을 생각하여 조언을 취합하여 여러분의 생각을 말하라"(삿 19:30 LXX).

지파 연합체는 범죄 현장에서 가장 가까운 미스바에서 비상 총회로 모여서 이 행위를 נבלה בישראל로 처벌하기로 결정하였다. 그러나 기브온 성읍이 속해 있던 베냐민 지파가 죄를 범한 기브아 동포들을 인도하기를 거부하고(삿

---

38) 군대를 소집하는 이러한 방법의 전사(前史)에 대해서는 cf. W. Wallis, ZAW, 64 (1952), pp. 57 ff.

20:13) 그 법법자들과 연대하기로 선언하였으므로, 다른 지파들은 연합하여 베냐민 지파와 전쟁을 벌였고 결국 베냐민 지파 사람들의 패배로 끝이 났다. 이것으로 이 문제는 일단락된 것으로 생각되었음이 분명하다: 범죄는 처리되었다.

이 사례는 열두 지파 연합체에서 하나님의 율법과 규례를 준수하는 일이 얼마나 중요하고 중대했는지를 보여준다. 이러한 율례들의 주기적인 선포, 그것들이 제대로 수행되는지를 세심하게 살펴보는 관심, 필요하다면 무력을 동원해서라도 범법자들을 처벌하는 것 속에 열두 지파 연합체의 생활이 극명하게 표현되어 있다―중앙 성소에서의 공동의 예배 행위들은 차치하고라도.

우리에게 전해진 전승을 살펴볼 때, 열두 지파 연합체는 비록 호전적으로 세력을 키우는 일이 그 본래적인 과업 중의 하나가 아니었다는 것은 물론이고 불가피하게 연합군을 형성해야 하는 경우가 있었다고 할지라도, 그러한 경우를 제외하고는 대외적인 일들을 다루는 정치적·군사적 제도는 아니었던 것으로 보인다. 어쨌든 실제로 적대적인 이웃 나라들에 대한 전쟁 수행은 통상적으로 개별 지파들 또는 어떤 경우에는 몇몇 지파들의 자발적인 연합에 맡겨져 있었다.

따라서 개별 지파들은 실제로 보통 스스로의 힘으로 새로이 획득한 땅들을 유지하고 확장해 나갈 수밖에 없었고, 자신들을 위해 필요한 전쟁을 스스로 수행해 나갔다. 지파들은 그러한 목적을 위한 나름대로의 특별한 정치적·군사적 조직을 갖고 있었다.

우리는 개별 지파들의 조직에 관하여 아는 것이 거의 없지만, 이스라엘에서 그 조직은 아람인들의 이주 과정에서 수리아와 팔레스타인에 정착한 다른 집단들과 실질적으로 별 다를 바가 없었을 것이고, 이스라엘의 모든 지파들은 실질적으로 동일한 조직을 갖추고 있었을 것이다. 지파들의 내부 구조에 관한 가장 중요한 사항들은 여호수아 7장 16-18절로부터 추측해볼 수 있

---

39) 연속되는 사슬 중에서 하나의 고리가 빠져 있긴 하지만 사무엘상 10:20 f. 와 이것을 비교해 볼 수 있을 것이다.

다.[39] 이에 의하면, 지파들은 여러 족속들(משפחות[40])로 구성되었다. 지파들—구약에서는 "지파"를 שבט 또는 מטה, 즉 "가지", "지팡이", "막대기"로 부르고 있는데, 이것은 독일어 Stamm(가지)과 동일한 맥락이다—은 전통적인 관념과는 반대로 이 땅을 점령하는 역사적 과정의 일부로서 팔레스타인에 이르렀을 때에야 형성되었고, 단순히 혈연 관계로 인하여 결합된 것이 아니라 특정한 제한된 지역에 정착하였던 족속들로 구성되었다.

그러나 족속들은 점령 이전에 존재하였었고, 그런 후에 팔레스타인에서 인접한 지역들에 함께 거주하여, 이 족속들이 함께 참여하였던 어떤 예배 의식들과 같은 그들의 오래된 우호 관계를 보존하였던 보다 오래된 연합체들이었을 것이다.[41] 불행히도 משפחה라는 단어의 원래 의미를 확인하기는 불가능하지만, 기본적으로 족속은 혈연 관계의 집단들의 연합이었고, 혈연 관계의 유대로 결합된 가장 큰 단위였을 가능성이 크다.[42] 족속은 일련의 대가족들(בית 또는 בית אב)로 구성되었다. 가족은 삼사 대에 걸쳐 공동의 조상들의 후손들로서 족속과 마찬가지로 특별한 예배 행위들을 통하여 그들의 친족 관계를 표현하였을 뿐만 아니라 공동의 경제행위를 통하여 결합되었을 것이다.

구약에서 이러한 용어들이 언제나 정확하고 일관되게 사용되고 있지 않고 실제 상황, 특히 족속들의 하부 단위들은 우리가 전혀 모르는 온갖 종류의 이차적인 분파들과 융합들로 인하여 훨씬 더 복잡한 경우가 많기 때문에, 그러한 관계들을 분명히 하는 일은 더욱 어렵게 된다. 그러나 대체로 여호수아 7장 16-18절에 나오는 서술은 아마도 정상적인 상태를 꽤 정확하게 반영하고 있는 것으로 보인다.

지파들이 전쟁에 나갈 때 소집했던 지파의 민병대의 조직은 지파들의 구

---

40) 모든 이스라엘 지파들의 하부조직으로서의 משפחות를 이름을 들어가며 열거하고 있는 민수기 26:4b -51에 나오는 긴 명단도 참조하라.
41) 사무엘상 20:29은 다윗이 속했던 유다 지파의 족속 같이 한 족속은 그들만의 장소에서—이 경우에는 베들레헴—'가족 제사' (משפחה זבח)를 드리는 관습이 있었는데 이 때에는 그 족속에 속한 흩어진 구성원들이 다 모였다는 것을 전제하고 있다.
42) 그러한 족속은 대체로 헬라의 phratry나 로마의 gens에 해당할 것이다.

조와 일치하였다. 지파들은 자비량한 건장한 자유민들을 소집하여 전쟁을 수행하였다. 지파들은 병거들을 갖춘 가나안 도시들의 지배 계층과 같은 진정한 직업 군인들을 갖고 있지 않았다. 개별적으로 "성별된 전사들"인 나실인들만이 존재하였다. 이들은 원래 형태의 나실인 사상의 화신인 삼손 같이 머리를 깎지 않고, 농경지의 산물로서 사람의 힘을 무력화시키는 포도주를 금함으로써 제의적 순결에 관한 율법에 자발적으로 복종하였고, 그런 후에 전쟁에서 영웅적인 행위들을 수행할 수 있었다.

그리고 사사기의 이른바 "대사사들"에 속하는 대부분의 인물들처럼 하나님의 신에 이끌림 받은 전쟁의 지도자들이 있었다. 이러한 것들은 잘 알려진 현상이었지만, 그들은 전쟁 기술을 연마한 직업 전사들이 아니라 전쟁 때에 비상한 업적을 이룰 수 있는 힘을 부여받은 카리스마적 인물들이었다.

그러나 이스라엘의 전력(戰力)은 맨발로—말이 이끄는 병거 같은 귀족적인 무기를 지니지 않은 채—전쟁터에 나가는 지파 민병대들을 기반으로 하고 있었다. 민병대에 복무할 수 있는 한 족속의 성인 남자들은 전쟁에서 "천인(千人)"이라는 독자적인 부대 단위를 형성하였다. "천인"(אלף)이라는 말은 가끔 단순히 "족속"을 가리키는 용어로 사용되기도 하는데, 이 때 한 지파의 "천천인"은 민병대에 대한 언급이 전혀 없는 곳에서 언급된다(삼상 23:23; 미 5:1; 또한 삿 6:15). 이 용어가 구약의 후대의 구절들 속에서 "지파"의 대용어로 등장할 때, 그것은 이 용어의 이차적이고 부적절한 용례이다. 족속들이 그 힘에 있어서 천차만별이었을 것은 당연하다. 그리고 "천인"은 전통적인 용어로서 거기에서 숫자 자체는 아무런 의미도 없다.

그럼에도 불구하고 한 족속의 군대 단위에 대하여 "천인"이라는 말을 사용한 것은 적어도 한 족속 내에서 무기를 지니기에 적합한 남자들의 수가 어느 정도였는가를 대략적으로 추측해 볼 수 있게 해준다. "오십인"이라는 말도 "천인"이라는 말과 아울러 가끔 등장하는데(삼상 8:12; cf. 또한 왕하

---

43) E. Meyer, *Die Israeliten und ihre Nachbarstämme* (1906), p. 501의 설명에 의하면, 민병대의 기본 단위가 50인이었기 때문에 חמשים이라는 단어(출 13:18; 수 1:14;

1:9 ff.),[43] 아마도 "오십인"은 민병대 안에서 대가족이 이룬 부대 단위였을 것이고, 이것은 대가족의 대략적인 전력(戰力)을 보여준다.[44]

이스라엘은 부계 사회였다. 이스라엘에서 보다 오래된 모계 사회가 존재하였음을 보여주는 명확한 증거는 없다.[45] 대가족은 성인 및 결혼한 남자들조차도 가장인 조부(祖父)의 가부장권(patria potestas)에 복종하였다. 그러나 보다 큰 단위들은 재판을 행하고 협상에서 그들의 연합체를 대표하고 그 밖의 다른 결정들을 내리는 장로회가 이끌었다. 여기에서는 전적으로 위원회가 전권을 휘둘렀다. 불행히도 우리는 이 장로회의 구성에 관한 정확한 정보를 갖고 있지 않다. 대가족들의 가장들, 또는 적어도 이들 가운데 가장 중요하고 존경받는 대가족들의 가장들이 아마도 족속의 장로(זקני) 역할을 수행하였을 것이다. 족속들은 팔레스타인에서 지역 단위로 모여 살았기 때문에, 한 지역의 장로들(삼상 11:3; 16:4; 왕상 21:8; 신 19:12 등)은 해당 족속의 장로들이었을 것이다.

그러나 한 족속의 장로들이라는 제도는 분명히 족속들이 여전히 유목민들이었던 점령 이전 시기까지 거슬러 올라가고, 이 제도는 그들과 함께 팔레스타인에 도입되었다. 왜냐하면 그러한 제도들은 통상적으로 오래 되고 끈질기게 보존되는 경향이 있기 때문이다. 장로직은 족속에서 생겨났을 것이다. 지파들이 팔레스타인에서 확고한 실체들로 정착했을 때, 장로회들도 이 지파들을 위하여 형성되었다. 구약에는 개별 지파의 장로들(삼상 30:26; 삼하 19:12; 겔 8:1; 또한 삿 11:5)만이 아니라 지파들을 대표하며 이끌었던 "지파 장로들"(신 31:28)도 언급된다. 이 제도는 족속에서 지파로 옮겨왔음에

4:12; 삿 7:11)는 실제로 '50인으로 구성된 부대', 즉 보병으로 구성된 부대를 의미하였다고 한다. L Koehler, Lexicon s. v.는 이와 다른 견해를 제시하고 있다.

44) '백인대'(hundreds)는 구약에서 특히 용병들을(즉, 민병대가 아니라)과 관련하여 나타나고, 또한 이를테면 출애굽기 18:21 같은 그리 믿을 만하지 못한 요약적인 명단들 속에 등장한다. '백인대'는 지파 조직에서 이에 대응하는 조직이 없었기 때문에 이스라엘의 민병대에서는 아무런 역할도 하지 못했던 것으로 보인다.

45) 그러나 cf. A. Bertholet, *Kulturgeschichte Israels* (1919), pp. 83 ff.

틀림없다.

　불행히도 지파 장로회의 구성에 관해서는 아무런 언급이 없다. 아마도 그 장로회는 단순히 여러 족속들의 모든 장로들로 구성되었을 것이다. 또한 구약은 이스라엘의 장로들도 여러 번 언급한다. 그러나 전체로서의 이스라엘은 정치적 조직이 아니라 거룩한 지파동맹적 연합체였고, 그 구성원들은 총회에서 그들의 שׂראים이 대표하였다. 그리고 이스라엘 전체를 위한 장로회가 존재했을 것 같지는 않다. "이스라엘의 장로들"은 사무엘하 3장 17절, 5장 3절, 17장 4, 15절, 열왕기상 8장 1절에서처럼 함께 만났던 모든 또는 다수의 개별 지파들의 장로들이었거나, 이스라엘을 족속과 지파의 예를 따라 조직된 총체적 단일체로 생각한 이차적인 허구였다.

제3장
열두 지파의 제의동맹 전승들

9. 애굽으로부터의 구원

외적으로 이스라엘은 비슷한 역사적 환경 속에서 다른 곳에도 존재하였던 연합체들과 유사한 열두 지파의 인보동맹적 연합체라는 형태를 띠고 있었다. 이 제의동맹 속에서 이스라엘은 하나님의 율법에 복종하였는데, 이 율법의 끊임없는 선포와 준수는 이 결사체 및 그 기관과 제도들의 가장 중요하지는 않다고 하더라도 아주 중요한 과제 가운데 하나였다. 이 하나님의 율법은 유사한 연합체들에서 통용되었던 인보동맹 법과 틀린 것이 아니었다. 그러나 이 율법의 내용은 실질적으로 단순한 인보동맹 법 이상의 것이었다. 왜냐하면 분명히 율법은 중앙 성소에 대한 동맹의 개별 구성원들의 의무들 또는 동맹 구성원들 상호간 및 외세(外勢)에 대한 관계들에 관심을 가지지 않았기 때문이다. 도리어 율법은 이스라엘과 그 하나님과의 관계에 관심을 가졌고 이 관계를 모든 면에서 온전히 보존하려는 의도를 지니고 있었다.

율법에서 이 관계는 단지 공동의 중앙 성소 주변에 모이는 단순한 과정으로부터 도출되지 않는 이스라엘의 특수하고 독특한 의무로 나타난다. 우리가 꽤 정확하게 알고 있는 그리스와 이탈리아의 연합체들에서와는 달리, 이스라엘에서는 여러 지파들이 어느 오래된 거룩한 장소와 결부된 매우 오래된 의식을 중심으로 연합하여 이 의식을 공동으로 준수하는 것에 의해 결합되어 있었던 것이 아니었다. 이스라엘의 지파동맹의 지역적 중심지가—어쨌든 처음에는—언제나 고대 가나안의 한 성소였었다는 것은 사실이다. 그러나 이 지파들을 결합시킨 것은 이 성소에서 행해졌던 오래된 가나안의 제의가 아니었다.

실제로 법궤라는 성소를 중심으로 한 이스라엘 고유한 예배 형태를 위하여 고대 가나안의 예배소를 그 장소로 삼은 것이었고[1], 사정이 생기면 법궤를 다른 곳으로 옮기는 등 그 장소와 긴밀하게 결부되어 있었던 것도 아니다. 따라서 이스라엘 지파들이 지킨 예배 형태와 하나님과 그 지파들의 특별한 관계에 관한 질문이 제기된다.

이스라엘 지파들 가운데서 통용되었던 몇몇 전승들이 이 질문에 답해준다. 이 전승들은 오경이라는 방대한 편집물을 통해 우리에게 전해졌다. 오경은 잘 알다시피 아주 이른 시기부터 발전해 왔고, 몇몇 종교 의식들과 연관되어 아주 초기부터 이스라엘 지파들 사이에서 통용되었음이 분명한 여러 주제들에 뿌리를 두고 있는 일군의 고대의 구전 전승들을 그 자료로 하고 있긴 하지만, 오랜 세월의 복잡한 성문화 과정을 거쳐 후대에야 그 궁극적인 모습에 도달하였다.[2]

이 주제들은 이 땅의 점령 이전 시기에 일어났고 이스라엘 사람들이 그들의 예배 및 특히 중앙 성소의 의식들을 통해 섬겼고 그 율례들—그들과 이 하나님의 관계의 원 모습을 그대로 보존하기 위하여 세워진 율례들—에 복종하였던 하나님과의 모종의 만남들과 관련된 역사적 사건들에 관한 것이다. 우리가 추적할 수 있는 한, 이 전승들은 독자적인 실체로서의 '이스라엘'이

---

1) 고대 세계에서는 어떤 장소를 예배 처소로 선언하거나 만드는 것이 불가능하였다. 예배 처소는 어떤 사건에 의해 신성화되거나 전승에 의해 거룩함이 입증되어 있어야 했다. 따라서 이스라엘의 중앙 예배 처소도 이미 거룩해진 장소, 즉 가나안인의 장소에 설치될 수밖에 없었다.
2) 이 점 및 앞으로의 서술에 관한 더 자세한 것은 G. v. Rad, *Das formgeschichtliche Problem des Hexateuchs* (1938)와 M. Noth, *Überlieferungsgeschichte des Pentateuch* (1948).

라는 존재, 달리 말하면 팔레스타인 점령 이후에까지 명확한 존재가 아니었던 실체로부터 나온다. 그러므로 이 전승들은 팔레스타인에 정착했던 지파들 사이에서 소중히 간직되었던 형태로만 존재한다.

그것들은 역사적으로 팔레스타인에서 연합한 지파들의 신앙에 있어서 결정적인 토대들을 이루는 전승들이라고 할 수 있다. 그러나 또한 우리는 그 전승들이 담고 있는 역사적 정보를 역사적 배경들에 맞추고자 노력하지 않으면 안 된다. 비록 그렇게 함으로써 우리가 궁극적으로는 역사적으로 해명할 수 없는 지점에까지 거슬러 올라가지 않을 수 없다고 하더라도 말이다(cf. p. 3).

이스라엘의 원래의 신앙 개조(個條) 중의 하나는 예전에 그 하나님 야훼가 이스라엘을 "애굽에서 인도하여 내셨다"는 것이었다(cf. 민 23:22-24:8; 삼하 7:23; 삼상 4:8; 삿 6:13; 또한 출 20:2 등). 그리고 그 하나님이 이스라엘 사람들을 "애굽에서 인도하여 내신" 그 때가 바로 하나님과 그들의 관계의 시작이었던 것으로 나타난다(삼하 7:6 등). 성소에서 밭의 첫 소산물을 드리는 의식에서 "애굽에서 인도하여 내신" 것을 주된 주제로 하는 내용의 글을 낭독하는 것이 관례였다(신 26:5-9).

"애굽에서 인도하여 내셨다"는 것에 대한 언급은 때로는 공식적인 어구들로, 때로는 다소 가다듬은 말들로 구약 전승의 도처에 나오고, 그것은 오경의 중심 주제를 형성하고 있다(출 1-15장). 보다 자세한 언급들 및 특히 오경의 해당 부분을 살펴보면, "애굽에서 인도하여 내셨다"는 것은 이스라엘 지파들의 이주의 출발점일 뿐만 아니라 이스라엘 하나님의 권능있는 역사(役事)를 의미하였던 것으로 보인다.

이스라엘은 애굽에서 종이 되어 거기에 억류되어 있어야 했으나, 그 하나님은 이스라엘을 종살이에서 기적적으로 건져내었고 애굽 사람들의 군대로부터 구원하였다. 이 신앙고백에 담겨 있는 구체적인 내용은 명확한 역사적 사건을 토대로 하고 있다는 것은 의심의 여지가 없고 그 사건이 일어난 상황을 식별해내는 것도 어렵지 않다.

애굽에서는 이웃한 아시아 땅, 주로 시나이 사막에서 온 온갖 종류의 종족들이 삼각주의 동쪽 접경지대에 출현하는 일은 보통 있는 일이었다. 그런 종족들은 무엇보다도 강우량의 부족으로 식량이 없어서 애굽으로 오는 경우가 많았고, 강우에 의존하지 않았던 나일강의 축복받은 땅에 들어가기를 원하였고 또한 그러한 요청은 받아들여졌다.

파라오 세티 2세 시대(주전 1205년경)의 것인 아나스타시 6세(Anastasi VI)의 파피루스에는 삼각주의 동쪽 변방으로부터 한 애굽의 변방 관리가 자신의 상관에게 보낸 보고서가 나와 있는데, 거기에는 그 변방에서 에돔으로부터 숙곳(tkw)[3]에 있는 메르넵타의 요새를 거쳐 숙곳에 있는 메르넵타의 비돔(pr-tm)[4]의 수풀로의 베두인족의 이동은 "왕의 소유지에서 그들과 그들의 가축떼가 살기 위하여…"[5] 멈췄다(?)는 말이 나온다.

이 관리의 보고서에 나오는 이 말은 애굽에게 이례적이거나 부적절한 것을 언급하고 있는 것이 아니었다는 것은 분명하다. 그러한 일들은 틀림없이 자주 일어났다. 그리고 변방 관리는 변방에서 일어나는 크고 작은 사건들을 모두 보고하는 것이 자신의 의무였기 때문에 그런 일들을 자신의 상관에게 보고하였다. '에돔의 베두인 부족들'은 아마도 팔레스타인 점령 이전의 이스라엘 지파들처럼 작은 가축떼들—틀림없이 아주 작은 가축떼—을 기르는 자들로서 초원 지대로부터 시나이 사막을 넘어 들어온 무리들이었을 것이다.[6]

식량 부족으로 인하여 그들은 애굽에서 '생명을 부지하고자' 하였다. 그들은 동쪽으로 나일강의 가장 동쪽의 하구로부터 대략 수에즈 운하의 중간쯤에 있는 현재의 '악어호'(birket et-timsah)까지 걸쳐 있는, 시나이 사막에 인접한 애굽 나일강 삼각주의 동쪽 접경의 경작지인 와디 투멜랏(wadi

---

3) 이 이집트 도시의 이름은 구약에서 히브리화된 형태인 숙곳(Succoth, wadi tumelat의 동쪽 지역에 있는 현재의 tell el-maskh ta).
4) 이것은 구약에 나오는 비돔이다(wadi tumelat에 있는 tell el-maskhuta의 서쪽으로 6마일 가량 떨어져 있는 현재의 tell er-retable).
5) 본문 번역은 AOT², p. 97 ; TGI, pp. 34 f. Cf. ANET, p. 259.
6) 이 본문에서 가리키는 것이 실제로 구약에 나오는 '에돔'이라는 이름이라고 할지라도, 우리는 주전 13세기에 있어서 에돔이라는 이름의 구체적인 의미와 내용을 모르기 때문에 베두인족의 기원에 관하여 아무 것도 확실하게 말할 수 없다.

tumelat)이라는 애굽 영토에 거주해도 좋다는 허락을 받았다. 이 와디 투멜랏 또는 그 일부는 고대에 구약에 "고센"이라는 형태로 나타나는 이름을 지니고 있었던 것으로 보인다. 그리고 출애굽기 8장 18절과 9장 26절에 의하면, 이스라엘 사람들은 애굽의 "고센 땅"에 거주하였다고 한다.

그러므로 변방 관리의 보고서에 나오는 말은 거의 모든 면에서 이스라엘이 애굽에 머무르게 된 사건을 둘러싼 이유 및 상황에 관하여 말해주는 구약 전승을 생각나게 한다. 그리고 보고서에 언급된 사건의 연대는 구약에 보도되고 있는 사건의 연대로부터 그리 멀리 떨어져 있지 않다. 내가 말하고자 하는 것은 두 사건이 동일하다는 것이 아니라 오히려 변방 관리의 보고서는 구약 전승이 당시에 흔히 일어나고 있었던 그런 유의 사건을 가리키고 있음을 보여주고, 이스라엘 사람들을 애굽으로 내몬 그런 유의 동기를 예시해 주고 있다는 것이다.

이 이스라엘 사람들은 우리가 자세히 알지 못하는 상황 가운데서 통상적으로 "히브리인"[7]이라 불린 열등한 권리를 지닌 사람들로 애굽에 살았다. 그리고 구약이 애굽에 살던 이스라엘 사람들을 가리킬 때 "히브리인"이라는 말을 자주 사용하고 있다는 사실(출 1:19; 2:7, 11, 13; 5:3 등)은 실제 상황과 완전히 일치한다. 애굽 사람들은 이 외래어에 아주 친숙해 있었고 그것을 '아피루'('pr)로 음역하였다. 이 '아피루'는 온갖 종류의 역무(役務)를 도맡아 했거나 그렇게 하도록 강제되었으며, 애굽에서 모든 역무는 직간접적으로 국가를 위한 것이었다. 이것은 애굽의 여러 문헌들에 언급되어 있다.

라암세스 2세 치하에서 '아피루'들은 "아몬의 사랑하는 자, 라암셋 성읍의 거대한 요새를 위한 돌들을 운반하고" "멤피스의 남부 지역에서 아몬의 사랑하는 자, 라암세스의 레(Re), 신 레를 위해 돌들을 운반하는" 자들로 등장한다—그들은 도시와 성전을 건설하는 현장에서 노동자들로 활용되었다. 라암세스 3세 치하에서 '아피루'들은 하부 애굽 도시인 헬리오폴리스(Heliopolis)에 정착해 있었다고 한다. 그리고 우리는 라암세스 4세 치하에

---

7) Cf. 위 pp. 49f.

서는 '하피루'들이 파라오의 도시인 테베 동쪽에 있는 와디 함마맛(wadi hammamat)의 여러 채석장에서 일을 하고 있었다는 말을 듣는다.[8] 이것도 이스라엘 사람들이 애굽에서 강제노역에 종사하였다는 전승, 특히 이스라엘 사람들은 동부 삼각주의 비돔 성과 라암셋 성을 건설하는 데 활용되었다는, 출애굽기 1장 11절의 매우 구체적인 정보와 완전히 일치한다.[9]

여기서 말하고자 하는 요지는 애굽 문헌들이 구체적으로 이스라엘 사람들을 '히브리인'이라고 지칭했다는 것이 아니라, 그 문헌들은 애굽에서 강제노역에 종사하였던 '히브리인'은 흔히 있는 일이었음을 보여줌으로써, 구약에 나오는 애굽에서의 이스라엘 사람들의 상황에 관한 정보를 아주 분명하게 확증해 준다는 것이다.

잘 알다시피, 이 모든 것은 단지 "애굽에서 인도하여 내신 것"을 확인해 주는 것이 아니라 그 본질적인 내용의 구체적인 배경에 불과하다. 이에 의하면, 이스라엘 사람들은 결국 애굽을 떠났고, 이로 인하여 그들은 애굽 군대와 충돌하게 되었으며 이 와중에서 그들의 하나님의 권능있는 손이 그들을 구원하였다. 역사적으로 이러한 애굽으로부터의 이주가 어떠한 상황 속에서 이루어졌느냐에 관하여 확실하게 많은 내용을 말하기는 불가능하다. 처음에 절박한 사정 때문에 애굽으로 들어가 노예가 되어 강제노역에 종사할 수밖에 없었던 이스라엘 사람들이 사신들의 예선의 자유를 회복하기를 갈망하였다는 것은 이해할 수 있는 일이다.[10]

---

8) Cf. M. Chabas, *Mélanges égyptologiques*, I (1862), pp. 42 ff. 본문들에 대한 독일어 번역은 H. J. Heyes, *Bibel und Ägypten*, I (1904), pp. 146 ff.와 A. Jirku, *Die Wanderungen der Hebräer im 3. und 2. Jahrtausend v. Chr.* (1924), pp. 24 f., TGI, pp. 30 f.
9) 비돔의 위치에 대해서는 위 p.149 주4를 참조하라. 라암세스 2세가 완공한 도시인 (페르)라암셋 = '라암세스의 집'은 비돔에서 30마일 가량 떨어진, 나일강의 동쪽 하구 중의 하나인 옛 강어귀 근처에 있는 옛 도시 조안(현재의 san el-hagar)이나 그 주위에 있었던 것 같다.
10) 이집트로의 이주가 그리 오래되지 않아서 그 기억이 아직도 살아있었기 때문에 이러한 갈망은 쉽게 이해가 간다. 출애굽기 12:40 f.(P)에서 이집트의 체류 기간을 430년으로 계산한 것(창 15:13b에 추가된 주석에 나오는 400년이라는 어림수를 참조하라)은 지나치게 높게 잡은 것이 틀림없다. 이에 반하여 더 오래된

애굽 사람들—동부 삼각주에 온통 관심이 쏠려 있었던 라암세스 2세 치하에서 지속적으로 대역사(大役事)를 벌이고 있던 시기의—이 이 노동력을 잃는 것을 원치 않았다는 것도 이해가 간다. 그러므로 이스라엘 사람들은 애굽 사람들의 뜻에 반하여 도망하고자 하였다. 구약에서 애굽 사람들의 장자들이 죽임을 당한 이야기, 결국에는 결실을 맺었지만 이스라엘 사람들을 놓아주는 것과 관련한 애굽 사람들과의 기나긴 헛된 협상들과 애굽 사람들의 역병에 관한 이야기는 유목민들에 의해 준수되었던 유월절 희생제사라는 오래된 전통적인 관습을 역사적으로 설명하는 것과 관련하여 발전되었다.[11]

그러나 출애굽기 14장 5a절에는 초기의 기사(記事) 가운데 일부가 보존되어 있음이 분명한데, 이에 의하면 이스라엘 사람들은 애굽 사람들 몰래 애굽으로부터 "도망"하였다고 한다. 그리고 이 기사는 사실과 일치할 가능성이 높다. 이러한 도망이 어떠한 상황 아래에서 어떤 기회를 틈타 이루어졌는가에 관한 역사적으로 자세한 내용을 찾아보기는 불가능하다. 그러나 이스라엘이 자신의 신앙 고백에서 "애굽에서 인도하여 내셨다"는 것을 회상할 때마다 언제나 제일 먼저 떠올리는 커다란 사건이 거기에서 일어났다.

바닷가에 이르러 한쪽으로 바다에 막혀 도망할 수 없는 것처럼 보였던 상황에서 도망하던 이스라엘 사람들은 애굽의 병거 부대의 공격을 받았다.[12] 이 사건은 분명히 이스라엘 사람들이 애굽의 직접적인 세력권을 벗어나고자 했던 삼각주의 동쪽 접경지대에서 일어났다. 사건 현장이 어디였는지를 좀더

창세기 15:16(E)에서는 4세대라고 하고 있는데, 이것도 높은 수치이긴 하지만 더 정확한 것으로 보인다. 우리에게는 더 정확한 계산을 할 수 있는 자료가 없다.

11) 이에 대하여 더 자세한 것은 M. Noth, *Überlieferungsgeschichte des Pentateuch* (1948), pp. 70 ff.
12) 파라오가 친히 출정하였는지는 출애굽기 14:6f. (J) (cf. 9a) 와 14:8(P) (cf. 9a)으로부터 확실하게 추론할 수 없지만 어쨌든 역사적으로는 전혀 그랬을 것 같지 않다. 왜냐하면 파라오가 친히 출정하였다고 한다면, 신왕조의 파라오들의 역사를 자세하게 기록해 놓은 이집트 사료들에 그런 이야기가 나올 것인데 그렇지 않고, 또 이집트 병거부대에게 닥친 재앙은 이집트로서는 별로 대수롭지 않은 일이었기 때문에 이에 대한 이집트측의 기록을 기대할 수 없기 때문이다.

정확하게 확인하는 것은 불가능한데, 해당 시기에 현재의 수에즈 운하에 있던 바다와 호수의 하구들의 길이에 관한 정확한 정보를 갖고 있다고 할지라도 그렇게 하는 것은 불가능할 것이다.

구약에는 이와 관련하여 믿을 만한 정보가 없다. 출애굽기 14장 2절에는 몇몇 매우 정확한 언급들이 나오고, 우리는 그것들이 헬레니즘 시대와 로마 시대에 시르보니아 해(Sirbonian Sea)로 불렸던 지역, 즉 삼각주의 북동쪽 모퉁이에서 동쪽으로 대략 하루 거리에 있는 커다란 호수인 현재의 세브캇 베르다윌(sebkhat berdawil)을 가리키고 있다는 것을 꽤 확실하게 말할 수 있다는 것은 사실이고,[13] 이 언급들이 정확할 가능성도 꽤 있다.

그러나 이것들은 후대의 제사장 법전에 포함되었고 특정한 장소에서의 결정적이고 중요한 사건을 전승에서 말하고 있는 역사적 사건들의 무대와 일치시켜 보려고 한 후대의 시도일 것이다. 이것이 우리에게 알려져 있는 가장 오래된 그러한 시도라는 것은 사실이지만 벌써 사건과는 500년 이상의 간격이 벌어져 있었고 아마도 중단없이 내려온 전승을 토대로 하고 있지 않았을 가능성이 크다. 왜냐하면 오경 설화의 초기 층들은 그러한 정확히 확정된 장소를 알고 있었던 것 같지 않으며—어쨌든 그런 유의 것은 우리에게 전해 내려오지 않았다—단지 두리뭉실하게 "바다에서"라고만 말하고 있기 때문이다.[14]

우리가 세브캇 베르다윌(sebkhat berdawil)이라는 호수 또는 지금은

---

13) 자세한 것은 M. Noth, *Der Schauplatz des Meerwunders, Festschrift Otto Eissfeldt* [1947], pp. 181 ff.를 보라.
14) 오경 설화(와 오경에 나오는 이차적인 몇몇 구절들) 밖에서는 이 바다는 구체적으로 "갈대 바다"(ים סוף가 실제로 이것을 의미한다면)로 불린다(수 2:10; 4:23 등). 확실하게 해석이 가능한 구약의 모든 구절들과 마찬가지로 이것이 el-'akaba만을 가리킨다면, 그것은 그 위치설정에 있어서 출애굽기 14:2과는 상당한 편차를 보여주게 될 것인데, 이러한 것은 바다에서의 기적에 관한 오래된 진정한 지방 전승이 존재하지 않았다는 것을 보여주는 것이 될 것이다. 어쨌든 그것은 역사적으로 정확할 수 없고 단지 출애굽 이야기와 요단 동편의 남쪽 땅으로부터 이 땅을 점령한 것에 관한 이야기를 이차적으로 결부시킨 것에 불과할 것이다. 이 문맥에서 "갈대 바다"가 es-suwes만이나 나일강 삼각주의 동쪽 모퉁이에 있는 어떤 지류를 의미할 가능성이 전혀 없지는 않다.

수에즈 운하가 가로지르고 있는 수에즈 지협(地峽)에 있던 한 호수를 가리키고 있는 출애굽기 14장 2절을 따르든, 아니면 현재의 수에즈 도시(es-suwes) 근처의 수에즈 만의 북단이라고 생각한 초기 기독교 순례자들의 예를 따르든, 사건들의 경과에 결정적인 영향을 미친 이 "바다"는 현재의 수에즈 운하 근처에 있었을 것임에 틀림없다.[15]

사건이 일어난 지점을 우리가 알 수 없는 것은 부분적으로는 그 사건들의 신비성과 모호성 때문이기도 하다. 출애굽기 15장 21b의 짧은 찬송에 나오는 이 사건에 대한 가장 초기의 언급이라 생각되는 것에 의하면, 야훼가 애굽의 병거들을 "말과 그 탄 자"와 함께 "바다에 던지셨다"는 것이 본질적인 특징이었다. 애굽의 병거 부대는 뭔가 예기치 못한 재난으로 인하여 바다에 가라앉았고, 도망하던 이스라엘 사람들은 이로 인해 순식간에 도저히 극복할 수 없는 것처럼 보였던 극한 위기에서 해방되었다. 그들은 하나님이 공개적으로 개입하여 권능있는 행사(行事)로써 그들을 도와 애굽으로부터의 도망을 확고하게 마무리지어 주었다고 확신하였다.

그들은 이 하나님의 기적이 근본적으로는 설명할 수 없는 것임을 인정했고 또 그렇게 후손들에게 전했지만, 나중에 이 사건을 보다 자세하게—그들을 가로막았던 "바다"가 그들에게 열렸고 그 길을 마찬가지로 따라왔던 애굽 사람들을 삼켜 버리는 기적적인 방법으로 탈출이 이루어졌다고 생각함으로써 출애굽기 15장 21b절에 나오는 묘사를 뛰어넘었다—재구성하고자 하는 시도들이 자연스럽게 생겨났다. 이 사건을 재구성하고자 하는 이러한 시도들은 야훼가 "큰 동풍으로 … . 바닷물을 물러가게"(21a절) 하심으로써—아주 얕은 호수였을 것이다—이스라엘 사람들은 건널 수 있었던 반면에, 그들을 뒤쫓던 애굽 사람들은 어떤 신비한 하나님의 행위에 의해 완전한 공포 상태에 빠져(24b), 그 동안에 제위치로 돌아와 있었던 바다 속으로 맹목적으로 도망하였

---

15) 주전 2천년대에 es-suwes만이 the Bitter Lakes 및 timsah호와 샛강을 통해 연결되어 있었고 북쪽으로 ballah호도 지중해와 연결되어 있었기 때문에 timsah호와 ballah호 사이에는 비교적 좁은 지협(地峽)만이 있었을 가능성도 있다.

다(27aβ)고 말하는 출애굽기 14장의 단순한 기사(記事)를 포함하고 있는 듯하다.

무엇보다도 이스라엘 사람들과 애굽 사람들 사이에 놓인 방호물로 등장하였고(19b, 20절) 이를 통하여 야훼가 "애굽 군대를 보시고"(24절) 그들을 경악케 하며 괴롭게 만든 바로 그 불 기둥과 구름 기둥이라는 현상은 이미 전혀 다른 상황에서 생겨난 이차적인 요소, 즉 시내산 전승을 포함하고 있다. 나중에는 이 사건은 무엇보다도 출애굽기 14장의 제사장 법전에 관한 기사(記事)에서 분명하게 볼 수 있는 것처럼 훨씬 더 장엄하게 인식되었는데, 이 기사에 의하면 바닷물이 양편으로 "벽"처럼 일어서서 그 사이로 이스라엘 사람들이 건너갔고(22절) 추격해 오는 애굽 군대에게는 그 바닷물이 다시 닫혔다는 것이다.

이 모든 것들은 구원의 기적을 재구성하는 각기 다른 방식들, 이 사건에 대한 후대의 합리적 설명들로서 잘 알다시피 무엇보다도 각각 나름대로의 방식으로 "애굽에서 인도하여 내신" 하나님의 위대한 행위를 증거하려는 시도이다. 그리고 마침내 그것은 그 사건들의 실제적 경과에 관한 진정한 전승이 없었다고 할지라도 극히 중요한 것이 되었다. 그러나 이것이 실제 사건이었다는 점은 의심의 여지가 없다. 우리는 그 사건이 일어나게 된 상황과 조건들을 어느 정도는 식별할 수 있고 그 사건을 우리가 상당히 합리적인 지식을 갖고 있는 역사적 상황에 맞출 수 있다. 이스라엘 사람들이 예기치 않은 권능있는 하나님의 구원 행위로 체험하였던 이 사건 자체는 우리에게 여전히 베일로 가려져 있다.

이 사건이 제기하는 역사적 질문들 가운데 하나는 이 사건에 연루된 사람들에 관한 것이다. 이제까지 그들은 열두 지파 동맹에서 전해져 내려온 전승에 따라 '이스라엘 사람들'로 묘사되어 왔다. 그러나 열두 지파의 '이스라엘'은 팔레스타인 땅에 들어와서야 생겨났고, '이스라엘'이라는 명칭조차도 팔레스타인에 들어오기 이전에는 분명히 확인되지 않고 있다.[16] 전사(前史)

---

16) Cf. 위 p.12.

에 속한 사건들에 관한 전승들은 팔레스타인에서의 상황에 비추어 형성되었고, 이 전승들은 마치 '이스라엘'이 이미 오래 전부터 존재하고 있었던 것처럼 말하고 있다.

역사적으로 말해서, "애굽에서 인도하여 내신 것"은 그 조상들 모두가 공동의 전사(前史)를 공유하지 않았던 후대의 이스라엘에게 해당될 수 없다. 애굽에서의 탈출과 "바다 곁에서" 일어난 구원은 수많은 완전한 지파들이 아니라 그 규모로 인하여 애굽에서 "도망"해 나오는 것이 가능했을 수적으로 꽤 작은 무리였다는 것을 시사해준다.

그러므로 나중에 이스라엘이 되었던 무리들 가운데 일부 구성원들만이 애굽에 있었고 이들이 "애굽에서 인도하여 내신 사건"에 관한 전승을 실제로 전한 사람들이라고 할 수 있다. 그러므로 어떤 그룹의 지파들이 실제로 연루되었는가 라는 질문이 제기되고, 이에 대하여 '라헬' 그룹이었을 것이라는 대답이 쉽게 선택된다. 그러나 이 선택의 이유들은 그리 합리적이지 못하다. 이 중요한 중부 팔레스타인 지파들이 결국 온 이스라엘로 하여금 자신들의 특별한 전승들을 받아들이지 않을 수 없게 만들었다는 것은 사실이나, 이것은 여러 가능성들 가운데 하나에 불과하고 절대적인 증거가 없다. 요셉과 그의 아우 베냐민이 애굽으로의 이주에 관한 기사(記事)에서 아주 큰 역할을 하고 있는 것은 역사적 이유들에 기인하는 것이 아니라 이 전승이 전해진 방식에 기인하는 것이다. 왜냐하면 이른바 '요셉 이야기'는 적어도 그 조상으로 의인화된 단일 지파 또는 어떤 그룹의 지파들의 특별한 이력을 묘사하고 있다는 의미에서의 지파 역사를 토대로 하고 있지 않기 때문이다.

이 이야기는 오경 전승 전체 내에서 꽤 후대의 설화 요소이고 처음부터 이스라엘을 하나의 전체로 보고 있다. 그것은 요셉의 이야기가 아니라 '요셉과 그의 형제들'의 이야기이다. 요셉은 그 안에서 특별한 역할을 하고 있다. 또 베냐민이 특별한 역할을 하는 것은, 단지 이 이야기가 열두 지파 체제를 의인화한 창세기 29장 31절에서 30장 24절의 설화들에 의하면, 요셉과 베냐민이 야곱의 가장 어린 아들들이었기 때문에 아버지의 편애를 받아 형들에게 미움을 받는 나이 어린 아들이라는 소재를 어느 정도 포함시켜서 중부 팔레스타인 지파들에 의해 형성되었기 때문이다. '요셉과 그의 형제들'에 관한 이야기로부터 어떤 역사적인 추론을 이끌어 내는 것은 불가능하다.

끝으로, 오경에서 그 문맥이 애굽으로부터의 구원에서 요단 동편의 남쪽 땅으로부터 팔레스타인 땅의 점령, 따라서 중부 팔레스타인 지파들이 이 땅을 점령한 방법으로 이어지고 있다는 사실은 애굽에서의 사건들이 특별히 '라헬' 지파들에게 영향을 미쳤다는 증거로 인용될 수 없다. 오경의 여러 주제들간의 상호관련성과 마찬가지로 여러 사건들의 이러한 관련성은 이차적인 것이고, 애굽에서와 그 주변에서의 사건들에 관한 정보와 요단 동편의 남쪽 땅에 이스라엘 사람들이 출현한 것에 관하여 말하고 있는 것들 사이에는 상당한 공백이 있는데, 이것은 이 설화에 연속성이 결여되고 있다는 것을 보여 준다.

이렇게 공백이 생긴 이유는 이 설화의 목적상 "애굽에서 인도하여 내셨다"는 소재를 발전시킴으로써 생겨난, 팔레스타인 땅을 하나님이 수여하였다는 신앙 고백을 가다듬는 일은 결국 중부 팔레스타인 지파들 가운데서 정교화되었고, 이런 작업은 이 땅의 점령에 대한 그들 특유의 기억들을 토대로 하였기 때문이다. 팔레스타인 점령에 관한 이러한 특정한 기억들은 그것들이 애굽에서의 체류에 관한 이야기들에 결합되었을 때 이미 온 이스라엘의 상황을 묘사하는 것으로 여겨졌다. 그러므로 중부 팔레스타인 전승의 토대는 애굽에서의 체류라는 주제가 아니라 이 땅의 점령이라는 주제만이었고, 이 두 주제를 결합한 것은 더더욱 아니었다.

그러나 어쨌든 지파들은 팔레스타인에 이르러서야 영구적인 단위들로 형성되었기 때문에 어느 이스라엘 지파가 애굽에 있었느냐고 묻는 것은 잘못이다. 또한 우리는 지파들이 팔레스타인에 와서야 그 이름을 얻은 몇몇 사례를 증명할 수 있는데 입증할 수 없는 몇몇 지파들의 경우도 그랬을 가능성이 높다. 나중에 생긴 지파들은 애굽에서 결코 존재하지 않았다. 이것은 실제로 누가 애굽에 있었느냐 하는 문제를 대답하기 더욱 어렵게 만든다. 우리는 단지 그들은 이 땅을 점령하면서 형성된 지파들의 일부가 되었다는 말만을 할 수 있을 뿐이다. 그들은 단일한 지파 또는 단일 그룹의 지파들이 아니라 이

스라엘 지파들 전체에 의해 흡수되었을 것이다.[17]

　애굽으로 이주했던 사람들은 이미 초지를 변경하는 과정에서 팔레스타인 땅과 접촉을 계속해 왔었고 시간이 흐르면서 이스라엘 지파들을 형성한 팔레스타인 접경지대에 체류한 유목민들과 어떤 연관성을 이전에 가지고 있었을 것이라는 추측도 가능하다. 애굽에서 탈출한 후에 이 이주자들은 그 곳으로 다시 돌아왔을 것이다. 오경에 실제로 기록된 것이 아니라 전제되어 있는, 이스라엘 사람들이 애굽을 탈출할 때 택한 경로가 원래의 전승이 아니라 이 설화의 여러 주제들을 후대에 결합한 것에 토대를 두고 있기 때문에, 우리는 이 일이 어떻게 일어났는지에 관하여 아무것도 알지 못한다.

　애굽에서 나온 사람들은 어쨌든 시나이 사막을 건넌 후에 팔레스타인 근방에 살면서 그 땅을 탐내고 있던 족속들의 영토에 이르렀다. 이들은 아마도 이 족속들과 관계를 맺고 있었고 그들에게 "바다 옆에서" 일어난 하나님의 기적에 관한 소식을 전하자, 이 족속들은 깊은 감명을 받고 마치 이 일이 자기들에게 일어난 것인 양 이 이야기를 도처에 퍼뜨리고 다녔고 자기 후손들에게 전해 주었을 것이다. 이런 식으로 애굽 사람들의 손에서 그들을 구원해 주심으로써 그토록 영광스럽게 자신을 나타내었던 하나님에 대한 신앙 고백은 온 이스라엘의 공동 자산이 되었고, 구속력 있는 하나님의 율법의 보호 아래 열두 지파의 제의동맹이라는 제도에서 결정적으로 중요하였던 신앙의 토대들 가운데 하나가 되었다.

　애굽 체류의 연대를 확정하고자 하는 시도는 구약에 나오는 기사(記事)들을 토대로 해서만 가능할 수 있다. 이웃 아시아의 종족들이 애굽에 왔다가 떠나는 일은 애굽으로서는 너무도 빈번하게 되풀이되는 일이었고, 삼각주의 동쪽 접경지대에서 병거 부대에게 닥친 재난도 아주 미미한 사건이었기 때문

---

17) 아마도 연대적으로 서로 떨어져 있는 이스라엘의 여러 번의 점령 단계들 가운데 하나만이 이것과 관련되어 있었을 것이다. 우리가 곧 논의하게 될 이집트에서의 체류가 일어났던 때에 관한 추정으로부터 판단해 보건대, 이러한 사건들이 이집트에서 일어나고 있었을 때 옛 '레아' 지파들은 이미 팔레스타인에 와 있었고, 따라서 이집트로부터 돌아온 이주자들은 다른 지파 그룹들에 흡수되었을 가능성이 크다.

에, 우리는 이스라엘에게 심대한 영향을 끼쳤던 이 사건의 정확한 연대를 확정하는 정보를 이집트측 자료들에서 기대할 수 없다.

팔레스타인과 관련해서는, 아람인들의 이주 과정에서 유목민들이 이 땅을 점령한 것은 아주 기나긴 과정이었고 이 땅의 이전 역사의 무대에서 아주 멀리 떨어진 곳에서 일어난 것이었기 때문에, 우리는 구약 외부의 팔레스타인 자료들에서 그 각각의 국면들에 관한 정보를 발견하리라고 기대할 수 없다. 그리고 구약은 사실 아주 단기간이었을 애굽에서의 체류 기간에 관한 초기의 믿을 만한 정보를 담고 있지는 않지만[18] 연대를 확정할 수 있는 애굽에서의 이스라엘 사람들의 강제노역에 관한 놀라울 정도로 구체적인 정보를 담고 있다.

출애굽기 1장 11절에 의하면, 이스라엘 사람들은 동부 삼각주 지역에 있는 비돔 성과 라암셋 성을 건설하는 데 동원되었다.[19] 그 시기는 파라오 라암세스 2세의 치세 기간(주전 1290-1223년)에 해당한다. 텔 엘-마스쿠타(tell el-maskhuta)에서 발견된 증거들에 의하면, 라암세스 2세는 비돔에 국고성을 건설하기 시작하였고, 특히 이 파라오는 (페르-)라암세스 성을 삼각주 지역의 거주지로 개발하여 그 성 이름을 자기 이름을 따라 붙였다고 알려져 있다.

출애굽기 1장 11절에 나오는 두 성의 이름에 대한 언급은 이차적인 손질인 것으로 보이지 않고, 그 서술은 애굽에서의 체류에 관한 다른 자료들로부터 우리가 알고 있는 모든 것과 아주 잘 들어맞기 때문에 믿을 만한 전승으로 생각하지 않을 수 없다. 이것이 사실이라면, 이 정보는 애굽에서의 체류의 연대 및 역사적 상황에 관한 그 어떤 의심스러운 추측보다도 더 비중을 지닌다.[20]

---

18) Cf. 위 p.151주 10.
19) 이 두 성읍의 위치에 대해서는 p.149 주4와 p.151 주9를 참조하라.
20) 이것은 후대에 있어서 구약 자체의 연대 구성들에도 해당된다. 그 중의 하나가 신명기적 역사서의 연대적 틀인데 열왕기상 6:1에 나오는 연대 표시는 이에 속한다 (이것이 어떻게 생겨났는지에 대해서는 cf. M. Noth, *Überlieferungsgeschichtliche Studien*, I (1943), pp. 18 ff.).

그러므로 이른바 "이스라엘 자손을 학대한 파라오"는 바로 라암세스 2세로 보아야 한다. 이 파라오의 오랜 치세에 비추어 볼 때, 실제 연대를 정확하게 확정하는 것은 불가능하다. 우리는 애굽에서의 체류와 그 땅에서의 탈출이 주전 13세기에 일어났다는 정도로만 말할 수 있을 뿐이다. 이것은 팔레스타인에서의 사건들의 경과와 크게 어긋나지 않는다. 당시에 이 땅의 점령은 애굽에서 나온 사람들과 아울러 이스라엘 지파들의 보다 젊은 층들에 의해 수행되고 있었을 것이다.

10. 족장들

이스라엘의 열두 지파 동맹 가운데서 지속되었던 전승들 가운데 하나는 이른바 족장 전승이었다. 애굽으로부터의 구원에 관한 전승과 마찬가지로 이 전승의 배경은 이스라엘의 가장 초기의 역사에서 일어난 역사적인 신의 현현(顯現)이었다. 그러나 그것은 이스라엘 신앙의 일부로서의 역사적 의의를 획득하였다. 오경 전체에 나타나 있는 이 전승의 근본적인 구성요소는 팔레스타인 땅의 소유 및 그들의 자손에 관한 하나님의 약속들, 이 땅의 여러 거룩한 장소에서 여러 번의 하나님의 계시들을 통해 이 족장들에게 주어졌고, 궁극적으로 수많은 사람들로 구성된 이스라엘 지파들에 의한 이 땅의 점령으로 성취되었던 약속들이다. 따라서 이 땅의 점령은 오래 전부터 계획되고 준비되어 왔고 하나님의 인도하심 아래에서 이루어진 일임이 증명되었다.

족장들에 관한 전승은 이스라엘의 열두 지파 동맹이라는 관점에서 인식되고 발전되었다. 그러나 그 전승은 그 속에서 그 이름을 언급하고 있고 그들의 삶에 관하여 아주 구체적으로 기록해 놓고 있는 몇몇 인물들과 연결되어 있었다. 따라서 이 전승이 어느 정도로, 또 어떤 점에서 역사적 현실을 토대로 하고 있었느냐 하는 문제가 제기된다.

수많은 팔레스타인의 지방 전승들이 원래는 그 전승들과 전혀 상관이 없었던 족장들에 부착되었을 것이 분명하므로 족장들의 성격에 관한 질문에 답하고자 한다면 그러한 전승들은 무시되지 않으면 안 된다. 왜냐하면 족장들이 전승 속에서 자신의 위치를 확보한 후에 지방 전승들이 거기에 더해졌기 때문이다.[21]

족장들은 하나님의 약속들을 받은 자들―이것은 원래 이 현상 전체의 특별한 성격이자 전승군 전체의 근본적인 의의였다―이자 하나님의 약속들과 이 약속들이 함축하고 있는 하나님과의 만남에 의해 신성시된 장소들에서의 제의의 창시자들이라는 지위를 차지하였다. 이 장소들은 오랫동안 계속해서 이스라엘 지파들에 의해 숭앙되었던 예배 처소들이었다: 그러한 장소로는 세겜 동쪽의 나무 성소(창 12:6; 35:2, 4), 벧엘의 거룩한 장소(창 12:8; 13:3; 28:11-22; 35:1, 3, 5, 7), 브엘세바의 성소(창 21:22 ff.; 26:23 ff.; 46:1-4), 헤브론 근처의 마므레 상수리 나무(창 13:18; 18:1 ff.) 등이 있었다.

족장 설화에 특유한 모든 기본적인 요소들은 구약에서 이런 유의 최초의 구절에서 요약적인 형태로 찾아볼 수 있다. 이 구절은 세겜 근처의 '신탁을 주는 상수리 나무'에서 하나님이 아브라함에게 나타난 것에 관한 창세기 12장 6절 이하의 글이다: 하나님은 아브라함에게 '나타나셔서' 그의 후손에게 '이 땅'을 약속하시고, 아브라함은 "자기에게 나타나신 여호와"를 위하여 그 자리에 즉시 제단을 쌓는다.

여기에 유일하게 추가적으로 더해져야 할 요소는 '후손'(아브라함의

---

21) 이러한 이차적으로 얻어진 지방 전승들로는, 아브라함의 경우에는 소돔 이야기 전체(창 18-19장), "모리아 산"의 성소에서 희생제물이 아들에서 어린양으로 바뀌어지게 된 것에 대한 인과관계론적 이야기(창 22:1-19), 아브라함과 이삭의 경우에는 네게브의 샘들에 관한 이야기(창 21:25 f.; 26:14 ff.), 야곱의 경우에는 "길르앗 산"을 이스라엘과 아람족의 경계로 하게 된 사정을 비롯하여 길르앗 땅을 고향으로 하는 야곱과 에서에 관한 이야기들(창 31장), 마하나임이라는 이름에 대한 설명(창 32:1, 2, 4 ff.), 브니엘 근방의 얍복 시내에서 밤중에 천사와 씨름한 이야기(창 32:23-32) 등등을 들 수 있다.

"씨")이 "그 조상 아브라함의 하나님"에게 이 거룩한 장소에 있는 제단에서 희생제사를 드리곤 했다는 것이다. 족장들에 관한 전승은 관련된 거룩한 장소들에 그들이 세운 성물들(제단들 또는 맛세바들)[22]과 결부되어 지속적으로 전해져 내려왔고 그 족장들의 이름은 그들의 이름을 따라 명명되고 그 후손들에 의해 예배된 신("아브라함의 하나님" 등)과 결부되어 전승되었다는 결론이 나온다.

우리는 여기서 종교사의 특정한 유형의 현상을 보게 되는데, 비록 헬레니즘-로마 시대의 것이긴 하지만 팔레스타인 접경지대에서 행해진 비슷한 현상을 보여주는 유용한 증거를 이 현상과 비교해볼 수 있을 것이다: '데오이 파트로오이'(θεοὶ πατρῷοι), 즉 예전에 열조들에게 나타나서 그들을 도왔다는 이유로 그 후손들에 의해 숭앙받았던 열조의 신들. 이 비교학적 자료는 족장들의 전승에서 기본적인 요소를 조명해 준다.[23]

그러므로 족장들이 하나님의 계시를 받은 자들이자 그 후손들에 의해 계속해서 행해졌고, 그것들과의 연관하에 자신들의 이름이 보존되었던 제의들의 창시자들이라면, 그 족장들은 예전에 역사적 인물들로 생존했었던 사람들임이 분명하다.

구약의 족장 전승에서 특별하고 분명히 원래적인 요소들 가운데 하나는 **후손의 약속과 팔레스타인 땅의 약속**이었다. 족장들이 이 약속을 받은 자들로서 계속해서 큰 존경을 받았던 것은 이 약속이 궁극적으로 성취되었기 때문이다. 그러나 이 약속 자체는 나중에 '이스라엘'로 통합된 족속들이 팔레스타인 접경지대에 체류하면서 이 땅을 탐내는 가운데 기껏해야 여름 초지를

---

22) 맛세바, 즉 세워진 돌들은 가나안 성소들을 구성하는 통상적인 요소 가운데 하나로서 원래는 지방 신의 거소(居所)였으나 나중에는 기념비로 해석되었다.
23) 이 중요한 사실을 밝힌 사람은 A. Alt, *Der Gott der Väter* (1919)였다. Alt가 현존 형태로 제시하고 있는 비교학적 자료들은 특히 요단 동편의 북쪽 지역에서 나온 헬라 및 나바테아의 명문(銘文)들이다. 이러한 논증에 의해 과거에 아무런 증거도 없이 족장들을 지파들을 의인화한 것이라고 주장하는 해석, 원래는 신들이었다고 신화학적으로 해석한 것, 민담 속의 인물들이었다고 아주 자의적으로 해석한 것들은 단번에 논파되었기 때문에 이제는 그러한 해석들을 논의할 필요가 없게 되었다.

통하여 팔레스타인과 접촉을 하였던 상황과 결부되어 있었다. 본질적으로 족장들의 생활 방식은 아직 정착하지 않고 장막에서 생활하면서 무엇보다도 작은 가축떼를 위한 초지와 샘물에 관심을 갖고 있는 유목민들의 생활 양식을 갖고 있었던 것으로 묘사된다. 그러한 묘사가 정확하다면, 역사적 인물들이었던 족장들은 실제로 팔레스타인이 아니라 단지 그 근방에 거주하였을 것이다.

문제는 그들에게 주어진 하나님의 현현의 체험들이 팔레스타인에 있는 성소들에서—이를테면, 초지를 변경하는 과정에서 여름 절기에 팔레스타인으로 들어갔을 때—일어났느냐 아니면 팔레스타인 밖 초원 지역의 어딘가에서 일어났느냐 하는 것이다. 팔레스타인에 정착하여 조상들에게 주어진 약속들이 성취된 것을 본 후에 "열조들의 신"에 대한 예배를 처음으로 확립하였던 것은 바로 그들의 후손들이었고, 그들은 팔레스타인의 거룩한 장소들에서 이 예배를 계속해서 드렸고, 바로 그때에 족장들의 전승은 바로 그 동일한 거룩한 장소들에서 하나님과 만난 것으로 되었을 것이라고 추측해 볼 수 있다.

사실이 그렇다면, 이미 앞에서 말한 것 외에는 우리에게는 인간들로서의 족장들의 삶의 시기와 장소, 전제들과 상황들에 관한 어떤 명확한 역사적 단정들을 내릴 수 있게 해주는 그 어떤 증거도 없다. 그러나 원래의 족장 전승조차도 그들의 인물 됨됨이에는 별로 관심이 없었고 그들에게 주어진 하나님의 약속들에 더 관심이 있었다.

그럼에도 불구하고 주전 2천년대의 고대 오리엔트의 비교적 잘 알려진 역사 속에서 족장들이 구약 전승을 따라 후대의 이스라엘의 최초의 선구자들로서 팔레스타인 근방에 등장하였을 때의 상황을 찾아볼 수 있을 것이다.[24]

구약 전승 자체가 이런 가능성을 시사해 준다. 왜냐하면 창세기 14장에 기록된 이야기를 보면 아브라함은 고대 오리엔트 역사의 비교적 광범위한 무대 속에서 활동했음을 알 수 있기 때문이다. 그러나 창세기 14장에 담겨 있

---

24) R. de Vaux, *Les Patriarches hébreux et les découvertes modernes*, RB, 53 〔1946〕, pp. 321-348 ; 55 〔1948〕, pp. 321-347; 〔1949〕, pp. 5-36. 의 철저한 연구를 참조하라.

는 이야기는 모든 면에서 족장 전승 전체과 잘 융합이 되지 않기 때문에 이 전승의 진정한 기본적인 자료에 포함될 수 있는지가 문제된다.

아울러 창세기 14장을 역사적으로 명확하게 해명해 보고자 하는 많은 시도들이 있었으나 매번 분명한 성과를 거두지 못하였다. 고대 오리엔트의 왕들이 아주 구체적인 거명(擧名)과 묘사들을 통해 등장하기 때문에 그 왕들이 역사적 인물들을 나타낸다고 추측하지 않을 수 없다는 것은 사실이다. 그러나 이 이야기의 전체 내용을 특정한 역사 시기 속에 갖다놓는 것이 아주 어렵기 때문에 우리는 고대 오리엔트 세계의 역사적 인물들은 오직 후대에야 이차적으로 상호간의 역사적 관계가 설정되었다고 생각하지 않을 수 없다.

구약에 나오는 비교적 후대의 연대기적 언급들은 족장들의 활동 시기와 그들의 역사적인 등장 순서를 확정하기 위한 증거로서 신빙성이 없는 것으로 생각하지 않을 수 없다. 반면에 족장들과 주전 19-18세기에 메소포타미아와 수리아-팔레스타인에 출현했던 종족들(p. 38을 보라)—그 이름들은 애굽의 저주 문서(cf. p. 30)를 통해 우리에게 전해졌다—이 어떤 관련성이 있을 가능성이 있다. 그 이름들은 형태에 있어서 이스라엘의 초기 인명들과 유사하기 때문에, 어쨌든 19-18세기의 이주자들과 후대의 '아람인들의 이주'를 수행한 사람들(cf. p. 113)간에 먼 관계가 있었을 가능성이 있다.[25]

구약에서 족장들은 나중에 서로 결합하여 '이스라엘'을 형성한 종족들의 선구자들로 등장하는 것으로 보아, 족장들의 역사를 주전 19-18세기의 이주라는 틀 안에서 바라보는 것이 가능해진다. 더욱이 우리에게 알려진 세 명의 족장들 가운데 두 명, 즉 이삭과 야곱은 이러한 이주자 계층의 전형적인 모습을 보여주기 때문에 더욱 그러하다.

그러나 시간적으로 커다란 간격이 있다는 사실을 들어 이러한 가정을 반박할 수 있으나, 구약에서는 족장들이 나중에 이스라엘이 될 것의 삶에 근본적인 영향을 미친 역사적 사건들과 매우 근접해 있는 것으로 묘사하고 있다.

---

25) Cf. M. Noth, *Geschichte und Altes Testament = Alt-Festschrift* (1953), pp. 127 ff.

그리고 족장들의 전승이 500년 이상이 지난 후에 오경 전승에 편입되었을 가능성은 희박하다. 족장들이라는 역사적 인물들이 아무리 눈에 보이지 않는다고는 하더라도 이미 '아람인의 이주'에 속해 있었을 가능성이 크다.

그러한 수많은 '족장들'이 이스라엘 지파들 사이에서 알려져 있었을 것으로 짐작된다. 아브라함, 이삭, 야곱이 특히 사람들의 기억에 남게 된 것은 오경 전승의 특수한 발전과정 때문이었다. 초기 단계에서 이 전승은 특히 중부 팔레스타인 지파들 사이에서 발전되었다. 그리고 팔레스타인 땅의 점령이라는 주제가 그들의 특정한 관점으로부터 발전하였던 것과 마찬가지로 족장들이라는 주제도 이스라엘 지파들에 의한 이 땅의 점령에 의해 궁극적으로 성취된 약속이라는 관점으로부터 발전되었다.

그러나 '요셉의 집'에서 야곱은 이 약속을 처음으로 받은 인물이었다. 전승에 의하면, 야곱이라는 인물은 세겜과 벧엘 성소와 연관이 있었고, 더욱이 요단 동편에서의 요셉 지파의 정착과 관련된 이야기들은 야곱과 특별한 관계를 갖고 있었다. 오경 전승이 발전하는 과정에서 야곱이라는 인물은 족장들의 유일한 대표자[26]가 되었고, 그가 원래 '요셉의 집'이라는 특정한 지파에 속해 있었음에도 불구하고 이 땅의 점령에 관한 전승과 결부됨으로써 이스라엘 전체를 위한 인물로 인정을 받게 되었다.

우리가 서술한 의미에 있어서 '족장'의 구성부분 가운데 하나는 자손들에 대한 하나님의 약속을 받은 조상의 역할이었기 때문에, 야곱은 논리적으로 이스라엘 전체의 지파 조상이 되었고, 열두 지파의 시조(始祖)들은 그의 아들들이 되었다. 따라서 이 땅의 특정한 지역에서 '야곱의 집'이라는 족속들 사이에서 잘 알려져 있었고 그 이름이 '야곱의 하나님'에 대한 예배와 연관하여 이 족속들에 의해 조상의 이름으로 전해졌고, 팔레스타인의 몇몇 성소들에서 그에 대한 회상이 살아남아 있었던 야곱은 마침내 이스라엘 전체의

---

26) 신명기 24:5-9에 나오는 신앙고백문은 야곱을 족장(그의 이름을 언급함이 없이)으로만 말하고 있고, 그를 언급하는 것으로써 이 땅의 점령에 이르기까지 이스라엘의 초기 역사에서 있었던 기본적인 사건들을 개괄적으로 열거하기를 시작한다.

조상이라는 중심적인 역할을 맡게 되었고, 이 역할 속에서 그는 열두 지파 동맹에 있어서 역사적으로 중요한 인물이 되었다.

오경 전승이 남부 지파들 사이에서 더욱 발전되면서 나중에 추가된 이삭과 아브라함도 마찬가지였다. 그들은 동일한 유형에 속하고 네게브 지역의 거민들 사이에서 유포되었던 그들에 관한 이야기들 속에서만 야곱과 다르다. 그러므로 그들의 역사적 배경은 팔레스타인의 남쪽 접경의 유목민들 사이에서 찾아져야 한다. 바로 여기에서 "이삭의 하나님"과 "아브라함의 하나님"은 하나님의 현현(顯現) 사건들을 토대로 예배되어졌고, 이삭과 아브라함이라는 이름은 이러한 제의들과 관련하여 보존되었다. 그 예배자들이 정착하면서 온갖 종류의 팔레스타인 전승들이 그들의 이름과 결부되었다. 그러므로 남부 지파들 사이에서 그들은 이스라엘의 조상들이 되었다.

처음에 중부 팔레스타인에서 발전되었던 오경 전승이 남부 지파들에 의해 더욱 발전되면서, 그들은 족보상으로 야곱보다 앞선 것으로 되었다. 그러나 그들의 유일한 진정한 본향은 남부 지파들이었기 때문에, 그들은 결코 이스라엘 지파들 사이에서 중부 팔레스타인, 특히 요셉 지파의 야곱이라는 인물만큼 보편적인 중요성을 획득하지 못했음이 분명하다. 적어도 오경 밖에서는 이삭과 아브라함이라는 이름은 아주 친숙한 매우 다양한 문맥들 속에서 족장 이름 또는 이스라엘에 대한 시적인 표현으로 등장하는 야곱이라는 이름보다 비교할 수 없을 정도로 드물게 등장한다.

또한 족장들과 그들에 관한 설화들이 원래 특정한 족속들 또는 지파들에 한정되어 있었다는 사실은 다른 한 가지 가능성을 시사해준다. 그러나 우리는 오경 전승의 특수한 발전으로 인하여 그밖의 다른 이스라엘 지파들 사이에서 알려진 '족장들'에 관한 내용이 망실되었는지 어쩐지를 모르기 때문에 그러한 가능성을 입증할 수는 없다. 우리에게 전해진 족장 이야기로부터 판단컨대, 족장들과 '열조들의 신'(θεὸς πατρῷος)에 대한 예배는 초기 그룹인 '레아' 지파들이 아니라 이스라엘 지파들의 후대 층들의 특별한 관심사였던 것으로 추측된다. 야곱은 '요셉의 집'에 속했고, 이삭과 아브라함은 남부 유다 산지와 네게브의 지파들에서 중요한 역할을 하였다.

족장들 가운데 어느 누구도 역사적으로 아주 중요한 유다의 '레아' 지파와 아무런 연관도 없었다는 것은 무엇보다도 주목할 만한 사실이다. 아브라함에 관한 비교적 후대의 이야기군의 무대였던 헤브론 근처 마므레 상수리나무 성소조차도 유다 지파가 아니라 갈렙 지파에 속했고, 이삭의 전승과 마찬가지로 네게브에 특유하였던 원래의 아브라함 전승은 북쪽으로 더 이상 퍼져나가지 않았다.[27] 그러므로 족장들의 전승 전체는 출애굽 전승과 마찬가지로 후대에 이스라엘의 전승군들에 덧붙여진 것일 가능성이 크다. 그렇지만 우리는 유다 특유의 전승들은 오경에서 거의 완전히 빠져 있고 실제의 유다 지파는 분명히 오경 설화의 형성과 발전에 참여하지 않았다는 것을 염두에 두어야 한다.[28]

그럴지라도 족장 전승, 적어도 야곱이라는 인물은 이스라엘 전체의 전승의 일부가 되었고, 출애굽 및 이 땅의 점령에 관한 전승과 결합되어 약속의 수령자들로서의 족장들에 의해 시작된 제의들의 원래의 의미를 훨씬 능가하는 이스라엘 열두 지파 동맹의 신조(信條)로서의 중요성을 획득하였다. 족장들에게 주어진 약속들은 스스로를 족장들의 후손으로 생각한 족속들에 의해 이 땅의 점령을 통해 성취된 것으로 당연히 생각되었다.

그러나 족장들과 다른 전승들이 결부됨으로써 약속들은 이스라엘 전체에 있어서 중요성을 획득했을 뿐만 아니라 수많은 사람들로 하여금 이 땅의 점령이라는 목표를 수월하고 단기간에 얻게 해준 것이 아니라 애굽에서의 체류 및 애굽인들의 손아귀로부터의 기적적인 구출이라는 우회적인 방식을 통해 얻게 해준 하나님의 인도하심이라는 역사(役事)의 요소들이 되었다. 따라서 족장 전승이 이스라엘의 열두 지파 동맹의 신앙 속으로 편입되면서 이스라엘을 역사 속에서의 현 위치로 이끈, 즉 하나님이 그들에게 준 땅에서 하

---

27) 이런 이유만으로도 역대기사가의 역사서(대하 3:1)에 처음으로 나오는, 창세기 22:2의 "모리아 산"이 예루살렘 성전이 있던 산과 동일하고 거기에서 남쪽으로 별로 떨어지지 않은 곳에 위치해 있었다는 생각은 거의 가능성이 없다고 하겠다.
28) 갈릴리 지파들은 오경 전승에 전혀 기여하지 못했다.

나님의 백성이 되게 한 하나님의 행위에 대한 신학적인 설명이 발전하는 데 실질적인 기여를 하였다.[29]

11. 시내산 계약

시내산 전승은 현존하는 오경 전승의 가장 초기의 성문화된 형태가 존재하기 이전, 따라서 왕국이 형성되기 전 지파들이 독자적으로 생활하고 있었던 시기에 오경에 편입되었다. 시내산 전승은 광야의 거룩한 산에서 이스라엘 사람들에게 수여된 하나님의 계시, 백성들에게 나타나신 하나님과 그 참여자들의 결합, 그들에게 선포된 하나님의 뜻에의 그들의 복종을 다루고 있다. 그러나 후대에 가다듬어진 이 시내산 전승의 기본적인 내용으로는 백성들이 산자락에서 경외감으로 목격하였던 권능있고 무시무시한 자연 현상들 가운데서의 산 위의 하나님의 현현(후대의 여러 형태들로 된 출애굽기 19장), 양 당사자간에 맺어지는 합의와 유사한 계약 형태로 하나님과 백성들 사이에 영구적인 관계를 맺는 행위(출 24:1-11; 34:1-28; 그밖의 몇몇 다른 형태들)에 관한 이야기가 있다.

비록 가장 오래된 전승에서는 명확한 규례들로 구성된 하나님의 율법을 전혀 몰랐지만, 이렇게 계약을 맺은 것은 이 백성이 그들에게 나타나신 하나님의 법에 복종하고[30] 자신만을 예배하라는 이 하나님의 권리 주장을 인정한 것을 의미하였다. 어쨌든 이 백성과 그 하나님이 결합되어 이제 그 하나님을 '이스라엘의 하나님'으로 부를 수 있게 되었다는 것은 시내산 전승에서 계약

---

29) Cf. G. v. Rad, *Verheissenes Land und Jahwes Land im Hexateuch*, ZDPV, 66〔1943〕, pp. 191-204.
30) J. Begrich, ZAW, N. F. 19 (1944). pp. Ⅰ ff.는 구약에 나오는 "언약"(covenant)이라는 말이 대등한 양 당사자간의 합의라기 보다는 어느 정도 일방적인 법규제정행위(enactment)임을 입증하고자 하였다.

체결의 실제적인 내용물을 형성하였다. 후대에 점차로 계약의 의무들에 관한 정확한 지표들로서 시내산 전승에 덧붙여진 여러 가지 율법들 가운데 분명하게 이 전승의 원래 내용으로까지 소급되는 것은 하나도 없고, 그 대부분은 이 전승의 가장 초기의 문서 형태에까지도 소급되지 않는다.

종교사에서 그 유례를 찾아볼 수 없는 아주 독특한 기본적인 실질을 갖고 있는 시내산 전승이 실제 사건으로부터 연유하였다는 것은 의문의 여지가 없다. 우리는 이 사건이 신비 속에 포장되어 있다는 것을 인정하지 않을 수 없고, 우리는 이 사건의 역사적 배경과 상황에 대해서도 전혀 모르고 있다. 이것은 주로 무엇보다도 시내산 전승이 이스라엘 지파들에 의해 정기적으로 거행된 계약 체결 또는 갱신 축제를 배경으로 한 독자적인 전승이었고[31] 후대에 와서야 이 전승이 보다 큰 설화군의 일부로서 오경의 주제들 가운데 편입되었다는 사실에 기인한다.

이 전승이 토대로 하고 있는 사건이 어디에서 일어났느냐 하는 것조차도 확실하게 말하기 불가능하다. 오경 설화 및 오경 밖의 몇몇 구절들은 하나님이 스스로를 계시한 산을 '시내산'이라고 하는 반면에, 신명기 및 신명기사학파의 문헌, 이 자료로부터 유래한 몇몇 구절들에서는 '호렙산'이라는 이름이 등장한다. 이 두 이름을 병존시킨 이유와 이 둘의 상호관계는 완전히 베일에 싸여 있다. 그리고 오직 한 가지 분명한 것이 있는데, 그것은 우리에게 전해진 전승 속에서 '시내산'이라는 이름이 이 둘 중에서 더 오래되었다는 것이다.[32] 그러므로 우리는 통상적으로 이 이름을 선호한다.

그렇다면 '시내산'은 어디에 있는가? 전통적으로 이러한 이름으로 불려왔던 시나이 반도의 남쪽 산지, 즉 에스-수웨스(es-suwes) 만과 엘-아카바(el-'akaba) 만 사이에서 찾아져야 한다는 비잔틴 시대까지의 견해를 밑받침해주는 증거는 하나도 없다: 구체적으로 그 명칭으로 인하여 현재의 지방

---

31) 이에 대하여 더 자세한 것은 G. v. Rad, *Das formgeschichtliche Problem des Hexateuchs* (1938), pp. II ff.
32) 오경 설화의 몇몇 구절들에 "호렙"이라는 명칭이 나오는 것은 순전히 이차적인 것인 것 같다; cf. M. Noth, *Überlieferungsgeschichtliche Studien*, I (1943), p. 29.

전승에 의해 선호되는 예벨 무사(jebel musa='모세의 산'〈7467피트〉)냐, 비잔틴 기독교 전승을 보존해 온 성 카테리나 수도원이 있는 예벨 카테린(jebel katerin='카테리나 산'〈8664피트〉)이냐, 끝으로—잠시 후에 말하게 될 여러 가지 이유로—서쪽으로 좀더 가서 있는 예벨 세르발(jebel serbal〈6830피트〉)이냐.

비잔틴 전승은 '시내산'이 이미 전통적으로 그 시기에 신성시되어 왔고, 먼 곳에서 온 나바테아 순례자들이 특히 예벨 세르발의 산괴(山塊 : 산줄기에서 따로 떨어진 산의 덩어리) 입구들에 새겨놓은 수많은 나바테아인들의 암벽 명문(銘文)들이, 나바테아 왕국이 멸망하고 그 수도인 페트라의 유명한 성소들이 폐지된 후인 주후 2-3세기에 전통적인 시나이 반도의 남쪽 지역에 있는 한 성산(聖山)이 나바테아 순례자들의 발길을 잡아 끌었음을 증명해 준다는 사실과 결부되어 있음이 확실하다.[33]

이것은 분명히 순례자들의 성소가 이미 오랫동안 이 지역에 존재해 왔다는 것을 전제하고 있는 것이고, 한 장소의 신성함은 통상적으로 제의 및 종교의 변천에도 불구하고 아주 끈질기게 보존되며, 여러 다른 인간 집단들의 부침에 의해 별로 방해를 받지 않기 때문에, 그 지역에는 아득한 옛날부터 신성한 산이 있었을 가능성이 대단히 큰데, 바로 이 산이 고대 이스라엘 전승에 나오는 '시내산'일 것이라고 추측할 수 있다.

그러나 이러한 전제를 밑받침해주는 적극적인 논거들은 아주 취약하다는 것을 명심하지 않으면 안 된다. '시나이' 반도의 남쪽 지역에 분명히 존재한 고대의 성산을 구약의 '시내산'과 동일시하는 한 전승이 6세기 이후로 전해져 오는데, 이것만이 유일한 증거이다. 이것은 '시내산'에서 일어났던 사건들이 아주 오래된 것에 비하면 이 전승은 매우 후대의 것이고, 따라서 순전히 이차적인 것일 가능성이 높다는 것을 의미한다. 이른바 시나이 반도

---

33) B. Moritz in *Der Sinaikult in heidnischer Zeit* (Abh. d. Goett. Ges. d. Wiss, N. F. 16, 2), 1916가 이러한 명문(銘文)들을 활용하며 다루는 것을 참조하라.

에 '시내산'이 있었다고 추정하게 해주는, 오경에 보존된 광야에서의 이스라엘 백성의 유랑 생활의 경로에 관한 전승을 논거로 삼을 수도 없다.

우선 어느 정도 확실히 이와 관련하여 나타나는 지명들 가운데 그 어떤 것도 그 위치를 확인하는 것이 거의 불가능하다. 다음으로는 오경 설화의 여러 층들에 나오는 장소 명칭들에 대한 언급들이 어떤 특정한 경로를 시사하고자 하는 의도가 있는지도 매우 의심스럽다. 만약 그렇다고 하더라도, 시내산 주제는 비교적 후대에야 오경 설화에 편입되었고 시내산까지의 길 및 시내산으로부터의 길에 있는 여러 지점들은 단지 이차적으로 끌어 들여와진 것이기 때문에 그것은 일차 자료가 될 수 없다.

그러나 원래 별개인 시내산 전승이 속하는 역사적 및 지리적 배경에 대하여 우리가 아는 바가 없기 때문에, 시내산의 위치를 밝히고자 하는 시도에서 일반적인 고찰들은 소용이 없다. 시내산 성지로의 순례들이 행해졌을 가능성이 크고, 그러한 순례지가 사람들이 정착해 살고 있지 않은 지역인 경우에는 먼 곳의 순례자들의 발길을 끌 수도 있다. 애굽인들이 먼 옛날부터 소유권을 주장하여 왔던 시나이 반도의 북쪽 산지에 있는 세라빗 엘-카뎀(serabit el-khadem)의 터키옥 광산 지대로부터 나온 저 유명한 시내산 금석문들이 1905년에 플린더즈 페트리(Flinders Petrie)에 의해 발견되었고,[34] 그것들이 때때로 증거로 제출되어 오긴 했으나, 그것들은 '시내산' 문제에서는 철저하게 배제되지 않으면 안 된다.

그 금석문들이 가나안 문자로 씌어져 있고 이런 유의 금석문으로는 가장 오래된 증거로서 유명하게 되었다는 것은 사실이다. 더욱이 그것들은 분명히 가나안 방언으로 기록되어 있으나 이스라엘 사람들과는 아무런 상관도 없다. 그것들은 주전 15세기, 즉 이스라엘 사람들이 시내산으로 순례했다고 보기 힘든 시기의 것으로서 애굽인들의 감독 하에서 일했던 가나안 광산 노동자들의 것이라고 추정할 수 있다.[35]

---

34) Cf. F. Petrie, *Researches in Sinai* (1906). 그 동안에 발굴조사를 더 진행하여 이러한 명문(銘文)들을 더 면밀하게 검토하고 새로운 것들을 발견하였다.

잘 알다시피 시내산이 전통적인 시나이 반도의 남쪽 지역에 위치해 있었을 가능성은 부인할 수도 없고 증명할 수도 없다. 그리고 다른 곳에 있었을 가능성도 높다. 최근에는 엘-아카바(el-'akaba) 만의 동쪽 또는 남동쪽에 있는 북서 아라비아에 시내산이 있었을 것이라는 주장이 자주 제시되어 왔다.[36] 이 학설을 밑받침하는 데 사용되는 논거들 가운데 하나는 즉각적으로 거부되어야 한다.

시내산은 미디안 사람들의 거주지에 있었을 것이고 기존의 자료에 의하면, 미디안 사람들은 유목민으로서 흔히 그들의 본거지로부터 멀리까지 돌아다니긴 했지만 엘-아카바 만의 동쪽 지역에 거주하였다는 주장이 있다. 그러나 시내산 전승의 기본적인 내용 속에는 미디안 사람들에 대한 언급이 전혀 없다. 그들은 단지 출애굽기 3장 1절 이하, 민수기 10장 29절 이하 같이 후대에 문맥을 잇기 위하여 첨가한 설화들에서만 시내산과 출애굽기 18장에 나오는 "하나님의 산"(여기에서 미디안 사람들과 이스라엘 사람들의 만남이 이루어졌다)을 동일시하는 이차적이고 의심스러운 내용으로 인하여 등장할 뿐이다.

그러나 또 하나의 논거는 진지하게 고려해 볼 가치가 있다. 출애굽기 19장에서 하나님의 웅장한 현현에 수반된 상황에 관한 서술에 나오는 몇몇 세부적인 내용은 시내산이 활화산이었다는 것을 시사해주는데, 시내산 전체가 "연기가 자욱하니 여호와께서 불 가운데서 거기 강림하심이라 그 연기가

---

35) 이러한 명문들의 연대 추정, 독해, 해석에 대해서는 최근의 것인 W. F. Albright, BASOR, 110 (1948), pp. 6 ff.를 참조하라.
36) 시내산이 시나이 반도의 북쪽 지역, 가데스 바네아('en kades)의 샘물들 근방에 위치해 있었다는 주장(특히 R. Kittel, *Geschichte des Volkes Israel*, I [eds. 5/6 1923], p. 346 ; A. Jirku, *Geschichte des Volkes Israel* [1931], p. 72)은 그 타당성을 입증해 주는 증거가 없기 때문에 그냥 넘어가자 한다. 이스라엘 지파들이 이 지역에서 오랜 시간을 보냈다는 가정은 오경의 일차적인 전승에는 그 토대가 없고(신 1:46에 나오는 말은 이차적인 역사적 재구성을 토대로 하고 있다), 시내산이 쉽게 사람이 접근할 수 있는 곳이어야 한다는 요구조건은 이스라엘의 초기 역사에 있어서 사건들의 복잡성을 간과하는 것이다.

옹기점 연기 같이 떠오르고 온 산이 크게 진동하며"(18절)라는 말이 특히 그렇다.

또한 이스라엘 사람들의 길을 인도하였던 "구름 기둥"과 "불 기둥"에 관한 이상한 현상이 있는데(출 13:21 f.), 이것은 시내산 전승에서 유래하였을 것이다. 이러한 매우 구체적이고 자세한 내용들의 중요성은 출애굽기 19장에 나오는 다른 이형(異形)이 단지 "우뢰와 번개와 빽빽한 구름이 산 위에 있고"(16절)라고만 언급하고 있다는 사실에 의해서 줄어들지 않는다. 그런데 역사 시대에 전통적인 시나이 반도에는 활화산이 존재한 적이 없었고, 북서 아라비아의 엘-아카바 만의 다른 쪽, 엘-아카바의 남동쪽 125마일에 있는, 남부 아라비아로 이어지는 테북(tebuk)의 남동쪽의 대상로(隊商路) 지역에만 활화산이 존재하였다.

이 지역이 팔레스타인 및 그 접경지대들로부터 상당히 거리가 떨어져 있다는 것은 결정적으로 중요하지는 않다. 왜냐하면 어쨌든 시내산은 이주하는 이스라엘 사람들의 경로상에 위치해 있었을 가능성은 희박하고, 순례지로서 거리가 멀다는 것은 실제로 장애물이 되지 않기 때문이다. 반면에 남부 및 동부 팔레스타인에서 유랑하던 지파들에게는 북서 아라비아에서 잘 알려져 있던 화산 현상들이 전통적으로 하나님의 현현에 수반되는 현상들로 생각되었고, 전혀 화산이 없는 지역에서 하나님의 현현이 일어났을 경우조차도 그러한 것들이 언급되었을 가능성이 있다.

끝으로, 시내산이 북서 아라비아에 있었다는 것을 밑받침해주는 것으로 민수기 33장 1-49절이 시내산으로의 여정에서 중간 기착지들의 목록을 담고 있는 듯이 보이는데, 이 경로가 팔레스타인에서 엘-아카바를 경유하여 전통적인 시나이 반도가 아니라 북서 아라비아로 이어져 있는 것 같다는 것이다.[37] 요약하면, 시내산이 북서 아라비아의 화산 지대에 있었다고 추정할 만한 상당한 이유들이 있으나, 이 이유들은 이러한 추정이 정확하다는 것을 입

---

37) 더 자세한 것은 M. Noth, Der Walfahrtsweg zum Sinai. PJB, 36 〔1940〕, pp. 5 ff.

증해 줄 정도로 명확하거나 잘 부합하지는 않는다는 것이다.

구약에서 오경을 제외한 다른 곳에 나오는 몇몇 구절들에서 시내산을 주로 사해와 엘-아카바 만 사이의 와디 엘-아라바의 동쪽 지역 산지를 가리키는 세일(Seir)이라는 이름과 결부시키고 있는 것은 주목할 만한 일이다. 그러한 구절들에서는 야훼가 시내산으로부터 오시는 것에 관하여 말하고 있다. 이것은 "여호와께서 시내에서 오시고"를 야훼가 "세일산에서 일어나시고"와 병행시키고 있는 신명기 33장 2절에서 아주 분명히 나타난다. 또한 사사기 5장 4절에서 "세일에서부터 나오시고"와 "에돔 들에서 진행하실 때에"는 다음 절에 나오는 시내라는 명칭에 대한 명확한 언급이 원래의 것이든 아니든 시내에서 오시는 하나님을 가리키고 있음이 분명하다.

반면에 신명기 33장 2절에서는 세일과 아울러 와디 엘-아라바의 서쪽 지역에 있는 현재의 예벨 파란으로 추정되는 "바란산"[38]에 대한 언급이 나온다.[39] 지명들에 대한 이러한 언급들은 아주 추정적으로 말하고 있는 듯이 보이고, 따라서 야훼가 오실 것으로 예상되는 시내산이라는 방향은 대충 팔레스타인에서 오실 것이라는 것 정도를 가리키는 것으로 생각될 수 있다. 그러나 사사기 5장 4절의 어법은 세일 지방이 실제로 야훼가 오시는 그 출발지점임을 시사해 준다. 그리고 시내산의 위치를 확실하게 파악하는 것이 불가능하기 때문에, 비록 세일이라는 명칭의 범위를 정확하게 규정하기가 불가능하고, 따라서 그러한 구절들이 정확한 사실을 말하고 있다고 해도 아주 정확한 장소를 파악할 수 없다고 할지라도, 앞에서 언급한 두 구절은 우리가 세일 지방을 염두에 두지 않으면 안 된다는 것을 분명히 시사해 준다.

시내산으로의 순례와 시내산에서의 하나님의 계시가 일어난 그 역사적 상황도 그 계시가 일어난 장소만큼 모호하다. 오경 전승은 단순히 '이스라엘'이 시내산에 있었다고만 말한다. 그러나 출애굽과 "해변"에서의 구원의 경우에 대하여 우리가 말했던 것들이 여기에도 그대로 적용된다. 열두 지파

---

38) 본문 추정에 의해 얻어진 신명기 33:2에 나오는 므리바-가데스는 매우 불확실하다; cf. F. M. Cross and D. N. Freedman, JBL, 67 (1948), p. 193.
39) "바란 산"은 하박국 3:3에서 비슷한 문맥에서 나온다.

의 '이스라엘'은 팔레스타인 땅에 정착할 때까지는 형성되지 않았고, 개별 지파들도 그때까지 확정된 실체들로 되어 있지 않았기 때문에, 시내산에 있었던 '이스라엘'은 후대의 '이스라엘'이나 그 지파들의 특정 집단이었을 가능성은 없다.

우리가 말할 수 있는 것은, 시내산에서의 하나님의 계시는 그 수와 구성에 관해서 명확하게 말할 수는 없지만 어쨌든 나중에 이스라엘의 지파들 속으로 통합되었던 족속들에게 주어졌다는 것 정도가 전부이다. 그들이 경험했던 것은 후대의 이스라엘의 지파들 전체에게 아주 강력한 영향을 미쳤기 때문에, 시내산에서 일어났던 일은 이스라엘의 공동의 전승에서 중요하고 근본적인 요소가 되었고, 그 이후로 이스라엘이 하나의 공동체가 되는 것을 촉진시켰다. 그러므로 시내산에서 일어난 사건에 참여한 사람들은 나중의 이스라엘 지파들 가운데 어느 하나에 통합된 것이 아니라 여러 지파들 속에 분산되어 통합되었을 가능성이 크다.

시내산에서의 하나님과의 만남과 출애굽 사건과의 역사적 관련성이라는 문제가 여전히 남아 있다. 오경 설화에서 이 두 사건은 부드럽고 꽤 직접적으로 이어져 있고, 사실 구름 기둥과 불 기둥은 "해변"에서의 구원 이전에 애굽을 떠나는 이스라엘 사람들에게 나타난 것으로 되어 있다(출 13:21 f.). 그러나 시내산 주제는 훨씬 후대에 가서야 다른 주제들에 첨가되었고, 시내산 사건에 관한 언급이 있기 훨씬 전에 이미 애굽을 떠나서 팔레스타인 땅에 들어온 이야기는 짧은 교훈적인 요약문들로 제시되어 왔었다.[40]

한편 시내산 주제는 계약 체결 또는 갱신의 축제라는 틀 내에서 독자적으로 전승되었다. 가장 오래된 전승에서는 분명히 이 두 사건간에는 아무런 연관성도 없다가, 오경 설화가 형성되는 과정에서 이스라엘의 전사(前史)에 관한 기존의 모든 전승들이 통합되고, 전체로서의 '이스라엘'이라는 명칭이 등장하였고, 시내산 이야기는 아주 자연스럽게 출애굽과 이 땅의 점령에 관

---

40) '역사적 소신앙고백문' 및 그것을 제의 시편들에서 자유롭게 변형하여 사용하고 있는 것에 관하여 논의하고 있는 v. Rad, op. cit. pp. 3 ff.를 참조하라.

한 이야기에 통합되었다. 그러므로 원래 이들 전승들 사이에 연관성이 없었다면 역사적 연관성도 없었을 가능성이 크다.

더욱이 이스라엘은 이 초기에 통일되고 확정적인 실체로서 존재하지 않았으므로, 후대의 '이스라엘'을 구성한 그 사람들이 출애굽을 둘러싼 사건들 및 시내산에서의 하나님과의 만남의 사건에 참여하였을 가능성은 희박하다. 그러나 서로 다른 두 집단이 있었다고 한다면, 시내산에서 일어난 사건은 별개의 역사적 사건으로서 그 사건이 현실적으로 일어났다는 것은 의심의 여지가 없으나 그 역사적 구도에 관해서는 전혀 알 수가 없다. 우리가 알고 있는 한 역사적 사실들과의 유일한 연관성은 후대의 '이스라엘'의 조상들이 그 사건들에 참여하였다는 것뿐이다.

또한 이것은 그 사건의 연대를 설정하는 것이 불가능하고, 심지어 그 사건을 일련의 역사적 사건들의 순서 속에 끼워넣을 수도 없으며, 특히 시간적으로 그 사건과 출애굽과의 관계를 규정하는 것은 불가능하다는 것을 의미한다. 우리가 할 수 있는 것이라고는 다음과 같은 사정을 주목하는 것 정도이다. 우리가 알고 있는 한, "해변"에서 일어난 애굽으로부터의 구원은 팔레스타인 땅의 점령의 선결요건으로서 이스라엘 전승에서 전면에 부각되었기 때문에, 우리는 이스라엘이라는 존재의 토대가 된 하나님의 역사(役事)로서 그 사건은 정기적인 종교 의식의 틀 내에서만 전승되었던 시내산에서의 하나님의 현현(顯現) 사건보다 더 생생하고 직접적으로 이스라엘 사람들의 기억 속에 각인되었다는 인상을 받는다.

이에 비추어 본다면, 시내산에서의 하나님과의 만남은 비교적 초기의 사건이라 할 수 있고, 그 사건에 참여한 사람들은 나중에 이스라엘이 된 것 가운데 시기적으로 꽤 초기에 속하는 구성원들이라 할 수 있는 반면에, 애굽을 중심으로 일어난 사건들에 참여한 사람들은 보다 후대의 세대들에 속한다고 할 수 있다.

시내산에서 일어난 사건의 내용과 성질을 규명하는 일은 이 사건의 외적인 상황과 배경을 알아내는 것보다 더 어렵다. 우리가 활용 가능한 유일한 역사적 증거는 하나님이 시내산에 순례를 온 족속들에게 나타나셨다는 사실을 거듭거듭 증거한 종교적 의식이다. 실제의 사건은 12면에서 간략하게 서술한 의미에서 역사적으로 불가해한 영역으로까지 확대되어 있다. 그러나 이 신비한 사건과 그것으로 인한 모든 것, 나타나신 하나님과 백성들과의 결합, 하나님의 배타적인("질투하시는") 주장과 뜻에 대한 그 백성들의 복종 등은 역사적으로 규정된 형태들로 일어났다.

시내산으로의 순례가 외적으로 드러난 행사였다면, 시내산은 이미 성산(聖山)이 되어 있었고 거기로의 순례가 행해졌으며 신을 경배하는 장소이기도 했음이 분명하다. 사실 이와 같은 오래된 시내산 제의는 적어도 어떤 면에서는 이스라엘 신앙에 영속적인 영향을 미쳤던 것으로 보인다. 모든 것을 종합해 볼 때, 야훼라는 하나님 이름은 이스라엘 이전의 시내산 제의에서 유래한 것으로서 시내산에서 경배되었던 신의 이름이었다.

오경도 이 점을 시사해 준다. 왜냐하면 비록 그 설화가 잘 알다시피 비교적 후대의 것이긴 하지만, 야훼라는 이름은 나중에 하나님의 계시의 장소가 될 그 곳에 모세가 처음으로 방문하였을 때 모세에게 주어지기 때문이다(출 3:14 E). 또 하나 이러한 논거를 밑받침해 주는 것은 시내산은 야훼의 거하시는 곳이고, 때를 따라 야훼가 시내산으로부터 오시며(삿 5:4 f.; 신 33:2 또한 합 3:1), 야훼를 만나기 위해서는 사막에 있는 하나님의 성산으로 가야 한다는(왕상 19:8 ff.) 견해가 구약에 이따끔 제시되고 있다는 것이다.[41]

사실 그 구절에 나오는 단어들이 원래의 본문의 일부냐 아니냐를 떠나서 사사기 5:5에 나오는 סיני זה라는 이상한 표현을 '시내에서 오시는 분'으로 번역하는 것이 옳다면,[42] 야훼는 여기서 상투적인 어구인 '시내의 (하나님)'으로 불려지고 있는 것이 된다. 이것이 올바른 해석이라면, 우리는 하나님의

---

41) 열왕기상 19:8에 나오는 "호렙"이라는 이름은 아마도 (신명기사학파의) 첨가일 것이다. 이하의 서술에 의하면, "하나님의 산"은 어쨌든 오경 설화에서 시내산이라 불리는 곳을 의미한다. 엘리야를 제외하더라도 순례자들은 오랫동안 팔레스타인에서 성산(聖山)으로 순례를 계속하였을 것이다. cf. M. Noth, PJB, 36 (1940), pp. 7 f.

42) W. F. Albright, JBL, 54 (1935), p. 204.

결정적인 계시가 경외심을 불러일으키는 자연 현상들, 아마도 화산 활동 가운데서 시내의 야훼의 성산으로 순례를 행하는 과정에서 이 야훼의 이름으로 바로 그 곳에서 일어났다고 생각할 수 있다.

모세의 역사적 활동의 실제적인 중심지는 시내산이었다는 것이 우리의 일반적인 생각이었다. 모세 전승의 내용에 관하여 어떠한 판단을 내린다고 할지라도, 그가 시내산에서 이 백성의 지도자였고 거기에서 일어난 일의 해석자였으며 어느 정도 확고하게 규정된 하나님의 뜻에 관한 정식(定式)들을 토대로 하나님 백성을 조직한 인물이었다는 것은 어느 정도 확고한 듯하다. 이러한 모세관은 성산에서의 율법의 수여에서 중보자로서의 모세의 역할을 그의 활동에서의 결정적인 요소로 생각한 구약의 신명기적-신명기사학파적 문헌을 그 궁극적인 원천으로 하고 있는 것이다.

그리고 이것은 그 문헌이 성산에서의 하나님의 현현(顯現)과 거기에서 제정된 율법을 전승에 의한 이스라엘의 전사(前史)에 나오는 여러 사건들 중에서 가장 중요한 것으로 생각했다는 사실과 결부되어 있다. 이러한 사건들은 전승에서 추출되어 특별하게 가공되었다.[43] 그리하여 모세는 주로 율법 수여자로 생각되었다. 그리고 구약의 후기 문헌에서 모세라는 이름은 특히 '모세의 율법(책)'과 관련하여 등장한다. 신명기적-신명기사학파적 문헌은 자연스럽게 오경 설화 속에서 모세가 행했던 역할로 거슬러 올라간다.

그러나 오경 설화 속에서 시내산에서의 모세의 등장은 긴 연쇄 중에서 하나의 사슬에 불과하고, 시내산에서의 모세는 애굽에서 떠나서 약속의 땅으로 들어가기까지 일어난 다른 사건들에서와 마찬가지로 하나님의 사자(使者)이자 백성들의 대변인에 다름아니다. 왜냐하면 애굽에서 강제 노역을 하고 있던 이스라엘 사람들 가운데 처음 등장한 때로부터 약속의 땅에 들어가기 직전에 죽을 때까지 모세는 오경의 관점에서 보면 유랑하는 백성의 우두머리

---

43) 모세의 연설로 체계화된 신명기 율법은 당연히 이것에 특별한 관심을 가졌다. 동일한 노선을 따라 신명기사학파의 역사서는 신명기 1:1 ff.에서 호렙에서의 "이스라엘"의 체류로 시작된다. 마찬가지로 오경 설화의 제사장 자료도 시내산에서의 율법 수여에 모든 관심을 집중시키고 있다.

였고 백성들로부터 자주 공격을 받았지만 언제나 하나님에 의해 새롭게 확증을 받는다.

그러나 현존하는 가장 오래된 전승 속에 나오는 이러한 모세관은 모세의 인물됨에 관한 역사적 문제점을 야기시킨다. 오경 설화는 원래는 독립적이었던 일련의 여러 주제들을 점진적으로 편집한 것이기 때문에, 이 주제들의 대부분에서 모세가 골고루 등장하는 것은 원래의 것이 아니라 후대의 가필에 의한 것임에 틀림없다. 그리고 원래 어느 주제 또는 전승에 모세가 등장하였고, 역사 속에서의 그의 위치를 우리는 어디에서 찾아야 하는가 하는 문제가 필연적으로 제기된다. 이 질문은 대답하기가 극히 어렵다.[44]

그러나 현존하는 가장 초기의 전승에 의하면, 그 전승에는 지도자로서의 일반적인 역할을 제외하고는 그에 관한 다른 말이 전혀 없는 것으로 보아, 모세는 시내산 주제에 특히 굳건하게 뿌리를 내리고 있는 것은 아니었다고 할 수 있다. 모세의 인물됨은 오경 설화의 그밖의 다른 곳들에서 훨씬 더 구체적이고 특별한 상황들을 배경으로 나타난다.[45] 이것은 모세가 시내산에서 일어난 사건과 역사적 연관성이 없었음을 시사해 준다.

그러므로 역사적으로 모세를 이스라엘의 조직자이자 율법 수여자로 묘사하는 것은 별로 정당하지 못하다.[46] 그 사건에서 적극적인 역할 또는 해석하는 역할을 했던 어떤 특정한 인물을 거명하는 것이 불가능하다는 사실은 시내산 사건을 더욱 더 미궁에 빠지게 만든다.

---

44) M. Noth, *Überlieferungsgeschichte des Pentateuch* (1948), p. 172 ff.의 논의를 참조하라.
45) 그의 이집트식 이름에 비추어 우리는 출애굽의 틀 안에서 그의 원래의 역할, 즉 하나님의 임박한 행위를 선포하는 하나님의 사자(使者)라는 역할을 찾아볼 수 있을 것이다(cf. 출 3:16-17a). 그러나 무엇보다도 가장 중요한 구체적인 사실은 매우 구체적인 지점에 위치해 있던 모세의 무덤에 관한 전승이다. 이 전승에 의하면, 모세는 역사적으로 중부 팔레스타인 지파들이 이 땅을 점령할 준비를 하던 단계의 인물이라 할 것이다. 그의 구체적인 역할과 의미에 관한 더 자세한 것은 그가 이스라엘 전체와 관련된 인물로 확대되는 과정에서 상실되었을 것이기 때문에 그것에 관하여 어떤 확실한 것을 말하기는 불가능하다.
46) 모세를 '한 종교의 창시자'로 묘사하거나 '모세 종교'라고 말하는 것은 아주 잘못된 것이고 후대에 발전된 모세 전승과 상치되는 것이다.

그럼에도 불구하고 이 사건의 세부적인 내용을 역사적으로 파악하는 것이 힘들다고 할지라도 시내산 전승의 핵심은 역사적으로 일어난 사건이었다. "해변"에서의 구원 사건의 경우에 우리가 말했던 것이 여기에도 그대로 적용된다. 우리는 열두 지파의 제의 동맹이 지녔던 전승들을 그 개별 요소들로 분해할 수 있고, 이 요소들의 역사적 내용을 분석할 수는 있으나, 이러한 전승들은 단지 보다 큰 전체의 일부분들로서 우리에게 전해져 온 것으로서 좀 더 큰 실체인 '이스라엘'과 결부되어 있으며, '이스라엘의 하나님'인 야훼와 관련되어 있다는 것을 결론적으로 아주 분명하게 말하지 않으면 안 된다. 이보다 큰 전체 속에서 시내산에서 나타난 하나님은 "해변"에서의 구원에서 자신의 권능을 보여주었던 하나님과 동일한 분이라는 것은 두말할 필요도 없다.

그리고 이보다 큰 전체의 기본적인 요소들은 아주 초기부터 존재하였다. 오경은 지파들에 의한 이 땅의 점령 직후의 초창기에 시작되어서 왕국이 형성되기 전에 이미 거의 끝이 난 순전히 구전 전승 단계를 오래 거친 후에 형성되었다는 것은 사실이다. 그러나 구전 전승의 초기에서도 이미 통일체로서의 '이스라엘'의 존재, '이스라엘의 하나님'에 대한 믿음을 토대로 하는 전승들의 통일성을 전제하고 있다.

따라서 점진적으로 발전해 온 오경 설화는 이 땅의 점령 직후에 이스라엘의 통일성 및 한 민족이라는 의식에 대한 증거 자료로서 중요하게 되고, 종교적으로 유례없는 내용을 지니고 점진적으로 발전해 온 오경 전승은 열방들 가운데서 이스라엘의 지위의 특수성과 질적인 독특성을 보여주는 분명한 증거가 된다. 이와 아울러 애초에 '이스라엘'이라는 통일체가 어떻게 탄생되었는가 하는 것이 문제로 남게 된다.

이스라엘의 열두 지파가 팔레스타인 땅에서 처음으로 만났고, 이 '이스라엘'의 여러 집단들이 출애굽과 시내산에서의 하나님과의 만남, 요단 동편 남쪽 지역으로부터의 이 땅의 점령을 증거하였고, 이러한 사건들이 시간적으로나 내용적으로 서로 관련이 없었다고 한다면,[47] 어떻게 해서 '이스라엘'이 이 땅의 점령 직후에 스스로를 통일적인 전체로 느끼게 되었고, '이스라엘'

의 공동의 전사(前史)에 관한 전승들의 구도가 탄생하게 되었는가 하는 문제가 생겨난다.

사실들 자체는 분명하지만, 확실하게 이 질문에 답하기는 불가능하다. 왜냐하면 전승에서는 이 과정을 설명해 주지 않고 그런 것에 관하여 아무 말도 하지 않기 때문이다. 단지 추측만이 가능하지만, 이 질문은 적어도 그러한 대답이라도 해줄 것을 요구하기 때문에 우리는 그렇게 하지 않을 수 없다. 그리고 우리는 '이스라엘'이라는 통일체와 그 신앙은 어느 날 갑자기 생겨난 것이 아니라 팔레스타인에서 하나의 핵(核)으로부터 점진적으로 자라났다는 가정 위에서 그러한 대답을 시도해야 한다.

시내산 전승의 내용이 꽤 먼 과거의 사건을 언급하는 것이 사실이라면, 시내산에서 하나님과의 만남에 참여했던 사람들은 나중에 '이스라엘'이 된 사람들 중에서 가장 초기의 사람들일 것임에 틀림없고,[48] 시간이 흐르면서 다른 집단들이 그들과 합류함으로써 그들의 이례적이고 중요한 전승들과 관련을 맺게 되었을 것이다. 이러한 사람들에게 시내산에서의 하나님과의 만남은, 하나님의 율법으로 정식화된 하나님의 뜻에의 복종이 결정적으로 중요하고, 하나님의 율법과 중심적인 재판 제도의 의의는 거기에 뿌리를 두고 있다는 것을 의미했을 것이다.

팔레스타인에서 "해변"에서의 구원에 참여하였던 다른 족속들이 합류하면서, 그들은 자신들을 애굽에서 구원해 내신 권능있는 하나님이 바로 시내산에서 나타나셨던 하나님이라는 확신을 곧 갖게 되었을 것이다. 그리고 이스라엘이 이스라엘의 하나님으로서의 야훼에 대한 신앙 고백을 중심으로 열두 지파의 제의 동맹으로 형성되자 여러 전승들은 '이스라엘' 전체에 의해

---

47) 구약에 전승된 사건들의 순서를 따르지 않고 이 사건들이 어떤 식으로 연결되었는지를 밝히기 위한 시도들이 현재까지 많이 있어 왔다. 전승의 성격에 비추어 볼 때, 이러한 시도들은 의심스러울 수밖에 없다. 가장 최근의 것으로는 Th. J. Meek, *Hebrew Origins* (^{2}1950); H. H. Rowley, *From Joseph to Joshua* (The Schweich Lectures, 1948 [1950])를 들 수 있다.

48) 가설들에 관심이 있는 독자라면 이른바 보다 오래된 '레아' 지파 그룹에게 흡수된 사람들을 생각해 볼 수 있을 것이다.

공유된 일관된 전사(前史)로 통합되었고, 이 때 애굽으로부터의 해방은 족장들에 대한 약속과 아울러 이스라엘의 하나님의 권능있는 행사(行事)에 대한 증거로서 일차적인 중요성을 지니게 된 반면에, 고대 시내산 전승은 그 배후에서 독자적으로 남아 있었다.

그러다가 결국 시내산 전승도 전체 전승군들에 통합될 수밖에 없었다. 시내산 전승은 애초부터 이 전체 전승군들 속에서 야훼의 이름이 유래한 전승으로서 기여를 했을 것이다. 분명히 이 모든 것은 증명할 수 없는 가설로서 단지 불가피한 질문에 대한 대답을 제시하고자 한 시도에 불과하다.

그러나 전승에 의하면, '이스라엘'은 하나님과의 특별한 관계로 인하여 열방 가운데서 특별한 지위를 갖고 있었다고 하는데, 그 지위는 대체 무엇을 의미하였는가? 가장 초기의 전승은 이 점에 관하여 아무말도 하지 않는다. 그러나 오래된 전승인 야휘스트(야훼 기자, Yahwist) 설화에 나오는 가장 초기의 신학적 정식(定式)들 가운데 하나는 이스라엘의 역사를 인류에게 복을 주시기 위한 하나님의 보편적인 목적의 일부로 인식한다(창 12:1-3). 우리는 적어도 야휘스트가 자기 이전 시대부터, 아마도 처음부터 이스라엘의 신앙 속에 존재했던 그 무엇을 여기에서 표현하고 있는 것은 아닌가 하는 생각을 해볼 수 있다.

제2부

팔레스타인-수리아 세계에서 고대 이스라엘의 생활

제1장

팔레스타인에서 열두 지파의 공고화 과정

12. 지파들과 팔레스타인 땅의 이전 거민들의 관계

    이스라엘 지파들이 정착한 땅은 사람들이 거주하고 있던 땅이었다. 구약에서는 이스라엘 이전 시대에 이 땅에 살고 있었던 사람들을 민족적인 차이들을 무시하고 보통 "가나안 사람"이라 부르고 있는데, 우리도 이 용어를 그런 의미로 사용하고자 한다.[1] 잘 알다시피, 가나안 거민들은 이 땅 전역에 걸쳐 골고루 분포되어 있는 것이 아니라 자연의 혜택을 입은 평지들에 밀집되어 있었던 수많은 요새화된 성읍들에 모여 살았고, 이 땅에서 좀더 황무하고 산이 많은 지역들에는 성읍들이 드문드문 있는 정도였다. 가옥들이 연하여 밀집되어 있고, 그 주변 땅은 농경지로 되어 있는 성벽으로 둘러싸인 요새들인 이러한 성읍들은 이미 청동기 시대에 그 전성기를 맞이한 바 있었으나 여전히 부유한 도시 문명의 상속자들이었다.

---

1) 구약에서는 "가나안 사람"이라는 말 이외에도 "아모리 사람"과 "헷 사람"이라는 용어가 모두 동일한 의미로 쓰이고 있다. "가나안 사람"이라는 용어의 이러한 용례는 아직까지 완전히 해명되지 않은 가나안이라는 명칭의 어원(cf. 위 p. 36, 주 36), 이 명칭이 페니키아 해안 지역을 가리킨다는 것, 현대 언어학에서 수리아와 팔레스타인에 고유한 일군의 셈어 방언들을 가리키는 데 '가나안어'라는 용어를 관습적으로 사용하고 있는 것을 밝혀주지는 않는다.

이러한 성읍들이 불규칙하게 편재되어 있었기 때문에 이스라엘 사람들은 기존의 가나안 거민들을 그들의 소유지들로부터 쫓아내지 않고도 사람들이 드문드문 거주하거나 아예 거주하지 않은 지역들, 여전히 삼림이 우거지고 인간이 정착하기 위해서는 개간이 필요한 지역들에 생활의 터전을 확보할 수 있었다. 그리고 대체로 이스라엘 사람들은 그들을 쫓아내지 못하였다. 가나안인들은 이 땅에 머물렀고, 일반적으로 말해서 그들의 독자적인 생활방식은 방해를 받지 않았고 그들의 소유지들은 아무런 손상도 입지 않았다.

그러나 이스라엘 사람들은 자신들이 점령한 지역들에 "성읍들"이라 불리운 새로운 정착지들을 건축하는 것이 보통이었는데, 이 성읍들은 가나안 성읍들처럼 주위에 요새화된 또는 쉽게 접근할 수 없는 성벽을 둘러치고 그 안의 한정된 공간에서 밀집하여 거주하였다. 그러나 통상적으로 그 성벽들은 청동기 시대의 성읍들처럼 아주 견고하고 세심하게 축조되지는 않았다. 그 성벽들은 세월의 파괴력을 견디는 힘이 상당히 약했기 때문에, 이스라엘 사람들의 철기 시대 정착지들의 고고학적 자취들은 가나안인들의 이전의 청동기 시대의 정착지들보다 더 철저하고 집중적으로 멸실되고 없는 형편이다.

팔레스타인에 정착해서 농업을 주된 활동으로 하게 되고 '성읍' 등지에 인구가 집중되면서 이스라엘 사람들의 생활방식은 주로 이 땅의 특정 지역들에 살았지만, 이스라엘 사람들이 거하였던 산지 여기저기에도 살고 있었던 가나안 원주민과 비슷해졌고, 이 둘은 많은 곳에서 서로 이웃하여 살게 되었다. 따라서 시간이 지남에 따라 둘 사이에는 특별한 관계가 발전되게 되었다. 우리는 이에 관하여 단지 산발적이고 우연적인 자료들밖에는 갖고 있지 않으나, 그 자료들을 통해 볼 때 이들 사이의 관계는 때와 장소에 따라 천차만별이었다.

대체로 아주 다른 환경에서 왔던 이스라엘 지파들은 가나안인들의 생활방식을 이질적인 것으로 여겼고, 가나안인들의 독자적인 성격이 이 땅에서 유지되는 동안에는 계속 그랬다. 어쨌든 이스라엘에서 왕국이 탄생하기 이전 시기에는 그랬고, 또한 자신들의 오래된 정통적인 전승들을 세심하게 견지하였던 이스라엘 사람들의 집단 가운데서는 더욱 그러했다. 팔레스타인에 정착했음에도 불구하고 철기 시대까지 풍부한 다양성이 유지되었던 진정한 도시 문화는 단순함과 솔직함에 익숙해 있던 이스라엘 사람들에게 계속해서 이질적이었다.

농업과 목축업을 위주로 했던 이스라엘 사람들이 특히 '가나안적인 것'으로 생각했던 것은 도시 문명에 뿌리를 둔 산업, 상업, 이윤 추구에 대한 관심이었다. 후대에는 상인과 무역상을 가리킬 때 '가나안 사람'이라는 표현을 사용하였고(사 23:8; 습 1:11; 슥 14:21; 잠 31:24; 욥 40:30〈영어 성경으로는 41:6〉), 따라서 이러한 활동은 이스라엘 고유의 성격에 이질적인 것으로 규정되었다. 호세아 12장 8절(영어 성경으로는 7절)에는 그러한 '가나안인들'의 사기적인 행위에 대한 구체적인 언급이 있다.[2]

지파의 모든 자유인들의 평등한 권리에 토대를 두고 구성된 지파들로 이루어진 이스라엘 사람들은 가나안 성읍들에서의 사회적 계층질서를 그들 자신의 사회관에 이질적인 것으로 생각하였다: 거기에는 한편으로는 스스로를 왕으로 자처하였던—어쨌든 구약에서는 통상적으로 그러한 명칭으로 불렀다—봉건 영주를 정점으로 유산계급이자 지배계층인 귀족들이 있었고, 다른 한편으로는 주로 농업에 종사하였던 신민(臣民)들이 있었다.

이 성읍들의 지배 계층들이 사용하였던 병거에 의한 전투 기술은 이스라엘 사람들에게는 낯선 것이었고 공포의 대상이기도 하였다. 무엇보다도 자신의 병기를 든 병사들로 이루어진 민병대로써 전투를 하는 데 익숙하였던 지파들은 이러한 철병거 부대에 대하여 철저한 열세를 느꼈고,[3] 그 결과 일반적으로 말해서 열등감만이 아니라 경외감까지 불러일으켰던 전투 양식을 지니고 있었던 가나안 성읍들을 공격할 엄두를 내지 못하였다(수 17:16, 18;

---

2) 이스라엘인들이 이러한 행실에 참여하게 되면 그들은 '가나안 사람들'처럼 행하는 것이 되는데, 이것이 아마도 호세아서에 나오는 이 난해한 구절의 의미인 듯하다.
3) 이 병거부대(רכב는 집합명사로 사용되고 있다)는 당연한 말이지만 전부가 철로 된 것이 아니라 그 뼈대만이 철로 되어 있는 전쟁용 병거들로 이루어져 있었다. 병거들은 나무로 만들어져 있었기 때문에 이스라엘인들은 그것들을 노획해서 불태워 버렸다(수 11:6, 9〔병거 한 대는 מרכבה라 불린다〕; cf. 시 46:10〔영어 성경으로는 9절〕).

삿 1:19; 4:3, 13).

그러나 무엇보다도 이스라엘 지파들에게 이질적이었던 것은 가나안인들의 생활과 신앙이었다. 그러한 것들은 이스라엘 사람들에게 도덕적으로 열등하고 부패하고 정욕적이며 부도덕한 것으로 보였다. 원래 형태의 창세기 9장 20-27절에서 가나안인들의 대표자, 노아의 막내 아들인 "가나안"은 후안무치하고 성질이 못된 사람으로 묘사된다.

창세기 26장 7-11절에[4] 나오는 이야기의 배후에 있는 의도는 가나안 성읍 지역으로 들어가는 사람은 누구나 자기 아내가 그 거민들의 탐욕의 희생물이 되고, 그 여자의 남편인 자기는 속임수에 의해 살해당할 위험성을 고려하지 않으면 안 된다는 것을 지적하고자 한 것이다. 가나안 성읍 근방에서 아무런 방비도 없이 다니는 소녀는 거민들 가운데 한 사람, 심지어 그 성읍의 왕의 아들에 의해서까지도 강간당하기 십상이다(cf. 창 34:1 f.).

가부장적 사회의 엄격한 훈육을 받아온 이스라엘 지파들에게 이 모든 도덕적 방종은 경멸스럽고 충격적인 것이었다. 그러한 도덕적 방종은 어느 정도는 틀림없이 엄격한 하나님의 요구사항들에 헌신되어 있던 이스라엘 사람들이 특히 적대시했던 가나안 제의의 성격에서 기인하였다. 가나안인들 가운데서 융성하였던 제의들은 일반적으로 가나안어로 아스다롯으로 불렸던 위대한 풍산의 모신(母神)과 해마다의 식물의 생육을 주관하는 젊은 신과 관련된 아주 오래된 의식(儀式)들이었다. 이 제의들에는 거룩한 곳에서 신을 대표하는 여인들과의 '거룩한 결혼'(ἱερὸς γάμος)의 거행, 성창(聖娼), 여성의 순결의 제의적 희생제사 같은 것들이 포함되어 있었다. 또한 꽤 오래된 하늘의 바알, 생명과 풍산을 주는 자이자 관능적인 생활을 관장하는 수많은 지역의 바알들 같은 여러 모양의 바알을 섬기는 제의가 있었다. 이스라엘 사람들은 이 모든 것, 특히 여신들에 대한 숭배를 거부하지 않을 수 없었다.

그러나 다른 한편으로 이스라엘 사람들은 불가피하게 이 가나안 세계와 모종의 관계를 맺을 수밖에 없었다. 땅을 중심으로 정착하여 농업을 위주로

---

4) 창세기 12:10-20에서 이 장면을 이집트로 옮겨 놓은 것은 이차적인 전승이다.

한 생활로 전환하게 되자 새로운 환경에 적응하는 일과 이전 거민들 사이에서 통용되었던 관습들을 새롭게 수정하여 받아들이는 일은 필수적이었다. 왜냐하면 사상들과 생활태도들은 한 민족의 전체 생활방식과 밀접하게 결부되어 있었기 때문이다. 그렇다고 해서 이스라엘 사람들 가운데 상당수가 전면적으로 가나안화될 위험에 처했고 예배의 영역에 있어서조차 가나안화가 되어 가나안 거민들에게 흡수되었다는 것은 아니다.

우리에게는 이 점과 관련된 자료가 없지만, 우리는 어느 정도의 동화(同化)가 일어났을 것이라고 추측하지 않으면 안 된다. 그러나 동화의 정도는 대규모로 일어나지 않았을 것이고, 따라서 역사적으로 그리 중요하지도 않았다. 한편 자신들과 가나안인들과의 차이를 아주 잘 알고 있던 대다수의 이스라엘 사람들조차도 어느 정도 가나안적인 생활방식을 채택한 것은 불가피한 일이었다. 또한 이것은 생활방식 전체와 필연적으로 밀접하게 연결되어 있던 종교 분야에도 그래도 적용된다.

이스라엘 지파들이 주로 이 땅의 오래된 성소들에서 예배를 드렸기 때문에 원주민의 제의 전승들을 채택하는 일이 생겨났다. 이것은 지파동맹의 중앙성소에서의 제의(cf. p.123ff., 130ff.) 및 이제 지역 공동체들이 된 지파들 또는 족속들에 의해 거행된 수많은 지방 제의들에 적용된다. 여기서 말하고자 하는 것은 이러한 장소들에서 이방신들이 숭배되었다는 것이 아니라 이 땅에서 전통적으로 내려 왔던 예배 형태들이 이스라엘의 제의들에 결정적인 영향을 미쳤다는 것이다. 따라서 팔레스타인에서 일년의 여러 절기들과 밀접한 관련을 갖고 있었던 농경생활의 큰 종교 축제들(cf. p.130)이 받아들여졌고, 희생제사의 전체 체계는 이 땅의 오래된 전승들을 따랐다.

우리가 이제까지 말한 특별히 가나안적인 의식(儀式)들은 본질적으로 이방적인 것으로 배제되긴 하였지만, 예배 분야에서 광범위한 가나안화 과정이 생겨났다. 이스라엘 신앙은 이스라엘 사람들이 지금 살고 있는 세계 속으로 아주 구체적으로 들어왔다. 이 두 민족이 지금 살고 있는 외적 환경이 비슷했기 때문에 일상의 생활과 일 속에서 아주 자연스럽게 강력한 동화(同化)가 일어났다. 그리고 이스라엘 사람들은 새로 온 사람들이었기 때문에 가나안 거민들로부터 많은 것을 배웠고, 받아들였을 것이라는 것은 두말할 필요도 없다.

그러므로 그들의 모든 이질감에도 불구하고 이스라엘 사람들과 그 이웃인 가나안인들과의 관계가 전적으로 적대적이지만은 않았다는 것은 놀랄 일이 아니다. 산발적인 자료들은 시간이 흐르면서 이스라엘 사람들과 가나안인들 사이에 발전되었던 다양한 관계들의 다면성을 보여준다. 현존하는 자료는 우리가 전 분야를 모두 개관하기에는 불충분하지만 얼마나 다양한 관계가 발전될 수 있었는지를 보여준다. 이웃하고 있다는 점 때문에 또는 상호교류에 의해 관계가 정립된 경우에는 평화로운 생활 방식(modus vivendi)이 가능했다는 것을 흔히 발견하게 된다.

그러한 것들 가운데 한 가지 방식은 어느 한 쪽이 어느 정도 자발적으로 다른 쪽에 대한 의존관계로 들어가는 것이었다. 팔레스타인 땅의 점령기에 이스르엘 평지와 악고 평지의 경계들에 정착하였던 잇사갈, 스불론, 아셀 지파는 평지의 도시 통치자들과 봉건적인 관계를 맺었고, 아마도 그들의 노동의 대가로 풍요로운 토지들로부터 생긴 이익들 가운데 한 지분을 받았을 것이다. 이 지파들은 이스라엘 동맹의 구성원으로서의 자신들의 정체성(identity)을 포기할 필요는 없었고, 영구적으로 이러한 의존 상태에 머물러 있지도 않았지만, 어쨌든 처음에는 이러한 일방적인 관계로 들어갔다.

중부 팔레스타인의 산지에 다소 고립된 지역에 있는 고대의 성읍 세겜이 므낫세 지파의 한 족속의 자격으로 므낫세 지파에 들어가는 것이 허용되었다는 사실은 위에서 말한 예의 정반대의 경우를 보여준다. 지파별로 정리된 민수기 26장의 방대한 족속들의 명단에서 세겜은 므낫세 족속들 가운데 등장하고 있는데(31b절), 따라서 이스라엘의 열두 지파 동맹의 하위 구성원으로서 이전의 정치 질서의 정치적, 사회적 구조를 포기함이 없이 하나님 예배에 참여한다(사사기 9장에 관한 p. 199ff.를 보라).

우리는 어떻게 이런 일이 일어났는가를 알지 못하며 단지 이스라엘 족속들이 꽤 초기부터 세겜 성소에서의 예배에 참여하여 왔었다는 사실(cf. 야곱과 이 성소와의 관련성)이 한 몫을 했을 것이라는 것과 한동안 이스라엘의 지파동맹의 중앙 제의가 거기에서 거행되었다는 것만을 추측할 수 있을 뿐이다. 어쨌든 세겜이 므낫세 지파에 이렇게 부속하게 된 일은 매우 일찍 일어났음에 틀림없다. 왜냐하면 왕정 이전 시대에까지 거슬러 올라가는 민수기 26장의 명단에서만이 아니라 사사기 9장에 나오는 이야기에서도 그런 상황을 당연한 것으로 여기고 있기 때문이다.

    이와 비슷한 방식으로 예루살렘 북서쪽 산지들에 위치해 있던 여호수아 9장 17절에 나오는 가나안의 네 성읍들도 베냐민 지파에 귀속된 것으로 나타난다. 그 성읍들은 기브온(아직 정확한 소재는 파악되지 않고 있다), 그비라(현재의 khirbet kefire), 브에롯(아직 정확한 소재는 파악되지 않고 있다), 기럇 여아림(el-kerye 근처의 der el-azhar)이다. 이 성읍들의 영토는 왕정 이전 시대에서 연유한 베냐민의 변경에 관한 기술(記述)에서 베냐민 지파의 영토의 일부로 나온다.[5]

    그러나 반면에 이 성읍들의 이름이 민수기 26장의 명단에는 나오지 않기 때문에, 우리는 이 명단이 편집된 후에 이 성읍들이 베냐민 지파에 받아들여졌다고 추정하지 않을 수 없다. 여호수아 9장에는 이 네 성읍이 베냐민 지파에 속한다는 것을 기정사실로 여기고 그것을 설명하고자 하는 인과관계 학적 설화가 나온다. 그러나 이 설화는 그러한 사실을 기브온 사람들이 여리고 근처의 길갈 성소에서 "나무 패며 물 긷는 자"로 섬길 수밖에 없었다는 아주 판이한 사실과 결합시킨다.

    이제까지 말한 사실들은 가나안 성읍들이 밀집해 있던 지역들, 특히 평지에서는 가나안인들이 장악하고 있었던 반면에 산지에서는 이스라엘 사람들이 반드시 무력에 의존함이 없이도 드문드문 산재해 있던 성읍들을 장악했음을 보여준다. 그러나 남부 팔레스타인의 산지들과 해안 평지의 남쪽 지역 사

---

[5] 여호수아서에 나오는 경계들에 관한 서술은 단순히 팔레스타인에서 지파들이 실제로 거주하였던 곳들을 언급하고 있는 것이 아니기 때문에(cf. 위 p.77) 이 경계에 관한 서술은 유보조건 아래에서 고찰하지 않으면 안 된다. 더욱이 이 서술을 후대에 편집한 사람은 기럇여아림을 유다에 포함시켰다. 그러나 여호수아 9:17과 관련해서 역사적인 중요성은 네 곳의 도시국가 영토들이 베냐민 지파의 영토에 병합된 것에 두어져야 할 것이다.

이의 구릉 지대 같은 완충지대에서는 근본적으로 평화로운 상호동화의 과정이 진행되었다. 유다 같은 활발한 지파는 바로 이러한 지역으로 팽창하고자 했고, 자신의 정착지인 산지로부터 그 방향으로 영토를 확장할 기회를 발견하였다: 그 결과 유다 사람들과 가나안인들은 서로 통혼하는 등 우호적인 관계 속에서 공존하게 되었다.

이러한 지역에서의 가나안 성읍들의 지위는 영향을 받았던 것으로 보이지는 않으며, 유다 사람들은 자신들이 도달해서 발견하였거나 스스로 세운 사이사이의 소규모의 정착지들에만 거주하였다. 이런 사실은 창세기 38장을 보면 분명해진다. 잘 알다시피 이 구절에서 분명히 존재하고 있는 지파 역사의 요소를 순전히 설화적인 요소로부터 구분해 내는 것은 불가능하다. 이 구절 전체가 지파 역사로부터 유래하지 않았다는 것은 분명하다.

그러나 민수기 26장 20절에 의하면 유다 지파의 한 족속의 '시조'(heros eponymus)였던 셀라의 탄생에 관한 이야기는 분명히 지파 역사의 한 장(章)을 의인화한 것이다. 창세기 38장 5절에 의하면, 셀라는 거십(=악십, 수 15:44)에서 태어났다. 거십은 구릉 지대에 있는 작은 지방으로서 아마도 현재의 텔 엘-베다(tell el-beda)인 듯하다.[6] 창세기 38장에 따르면, 그의 아버지는 이 지파의 조상인 유다였고 그의 어머니는 가나안 사람이었다. 유다 지파로 여겨지는 그의 후손들, 즉 셀라 사람들은 거십 지역에 정착하였음이 분명하다.[7]

이스라엘 사람들과 가나안인들의 접촉은 전적으로 평화로운 성질의 것은 아니었다는 것은 사실이다. 그들간의 호전적인 만남들은 분명히 매우 초기에 일어났다. 우리가 가진 자료는 산발적이고 우연적인 것들이긴 하지만, 이를 통해 우리는 그러한 만남들 전체를 개관할 수는 없어도 무슨 일이 일어났을 것이라는 것쯤은 짐작할 수 있다. 우리가 이스라엘측의 자료들로부터

---

6) 이러한 동일시는 K. Elliger, ZDPV, 57 (1934), pp. 123 f.에서 주장되어 왔다.
7) 역대상 2장과 4장에는 유다인들이 구릉지대의 성읍들 사이에 거주하였다는 것을 보여주는 듯한 일련의 언급들이 나온다; cf. M. Noth, ZDPV, 55 (1932), pp. 97 ff.

는 오직 이스라엘 사람들의 승리로 끝난 충돌들에 관해서만 알 수 있다는 것은 놀랄 일이 아니다. 하지만 그 반대의 일도 일어났음에 틀림없다.

가나안 성읍의 통치자들이 대체로 자신들의 영토를 유지할 수 있었다는 사실은 일반적으로 이스라엘의 지파들이 감히 그들을 공격하지 못하였다는 사실에 기인하지만, 몇몇 경우에는 이 성읍들이 이스라엘 사람들의 영토 잠식을 무력으로 방어할 수 있었다는 데서 그 이유를 찾을 수 있다. 때때로 가나안 성읍들도 별로 내키지 않고 성가신 새로운 이웃을 공격했을 것이고, 그들로부터 자신들의 영토를 다시 찾는 데 성공하기도 했을 것이다.

그러나 이런 유의 사건들 가운데 특기할 만한 중요한 사건은 거의 일어나지 않았던 것 같다. 또한 이스라엘 지파들은 그러한 공격을 막아낼 수 있었다. 여호수아 10장 1-15절에 나오는 기브온 전투에 관한 이야기는 그런 예를 보여준다. 분명히 이 전승의 핵(核)은 "산지에 거하는 아모리 사람의 왕들"(6절)[8]이 이웃 이스라엘 사람들—전투지로부터 판단하건대 베냐민과 에브라임 지파였을 것이다—을 공격했다가 참패를 당했다는 것이다.[9] 그러한 사건들은 다른 때와 장소에서도 이따금 일어났었을 것이다. 그러한 사건들은 많았을 것이지만, 대체로 그 사건들의 범위와 중요성은 매우 제한되어 있었다는 것을 기억하지 않으면 안 된다.

그러나 무엇보다도 이스라엘 지파들은 적어도 한 번 이상 가나안의 개별 성읍들을 무력으로 정복하여 그 정착지와 영토를 획득하는 데 성공하였다. 현존하는 자료에 의하면, 그러한 성읍들은 커다란 도시국가 영토들로부터 떨어져서 다소 고립되어 있는 지역들에 있었다. 사사기 1장 10-15절=여호수아

---

8) '아모리족'이라는 명칭은 여기에서 '가나안 사람'이라는 명칭과 대체로 동일한 의미로 사용되고 있다. 이 '아모리족 왕들'의 도시들은 기브온 근방의 어느 곳에 위치해 있었을 것이다.
9) 지금처럼 여호수아 9장과 10장을 연결시켜 놓은 것은 전승에서는 원래 없었던 것으로 보인다. 여호수아 9:17에서 말하고 있듯이 베냐민 지파가 네 성읍을 병합한 것이 기브온 전투의 결과이거나 어쨌든 간접적으로 어떤 무력 충돌의 결과인지 아닌지를 반문해 볼 수 있다: 달리 말하면, 위 p.191에서 전제하고 있듯이 평화적인 합의의 행위가 아닐 수도 있다. 여호수아 10장의 역사적 전승에 대한 분석으로는 cf. M. Noth, PJB, 33 (1937), pp. 22 ff.

15장 14-19절(cf. 수 14:12)에서는 갈렙 사람들[10]이 헤브론 성읍을 정복했고, 그들과 친척관계에 있는 옷니엘 사람들이 이웃 성읍인 드빌을 정복하였다는 사실을 언급하고 있다. 어쨌든 그들은 나중에 이 성읍들을 소유하고 있었고, 이러한 사실로부터 유래한 전승이 무력에 의한 정복을 언급하고 있는 것은 정확하다고 할 수 있다.

민수기 13장 22b절에 나오는 주석에 의하면, 헤브론은 이전에 가나안 성읍이었다. 그리고 이 점을 보여주는 적극적인 고고학적[11] 또는 문헌적[12] 증거는 없지만 드빌도 마찬가지일 것이다. 사사기 1장 22-26절에 의하면, 북쪽으로 '요셉의 집'은 그 정착지의 남쪽 경계에 있던 벧엘 성읍을 정복하였다. 고고학적 증거는 벧엘(현재의 betin)이 이미 중기 및 후기 청동기 시대에 성읍이었음을 보여준다.

사사기 1장 23b절(cf. 창 28:19b 등)에 의하면, 이 성읍은 이전에 루즈라 불렸고 벧엘이라는 이름은 원래 이 성읍 동쪽에 있는(현재의 burj betin이 있는 곳에) 성소만을 가리키는 명칭이었는데—이스라엘 족속들은 매우 초기부터 이 성소에서의 예배에 참여하였던 것으로 보인다—나중에 이 성읍을 가리키는 명칭으로 바뀌었던 것 같다. 이렇게 명칭이 바뀐 것은 '요셉의 집'에 의한 정복과 관련이 있었을 것이다.

---

10) 사사기 1:10에서 '유다'라는 이름은 원래 '갈렙'이었다고 할 수 있다(수 15:14 처럼).

11) 드빌은 tell bét mirsim(브엘세바에서 북북동쪽으로 18마일 가량 떨어져 있는)에 있었다고 하는 주장은 tell bét mirsim을 아주 성공적으로 발굴한 W. F. Albright (cf. AASOR, 12 [1932]; 13 [1933]; 17 [1938]; 21/22 [1943])에 의해 주창되고 있지만, 매우 의심스러운 주장이다. 구약에 나오는 구절들로부터 판단해 볼 때 드빌의 소재는 헤브론에 더 가까운 산지에서 찾아야 할 것으로 보인다.

12) 드빌은 라암세스 시대(주전 13세기경)의 것인 이집트의 Pap. Anastasi, I, 22, 5에서 bt-tpr이라는 형태로 그 옛 이름인 기럇 세벨(수 15:15 f.; 삿 1:11 f.)이라는 이름으로 불리고 있다는 가정은 폐기되어야 한다. bt-tpr은 전혀 다른 곳이었을 것이다. 또한 헤브론의 더 오래된 이름인 기럇 아르바가 우리에게 전해져 오고 있다(수 14:15; 15:13; 삿 1:10 등). 이 두 성읍은 위에서 말한 정복과 재정착 후에 개명되었던 것일까? Cf. 위 p. 49 주58.

요단 동편 땅에서 갓 지파는 자신의 영토에 바로 인접해 있고 시혼 왕에 의해 통치되었던 헤스본(현재의 hesban) 성읍을 정복하는 데 성공하였다—이런 사실을 민수기 21장 27-30절에 나오는 오래된 승전가가 우리에게 알려주는데, 민수기 21장 21-31절은 이 노래에 어떤 이야기의 틀이 첨가된 것이다. 요단 계곡의 최상류에서는 이집트 자료들과 아마르나 토판들에서 중기 및 후기 청동기 시대에 존재했음이 문헌적으로 확인되는 하솔 성읍(현재의 tekk wakkas)을 이스라엘 사람들, 아마도 그 이웃의 납달리 지파가 정복하고 파괴하고 그 영토를 병합하였다. 이 사건은 여호수아 11장 1-15절에 나오는 이야기의 토대를 이룬다.

사사기 18장 27절 이하에 의하면 땅을 찾고 있던 단 지파는 후기 가나안 시대에 요단강의 발원지 근처에 위치해 있던 라이스 성읍(현재의 tell el-kadi)—이 사실은 이집트 자료에 의해 확인된다—을 정복하고, 그 성읍을 자기 지파의 이름을 따라 단이라 명명하고 거기에 정착하였다고 한다. 이렇게 해서 단 지파가 라이스 및 그 영토를 통치하였던 페니키아의 해안 성읍들과 어떤 의존관계를 맺게 되었다는 것은 사실이다.[13]

구약 전승에서 이 모든 정복들은 이 땅의 점령과 직접적으로 결부되어 있다.[14] 그러나 그 점령은 오랜 세월에 걸쳐 진행된 과정이었고 분명히 성읍들의 점령으로 시작되지 않았다는 것을 우리는 기억하지 않으면 안 된다. 오히려 그 반대로 고립된 가나안의 성읍들에 대한 공격들은 이스라엘 지파들이 그 성읍들 근방에서 사람들이 거주하지 않거나 드문드문 거주하는 지역들에 정착하여 팔레스타인에서 발판을 마련한 후에야 이루어졌을 것이다. 대체로

---

13) 사사기 18:7, 28에서 라이스와 관련하여 시돈이 언급되고 있는 특기할 만한 예를 참조하고 위 pp. 107f. 도 보라.
14) 여리고(수 6장)와 아이(수 8장) 성읍들의 정복에 관한 유명한 이야기들은 고려되지 않았다. 이 이야기들은 실제로 이 성읍들이 폐허가 되었다는 사실을 바탕으로 그 원인을 설명하기 만들어진 전설들이다. 그러나 이 성읍들은 이스라엘인들의 점령 전에 파괴되었기 때문에—아이(der dubuwan 근처에 있는 현재의 et-tell)의 경우에는 확실하고 여리고(eriha 근방에 있는 현재의 tell es-sultan)의 경우에는 가능성이 있는—이스라엘인들은 단지 폐허 및 그 주변지역들을 점령했을 것이다.

이스라엘 영토의 변방들에 위치해 있던 가나안 성읍들에 대한 점령은 점령 과정의 마무리 단계나 실제적인 점령과정이 끝난 후에 이전의 거민들과의 타협으로 보지 않는다면 기껏해야 점령 과정의 최종 단계로 볼 수 있다.[15]

우리는 고유의 도시국가 체제 내에 있는, 즉 평지에 있는 가나안 성읍들에 대하여 이스라엘 지파들이 수행한 중요한 전쟁에 관해서는 오직 한번 듣는다. 이것은 우연이 아니다. 왜냐하면 그러한 사건들은 분명히 아주 예외적인 것이었기 때문이다. 사사기 4장의 산문 설화와 사사기 5장의 오래된 승전가는 이스라엘 지파들이 이스르엘 평지에 있는 "므깃도 물가 다아낙에서"(삿 5:19) 시스라 왕의 병거 부대들을 이긴 유명한 승전에 관한 것이다. 우리는 이 승리의 배경에 관해서는 거의 모른다.[16]

시스라는 이스르엘 평지의 북서쪽 끝에 있는 하로셋(el-haritiye 근처의 tell ʼamr)의 왕이었다. 그의 이름은 아마도 일루리아식인 듯한데,[17] 만약 그렇다면 그는 '해양 민족들'(p.54f.를 보라)의 지배계층의 일원이었을 가능성이 크다. 그는 일부는 '가나안인들', 일부는 '해양 민족들'이 점령하고 있었던 이스르엘 평지 및 악고 평지의 여러 성읍들에 대한 일종의 지배권을 행사하고 있었던 것으로 보인다. 구약 전승에 의하면, 충돌은 이웃 지파들인 납달리와 스불론에 의해 시작되었다(삿 4:6, 10).[18]

충돌의 원인에 대해서는 언급이 없기 때문에, 우리는 단지 이 평지의 접경지대에 있는 갈릴리 지파들이 이 평지의 성읍들에 대하여 의존상태에 있었다는 사실이 반발의 원인이었을 것이라고 추측해볼 수 있을 따름이다(cf. p.107f.). 그러나 그러한 의존상태에 있지 않았던 납달리 지파가 이 사건을 주도하였다. 납달리의 게데스(현재의 kedes) 출신의 한 납달리 지파 사람

---

15) Cf. 특히 A. Alt, PJB, 35 (1930), pp. 14 ff. = *Kleine Schriften zur Geschichte des Volkes Israel,* I (1953), pp. 131 ff.
16) 이 점에 관한 추측들에 대해서는 A. Alt, ZAW, N. F. 19 (1944), pp. 72 ff.를 보라.
17) A. Alt, ZAW, N. F. 19 (1944), p. 78, note 3.
18) 사사기 5장에 나오는 승리의 노래에서는 참전한 사람들의 범위가 이차적으로 확대되어 있다.

바락이 "여선지" 드보라에 의해 고무되어 지도자가 되었다(삿 4:4). 이것은 이스라엘 지파들 가운데서 카리스마적 지도자의 최초의 예이다.

이스라엘의 하나님의 이름으로 한 사람이 사자(使者, "선지자")에 의해 특정한 임무로 부르심을 받고, 그는 어떤 유의 공식적인 직위도 없지만 하나님에 의해 부르심을 받은 자로서 이 임무를 시작하고 사람들이 이에 따른다. 그리고 이렇게 수행되는 전쟁은 '성전'(聖戰)이다.[19] 바락의 부르심에 그가 속한 납달리 지파와 그 이웃의 스불론 지파가 호응하였다. 그를 따르는 자들이 모인 게데스로부터 그들은 이스르엘 평지의 북동쪽 끝에 있는 거룩한 다볼산으로 나아갔고, 거기로부터 그 사이에 이스르엘 평지에 모여있던 시스라의 병거들을 공략하였다.

그들은 이 가공할 적에게 완승을 거두었고, 이것을 이스라엘 사람들은 바락으로 하여금 이 싸움을 시작케 한 그들의 하나님의 권능있는 도우심 덕분이라고 말했다. 시스라는 그의 병거 부대가 패하자 걸어서 도망가야 했고, 근방에 체류하던 한 겐 사람의 장막에 피신했다가 거기에서 죽임을 당했다. 승리자들은 적군을 추격하여 진멸시켰다.

이 사건으로부터 생긴 결과들에 대해서는 전혀 언급이 없다. 따라서 이스라엘 사람들이 거기서 더 나아가 평지에 있는 성읍들을 전체로 또는 하나하나씩 정복하여 획득하였을 가능성은 없는 것 같다. 그 성읍들이 나중에 이스라엘 왕국에 통합된 과정을 보면(cf. p.213f.), 분명히 그 성읍들은 계속해서 가나안 성읍들로 존재했었음을 알 수 있다. 그러나 전승 속에는 다음과 같은 취지의 말이 없긴 하지만, 만약 실제로 가나안 성읍들에 대한 이스라엘 지파들의 의존상태가 이 때까지 존속했었다면 그러한 상태는 이제 끝이 났었을 것이고, 이 지파들은 그 이후로 다른 지파들과 마찬가지로 완전한 자유를 누렸을 것이다.

그러나 이스라엘 지파들의 입장에서 볼 때 이 승리의 가장 중요한 결과

---

19) Cf. G. v. Rad, *Deuteronomium-Studien* (1947). pp. 31 ff. (E. T. pp. 45 ff.)와 특히 G. v. Rad, *Der heilige Krieg im alten Israel.*

는 틀림없이 하나님의 도움으로 가나안 병거들의 힘과 겨루어 동등하거나 심지어 우세하기까지 할 수 있다는 그들의 체험이었다. 이것은 이 땅의 이전 거민들의 군사 기술 및 군사력에 대한 불안감과 두려움이 사라졌음을 의미한다. 따라서 이스라엘 지파들은 가나안의 도시국가 체제에 대하여 우월한 지위를 획득할 수 있게 되었다. 이와 아울러 이 승리는, 열두 지파의 제의 동맹에 관한 전승들에 의하면, 그 초기 역사에서 권능있는 행사(行事)로 개입하여서 지파들을 약속의 땅으로 인도하셨다고 하는 하나님이 여전히 현재에도 살아계셔서 지파들이 이전 거민들을 물리치고 약속의 땅에 거하는 것을 도우신다는 것을 증명하였다.

이 모든 것은 이 싸움에 직접 참여하였던 지파들을 뛰어넘어 모든 지파들에게 근본적으로 중요하였다. 구약에서 가장 오래된 구절들 가운데 하나인 사사기 5장의 승전가, 이른바 드보라의 노래도 이 점을 보여준다. 드보라의 노래는 처음에 시내산에서 오시는 야훼에 관하여 말함으로써 전사(前史)와 관련된 전승들과 연결시키고, 비록 남부의 오지(奧地)에 있는 지파들은 고려하지 않고 있기는 하지만 이 위대한 사건을 모든 이스라엘 지파들과 관련된 사건으로 송축하고 있다.

우리에게는 시스라에 대한 승리가 언제 일어났는지를 아주 대략적으로나마 추정할 수 있게 해주는 증거가 하나도 없지만,[20] 이 사건은 지파들이 정착하여 자신의 영토들을 확보하고 발전시켜 나간 일정 정도의 시간 경과를 전제하고 있다고 추측해도 그리 틀리지는 않을 것이다. 이 승리는 팔레스타인 땅에서의 공고화 과정의 끝을 장식하였고 이전 거민들에 대한 이스라엘 사람들의 지위를 확고하게 해주었다고 할 수 있다. 잘 알다시피 이러한 관계는 두 민족의 성격상의 차이들로 인한 잠재적인 긴장들로 가득차 있었고, 이

---

20) 이 승리가 가나안 성읍들에 직접적이고 유형적인 영향들을 미친 것 같지 않기 때문에, 그 사건을 고고학적인 성과—예를 들면 고고학적 증거에 의해 복원될 수 있는 므깃도(현재의 tell el-mutesellim) 성의 역사적 성쇠를 통해—토대로 연대를 추정하기는 불가능하다; 특히 cf. A. Alt, ZAW, N. F. 19(1944), pp. 67-85.

관계가 안정되게 규율된 경우에도 이러한 긴장들은 크고 작은 충돌들을 가져올 수밖에 없었다.

우리는 그러한 충돌의 예를 "여룹바알의 아들"[21] 아비멜렉에 관한 이야기(삿 9장)에서 본다. 이것은 세겜 성읍과 므낫세 지파 사이의 특별한 관계로부터 생겨난 특별한 사건이었지만, 양 당사자 사이의 명확한 합의가 존재하고 있는 경우라도 이스라엘 사람들과 가나안인들의 정치적, 사회적 구조의 차이가 얼마나 쉽게 긴장과 충돌로 이어지는지를 보여준다는 점에서 일반적인 의의를 지닌다고 할 수 있다. 전승에서는 언급하고 있지만 이런 유의 원인으로 인하여 다른 지역들에서도 충돌이 일어났을 것이다.[22]

사사기 9장에 의하면, 아비멜렉의 거사(擧事)는 오래된 가나안 성읍인 세겜이 므낫세 지파로 귀속된 것을 배경으로 하였다(cf. p. 190). 이러한 병합으로 인하여 이 지역에서는 이스라엘 사람들과 가나안인들간의 통혼이 이루어졌음이 분명하다. 이 당시에 오브라 성읍에 살고 있던 여룹바알 족속이 므낫세 지파를 이끌고 있었고, 이 세력은 세겜 도시국가에까지 미쳤다. 이 족속의 한 야심찬 인물이었던 아비멜렉은 그 어머니가 세겜 사람이었고, 므낫세 지파의 통치에 대한 세겜의 옛 지배계층이었던 귀족들의 반감을 이용할 수 있었는데[23] 그들의 도움을 받아서 여룹바알 족속의 대부분의 남자들을 죽이는 데 성공하였다. 그런 후에 그는 이 성읍의 귀족들의 추대를 받아 세겜의 왕이 되었다: 그는 적어도 모계(母系)로는 세겜 사람이었다.

---

21) 여룹바알과 기드온을 등치시키는 것(삿 7:1; 8:35; cf. 6:25-32)은 비록 꽤 오래된 것이긴 하나 분명히 이차적인 것이다. 이것은 기드온의 고향이 오브라에 있었다는 사실을 토대로 하고 있다. 그러나 덕분에 기드온 이야기의 부록으로 아비멜렉에 관한 이야기가 보존되게 되었다.
22) 베냐민 지파와 거기에 병합된 가나안의 네 성읍의 관계(cf. 위 p. 191)는 별 탈 없이 지속되었던 것이 아닌 것 같다. 적어도 베냐민 지파의 왕 사울이 나중에 이 성읍들 가운데 일부에 무력으로 개입하였다는 말이 나온다; cf. 삼하 21:1 ff. (기브온)와 삼하 4:2, 3(브에롯).
23) 당시에 세겜은 도시국가의 왕이 아니라 귀족들이 다스리고 있었다—가나안의 도시들이 때때로 아마르나 시대에도 그런 식으로 다스려진 적이 있다는 증거가 있다.

그러나 그는 옛 가나안의 방식으로 작은 가나안 도시국가의 왕으로 만족하지 않았다. 그래서 그는 모종의 압력과 무력을 통하여 세겜 근방의 산지에 살고 있던 므낫세와 에브라임 족속들로까지 자신의 통치권을 확장하였다.[24] 이렇게 하여 그의 통치권은 잡다하고 비유기적인 구조를 갖게 되었고 바로 이것이 그의 통치가 단명에 그칠 수밖에 없게 만든 요인이 되었다. 세겜 도시국가의 왕으로 만족하지 않고 가능한 한 이스라엘 지파들을 통치하고자 했기 때문에, 아비멜렉은 적당한 시기에 자신의 거처를 세겜에서 아루마(에브라임 영토에 있던 세겜에서 남동쪽으로 6마일 가량 떨어져 있는 현재의 el-'orme)로 옮겼고, 도시국가에는 한 관리(פקיד)를 자신의 대리로 세워 놓았다. 그를 도와 왕이 되게 한 세겜 사람들은 이에 격분하여 그의 배신을 규탄하였다.

그들은 군대를 모아 아비멜렉에게 반기를 들었다. 그러자 아비멜렉은 이 성읍을 공격하여—여룹바알 족속을 멸절시키고 자신의 통치권을 확보하기 위하여 세겜 사람들의 돈으로 산 용병들을 이용하여—정복하고 멸하였다. 그러나 그럼으로써 그는 자신의 왕권의 토대를 파괴하였고, 이것은 곧 그의 파멸로 이어졌다. 그는 계속해서 므낫세-에브라임 영토를 정복함으로써 여러 방향으로 자신의 통치를 확대하고자 하였다. 적어도 우리는 그가 끝으로 데베스 성읍(세겜 북동쪽으로 9마일 정도에 있는 현재의 tubas)을 공격하는 데 몰두하는 모습을 확인할 수 있다. 이 공격에서 그는 자신의 목숨을 잃었다. 전적으로 자신의 개인적인 성취물이었던 그의 왕권은 이렇게 하여 급속하게 끝장이 났다.

아비멜렉의 출현은 단지 에피소드에 불과하였다. 그것은 역사적으로 어

---

24) 이미 아마르나 시대에 세겜 도시의 왕 라바야(Labaya)는 중부 팔레스타인 산지에까지 그 세력력을 확장하였었다 (cf. A. Alt, *Die Landnahme der Israeliten in Palästina* [1925], pp. 18 ff. = *Kleine Schriften zur Geschichte des Volkes Israel*, I [1953], pp. 108 ff.). 그러나 당시에는 이 지역은 이스라엘 지파들이 이미 점령하고 있지 않았을 것이다. 따라서 라바야는 아비멜렉 시대에 존재하였던 상황과는 다른 상황에 있었다.

떤 영향도 미치지 못하였다.[25] 아비멜렉의 이 모험은 이스라엘에서 이후의 왕국의 형성을 위한 서막이라 할 수 없다. 그가 죽은 후에 세겜과 므낫세의 관계는 이전 상태로 돌아왔을 것이다. 그러나 아비멜렉에 관한 이야기는 그가 자신에게 유리하게 이용하려 하다가 끝내는 자멸하고 만 이스라엘 체제와 가나안 체제간에 존재하는 긴장관계에 관한 증거로서 주목할 만하다. 또한 우리에게 전해진 전승 속에서 아비멜렉은 '왕'이라 자처한 최초의 이스라엘 사람―비록 모계로는 이스라엘 사람과 가나안 사람의 혼혈아이긴 했지만―이었다는 점도 주목할 만하다.

13. 이스라엘과 이웃 나라들의 싸움

이스라엘의 지파 동맹의 동쪽으로는 여러 이웃 나라들이 이스라엘 지파들과 거의 동일한 시기에 비슷한 방법으로 동일한 이동의 일부로써 사막과 초원 지대로부터 팔레스타인으로 들어와서 거기에 정착하였다. 이들은 팔레스타인의 동쪽 경계선에 있는 어느 정도 비옥한 지역들에 정착하여 특히 요단 동편 땅의 남쪽 지역에서 시간이 흐르면서 여러 나라들을 이루었다. 이들은 거기에서 비교적 이른 시기에 국가들을 조직하였다. 기록이 없기 때문에 우리는 이들이 그 땅을 점령하고 거기에서 기반을 잡은 점진적인 과정에 관하여 거의 아무것도 알고 있지 않다.

고고학적으로 확인된 것은, 요단 동편 땅의 남쪽 지역은 북쪽으로 얍복강 지역에 이르기까지 중기 및 후기 청동기 시대에 거의 사람들이 지속적으로 정착한 적이 없었고, 13세기에 이르러서야 정착지들이 들어차기 시작하였다는 것 정도이다.[26] 무엇보다도 성격상 이스라엘 지파들과 밀접하게 연관되

---

25) 지파동맹의 중앙 성소를 세겜에서 벧엘로 옮긴 것은 아비멜렉 시대의 소요들과 연관이 있다는 것은 확실하지는 않지만 가능성은 있다(cf. 위 pp. 126f.).
26) Cf. N. Glueck, AASOR, 14 (1934) and 15 (1935).

어 있고 각각 자신의 영토를 갖고서 이 곳에 탄생된 이 민족들과 싸움이나 충돌이 일어날 기회가 전혀 없었다. 그러나 활발한 민족들이 언제나 그러하듯이 자신의 영토를 확장하려는 시도로 인하여 때때로 충돌이 일어났고, 우리에게 전해진 전승들에 의하면 그 생활 공간이 동쪽의 사막으로 제한되어 있었고, 따라서 자연히 기회를 틈타 서쪽으로 공격해 오고자 했던 동쪽의 이웃 나라들이 그러한 도발을 했던 것으로 보인다. 그러므로 이스라엘 지파들은 이러한 공격들에 대항하여 자신의 영토를 수호하지 않을 수 없었다.

요단 동편의 최남단, 사해의 남쪽 끝으로 흐르는 와디 엘-헤사의 서쪽에는 에돔 사람들이 와디 엘-아라바의 커다란 단층의 동쪽 산지들에 정착해 있었다. 그들은 일찍부터 왕을 정점으로 한 국가를 이루고 있었는데, 왕은 아마도 선출되었던 것 같다(cf. 창 36:31-39). 에돔은 멀리 떨어진 곳에 위치해 있어서 이스라엘과 직접적으로 경계를 맞대고 있지 않았기 때문에 서로 적대할 기회가 없었다.

와디 엘-헤사의 북쪽, 사해의 동쪽에는 모압 사람들의 땅이 있었다. 그들의 땅은 북쪽으로 아르논(현재의 sell el-mojib)까지 미쳤다. 그러나 그들의 전 역사에 걸쳐 그들은 아르논 북쪽의 비옥한 평지를 획득하기를 열망하였고 사실 때때로 이 평지의 여러 곳을 소유하기도 하였다. 그들이 영토를 확장할 수 있는 유일한 기회는 아르논 너머의 북방으로 진출하는 것이었다. 이 지역에서 그들은 이스라엘의 지파들과 접촉하게 되었다. 먼저 아르논의 북쪽 고원지대는 주전 13세기에 이웃한 갓 지파 사람들에게 결국 정복당한 헤스본 같은 온갖 종류의 소도시들이 들어차 있었던 것으로 보인다.

아르논 남쪽으로도 몇 개 있었던[27] 이러한 성읍들을 누가 창건하였고, 거기에 누가 살고 통치하였는가[28]는 확실하게 말하기가 불가능하다. 아르논 남쪽의 성읍들은 일찍이 모압 사람들에 의해 흡수되었던 반면에 아르논 북

---

27) 고고학적 증거에 의하면, 그 한 예는 옛 el-balu'a의 유적지이다.
28) A. Alt, PJB, 36 (1940), pp. 29 ff.를 참조하라. 이 글은 특히 흥미롭게도 크레타식의 직선을 사용한 B라는 명문(銘文)이 새겨진 el-balu'a의 석비를 다루고 있다.

쪽, 모압과 이스라엘 사이에 있던 성읍들은 꽤 오랫동안 독립을 유지할 수 있었던 것 같다. 모압 사람들은 비교적 이른 시기에 자신의 국가를 형성하였고, 에돔 사람들과 같이 왕정 개념이 이스라엘에서 생겨나기 훨씬 전부터 왕이 있었다. 모압에서 국가가 어떻게 발전하였는가에 관해서 우리는 전혀 모른다는 것은 사실이지만 전 영토를 다스리는 왕이 거기에 처음부터 존재하였는지는 의문이다. 우리는 구약의 가장 초기에 나오는 모압 왕들은 여러 명이 모압을 동시에 다스리는 군소 군주들이었다는 인상을 받는다.

우리가 식별할 수 있는 가장 초기의 상황은 모압 사람들은 아르논 북쪽으로 꽤 멀리까지 진출하였다는 것이다—동쪽으로 더 들어가서 고원지대의 중심부에 있던 성읍들은 여전히 당시에 독립을 유지하고 있었다고 전제할 때 적어도 사해의 동쪽 경계에 연한 산지들을 따라서.[29] 헤스본(hesban)과 사해의 북단 사이에는 현재의 키르벳 에쉬-셰크 야일(khirbet esh-shekh jayil) 지역에 있는 요단 계곡으로부터 솟아난 요단 동편의 산지들의 계단 지형의 유망한 지점에 한때 유명했던 바알 브올 성소가 있는 브올의 산 정상이 위치해 있었다.

이스라엘 사람들—주로 이웃한 갓 지파 사람들—과 모압 사람들은 이 성소에서 서로 만났다. 그 곳은 변방 성소였고, 당시에 모압 사람들은 바로 인접한 곳에 살고 있었다. 민수기 25장 1-5절에 나오는 짧은 이야기와 특히 민수기 22-24장에 나오는 발람의 이야기는 이러한 상황을 배경으로 한 것이다.[30] 또한 후자는 이웃하고 있다고 하여 언제나 우호적이지는 않았다는 것을 보여준다. 발람 이야기에는 "모압 사람의 왕" 발락과의 호전적인 논쟁들에 관한 언급이 전혀 없다는 것은 사실이고, 결국 이스라엘과 모압의 이전 상태(status quo ante)는 여전히 변함이 없지만 그 이야기는 양 당사자가

---

29) 이하의 서술에 대하여 더 자세한 것은 M. Noth, ZAW, N. F. 19 (1944), pp. 17 ff.
30) 전승 속에서 발람의 이야기들의 배경이 이 땅의 정복 시대로 바뀌었다는 것은 사실이나 원래 이 이야기들은 이스라엘인들이 그 영토를 이미 확고하게 장악하고 있다는 것을 전제하고 있다.

바알 브올의 제의에 함께 참여하고 있긴 했지만 서로 적이었다는 것을 전제하고 있다.

그러나 이 이른 시기에 모압 사람들의 영토는 벧 브올의 서쪽 요단 계곡까지 미쳤다. 거기에는 ערבות ירחו의 맞은편, 요단 동편에 ערבות מאב이 있었다. 이것들은 모압에 속한 요단 계곡(הערבה) 지역들이나 여리고의 도시국가를 가리킨다. ערבות מאב이라는 명칭은 오경 설화의 가장 후대의 문서층에만 나온다. 그러나 그 명칭은 훨씬 이른 시기에 유래하였음에 틀림없는데, 아마도 거기서 다루고 있는 바로 그 이른 시기에 나왔을 가능성이 크다. 그러므로 요단 동편, 사해 북쪽 경계에 있는 요단 계곡의 가장 남쪽 지역은 한때 바알 브올 성소에서 갓 지파와 이웃하여 살고 있던 모압 사람들의 영토였었다.

사사기 3장 12-30절에 나오는 에훗 이야기는 이렇게 모압의 영토가 요단 계곡까지 확대되어 있다는 사실을 전제하고 있다. 이 이야기에 의하면, 모압 사람들은 한때 요단 너머까지 공격하여 이전의 여리고 도시국가의 영토를 점령하였고 거기에 거하던 베냐민 지파 사람들은 그들에게 조공을 바치지 않을 수 없었다. 이러한 상황은 베냐민 지파 사람 에훗이 조공을 바치면서 "모압 왕"[31] 에글론을 죽이는 데 성공하였고, 이로 인하여 모압 사람들 사이에서 일어난 혼란을 틈타 베냐민 지파와 에브라임 지파 사람들을 신속하게 소집하여 요단 서편의 모압 수비대를 멸할 때까지 계속되었다.

이렇게 하여 요단 서편 땅에 대한 모압 사람들의 침략을 방어하고자 한 목표가 달성되었고, 당시에 정상적이라고 생각된 상태가 회복되어 요단강의 최하류가 이스라엘과 모압의 경계선이 되었다. 에훗이 요단 동편 지역으로 건너갔을 가능성은 이 이야기에 조금도 보이지 않는다.

그럼에도 불구하고 이것은 여전히 북서 방면으로 모압의 영토가 매우 광범위하게 확장되었다는 것을 의미한다. 그러나 이러한 상황은 그리 오래가지 않았다. 적어도 이스라엘의 왕정이 시작되면서 이미 아르논 북쪽의 평지 대

---

31) 불행히도 에훗 이야기에는 에글론의 살해가 어디에서(요단 서편인지 동편인지) 일어났는지가 분명하게 나타나 있지 않다.

부분이 이스라엘 국가의 통치 아래 있었고 거기에는 이미 어느 정도 이스라엘 사람들이 거주하고 있었음이 분명하다. 이것은 즉석에서 이루어진 일일 수 없고 전투들, 아마도 수많은 소규모 전투들 없이는 가능하지 않았을 것이다. 우리는 이 모든 것에 관하여 전혀 모른다. 왜냐하면 팔레스타인에서 왕정 이전 시대의 이스라엘 사람들의 생활에 관한 전승은 주로 특정한 지도자들과 결부된 사건들을 기록하고 있기 때문이다. 어쨌든 갓 지파는 모압 사람들을 몰아내고 자신의 영토를 확장할 수 있었다.

아마도 이웃의 헤스본 도시국가에 대한 정복이 성공하여 자신의 위치가 확고하게 됨으로써 갓 지파는 모압 사람들을 압도할 수 있었을 것이다. 왜냐하면 모압은 작은 민족이었고, 모압 국가는 강대한 세력을 갖출 수 없었고 단지 이런저런 이유로 상황이 그들에게 특별히 유리하게 전개될 때에만 이스라엘과 맞서 승리할 수 있었던 작은 국가였기 때문이다. 특히 모압 사람들은 요단 동편 땅에서의 이스라엘의 정착 생활이 아직 매우 취약했고 갓 지파가 대부분 초지로 이루어진 작고 메마른 땅만을 가지고 있었을 때 아르논을 넘어 북쪽으로 상당히 영토를 넓혀나갈 수 있었다(cf. 민 32:1).

그러나 모압 왕 메사가 주전 9세기 중엽에 세운 자신의 비문(10행)에서 "갓 사람들"이 "아다롯(아르논 북쪽으로 8마일 가량에 있는 현재의 'attarus) 땅에 아득한 옛날부터 살고" 있었다고 적어 놓고 있듯이, 어쨌든 나중에 갓 지파는 고원지대의 서쪽 경계인 아르논까지 진출하였다. 그리고 민수기 33장 45절 이하에서 "디본 갓"으로 묘사되는 디본(아르논 북쪽 3마일에 있는 현재의 디반) 성읍은 나중에 이스라엘 국가의 영토로 병합되었을 뿐만 아니라, 거기에 이스라엘 사람들(갓 지파 사람들)이 거하게 되었다. 갓 지파가 이 지역으로 진출한 사건은 왕국이 형성되기 전 시대에 일어났음이 분명하다. 우리는 갓 지파가 영토를 확장하는 과정에서 동쪽 고원지대에 있는 그밖의 성읍들을 얼마나 정복할 수 있었는지에 대해서는 전혀 모른다.

암몬족은 모압의 북동쪽, 얍복강 상류 지역에 거주하였다. 그들의 중심지는 현재 요르단의 수도 암만('amman)—암몬이라는 옛 이름을 보존하고 있다—이 있는 랍바(רבת בני עמון이라 불리기도 했다) 성읍이었다. 그들도 왕정이었고 매우 오랜 시기부터, 어쨌든 이스라엘보다 훨씬 전에 작은 국가를 이루고 있었다. 이들이 나중에 때때로 두각을 나타내었던 북쪽의 이웃인 아람인들과 연합하고 있었다는 것은 그들이 아람인들과 밀접하게 연관되어 있었다는 것을 시사해 준다. 먼저 그들은 이스라엘 영토에서 멀리 떨어진 곳에서 살고 있었기 때문에 이스라엘과 아무런 관계도 맺지 않았다. 단지 얍복 남쪽의 오래된 길르앗 땅을 에브라임 지파 사람들이 요단 서편의 에브라임 산지로부터 식민지화하게 됨으로써 서로 접촉이 이루어졌고, 암몬족은 북서 방면으로 영토를 확장하는 경향을 가졌기 때문에 더욱 그러했다.

거기에는 현재 에스 수웰리흐(es-suwelih)에 있는 교차로 복쪽으로 지금 엘 부케아(el-buke'a)라 불리는 작고 비옥한 평지가 있었다. 그리고 암몬족은 특히 다른 방향으로는 영토를 확장할 수 있는 전망이 그리 좋지 않았기 때문에 이 평지에 정착하였다. 이렇게 하여 그들은 길르앗 땅에 정착한 에브라임 지파 사람들의 바로 이웃에 거주하게 되었다. 그리고 그들은 북서쪽으로 더 진출하고자 한다면 에브라임 지파와 충돌하지 않을 수 없게 되어 있었다.

사실 그들이 길르앗 땅을 한 번 침략했다는 것을 우리는 사사기 10장 6절-12장 6절에 나오는 입다 이야기를 통해 알고 있다.[32] 이 이야기에 의하면, 그들은 한때 "길르앗 산"—이 곳 전 지역의 명칭은 이 이름으로부터 나왔다—에 있는 정착지였던 길르앗(현재의 khirbet jel'ad)이란 곳을 점령하였다. 그리고 이러한 점령은 무력에 의해 달성되었음이 분명하다(삿 10:17a). 이 침략을 막기 위하여 길르앗 사람들은 우선 지도자를 찾았는데 자기 족속 내에서 찾지 못하자 가족의 기업으로부터 배제되어 유랑인 무리의 우두머리로 "돕 땅"[33]을 돌아다녔고 전투에서 자신의 진가를 발휘하였던 열등한 신분에 속한 한 길르앗 사람의 아들인 입다라는 인물을 생각해 내었다.

---

32) 아주 부적절하게 모압족이 적으로 등장하는 사사기 11:15-26은 이차적인 삽입이다. 사사기 11:30-31, 34-40과 12:1-6에는 별개의 이야기들이 담겨 있다.
33) 불행히도 사무엘하 10:6, 8과 비교해 볼 수 있는 이 "돕 땅"의 위치가 어디인지는 확인하기 불가능하다. 그 곳은 아마도 당시만 해도 사람들이 아주 드물게 거

입다는 길르앗 땅 미스바(길르앗 북서쪽으로 수 마일에 있는 현재의 레수니의 어느 지역)에 길르앗 사람들을 모았고 그 성소에 "여호와의 신이 입다에게 임하여서"(삿 11:29) 카리스마적인 지도자로서 길르앗 사람들을 이끌고 암몬족을 쳐서 정복하여 그들을 다시 길르앗으로부터 몰아 내었다.[34] 이렇게 하여 입다 덕분에 에브라임 거민들은 길르앗 땅을 확보하게 되었다. 왜냐하면 우리는 암몬족이 길르앗 땅을 정복하려고 그 후로 시도하였다는 말을 듣지 못하기 때문이다.[35] 잘 알다시피, 입다는 암몬족의 영토(틀림없이 부케아를 포함하고 있었을 것이다)를 침공하지 않았다. 그것은 순전히 방어적인 승리였다. 그러나 나중에 입다는 죽을 때까지 여섯 해 동안 "이스라엘의 사사"직을 맡았다(삿 12:7).

이스라엘의 초창기에 암몬의 북쪽으로 아람인들은 팔레스타인 땅에 발을 붙이려고 하고 있었고 그리 확고하지 않은 정치적 통일체를 구성하고 있었다.[36] 한 무리의 아람인들은 한동안 길르앗 땅의 바로 동쪽, 얍복강 남쪽에 정착하였다. 그리고 바로 거기에서 현재로서 우리가 알고 있는 한 이스라엘 사람과 아람 사람간의 최초의 역사적인 만남이 이루어졌고, 그 만남은 평화적인 성격의 것이었다. 양 당사자의 합의로 "길르앗 산"에 경계를 표시하는 돌 하나를 세우고 악한 의도로 그 경계를 침범하지 않아야 한다고 약조하였다(창 31:44-54).

이 합의에 관한 민간 전승에서 야곱은 이스라엘 측, 사실 에브라임 지파의 길르앗 사람들을 대표하고, 라반은 그들의 동쪽 이웃인 아람인들을 대표한다. 아마도 아람인들의 작은 집단이 이 곳에 그리 확고한 발판을 획득한 것 같지 않기 때문에 그것은 단지 잠정적인 상황이었음이 분명하다. 어쨌든 우리는 얍복강 남쪽의 아람인들에 관한 이야기를 더이상 듣지 못한다. 아마

주하였던 요단 동편의 어느 곳, 아마도 얍복강 북쪽이었을 것이다.
34) 불행히도 전투 장소를 규정하고 있는 사사기 11:33에 나오는 지명들을 확인할 수 없다.
35) 나중에 암몬족은 다른 상황하에서 다시 한 번 요단 동편의 이스라엘인 소유지들을 침공하였다(cf. pp. 217f.).
36) 자세한 것은 M. Noth, BBLAK, 68 (1946-1951), pp. 19 ff.

도 암몬족이 이 곳으로 진출했을 것이다.

그밖에는 초창기에 이스라엘 지파들은 나중에 이스라엘 역사에 한동안 아주 끈질기게 간섭하였던 아람인들과 아무런 접촉도 가지지 않았다. 단지 요단 서편 땅에서 온 므낫세 지파 사람들이 현재의 아일룬 지역인 얍복강 북쪽 땅을 점진적으로 점령하면서 이스라엘은 아일룬 북동쪽과 북쪽에 정착하고 있었던 아람인들과 직접적으로 접촉하게 되었다. 그러나 이런 일은 후대에야 일어났다. 한동안 요단 동편의 북쪽 지역에 있는 가나안 도시국가들의 영토는 아일룬의 경계선들에서 시작되었다.

요단 동편의 남쪽 지역과는 대조적으로 이 곳에는 도시국가 체제가 중기 및 후기 청동기 시대, 철기 시대에 이르기까지 존속하였다. 야르묵의 양편, 바산 땅에는 예벨 엣-드루즈의 깎아지른 듯한 현무암 산지의 서쪽 비옥한 고원지대에는 수많은 도시 중심지들이 있었다. 구약 전승에는 아스다롯(현재의 tell 'ashtara)과 에드레이(야르묵 계곡의 남쪽 경계에 있는 현재의 der'a)[37]에 거주하면서 바산의 많은 성읍들을 다스렸던 바산 왕 옥에 관한 이야기가 나온다(신 3:1-7; cf. 민 21:33-35; 수 13:12, 30 f.).

잘 알다시피 이 이야기는 오직 신명기사학파의 어구들, 신명기사학파의 이차적인 어구들에서만 찾아볼 수 있다. 그러나 신명기사학파가 기존에 전승되어 내려오던 이야기를 자신의 저작에 포함시켰다는 것은 의심의 여지가 없다. 이 이야기에는 바산이 오래 전에 세워진 성읍들을 지닌 지역이었다는 것이 함축되어 있다는 것은 극히 옳다. 얍복강 남쪽 땅에 있던 므낫세 지파가 이 도시국가 지역의 근방으로 그들의 정착지를 확장하면서 이 지역은 이스라엘의 관심을 끌게 되었다.

그러나 바산 왕 옥은 역사적으로 그 정체가 불분명한 인물이다. 도시국가의 왕들 가운데 한 사람이 도시 국가 전 지역에 대한 지배권을 장악하고 있었다는 것은 매우 이례적인 일로서 아마 이스라엘 사람들이 풍문으로 전해

---

[37] 원래 아스다롯만이 옥(Og)의 본거지로 생각되었고(cf. 수 9:10), 전투 장소인 에드레이는 나중에야 첨가되었다.

들은 한때의 이야기로나 생각할 수 있는 일이다. 그러나 바산 왕 옥이 요단 동편의 남쪽 땅에 있는 수많은 고대의 거석(巨石)들[38]과 연관이 있었고 고대로부터 사람들의 두려움을 불러 일으켰던 거인족인 "르바임 사람"이었다는 사실은 기껏해야 이 이야기에서 단지 어렴풋하게만 하나의 역사적 현상을 찾아볼 수 있을 뿐 나중에 가다듬어진 세부적인 내용들은 역사적으로 잘못 놓여진 것임을 보여준다.

이스라엘 사람들은 바산 왕 옥을 역사적 인물로서 직접적으로 알았던 것이 아니라 바산의 도시국가 영토로부터 나온 여러 가지 이야기들을 통해서 알았던 것뿐이다. 따라서 에드레이에서 바산 왕 옥에 대하여 이스라엘이 거둔 승리는 역사적 사건으로 보기 힘들고 단지 이스라엘이 요단 동편의 남쪽 땅에 있는 도시국가 영토를 실제로 점령하지 않고 다만 그 소유권만을 주장하였다는 사실을 간접적으로 표현하고 있는 것에 지나지 않는다.

초기에 도시국가들과의 무력 충돌이 일어났을 가능성은 거의 없고 팔레스타인의 다른 지역들에서와 마찬가지로 평화로운 공존의 상태가 존재하였을 것이다. 아일룬의 므낫세 지파의 정착지는 그리 인구밀도가 조밀하지 않았으므로 영토를 확장해야 할 절박한 필요성이 존재하지 않았으며, 바산 땅에 있던 성읍들도 자신들의 비옥한 고원지대로부터 얍복강 남쪽의 삼림이 우거진 산악 지대를 잠식할 이유가 거의 없었다는 점을 감안할 때 더욱 그럴 가능성이 크다고 하겠다.

이스라엘이 초기에 견제해야 했던 이웃 나라들이 살고 있던 동쪽 지역에서 팔레스타인은 이 땅을 점진적으로 점령해 들어오려는 것을 목표로 한 것이 아니라 단지 이 땅의 소산물을 약탈하려는 목적으로 사막으로부터 침략해 들어올 수 있는 길이 열려 있었다. 사막에서 낙타를 길들여서 꽤 큰 무리의 집단들이 물이 있는 곳들에 비교적 덜 의존하는 가운데 살아갈 수 있게 될 뿐만 아니라 물 없이도 꽤 큰 지역을 왕래하고 먼 거리를 신속하게 이동할

---

38) 신명기 3:11에 의하면 옥(Og) 왕의 "철 침상"—아마도 현무암으로 만든 망토—이 암몬족의 랍바에서도 나타난다는 사실은 전승의 일관성의 결여를 극명하게 보여준다.

수 있게 될 때까지는 그러한 위험은 상존하였다.

이전에도 고대 오리엔트에서는 낙타를 아주 모르고 있었던 것은 아니었지만 현존하는 문헌 및 고고학 자료들에 의하면 낙타는 후기 청동기 시대까지는 별 다른 역할을 하지 못했다. 이스라엘 사람들이 이 땅을 점령한 후에야 낙타는 충분히 길들여져서 아랍의 초창기에서 좀더 정확한 정보를 얻을 수 있는 베두인족의 특별한 생활양식이 발전할 수 있게 되었다.[39]

그러나 아주 급속하게 낙타를 사용함으로써 생겨나게 된 새로운 가능성들은 사막에 아주 가까웠던 팔레스타인에 영향을 미쳤다. 이 새로운 출발은 동쪽에서 온 미디안 사람들이 요단 서편 땅을 침략한 사건들을 말해주고 있는 사사기 6-8장의 기드온 이야기의 배경이 되고 있다.[40] 미디안 사람들은 분명히 광야 동편과 팔레스타인 남쪽의 부족들과 광범위하게 제휴하였다.[41] 어느 시기부터인가 미디안 사람들은 낙타를 타고 팔레스타인의 내륙 깊은 곳까지 침입해 오기 시작하였다.

실제로 그들은 해안 지역까지 위협하였고,[42] 언제나 파종이 끝나고 씨가 올라올 때 침략을 했다. 그들은 이제 막 올라온 싹들을 낙타들로 하여금 뜯어먹게 하였고 이 땅의 소산물들 가운데서 자기들이 필요한 것과 거민들의

---

39) Cf. W. F. Albright, *From the Stone Age to Christianity* (² 1946), pp. 120 f ; *Archaeology and the Religion of Israel* (1946), pp 96 ff. 올브라이트는 낙타를 가축으로 길들이게 된 것은 주전 1100년경이었다고 한다.
40) 사사기 6:3, 33; 7:12에는 아말렉족과 "동방 사람", 즉 동부 사막지대의 거민들 일반이 미디안족과 나란히 언급되어 있다.
41) 민수기 22:4, 7에 의하면, 미디안족은 바알브올을 숭배하였는데(cf. 위 p. 202), 이것은 그들이 요단 동편의 남쪽 땅 언저리에 거주하였기 때문에 전혀 놀랄 일은 아니다. 한편 남부 사막에서도 미디안족을 발견하게 된다. 이스라엘이 "하나님의 산"에서 미디안족과 만난 이야기가 연출된 것은 틀림없이 남부 사막이었을 것이기 때문이다(출 18:1 ff.). 미디안족이 큰 족속이었다면, 이렇게 광범위하게 분포하여 살았다는 것은 놀라운 일이 아니다. el-'akaba만의 동쪽 지역에 있는 madyan이라는 곳은 미디안족이 거기에서 살았다는 것을 보여주는 증거—로마 시대의 것—이다(이 증거는 이를테면 R. Kittel, *Geschichte des Volkes Israel*. I, 5, 6 〔1923〕, p. 347, note 1에 나온다). 미디안족은 이 먼 지방에서 유래하였을 것이다.
42) 사사기 6:4에는 가사가 이런 맥락에서 언급되어 있다.

가축들—침략으로 인해 파괴되지 않은 것은 무엇이나—을 가져갔다. 가장 위협을 받은 지역은 당연히 이스르엘 평지 같은 비옥한 평지들이었다(삿 6:33). 그러나 구릉지대에 있던 이스라엘 사람들의 소유지들도 무사하지 않았다.

한동안 해마다 일어났던 미디안 사람들의 출현은 이 땅에 극도의 공포를 확산시켰다. 신속하게 이동하는 낙타를 탄 유목민들의 모습은 이 땅의 거민들에게 전혀 새로운 것이었고 불길한 현상이었음에 틀림없다. 그들이 불러 일으켰던 공포는 기드온 이야기에서도 감지할 수 있다. 이 이야기에는 미디안 사람들의 그 "약대의 무수함"이라는 말이 나오고(삿 6:5; 7:12) 그들의 출현으로 인하여 사람들이 산과 동굴과 산꼭대기로 피신하는 모습이 나온다(삿 6:2).

과감히 나서서 이러한 위기상황을 해결한 것은 오브라에 사는 므낫세 지파 아비에셀 족속 사람인 **기드온**의 위대한 업적이었다. 남쪽으로 이스르엘 평지 인접한 곳에 정착한 므낫세 지파는 평지에 대한 이러한 침략으로 고통을 겪었을 것이 분명하다. 이 지파의 용감한 청년들로 이루어진 작은 무리를 이끌고(cf. 삿 7:2-7에 나오는 일화) 기드온은, 평지에서 한 차례 성공적으로 약탈을 끝낸 후에 길보아 산(현재의 jebel fuku'a)의 북서쪽 자락, 즉 이스르엘 평지의 남서쪽 끝에 있는 하롯(현재의 'en jalud) 샘 곁에서 그 밤에 휴식을 취하고 있던 미디안 사람들의 군대 진영을 습격하였다. 이 잘 준비되고 전혀 예상치 못한 습격으로 미디안 사람들은 기겁을 하여 낙타를 타고 개활지(開活地)를 달려 나르 얄룻(nahr jalud) 평지를 거쳐 동쪽으로 요단으로 도망쳤다.[43]

기드온이 미디안 사람들에 대하여 승리를 거두자 그들은 더 이상 귀찮게

---

[43] 이 사건의 자세한 내용을 재구성하는 것은 불가능하다. 사사기 7:1-8:3에 나오는 주된 설화는 지명들의 유래를 밝히는 내용들로 끝이 난다(7:25). 그리고 사사기 8:4-21은 주된 설화와는 몇 가지 점에서 차이를 보여주는 비슷한 이야기의 종결 부분을 이루고 있다. 이 두 이야기 상호간 또는 역사적 사건들과 관계를 확실하게 아는 것은 불가능하다.

굴지 않았던 것 같고, 또 거민들은 스스로를 수호해야 하겠다는 결연한 의지를 다졌을 것이기 때문에 우리는 미디안 사람들의 침략에 관한 이야기를 더 이상 듣지 못한다. 미디안 사람들이 거민들에게 불러일으켰던 공포가 대단한 것이었기 때문에 이 주문을 깨뜨린 기드온의 승리는 아주 오랫동안 사람들에게 기억되었다. 이사야 9장 3절(영어 성경으로는 4절)에는 "미디안의 날", 즉 미디안 사람들에 대하여 승리를 거둔 그 날이 특히 눈부신 승리의 한 예로 인용되고 있는데, 그것이 므낫세 지파 사람 기드온의 놀라운 승리를 가리키고 있다는 것은 두말할 필요가 없다.

초기에 팔레스타인에서의 이스라엘의 생존은 동쪽 경계에 있던 작은 이웃 민족들이나 이따금 침입해 왔던 유목민들에 의해 동쪽으로부터 그리 심각하게 위협을 받지는 않았다. 또한 이스라엘 사람들은 이제는 강력한 군사력을 갖고 있지 않았던 이전의 가나안 거민들에 의해서도 위협을 받지 않았다. 위협은 이스라엘 지파들과 거의 동일한 시기에 서쪽으로 와서 이 땅에 발판을 굳힌 족속들, 즉 해안 평지에서 고대 청동기 시대의 일련의 성읍들에서 지배계층으로 자리잡은 블레셋 사람과 '해양 민족'으로부터 왔다. 그들은 이 땅에서 가장 강력한 세력이었고 주로 가나안 도시국가 영토가 있는 지역에서 강력한 군사력을 발휘하고 있었다. 처음에는 시스라가 '해양 민족'의 지배계층의 일원이었을 것이라는 사실만을 제외한다면 이스라엘 지파들과의 대규모의 군사적 충돌은 없었다. 그러나 어쨌든 시스라는 이스르엘 평지와 악고 평지에 있는 일군의 오래된 가나안 도시국가들을 통솔하고 있었고, 이 시스라에 대항하여 바락은 저 유명한 승리를 획득하였다(cf. p. 196f.).

우리는 팔레스타인의 해안 평지의 남쪽 지역의 다섯 도시국가들을 통치하였던 좁은 의미의 블레셋인들에 관한 말을 사사기 13-16장에 나오는 삼손에 관한 이야기들에서 듣는다. 현재의 사르아에 인접해 있는 구릉 지대를 확보하고자 했던, 삼손이 속한 단 지파는 인접한 블레셋인들의 압박 밑에서 살았다. 그리고 삼손에 관하여 말해주고 있는 것은 그가 마지막으로 블레셋인들의 우세한 힘에 굴복할 때까지 온갖 계략으로 그들을 괴롭혔다는 것이다. 그러나 그후에 단 지파는 구릉지대로부터 물러나지 않을 수 없었고[44] 단지 소수만이 사르아 지역에 남아 있게 되었다. 나머지 사람들은 요단강 발원지 곁에 있는 이 땅의 최북쪽에서 새로운 영토를 찾고자 하였다.

블레셋인들은 이 땅 전체, 어쨌든 요단 서편 땅 전체를 복속시키려는 작업을 착수할 수 있었다―아마도 북쪽의 다른 '해양 민족' 세력들과 연합하여. 그리고 그들은 이내 그러한 시도를 개시하였다. 이스라엘 지파들은 그들과의 결정적인 힘 겨루기 한 판을 하지 않을 수 없는 상황이 되었다. 그리고 바로 이러한 상황은 이스라엘을 이제까지 이스라엘이 밟아본 적이 없는 정치세력화의 길로 내몰았다. 아주 특이하게도 이스라엘 사람들이 이 땅을 점령한 후에 그 위치를 확고히 하기 위하여 이전의 거민들 및 이웃 민족들과 벌였던 싸움들은 이스라엘 전체에 영향을 미치는 관심사로 여겨지지 않았다. 개별 지파들은 자신들의 기업(企業)을 스스로의 힘으로 지켜야 했고, 필요한 경우에는 자신의 정착지를 스스로 확장하여야 했다. 몇몇 경우에는 이웃한 지파들끼리 가끔 연합하여 그들의 공통의 이해들을 지켜나가기도 하였다.

그러나 이 초기에 우리는 열두 지파 동맹 전체가 그들의 재산과 생명을 보호하거나 확장하기 위하여 연합하여 행동하였다는 말은 들어보지 못하고, 그런 일은 사실 일어나지 않았음이 분명하다. 다만 후대의 신명기사학파가 '사사 시대'라는 개념을 설정하고, 개별 지파들 또는 지파군들에서 이따금 일어났던 카리스마적 지도자들을 이스라엘 전체에 중요한 인물들이었던 것처럼 과장했을 뿐이다.

그러나 우리는 현존하는 전승들을 통해 그 사사들의 역할이 매우 제한되어 있었다는 것을 알고 있다. 이스라엘 전체와 결부되어 있었지만 단지 내부적인 기능들만이 맡겨졌던 '이스라엘의 사사'(cf. p.135f.)라는 전혀 다른 직임이 그들과 결합됨으로써 그들은 이렇게 과장된 중요성을 획득하게 되었다.

---

44) 사사기 1:34 f.에 의하면, 단 지파는 "아모리족"의 압력에 굴복하지 않을 수 없었다. 이것은 사실일 것이다. 그러나 블레셋인들이 그 배후에 있었음에 틀림없다.

제2장
정치 권력의 발전

14. 단명한 사울 왕정

아득히 먼 옛날부터 수리아-팔레스타인의 가나안 성읍들에는 보통 도시국가의 왕과 봉건적인 지배계층이 있었다. 블레셋인들—그리고 아마도 이 땅의 다른 '해양 민족들' 도—은 "방백들"[1]을 가지고 있었고, 그 방백들은 중무장한 근위대[2]의 호위를 받으며 도시 중심지에 살았고 일정한 땅을 하사받고 자신들이 모집한 용병들을 사용하여 군역(軍役)을 수행하였던 용병대장들을 거느리고 있었다.[3] 그러므로 방백들은 강력하게 결집된 군사력을 보유한 자들이었다. 이스라엘 지파들과 거의 동일한 시기에 요단 동편의 남쪽 땅에 정착하였던 이웃 민족들은 그 땅을 점령한 직후에 왕을 중심으로 한 간단한 정치 조직을 성공적으로 발전시켰다. 아주 점진적으로 팔레스타인에서 그 위치를 공고히 하였던 요단 동편의 북쪽 땅의 경계지대에 있던 아람인들의 무리들조차도 이내 아주 불안정하긴 하지만 왕을 정점으로 한 정치 조직을 정립

---

1) 구약에서는 구체적으로 그들을 τύραννος라는 말과 결부되어 있지만 그 기원에 있어서 비헬라적인 סרנים으로 부른다.
2) 한 예로 사무엘상 17:4 ff.에 나오는 골리앗에 대한 묘사를 참조하라.
3) 다윗은 한 동안 이런 지위에 있었다; cf. 삼상 27:2 ff.; 29:1 ff.

하였다.[4]

 이 땅을 점령하여 정착한 후 오랜 시일이 지나도록 정치 권력의 결집과 국가의 형성이 이루어지지 않은 것은 이스라엘 지파들의 제의동맹뿐이었다. 개별 지파들은 자신의 안정과 안전을 스스로 책임져야 했다. 그 이상의 정치적 발전을 저해한 모종의 장애물들이 존재하였음이 분명하다. 사사기 8장 22-23절에는 미디안 사람들에 대하여 눈부신 승리를 거둔 기드온에게 이스라엘 사람들이 이스라엘에서 세습적인 "지도자"의 직위를 맡아줄 것을 건의했다는 일화가 기록되어 있다. 그러자 그는 다음과 같이 대답했다: "내가 너희를 다스리지 아니하겠고 나의 아들도 너희를 다스리지 아니할 것이요 여호와께서 너희를 다스리시리라."

 이 짤막한 이야기는 이스라엘에 왕이 이미 등장한 이후에 기존의 왕정 제도에 대하여 간접적으로 비판하려는 목적으로 씌어졌을 것이지만, 왕정의 등장 이전에 이스라엘 지파들 사이에서 유포되어 있었던 어떤 태도를 반영하고 있을 가능성이 꽤 높다. 왜냐하면 오직 이런 유의 관점에 의해서만 왕정 사상이 그토록 늦게 등장하였고, 이스라엘에서 그토록 체질에 맞지 않았다는 역사적 사실이 설명될 수 있기 때문이다. 이 짧은 일화에 나오는, 세습 왕정 사상을 거부하는 논거는 아마도 자기들 주변 세계에서 극히 다양한 형태의 왕정에 대하여 잘 알고 있었던 지파들 사이에서 널리 퍼져 있던 이 제도에 대한 태도를 반영하고 있는 듯하다.

 하나님 및 그 분의 뜻에 대한 이스라엘 지파들의 제의동맹의 배타적인 헌신은 여기에서 그들의 역사에 영향을 미쳤고, 이스라엘의 특수성은 이렇게 역사적 사실로 나타난다.

 결국 이스라엘이 왕정을 받아들여,[5] 이제까지 그토록 엄격하게 고수하

---

4) 더 자세한 것은 M. Noth, BBLAK. 68 (1946-1951), pp. 25 ff.
5) 이하의 서술에 대해서는 특히 A. Alt, *Die Staatenbildung der Israeliten in Palästina.Verfassungsgeschichtliche Studien* (Reformationsprogramm der Universität Leipzig, 1930) = *Kleine Schriften zur Geschichte des Volkes Israel*, II (1953), pp. I ff.를 참조하라.

였던 노선을 버리고, 주변 민족들과의 관계에서 정치 권력화로의 길로 선회하게 된 것은 개별 지파들만이 아니라 이스라엘 전체의 연속성과 생존을 매우 심각하게 위협하는 역사적 상황이 팔레스타인에서 전개된 결과였다. 사울의 등극은 이 땅 전체에 대한 절대적인 지배권을 획득하고자 하고 있었던 블레셋인들의 커져가는 세력을 그 역사적 배경으로 하고 있었다.

대략 다윗 시대에 나온 것으로 보이는, 사무엘상 4장 1b절-7장 1절, 사무엘하 6장 1-16a, 17-19절에 나오는 법궤의 운명에 관한 오래된 이야기[6]를 통해 우리는 이스라엘 사람들과 블레셋인들간의 최초의 대규모의 군사적 충돌들 가운데 하나를 알게 된다. 이 사건은 주전 1000년경에 일어났다.[7] 블레셋인들은 야파 북쪽의 지중해로 흘러들어가는, 오늘날 나르 엘-아우야로 불리는 강의 상류에 있는 아벡(라스 엘-엔 근처의 현재의 텔 엘-무크마르인 듯하다[8])에 군대를 집결시켰다. 아벡은 그들의 영토의 북쪽 접경에 있었다. 그곳은 중부 이스라엘 지파들이 살고 있던, 아벡 동쪽으로 바로 솟아 있는 중부 팔레스타인의 산지들을 침략하기 위한 출발 지점으로서는 알맞는 지점이었다.

그러한 침략이 그들의 의도였음이 분명하다. 왜냐하면 먼저 행동을 개시한 것은 분명히 블레셋인들이었기 때문이다. 이 땅의 다른 '해양 민족들'과 함께 그들은 가나안 도시국가들이 있는 해안 평지에 대한 실질적인 지배권을 획득하였고, 이러한 지배권을 이 땅 전체로 확장하고자 할 때 필연적으로 우선 이스라엘 지파들을 복속시키지 않으면 안 되었다.

절박한 위기에 직면한 이스라엘 사람들은 아벡 맞은편의 산지 모서리, 대략 오늘날의 메이델 야바 지역에 있는 에벤에셀이라 불리는 곳에 집결하였다. 이스라엘 편에서 누가 실제로 참여하였는지를 확실하게 말하기는 불가능하다. 아벡으로부터 가장 직접적으로 위협을 받고 있었던 에브라임 지파 사

---

6) 이 '법궤 이야기'의 범위 및 성격에 대해서는 cf. L. Rost, *Die Überlieferung von der Thronnachfolge Davids* (BWANT, III, 6 (1926)), pp. 4 ff.
7) 이 시기에 대해서는 오직 매우 개략적인 연대 추정만이 가능하다;cf. 아래 p. 290.
8) Cf. M. Noth, *Das Buch Josua* (²1953), p. 72.

람들이 주로 참여하였을 것이다.

그러나 중부 산지에 거하던 이웃 지파들도 어느 정도는 참여하였을 것이고, 그 위기의 중대함으로 미루어 볼 때 그밖의 다른 지파들로부터의 지원도 있었을 것이다. 최초의 대결에서 블레셋인들이 승리하였다. 그러자 사람들은 두번째 전투에서는 곤경에 처한 이스라엘 사람들 가운데 하나님의 임재를 보장하기 위하여 지파 동맹의 성소인 법궤를 실로에서 옮겨왔다. 법궤의 운명에 특히 관심을 쏟고 있는 '법궤 이야기'는 이러한 사실만을 기록하고 있다. 법궤를 진중(陣中)으로 옮겨 왔다는 것은 이스라엘 지파 동맹 전체가 블레셋인들과 대항하여 싸우고 있었다는 것을 의미한다.

전승을 통해 우리가 알고 있는 한, 지파 동맹 전체가 이스라엘을 수호하기 위하여 나아온 것은 이번이 처음이었다. 그렇게 한 이유는 사실 이번이, 팔레스타인에서의 이스라엘 전체의 생존이 실제로 블레셋인들의 세력에 의해 위협을 받은 최초의 사건이었기 때문이었다. 블레셋인들에 맞서서 연속하여 두 번 전투를 벌였다는 사실은 아마도 첫번째 전투에서는 이제까지와 마찬가지로 주로 침해를 받은 지파들만이 블레셋인들의 공격을 막는 데 동원되었는데 그 방어가 완전히 실패로 돌아가자 지파 동맹 전체가 그 중심적인 성물(聖物)과 함께 소집되었다는 것을 의미하는 것 같다. 그러나 두번째 전투에서도 이스라엘 사람들은 블레셋인들의 압도적인 힘으로 말미암아 아주 철저하게 참패를 당해서 이스라엘 군대는 철저히 분쇄되고 법궤는 승리자들의 수중에 들어가게 되었다(삼상 4:10, 11).

이 패전의 결과는 참담했다. 400년 후에 선지자 예레미야가 법궤를 모셔둔 실로의 성전이 한때 파괴되었고 당시에도 여전히 이 성전의 폐허를 볼 수 있다고 말하고 있는데(렘 7:12, 14; 26:6, 9), 이 파괴는 블레셋인들이 에벤에셀에서 승리한 후에 실로(selun)로 가서 자행했을 가능성이 대단히 높다.[9] 법궤를 수중에 넣은 후에 그들은 이 법궤를 안치해 둔 성전, 이스라엘 지파들을 결합시켰던 중앙 성소를 파괴하였다. 아울러 그들은 이스라엘 지파

---

9) 고고학적 발견들도 실로가 이때쯤 파괴되었음을 보여준다.

들도 복속시켰다. 그들은 이스라엘 영토에 수비대들을 주둔시켰다.

사무엘상 10장 5절, 13장 3절에서는 베냐민 지파 땅 기브아(예루살렘 남쪽 4마일에 있는 현재의 tell el-ful)에 있던 그러한 "영문(營門)" 또는 "수비대"(נציב)에 대하여 언급하고 있다. 그러한 수비대가 다른 곳에도 있었다는 말은 없다. 어쨌든 그들은 이런 식으로 요단 서편의 중부 산지를 점령하였을 것이다. 블레셋인들은 이스라엘 사람들이 금속으로 작업하는 것을 금함으로써 새로운 병기를 만들 위험성을 미연에 막고자 하였기 때문에, 이스라엘 사람들은 농업 및 기타 평화로운 용도를 위해 필요한 도구들을 얻기 위하여 블레셋인들에게로 가야만 했다(삼상 13:19-22).

당연한 말이지만, 블레셋인들은 자신들이 점령한 지역에서만 이러한 금령을 강제할 수 있었고, 사울의 등장은 그들의 세력이 보다 멀리 떨어진 지방들에는 그리 효과적으로 미치지 못하였음을 보여준다. 그러나 법적으로 이스라엘 지파 동맹은 블레셋의 통치하에 있었고, 블레셋인들은 요단 서편 땅을 지배하고자 한 그들의 목표를 남김없이 달성했다.

이스라엘의 이러한 상황을 틈타 다른 이웃 나라들이 영토를 확장하여 그들의 숙원을 어느 정도 해결하고자 한 것은 당연하다. 암몬족은 입다의 승리로 인하여 좌절되었던 시도를 다시 재개하였다. 그들은 얍복강 남쪽의 길르앗의 옛 땅을 점령하였고 얍복강 북쪽 땅도 잠식하였다. 어쨌든 그들은 옛 이름을 간직하고 있는 와디 야비스 지역에 위치한 현재의 아이룬 땅에 있는 므낫세 지파의 토대였던 야베스 성읍[10]을 이 당시에 공략하였다.[11]

---

10) '야베스 길르앗'이라는 원 이름이 자주 사용되는데, 이러한 용례는 길르앗이라는 명칭을 얍복강 북쪽 땅까지 확대하여 사용했다는 것을 전제하고 있다. Cf. M. Noth, PJB, 37 (1941), pp. 72 ff.

11) Eusebius (Onomastikon, 110, 12 f. in E. Klostermann's edition)에 의하면, 야베스는 펠라에서 거라사로 통하는 후대 로마의 도로상에, 곧 wadi yabis의 상류에 있는 산지에 있었다고 하고, 고고학적 발견들에 의하면(cf. N. Glueck, AASOR, 25-28 [1951], pp. 211 ff.) 이 계곡의 북쪽 지역에 있는 현재의 tell el-maklub 유적지에 있다고 한다. N. Glueck (op. cit. pp. 268 ff.)과 그의 견해를 따르고 있는 *The Westminster Historical Atlas to the Bible* (1945)은 야베스가 요단 계곡의 wadi yabis의 하류 끝, 더 구체적

사무엘상 11장 1절 이하에는 야베스 사람들이 스스로 저항하기에는 너무 약했기 때문에 암몬 왕 나하스에게 화친을 청하였으나 나하스는 이를 조소하며 거절하였다는 말이 나온다. 그들은 이스라엘 지파들에게 원조를 요청하기 위하여 칠 일간의 유예기간을 요구하였고, 나하스는 그들이 결코 원조를 얻지 못할 것이라는 예상하에 이 유예기간을 그들에게 허용하였다.

우리가 이 이야기를 실제 사건으로 보든 안 보든, 적어도 이 이야기는 요단 동편 땅의 상황을 아주 생생하게 전해준다: 한편으로는 암몬이라는 작은 민족의 호전적인 활동과 승리에 대한 자신, 다른 한편으로는 이스라엘 지파들의 세력이 블레셋인들에 의해 철저하게 무력화되었기 때문에 요단 서편의 모국(母國)으로부터 어떠한 지원도 바랄 수 없게 된 요단 동편에 거주한 에브라임과 므낫세 지파 사람들의 곤경. 이와 동시에 블레셋 군대가 요단 동편 땅으로까지는 진출하지 않았기 때문에 그들의 통제할 수 없었던 일들이 거기에서 일어날 수 있었다.

사울이 왕으로 등극한 것은 바로 이러한 상황을 배경으로 한다. 기스의 아들 사울은 베냐민 지파의 촌락인 기브아(현재의 tell el-ful) 출신의 베냐민 사람이었다.[12] 그는 대체로 농업에 종사하며 살았던 이 지파의 자유 정착민 계층에 속해 있었음이 분명하다. 그가 왕이 된 과정의 주요 국면들은 사무엘상 11상에 정확하게 기록되어 있으나, 보다 정밀하게 역사적으로 탐구해 보면 그 세부적인 내용은 유지되지 못할 것이다.

사무엘상 11장에 의하면, "하나님의 신"이 그에게 임하고 그가 자발적으로 활동하기 시작하면서 (6절) 사울은 처음으로 대중 앞에 모습을 드러내게 되었다. 이런 일은 곤경에 처한 야베스 사람들이 도움을 요청했지만 이스라엘 사람들은 단지 절망과 탄식만을 하고 있다는 것을 사울이 들은 때에 일어났다. 이것은 하나님의 이름으로 부르심을 받았거나 하나님의 신에 이끌리어

으로는 tell abu kharaz에 있었다고 하지만 이러한 주장은 Eusebius의 매우 정확한 언급을 비교검토하는 데 실패하고 있다.
12) 1922년과 1933년에 다시 단기간 동안 올브라이트는 tell el-ful에 대한 발굴을 성공적으로 마쳤다. cf. W. F. Albright, in AASOR, 4 (1924), and BASOR, 52 (1933), pp. 6-12.

지파들의 카리스마적인 지도자들이 등장하여 이 땅의 이스라엘 사람들의 권리를 위하여 싸워 이겼던 것을 상기시킨다(cf. pp. 196f.).

사실 사울의 첫번째 활동은 이러한 범주에 속했다고 할 수 있다. 카리스마적인 지도자들은 활동하기에 앞서 흔히 부르심을 받았는데, 사울의 경우에도 전승은 이러한 부르심을 기록해 놓고 있다. 보다 오래된 사울 전승에서 사울 전승과 밀접하게 연관되지 않은 채 사무엘상 11장 앞에 놓여졌던 민간 전승(삼상 9:1-10:16)에는, 사울이 기브아 근처의 어느 곳에서 "하나님의 사람" 또는 "선견자"인 사무엘을 만났고, 사무엘은 거기에서 야훼의 이름으로 사울에게 기름을 부어 나깃(nagid, 지도자), 즉 하나님에 의해 임명된 통치자로 삼았다는 말이 나온다(10:1).

이 이야기는 분명히 일화적인 성격이 강하지만 나깃이라는 직임을 수여한 것은 나중의 사울의 왕권을 미리 보여주고 있는 것이다. 왜냐하면 이 의식에서 기름을 붓는 것은 어떤 직임의 수여를 함축하고 있고, 나깃이라는 직함은 장래의 직임을 위해 예정된 인물을 가리켰던 것으로 보이기 때문에 이 의식은 이제까지 행해져 왔던 카리스마적 지도자의 임명이라는 의미를 훨씬 능가하고 있기 때문이다.[13] 그러나 사무엘상 11장에 비추어 보면, 이렇게 사울을 부르는 일이 일어났을 때 장래의 왕정이 염두에 두어졌다는 것은 의심스럽고 절박한 위기상황에서 왕정이 생겨났을 것으로 보인다. 이스라엘에서 왕정 사상에 관한 그 어떤 전승도 존재하지 않았고 또 왕정은 사람들의 심각한 의혹을 사지 않을 수 없었다는 사실로 미루어 볼 때, 그럴 가능성이 대단히 높다(cf. pp. 214f.). 그러나 이것이 사실이라고 할지라도, 사무엘상 9장 1절-10절, 16절에 기록된 이야기 중에서 사무엘이 사울로 하여금 이스라엘 하나님의 이름으로 최초로 대중 앞에 모습을 드러내게 하였다는 것은 옳다고 하겠다.

요단 동편에 살던 백성, 특히 야베스 사람들의 곤경이 전해지자 사울은

---

13) 구약에서는 오직 왕으로 지명된 자를 가리키는 말로만 나오는 nagid이라는 칭호가 과거에는 군사적 행동을 취하도록 하나님에 의해 부르심을 받은 사람이라는 보다 일반적인 의미를 지니고 있었는지를 생각해 볼 수 있다.

그들의 지도자로 부르심을 받은 자로서 자발적인 열심으로 활동을 개시하였다. 그는 당시의 관습을 따라 열두 지파 동맹 전체의 군대를 소집하여,[14] 세겜에서 야베스의 맞은편 벧산으로 내려가는 길목에 있는 베섹(현재의 khirbet ibzik), 즉 요단 계곡으로 바로 진입하여 아얄론으로 진출할 수 있는 지점에 자신의 추종자들을 집결시켰다. 외적의 침입으로부터 그들의 생존을 수호하기 위하여 지파동맹 전체를 소집한 것은 당시의 필요에 부합하였다. 그것은 이제까지의 관례는 아니었으나 217면에 제시된 가정이 옳다면 에벤에셀에서 블레셋과 대항하여 비록 참패하기는 했지만 결전을 벌였던 선례가 있었다.

사무엘상 11장 7절에서는 지파들이 사울의 소집을 "여호와의 두려움"으로 따랐다는 말이 분명하게 나온다. 블레셋인들의 통치 아래에서 그들에 의해 무장해제 당한 상태에서 이런 일이 어느 정도까지 가능했을까 하는 질문이 제기될 수 있다. 이 사건이 일어난 요단 서편 산지의 동쪽 경계와 요단 동편 땅에는 블레셋인들의 수비대가 없었고, 따라서 실제로 그들의 지배력도 강하지 않았을 것이고, 거기에서는 실제로 무장해제가 실행되지도 않았을 것이다.

또한 블레셋인들은 다른 팔레스타인 민족들간의 군사적 충돌에 관심이 없었거나 암몬족의 세력이 커지는 것은 그들에게 결코 환영할 만한 일이 아니었기 때문에 이 일을 그대로 방치하였을지도 모른다. 어쨌든 블레셋인들의 압박에도 불구하고 사울은 암몬족을 공격하여 곤경에 처한 야베스 성읍을 구출하기에 충분한 무장 세력을 확보할 수 있었다.

그는 눈부신 승리를 거두었다. 야베스는 구출되었고, 요단 동편 땅에서의 암몬족로부터의 위협은 제거되었다. 이러한 직접적인 결과 외에도 이 승전은 억눌려 있던 이스라엘 사람들에게 커다란 심리적인 효과를 미쳤다. 이

---

14) 사무엘상 11:7에 나오는 소의 각을 뜬 일에 대해서는 특별한 경우로부터 생겨난 통상적인 관습의 한 변형을 언급하고 있는 사사기 19:29을 참조하라. 맹세로 표현된 기원(祈願)과 함께 군대를 소집하는 방법을 묘사해 놓은 사무엘상 11:7은 원래의 것일 가능성이 크다는 인상을 준다(cf. 위 p.140 주38).

것은 이스라엘 지파들을 고무시켰다. 그리하여 그들은 다시 정신을 차려서 결연히 행동하기 시작하였다. 이 사건은 광범위한 효과들을 창출하였던 것이다.

사무엘상 11장[15]에는 암몬과의 전쟁 후에 사무엘이 이스라엘 지파들을 여리고 근처의 길갈의 옛 성소(그 정확한 소재는 확인되지 않고 있다)로 소집하였다는 짤막한 기록이 나온다. 그 자체로 존경의 대상이 되는 "하나님의 사람"으로서, 또 최초로 사울을 불러 야베스를 해방시킨 행동을 하게 만든 하나님의 대변자로서 이스라엘의 실권자였던 사무엘은 비록 어떠한 직책도 맡고 있지는 않았지만 사실상 이제 일어나는 사건들 속에서 중요한 역할을 하였을 것이다. 그는 길갈 성소를 지파들의 총회 장소로 선택하였는데, 이는 법궤를 잃고 실로 성전이 파괴되면서 이전 성소가 사라진 후에 이 곳이 여러 가지 이유로 가장 적합한 장소였기 때문이다. 이 곳은 중부 팔레스타인 지파들에 의해 자주 이용되었고 한때는 이스라엘의 중앙 성소 역할도 한 적이 있는 베냐민-에브라임의 접경에 위치한 고대의 유명한 성소였다(cf. p. 128). 그 위치도 대체로 모든 이스라엘 지파들의 중앙에 있었고 아울러 블레셋인들에 의해 직접적으로 통제받는 지역 바깥에 있었을 것이다.

블레셋인들은 이전의 동맹 성소인 실로를 끊임없이 감시하였고 중부 팔레스타인 산지들을 점령하였던 반면에, 요단 계곡과 길갈 성소는 요단 동편 땅과 마찬가지로 블레셋 수비대가 상시적으로 주둔하고 있지 않았으므로 거기에서 일어난 사건은 직접적으로 또는 즉시 블레셋인들이 알지 못했다.

길갈에서 "모든 백성"은 거기 있는 성소에서, 즉 "여호와 앞에 사울로 왕을 삼았다"(삼상 11:15). 이 의식(儀式)은 성소에서 종교적 봉헌의 분위기 속에서 진행되었지만 사실은 카리스마적 지도자를 임명할 때와 같은 제의 의식이 아니라 정치적 행위였다. 이스라엘은 더 이상 지파들의 제의동맹으로서

---

15) 사무엘상 11장 외에도 사무엘상 10:21b -27a의 설화 단편에는 사울이 왕으로 선출되었다는 오래된 언급이 나온다 (cf. O. Eissfeldt, *Die Komposition der Samuelisbücher* [1931], pp. 7 f.). 그러나 여기서 사울의 키가 큰 것이 한 몫을 했다는 것은 하나의 이야기거리에 불과하고 분명히 역사적 기록은 아니다.

가 아니라 하나의 '민족'으로 행동하고 있었다. 이스라엘은 우선은 아주 간소한 방식으로이긴 하지만 어쨌든 정치적 권력으로의 길목으로 들어서고 있었고, 이렇게 함으로써 자신의 장래 역사에 아주 근본적으로 중대한 영향을 미치게 될 결단을 행하고 있었다.

당시에 이스라엘이 처했던 역사적 상황, 즉 그 생존 자체가 블레셋으로부터 위협받고 있었던 상황이 이러한 새로운 출발의 직접적인 원인이었다는 것이 분명하다. 만약 사무엘이 실제로 주도적으로 일을 추진하였다면, 그가 그렇게 한 것은 바로 이러한 상황을 고려하였기 때문일 것이고, 또한 그는 이러한 다급한 상황을 앞두고 지파들의 동의를 받아내었을 것이다. 암몬족에 대한 승리를 통해 자신의 진가를 입증하였던 새로운 왕이 이스라엘의 생존 전체를 위협하는 세력으로부터 구원해줄 것이고, 블레셋인들에 대항하여 성공적인 전행을 수행해 줄 것으로 사람들은 기대하였다.

이 땅의 이전 거민들 및 이웃 민족들과의 이전의 충돌들과는 대조적으로 블레셋인들에 대항한 결정적이었지만 참패를 당한 전투 및 암몬족에 대한 승전에서 이스라엘 전체가 소집된 적이 있었다는 점을 생각할 때, 지파 동맹 전체를 단일한 세력으로 사용하는 방향으로의 첫번째 단계는 이미 취해진 상태였다. 그러나 약한 암몬족의 경우와는 달리 블레셋인들에 대한 전투는 한 번의 신속한 군사작전으로는 충분하지 않았다. 블레셋인들에 대항하기 위해서는 지속적이고 안정적인 군사작전이 필수적인 것으로 보였고, 새로운 왕은 주로 이스라엘 군대의 지도자로 행동하도록 되어 있었다. 그리고 사실 그는 그러한 역량을 통해 두각을 나타내었다.

이스라엘 사람들은 자신의 주변에서 이 왕정이라는 새로운 제도의 모형을 쉽게 발견하였다. 사실 그 명칭만 빼고는 이스라엘의 왕정은 가나안 도시국가의 왕정 및 그 병거를 모는 기사계급과는 거의 공통점을 갖고 있지 않았다. 이스라엘과는 전투를 통해 아주 성공적임이 입증되었던 블레셋의 통치체제는 직업군대와 용병 제도를 토대로 하고 있었기 때문에 하루 아침에 모방될 수 있는 것은 아니었다. 그러나 동편의 친척뻘되는 이웃 나라들이 채택한 왕정은, 비록 우리가 그 성격과 기능에 대하여 자세히 알고 있지는 못하지만, 외적과의 싸움에서 진두지휘 하였던 왕을 정점으로 하고 있었고 전쟁에서 그 진가가 증명되었다. 이 왕정이 이스라엘의 새로운 제도의 주된 모형이 되었다. 이러한 민족들의 사회 구조가 이스라엘의 사회 구조와 대체로 비슷했기 때문에 더욱 그러했다.

그러나 이스라엘의 왕정이 다른 민족들에서 그 진가가 입증된 모형을 토대로 하였다는 사실 자체가 불가피하게 문제점을 안고 있었다. 이스라엘이 다른 민족들과 같이 국가가 되려고 하고 그 심각한 위험성에도 불구하고 이방의 왕정을 모델로 하여 왕을 세우고 정치 권력으로의 길로 나서려고 하는 것이 옳은가? 이스라엘이 이러한 방향으로 취한 첫번째 조치들은 별것 아니었지만, 그것은 이스라엘에게 근본적으로 새로운 출발을 의미하였다. 사울의 등극에 관한 좀더 오래된 이야기들은 분명히 이 사건을 진심으로 만족스럽다는 느낌으로 말하고 있다.

이 이야기들은 이 사건 속에서 이스라엘의 하나님의 역사(役事)[16]를 보고, 새로운 왕의 사람됨과 처음 행위들을 분명히 기뻐하고 있다. 이 이야기들에서는 새로운 제도와 그 대표자의 가치를 조소하고 의심한 사람들은 "비류"(삼상 10:27a)로 묘사된다. 이것은 분명히 왕의 임명이 반대없이 진행된 것이 아님을 보여준다. 그리고 이 반대가 그 이야기들에서 주장되고 있듯이 실제로 아주 사소한 것이었는지도 생각해 보지 않으면 안 된다. 사울 왕정의 가치에 대한 근본적인 의구심들은 훨씬 후대의 저작인 신명기 역사서에서만 찾아볼 수 있다는 것은 사실이다.[17]

---

16) 사무엘상 9:1 ff.에서는 야훼의 주도권이 사무엘에 의해 수행되고 있으나, 사무엘상 11장에서는 마치 사울이 애초부터 장래의 왕으로 부르심을 받고 있는 것처럼 묘사하고 있다(또한 삼상 10:16을 참조하라: "나라의 일", 따라서 사울을 왕으로 선출함으로써 백성들은 궁극적으로는 단지 하나님의 뜻을 이루고 있었다). 사무엘상 10:21b -27a에 나오는 설화 단편도 그 큰 키로 인하여 왕이 될 것이 입증되었던 사울이 야훼에 의해 "선택되었다"고 말한다.

17) 신명기사학파는 사무엘상 7:2b-17; 8:1-22; 10:17, 27a; 12:1-25을 첨가함으로써 자신의 사상에 따라 사울에 관한 옛 전승을 보완하였다. 그는 사무엘이 블레셋인들에 대하여 결정적인 승리를 거두었다고 함으로써 스스로 수월하게 왕정 제도를 거부할 수 있는 길을 만들어 놓았다. 이렇게 함으로써 왕정의 출현에 대

거기에서는 왕의 임명이 진행되기 전에 백성들이 "열방과 같이"(삼상 8:5) 왕을 요구하였다는 말이 나오고, 이 요구는 실제로 계속되어야 할 이스라엘에 대한 하나님의 왕권을 백성들이 거부하고 있다는 의미로 해석되고 있다. 그러나 이것은 분명히 후대에 사람들이 이 제도에 대한 경험을 통해 거듭거듭 확증된 것이긴 하지만[18] 애초부터 존재해 있었고 왕정의 등장 이전에도 존재했었던 왕정에 대한 태도를 표현하고 있는 것일 가능성이 크다(cf. p. 214f.).

이러한 태도는 정당했다는 것을 우리는 인정하지 않으면 안 된다. 열두 지파의 제의동맹이라는 조직도 주변 세계에 그 비슷한 예들이 있다는 것은 사실이나, 왕정과 이에 따른 정치 권력의 발전은 외부 세계와 관계에서 자신의 삶을 정립해 나가는 일을 개별 지파들 및 지파군들에게 맡겨 두었던 이전의 제도보다 훨씬 더 뚜렷하게 세속적이고 '이방적인' 것이었다.

그러나 한동안 위기상황은 아주 심각했기 때문에 왈가왈부할 시간적인 여유가 없었고, 암몬족과의 전투에서 자신의 진가를 유감없이 발휘하였던 새로운 왕에게 거는 기대가 아주 커서 그에 대한 온갖 의구심들은 뒷전으로 사라졌다. 블레셋과의 싸움을 수행하지 않을 수 없는 상황에서 사울은 즉시 이 일에 착수하였다. 사무엘상 13장 2절에서 14장 46절까지에는 블레셋 수비대들에 대한 사울의 성공적인 공격에 관한 오래된 이야기가 나온다. 이 이야기가 주로 사울이라는 인물, 특히 그의 아들 요나단을 집중적으로 부각시키고 블레셋인들과의 갈등에 대해서는 덜 관심을 보이고 있기 때문에 자세한 전기적(傳記的)인 내용에 주안점이 두어져 있다는 것은 사실이지만, 어쨌든 갈등의 역사적 배경을 꽤 분명하게 보여준다.

이 기사(記事)에 의하면, 사울은 길갈에 모인 무리 중에서 선발하여 군대를 만들고 전승 속에서 특히 매력적인 인물로 등장하는 그의 맏아들 요나단과 지휘권을 공유하는 등 즉시 전쟁에 필요한 준비를 하였다(cf. 삼상

한 진정한 역사적 배경은 근본적으로 왜곡되었다.
18) 사무엘상 8:11-18에서 "왕의 법"이라는 용어가 나온 데에는 후대의 왕정의 발전이 중요한 역할을 하였다.

14:49). 그런 다음 첫번째 작전으로 요나단은 군대를 이끌고 기브아에 있던 블레셋 수비대를 기습하여 궤멸시켰다(삼상 13:3).[19] 사울의 등극과 전쟁 준비는 아주 신속하게 진행되었기 때문에 블레셋인들은 공격에 전혀 무방비 상태에 있던 것이 분명하다. 그러나 이것은 단지 싸움의 시작일 뿐이었다.

블레셋인들은 재빨리 가동할 수 있는 군대, 즉 요단 서편 산지 및 특히 위협을 받고 있던 지역에 주둔하고 있던 수비대들을 모아서 기브아에서 북동쪽으로 5마일 가량 떨어진 믹마스(현재의 mukhmas) 근처로 이동하여 진을 치고 거기에서 사방을 정찰하였다(삼상 13:16-18). 그러나 군대를 이끌고 믹마스의 동일한 지역으로 이동해 있었던 사울은, 믹마스 맞은편 남서쪽에 있고 와디 에스 수웨니트(wadi es-suwenit)의 깊은 골에 의해 믹마스와 갈라져 있는 게바(jebaʻ) 근처에 아들 요나단과 함께 진을 쳤다.

그러나 블레셋 군대에 대한 기습공격은 다시 한번 성공을 거두었고, 여기서도 요나단은 주도적인 역할을 하였다. 이 두번째 성공으로 블레셋의 압도적인 힘에 두려워 떨었던 이스라엘 지파들은 새로운 용기를 얻게 되었다(cf. 삼상 13:6). 그리고 그들은 수적으로 별로 강하지 않았던 블레셋 수비대들을 전 지역에서 몰아내었다.

여기에서 일어난 사건과 그로 인한 결과들을 이해하기 위해서는 우리는 사울의 이 최초의 승전은 블레셋 군대 전체 또는 상당수를 상대로 한 승리가 아니었다는 것을 명심하지 않으면 안 된다: 블레셋 수비대들은 기습작전으로 인하여 이스라엘 영토로부터 축출되었던 것뿐이다. 그럼에도 불구하고 이것은 당시의 상황에서 대단한 전과였다. 그리고 이 일련의 사건들은, 암몬족에 대한 승리를 통해 자신의 진가를 유감없이 발휘한 후에 사울을 왕으로 삼고, 그에게 블레셋인들과의 전쟁을 수행하도록 위임한 이스라엘 사람들의 결정을 급속하게 정당화하는 것으로 보였다. 이스라엘 지파들은 다시 숨을 쉬고 살

---

[19] 사무엘상 13:3에 현재 본문으로 주어진 "게바"는 앞 절을 근거로 보통 "기브아"로 고쳐 읽고 있다. 이것은 절대적으로 확실한 것은 아니다. 이 두 이름이 비슷하고 쉽게 혼동할 수 있으며 이 두 지역이 서로 인접해 있기 때문에 명확한 결론을 내리는 것은 불가능하다.

수 있게 되었다.

잘 알다시피, 블레셋과의 결전은 임박해 있었다. 사울이나 이스라엘은 블레셋이 곧 군대를 모아 자신들의 잃어버린 지위를 되찾기 위하여 작전을 개시할 것이고 그때 모든 것이 결판날 것이라는 것을 의심하지 않았을 것이다. 우선 국경지대에서 소규모의 전투들이 벌어졌다는 것을 우리는 몇몇 일반적인 관측들[20]과 여러 일화들[21]을 통해 알게 된다. 그러한 것들은 사건의 경과에 커다란 영향을 미치지 않았다. 그러나 사울은 임박한 결전을 준비하는 데 전력을 기울이지 않으면 안 되었다.

사울 치하에서 왕정의 조직에 어떤 발전이 있었다는 말은 없고, 실제로 이와 관련하여 어떤 중요한 변화가 있었을 것 같지는 않다. 사울 당시에 어느 정도 이스라엘의 군대는 모양새를 갖추고 있었다. 사무엘상 14장 52절에 의하면, 사울은 블레셋과의 전쟁을 위하여 수적으로는 적지만 상비군을 모았고, 이런 목적으로 특히 용맹스러운 사람들을 자신의 곁에 두었다. 그의 측근으로는 자신의 전쟁 수행에서 중요한 역할을 한 몇몇 인물들이 있었다. 사무엘상 20장 25절에는 매일 사울 주위에 둘러앉아 같이 식사했던 무리들에 대한 언급이 나온다.

그 무리들 가운데는 블레셋과의 공개적인 전투들에서 이미 자신의 진가를 증명한 사울의 아들 요나단, 사울이 "군장", 즉 이스라엘 지파들의 군대의 지도자로 삼은 그의 사촌 아브넬(cf. 삼상 14:50, 51), 사울이 자신의 무기를 드는 자로 임명하였던 다윗(cf. 삼상 16:14-23) 등이 있었다. 사울은 고향인 베냐민 지파 땅 기브아(tell el-ful)에 거주하였다. 그리고 거기에 사울은 자신을 위해 아담한 요새를 지었는데, 그 유적지에서 그 요새 터가 발굴에 의해 발견되었다.[22]

사무엘상 15장 1절 이하에 의하면, 사울은 남부 이스라엘 지파들과 어느 정도 계속해서 적대 관계에 있었던(cf. 출 17:16) 남쪽 사막의 유목민 부

---

20) 삼상 14:52a; 18:17b, 21a, 25, 27a.
21) Cf. 삼상 17:1 ff.; 18:6 f.; 23:1 ff.
22) Cf. W. F. Albright, BASOR, 52 (1933), pp. 7 ff.

족들의 한 무리인 아말렉 사람들에 대해서도 승리를 거두었다. 이 승리에 관한 기사(記事)는 사울에 관한 다른 이야기들과 어떤 분명한 문헌적 또는 실질적인 연관성이 없는 특별한 전승에 나온다. 아마도 남쪽에 있던 아말렉 사람들은 동쪽의 암몬족과 마찬가지로 블레셋에 의해 이스라엘이 무력화된 틈을 타서 자신의 영토를 확장하고자 했던 것 같다. 그리고 암몬족을 성공적으로 막아내고 블레셋인들에 대하여도 최초의 승리를 거둔 후에 사울은 아말렉 사람들과 관련해서도 이스라엘의 지위를 회복했던 것으로 보인다.

그러나 보다 중요하고 더 큰 결과를 가져온 것은 사울이 왕이 된 후에 눈부신 최초의 승리들에도 불구하고 왕정이라는 제도는 이스라엘 지파들의 제의동맹 내에서 내적인 어려움들에 직면하지 않으면 안 된다는 것이 이내 드러났다는 것이었다. 왜냐하면 일시적인 카리스마적 지도자는 하나님의 율법에 종속되어 있는 지파 동맹의 전승들과 양립할 수 있었지만 '세속적인' 왕정은 그렇지 않았기 때문이다.

그리고 한편 지파들의 제의동맹을 기반으로 해서는 왕의 제도가 존립하는 것이 불가능했다. 따라서 사울이라는 인물 속에서의 지도자 직임과 왕 직임의 결합은 영속적인 제도를 위한 탄탄한 토대가 될 수 없었다. 이러한 내적인 어려움들은 사무엘상 13장 7b-15a절 및 사무엘상 15장 1-35절에서 두 가지 각기 다른 방식으로 설명되고 있는 사무엘과 사울의 불화를 통해 표면화되었다. 그러므로 이 불화의 원인을 확실하게 규명하기는 불가능하지만, 어쨌든 그 불화는 왕의 제의적 역할과 세속적 역할의 관계가 제대로 규정되어 있지 않았고, 왕정의 세속적인 요구사항들이 오래된 제의 전승들과 마찰을 일으켰다는 사실로부터 기인하였다―앞의 두 구절은 이 점에서 서로 일치하고, 그것은 이 문제의 전체적인 성격에 부합한다.

분명히 사울의 등극에서 적극적인 역할을 하였던 사무엘은 왕정의 수립으로부터 불가피하게 생겨날 수밖에 없었던 결과들을 거부하고, 이스라엘 지파들의 대다수가 고수하고 있었을 것이 분명한 옛 전승들의 대변인으로 자처하였다. 사실 사울이 왕으로서의 자신의 방식을 추구하자―그는 그렇게 할 수밖에 없었다―사무엘은 자신이 사울에게 이전에 주었던 소명을 철회하고 사울은 하나님으로부터 "버려졌다"고 선언하였다(삼상 15:23, cf. 13:14).
그리하여 아직 확고하게 독자적인 발판을 확보하지 못하고 카리스마적 지도자라는 소명과 결부되어 있었던 사울의 왕권은 지파들의 지지와 그 권위의 상당 부분을 상실하였다. 사울 자신도 자기 자신에 대하여 확신을 갖지 못하고 의심하게 되었다. "여호와의 신이 사울에게서 떠나고 여호와의 부리신 악신이 그를 번뇌케 하지라"(삼상 16:14). 자신의 무기를 들고 다니는 자인 젊은 다윗이 사울의 의심의 특별한 표적이 되었다.
다윗의 눈부신 인물됨은 곧 이스라엘 사람들의 동정을 얻었고(cf. 삼상 18:7) 사울의 평판은 자신의 최초의 성공 이후에 급속하게 추락하였다. 외적인 위기상황으로 인하여 사울이 왕으로 등극하긴 했지만, 그러한 위기상황은 이스라엘의 지파 동맹 위에 왕정이 수립되기 위한 충분한 토대가 되지 못한다는 것이 밝혀졌다. 그리고 외적인 압박이 약화되자마자─단지 일시적이긴 하지만─이 제도의 문제점이 드러났다.
그러나 외적 블레셋이 사울의 왕권을 무력으로 종식시켰기 때문에 이러한 내적인 갈등이 전면에 부각될 기회가 없었다는 것은 사실이다. 그들의 수비대들이 쫓겨나오자 블레셋인들은 격분하여 행동을 개시하였다. 그들은 우선 놀라기는 하였지만 자신들의 군사적 우위에 비추어 자신들이 잃어버렸던 지위를 되찾을 가능성은 얼마든지 있었다. 왜냐하면 이스라엘의 군대가 지금 왕의 지휘 아래 결집되어 있긴 했지만 에벤에셀의 패전 이후로 이스라엘의 전력(戰力)이 실제로 더 나아진 것은 없었고 게다가 내적인 우환으로 허덕이고 있었기 때문이다. 블레셋인들은 이내 결정적인 반격을 개시할 것이었다.
신명기사학파의 것으로 보이는 사무엘상 13장 1절의 편집자 주(註)에서는 사울은 2년 동안 이스라엘을 다스린 것으로 말한다. 그러나 이 구절은 본문 증거상으로나[23] 역사적으로 이론의 여지가 없기 때문에 신명기사학파가

---

23) 이 본문을 통상적으로 변경하여 독해하는 것("이십 년")은 본문적인 고려에서가 아니라 역사적인 고려에서이다. 그러나 신명기사학파는 틀림없이 "이 년"이라고 썼을 것이다. 왜냐하면 오직 이 수치만이 그의 연대계산에 들어맞기 때문이다; cf. M. Noth, *Überlieferungsgeschichliche Studien*, I (1943), pp. 18 ff.

올바른 전승의 일부를 여기에 통합시켰다고 보아야 할 것이다.[24] 이 구절은 사울의 성공적인 기습공격 이후에 블레셋인들은 다음 해에 반격을 준비하였다는 것을 보여준다. 그리고 전승에서는 이것을 명시적으로 기록하고 있지는 않지만, 우리는 그랬을 것이라고 추측하지 않을 수 없다. 블레셋인들은 사울이 자신의 왕권을 공고히 할 시간 여유를 주지 않고 그와 일전을 벌이고자 했을 것이다. 겨울 우기가 끝난 후인 봄에 대규모의 원정을 개시하는 것이 관례였기 때문에(cf. 삼하 11:1), 블레셋인들은 틀림없이 사울이 왕으로 임명된 이듬 해 봄을 반격의 호기(好機)로 선택했을 것이다.

우리는 이후의 일을 사무엘상 16장 14절 이하에 담겨 있는 다윗의 등극에 관한 전승 기사로부터 상당히 자세하게 알 수 있다. 다시 블레셋 통치자들은 군대를 아벡에 집결시켰다(삼상 29:1).[25] 그러나 이번에 그들은 거기에서 곧바로 중부 팔레스타인 산지를 공격하지 않고 해안 평지를 거쳐 북쪽으로 이스르엘 평지의 이스르엘 성읍(현재의 zer'in)으로 이동하였다—틀림없이 통상적인 경로를 따라 또는 현재의 빌랏 엘 루하(bilad er-ruha)를 거쳐 (cf. 삼상 29:11b).

이것은 그들이 북부 해안 평지 및 이스르엘 평지에 있던 여러 성읍들에 거주하는 다른 '해양 민족들'과 합류하였다는 것을 전제한다. 이런 식으로 해서 그들은 사울의 영토 가운데 특히 취약한 지역을 공격하였다. 이스라엘의 정착지 가운데 지리적으로 비교적 잘 규명되지 않는 지역은 가나안의 도시국가 영토들에 의해 특히 가까이 둘러싸여 있었기 때문에 갈릴리 지파들은 중부 및 남부 팔레스타인 지파들과 단지 이스라엘 영토의 좁은 협지(狹地)에 의해서만 연결되어 있었다. 따라서 그런 지역들에서는 사울은 자신의 모든 군대를 결집시킬 수가 없었고, 사실 사무엘상 31장 7절에 의하면 "골짜기 저

---

24) 신명기사학파는 자신의 도식에 맞추기 위하여 다른 식으로 구성할 수도 있었다는 점을 고려하면, 그가 자신의 연대계산에 맞추기 위하여 이 수치를 마음대로 만들어 내었다고 믿기는 어렵다. 신명기사학파의 재위 기간에 따른 연대계산 체계를 위하여 기록해 놓은 왕의 즉위시의 나이에 대한 언급이 사무엘상 13:1에는 생략되어 있는데, 이것은 신명기사학파에게 아무 증거가 없었기 때문일 것이다.
25) Cf. 위 p. 215.

편에 있는 사람과 요단 건너편에 있는 자들", [26] 즉 갈릴리 구릉지대에 있던 지파들과 요단 동편 땅의 지파들은 블레셋과의 싸움에 참여하지 못했다.

사울은 중부 및 남부 팔레스타인 지파들의 군대를 이끌고 블레셋에 맞서기 위하여 "이스르엘에 있는 샘 곁에"(삼상 29:1), 즉 기드온이 미디안 진영을 공격하였던 그 유명한 길보아 산자락에 위치한, 이스르엘 성읍의 남동쪽에 있는 하롯(현재의 'en jalud) 물가에 이르렀다. 상황은 처음부터 절망적이었고, 사울은 싸움이 시작되기도 전에 자포자기 상태에 있었다. 사무엘상 28장 3-25절에 나오는 특별한 전승은, 전투에 앞서 절망 상태에 빠진 사울이 변장을 하고서 엔돌(endur 근처의 현재의 khirbet es-safsafe) 근방에 살고 있던 신접한 자에게 가서 사무엘의 혼령에게 자신의 운명을 물었는데, 그 신접한 여인을 통해 그의 왕권과 생명을 잃을 것이라는 대답만을 들었다는 이야기를 전해준다.

사실 사무엘상 31장에 의하면 블레셋의 공격은 사울의 군대를 즉시 대패시키기에 충분하였다. 사울의 군대는 승리한 블레셋 군대의 추격을 받고 뿔뿔이 흩어져 길보아 산으로 도망하였다. 추격 과정에서 사울의 아들들은 상당수의 이스라엘 군대와 함께 목숨을 잃었다. 사울은 블레셋인들에게 생포되지 않기 위하여 자살하였다. 블레셋은 완승을 거두었고, 이스라엘의 상황은 에벤에셀의 두번째 전투 이후보다 더 비참하게 되었다. 블레셋인들은 이번에는 갈릴리와 요단 동편 땅을 포함하여 이스라엘 지파들의 영토를 다시 한번 완전히 장악하였다(삼상 31:7).

그들은 길보아 산에서 사울과 그의 아들들의 시체를 발견하고 잔혹한 보복을 하였다. 그들은 사울의 머리를 베어 그 머리와 그의 무기를 가지고 마치 승리의 트로피인 양 그들의 성읍들을 돌아다녔다. 그들은 사울과 그의 아들들의 시신을 벧산(besan 근처에 있는 현재의 tell el-husn)의 성벽에 매달아 놓았다. 벧산은 나르 얄룻의 넓은 계곡 하류에 위치해 있는 성읍으로서

---

[26] 이 구절의 본문을 변경하는 것은 본문상 또는 실질적인 근거는 없다. '평지 성읍들'에는 이스라엘인들이 없었고, '요단 성읍들'은 결코 존재하지 않았다.

싸움터에서 그리 멀지 않았고 당시에 여전히 블레셋과 관계를 맺고 있었던 '해양 민족들'의 행정중심지였다.[27]

사울 덕분에 암몬족로부터 구원을 받았던 야베스 사람들이 벧산에서 그리 멀지 않은 요단강을 건너 밤중에 몰래 벧산 성벽에서 사울과 그 아들들의 시신을 가져다가 야베스에 묻지 않았다면, 이들의 시신은 땅에 묻히지도 못했을 것이다. 이제 블레셋인들은 목표를 달성하였고, 팔레스타인에서의 지배권 문제는 단번에 그들에게 유리한 쪽으로 결말이 난 것처럼 보였다. 사울의 짧은 통치의 최종적인 결과는 이스라엘에게 최악으로 절망적인 것이었다.

15. 다윗 제국

사울의 죽음 이후에 이스라엘이 처한 상황은 다윗의 눈부신 등장의 배경을 이룬다. 단순히 일과성에 불과하였던 사울의 왕정에 이어 다윗이 등장하면서 이스라엘의 정치 권력화 과정은 완전히 새롭고 결정적인 국면으로 접어들었다. 사울과 달리 다윗은 처음부터 매우 세심하고 일관되게 정치 권력화로의 길을 추진하였다. 이것이 구약에서 새로운 유의 역사적 전승이 다윗으로부터 시작되는 이유이다. 다윗 전승은 대체로 역사적 기록, '학문적인' 저작으로 보아야 한다. 반면에 사울까지의 역사 시대에 관한 것은 주로 종교적 신앙고백들을 토대로 한 선사 시대에 관한 민담과 민간 전승들이다. 정치 권력의 발전과 역사적 사건들에 대한 능동적인 참여는 역사 서술이 시작되기 위한 선결요건이었다.

다윗 시대의 역사에 대해서 우리는 그 역사적 과정들, 특히 그 과정들간의 상호관계를 이전의 민간 전승 시기보다 더 분명하게 식별해 낼 수 있게

---

27) Cf. A. Alt, *Zur Geschichte von Beth-Sean* 1500-1000 B. C. , PJB, 22 〔1926〕, pp. 108-120.

해주는 자료들을 활용할 수 있다. 다윗의 집권 과정에 대해서도 마찬가지로 얘기할 수 있는데, 이와 관련하여 우리는 이 역사적 주제를 정확하게 다루고 있고 다윗의 등장으로부터 유다-이스라엘 국가를 세우기까지의 일련의 과정을 전문가적인 지식과 그 근저에 있는 상황들에 대한 정확한 파악을 통해 추적하고 있는 일련의 설화를 갖고 있다.[28]

다윗[29]은 유다 지파의 수도 베들레헴(예루살렘에서 남쪽으로 5마일 떨어져 있는 현재의 bet lahm) 출신의 유다 사람이었다. 다윗이라는 인물로 인해 남부 팔레스타인 지파들 중 가장 중요한 유다 지파는 처음으로 역사적 중요성을 갖는 세력으로 등장한다. 다윗의 경력은 그가 능력있고 재주있는 젊은이로 사울의 눈에 띄어 그의 무기를 갖고 다니는 자로서 사울의 측근이 되는 것으로부터 시작되었다(삼상 16:21).[30] 그러나 그는 사울의 측근으로 오래 있지 않았다.

특히 매력적인 인간성으로 인하여 급속하게 대중의 인기를 얻게 되면서 다윗은 사울의 의심의 특별한 표적이 되었고 자기를 향한 왕의 커져가는 증오심을 피해 몸을 피하지 않을 수 없었다. 그는 자신의 고향땅으로 도망쳤으나 베들레헴에 머물지는 않았다. 그는 요단 서편 산지의 최남쪽 지역에 은거하여 유랑인 무리를 모아서 온갖 종류의 약탈을 행하여 생활해 나갔는데(예를 들면, 삼상 25:2-43을 보라), 사울은 더욱 더 증오심에 불타올라 그를 추적했으나 결국 사로잡는 데 실패하였다.

---

28) 삼상 16:14-삼하 5:25. 이 저작은 나중에 특히 그 초반부가 이차적인 첨가에 의해 확장되었으나 그 원형을 꽤 확실하게 복원하는 것이 여전히 가능하다.
29) 다윗이라는 이름이 문제가 되어 왔다. 왜냐하면 마리 문서에서 dawidum이라는 단어는 '사령관', '군 지휘자'라는 의미로 자주 등장하는데 (cf. W. v. Soden, WO, I, 3 [1948], p. 197), 이것은 다윗이라는 이름과 무관할 수 없기 때문이다. 그것이 동일하다면, '다윗'은 원래 전혀 인명이 아니었을 것이다. 다윗이라는 이름이 그에게 먼저 주어졌거나 아니면 용병대장을 하는 동안에게 그에게 붙여졌다가(아래를 보라), 이 칭호가 준인명(準人名)이 되어서 우리에게 알려져 있지 않은 그의 본명을 대신하게 되었을 것이다.
30) 사무엘상 17장에 나오는 저 유명한 골리앗 이야기는 사무엘상 16:14-23의 설화와 비교해볼 때 본문상으로나 내용상으로나 이차적이다.

다윗의 생애에서 이 시기는 그의 장래의 발전에 결정적인 영향을 미쳤다. 왜냐하면 이 시기를 거치면서 그는 싸움―처음에는 단지 소규모로―을 전문으로 하는 직업적인 전사인 용병대장(condottiere)으로 바뀌었기 때문이다. 아울러 후일을 대비하여 그는 유다 남쪽에 정착하였던 지파들과 좋은 관계를 맺어 놓았다.

사무엘상 25장 43절에 의하면, 다윗은 아마도 겐 사람 땅이었던 것으로 보이는 이스르엘[31](헤브론의 남동쪽에 있었는데, 그 정확한 위치는 미상이다) 출신의 아히노암과 결혼을 했고, 사무엘상 25장 42절에 의하면 마온(헤브론 남쪽으로 10마일 가량 떨어져 있는 현재의 tell ma'in) 출신의 갑부 나발의 아내인 아비가일과 결혼하였다. 나발은 사치스러운 양털깎기 축제 때에 적대 관계에 있던 다윗과 그의 부하들이 갑작스럽게 들이닥치자 이에 놀라 죽었는데, 아마도 그도 겐 사람이었을 것이다.[32]

다윗과 그의 주변에 모여든 무리들에게 중무장한 육박전 용사들과 용병들[33]을 채용하였던 블레셋의 군사 제도는 최상의 기회를 제공하여 주었다. 그러므로 한때 다윗은 자신의 부하들과 함께 블레셋의 통치자인 가드의 아기스에게 군역(軍役)을 제공하였다(삼상 27:2 f.). 아기스는 시글락과 그 인근 영토를 다윗에게 주었고, 다윗은 그 대가로 필요할 때 군역을 제공하여야 했다. 시글락의 위치는 가드의 위치와 마찬가지로 확실치 않다. 시글락은 아마도 해안 평지의 내륙쪽 최남단에 위치해 있었을 것이다.

이스라엘 사람들과의 생사결단의 결전을 눈앞에 둔 블레셋인들에게로 다윗이 넘어간 것은 분명히 위험스러운 행동이었다. 사실 용병대장들은 보수만 두둑이 준다면 자신들에게 어떤 일이 맡겨지더라도 별로 개의치 않는 것이 보통이다. 그러나 어쨌든 이것이 다윗이 사울의 복병들을 피할 수 있는 가장 간단하면서도 확실한 방법이었다. 그러나 다윗 자신은 처음부터 블레셋

---

31) Cf. M. Noth, *Das Buch Josua* (²1953) on Jos. xv, 55-57a.
32) 마온은 이스르엘과 동일한 후대의 유다 지역에 위치해 있었다; cf. 수 15:55 f.
33) 다윗 외에도 "그렛 사람" 잇대와 600명 속에서 이런 현상의 또다른 예를 본다 (삼하 15:18 ff.).

인들에게로 충성을 이전한다는 생각에서가 아니라, 단지 자신의 걸어가는 길에서 목적을 위한 하나의 수단으로써 이러한 방법을 선택한 것이었다고 할지라도, 이스라엘 지파들에게 그러한 행동은 그들에 대한 배신으로 보이지 않을 수 없었다.

수단을 선택함에 있어서 다윗은 별로 가리는 것이 없었다. 그는 이중으로 행동하고 있었다. 시글락을 거점으로 다윗은 유다 남쪽의 지파들과 접촉을 계속하였다. 그는 부하들을 이끌고 주변 지역에서 온갖 종류의 약탈을 행하여서 이 남쪽 지파들이 거주하는 지역의 여러 곳의 장로들에게 그 전리품들을 선물하였다(삼상 30:26-31). 그의 군주(君主)인 아기스는 이런 사정을 알 리 없었다: 아기스는 다윗이 사울 및 이스라엘 지파들과 영원히 관계를 끊은 것으로 굳게 믿고 있었다.

그렇지만 블레셋인들은 그를 전적으로 신임하지 않았다. 다윗의 군주인 아기스의 바람과는 달리 다른 블레셋 통치자들은 비록 다윗과 그의 부하들이 그러한 큰 전투에 당연히 참가해야 할 의무가 있었음에도 불구하고 그들을 사울과의 결전에서 배제시켜야 한다고 주장하였다(삼상 29:2-11a): 그들은 다윗이 배신할 것을 염려하였다. 따라서 다윗은 사울 및 이스라엘 지파들과의 전투에서 블레셋 편에 서서 적극적인 역할을 해야 할 상황을 모면할 수 있었다.

사울이 당한 비참한 상황에 관한 소식이 시글락에 있던 다윗에게 전해졌을 때, 다윗은 놀라지 않았다. 아마도 영리했던 다윗은 여러 상황에 비추어서 사태의 추이를 이미 짐작하고 있었을 것이다. 사실 다윗은 자기가 예상한 일이 실제로 벌어졌을 때 자신이 해야 할 일을 이미 생각하고 준비해 두었던 것으로 보인다. 이제 그는 매우 체계있고 능숙하게 행동을 해나갔는데 우선 자기가 즉시 할 수 있는 한 가지 목표를 이루어 최종 목표를 향하여 더 앞으로 나아갔다. 그는 때가 무르익을 때까지 참고 기다릴 줄 알았고, 이런 식으로 그는 이스라엘의 역사에서 정치 권력의 발전과정 가운데 절정을 이루는 대제국을 건설하였다.

사무엘하 2장 1-3절에는, 사울의 처참한 종말 후에 다윗이 자신의 부하들과 측근들을 이끌고 헤브론으로 옮겨가서 거기에 정착하였다는 말이 나온다. 갈렙 지파의 영지인 헤브론은 지리적으로 남부 팔레스타인 산지들의 중심부였을 뿐만 아니라 그 근방에는 저 유명한 마므레(현재의 haram ramet el-khalil) 상수리 나무 성소가 있었다. 그런데 이 성소는 아마도 당시에 모든 남부 팔레스타인 지파들의 종교 중심지였던 것 같고, 이 지파들은 이 성소를 중심으로 이스라엘의 열두 지파 동맹과는 별도로 여섯 지파 동맹을 이루고 있었던 것으로 보인다.

이 여섯 지파(유다, 갈렙, 옷니엘, 가인, 여라무엘, 시므온)는 이스라엘 지파 동맹으로부터 분리되어 있지는 않았지만 독자적인 삶을 영위함으로써 특별한 지위에 있었다. 다윗이 이러한 사정을 이용하게 되자 그것은 이제 역사적으로 중요하게 되었다. 다윗은 유다 사람이었다. 첫번째 결혼을 통하여 그는 겐 사람들과 인연을 맺었다. 시글락을 거점으로 그는 의도적으로 남부 지파들과 좋은 관계를 맺어 두었다. 이제 이러한 관계들이 결실을 맺게 되었다.

"유다 사람들이 와서 거기서 다윗에게 기름을 부어 유다 족속의 왕을 삼았더라"(삼하 2:4a). "유다 족속"(house of Judah)이라는 명칭은 남부의 여섯 지파들의 동맹 전체를 가리키는 말로서 여기서는 '유다 지파'라는 단순한 명칭과 대조적으로 사용되고 있다. 누가 여섯 지파들로 하여금 이러한 중대한 조치를 취하도록 부추겼는가?

최근까지도 이스라엘에게 아주 이방적이었던 사울 왕으로 대표되는 왕의 제도는 그 출현 직후에 끔찍한 재앙으로 결말이 났었다. 이러한 상황에서 이스라엘에서 왕이라는 개념이 굳게 뿌리를 내릴 수는 없었기 때문에 사울의 죽음 이후에 새로운 왕을 선출해야 한다는 것이, 당연한 일로 받아들여지고 단지 적합한 인물을 고르는 문제만을 남겨둔 것으로 여겨졌을 리는 없었다.

다윗이 "유다 족속"의 왕으로 선출된 과정에 관하여 자세한 내용이 전해지지 않고 있지만, 다윗 자신이 나서서 남부 지파들을 설득하여 이러한 조치를 취하도록 만들었을 것이라고 추측해도 그리 틀리지는 않을 것이다. 다윗의 개인적인 영향력은 분명히 막강하였다. 사울의 병기를 드는 자였던 다윗은 이미 급속히 대중들의 인기를 한 몸에 받았었다. 더욱이 남부 지파들 측에서 봤을 때 다윗은 본고장 사람이었고, 사울과 결별한 후에 다윗은 자기가 남부 지파들의 사람임을 두드러지게 입증해 보였다. 왕의 제도가 사울로 인해 급속히 평판이 나빠졌다면, 그것은 전적으로 베냐민 지파 사람 사울의 잘못이고, 유다 사람인 다윗은 분명히 그 일을 더 잘 해낼 수 있을 것이다.

이스라엘 지파 동맹 전체에 대하여 남부 지파들이 오랜 세월 동안 특별한 지위에 있었다는 사실도 틀림없이 중요한 역할을 했을 것이고, 다윗은 이러한 상황을 자신에게 유리하게 이용했을 것이다. 다윗 왕정 아래에서 남부 지파들은 "유다 족속"이라는 독자적인 국가를 이룸으로써 그들의 특별한 성격을 강조하고 강화하였을 뿐만 아니라 이스라엘 전체 지파 내에서의 정치적 분열을 일으켰다. 이러한 분열은 이스라엘 역사 전체에 걸쳐 어느 정도 뚜렷한 형태로 지속되었고 그 역사의 외적인 경과에 매우 불행한 결과를 가져다주었다.

왕으로 '기름 붓는' 것은 성소에서 행해진 봉헌 의식이었다. 그리고 다윗의 경우에 이 의식은 종교 중심지인 마므레에서 거행되었을 것이다. 이 의식은 "유다 사람들"[34]에 의해 다윗이 왕으로 선출된 후에 베풀어졌는데, 선출은 선지자에 의한 지명 같은 그 어떤 종교적 토대 없이 진행되었던 것으로 보인다. 그것은 순전히 정치적인 행위였다. 이것이 다윗의 집권의 특징이다. 다윗의 인물됨과 인맥과 사병(私兵)이 유다 족속에 대한 왕권으로 대표되는 다윗의 집권의 토대였다.

그러나 과연 블레셋인들이 이스라엘에 대하여 대승을 거둔 후에 이런 일들이 일어나도록 내버려 두었을까? 틀림없이 다윗은 여전히 그들의 봉신(封臣)이었고 시글락의 영주로서 자신의 용병부대와 함께 군역(軍役)을 제공할 의무를 지고 있었다. 따라서 블레셋인들은 "유다 사람들"이 그들의 봉신을 왕으로 추대하는 것을 반대할 이유가 없었다. 블레셋인들이 다윗을 신임하였

---

34) 사무엘하 2:4a에는 축약된 말이 나온다. "유다 사람"은 단지 다윗을 왕으로 선포할 수 있었을 뿐이고 기름을 부은 것은 한 제사장이었을 것이다.

느냐와는 상관없이, 어쨌든 그들은 유다 왕국이 따로 세워짐으로써 이스라엘이 나뉘어지고 약화되는 것은 자신들에게 이득이 될 것이라고 생각했을 것이다. 유다 왕국이 별도로 분리됨으로써 남부 지파들은 열두 지파 동맹의 연속성에 대해서는 아랑곳하지 않고 행동했기 때문에 정치적, 군사적 통일체로서의 지파 동맹은 와해되었다. 그러므로 한동안 블레셋인들은 이러한 일련의 사건들에 대하여 묵시적으로 동의하였던 것이다.

블레셋인들은 그밖의 다른 지파들 사이에서 일어난 사건들에 대해서도 동일한 태도를 취하였다. 그러한 사건들도 이스라엘을 영구적으로 분단시키는 효과를 가져올 것으로 보였기 때문이었다. 사울의 군대장관 아브넬은 길보아 산의 참혹한 전투에서 살아남아 통수권을 장악하였다. 그는 사울의 아들 중에서 유일한 생존자인 에스바알을[35] 데리고 요단 동편 땅으로 건너가 가능한 한 블레셋인들로부터 가장 멀리 떨어져 있는 얍복강 남쪽 길르앗 땅에 있는 에브라임 영토의 수도인 마하나임(현재의 tell hedjaj)으로 가서 에스바알을 왕으로 옹립하였다. 이것은 순전히 자의적인 행동이었다(삼하 2:8-9). 에스바알의 왕권은 전혀 종교적 토대를 갖지 못한 것이었다.

그러나 참패를 당하고 나서 어찌할 바를 몰랐던 이스라엘 지파들은 에스바알을 왕으로 옹립하는 데 동의하였다. 그들은 주변 세계의 다른 왕정들을 통해 왕은 세습된다는 것을 알고 있었고, 사울의 아들 중에서 유일한 생존자인 에스바알 외에는 다른 마땅한 적임자를 찾기 어려웠다. 사울 아래에서 왕정은 결코 성공작이 아니었지만, 당장에 활용할 수 있는 제도는 왕정뿐이었다. 남부 지파들은 다윗을 옹립하여 독자적인 길을 갔기 때문에, 에스바알의 지배권은 사무엘하 2장 9절에 꽤 자세하게 기록되어 있는 것처럼 요단 동편과 갈릴리, 사마리아의 산지들에 경계가 불명확하게 산재해 있던 지파들의 영토에 미쳤다.

사울과 마찬가지로 에스바알은 '이스라엘의 왕'으로 자처하고 이스라엘

---

[35] 에스바알이라는 이름은 역대상 8:33; 9:39에서만 변경 없이 보존되어 있고, 사무엘하에서는 이 이름은 후대에 금기시된 바알 신의 이름을 담고 있기 때문에 이스보셋으로 변경되었다.

의 모든 지파들에 대한 통치권을 주장하였다. 그러나 남부 지파들은 나머지 지파들로부터 분리되었기 때문에, 에스바알 치하에서 '이스라엘'이라는 정치적 개념은 단지 남부 지파들을 제외한 나머지 지파들의 대부분을 포괄하는 것이었고, 이때로부터 정치적인 분야에서는 '이스라엘'이라는 명칭에는 이러한 제한이 계속해서 가해져서 '유다'와 '이스라엘'은 별개의 국가로서 대치하게 되었다.

이제 '이스라엘'이라는 명칭은 두 가지 각기 다른 의미를 지니게 되었다: 그들의 전사(前史)에서 이루어진 하나님의 기본적인 행사(行事)들에 관한 전승들을 대변하였던 이스라엘 지파들 전체를 포괄하는 용어로서의 '이스라엘'은 여전히 신앙 용어로 사용되었으나, '이스라엘'은 단지 이스라엘 지파들의 일부만을 포괄하는—이내 이스라엘 사람들 이외의 종족들도 흡수하였지만—특정한 정치 조직체를 의미하기도 하였다.

에스바알과 다윗 치하에서 '이스라엘'과 '유다'는 곧 접경지대에서 군사적인 충돌을 일으켰는데, 이러한 충돌은 아마 에스바알, 아니 왕보다 더 큰 중요성과 영향력을 갖고 있었던 아브넬이 남부 지파들을 무력으로 복속시키려는 헛된 시도로 인하여 빚어진 것으로 보인다. 당연히 다윗은 그들보다 강하여서 적수가 되지 못했다. 그러나 이러한 전투들은 하찮은 것이었고 별로 특별한 영향을 끼치지도 못하였다. 다만 이 전투의 와중에서 아브넬은 다윗의 군대를 지휘하였던, 다윗의 한 측근인 요압의 형제를 죽이는 사건이 발생하였고 이때부터 요압은 아브넬에 대한 복수심에 불타 결국 얼마 후에 아브넬을 죽이게 된다(삼하 2:12-3:1). 이 일은 다음과 같이 일어났다.

아브넬이 사울의 처첩들 중의 하나를 취하자 에스바알과 아브넬의 사이가 벌어지게 되었다. 아브넬은 즉시 거리낌 없이 에스바알을 배신하고, 에스바알의 통치 아래 있는 지파들을 다윗에게 선사할 목적으로 사자(使者)들을 보내 다윗과 접촉하였다(삼하 3:6 ff.). 다윗은 자신의 아내인 사울의 딸 미갈을 데려와야 한다는 조건을 놓고 더 협상을 벌일 심산으로 아브넬을 맞이할 준비를 하였다.[36] 이러한 일화는 다윗의 목적과 방법을 전형적으로 보여주는 것이다. 당연히 아브넬은 다윗이 유다에 대한 왕권을 단지 시작으로 보고 온 이스라엘 지파들을 통치하기를 열망하고 있다는 사실을 고려에 넣었는데, 아브넬의 판단은 분명히 옳았다. 다윗이 미갈과 정략적으로 결혼한 것에도 이러한 목적을 달성하려는 계산이 들어 있었다.

언젠가 사울의 아들들이 모두 죽고 나면 비록 아브넬의 계획이 실패한다고 할지라도 사울의 기업[37]과 왕위[38]는 다윗의 몫이 될 것이기 때문이다. 나아가 아브넬은 비유다계 지파들도 다윗을 왕으로 옹립하는 것에 대하여 쉽게 동의할 것이라고 생각하였는데, 이러한 생각도 역시 옳았다. 다윗이 사울의 병기를 드는 자로 있을 때부터 다윗은 그들 지파들에게 알려져 있었고 대단한 인기를 누렸었다. 다윗은 유다의 왕이 된 이후에도 비공식적으로 그들과 좋은 관계를 유지할 기회를 결코 놓치지 않았다.[39]

그럼에도 불구하고 다윗은 아브넬의 제안을 경계하고 있었다. 두 사람 모두 사울의 측근이었기 때문에, 다윗은 아브넬을 개인적으로 잘 알고 있었다. 미갈을 데려와야 한다는 조건은 아브넬에게 에스바알과의 분명하고 최종적인 관계 단절과 다윗에게로의 충성의 이전을 의미하였다. 아브넬은 이 조건을 들어주고, 헤브론에서 다윗과 협상을 벌인 결과 협상은 타결되었다. 그러나 아브넬은 돌아가는 도중에 헤브론 성문에서 요압에 의해 살해됨으로써 이 계획은 무산되고 말았다. 요압은 자기 형제의 원수를 갚는다는 구실을 내걸었지만 사실은 아브넬이 다윗과 가까와짐으로써 자신의 지위가 위태로워질

---

36) 후대의 전승에서는 다윗이 골리앗을 이긴 후에 사울이 살아 있는 동안에 미갈이 그의 부인이 되었다고 하고 있다(삼상 18:27). 이것은 역사적으로 맞지 않고, 이 전승을 말하고 있는 사무엘하 3:14은 그 문맥으로 보아 이차적임이 입증된다. 사무엘하 3:15에서는 문맥상 '아브넬'('이스보셋'이 아니라)이 이 문장들의 주어가 되어야 한다.
37) 그러나 아들이 없는 경우에 딸이 상속할 권리에 관한 이스라엘 율법이 언제 생겨서 적용되었는지는 의심스럽다; 후대의 구절인 민 27:1-11을 참조하라.
38) 당연히 보위를 상속할 분명한 권리는 아직 없었다. 그러나 에스바알의 경우처럼 후계자를 찾는 과정에서 이전 왕가의 왕손에게 보위가 맡겨지기가 쉬웠다.
39) 한 예로 기자(記者)는 사무엘하 2:4b-7에서 다윗이 야베스 사람들이 사울과 그의 아들들을 장사지냈다는 것을 안 후에 그들에게 보낸 전언(傳言)에 관하여 말해준다. 이 전언을 보낸 다윗의 유일한 의도는 그들로 하여금 그를 좋게 생각하게 하기 위해서 였을 것이다.

것을 염려하고 시기하여 아브넬을 살해한 것이었다.

다윗은 이스라엘의 실권자였던 아브넬을 살해하도록 배후조정하였다는 의심을 받지 않기 위하여 아브넬의 시신을 거두어 모든 예의를 갖추어 친히 헤브론에 장사지냈다. 후일에 자신에게 중요하게 될 많은 백성들의 신임을 쉽게 잃어버리게 만들 수 있는 이러한 일을 다윗 자신이 원했을 가능성은 사실 없다. 그래서 사무엘하 3장 37절에서 역대기사가는 "이날에야 온 백성〔아마도 헤브론에 사는〕과 온 이스라엘이 넬의 아들 아브넬을 죽인 것이 왕의 한 바가 아닌 줄을 아니라"고 만족을 표시하며 기록할 수 있었다.

다윗에 대한 이스라엘 지파들의 신임과 애정으로 인하여 오래지 않아 다윗은 자신이 원하는 목표를 이룰 수 있게 되었다. 아브넬이라는 강한 오른팔을 잃게 된 약한 에스바알은 마하나임에서 어느 날 낮잠을 자다가 원래는 가나안 성읍이었는데 베냐민 지파에게로 흡수되었던 브에롯 출신의 두 명의 직업군인("군장")에 의해 살해되었다. 아마도 이 성읍의 거민들은 사울과의 싸움으로 인하여 그 성읍을 떠나지 않을 수 없게 되었을 것인데, 이제 와서 사울의 아들에게 그들은 복수를 하였다(삼하 4:1 ff.).

에스바알은 오랫동안 왕으로 있지 못하였다. 사무엘하 2장 10절에 나오는 주(註)에는, 그가 왕으로 옹립된 때로부터 그 이듬해 어느 날까지 2년 동안 치리하였다는 말이 나온다. 이 말은 본문상 또는 내용상의 근거 위에서 반박될 수 없다. 어쨌든 이 취약한 왕정이 적절한 토대 없이 오랫동안 지속될 수 있었을 것 같지는 않다. 에스바알이 살해된 것은 다윗에게 아주 잘 된 일이었다. 그러나 에스바알은 살해한 두 사람이 칭찬과 상급을 받기 위하여 에스바알의 머리를 들고 헤브론에 있는 다윗에게 곧 나타나자 다윗은 당황할 수밖에 없었다. 그렇지 않아도 아브넬이 살해됨으로써 의혹을 받고 있던 차에 이제 다윗이 이런 식으로 에스바알을 죽여 자신의 목적을 달성하고자 한다는 것이 분명한 듯이 보였다.

다윗은 두 사람을 즉시 처형하고 에스바알의 머리를 헤브론에 있는 아브넬의 무덤에 묻었다. 사실 다윗이 에스바알의 치세의 종말을 조용하고 영리하게 기다리지 않고 살해를 부추겨서 거의 필연적으로 일어날 수밖에 없는 일련의 사건들을 가속화시키고자 했을 가능성은 없었을 것이다. 다시 한번 이스라엘 사람들은 에스바알의 살해에 자신이 관여하지 않았다는 다윗의 주장을 믿었던 것으로 보인다.

이제 이스라엘 지파들이 택해야 길은 실제로 오직 하나밖에 남아 있지 않았다. 그들은 좋든 싫든 왕의 제도를 고수하지 않으면 안 되었다. 남부 지파들이 독자적으로 왕정을 세운 후에, 이전의 지파 동맹은 현재의 위기상황에서 꼭 필요한 정치 조직으로 발전해 나갈 수 없었다. 그들은 자기네 지파 사람들 중에서 왕으로 삼을 만한 인물을 발견할 수 없었다. 사울의 후손 가운데 유일한 생존자는 절름발이 아들 요나단뿐이었는데(cf. 삼하 9:1-3), 그는 아예 문제가 되지 않았다. 그러나 다윗은 이미 미갈과의 결혼을 통해 사울의 사위가 되어 있었다. 또한 그는 그들과 인맥을 맺어 놓았고 유다의 왕으로서 자신의 진가를 입증한 상태였다.

그러므로 이스라엘 국가에 속한 지파들의 장로들은 헤브론으로 다윗을 찾아와서 이스라엘의 왕이 되어줄 것을 요청하였다. 다윗은 그들과 "언약"을 맺고, 그들은 다윗에게 기름을 부어 "이스라엘 왕"(삼하 5:1-3)으로 삼았다. 다시 한번 이것도 정치적인 조치였다. '야훼 앞에서', 즉 성소에서 언약이 맺어졌다는 것은 사실이다. 그러나 그것은 단지 이 합의가 다른 인간의 합의들과 마찬가지로 하나님의 보호 아래 있다는 것을 의미할 뿐이다. 기름 부음은 다윗이 왕으로 추대된 후에 이루어진 제의 의식이었으나 그 자체가 왕으로의 추대를 의미하는 것은 아니었다.

사무엘하 5장 2b절에는 야훼가 다윗에게 "네가 … 이스라엘의 주권자(nagid)가 되리라"(cf. p.220)고 말씀하였다는 사실을 분명하게 언급하고 있다는 것은 사실이다. 이 말이 무엇을 의미하는지는 나와 있지 않다. 우리가 모르는 어떤 선지자가 이 말을 하였다면, 그것은 지파들의 장로들이 어쨌든 상황이 요구하는 조치에 동의하였다는 것 이상을 의미하지는 않았을 것이다. 헤브론에서 이루어진 합의는 여전히 중요한 것이었다.

다윗은 이제 '유다와 이스라엘의 왕'이 되었다. 각기 다른 시기에 서로 다른 절차를 거쳐 다윗은 먼저 유다의 왕, 다음으로 이스라엘(협의의 정치적 의미로)의 왕이 되었다. 각각의 왕권은 독자적인 법률적 토대를 갖추고 있었기 때문에 이 둘을 하나의 통일된 정치 조직 속에 통합하는 것은 이제 불가능하였다. 어쨌든 다윗은 역사적으로 발전되어 온 그 토대들을 고수하는 것이 옳다고 생각하였다. 왕 자신만이 두 개의 정치 조직을 통합하고 있는 유일한 요소였다. 따라서 이 둘 사이의 결합은 '인적 결합' 이었다.

다윗이 이스라엘의 왕으로 추대된 후에도 '이스라엘'과 '유다'는 나란히 공존하였다. 그리고 이스라엘 지파들이 두 개의 다른 국가로 분열된 상태는 변함없이 유지되었다. 이스라엘의 동맹 전체를 다스렸던 사울의 왕권이 일종의 '민족 왕정'이었던 것과는 달리 이 두 나라의 어느 쪽도 '민족 국가'는 아니었다. 그리고 지파 동맹의 기능들은 어느 나라에서도 지속될 수 없었다. 두 나라는 사울의 비참한 종말 이후의 특별한 상황에 의해 탄생되었다.

두 나라가 한 인물의 지배권 아래 통일되자 블레셋인들은 더 이상 이 상황을 좌시하고 있을 수 없게 되었다. 그때까지만 해도 블레셋인들은 다윗과 에스바알을 블레셋의 통치권 아래 있는 봉신들로 생각하고 있었을 것이다. 두 나라가 공존하는 상태는 그들에게는 아주 만족스러운 것이었고, 그들은 자신들의 주권이 영향을 받지 않는 한 이스라엘의 내부 문제에 간섭하지 않았을 것이다. 그러나 그들의 봉신인 다윗을 중심으로 유다와 이스라엘이 통합되자 그들은 위협을 느꼈고 따라서 간섭하지 않을 수 없게 되었다.

실제로 사무엘하 5장 17절에는 다윗이 기름 부음을 받고 이스라엘의 왕이 되었다는 소식에 접하자 온 블레셋인들이 즉시[40] "다윗을 찾으러 다 올라

---

40) 사무엘하 5장에서 다윗의 예루살렘 정복 이야기는 두 왕국을 통합한 훨씬 후에 일어난 이야기임에도 불구하고 먼저 등장한다(cf. 아래 pp. 245ff.). 역사적으로 블레셋인들과의 충돌이 예루살렘 정복에 선행하였다. 사무엘하 5:17이 사무엘 5:1-3을 소급적으로 이어받고 있는 것은 아주 옳다. 남은 문제는 다윗의 집권 이야기를 쓴 사람이 예루살렘의 정복에 관한 이야기가 특히 중요하다고 생각하여 먼저 기록하였고, 그런 후에 나중에 1-3절과 분명히 연결되어 있는(삼하 5:4-5, 11-16은 문학적인 관점에서 볼 때 이 문맥에서는 이차적이다) 사무엘하 5:17-25의 블레셋인들에 대한 승리를 기록한 것인가 아니면 원래의 순서는 사무엘하 5:1-3, 17-25, 6-10(10절은 강조적인 결론이다)인데—사건들의 역사적인 순서에 따라—후대의 기자가 예루살렘에 관한 구절을 미리 앞에다 집어 넣은

왔다"는 말이 나온다. 그들은 곧장 도시국가 예루살렘(현재의 el-bak'a)의 서쪽에 있는 르바임 골짜기를 점령하였다(18절). 이렇게 한 데에는 그럴 만한 상당한 이유들이 있었다. 예루살렘 영토를 경계로 유다 국가와 이스라엘 국가의 영토는 서로 분리되어 있었다. 이 지점을 공략함으로써 블레셋인들은 다윗이 이스라엘을 실제로 다스리지 못하게 만들거나 적어도 두 나라의 군대를 모두 소집하는 것을 불가능하게 하고자 했다.

다윗은 이제 전면적인 위기에 처하게 되었다. 다윗은 블레셋인들을 막고 그들의 패권을 꺾는 데 성공해야만 자신이 이루어 놓은 모든 지위를 유지할 수 있었다. 블레셋 편에서는 그들은 다윗을 유다와 이스라엘의 왕위로부터 축출해야만 그들의 패권을 유지할 수 있었다. 팔레스타인에서의 패권을 누가 거머쥐느냐 하는 것이 이제 결판이 나야 했다. 상황은 다윗에게 유리하게 전개되었다.

다윗은 블레셋[41]을 치기 위하여 자신의 직업군인들[42]을 이끌고 출정하여 아마도 브라심 산에 있는 바알 브라심 성소 근처에서 기습공격을 한 것으로 보인다.[43] 그 곳이 정확히 어디인지를 알아내기는 불가능하다. 그 곳은 르바임 평지의 남쪽 경계에 있었던 것 같다. 다윗은 분명히 남쪽으로부터, 즉 헤브론으로부터 와서 소로(小路)를 따라 눈치채지 못하게 르바임 평지로 접근하였을 것이다.[44] 그는 블레셋 군대를 철저하게 분쇄하는 데 성공하였다. 그

것인가 하는 점이다.
41) 17절에 의하면, 다윗은 "요해처로 나가니라"고 되어 있는데, 9절에 따르면 이것은 '예루살렘의 산성'을 의미한다. 이것은 원래의 문구가 아니고 나중에 앞에 삽입된 예루살렘 이야기에 대한 이차적인 언급이다. 역대상 14:8은 일반적으로 기술하고 있다: "다윗이 듣고 방비하러 나갔으나." 이것도 원문일 가능성은 극히 적다. 전승되어 온 본문은 이 대목에서 그대로 남아 있지 못하고 여러 가지로 '손질되었기' 때문에 이제 그 원문을 복원하기는 불가능하다.
42) 21절에는 "다윗과 그 종자들"이라는 구체적인 언급이 나온다.
43) 이사야 28:21에는 예루살렘 사람들이 그 근방에 있어서 잘 알고 있었던 브라심 산에 대한 언급이 나오는데, 야훼가 커다란 권능으로 개입하여 다윗이 거기에서 벌어진 전투에서 승리하였음을 암시적으로 말하고 있다. 사무엘하 5:20에서는 대적에 대한 다윗의 승리로부터 추론하여 아주 인위적으로 "브리심"이라는 이름을 이차적으로 설명하고 있다.

는 자신의 독특한 방법을 사용하여 그들을 쳐부수었다. 그는 블레셋인들 밑에서 용병대장으로 활약하였기 때문에 그들의 전쟁 방식을 잘 알고 있었다.

그는 사울과는 달리 수는 많지만 오합지졸에 불과한 지파들의 민병대가 아니라 전쟁을 전문으로 하는 용병대를 유다 왕으로 있는 동안에 육성, 발전시켜서 그들을 이용하여 블레셋과 대결하였다. 다윗은 이 민첩한 도구를 이용하여 남이 흉내낼 수 없는 자신만의 노련한 솜씨로 블레셋 군대를 쳐부수었다. 그러나 이 전쟁은 극히 중요하였기 때문에 블레셋은 재차 공격을 시도하였다. 그들은 첫번째 전투에서는 봉신이었던 적의 전력과 기술을 얕잡아보고 전력을 기울이지 않았던 것 같다.

첫번째의 대패 직후 두번째 전투에서 그들은 모든 군사력을 동원하여 총력전을 펼치고자 하였다. 그들은 또다시 르바임 평지에 출현하였다. 그리고 다윗은 이번에도 "뽕나무 수풀 맞은편"(삼하 5:23)에서 그들을 격퇴하였다. 예루살렘 근처에 살던 거민들은 잘 알고 있었을 이 곳의 위치를 확인하는 것은 당연히 불가능하다. 아마도 이번에 다윗은 이스라엘 국가 방면으로부터, 즉 북쪽으로부터 자신의 군대를 이끌고 블레셋 군대를 엄습하였을 것이다─틀림없이 이전처럼 기습작전으로.

어쨌든 사무엘하 5장 25절에 의하면, 다윗 군대는 참패한 블레셋 군대들 "게바[기브온]"⁴⁵⁾에서 게셀[유다의 남쪽 해안 평지에 있는 텔 예젤]까지" 르바임 평지 북쪽으로 추격하였다. 그들의 영토의 접경지대에까지 추격전을 벌인 다윗은 가장 강력하고 중요한 적들에 대하여 대승을 거두었다.

블레셋인들은 더이상 침공하지 않았다. 그들은 이 땅에 대한 지배권을 포기하지 않을 수 없었다. 그들의 전성기는 급속하게 끝장이 났다. 그 이후로 그들은 해안 평지의 남쪽 지역에 있는 이전 영토에 머물며 기회가 주어질 때마다 유다와 이스라엘을 괴롭히는 작은 이웃 나라들 중의 하나가 되었고,

---

44) Cf. A. Alt, PJB (1927), PP. 15 f. 그는 바알브라심의 성소가 esh-sherafat의 둥근 언덕 꼭대기에 있는 현재의 sitt el-bedriye 성소와 동일하다고 주장한다.
45) 역대상 14:16에 따라 우리는 본문에 나와 있는 "게바" 대신에 "기브온"으로 읽어야 한다.

더 이상 역사적으로 중요한 사건에 결정적인 개입을 할 수 없었다. 블레셋에 대한 다윗의 결정적인 승리들은 수많은 승리들로 장식된 그의 생애 속에서 가장 지속적이고 근본적인 승리들이었다. 이렇게 하여 다윗은 자유롭게 자신의 노선을 따라 정치 체제를 정비하고 발전시킬 수가 있었다.

다윗의 첫번째 조치들 가운데 하나는 **왕국의 도읍지를** 정하는 일이었음이 틀림없다. 그는 여전히 헤브론에 거주하였는데, 헤브론은 지리적으로 유다 왕국의 중심지였지만 장기적으로 볼 때 이스라엘 왕국을 더불어 다스리기에는 적합한 장소가 되지 못했다. 헤브론은 전체 왕국을 놓고 볼 때는 중심지로부터 너무 떨어져 있어서 두 왕국의 수도로는 적합치 않았다. 헤브론은 유다의 왕으로서의 다윗이 머물기에는 괜찮았지만, 이스라엘 지파들은 유다 왕이 아니라 그들 자신이 이스라엘 왕으로 옹립한 다윗에 의해 다스려지기를 바랐다.

그러나 그는 이 땅의 중심지인 세겜 같은 이스라엘의 성읍을 도읍지로 삼을 수 없었다. 만약 그가 이스라엘 왕국으로 자리를 옮긴다면, 그를 처음에 왕으로 옹립했던 유다 사람들이 결코 그를 용서하지 않을 것이기 때문이었다. 자신의 치세 동안에서 드러내놓고 알력을 벌였던 유다 왕국과 이스라엘 왕국간의 시기와 악감정을 고려하지 않을 수 없는 상황에서 현명한 정치가로서의 확실한 본능을 따라 다윗은 두 왕국의 영토 사이에 위치한 중립지대에 있는 한 성읍을 선택하였다. 이제까지 이스라엘 지파들이 정복한 적이 없었고 여전히 이 땅의 이전 거민들 중의 한 무리인 여부스 사람들이 거주하고 있던 **예루살렘**이 바로 그 곳이었다.

유다 왕국의 영토는 예루살렘 남쪽으로부터 시작되었고, 이스라엘 왕국의 영토는 예루살렘 북쪽으로부터 시작되었다.[46] 예루살렘은 오래된 성읍으로서 문헌에서는 주전 2천년대 초의 것인 이집트의 '저주 문서'에 최초로 언급되어 있다.[47] 아마르나 토판은 이 성읍이 도시국가 통치자인 압디헤바의 본

---

46) 특히 cf. A. Alt, 'Jerusalems Aufstieg', ZDMG, N. F. 4 (1925), pp. 1-19.
47) K. Sethe (cf. 위 p. 31, 주28) e 27/28 f. 18.

거지였음을 보여준다.[48] 아마르나 시대에 이 성읍은 소수의 성읍들만이 있었던 산악 지대에서 통치자의 거주지로서의 역할을 하였었다.

그러나 이제까지 예루살렘은 이 땅에서 진정으로 중요한 성읍이었던 적은 한번도 없었다. 이 성읍은 요단 서편 구릉지대의 인적이 드문 남쪽 지역에 해발 2500피트 높이로 솟아 있지만 넓은 지역을 조망할 수는 없는 험한 위치에 계곡의 움푹 들어간 곳에 있는 작은 구릉지대 위에 위치해 있었다.[49] 이 구릉지대 옆으로는 수로를 따라 북쪽에서 남쪽으로 뻗어 있는 간선도로가 통과하였지만 동부 및 서부와 교류하기에는 사정이 좋지 않았다. 예루살렘은 결코 이 땅의 중심지 역할을 할 수 없었고 그 지리적인 여건으로 볼 때 도읍지로서 적합하지도 않았다. 다윗 치하에서 예루살렘이 도읍지가 되고 역사 속에서 오늘날까지 중요한 의미를 띠게 된 것은 지리적인 여건 때문이 아니라, 자연적인 조건들을 무시하고 당시의 역사적 상황에 비추어 올바른 결정을 내린 한 인물의 의지(意志)와 통찰력 때문이었다.

다윗이 수도를 옮기는 데에는 오랜 기간이 걸렸다. 사무엘하 2장 11절, 5장 5a절에 의하면, 다윗은 헤브론에 7년 반을 거하였는데, 이 가운데 에스바알과 다윗이 동시에 치리한 기간은 불과 2년 남짓이었다. 그러므로 한동안 그는 헤브론에서 두 왕국을 다스렸다. 그런 후에 그는 자신의 용병을 동원하여 여부스 사람의 예루살렘을 정복하여(삼하 5:6-9)[50] "다윗 성"으로 명명하고 거기에 거주하였다. 예루살렘은 유다 왕국이나 이스라엘 왕국 어느 쪽에도 속하지 않았고 하나의 도시국가로 남았고, 이제 다윗은 이전의 여부스 사람의 도시국가 통치자의 합법적인 후계자로서 예루살렘의 통치자가 되었다.

---

48) 아마르나 서신 Nos. 285-290은 이 압디헤바(Knudtzon)가 보낸 것들이다.
49) cf. 다윗 이전 및 다윗의 예루살렘은 기혼 샘 위의 이른바 '남동쪽 언덕' 위, 현재의 도성에서 주거지밖에 있었다; cf. *Westminster Historical Atlas to the Bible* (1945), Pl. xvii. J. Simons의 종합적인 저서인 *Jerusalem in the Old Testament. Researches and Theories* (1952)는 이제 예루살렘의 고대 지지(地誌)에 관한 모든 의문점들을 해명해 줄 것이다.
50) 사무엘하 5:6에서 기자는 다시 올바르게 "왕과 그 종자들"을 언급하고 있는 반면에 역대상 11:4에서는 편파적으로 "다윗이 온 이스라엘로 더불어"로 바꿔놓고 있다.

이 성읍에는 유다 사람이나 이스라엘 사람이 살지 않았고, 이전 거민들이 계속해서 살았으며 다만 왕과 그의 측근들, 왕의 권속들과 용병들만이 거주하였다. 그러나 이들만 해도 그 곳으로부터 두 왕국을 다스릴 수 있을 정도의 정치 조직이었기 때문에 그 수가 상당히 많았다.

그런 다음에 다윗은—블레셋인들이 빼앗아다가 베냐민 지파에 합병된 오래된 가나안 성읍 기럇 여아림에 조심스럽게 안치해 두어서 한동안 사람들의 주목을 받지 못했던 지파 시절의 오래된 유물인—법궤를 자신의 새로운 수도로 옮겨 왔다. 다윗은 법궤를 자신의 수도로 옮겨와서 그 존엄성을 회복시켰다(삼하 6:1-15; 17-19). 그는 자신의 도성이, 열두 지파 동맹을 하나로 묶었던 이 유물에 부착되어 있었던 존엄을 부여받기를 원하였기 때문에, 지파들을 연대시켰던 고대의 제의 전승과 이 도성을 과감하게 연결시키고 그것을 자신의 목적을 위하여 활용하였다. 사실 그 이후로 세계사 속에서 예루살렘이 점하게 된 지위는 바로 이러한 조치 덕분이다.

다윗은 솔로몬이 나중에 자신의 왕궁을 건축한 장소인, 이 도성을 조망할 수 있는 북쪽의 둥근 언덕 꼭대기에 있었던 이 도성의 성소에 법궤를 안치하였을 것이다. 이제 고대의 이스라엘 성소는 지금은 다윗의 도성이 되었지만 이제까지 이스라엘의 전승들에 전혀 알려지지 않았던 한 가나안 성읍에 있는 가나안인들이 예배 처소에 안치되었다. 거기에서 예배 의식을 주관한 제사장들은 왕의 관리들이었다(삼하 8:17a, 18b; 20:25b, 26).

우리가 알고 있듯이, 법궤는 이전에도 오래된 지방 성소들에 안치되어 있었고, 이스라엘 지파들은 이제 예루살렘의 성소를 자신들의 종교적 중심지로 숭앙하게 되었다. "시온산"—이것은 예루살렘의 예배 처소가 있었던 언덕 꼭대기의 명칭이었다—은 이스라엘의 종교 용어에 속하는 하나의 개념이 되었다.

유다 왕국의 영토와 이스라엘 왕국의 영토는 이스라엘 사람과 가나안 사람이 서로 인접하여 살았기 때문에 그리 분명하게 확정되어 있지 않았다. 그 중에서도 이스라엘이 특히 그러했다. 이제까지 독립되어 있었던 가나안의 도시국가들을 다윗이 병합함으로써 유다 왕국과 이스라엘 왕국의 영토는 이전에 결여되어 있었던 통일성을 갖출 수 있게 되었다. 이에 관한 직접적인 자료는 존재하지 않지만 간접적으로 그렇게 추론할 수 있다. 사무엘하 24장 5-7절에는 이스라엘과 유다의 국경이 서술되어 있다. 사실 이 본문은 다윗의 관리들이 징병을 염두에 두고 실시되었던 인구조사를 위하여 취하였던 행로(行路)를 묘사해 놓고 있다.

그러나 그 행로에 관한 묘사를 통해 사실상 국경선들이 제시되고 있다. 그 행로는 요단 동편의 남쪽 땅에 있는 성읍 아로엘(현재의 khirbet 'ara' ir)을 낀 아르논(sel el-mojib)에서 시작되고 있기 때문에 아르논 북쪽의 고원지대 전체와 동쪽으로 대략 아로엘 디본(diban)—다윗의 영토에 있어서 메드바(madeba)—을 잇는 선에 이르기까지의 모든 성읍들을 포함하고 있다.

그런 다음에 갓 땅,[51] 길르앗 땅 중에서 에브라임-므낫세 지파의 영토와 요단강의 발원지 곁에 있는 성읍 단 사이의 "헷 사람의 땅"이 열거된다. "헷 사람의 땅"[52]은 오래된 도시국가 영토로서 다윗이 복속시켰던 아일룬의 북동쪽과 북쪽으로 있는 띠 모양의 도시국가 영토들을 의미한다.

다음으로는 "두로 견고한 성"[53]—이것은 두로(현재의 tell reshediye) 섬 사람들이 대륙에 세운 전진기지를 의미할 것이다—을 필두로 남쪽 방면으로 "히위 사람과 가나안 사람의 모든 성읍", 즉 갈멜 놀줄무의 북쪽과 남쪽으로 대략 나르 엘-아루야에 이르는 남쪽 변방까지의 해안 평지의 도시국가들이 나오는데, 그 너머의 해안 평지에서부터는 이스라엘에 의해 무력화되긴 했지만 여전히 독립국가들로 남아 있었던 블레셋 성읍들의 영토가 시작되었다.

---

51) 야셀이라는 명칭은 갓 지파의 지방을 묘사하는데(cf. 민 32:1), יהדה라는 이상한 단어(그 앞에 있는 관사와 함께)는 분명히 오류이다. 그 자리에는 동사형이 나와야 할 것이다.
52) 6절은 분명히 왜곡된 본문 대신에 칠십인역 전승의 일부를 따라 그렇게 읽혀져야 한다. 이하의 단어를 확실하게 복원하는 것은 불가능하다.
53) 6절의 "시돈"은 아주 일반적으로 '페니키아'를 의미하는 것 같다. 앞의 단어들이 왜곡되어 있기 때문에 이것을 확실하게 결정하기는 어렵다.

처음에는 지파들에 의해 정복되지 않았던 가나안 성읍들은 나중에 "이스라엘이 강성한 후에야" 정치적으로 복속되었지만 여전히 점령되지는 않았다고 말하는 사사기 1장 27-35절의 말은 다윗 시대의 이러한 조치를 언급하고 있는 것으로 보아야 할 것이다. 이 구절을 통해 우리는 특히 이스르엘 평지에 있던 커다란 성읍들도 복속되었음을 알게 된다―이런 구절이 없더라도 우리는 여러 상황으로 보아 당연히 그랬을 것으로 추측할 수 있다.

열왕기상 4장 7-19절에 나와 있는 솔로몬 시대의 이스라엘 왕국의 속주들(provinces)을 볼 때, 이스라엘 지파 영토와 가나안 성읍들의 영토가 함께 이스라엘 왕국의 영토를 구성하고 있었다고 한다면, 이러한 사실이 전제하고 있는 가나안 성읍들에 대한 정복은, 자기 왕국의 영토를 확장했다는 기록이 없는 솔로몬이 아니라 분명히 다윗에 의해 이루어졌음에 틀림없다.

이것은 이스라엘 사람들이 가나안 원주민에 대하여 궁극적인 승리를 얻어서 이스라엘과 유다 왕국이 영토를 하사받아 그 영토의 경계를 확정지었다는 것을 의미한다. 지파들의 정착지들이 제대로 갖춰져 있지 못하고 많은 부분이 도시국가 영토들에 의해 갈라져 있었던 이스라엘 왕국은 이러한 과정을 통하여 대단한 유익을 얻었다. 아울러 이스라엘 왕국의 영토는 크게 확장된 반면에 유다 왕국은 서쪽으로 인접한 구릉 지대에 있는 도시국가 영토들을 조금 얻는 데 그쳤다.

또한 사실 이러한 권력과 영토의 분배는 유다 왕국, 특히 이스라엘 왕국에게는 탄탄한 민족적인 결집의 상실을 의미하기도 했다. 이제 가나안의 제도가 이스라엘과 유다 왕국에 그대로 편입되었다. 왜냐하면 이스라엘 지파들에게 아주 이질적인 도시국가의 거민들이 이러한 영토 병합에 의해 실질적으로 조금도 영향을 받지 않았고 그들의 정치적, 사회적 구조는 근본적으로 동일하게 남아 있었기 때문이다. 단지 도시국가 왕의 지위를 이스라엘 또는 유다의 왕이 대신 차지했을 따름이다.

그리고 그 성읍들을 다스렸던 귀족계급의 지배층들은 이제 이스라엘 또는 유다의 왕을 자신들의 주군(主君)으로 받들어야 했다. 블레셋인들에 대한 승리에서 아주 극명하게 드러난 다윗의 세력의 우위로 인하여 대체로 그들은 복종하지 않을 수 없었다. 어쨌든 그들의 복종을 강요하기 위하여 무력을 사용하였다는 말은 나오지 않는다. 두 왕국의 인구 구성에 있어서 이스라엘 지파들은 가장 중요하고 결정적인 구성 분자들이었으나 가나안 거민들도 이제 어느 정도 무시못할 존재가 되었다.

또한 유다와 이스라엘의 왕이라는 권위를 토대로 다윗은 이웃 나라들을 복속시켰다. 그렇게 하여 다윗은 이스라엘 지파들의 영토를 훨씬 뛰어넘어 팔레스타인과 수리아의 대부분의 땅을 포괄하여 사방으로 뻗쳐있는 대제국을 건설하였다. 팔레스타인-수리아 땅에는 이따금 대규모의 정치 조직들이 등장하곤 했는데, 팔레스타인과 수리아가 이집트의 통치 아래 있을 때 특히 그러했었다.[54]

또한 다윗 제국의 내부 조직에 있어서 이집트의 모델이 적지 않은 역할을 하였다. 사무엘하 8장 1-14절에서는 다윗이 이렇게 세력을 확장한 과정과 그 업적들을 일 년 단위로 연대기순으로 편집해 놓고 있다. 그리고 사무엘하 10장 1절-11장 1절, 12장 26-31절에는 암몬 사람 및 아람 사람과의 전쟁에 관한 기사가 좀더 자세하게 나와 있다.

사무엘하 8장의 목록이 블레셋 사람으로부터 시작하고 있는 것은 적절하다(1절). "블레셋 사람을 쳐서 항복 받고"라는 이 절에 나오는 말은 사무엘하 5장 17-25절에 기록되어 있는 블레셋 사람에 대한 다윗의 승리들을 가리키는 듯한데, 이 승리들을 통해 블레셋인들은 정치적으로 다윗에게 영속적으로 종속된 것은 아니고, 다만 그 땅의 대부분에 대한 다윗의 지배권을 인정하지 않을 수 없게 되었을 뿐이다.[55] 작은 지방들에서는 여전히 블레셋인들이 권력을 쥐고 있었고, 다윗은 한동안 이들을 복속시키지 못하였다.

사무엘하 8장 2절에는 다윗이 아르논 남쪽에서 그 영토가 시작되는 모

---

54) Cf. A. Alt, 'Das Grossreich Davids', ThLZ, 75 (1950), columns 213-220.
55) 역대상 18:1에 비추어 볼 때 '손질되지' 않은 것임이 확실한 1b절의 מתג האמה 라는 표현은 불행히도 아주 모호하다. O. Eissfeldt in ZDPV, 66 (1943), pp. 117 f.의 설명은 실제로 만족스럽지 못하다. 본문이 제대로 되어 있는지도 확실치 않다.

압을 복속시켜서 아르논에 이르기까지 이스라엘의 영토를 확장하였다는 말이 나온다. 모압과 전쟁을 하게 된 특별한 이유에 대해서는 언급이 없다. 다윗은 모압을 대패시킨 후 모압 군대의 삼분의 이를 살육하였다. 이렇게 잔혹한 살육으로 미루어 보건대, 모압이 사소한 트집을 잡아서 방자하게 다윗에게 싸움을 걸어왔던 것이 아니었겠는가 추론해 볼 수 있을 것이다. 다윗은 모압을 봉신 국가로 만들어 조공을 바치도록 했다. 모압은 왕정을 지속하였던 것으로 보이지만 다윗의 종주권을 인정하지 않을 수 없게 되었다.

 이 일 후에 아람인들을 상대로 벌인 다윗의 전쟁들이 사무엘하 8장 3-8절에 기록되어 있다. 사무엘하 10-12장에 의하면, 이 전쟁들은 암몬족의 경솔한 행동으로 말미암아 초래되었다. 이스라엘의 새로운 상황을 전혀 도외시한 채, 이전에 사울에 의해 정복당한 적이 있음에도 불구하고, 여전히 요단 동편의 이스라엘 영토를 정복할 생각을 갖고 있었던 암몬족은 새로운 암몬 왕의 즉위식을 축하하러 갔던 다윗의 사절을 능욕하여 다윗과의 전쟁이 불가피하게 되었다. 암몬족은 자신의 군사력이 보잘것 없었기 때문에 이웃 나라들과 아람인들의 도움을 확보하고자 하였다.

 이때 아람인들은 몇 개의 군소국가들을 이루고 있었다. 암몬 북쪽으로 가장 가까운 이웃 나라로는 팔레스타인의 최북단 경계인 아일룬의 동쪽에 아람인들의 국가인 베드르홉(현재의 rihab)이 있었다. 거기에서 그리 멀지 않은 곳에는 그리 견고한 정치 조직을 갖고 있지 못했던 아람인들의 한 무리인 "돕 사람들"이 있었다. 암몬족은 그들에게 도움을 요청하였다. 헤르몬 산의 남쪽 자락에는 마찬가지로 아람인들의 영토인 마아가의 왕이 있었다. 그리고 암몬족은 무엇보다도 특히 소바의 왕 하닷에셀의 원조를 얻는 데 성공하였다. 그는 아직 제대로 정착되어 있지 못했던 안티 레바논의 동쪽 지역에 있는 아람 부족들을 통치하였다. 또한 그는 유프라테스에 이르기까지의 초원 지대에 사는 아람 부족들을 다스렸다.

 이 모든 아람인들이, 다윗의 명령에 의해 요압의 지휘 아래 유다-이스라엘 군대의 공격을 받고 있었던 암몬의 수도 랍바(현재의 'amman)를 구하기 위해 큰 군대를 이끌고 왔다. 요압과의 싸움에서 참패를 당한 이 아람인들은 암몬족에 대한 원조를 중단하였고 다윗과의 싸움도 중단하였다. 오직 하닷에셀만은 개인적으로, 저 유명한 오아시스 고도(古都)에 아람 사람의 영토를 구축하여 다메섹 남쪽의 몇몇 도시국가 영토들을 다스렸던 다메섹의 아람인들을 끌어들여 새롭게 군대를 모아 다시 한번 쳐들어왔다.

그러나 이번에는 친히 출전한 다윗에게 요단 동편의 최남단에 있었던 것으로 보이는 헬람이라 하는 지역 근처에서 참패를 당하였다. 이 승리의 결과로 암몬족은 전의를 상실하였다. 이듬해에 다윗은 요압에게 암몬 사람의 땅을 황폐화시키고 그 수도인 랍바를 함락시키라고 명령하였다. 마침내 다윗은 서둘러서 이 성읍의 요새를 함락시키는 데 친히 출전하였다. 그는 암몬족을 가혹하게 다루었는데, 그렇게 한 데에는 그럴 만한 이유가 있었을 것이다.

다윗은 암몬 성읍들의 거민들을 끌고와 노예로 삼았고, 자신의 머리 위에 암몬의 왕관을 썼다. 달리 말하면, 다윗은 이전 왕을 폐위시키고 스스로 암몬의 왕이 되었다. 이렇게 하여 다윗은 유다와 이스라엘의 왕, 도시국가 예루살렘의 왕에 더하여 암몬의 왕이 되었다. 그러나 요단 동편의 남쪽 땅에 있던 아람인들의 도시국가 영토는 다메섹에 이르기까지 다윗 제국의 속주로 편입되었고, 다메섹에는 다윗이 임명한 총독들이 거하였으며, 그들은 정기적으로 조공을 바쳐야 했다. 요단 동편의 남쪽 땅의 경계들에 있던 아람인들의 군소국가의 영토들은 이런저런 형태로 이 속주에 병합되었을 것이다.

이렇게 하여 다윗은 북동쪽으로 멀리까지 자신의 지배권을 확장하였다. 널리 산재해 있고 그리 확고하게 정착되어 있지 못한 아람 부족들을 다스렸던 소바의 하닷에셀은 다윗의 통치에 지속적으로 복속되어 있지 않았다. 다윗에게 패한 후에 그는 단 한 번 황금 방패들 또는 화살통[56]을 조공으로 바쳤고, 다윗은 이것들을 트로피로 예루살렘으로 가져왔을 뿐으로, 단지 다윗의 지배권을 형식적으로 인정하는 정도였다. 그는 청동을 공급할 의무를 졌으나 지속적으로 그렇게 할 의도는 없었던 것으로 보인다. 청동은 하닷에셀이 통치하고 있었던 레바논과 안티 레바논 사이의 베카에서 났을 것인

---

56) שֶׁלֶט라는 단어의 의미를 확정하기는 불가능하다.

데,⁵⁷⁾ 거기에 있었던 광산은 고대로부터 채굴되어 왔었다.

그러므로 다윗의 영향력은 어쨌든 간접적으로는 중부 수리아 깊숙이까지 미쳤으므로, 북부 수리아의 오론테스 강변에 있던 하맛(현재의 hama)의 왕은 매우 강성해진 다윗에게 풍부한 선물과 함께 사절을 보내 화친을 청하기도 하였다: 그의 승전들에 대한 소문은 하맛에까지 이르렀던 것이다(삼하 8:9 f.).⁵⁸⁾

끝으로, 에돔에 대한 다윗의 승리가 사무엘하 8장 13절 이하에 기록되어 있다. 이 경우에 있어서도 우리는 무엇 때문에 전쟁이 일어났고, 열왕기상 11장 15-17절에서 다른 문맥 속에 기록되어 있는 것처럼 에돔 사람들을 가혹하게 다룬 이유가 무엇이었는지를 모른다. 후자의 기사에 의하면, 다윗은 에돔을 쳐부수고—사무엘하 8장 13절에 나와 있듯이 "염곡"에서⁵⁹⁾—요압은 에돔에 여섯 달을 머물며 "에돔의 남자를 다 없이 하기까지" 황폐화시켰다. 왕가도 멸절시켰고, 오직 왕자 하닷만이 가까스로 몇 사람의 충직한 하인들과 함께 시나이 사막을 거쳐 이집트로 피신하였다. 또한 다윗은 에돔을 속주로 삼고 거기에 총독들을 두어 다스리게 하였다. 이 속주는 거리상으로는 멀었지만 엘 아카바 만과 홍해로 통하는 길목에 있었고 와디 엘-아라바의 경계들에 수많은 광산들이 있었기 때문에 중요한 곳이었다: 이렇게 열려진 가능성들은 나중에 솔로몬 치하에서 활용되었다.

결론적으로 다윗은 두로의 왕 히람 및 당시에 두로를 중심으로 한 모든 페니키아의 해안 도시들과 평화적이고 우호적인 관계를 유지하였다.⁶⁰⁾ 히람

---

57) 사무엘하 8:8에는 데바(원문의 형태)와 베로대라는 두 성읍이 광물 산지로 언급되어 있다. 불행히도 확실한 증거가 없기 때문에 이 두 곳의 정확한 위치를 알아내기는 불가능하다.

58) hama에서의 발굴들을 통해 (cf. H. Ingholt, *Rapport préliminaire sur sept campagnes de fouilles à Hama en Syrie* (1932-1938), 1940) '히타이트식 상형문자'를 사용한 거민들이 주전 1200년경에 하맛을 그들의 본거지로 삼아 재정착하였다는 사실이 밝혀졌다 (cf. WAT, p. 166 and illust. 8c). 다윗의 동시대인이었던 그 왕은 바로 이 종족에 속했다.

59) 이 "염곡"은 브엘세바 동쪽으로 있는 현재의 wadi el-milh('염곡')이 아니라 wadi el-'araba의 동쪽에 있었을 것이다(cf. 왕하 14:7).

을 통하여 다윗은 여러 가지 일들을 봐준 대가로 예루살렘에 왕궁을 짓는 데 소요된 레바논의 귀하고 탐나는 백향목과 숙련된 장인(匠人)들을 얻을 수 있었다(삼하 5:11).[61]

이 모든 전쟁을 승리로 이끈 후에 다윗은 예루살렘의 왕, 실질적으로 가나안의 도시국가들을 병합한 유다와 이스라엘의 왕, 암몬의 왕, 총독들을 두고 다스렸던 속주 아람(다메섹)과 에돔의 통치자, 모압의 봉신 왕의 주군(主君), 소바의 하닷에셀에 대한 명목상의 주군이 되었다. 전 영토는 극히 복잡한 정치 조직이 되었고, 순수한 이스라엘 국가의 영토 한계를 훨씬 뛰어넘어 비대해졌다.

다윗이라는 인물을 중심으로 수많은 서로 다른 민족들이 팔레스타인-수리아 제국으로 통일되었다. 다윗의 정치 조직은 우리가 알고 있는 한[62] 팔레스타인-수리아 땅에서 직간접적으로 팔레스타인과 수리아의 대부분을 포괄하는 최초의 거대한 독자적인 세력이 되었다. 이것은 세계사적 관점에서 볼 때 기본적으로 한 명의 비상하게 뛰어나고 영민한 인물이 이루어낸 놀라운 업적이었다.

오리엔트의 일반적인 역사적 상황은 다윗에게 유리했었다. 이집트와 메소포타미아에는 당시에 팔레스타인과 수리아에 대하여 영유권을 주장하며 그 땅을 잠식할 수 있는 강대국이 없었다. 제21왕조가 다스렸던 이집트는 테베(Thebes)의 제사장들의 신정적 통치에 의해 분열되고 제한되어 취약해져 있었다.[63]

메소포타미아에서 바빌로니아는 산지족(山地族)인 카시족(the

---

60) Cf. W. F. Albright, *Studies in the History of Culture* (1942), pp. 33 f.
61) 사무엘하 5:11에 나오는 주는 원래 사무엘하 8:1-14의 일부였으나 예루살렘을 언급하고 있다는 이유로 현재의 위치로 옮겨졌을 것이다.
62) 힉소스족은 이집트를 정복하고 거기로 그들의 본거지를 옮기기 전에 한때 팔레스타인-수리아에서 커다란 국가를 이루었을 것이다.
63) Cf. Ed. Meyer, *Gottesstaat, Militärherrschaft und Ständewesen in Ägypten. Zur Geschichte der 21. und 22. Dynastie* (Sit. Ber. d. Preuss. Akad. d. Wiss., phil.-hist. Kl. XXVIII), 1928.

Cassites)이라는 이방 세력의 통치가 수 세기 동안 계속되면서 정치 세력으로서의 중요성을 상실한 지 오래되었다. 중(中)앗수르 제국의 황금기 이후에 당시에 떠오르던 세력인 앗수르는 주전 1000년대가 지나면서 다시 쇠퇴하였다. 소아시아에서는 강대한 힛타이트 제국이 멸망한 후에 이렇다 할 세력이 등장하지 않고 있었다. 그러므로 새로운 세력이 외세의 간섭없이 수리아-팔레스타인에서 발전할 수 있는 여건이 형성되어 있었고, 이런 상황에서 다윗 제국은 수리아-팔레스타인의 남부에서 발전했던 것이다.

 이스라엘 지파의 이러한 상황은 단시일 내에 급변하였다. 오래지 않아 그들은 이 땅의 이전 거민들에 맞서 스스로를 유지하는 데 만족하지 않으면 안 될 정도가 되었다. 그리고 그 후에 그들은 블레셋인들에게 복속될 수밖에 없었다. 그러나 지금으로서는 그들이 선택한 왕은 거대한 제국을 다스렸고 사방 사람들에 의해 존경과 두려움을 한 몸에 받고 있었다. 그들의 외적인 안전은 보장되었고, 그들은 자신들의 지위를 높여 주고 자신들의 자기 의식과 자신감을 증대시켜 주는 감동적인 역사적 과정에 동참하고 있었다. 역사상 처음으로 그들은 수동적이 아니라 창조적으로 위대한 역사적 운동에 참여하고 있었다. 이제 거기에는 단지 이스라엘 지파들만이 참여하고 있는 것이 아니었다.

 다윗의 위대함과 성공에 대해 찬사를 보내면서도 이스라엘 지파들은 지금 일어나고 있는 일이 정통적인 이스라엘 역사의 한계를 지나치게 벗어나 진행되고 있는 것은 아니냐고 걱정스러운 어조로 반문했을지도 모른다. 이스라엘 지파들은 단지 일정 한도로만 다윗 제국의 핵심을 형성하고 있었을 뿐이다. 그들은 두 개의 별개의 정치 조직으로 분열되어 있었고, 이 조직들은 더 이상 순전히 이스라엘 사람들로만 구성되어 있지도 않았다. 다윗은 이제 지파들의 군대만으로 전쟁을 수행한 것이 아니었다.

 다윗이 요단 동편의 이웃 나라들을 칠 때[64] 지파들의 군대를 사용했고

---

64) Cf. 삼하 11:1('온 이스라엘'을 이끌고 암몬족과 싸우는 군대장관 요압); 왕상 11:15(모압에 있는 군대장관 요압); 삼하 10:17('온 이스라엘'을 이끌고 아람

마치 자기가 '성전(聖戰)'을 수행하고 있는 양 고대의 지파 유물인 법궤를 동반한 것은 사실이다.[65] 다윗은 지파 동맹을 상징하는 법궤를 매우 소중하게 생각하였다. 그러나 다윗이 주로 의존했던 군사력은 자신의 용병부대였고,[66] 이 용병부대는 순수하게 이스라엘 사람들로 구성된 것이 아니라 매우 잡다한 족속들을 한데 모아 놓은 것으로서[67] 어쨌든 이스라엘 지파들이 아니라 다윗 개인에게 속한 사병(私兵)이었다.

다윗은 용병대장으로서 자신의 출세가도를 달리기 시작하였고 이들을 이용하여 블레셋인들에 대한 결정적인 승리, 도시국가 예루살렘의 정복 같은 중요한 승리들을 이끌어 내었다. 그후에도 다윗은 중요한 전쟁들에서 자신의 용병들을 계속해서 사용할 것이었다. 이 시기에 생겨난 정치 조직은 이스라엘 제국이라기 보다는 다윗 제국이었다. 그렇지만 지파들은 여전히 그를 자기네들의 사람으로 생각하였고, 그들의 중앙 성소는 다윗의 왕도(王都)에 있었다. 그리고 그들은 어쨌든 다윗의 집권에 한 몫을 하였다.

다윗 제국은 그 창건자의 강력한 개성에 아주 밀접하게 의존되어 있었기 때문에 그의 사후에 이 제국의 존립 여부는 그와 어느 정도 동일한 수준의 후계자를 찾을 수 있느냐에 달려 있는 듯이 보였다. 다윗은 이 점을 깨닫고 있었고, 또한 왕위 계승에 관한 전통의 전적인 부재(不在)와 이 복잡한 제국의 건설에 있어서 자신의 개성의 중요성으로 인하여 많은 것이 후계자에 관한 자신의 결정에 달려 있다는 것을 아주 잘 알고 있었을 것이다. 그런데 이상하게도 다윗은 이와 관련하여 실패하였다.

그 이유는 주로 그가 결정을 내리지 못하고 너무 오랫동안 그 결정을 미루었기 때문이었다. 그러므로 그의 치세의 말기는 왕위 계승을 둘러싼 그의 여러 아들들에 의해 야기된 온갖 정쟁(政爭)들로 시끄러웠다. 아마도 솔로몬

인들과 싸우는 다윗)
65) Cf. 삼하 11:11.
66) 군대장관 외에도 다윗에게는 용병들을 책임지는 특별한 지휘관이 있었다(삼하 8:18; 20:23).
67) 이미 "다윗의 삼십 용사들"과 K. Ellinger, PJB, 31 (1935), pp. 29-75를 참조하라.

이 죽기 전에 씌어진 것으로 보이는 한 역사서는, 왕위 계승을 둘러싼 이러한 잡음들과 이 문제의 최종적인 결말을 상당히 정확한 지식을 가지고 서술하고 있다.[68] 다윗의 여러 아들들 가운데 한 사람이 왕위를 계승할 것이라는 것은 기정사실이었다.

사울의 남자 후손들 가운데서 유일하게 생존해 있던 요나단의 아들 므립바알은 불구자였는데,[69] 만약 그가 왕위를 잇게 될 영광의 때가 올 것이라고 믿었다면(삼하 16:3), 그것은 자신이 얼마나 어리석은 자인가를 보여줄 뿐이었다. 사울의 왕정이 비참하게 실패한 후에 이스라엘 지파들 가운데 사울 왕정의 지속을 원하는 사람들은 많지 않았을 것이다. 심지어 사울의 자리를 취하였다 하여 유다 사람 다윗의 왕정에 적개심을 품었던 사울 자신의 지파인 베냐민 지파까지도 그러했다(cf. 삼하 16:8).

새로운 국가는 사울의 왕정과 거의 공통점을 갖고 있지 않았고 다윗의 개인적인 업적으로 인한 것이 많았기 때문에 다윗 가문 사람들만이 그 왕위를 계승하기에 적합한 것으로 생각될 수 있었다. 더욱이 예루살렘의 다윗 궁정에서 적지 않은 역할을 했던 '선지자' 나단은 다윗의 성공적인 등극이 야훼가 그를 왕으로 선택하였음을 증명한다고 말하면서 다윗 왕조가 그의 사후에도 지속될 것이라고 하나님의 이름으로 엄숙하게 선포하였었다(삼하 7:8 ff.).[70]

그러므로 실제적인 문제는 다윗의 아들들 가운데 누가 왕위를 계승할 것이냐 하는 것이었다. 다윗 사후에 위험스러운 혼란 상태가 일어나는 것을 막

---

68) 이 역사적 저작은 삼하 7장; 9:1-20:22; 왕상 1-2장에 나온다; cf. L. Rost, *Die Überlieferung von der Thronnachfolge Davids* (BWANT, III, 6), 1926.
69) 이 이름의 원형은 오직 역대상 8:34; 9:40에만 나온다. 사무엘하 4:4; 9:6 ff. 등에서는 이 이름은 왜곡된 형태인 므비보셋으로 나온다.
70) 사무엘하 7:8에 나오는 말은 야훼가 다윗을 불러 이스라엘에 대한 nagid으로 삼았다는 것을 의미하는 것으로 받아들여야 한다. 우리는 이러한 부르심이 다윗의 집권에서 어떤 역할을 하였는지에 관하여는 전혀 아무말도 듣지 못한다(cf. 위 p. 242). 다윗이 야훼에 의해 nagid으로 부르심을 받았음에 틀림없다는 것은 아마도 회고적으로 확정되었던 것 같다. 사무엘하 6:21도 이런 식으로 판단되어야 할 것이다.

고자 한다면, 이 문제는 그의 생전에 결정되지 않으면 안 되었다. 다윗이 사울의 딸 미갈에게 청혼하여 그녀를 아내로 맞이했을 때, 다윗의 마음 속에는 이 결혼에서 낳게 될 아들, 곧 장자는 사울의 손자가 될 것이고 그의 아들들 가운데 가장 유력한 후계자가 되어 여전히 사울 가문을 지지하고 있던 사람들의 동정을 얻게 될 것이라는 계산이 있었음에 틀림없다. 그러나 사무엘하 6장 23절에서 분명히 말하고 있듯이, 다윗과 미갈 사이에서는 자녀가 없었다. 따라서 이 둘 사이에서 낳은 아들이 왕위를 계승하게 될 가능성은 사라졌다.

그렇다면 아버지의 부인들 가운데서 어머니의 지위와는 상관없이 그 아버지의 장자에게 유업(遺業)의 주요 부분을 할당하도록 되어 있는 이스라엘의 고대 상속법에 의하면(cf. 신 21:17), 다윗의 장자가 왕위를 계승할 것이라는 생각은 아주 당연한 것이었다. 그리고 우리가 알고 있는 한, 사실 그 후에 다윗 가문에서 왕위는 통상적으로 왕의 장자에게 계승되었다. 왕정과 왕조의 창건자인 다윗 자신의 경우에, '왕족으로 태어난' 장자, 즉 다윗이 왕위에 오른 후에 태어난 장자는 특별한 우선순위를 가지고 있었을 것이다. 다윗의 아들들은 이 후자의 측면에는 별로 신경을 쓰지 않고 나이 순에 따라 후계자가 결정될 것으로 생각하였다.

사무엘하 3장 2-5절에는 나이 순으로 다윗의 다섯 아들의 명단이 나오는데, 이 명단에 대한 편집자 주(註)에 의하면 이들은 다윗이 유다의 왕이었을 때 헤브론에서 태어났다. 그러나 다윗에게는 이보다 훨씬 전에 적어도 두 명의 아내가 있었기 때문에(cf. 삼상 25:42-43), 좀더 나이가 든 아들들이 몇 명 있었을 것이다. 사무엘하 3장 2-5절에 나오는 명단을 보충하는 것이 사무엘하 5장 13-16절에 나오는데, 거기에는 예루살렘에서 태어난 아들들이 열거되어 있다.

사무엘하 3장 2절에는 암논이 남부 유다의 이스르엘 출신의 아히노암에게서 낳은 다윗의 장자로 명시되어 있는데, 다윗은 그녀와의 결혼을 통하여 남부 유다 지파들과의 관계를 돈독히 하였다. 암논은 자타가 공인하는 왕의 후계자였다. 왕위 계승 설화를 쓴 기자(記者)도 이 점을 암시하고 있다. 바로 이런 때문에 사무엘하 13, 14장에서 이 기자는 왕위 계승 설화의 일부로서 압살롬이 암논을 살해한 이야기를 아주 자세하게 기록해 놓고 있다. 암논은 현명치 못하게도 이복누이 다말을 강간함으로써 압살롬에게 자기를 살해할 구실을 제공해 주었다. 사실 그를 살해함으로써 압살롬은 자기보다 순위가 높은 후계자를 제거한 셈이 되었다.

사무엘하 3장 3절에 의하면, 거기에 언급된 다윗의 둘째 아들은 어떤 이유에선가 사라졌기 때문에 셋째 아들인 압살롬이 암논 사후에 최우선순위의 후보가 되었다. 우선 암논을 살해함으로써 압살롬은 아버지의 총애를 잃게 되었다는 것은 사실이다. 그러나 군대장관인 요압의 도움으로 그는 마침내 다윗의 무조건적인 용서를 얻어내었다. 다윗은 일반적으로 그의 아들들에게 약했고 특히 압살롬에게는 더욱 약했던 것 같다(삼하 13:39; 14:1).

다윗이 살아 있는 동안에도 압살롬은 무력으로 왕위를 찬탈하고자 하였다. 이렇게 해서 이른바 '압살롬의 반란'이 일어나게 되었는데, 그 과정은 사무엘하 15-19장에 아주 자세하게 기록되어 있다. 압살롬은 이스라엘 지파들, 유다 왕국만이 아니라 이스라엘 왕국의 공감과 지지도 얻어내는 데 성공한 후 마침내 유다의 유서깊은 왕도(王都)인 헤브론에서 자신을 왕으로 선포하였다(삼하 15:10). 이것은 다윗의 폐위를 의미하였다. 우리는 그 동안에 압살롬이 아무 어려움 없이 스스로를 왕으로 자처할 지경에 이르기까지 어떻게 해서 다윗이 이스라엘에서 그토록 인심을 잃었는지에 대해서 정확한 것을 알지 못한다.

세월이 흐르면서 모든 체제는 지지자들은 잃고 대적들은 많아진다. 그리고 이스라엘 지파들은 다윗의 통치권이 이스라엘 지파들의 영토를 훨씬 뛰어넘어 광대한 제국으로 성장하여 가는 것에 대하여 점점 더 못마땅히 여겼을 것임은 쉽게 알 수가 있다. 어쨌든 다윗으로부터의 지파들의 이탈은 아주 심각한 상태에 이르렀기 때문에 사실상 연로한 왕에게 남은 것이라고는 자신의 용병들의 개인적인 충성심뿐이었다.

그러므로 그는 압살롬과 예루살렘의 그의 추종자들에게 기습당하지 않기 위하여 자신의 용병들을 이끌고 요단 동편 땅에 있는 마하나임으로 피신하기로 결심하였다. 이렇게 하여 압살롬은 다윗의 왕도에 입성하여 적절한 형태를 갖추어 이 도성의 통치를 접수할 수 있었다. 그러나 그 이후에 벌어진 무력 충돌에서 다윗의 직업군인들이 수적으로 훨씬 많은 압살롬의 이스라엘 지파들의 군대보다 우세함이 입증되었다. 결전은 얍복 남쪽, 요단 동편의 중앙 지역의 숲이 우거진 구릉지대인 "에브라임 수풀"에서 벌어졌다(삼하 18:6).

압살롬은 요단 동편에 있는 다윗의 거점을 공격하기 위하여 그 곳에 병력을 집결시켰다. 다윗은 그의 군사들에게 압살롬을 죽여서는 안 된다고 명령하였지만, 압살롬은 그 전투에 패하여 도망하는 도중에 죽임을 당했다. 이제 유다와 이스라엘 왕국에 속한 이스라엘 지파들에게는 다윗을 왕으로 복귀시키는 것 외에는 다른 도리가 없었다(삼하 19:10, 11).

그후에 다윗의 정치 조직 내에서 유다 왕국과 이스라엘 왕국의 잠재적인 갈등의 불씨가 되었고 아울러 다윗이 최초로 아주 현명치 못한 조치를 취했음을 보여주는 주목할 만한 사건이 일어났다. 다윗—여전히 마하나임에 있던—은 유다 지파들에게 자기를 유다의 왕으로 모셔갈 것을 명하였다(삼하 19:12 ff.). 조금만 기다리면 당연히 그렇게 될 일을 왜 다윗은 성급하게 그런 조치를 취했던가? 다윗의 명령을 따라 유다 사람들의 대표자들이 왕을 요단으로부터 호위하여 여리고 근처의 길갈 성소로 모셔갈 때에, 이스라엘 왕국의 지파 대표자들이 나타나서 대다수의 지파들을 대표하는 자기들을 불러서 그를 모셔가게 하지 않은 것에 대하여 다윗을 책망하였다.

그런 와중에서 세바라는 한 베냐민 사람이 성난 이스라엘의 지파들에게 다음과 같이 말하는 사태가 벌어졌다: "우리는 다윗과 함께 할 분의가 없으며 이새의 아들과 함께 할 업이 없도다 이스라엘아 각각 장막으로 돌아가라"(삼하 20:1). 이렇게 해서 다윗은 예루살렘으로 돌아오자마자 용병들과 유다의 군대를 소집하여 무력으로 이스라엘 왕국의 반란을 진압하지 않을 수 없었다. 그는 이내 이 일에 성공하였다(삼하 20장). 그러나 다윗 치하에서 돌출한 유다 왕국과 이스라엘 왕국간의 이 싸움은 장래에 불길한 징조였다.

그러므로 결국 다윗은 자신의 통치권을 완전히 회복하였다. 그러나 왕위 계승 문제는 여전히 해결되지 않고 있었다. 압살롬이 제거되자 이제 아도니야가 다윗의 장자가 되었고(삼하 3:4), 아도니야는 왕위 계승권을 주장하였다(왕상 1:5). 압살롬이 이스라엘 지파들의 폭넓은 대중들 가운데서 지지를 얻고자 하였다면, 아도니야는 다윗의 측근 중에서 몇몇 유력한 자들로부터 지지를 얻어내고자 하였다. 그는 군대장관 요압과 예루살렘의 왕실 성소 제사장인 아비아달의 지지를 받았다(왕상 1:7). 그러나 궁정에서는 흔히 그러하듯이 요압의 라이벌이었던 용병대장 브나야와 다윗의 근위대, 궁정 선지자인 나단과 결합되어 있었던(왕상 1:8) 왕실 성소의 제사장 사독 같은 다른 영향력 있는 인물들은 아도니야를 배척하였다.

 이 반대파들은 이제는 아주 나이가 많이 든 다윗 왕에게 결정적인 영향력을 행사하는 데 성공하였다. 그들은 왕의 부인들 가운데 한 사람인 밧세바를 이용하였다. 다윗은 밧세바의 미모에 반하여 통간하다시피 하여 아내로 삼고 그 남편인 우리야를 계략을 써서 죽게 만들었다(삼하 11:2 ff.). 그녀는 다윗의 아내이자 솔로몬의 어머니였다. 당시에 나단은 우리야와 밧세바에게 저지른 범죄에 대하여 다윗에게 매우 진지하게 충고를 한 적이 있었다(삼하 12:1 ff.). 이제 그는 왕의 부인들 가운데서 밧세바가 여전히 갖고 있었던 영향력을 활용하였다.

 밧세바가 그 후에 벌어졌던 일들에서 어느 정도 적극적인 역할을 하였는지 또는 아도니야의 왕위 계승을 반대했던 반대파의 지도자였음이 분명한 나단에 의해 단지 이용당한 것인지를 확인하는 것은 불가능하다. 또한 다윗에게 말한 내용이 전부 사실이었는지 아니면 단지 사실에 가까운 것이었는지를 확정하는 것도 불가능하다. 어쨌든 아도니야가 스스로를 왕으로 참칭하였다는 소식이 다윗에게 전해졌다. 그런데 다윗은 앞서 밧세바에게 그녀의 아들인 솔로몬을 자신의 후계자로 삼겠다고 약속한 적이 있었다(왕상 1:11 ff.). 결과는 그들이 원하는 대로 이루어졌다. 다윗은 마침내 왕위 계승에 관한 자신의 결심을 밝히고 솔로몬을 왕위 계승자로 지명하고 지체없이 사독으로 하여금 솔로몬에게 기름을 붓게 한 다음 예루살렘에서 그를 왕으로 선포하였다(왕상 1:28-40).

다윗의 권위있는 결정을 통해서 왕위 계승 문제는 일거에 해결되었다. 아도니야는 자신의 주장을 포기하였고, 솔로몬은 이미 다윗과 함께 다스리는 왕이었다. 우리가 솔로몬에 관하여 듣고 있는 모든 내용을 검토해 보면, 솔로몬이 왕위 계승자로 선택된 것은 그의 개인적인 자질 때문이 아니라는 것을 알 수 있다. 그는 결코 다윗의 수많은 아들들 중에서 가장 연장자도 아니었고 '왕족으로 태어난' 자들 중에서 맏아들도 아니었다(cf. 삼하 5:14). 솔로몬이 다른 형제들과 달랐던 것은 다윗이 밧세바에게 그녀의 아들 솔로몬으로 하여금 왕위를 잇게 하겠다고 약속했느냐와는 상관없이 솔로몬의 어머니인 밧세바가 다윗의 총애하는 아내였다는 점이었다.

그녀가 누렸던 특권으로 인하여 궁정의 몇몇 고위 관리들은 솔로몬 편을 들어 현명한 계략을 써서 마침내 솔로몬을 왕위 계승자로 삼겠다는 다윗의 결정을 얻어냈던 것으로 보인다. 열왕기상 1장에서 다윗의 왕위 계승 설화의 틀 내에 나오는 자세하고 생생한 기사에도 불구하고 이 사건들의 배경과 실제 경과가 아주 극명하지는 않지만, 어쨌든 솔로몬이 궁정의 음모에 의해 아도니야를 물리치고 다윗의 후계자가 되었다는 것은 분명하다.

다윗이 최종적으로 선택한 이 후계자가 적임자가 되지 못했다는 것은 그의 치세의 역사가 입증해준다. 유일하게 남은 문제는 다윗의 남은 아들들 중에서 누가 더 적임자였을 것인가 하는 것이다. 다윗의 후계자에게 직면한 과제는 극히 어려운 일이었다. 다윗이 세워 놓은 극히 복잡한 제국은 지혜와 힘에 있어서 위대한 선왕과 어느 정도 동등한 후계자에 의해서만 결집되고 공고히 될 수 있었다. 그리고 그런 인물을 찾기란 쉽지 않은 법이다.

16. 솔로몬의 치세

방대한 신명기 역사서의 틀 내에 보존되어 온 솔로몬에 관한 전승이, 우리에게 전해진 다윗에 관한 전승과 질적으로 판이하게 다르다는 것은 주목할 만한 일이다. 다윗 전승은 주로 유다 및 이스라엘 왕국과 예루살렘에서의 다윗의 등극에 관한 설화, 다윗의 왕위 계승을 둘러싼 솔로몬의 등극까지의 투쟁들에 관한 설화라는 두 가지 방대한 설화로 이루어져 있기 때문에 다윗의 치세에 관한 완전한 모습을 제공해주지 못하고 있다는 것은 사실이다.

다윗 제국의 발전 과정에 관하여 우리에게 남아 있는 기록은 사무엘하 8장 1-14절에 나와 있는 짤막한 연대기적인 기록과 다른 곳에 흩어져 있는 몇몇 기사(記事)들이 전부이다. 그러나 당시에 일어난 큰 사건들은 이 두 가지 주된 설화들에 영향을 미쳤음이 분명하고, 기자(記者)들은 그들 나름대로의 특정한 주제들의 틀 내에서 당시에 일어났던 사건들의 중요성을 부각시키고자 지속적으로 노력하였다. 이렇게 하여 다윗에 관한 생생하고 피비린내 나는 모습이 그 전승 속에 묘사되게 되었다.

솔로몬의 치세에 관한 전승 기록들은 단지 여러 일화들이 집적되어 있는 상태로 되어 있다. 솔로몬의 치세를 체계적이고 역사적으로 설명하고자 편찬을 시도한 사람은 아무도 없었다. 솔로몬에 관한 단원(왕상 3-9장)에서 신명기사학파는 "솔로몬의 행장"(왕상 11:41)에서 중요 부분을 발췌하여 수록하였다. 이 솔로몬의 행장이라는 책은 왕의 공식 기록들에 나오는 내용들을 편집하고 가다듬은 것으로서, 솔로몬의 치세 기간 동안에 취해진 매우 다양한 통치 행위들에 관한 아주 구체적이고 풍부한 내용을 담고 있었음이 분명하다.[71]

또한 솔로몬 전승은 오랜 세월 동안 유포되었던 솔로몬에 관한 몇몇 일화들을 담고 있다. 이 일화들은 솔로몬의 부(富)와 지혜를 주제로 다루고 있다. 솔로몬의 왕가와 왕실을 보면 사람들은 솔로몬이 엄청나게 부자라는 생각을 하지 않을 수 없었다. 옳든 그르든 솔로몬이 잠언의 저자라고 믿어졌기 때문에(cf. 왕상 5:12-13) 그는 사후에 '지혜로운 자'의 전형으로 명성을 얻게 되었다.

---

71) 더 자세한 것은 M. Noth, *Überlieferungsgeschichtliche Studien*, I (1943), pp. 66 f.를 보라.

일단 다윗이 결정을 내리고 솔로몬을 기름부어 왕으로 삼았기 때문에 다윗이 죽자 솔로몬은 어떤 어려움이나 좋지 않은 사건 없이 왕위를 계승할 수 있었다. 그러나 그는 궁정 안에서의 특정한 당파의 후보자로서 왕위 계승이라는 목표를 달성한 것이기 때문에 당시에 다윗의 장자였던 아도니야를 지지하는 반대파가 존재하고 있었다. 그의 치세의 아주 초기에 솔로몬은 아도니야를 비롯한 이 반대파의 지도자들을 매우 잔인한 방법으로 제거하였는데, 열왕기상 2장 13-44, 46a절에서는 다윗의 왕위 계승 이야기에서 이 사건을 기록한 다음에 "나라가 솔로몬의 손에 견고하여지니라"(왕상 2:46b)고 말하고 있다. 다윗의 용병대장 브나야는 솔로몬이 반대파를 제거하는 데 가장 중요한 공헌을 하여(왕상 2:25, 34, 46a) 그 공로로 군대의 최고사령관이 되었다(왕상 2:35a).

솔로몬이 강력하고 영향력 있는 반대파들을 이런 식으로 숙청하고 자신의 권력을 공고히 한 데에는 이유가 있었을 것이고 또 어느 정도는 선왕의 조언을 따라 그렇게 한 것이었을 것이다(cf. 왕상 2:5 f., 8 f.). 그러나 다윗이 집권하는 과정에서 반대파들을 이런 잔인한 방법으로 숙청하였다는 기록이 없는 것은 결코 우연이 아닐 것이다. 다윗은 월등한 권력을 쥐고 있었기 때문에 그럴 필요가 없었다. 예루살렘의 궁정에서 크고 영향력 있는 세력이 된 반대파들과의 싸움에 직면하여 솔로몬의 인물됨은 그리 강하지 않았기 때문에 어쨌든 초기에는 자기 편의 안전을 지키는 데 방심할 수 없었다.

솔로몬은 방대한 유업을 계승하였다. 다윗의 대제국이 팔레스타인과 수리아 세계 및 더 나아가 고대 오리엔트에서 누렸던 명성은 솔로몬 치하에서도 대체로 그대로 유지되었으나, 그는 선왕의 유업에 어떤 것을 더하지는 못하였다. 솔로몬이 군사적인 원정을 감행하였다는 기록은 전혀 없고, 사실 그는 전혀 전쟁을 일으키지 않았던 것으로 보인다. 처음에 다윗이 남겨 놓은 정치 조직은 무력에 의한 더 이상의 영토 확장이 필요없을 정도로 확고하고 안전한 듯이 보였다. 그러나 그러한 상황에서 정체는 통상적으로 쇠퇴의 시작을 뜻하는 법이다.

그리고 사실 다윗 제국의 쇠퇴는 솔로몬 치하에서 시작되었다. 열왕기상

11장 14-22절, 11장 25절에 의하면, 다윗이 죽고 잔혹하고 무시무시한 요압 장군이 솔로몬에 의한 반대파의 숙청으로 그 치세 초기에 죽임을 당했다는 소식이 전해지자 한때 이집트로 피신하였던(cf. p. 253) 에돔의 왕자 하닷이 본국으로 돌아와 에돔 왕이 되었다. 이 사건은 솔로몬의 치세 초기에 일어났던 것으로 보인다. 솔로몬이 와디 엘-아라바를 거쳐, 즉 속주 에돔의 한 지방을 거쳐 엘 아카바 만과 에시온 게벨―그가 개발하여 사용하여 왔었다(왕상 9:26)―항구에 아무런 제한없이 접근할 수 있었다는 점을 감안할 때, 하닷이 이전의 에돔 영토 전역을 통치하였었다는 것은 의문의 여지가 없다. 그러므로 하닷의 통치는 와디 엘-아라바 동쪽의 보다 험준한 에돔 산지들의 여러 지역들에만 미쳤을 것이다.

그러나 하닷의 출현은 머지 않아 솔로몬이 속주 에돔을 완벽하게 관장하지 못하게 되었다는 것을 보여준다. 그리고 솔로몬은 에돔을 완전히 장악하기 위한 어떤 조치도 취하지 않았다. 열왕기 11장 23-25a절에서 말하고 있듯이 아람인 유랑자 르손이 자신이 모은 호전적인 무리들을 이끌고 다메섹 성읍을 점령하고 거기서 왕이 된 것은 더욱 나쁜 소식이었다. 그렇다고 해서 솔로몬이 다스리는 동안에 속주 아람의 전 지역을 상실한 것은 아니었을 것이다.

그러나 이 속주에서 가장 중요한, 다윗의 총독들의 관저가 있는 성읍이 이방인의 수중에 들어갔고, 솔로몬은 이번에도 속주 아람에서 위협받는 자신의 권위를 회복하기 위한 어떤 조치도 하지 않은 것으로 보인다. 이런 일이 정확히 언제 일어났는지에 대해서는 기록이 나와 있지 않으나, 열왕기 11장 25a절로부터 판단컨대 이 일은 아마도 솔로몬의 치세 초기에 일어났을 것이다.

이리하여 아람인들이 세운 다메섹 왕국이 곧 활발하게 영토를 넓혀 한동안 수리아-팔레스타인에서 가장 강대한 나라를 이룰 토대가 마련되었다. 솔로몬이 다메섹을 상실함으로써 다윗이 수리아의 오지(奧地)들에 사는 아람인들에 대하여 행사하였던 영향력은 끝장이 날 수밖에 없었다.

그러나 다른 점에서는 솔로몬은 다윗이 세운 복잡한 정치 조직을 그대로 보존할 수 있었다. 그는 이스라엘 왕국에서 일어난 중대한 반란을 가까스로 진압하였다. 분명하게 묘사해 주고 있지는 않지만 어쨌든 이 사건을 말해주고 있는 열왕기상 11장 26-28, 40절에 의하면, 솔로몬이 예루살렘의 건설 공사를 하는 동안에 발굴하여 요셉의 족속에서 어떤 직임[72]을 맡았던 에브라임 사람 여로보암이 어떤 이유에서인지는 몰라도 왕에 대항하여 반란을 일으켰다. 우리는 여로보암의 배후에 어떤 세력이 있었으며 또 이 반란이 어느 정도 확산되었는지에 대해서는 전혀 알지 못한다. 어쨌든 반란은 실패하였다. 그러나 여로보암은 체포되지 않고 가까스로 이집트로 피신하여 거기에 머물렀다. 솔로몬이 죽은 후에 그는 다시 한번 중요한 역할을 할 것이었다.[73]

변방의 몇몇 속주들에서 위협적인 사건들이 일어났지만 솔로몬은 그것들을 무력으로 대처할 필요가 있다고 생각하지 않고 왕국의 내치(內治), 특히 주로 왕실의 광휘와 명성을 드높일 목적으로 광범위한 건설 공사 계획에 몰두하였다. "솔로몬 행장"에서 나온, 솔로몬의 활동에 관한 가장 자세한 기록은 왕궁 공사를 다루고 있다. 특히 솔로몬은 왕도 예루살렘을 확장하였다. 다윗은 기혼 샘 위 남동쪽 언덕 위에 세워진 오래된 협소한 여부스 사람들의 예루살렘으로 대체로 만족하였고,[74] 단지 여부스 사람들의 왕궁을 확장하거나 그 자리에 새로운 왕궁을 짓는 것이 고작이었다(삼하 5:11). 솔로몬은 지

---

72) 열왕기상 11:28에서 이 직위의 직무를 나타내기 위하여 사용된 סבל이라는 단어는 보통 '강제노역'으로 번역되기 때문에, 여로보암은 솔로몬의 관료조직 내에서 강제노역을 담당한 관리가 된다. 그러나 이 단어는 '짐을 지는 것' 같은 것을 의미하기는 하지만 '강제노역'을 말할 때 통상적으로 사용되는 단어는 아니라는 점을 주의하지 않으면 안 된다(מס, cf. 솔로몬 치세 아래에서 왕상 4:6; 5:27-28〔영어성경으로는 5:13, 14〕; 9:15, 21). 더욱이 '요셉의 집'이 강제노역에 동원되지는 않았을 것이다(cf. 아래 pp.271f.). 따라서 솔로몬이 여로보암에게 맡긴 특별한 임무가 무엇이었는지는 여전히 확실치 않다.
73) 여로보암의 반란이 정확히 언제 일어났는지는 모른다. 여로보암을 처음으로 부각시킨 다윗 성의 건설 공사가 솔로몬의 치세 초기에 속하기 때문에 아마도 솔로몬의 치세 초기에 일어났을 가능성이 높다. 남은 문제는 여로보암이 "왕에게 반기를 들기" 전에 솔로몬의 관리로서 얼마 동안이나 봉직하였는가 하는 것이다.
74) 예루살렘의 자연 배경과 건축사에 대해서는 cf. H. Guthe, *Bibel-atlas* ([2]1926), No. 2a, I, and No. 3, II와 K. Galling, ZDPV, 54 (1931), pp.

속적으로 "그 부친 다윗의 성의 무너진 것을 수축하였다"(왕상 11:27).

그러나 솔로몬에게 오래된 "다윗의 성"은 성에 차지 않았다. 그래서 등극하자 이내[75] 솔로몬은 자신의 광대한 왕궁을 건설할 새로운 부지를 왕도에 편입시킴으로써 예루살렘을 확장하기 시작하였다. 동쪽으로는 골이 깊은 기드론 골짜기, 서쪽으로는 좀 얕은 '성의 계곡'에 의해 가로막혀 있었기 때문에 예루살렘은 오직 기존의 도성이 자리잡고 있었던 언덕의 북쪽 더 높은 곳으로만 확장이 가능하였다. 그래서 솔로몬은 다윗 성의 북쪽에 왕궁을 건설하였고, 이 때문에 예루살렘은 이미 말한 대로 양쪽의 계곡으로 인하여 동에서 서로는 매우 협소한 반면에 남에서 북으로는 기형적으로 길게 되었다.[76]

별도로 담이 둘러쳐져 있었던 솔로몬의 왕궁 건물은 이전의 여부스 사람들의 성읍 위로 우뚝 솟아 있었고 많은 공간을 차지하고 있었다. 솔로몬은 오랜 세월에 걸쳐 이 방대한 계획을 세웠다.[77] 왕의 성전도 이 왕궁 단지(團地) 내에 건립되었는데, 이 성전이 솔로몬이 세운 건축물들 중에서 가장 유명하게 된 솔로몬 성전이다. 신명기사학파는 이 성전 건물에 특별한 관심을 갖고, "솔로몬 행장"에서 성전 건축 및 이에 필요한 물자 목록에 관한 모든 자료들을 발췌하였다(왕상 6:1-38; 7:13-51).

성전은 오늘날 '원형 바위'(kubbet es-sakhra)이라 불리는 이슬람 성

---

85 ff., Pl. 6, and J. Simons, *Jerusalem in the Old Testament* (1952), 특히 pp. 60 ff.

75) 열왕기상 6:1, 37에 의하면, 예루살렘의 신 건물 단지 전체의 일부였던 "여호와의 성전"은 솔로몬의 재위 제4년에 시작되었다고 한다.

76) 과거의 가정들과는 반대로 '성의 계곡'에서 상당히 떨어져 있는 이른바 서쪽 언덕의 정착지는 훨씬 후대에 가서야 생겨났고 다윗과 솔로몬 시대에는 전혀 존재하지 않았다 (cf. Galling, loc. cit.). 이 서쪽 언덕에서는 이제까지 헬레니즘 이전 시대의 고고학적 유물들이 전혀 발견되지 않았다 (Simons, op. cit. pp. 251 f.의 견해는 전체적으로 나의 견해와 반대되지만 적어도 이 점만은 인정하고 있다).

77) 열왕기상 7:1-12에는 왕궁 건물 전체에 대한 짤막한 기록이 나와 있다. 1절에 의하면, 이 건물들을 다 짓는 데 13년이 걸렸다고 한다. 열왕기상 6:37-38에 의하면, 건물 단지 전체의 일부였던 성전의 성소는 솔로몬 재위 제4년에 시작되어 제11년에 완공되었다.

소가 자리잡고 있는 곳에 세워졌다. 그리고 이 성전의 지성소는 왕궁 단지 내에서 가장 높은 곳에 우뚝 솟아 있었다. 이 가장 높은 지점은 오늘날에도 여전히 분명하게 볼 수 있는 원형 바위 중간에 있는 '신성한 바위'이다.[78] 이 바위는 아득한 옛날부터 신성한 곳이었을 것인데 이스라엘 이전의 예루살렘에서는 고대의 '산당'이었다. 이렇게 솔로몬은 성전의 왕실 성소가 이 고대의 신성한 곳에 세워질 수 있도록 왕궁 단지의 전체 배치를 설계하였던 것이다.

어쨌든 그는 전통적인 예배 처소를 왕궁 건물들로 덮어버림으로써 그 곳을 모독할 수는 없었을 것이고, 단지 그 곳을 전체 설계도 내에서 거룩한 곳으로 개발할 수 있었을 뿐이다. 성전 건물 자체는 지방 전통, 즉 가나안 전통을 따랐다. 왜냐하면 성전은 도시의 성소이고, 이스라엘 지파들은 자기들보다 앞선 가나안인들에게서 그 도시 문화를 배웠기 때문이다. 나아가 솔로몬은 건물을 짓는 데 페니키아의 장인(匠人)들을 사용하였다(왕상 5:32[영어성경으로는 18]; 7:13 ff.).

또한 긴 건물의 후미에 지성소가 솟아 있고 앞쪽으로는 입구가 있는 성전 모습은 주전 2000년대에 메소포타미아의 영향을 받은 수리아-팔레스타인 건축 양식과 일치하나 일반적으로 수리아-팔레스타인 문화가 잡다한 요소를 융합하고 있는 성격에 발맞춰 여러 가지 이집트적인 요소들노 가미된 것으로 보인다.[79] 열왕기상 8장 12, 13절에 나오는 오래된 서원의 말에 함축되어 있듯이, 이 성전은 하나님의 거소로 인식되었다. 특히 사람들은 캄캄한 지성소를 "여호와께서 캄캄한 데 계시겠다 말씀하신"(왕상 8:12) 하나님이 임재하

---

78) Cf. H. Schmidt, *Der heilige Fels in Jerusalem* (1933).
79) Cf. K. Möhlenbrink, *Der Tempel Salomos* (BWANT, IV, 7[1932])는 앗수르의 신전 건축 방법과의 몇몇 관련성들을 강조하고 있고, C. Watzinger, *Denkmäler Palästinas*, I (1933), pp. 88 ff.는 이스라엘 이전의 수리아-팔레스타인과의 관련성들을 강조하고 있다. 무엇보다도 A. Alt, 'Verbreitung und Herkunft des syrischen Tempeltypus' PJB, 35 (1939), pp. 83-99, 특히 pp. 96 f. = *Kleine Schriften zur Geschichte des Volkes Israel*, II (1953), pp. 100-115을 참조하라.

신 곳으로 생각하였다.

솔로몬은 다윗이 예루살렘에 옮겨놓은 고대 지파 동맹의 유물인 법궤를 눈에 보이지 않는 하나님의 임재를 위한 보좌로서 이 지성소로 옮겨와서 지방 신전의 지성소에 보통 서있었던 신상(神像) 대신에 세워 놓았다. 이렇게 하여 왕궁 단지 내에서 왕의 관리들인 제사장들이 받들었던 왕의 성소는 이스라엘 지파들의 중앙 성소 역할도 하게 되었다.

아울러 솔로몬은 다른 성읍들, 특히 다윗이 유다와 이스라엘 왕국에 병합하여 그 성읍의 법적 후계자인 왕으로서 토지 소유자가 된 이전의 가나안 성읍들에서도 건축을 하였다. 열왕기 9장 19절에 의하면, 솔로몬은 자신의 병거들과 말들(병거를 몰기 위한)을 위한 성읍들을 건축하였다. 말하자면, 그는 기존의 성읍들에 이러한 목적을 위한 특별한 단지를 조성한 것이다. 므깃도(현재의 tell ei-mutesellim)를 발굴한 미국 발굴단은 솔로몬이 지은 것으로 보이는 대규모의 축사 단지의 유적을 발굴해냄으로써 이 건축 공사의 면모를 밝혀 주었다.[80]

이 유적으로부터 판단컨대, 솔로몬은 후기 청동기 시대 말에 점차 기울기 시작하여 마침내 다윗 치하에서 이스라엘 왕국에 병합되어 정치적 자유를 상실한, 이스르엘 평지의 남서쪽 경계에 있는 중요한 고대 가나안의 성읍 므깃도의 북동 지역에 안뜰의 삼면으로 수백 마리의 말을 수용할 수 있는 거대한 축사 단지를 지었다.[81] 이 분명한 증거에 의하면, 초벌칠만을 한 중앙의 주랑(柱廊) 양편으로 돌기둥들을 일렬로 세워서 거기에 마구간을 만들어 말들을 수용한 것이 이 축사의 특징이다. 따라서 팔레스타인의 그밖의 여러 곳의 성읍들에 이와 비슷한 특징을 갖고 있지만 잘 보존되어 있지 않은 건물들은 솔로몬에 의해 세워진 축사일 가능성이 크다.

---

80) Cf. P. L. O. Guy, *New Light from Armageddon* (Oriental Institute Communications, 9 [1931]), and C. Watzinger, op. cti. pp 87 f., 특히 figs. 80, 81.
81) 므깃도에서의 이러한 발견은 이 땅에서 솔로몬의 방대한 건축 역사(役事) 가운데서 이제까지 발견된 것 중 가장 중요한 유적이다.

열왕기상 9장 19절에서는 "병거성들과 마병의 성들"의 이름을 언급하지 않고 있다. 그러나 15b절과 17절에는 솔로몬이 "건축"하였지만 그 목적이 언급되어 있지 않은 성읍들의 명단이 나온다. 므깃도도 이 성읍들 중에 끼어 있다. 그러므로 이 성읍들 가운데 적어도 몇몇 성읍들은 "병거성들과 마병의 성들"이었을 것으로 보인다.[82] 솔로몬은 상당한 규모의 병거 부대들을 갖추고 당시의 고대 오리엔트 군주들의 예를 따라 이 땅의 여러 곳에 있는 수비대들에 분산하여 주둔시켰음이 분명하다. 이미 다윗은 지파 군대와 아울러 자신의 용병 부대들 가운데 상비군을 갖추고 있었다.

그러나 그들은 여전히 보병 부대였다.[83] 그는 아람인들로부터 노획한 말들(과 병거들)[84]을 어떻게 사용할 줄을 몰랐다. 약간의 말만을 제외하고는 다윗은 이 아주 유용한 전리품을 무용지물로 만들어 버렸다(삼하 8:4). 그러나 솔로몬은 다윗 시대와는 달리 결코 소박하지 않았다. 그는 전쟁을 일으키지 않았고 자신의 병거들을 실제로 사용한 적이 없었다. 단지 그것들은 왕의 위용을 과시하는 데 기여하였을 뿐이다.[85] "병거성들과 마병성들" 외에도 열왕기상 9장 19절에서는 솔로몬이 "국고성들"도 건축하였다고 말하고 있다. 이로 보건대 솔로몬은 전국에서 올라온 왕실을 위한 공물들을 비축하기 위하

---

82) 게셀 성읍도 이 문맥에서 언급되고 있다. 그리고 실제로 '게셀의' 저 유명한 낫세바(cf. Gressmann, AOB², Nos. 411, 412)는 아마도 솔로몬의 마구간 건물의 열주(列柱)들의 일부인 듯하다. 열왕기상 10:26에 의하면, 솔로몬은 병거와 말들을 예루살렘에도, 즉 그의 커다란 왕궁 마당에도 두었다고 한다―우리는 이것을 어쨌든 사실이었다고 봐야 할 것이다.
83) 이때에는 왕조차도 아직 병거를 타고 전장(戰場)에 나가지 않았지만(반면에 후대에는 왕상 22:34, 35, 38을 참조하라) 도보가 아니라 나귀나 노새를 탔다. 다윗이 이랬다는 기록은 없으나 왕이 된 압살롬에 대해서는 그런 기록이 나온다 (삼하 18:9).
84) 아람 왕 소바의 하닷에셀이 병거를 타고 전장에 나왔다는 것은 놀랄 만한 일이다. 그는 수리아와 요단 동편의 북쪽 땅에 있는 옛 도시국가들을 장악하고 있었고, 그 도시국가들에서 병거 부대들을 차출할 수 있었을 것이다.
85) 그들이 왕위에 오를 준비를 하고 있었을 때, 다윗의 아들들은 이미 '현대적으로' 병거들로 무장하였을 것이다(삼하 15:1; 왕상 1:5). 그러나 그들도 단지 왕의 위엄의 상징물 정도로 병거들을 사용하였을 뿐이다. 그들은 병거들을 타고 전장으로 나갈 의도는 없었다.

여 기존의 성읍들에 왕실 창고들을 지었던 것으로 보인다.

　　모든 기본적인 작업들은 여전히 수작업으로 이루어졌기 때문에 솔로몬의 건축 공사에는 전국에서 불러 모아진 엄청난 노동력이 소요되었다. 솔로몬은 강제 노역 제도, 즉 주군(主君)을 위한 일을 수행하기 위하여 신민(臣民)들을 강제적으로 사용하는 제도를 크게 발전시켰다. 조직화된 강제 노역은 이미 다윗 치하에서도 존재하였다. 그의 치세 초반에는 그렇지 않았지만(cf. 삼하 8:16-18) 후반에는(삼하 20:23-26) 그의 고위 관리 명단에 "감역관"(24a절)이 끼어 있었다. 다윗도 자신의 왕궁 공사를 하는 데 강제 노역을 활용하였을 것이다. 다윗의 건축 공사에 관한 기록은 많지 않은데(삼하 5:11), 사실 그 공사들은 예루살렘에 국한된 소규모의 공사였을 것이다. 이러한 상황은 솔로몬 아래에서는 일변하였다.

　　그의 치세 동안에 아도니람은 다윗의 치세 때와 마찬가지로 여전히 "감역관"(왕상 4:6b)이었으나 그의 직무는 훨씬 더 방대해졌을 것임에 틀림없다. 솔로몬 전승에는 강제 노역에 관한 두 가지 상반되는 말이 나온다. 열왕기상 5장 27절(영어 성경으로는 5장 13절)에 의하면, "온 이스라엘에서" 역군(役軍)을 불러일으켰다고 되어 있으나, 열왕기상 9장 15a절과 20-22절에서는 유다와 이스라엘에 병합된 이전의 가나안 도시국가에 거주하는 비(非)이스라엘 거민들만을 강제 노역에 동원하였다는 점을 강조하고 있다.

　　이스라엘 지파들이 왕정의 등장 이전에 정복할 수 없었던 이 도시국가들이 사사기 1장 27절 이하에 분명하게 명시되어 있는데, 나중에 "이스라엘이 강성한 후에", 즉 왕정의 출현으로 이스라엘이 정치 세력을 발전시켰을 때 이 도시국가 거민들은 강제 노역(מס, 28, 30, 33, 35절)을 하지 않을 수 없었다. 열왕기상 9장 15a, 20-22절에 나오는 말이 실질적으로 정확하고, 열왕기상 5장 27절(영어 성경으로는 5장 13절)의 말은 너무 짤막하고 판에 박힌 어투를 사용하고 있는 것으로 보아 부정확한 것 같다. 이스라엘 지파들의 자유민들은 군역(軍役)을 제공할 의무가 법적으로 있었으나 강제 노역을 할 의무는 지고 있지 않았기 때문에, 만약에 왕이 그들에게 강제 노역을 강요하였다면 그것은 그들의 법적 권리들에 대한 가공할 만한 침해가 되었을 것이다. 반면에 가나안 성읍들에서는 왕은 도시국가 통치자들을 위해 강제 노역을 해왔던 노예들을 이제는 예루살렘에 있는 왕을 위하여 마음대로 부릴 수 있었다.[86]

또한 솔로몬은 건축을 위하여 엄청난 양의 물자가 필요하였다. 건축에 필요한 돌은 산지에서 캐내어 사용할 수 있었다. 그러나 팔레스타인 땅에는 삼림이 부족하였기 때문에 소요되는 목재는 외국에서 수입할 수밖에 없었다. 오랜 옛날부터 고대 오리엔트에서 주요한 목재 산지 중의 하나는 팔레스타인의 북쪽 경계에 있는 삼림이 우거진 레바논이었다. 그러므로 솔로몬은 이미 막강한 다윗과 화친을 맺고서 다윗 왕궁의 건설에 필요한 목재를 공급해 준 바 있는 두로 왕 히람과 계약을 맺었다(왕상 5:15-26〔영어 성경으로는 5:1-12〕). 히람은 대규모의 다양한 건축 공사를 위하여 목재를 공급해 주고 시골 분위기의 솔로몬 왕국에서는 부족할 수밖에 없었던 숙련된 장인(匠人)들을 모집하여 보내주기로 계약하였다. 그 대가로 솔로몬은 농경지가 거의 없었던 상업 도시국가인 두로에 밀과 올리브 기름을 정기적으로 공급해 주기로 합의하였다.[87] 이 꽤 상당한 물량을 정기적으로 공급해 주기 위하여 솔로몬은 신민(臣民)들의 생산물, 특히 이스라엘 지파들의 농업 생산물들을 징발하지 않을 수 없었다.

예루살렘에 있는 솔로몬의 왕궁 건물은 호화롭고 사치스러운 왕실 생활을 위한 무대가 되었다. 백성들은 이에 대한 막대한 경비도 부담하지 않으면 안 되었다. 열왕기상 5장 2-3절(영어 성경으로는 4장 22-23절)에는 왕실에서 하루에 소요되는 곡물과 육류의 양에 관한 정확한 기록이 나와 있다. 시

---

86) 따라서 솔로몬 사후에 그의 치세에 관한 이스라엘 지파들의 불만(왕상 12:4)은 강제노역에 대한 것이 아니라 세금 등등에 관한 것이었을 것이다.
87) 솔로몬이 히람의 이러한 조달(調達)에 대한 대가로 서부 갈릴리의 20성읍을 할양하였다고 말하고 있는 열왕기상 9:10-13의 짤막한 기사는 이 문맥에 속하지 않는 것 같다. 왜냐하면 이 기사의 의도는 이 전승이 생겨난 때에 실제로 이스라엘의 갈릴리에 위치해 있던 카불(현재의 kabul) 지방이 두로의 영토에 속한 연유를 설명하려는 것이기 때문이다. 그래서 이 기사는 나중에 이차적으로 두로와 이 지역과의 연고를 전승에 의해 잘 알려진 솔로몬과 두로의 히람과의 관계에 결부시켰을 것이다. 그러나 cf. 아래 p. 275, 주91.

골 사람들이 특별한 행사나 절기 때 외에는 육류를 먹지 못했다는 점을 생각한다면, 하루에 엄청난 양의 육류를 소비하는 솔로몬 궁정의 생활은 평범한 사람들의 일상생활과는 전혀 동떨어져 있었다는 것을 쉽게 짐작할 수 있다. 전국에서 올라오는 공물들이 제때에 궁정에 도달하도록 하기 위하여, 솔로몬은 방대하고 체계적인 조세 제도를 도입하였다. 이런 목적으로 그는 이스라엘 왕국 전역[88]을 열두 지구로 나누고 각 지구에 왕실에서 한 달 동안 필요한 물자를 공급할 책임을 부과하였다(왕상 4:7).

각 지구의 책임자로는 "관장"(נצב)이 있어서 많은 지주들로부터 공물을 거두어 제때에 위에서 말한 "국고성들"에 들이고, 정해진 달에 예루살렘으로 운반하는 책임을 맡았다. 이 조직 전체의 우두머리로는 "관리장"(על-הנצבים)이라 하는 최고위 관리가 있었다. 이 직책은 다윗 시대에는 존재하지 않았고 솔로몬의 치세에서 처음으로 고위 관리들 가운데 등장한다(왕상 4:5a). 이미 다윗은 유다 왕국과 이스라엘 왕국에 일정한 물자를 궁정에 공급할 의무를 부과하여 농업과 축산업의 생산물들을 이스라엘 지파들이 자기 마음대로 처분할 수 있는 자유를 제한하지 않을 수 없었다. 그러나 솔로몬 치하에서 공물 제도는 엄청나게 확대되고 확고하게 조직되었다.

열왕기상 4장 8-19절에 상세하게 기록되어 있는, 솔로몬이 도입한 열두 지구 분류는 특히 역사적으로 발전된 배치 및 경계들을 토대로 한 한 정치 체제 내에서의 지파 영토 및 성읍 영토들에 대한 행정상의 구분을 아주 분명하게 보여주기 때문에 이스라엘 왕국의 전 영토와 내부 조직을 분명하게 밝

---

[88] 솔로몬이 유다 왕국을 이런 식으로 여러 지구들로 나누었다는 기록이 없는 것이 주목할 만하다. 여호수아 15, 18, 19장에 나오는 지명들의 명단의 토대가 된 열두 지구로 구획된 유다 왕국은 꽤 후대에 나온 것임이 분명하며 (cf. A. Alt, 'Judas Gaue unter Josia', PJB, 21〔1925〕, pp. 100-117 = Kleine Schriften zur Geschichte des Vokes Israel, II〔1953〕, pp 276-288), 그 토대는 분명히 솔로몬 이후의 것이다 (cf. M. Noth, Das Buch Josua〔²1953〕, p. 14). 따라서 솔로몬이 유다 왕국이 너무 작고 가난해서 유다에 세금을 부과하지 않은 것인지 아니면 나중에 유다를 여러 지구로 새롭게 나누는 데 토대가 되었던 유다에서의 이와 비슷한 조치를 전승 기록에서 우연히 언급하고 있지 않은 것인지는 확실치 않다.

혀준다.[89]

열두 지구는 이스라엘 지파들의 영토에 따라 구분되었다. "베냐민"(18절), "에브라임 산지"(8절)(에브라임과 므낫세 지파의 영토들) 지구들이 있었고, 잇사갈(17절), 납달리(15절), 아셀(16절) 같은 갈릴리 지구들도 있었다. 잇사갈은 스불론 영토를 포함하였을 것이고, 단 지파의 영토는 분명히 "납달리"의 일부로 되어 있었다. 끝으로, 요단 동편 땅에는 얍복강 남쪽과 북쪽의 길르앗 땅에 있는 에브라임-므낫세의 식민지를 포함한 마하나임(14절) 지구와 남쪽 지역을 포함한 "갓"(19절)[90] 지구가 속해 있었다.

나머지 다섯 지구는 도시국가 영토들로 되어 있었는데, 9, 10, 11절에 언급되어 있는 북쪽으로 갈멜에 이르기까지의 해안 평지에 있는 도시국가들을 포괄하는 세 지구, 12절에 나오는 이스르엘 평지 및 이와 인접한 벧산 평지에 있는 도시국가들을 포괄하는 지구, 13절에 언급되어 있는 아일룬(cf. p. 249)의 북동쪽 경계에 있는 도시국가들을 포괄하는 "라못 길르앗" 지구가 이에 속하였다.[91] 이스라엘 왕국에서는 솔로몬이 죽은 후에도 이러한 지구 구분과 공물 제도 조직은 그대로 유지되었다.[92]

솔로몬은 왕실 재산을 확장하였고 그 운용을 관장하였음이 분명하다. 어쨌든 솔로몬의 고위 관리들 중에는 예루살렘에 있는 왕궁과 부속 건물들만이 아니라 전국에 걸친 온갖 종류의 부동산을 포함한 모든 왕실 재산을 관리한 "궁내대신"(왕상 4:6a)이 있었는데, 이러한 직책은 다윗 시대에는 존재하지

---

89) Cf. A. Alt, *Israels Gaue unter Solomo* (BWAT, 13 [1913], pp. I ff.) =*Kleine Schriften zur Geschichte des Volkes Israes*, II (1953), pp. 76-89.
90) 본문에서 "갓"이라는 이름은 후대에 실수로 "길르앗"으로 변경되었다.
91) 악고 평지가 이러한 지구 획정에 포함되지 않았다는 것은 주목할 만하다. 다윗 치세에서 악고 평지는 여전히 이스라엘 왕국의 일부였던 것으로 보인다(cf. 위 p. 249). 솔로몬 치세 때에 솔로몬은 이 지역도 두로의 히람에게 할양하였던 것일까? 이에 대한 유래를 설명하는 이야기가 열왕기상 9:10-13(cf. 위 p. 273, 주87)에 나와 있지만 그것은 정확한 기억을 보존하고 있는 것은 아니다.
92) 이것은 주전 8세기 여로보암 2세 시대의 것으로 보이는 사마리아 도편(陶片)에 의해 입증된다. Cf. M. Noth, PJB, 28 (1932), pp. 58 f.

않았었다. 이 부동산은 왕가가 상속한 땅과 사형선고를 받은 범죄자들의 재산과 같이 왕에게 귀속된 온갖 종류의 부동산으로 구성되었다.[93] 그러므로 그러한 재산은 전국에 걸쳐 분포되어 있었고, 열왕기상 5장 2-3절(영어 성경으로는 4장 22-23절)에 의하면 왕실에서 필요하지만 백성들의 공물에 의해 충당되지 못한 방대한 양의 포도주와 기름을 대주는 포도원과 과수원으로 주로 이루어져 있었던 것으로 보인다.[94]

이 모든 것으로부터 판단해 보건대, 솔로몬은 왕실 재산과 명성을 늘리는 데 거의 전적으로 몰두하여 다윗 제국을 계승한 자[95]로서 고대 오리엔트의 이집트와 메소포타미아의 위대한 왕들에게 지지 않으려고 노력하였던 것으로 보인다. 그렇게 하기 위해서는 지출이 많을 수밖에 없었는데 자연자원이 풍부하지 못했던 솔로몬 왕국의 영토 내에서는 그러한 비용을 충당하기 어려웠다. 그래서 솔로몬은 다양한 사업을 벌여서 자신의 부를 더하고자 하였고, 실제로 예루살렘에 거대한 부를 축적할 수 있었다. 솔로몬의 엄청난 부에 경탄하는 기록들이 있고(왕상 10:14-22), 후대의 잠언에는 그의 부(富)와 "영화"를 말하고 있다(마 6:29; 눅 12:27).

속주 에돔을 거쳐 엘 아카바 만과 홍해로 진출할 수 있었기 때문에 솔로몬은 자신이 건조한 함대를 이용하여(왕상 9:26-28; 10:11, 12) 홍해를 무대로 수지맞는 해상무역을 할 수 있었다. 이 해상무역은 물론 왕실의 독점사

---

[93] 열왕기상 21장에는 후대의 것이긴 하지만 이에 대한 한 예가 나온다. 왕은 이스르엘 성읍 가까이에 있던 한 포도원을 탐내었는데 그 소유자가 잘못하여 사형선고를 받게 되자 그 소유권을 자동적으로 획득하게 된다.
[94] 이것도 사마리아 도편(陶片)에서 볼 수 있다. 이 문제 전체에 대해서는 cf. M. Noth, 'Das Krongut der israelitischen Könige und seine Verwaltung', ZDPV, 50 (1927), pp. 211-244.
[95] 이러한 몇몇 내용들은 고대 오리엔트의 왕국들, 특히 이웃 이집트 왕국의 예가 이미 다윗 아래에서의 왕국의 발전에 영향을 미쳤다는 것을 보여준다. PJB, 31 (1935), PP. 29-75에서 K. Ellinger는 "다윗의 삼십 용사들"이 왕의 시종들로서 라암세스 시대의 이집트 관료조직과 상응한다는 것을 매우 극명하게 보여주었다. 그리고 J. Begrich ZAW, N. F. 17 (1940-1941), pp. 1-19는 고위직인 מזכיר와 ספר(삼하 8:16 f.; 20:24 f.; 왕상 4:3)가 이집트의 관료조직을 본뜬 것일 가능성이 높다는 것을 보여주었다.

업이었다. 두로의 히람은 숙련된 장인(匠人)과 선원들을 솔로몬에게 제공해 주고, 그 대가로 이 해상무역의 이익 가운데 일부를 받았다. 팔레스타인 땅에는 항구가 거의 없었기 때문에, 이스라엘 사람 중에는 선원이 없었기 때문이다. 왕실의 함대는 오빌 땅까지 가서 거기에서 나는 황금,[96] 값진 목재, 온갖 진귀한 보화들을 본국으로 가져왔다(cf. 왕상 10:11, 22).

오빌의 정확한 위치는 확실치 않고 그 곳이 홍해의 아라비아 쪽에 있었는지, 아프리카 쪽에 있었는지조차도 확실하게 알지 못하는 상태이다. 또한 오빌이 이 함대가 본국으로 가져온 보화들의 산지였는지, 아니면 단순한 중개 무역항이었는지도 알려져 있지 않다. 우리는 솔로몬이 무엇을 지불하고 이러한 보화들을 가져왔는지를 모른다. 아마도 솔로몬은 중개무역을 통해 이 보화들 중 일부를 팔아 이득을 남기는 데 성공하였을 것이다. 솔로몬은 해상무역을 위한 기지 항구로 사용하기 위하여 엘 아카바 만의 북쪽 해안에 에시온 게벨이라는 성읍을 세웠다.

그 유적이 엘 아카바의 서쪽 현재의 텔 엘-클레피에서 다시 발견되었다.[97] 그리고 그 유적지에서 행해진 발굴들을 통하여[98] 솔로몬의 항구는 매우 치밀한 설계도를 바탕으로 한 새로운 설비였고, 이전에 그 곳은 한적한 어촌으로서 그 흔적들은 모두 사라져 버렸다는 것이 밝혀졌다. 아울러 에시온 게벨은 솔로몬의 치적에 관한 문헌 기록들에는 전혀 나와 있지 않은 또다른 목적을 위해서도 사용되었다는 것이 밝혀졌다. 아카바 만으로부터 불어오는 바람을 이용하여 동(銅)과 철을 녹이기 위한 방대한 시설이 거기에 있었다. 와디 엘-아라바의 경계들에 있던 광산들에서 채굴된 동과 철은 에시온 게벨에서 온갖 종류의 기구들로 만들어졌는데, 상당한 양의 제품들이 텔 엘-클레피

---

96) "오빌의 황금"은 yafa 북쪽 tell kasile에서 발견된, 이스라엘 열왕들의 시대 말기의 것인 토기 단편에 새겨진 명문(銘文)에 나와 있다 (cf. B. Maisler, IEJ, I〔1951〕, pp. 209 f., Fig. 13 f., pl. 38A). 불행히도 이 짤막한 명문은 "오빌의 황금"이라는 용어의 보다 분명한 의미를 밝혀주지 않는다.
97) Cf. Fr. Frank, ZDPV, 57 (1934), p. 244.
98) N. Glueck in BASOR, 71 (1938), pp. 3-17 ; 75 (1939), pp. 8-22 ; 79 (1940), pp. 2-18의 보고들을 참조하라.

에서 발견되었다. 에시온 게벨은 왕실에서 세운 것이었기 때문에, 속주 에돔에서 광석을 채굴하고 금속 제품을 만드는 일도 왕실의 독점사업으로서 솔로몬에게 엄청난 이윤을 가져다 주었을 것임에 틀림없다.

끝으로, 우리는 열왕기상 10장 28-29절을 통해 솔로몬이 "왕의 상고들"(סחרי המלך), 즉 솔로몬의 대리인들을 통해 병거 및 말 장사를 활발하게 하여 상당한 수입을 올렸다는 것을 알게 된다. 왕의 상고들은 병거와 말을 이집트에서, 또한 말을 길리기아에서[99] 사와서 중부 및 남부 수리아의 군소국가들의 왕들인 "헷 사람의 모든 왕과 아람 왕들"에게 되팔았다.

이렇게 해서 솔로몬은 고대 오리엔트 세계에서 방대한 무역조직을 갖추고 있었고 그의 명성은 매우 드높았을 것임에 틀림없다. 그는 선왕으로부터 막강한 제국을 이어받았고, 솔로몬 왕국의 광휘는 널리 퍼져 사람들의 선망과 존경의 대상이 되었을 것이다. 이러한 그의 지위에 걸맞게 솔로몬의 궁궐에는 수많은 이방인 아내들이 있었다. 열왕기상 11장 1절 이하에서 신명기 사학파는 이 점을 비판하면서 이 이방인 아내들이 그를 꾀어 하나님을 버리고 우상들을 섬기게 만들었다고 주장하였다. 이러한 비판은 신명기사학파의 특유한 관점에서 행해지고 있는 것이기는 하나, 어쨌든 솔로몬은 잡다한 이방 여인들로 이루어진 수많은 후궁들을 거느리고 있었다는 것은 사실이다. 그 여인들 가운데는 이집트의 왕녀도 포함되어 있었다는 것을 학자들은 특히 주목하였다(왕상 3:1; 9:16[100]). 이 왕녀는 이집트 제21왕조의 미미한 파라오의 후궁의 딸이었을 것이다. 이집트와의 특별히 긴밀한 관계로 인하여 이

---

99) 열왕기상 10:28에서 Kue라는 이름이 두 번 나온다—현재는 본문에 왜곡된 형태로 나와 있다. 우리는 앗수르 사료들을 통해 이것이 한 길리기아 땅 또는 국가의 이름임을 안다.

100) 열왕기상 9:15, 17과 열왕기상 9:16 사이에 삽입된 구절, 곧 파라오가 가나안 도시인 게셀 성읍을 정복하여 그것을 결혼지참금으로 자기 딸에게 주었다는 말은 이상하고 이해가 되지 않는다. 어떻게 게셀(abu shushe 근처에 있는 현재의 tell jezer)이 다윗 제국의 변방에서 독립적인 가나안 도시국가로 있을 수 있었겠는가? 그리고 제21왕조의 한 파라오의 팔레스타인 원정은 어떻게 설명될 수 있는가? 그러나 A. Alt, *Israel und Ägypten* (BWAT, 6〔1909〕, pp. 20 ff.를 참조하라.

왕녀가 솔로몬의 후궁으로 들어왔던 것은 아니었을 것이다.

솔로몬 왕국의 영화를 사람들이 경탄했고 자랑스럽게 생각했다는 것은 이해할 수 있는 일이지만, 사람들은 과중한 부담 아래에서 신음했고, 특히 전적으로 세속적이고 정치적인 솔로몬의 사업은 이스라엘 지파들에게 좋지 않은 인상을 남겼을 것이 분명하다. 다윗 치하에서 시작되었던 민심의 동향은 솔로몬 시대에 급속하고 집중적으로 강화되어서 왕정에 대한 기본적인 거부감은 솔로몬의 통치의 역사적 실상(實相)을 바탕으로 하고 있었다는 것은 놀랄 일이 아니다.[101]

사실 솔로몬은 방대한 유산을 물려받아 겉보기에는 화려하게 운용한 듯이 보였지만, 실제로는 선왕으로부터 물려받은 것을 자신의 솜씨와 능력을 통하여 새롭게 취득하는 데 실패했다는 점에서, 그 유산들을 허비해 버린 퇴폐적인 계승자였다.

17. 다윗과 솔로몬 치세에서 이스라엘의 지적·문화적 생활

다윗과 솔로몬 치세에서 일어난 역사적 사건들로 인하여 이스라엘 사람들의 생활 환경은 일변하였다. 강력한 왕정은 자신의 역사 무대에서 스스로를 보존해야 한다는 강박감으로부터 백성들을 해방시켜 주었고, 사람들은 강력할 뿐만 아니라 잘 다스려지는 국가에서 사는 행복을 누렸다. 다윗의 재위 중에 이루어진 행정 조치들에 관해서는 거의 아무런 언급이 없고, 또한 솔로몬 시대에 있어서도 건설 공사 및 왕실 운영과 관련된 몇몇 조치들에 대한 언급만이 있을 뿐이다. 그러나 틀림없이 다윗은 몇 가지 근본적인 개혁들을 단행하였을 것이다.

하위 관리들의 도움을 받아 특정한 부서를 관장하였던 다윗의 고위 관리

---

101) 특히 사무엘상 8:11-18에서 신명기사학파가 "왕의 법"이라고 한 말을 참조하라.

들의 명단(삼하 8:16-18; 20:23-26)이 이를 입증해 준다. 이 조직은 분명히 점진적으로 정립되어 갔을 것이다. 왜냐하면 정확한 연대를 알 수 없는 사무엘하 8장 16-18장에 나오는 명단으로부터 다윗의 집권 후반기의 것인 사무엘하 20장 23-26절의 명단을 거쳐 열왕기상 4장 2-6장에 나와 있는 솔로몬 시대의 명단에 이르기까지, 고위 관리들의 수가 꾸준히 증가하고 있는 것을 볼 수 있기 때문이다. 이 관리들은 다윗과 솔로몬 제국의 전 영토를 관장하고 있었을 것이 분명하다. 어쨌든 유다와 이스라엘 왕국은 왕 개인만이 아니라 이러한 왕의 고위 관리들에 의해서도 연합되어 있었다.[102] 유다와 이스라엘 왕국에 각각 지파들이 분포되어 있었지만 이스라엘 군대는 그런 것과는 상관없이 소집되었다.

이 두 왕국에서 지파들은 이제 수많은 가나안 도시국가들과 결합되어 있었고, 이로 인하여 그들의 지위에 변화가 생겨났다. 솔로몬 치하에서 이스라엘 왕국이 몇 개의 지구로 나뉘어진 것에서 볼 수 있듯이, 두 왕국의 행정구역을 편성할 때 역사적으로 발전되어 온 지파 경계들이 고려된 것은 사실이다. 그러나 유다와 이스라엘이라는 잘 짜여진 왕국으로 통일되어 있었기 때문에 지파들과 성읍들은 서로 더 밀접하게 결합되지 않을 수 없었고, 이렇게 가나안인들과 함께 살게 됨으로써 이스라엘의 생활 방식도 변화하게 되었다. 가나안인들은 이방인이라는 정서(cf. pp.186f.)는 이스라엘 사람들 사이에서 그대로 지속되었지만, 도회지적인 생활 방식들은 그들에게 보다 강력한 영향력을 행사하기 시작하였다.

대규모의 지속적인 정치 조직은 도시라는 토대를 요구하였다. 즉, 효율적으로 행정을 집행하기 위해서는 한 왕국 안에서 함께 살면서 산업과 상업을 통한 생활의 전문화를 이룰 수 있는 도시 중심지들이 단지 하나—다윗은 이미 왕도(王都) 예루살렘에 그런 것을 창출하였었다—만이 아니라 전국에 걸쳐 건설되지 않으면 안 되었다. 따라서 화폐 경제[103] 및 이에 따른 빈부격

---

102) 여기서도 단일한 관료체제를 가진 '한' 왕정 아래에서 상부 이집트와 하부 이집트가 연합되어 있었던 것과 쉽게 비교가 가능하다.

차[104] 같은 도시 문명의 현상들이 이스라엘 지파들의 생활 속에 나타나기 시작하였다. 우리에게 전해진 기록들 속에서 그러한 과정을 상세하게 추적하기는 불가능하다. 그것은 분명히 돌연한 변화가 아니라 다윗과 솔로몬 시대 이래로 지속적으로 발전되어 온 과정이었을 것이다. 그러나 도시 특유의 생활 방식이 여전히 이스라엘 고유의 것으로 생각되지 않았다는 것을 우리는 성안에 거하는 주거들—따라서 이스라엘 사람들도 그런 가옥들에 살았다고 추측할 수 있다—에 대해서는 농촌 지역의 땅들에 적용되었던 희년 규정들(레 25:29, 30)을 배제한다는 칙령에서 보게 된다.

이스라엘 사람들과 가나안인들이 보다 밀접한 관계를 갖게 되자 종교 분야는 쉽사리 심각한 영향을 받게 되었다. 지파들이 팔레스타인에 정착한 이래로 이스라엘의 예배 제도는 원주민의 전통들을 풍부히 흡수하였기 때문에 가나안 제의는 이제 이스라엘 지파들에 대하여 실제로 영향력을 행사할 수 있었을 것이다. 그리고 나중에 선지자들이 이른바 종교적 매음 또는 아들을 희생제물로 바치는 것 같은 가나안 특유의 풍산(豊産) 제의가 야훼 신앙의 여기저기에 정착되어 있다고 지적하면서 야훼 신앙이 가나안의 바알 숭배가 되어 버렸다고 단정하고 있는데,[105] 가나안 성읍들이 유다와 이스라엘 왕국에 병합됨으로써 이스라엘의 생활 방식과 가나안의 생활 방식의 차이들이 흐려지게 된 것이 그런 결과를 가져온 원인 중의 하나였을 것이다.

그러나 한편 왕국들이 형성되고 이에 따라 이스라엘이 이 땅의 고대 문화 전통들에 뿌리를 내리면서 보다 폭넓은 고대 오리엔트 세계와 접촉하게 되면서 이스라엘에서는 새로운 지적 세력이 생겨났다. 이로 인하여 보다 일반적인 교육이 시작되었다. 우리는 "솔로몬의 지혜"(왕상 5:9-14〔영어 성경

---

103) 우선 중량이 나가지 않는 금속이 화폐로 사용되었다. 공인된 중량을 지닌 주화(鑄貨)는 루디아 왕국과 페르시아 제국이 등장하기까지는 고대 오리엔트에 도입되지 않았다.
104) 후기의 선지자들(특히, 아모스, 이사야, 미가)의 말을 보면 이러한 문제들이 극도로 진행되었음을 알게 된다.
105) 특히 호세아와 초기의 예레미야를 참조하라.

으로는 4:29-34))[106]에 관한 전승을 이런 맥락 속에서 보지 않으면 안 된다.

고대 오리엔트에서는 아주 오랜 옛날부터 '지혜' 문학을 통해 고대 오리엔트의 대문명들에서 '학식있는' 서기관들로 대표되는 '개화된' 지식층 내에서 지식과 경험에 대한 전수가 촉진되었다. 솔로몬의 '지혜'는 분명히 고대 오리엔트의 방대한 '지혜' 전승과 연결되어 있다(왕상 5:10, 11 = 4:30, 31 영어 성경으로). 솔로몬이 나무들과 동물들, 새들, 파충류들, 어류들에 관하여 말하였다고 하는 것을 보면, 그의 '지혜'가 이집트와 메소포타미아에서 자연 현상들을 가능한 한 포괄적으로 나타내고자 시도했던 것과 결부되어 있다는 것을 알 수 있다.

유일한 차이점이라면 솔로몬은 이러한 지식을 구체적으로 '잠언'과 '시가'로 체계화하였다는 점이다. 열왕기상 5장(영어 성경으로는 4장)에 나오는 솔로몬에 관한 말은 틀림없이 보다 일반적으로 솔로몬 시대 전체에 적용될 수 있을 것이다. 후대의 전승이 솔로몬 시대의 이스라엘 전반에 걸쳐 일어났던 일을 왕이라는 인물을 빌어 집약시켜 놓았다고 할 수 있다. 이 시대에는 궁정에서 국내의 행정을 위해서만이 아니라 다윗과 솔로몬 제국이 전세계적으로 중요한 지위를 점하고 있음으로 인해서 생겨난 여러 가지 일들을 처리하기 위해서도 당시에 다수의 주민들 가운데 통용되고 있던 문화를 필요로 했던 왕의 관리들을 중심으로 교육받은 계층이 발전되었다.

어쨌든 다윗, 특히 솔로몬 시대에는 지적 영역에서 새로운 세력이 태동되었다. 문학 분야에서 이런 현상은 특히 두드러졌다. 구약에 통합된 저작들의 대부분이 익명으로 되어 있고 정확히 그 저술연대를 확정할 수 없으며, 또 대체로 그 원형대로 현존하지 않기 때문에 실제로 이스라엘의 문학사를 체계적으로 기술하기는 어렵지만, 현재로서 한두 가지 꽤 확실한 말을 할 수는 있다.

전문 작가의 의도적으로 만들어낸 작품이라는 의미에서 문학이라 할 수 있는 저작들은 다윗과 솔로몬 시대에 처음으로 출현하였다. 그러한 문학 작

---

106) Cf. A. Alt, 'Die Weisheit Salomos', ThLZ, 76 (1951), cols. 139-144.

품들로는 당시의 사건들을 서술한 역사서들을 들 수 있다. 이전 시대에서는 역사적인 기억들은 주로 민담(民譚)과 구전 전승이라는 형태로 기록되어 왔었다. 왕국이 탄생하면서 민담의 생성되는 단계는 실질적으로 끝이 난 것으로 보인다.

그러한 민담 단계는 족속들과 지파들이 아직 자유롭고 독립적이었던 때에 속하였다. 어쨌든 오경 설화들, 여호수아서에 나오는 이 땅의 점령에 관한 이야기, '사사기'에 포함된 이야기들에서 주로 찾아볼 수 있는 구약에 보존된 민담 자료들은 왕국이 형성되기 이전에 이미 생겨난 것들이다.[107]

그런 후에 이 민담 자료를 글로 기록하는 복잡하고 오랜 과정이 이어졌다. 다윗과 솔로몬 시대에 연대기적인 역사서가 생겨나서 민담들과 나란히 공존하다가 그것들을 대체하였다. 이스라엘 사람들이 적극적으로 동참하였던 이 시대의 커다란 역사적 사건들과 이스라엘에서 등장한 다윗 같은 중요한 역사적 인물들은 당시의 사건들을 기록하고자 하는 충분한 유인(誘因)이 되었다. 그러나 이러한 유인(誘因)들과 아울러 사건들의 근본적인 요소들과 그 근저에 있는 관계들을 인식하고 그것들을 문학적인 솜씨로 객관적으로 표현할 수 있는 능력―이것은 새롭고 놀라운 것이다―이 있었다.

그 결과 생겨난 것은 단순히 역사적 사건들을 기록하는 것이 아니었다. 그러한 기록들은 왕의 고위 관리였던 "서기관"(cf. 삼하 8:17b; 20:25a)이 담당했던 공식적인 왕조 실록이라는 형태로 이루어졌다―이러한 것도 당시에는 혁명적인 일이었다. 다윗과 이웃 나라들과의 무력 충돌들을 기록해 놓은 사무엘하 8장 1-14절은 왕조 실록에서 발췌한 내용을 토대로 하였을 것이다. 그리고 두 명의 "서기관"(왕상 4:3a)이 있었던 솔로몬 치하에서 왕조 실록은 보다 더 철저하게 기록되었고, "솔로몬 행장"(왕상 11:41)은 그 내용을 이 실록에서 가져왔을 것이다.

그러나 이러한 역사서들은 단순히 개별 사건들을 나열하는 것에 그치지 않았다. 이 역사서들은 확고한 직접적인 지식을 토대로 하였지만 세심하게

---

107) Cf. M. Noth, *Überlieferungsgeschichte des Pentateuch* (1948), pp. 47 f.

선택한 역사의 한 시대의 근본적인 발전과정과 상황을 설명하려는 의도로 기록되었다.

이 새로운 유형의 역사 서술의 주요한 예로는 다윗의 집권에 관한 사무엘상 16장 14절에서 사무엘하 5장 10절까지의 기록, 다윗의 왕위 계승 문제를 다루고 있는 사무엘하 7-20장, 열왕기상 1-2장을 들 수 있다. 전자는 다윗 시대에 나왔을 것이고, 후자는 솔로몬의 사후에 기록되었을 것이다. 특히 왕위 계승 이야기에 드러나 있듯이 궁정에서 일어난 사건들을 아주 잘 알고 있는 것으로 보아, 이 두 저작의 익명의 저자들은 다윗과 솔로몬의 궁정과 꽤 밀접한 연관을 갖고 있었음이 틀림없다.

그럼에도 불구하고 분명히 이 저작들은 공식적으로 위임받아 저술된 것은 아니었다. 다윗의 집권 과정을 서술하면서 저자가 이 위대한 왕의 성공적인 경과를 끝없이 칭송하고 있다는 것은 사실이나, 다른 이야기는 밧세바와의 간음, 자신의 부하 우리야에 대한 잔혹한 범죄, 압살롬에 대하여 약했던 그의 모습, 왕위 계승 문제에 있어서 결단력의 부족 등과 같은 다윗의 어두운 면들을 분명하게 보여준다.

당시의 위대한 인물들과 사건들은 문학적 재능을 지닌 뛰어난 사람들을 자극하여 역사의 중요한 국면들을 서술하게 만들었다. 그러나 이 저자들은 단지 사건들의 경과를 서술하고자 한 것이 아니라 당시의 사건들 속에서 하나님의 역사(役事)를 감지해 내었다. 그들은 이전의 민담들과는 달리 이 하나님의 역사(役事)를 아주 새로운 방식으로 말해 준다.

그들은 이제 하나님이 각각의 권능있는 행위들을 통하여 사건들의 경과 속에 직접적으로 개입하는 것으로 보지 않았다. 사람들의 욕구, 지혜와 성공들, 어리석은 짓들과 사악함이 전면에 등장하고, 당시의 사건들은 이 저자들에게 완전히 인간의 행위들 및 다양한 동기들에 의해 결정되는 듯이 보였다. 그렇지만 하나님은 인간의 행위들을 결정하고 이 인간의 행위를 통하여 역사를 자신이 의도하는 목표지점으로 이끈다―흔히 눈에 보이지 않고 거의 눈치 채지 못하게―는 점에서 여전히 역사의 주재(主宰)였다.

다윗의 집권에 관한 이야기는 사무엘상 16장 14절에서 "여호와의 신이 사울에게서 떠나고"라는 말로 시작되고, 사무엘상 16장 18절에서 다윗은 "여호와께서 그와 함께 계시더이다"라는 말로 소개된다. 그런 후에 마치 다윗이 자신의 능력으로 성공한 것인 양 다윗의 성공적인 집권에 관한 서술이 나온다. 그러나 끝부분인 사무엘하 5장 10절을 보면 앞의 모든 이야기를 조명해주는 말이 나온다: "만군의 하나님 여호와께서 함께 계시니 다윗이 점점 강성하여 가니라."

이와 같은 사상은 왕위 계승 이야기 속에서 더욱 신중하게 표현되어 있다. 압살롬이 반란을 일으켰을 때, 장래의 모든 일은 다윗이 자신의 세력을 결집할 수 있는 시간을 얻느냐의 여부에 달려 있었고, 실제로 압살롬은 예루살렘에 입성한 후에 영악한 아히도벨의 조언을 무시하고 지파들의 군대 전체가 소집될 때까지 기다리기로 결정하였다. 사무엘하 17장 14b절에서 기자(記者)는 이렇게 논평한다: "여호와께서 압살롬에게 화를 내리려 하사 아히도벨의 좋은 모략을 파하기로 작정하셨음이더라."

우리가 앞에서 언급한 두 편의 역사서들은 완전히 새로운 출발을 의미함과 동시에[108] 그런 유의 대작들이었다. 또한 이 역사서들은 고대 오리엔트 세계 전체에서 유일무이한 것들이었다. 오리엔트 세계는 주로 왕조 실록 또는 그밖의 연대기적인 편찬물들의 형태로 우리에게 단편적인 역사적 정보를 풍부하게 남겨주긴 하였지만, 역사서라는 이름을 붙일 만한 저작은 단 하나도 남기지 않았기 때문이다.

이스라엘의 하나님은 과거에나 현재에나 자기 백성을 주로 역사적 사건들 속에서 만났기 때문에, 이스라엘은 역사적 사건들의 상호관계에 주목하게 되었다. 왜냐하면 결국 역사적 사건들은 인간의 활동의 산물이 아니라 하나님의 활동의 산물이었기 때문이다. 그런 까닭에 그리스나 다른 곳에서 역사

---

108) 우리는 이것을 사사기 9장 56, 57절에서 일련의 사건들을 요약해주고 있는 아비멜렉에 관한 짤막한 기사와 비교해 볼 수 있다: "아비멜렉이 그 형제 칠십인을 죽여 자기 아비에게 행한 악을 하나님이 이같이 갚으셨고 또 세겜 사람들의 모든 악을 하나님이 그들의 머리에 갚으셨으니 여룹바알의 아들 요담의 저주가 그들에게 응하니라." 그러나 사사기 9장이 다윗 시대 이전에 쓰여졌는지는 확실치 않다.

서술이 시작되기 훨씬 전에 이스라엘에서는 다윗과 솔로몬 시대에 상호관련된 사건들을 역사적으로 해석하는 저작들이 나올 수 있었다.

구약에 나오는 그밖의 다른 문학 작품들이 다윗과 솔로몬 시대에 쓰어진 것인지는 확실치가 않다. 그럼에도 불구하고 원래 구전으로 전해 내려오던 방대한 오경 전승을 대규모로 성문화한 가장 오래된 문학 작품, 이른바 야휘스트(야훼 문서 기자)의 저작은 이 시기에 이루어졌을 가능성이 크다. 이 저작은 전승을 토대로 이스라엘의 전사(前史)에 속하는 기본적인 종교적 주제들에 관한 전승 이야기 형태를 글로 기록한 것이긴 하지만, 단지 문학적 서술 기법의 대작에 그치는 것이 아니라 인류 역사 전체의 틀 안에서 이스라엘의 삶에 대한 하나님의 영향력을 서술한 하나의 신학 저작이었다.

야휘스트가 이전의 전승들에 온갖 전승 자료들을 더하여 구성한 시원사(始原史)를 이 저작의 맨처음에 놓음으로써 전세계적인 시야가 펼쳐지고, 이 세상에서의 인간의 본성에 관한 매우 심각하고 암울한 말들과 아울러, 그것은 야훼가 온 인류에게 복 주시기 위하여 그 도구로 선택한 이스라엘의 역사를 이해하기 위한 배경을 이룬다(cf. 특히 창 12:1-3). 그러므로 이 저작은 위대한 지성의 업적으로서 앞에서 말한 연대 설정이 정확하다는 것이 입증된다면, 다윗과 솔로몬 시대의 폭넓은 시야와 활발한 영성을 보여주는 증거가 될 것이다.

이전의 민담들, 특히 연속된 민담들을 문자로 기록하고 그때까지 널리 산재해 있던 구전 전승들을 취합하는 일이 이 시대에 시작되었다는 것은 당연하다고 하겠다. 일의 성격상 극소수의 경우를 제외하고는 이러한 과정이 언제 일어났는지를 말하기는 어렵다. 그럼에도 불구하고 예를 들면, 이전의 인과관계학적 설화들을 온 이스라엘이라는 관점에서 이 땅의 점령에 관한 서술과 결합시킨 여호수아서 1-12장의 오래된 자료는 다윗과 솔로몬 시대가 아니라 솔로몬의 죽음 직후에 만들어졌을 가능성이 대단히 높다.[109] 다윗과 솔로몬 시대에 문학 활동, 특히 역사 설화들을 저술하고 전승 자료들을 수

---

109) Cf. M. Noth, *Das Buch Josua* (²1953), p. 13.

집, 편집, 기록하는 작업을 촉진시켰던 유인(誘因)들은 당연히 그 이후에도 지속되었다.

그러는 가운데 이전 시대로부터 전해진 전승들을 정리하고 대조하고 해석하는 목표로 한 합리주의 경향이 대두하였다. 과거에 사람들은 신앙 고백들을 통해 이스라엘의 하나님의 기본적인 구원 행위들을 말했고, 하나님에 대한 이스라엘의 역사적 체험들을 생생한 구전 전승들을 통하여 한 세대에서 다음 세대로 전했지만, 이제는 그러한 전승들은 문자로 기록되고 신학적으로 해석되었다. 게르하르트 폰 라트가 솔로몬 시대를 "전형적인 계몽운동"의 시대라 부르고 "솔로몬 및 솔로몬 이후의 인본주의"라고 말한 것은 일리가 있다.[110]

다윗 역사에 속하는 일화들에 대한 이러한 방대한 저작들[111]은 이스라엘 땅에서 왕정은 이스라엘 지파들이 팔레스타인에 정착하여 그 입지를 굳힌 오랜 후에 역사에 등장한 제도였다는 사실과 단명한 사울 왕정 이후에 다윗이 이 백성의 역사에 계속해서 지속하였던 유다와 이스라엘 왕국을 확립하고 그 아들에게 물려준 최초의 인물이었다는 사실을 확고하게 입증해 주었다는 점에서 특별한 의의를 지닌다.

그러므로 왕정 제도 및 유다와 이스라엘에서의 실제의 왕정이 불변하는 영속적인 세계 질서에 속하는 요소들이라는 사상이 이스라엘에서 등장하기는 어려웠다. 처음부터 이스라엘 지파들 가운데서 왕정이 일반적으로 문제가 있다는 것에 대한 인식이 있었고 시간이 갈수록 그런 인식은 강화되었다는 것을 생각한다면(cf. pp. 214 f.), 이스라엘의 왕정은 그밖의 다른 고대 오리엔트 세계, 특히 왕정을 영속적인 신의 질서에 속한 본질적인 요소로 여겼던 고대 오리엔트 제국들의 경우와는 판이하게 다른 상황에서 등장하지 않을 수 없었다는 것을 깨닫게 된다.

이스라엘에서 왕정은 언제나 역사 과정 속에서 발전된 제도로 여겨질 수

---

110) G. v. Rad, *Der heilige Krieg im alten Israel* (1951), pp. 39, 49.
111) 매우 초기에 이것들은 수집되고 기록된 사울에 관한 이야기들과 결합되어 사울과 다윗에 관한 방대한 설화 모음집이 되었을 것이다.

밖에 없었고, 바로 이렇게 왕정이 역사적으로 출현하였다는 사실에 영향을 받아 고대 오리엔트 세계에서 그 유례를 찾아볼 수 없는 역사 서술 방법이 이스라엘에서 생겨나게 되었다. 그것은 하나님 체험의 특수성을 토대로 한 이스라엘의 독특한 역사 의식의 결과였다. 그러므로 신적인 왕권 및 그에 수반하는 종교 의식(儀式)들에 관한 고대 오리엔트의 관념들을 이스라엘의 왕정에 아무런 문제의식 없이 적용하는 것은 옳지 않다.

그렇다고 해서 이스라엘에서 왕정을 순전히 세속적인 제도로 생각하였다는 것은 아니다.[112] 야훼는 "다윗과 함께 하셨다"(cf. p. 285). 즉, 야훼는 이전에 왕국의 등장 이전에 카리스마적인 지도자들을 불러서 "그들과 함께 하였고"(삿 6:16) "그들의 대적을 그들의 손에 붙이심"으로써 그들을 승리로 이끄셨던 것처럼(삿 3:28; 4:14; 11:32) 다윗의 집권 과정을 눈에 보이지 않게 인도하였고, 다윗 제국의 건설을 승인하였을 뿐만 아니라 사실상 그런 일을 일어나게 만들었다.

야훼가 적극적인 역할을 하였다는 전제 하에서만 다윗 시대의 큰 사건들을 이해할 수 있었다. 더욱이 다윗 왕정은 미래에 대한 하나님의 약속을 지니고 있었다. 오래된 왕위 계승 이야기의 서두에는 "선지자" 나단이 다윗에게 한 말이 기록되어 있다(삼하 7:8-16). 이 말은 나중에 수정되긴 하였지만 대체로 솔로몬이 죽기 전에 기록되었기 때문에 역사적으로 진정한 것으로 보아야 한다. 야훼의 이름으로 나단은 다윗에게 그의 왕위가 계속될 것이고 그의 왕조가 영원할 것이라고 약속한다. 실제로 야훼와 다윗의 후계자들의 관계는 부자 관계로 묘사된다(14절).

이것은 고대 오리엔트의 신적 왕권이라는 개념을 상기시키지만 그것과는 근본적으로 다르다는 것이 그 특징이다. 이 고대 오리엔트의 개념에 대한 의도적인 반발로서 이 관계를 묘사하는 데 양자(養子)라는 정식(定式)이 사용된다. 하나님과 왕의 관계는 자동적으로 존재하는 것이 아니고, 왕은 신적

---

112) 이것은 왕정 제도를 세속적이고 "이방적"이라고 보았던 신명기사학파에서 찾아볼 수 있는 것과 마찬가지로 왕정을 근본적으로 거부한 것에서 극명하게 찾아볼 수 있다.

인 존재이거나 신적인 본성을 소유하고 있지도 않다. 단지 왕은 하나님의 뜻에 따라 아들로 선포된다—그가 왕위에 오를 때. 다윗의 후계자들이 등극할 때 이러한 양자 정식(定式)이 엄숙하게 선포되었을 것이다(시 2:7, 또한 시 110:3).

이것은 이 관계가 역사적 토대 위에서 새로이 왕이 등극할 때마다 확증되었다는 것을 의미한다: 이 관계는 선천적이고 절대적으로 존재하는 것으로 생각되지 않았다. 이것은 고대 오리엔트의 다른 곳에서의 왕정과 마찬가지로 다윗의 왕정이 이스라엘에서 큰 세력을 지니고 있었지만 질적으로는 서로 판이하게 달랐다는 것을 보여준다.

더욱이 나단의 약속의 말 속에는, 이스라엘의 하나님이 다윗의 왕권이 자신의 목적—그 내용에 대해서는 아무런 언급이 없다—에 기여했기 때문에 그 왕권을 원하였고, 계속해서 그 왕권이 유지되기를 원하였다는 뜻이 함축되어 있다. 다윗 왕조가 하나님의 구원 계획 속에서 근본적인 역할을 할 것이라는 후대의 특정한 선지자 집단의 선포는 이것과 관련이 있었다. 역사 속에서의 하나님의 활동의 중요성에 관한 이러한 개념은, 고대 오리엔트의 다른 국가들에서 통용되었던 왕권의 본질적으로 신적인 성격이라는 관념과는 전혀 다른 것이었다.

제3장

분열 왕국 유다와 이스라엘의 공존

18. 솔로몬 사후의 유다와 이스라엘

솔로몬은 주전 926년 가을과 주전 925년 가을 어간에 죽었다. 솔로몬의 죽음은 이스라엘 역사에서 그 연대를 정확하게 알 수 있는 가장 오래된 사건으로서 오차는 단지 수 년 이내이다. 솔로몬이 죽고 나서 유다와 이스라엘 왕들의 일련의 역사에 관한 연대기적 기록이 시작되는데, 신명기사학파는 자신이 자료로 사용한 "유다 왕 역대지략" 또는 "이스라엘 왕 역대지략"에 나오는 두 왕국의 공식적인 실록들로부터 이 연대기를 인용할 수 있었다.

이 연대기적 기록에는 먼저 두 왕국의 왕들의 재위 기간, 다음으로 두 왕국 중 하나에서 왕이 바뀔 때마다 그 사건의 연대를 다른 왕국의 왕의 재위 연한을 기준으로 기록해 놓는 식으로 유다와 이스라엘의 연대기가 대조되어 있다. 이런 식으로 유다와 이스라엘에서의 왕들의 재위 기간을 대조시켜 놓는 고정된 연대기 기록 방식은 여러 가지 역사적 접촉점들을 통하여 신앗수르 제국의 연대기와 연결될 수 있고, 또한 이 신앗수르 연대기는 역법(曆法)을 통하여 그 절대적 연대를 확정할 수 있다.[1]

---

1) 이에 대한 짤막한 언급은 WAT, pp. 211 f.를 참조하고, 자세한 것은 J. Begrich, *Die Chronologie der Könige von Israel und Juda* (Beiträge zur historischen Theologie,

열왕기상 11장 42절에 의하면 솔로몬은 40년 동안 통치하다 죽었고, 사무엘하 5장 4, 5절에 의하면 다윗의 재위 기간은 40년이라고 되어 있다―유다 왕으로 등극한 이후부터 계산해서. 두 경우 모두 개략적인 수치일 것이다.[2] 이 수치가 어느 정도 정확하다면―그리고 그렇다는 데 의문을 제기할 이유가 없다―다윗과 솔로몬의 재위 기간을 합하면 대충 주전 10세기의 처음 3/4을 차지한다.

솔로몬이 죽은 후에 다윗 제국은 겉으로는 휘황찬란한 상태에 있는 듯이 보였으나, 적어도 부분적으로는 변방의 몇몇 속주들로부터의 위협 또는 그 속주들에 대한 실질적인 지배권의 상실 등으로 말미암아 쇠퇴기에 접어든 상태였다. 무엇보다도 특히 이스라엘 지파들 사이에서 솔로몬 시대의 허장성세에 관한 반감이 이미 자리잡고 있었다. 그러므로 그의 후계자는 특별한 힘과 지혜를 가진 자가 아니고서는 대처할 수 없는 극히 어려운 난제에 직면하게 되었다. 솔로몬의 아들 중에서 장자였던 것으로 보이는 르호보암이 왕위를 이을 것이라는 것에는 의심이 없었던 것으로 보인다. 그리고 도시국가 예루살렘과 유다 왕국에서 르호보암이 선왕의 뒤를 이어 왕위에 오르는 데에는 아무런 문제도 없었다.

가나안 도시국가들에서는 왕위 세습은 오랜 관행이었고, 다윗의 후계자가 "다윗의 성"에서 왕이 된다는 것은 아무런 문제도 되지 않았다. 그러나 당시와 그 이후로 유다 왕국도 유다의 다윗 왕조를 고수하였고 아무런 문제 없이 르호보암을 새로운 왕으로 인정하였던 것으로 보인다.[3]

그러나 이스라엘 왕국에서는 사정이 달랐다. 우리는 실로의 선지자 아히

---

3), 1929을 참조하라. 이하의 서술에 나오는 연대들은 자세한 설명 없이 Begrich의 연대표를 따랐다(op. cit. p. 155에 나오는 그의 연구성과의 요약을 참조하라). 유다와 이스라엘 왕들의 연대를 Begrich와는 약간 다르게 설정한 최근의 연구로는 W. F. Albright, BASOR, 100 (1945), pp. 16-22가 있다.

2) 40이라는 숫자는 흔히 구약의 다른 곳에서 성인 한 세대가 죽고 다음 세대가 등장하는 기간을 나타내는 어림수로 나온다.

3) 아마도 이것은 옛 유다의 왕도 헤브론에서 엄숙한 의례를 통해 이루어졌을 것이다.

야에 관한 이야기(왕상 11:29-39; 12:1-32; 14:1-18)를 통해 이스라엘 왕국에서 일어난 사건들에 관하여 어느 정도 알게 된다. 이 이야기에서는 야훼가 아히야를 통하여 여로보암에게 주신 약속을 성취하신 다음에 여로보암이 배교자가 되자 그를 버리셨다고 말하고 있다.[4] 이 일 후에 이스라엘 왕국의 지파들은 이스라엘 지파 영토들의 공인된 중심지이자 지파 동맹의 중앙 성소가 자리잡았던 가장 오래된 본거지인 세겜에서 회합을 가졌다.

르호보암은 그 곳을 수리하였고, 회집한 지파들은 "그를 왕으로 삼기를" 원하였다. 즉, 그들은 르호보암과 만나 왕의 임명 문제를 논의하고 자신들의 사정을 얘기하고자 하였다. 이렇게 이 지파들의 장로들—이들이 세겜에 모인 사람들이었다고 추측할 수 있기 때문에—은 비록 사울이 죽은 후에 위기상황에서, 강력한 아브넬의 영향력 때문에(삼하 2:8-9), 또 다윗이 죽은 후에 그의 막강한 권위로 인하여 왕위 세습이 이루어졌지만 그러한 자동적인 왕위 세습을 인정하지 않았다. 이미 사울을 왕으로 삼을 때(삼상 11:15)와 다윗을 이스라엘의 왕으로 추대했을 때(삼하 5:3) 그랬듯이, 그들은 자신들이 왕관을 수여하면서 새로운 왕과 "계약을 맺기"를 원하였다.

그들은 솔로몬의 장자인 르호보암을 최우선순위로 고려하였으나 솔로몬 치하에서 너무 과중하게 부과되었던 부담을 경감해 주겠다고 확약해 줄 것을 요구하였다. 틀림없이 그들은 무엇보다도 공물과 강제 노역—이전의 가나안 성읍들에 있어서는—의 경감을 염두에 두었을 것이다. 나이 많고 경험이 풍부한 대신(大臣)들의 조언에도 불구하고, 르호보암은 상황을 완전히 잘못 파악하여 돌연히 부정적으로 대답하였다. 그러자 이스라엘 왕국의 장로들은 다윗 왕조와 결별하기로 선언하였다.

다시 한번 다윗 치세 때의 위기 상황에서 나왔던(삼하 20:1) 말이 튀어나왔다: "이스라엘"은 유다의 다윗 왕조에 "업이 없도다"(왕상 12:16). 르호

---

[4] 이 설화에서도 하나님은 인간의 결정들 속에서 역사(役事)하고 계시는 것으로 보고 있다. 야훼가 여로보암에 대한 자신의 약속을 이루기를 원하였기 때문에 르호보암이 현명치 못하게 행동한 것도 야훼의 '섭리'(סבה)였다(왕상 12:15); cf. 위 pp. 285 f.

보암과의 협상에서 에브라임의 여로보암이 배후에서 어떤 역할을 하였는지는 확실히 알 수가 없다. 그는 한때 "솔로몬에게 반기를 들었다가" 이집트로 피신하였는데(cf. p. 267f.) 솔로몬이 죽었다는 소식을 듣고 신속하게 본국으로 돌아와 있었다. 어쨌든 이스라엘의 장로들은 세겜에서 다윗 자손 대신에 여로보암을 왕으로 삼았다. 그는 솔로몬에 대항하여 반기를 들었을 당시에 실로의 선지자 아히야에 의해 야훼의 이름으로 장차 이스라엘의 왕이 될 자로 지명되었었다.[5] 그리고 그의 개인적인 야심과는 상관없이 이것이 장로들이 세겜에서 여로보암을 왕으로 추대한 주된 이유였다.

이렇게 해서 다윗이 세운 제국은 끝장이 났고, 중요한 전초기지들은 상실되고 말았다. 북동쪽의 속주인 아람인들의 땅은 이제 장악할 수 없게 되었고, 이미 거기에서는 아람인들이 세운 새로운 독립국가인 다메섹이 솔로몬 시대에 탄생되어 있는 상태였다. 다메섹은 그 주변의 고대의 성읍들과 아울러 이 새로운 왕국의 중심지가 되었고, 이 왕국은 급속하게 세력을 확장하여 이스라엘 왕국의 만만찮은 대적이 되었다. 솔로몬이 그가 죽을 때까지 암몬을 장악할 수 있었다고 하더라도, 이제는 암몬에서의 다윗 왕가의 통치는 종언을 고하지 않을 수 없게 되었다.

이 세기의 3/4이 지나기까지 독자적인 암몬의 왕이 존재하였음을 보여주는 직접적인 증거가 있는 것은 아니지만,[6] 어쨌든 이스라엘 왕국의 이탈과 함께 지리적으로 암몬의 영토에 접근할 수 없었던 다윗 왕가는 더 이상 암몬의 왕이라는 자리를 지킬 수가 없게 되었을 것이 분명하다. 이스라엘의 새로운 왕은 다윗이 과거에 친히 취하였던 암몬의 왕권과는 아무런 상관도 없었다. 단지 작은 왕국인 모압만이 계속해서 한 세기 가량 이스라엘 왕국에 조공을 바쳤을 뿐이다. 에돔에 새로운 왕정이 출현하였지만 속주 에돔은 적어도 한동안은 유다 왕국과 어느 정도 연결되어 있었다.

---

5) 어쨌든 이것은 열왕기상 11:26-28과 11:40 사이에 아히야 이야기(왕상 11:29-39)의 처음 부분을 끼워넣은 편집자의 소견이었다.
6) 앗수르의 왕 살만에셀 3세의 현무암 명문(銘文) col. II, 1. 95 (cf. Gressmann, AOT², pp. 340 f.; TGI, p. 46.

유다와 이스라엘은 이제 수리아와 팔레스타인의 정치 세계에서 별개의 소왕국들로 자리잡지 않을 수 없었다. 두 왕국 중에서 더 작았던 유다 왕국은 이스라엘보다 과거의 유산 위에서 안정된 체제를 보다 수월하게 확립할 수 있는 이점을 갖고 있었다. 유다 왕국에서는 멸망할 때까지 다윗 왕조가 별 탈없이 왕위를 이어나갔다. 다윗 가문은 유다 지파에 속했기 때문에 "유다 사람들이 와서 … 다윗에게 기름을 부어 유다 족속의 왕을 삼았고"(삼하 2:4a), 그후 다윗의 뜻에 의해 그의 아들 솔로몬이 왕위를 이어받은 이래로 유다 왕국은 솔로몬이 죽은 후에도 다윗 가문에 대한 충성을 그대로 유지하였다. 이렇게 하여 왕위 세습의 원칙이 확고하게 정립되어서 그후로 대체로 별 어려움 없이 왕의 장자에게 왕위가 세습되었다.

때때로 특별한 이유로 인해 소동이 일어나기도 했지만 그런 소동도 다윗 왕조 내부에서 일어난 것이었다. 또한 유다 왕국은 처음부터 왕도(王都)를 갖추고 있었다. "다윗의 성"인 예루살렘은 솔로몬이 죽은 후에도 다윗 왕가의 소유로 남아 있었고, 왕들은 유다 왕국이 멸망할 때까지 거기에 거하였다. 그러나 예루살렘은 이제 다윗이 일으켜 세워 놓았고 솔로몬이 휘황찬란하게 발전시켜 놓았던 한 제국의 왕도가 아니었다. 단지 유다의 왕도라는 지위로 떨어질 수밖에 없었다. 그러나 그럼에도 불구하고 예루살렘은 여전히 유일한 왕도였다. 왕궁의 성소에는 고대의 성물(聖物)인 법궤가 안치되어 있었기 때문에[7] 예루살렘은 과거에나 현재에나 계속해서 이스라엘 지파들의 진정한 종교적 중심지였고, 유다 왕국만이 아니라 이스라엘 왕국의 지파들도 예루살렘을 자신들의 영적인 본향으로 생각하였다.

이스라엘 왕국의 사정은 전혀 달랐다. 솔로몬이 죽은 후에 여로보암을 왕으로 추대함으로써 이스라엘 왕국은, 왕정의 등장 이전에 고대의 카리스마적 지도자들을 선출한 것에서 유래하였고, 사울의 경우에 적용되었던 이전의 선출 방식으로 돌아왔다. 장차 왕이 될 사람을 선지자는 야훼의 이름으로 선

---

[7] 우리는 솔로몬의 성전으로 법궤를 옮긴 때에 마지막으로 법궤에 관한 말을 듣는다 (왕상 8:1 ff.). 법궤는 주전 587년에 예루살렘이 파괴될 때까지 거기에 있었을 것이다.

포하였다. 이렇게 왕이 될 것으로 지명된 사람은 다음 차례에 왕위에 오르도록 예정되어 있었다. 그러므로 이스라엘 왕국에서 왕정은 대단히 불안정한 제도였다. 장차 왕이 될 것으로 지명된 사람이 무력으로 기존의 왕을 제거하고 왕위를 찬탈하는 일이 일어나곤 했고, 심지어 왕으로 지명되지 않은 야심 찬 사람도 쉽게 권력을 장악할 수 있었다.

그러나 이스라엘에서조차도 카리스마적 지도자 체제에 맞서 왕정은 보다 확고한 제도가 되어가는 경향이 있었고 결국 관례적으로 왕위 세습이 이루어졌다. 이러한 경향은 사울-에스바알, 다윗-솔로몬으로 왕위가 계승된 데서 시작되었다. 이런 현상은 나중에 다시 재현되었고 결국에는 여러 왕조들이 생겨났다. 여로보암의 왕위는 그의 아들 나답이 계승하였다. 그러나 선지자에 의해 지명된(cf. 왕상 16:2) 잇사갈 지파 사람 바아사가 주전 906-905년에 등장하여 전쟁터에서 군진(軍陣)에 있던 나답 왕을 살해하고 왕권을 장악함으로써 나답은 왕위에 오르자마자 제거되었다.[8]

그러나 새로운 바아사 왕국도 더 잘 되지는 않았다. 선왕의 뒤를 이은 바아사의 아들 엘라는 왕위에 오른 지 얼마 되지 않아서[9] 병거 부대 절반을 통솔한 왕의 고위 관리 중 한 사람인 시므리에 의해 왕궁에서 살해되었다(왕상 16:8 ff.). 이것은 궁정의 고위 관리가 왕을 암살하고 정권을 장악한 사례이다. 시므리가 선지자에 의해 왕으로 지명받았다는 말이 없는데, 이것은 단지 우연이 아닐 것이다. 단지 시므리는 개인적인 야심으로 왕을 살해하였을 가능성이 크기 때문이다. 그리고 시므리는 이스라엘에서 왕으로 인정을 받지 못하였다. 만약 그가 선지자에 의해 야훼의 이름으로 지명을 받았더라면 분명히 이스라엘 지파들은 그에게 와서 그를 왕으로 인정하였을 것이다. 그는 겨우 칠 일 동안 왕위에 있었다(왕상 16:15).

---

8) 그의 치세 기간은 2년으로 되어 있다(왕상 15:25). 이 시대에 통용된 연대계산 방법—재위 기간의 원년과 말년이 한 해가 안 되더라도 각각 한 해로 계산하는 것—에 의하면, 이것은 그의 재위 기간이 채 2년도 되지 않았다는 것을 의미한다.
9) 공식적인 연대계산에 의하면 그의 재위 기간은 "이 년"으로 되어 있다(왕상 16:8).

그리고 장차 왕이 될 자로 지명받은 자가 아무도 없는 상태였기 때문에 왕위 계승을 둘러싼 싸움이 벌어졌고 그 와중에서 그런 경우에 흔히 그러하듯이 군대의 지휘자가 승리를 거두었다. 그 사람이 바로 군대 전체를 통솔했던 오므리였는데, 그는 주전 878-877년에 왕위에 올랐다. 이러한 사건들은, 왕정이 기본적으로 이전의 카리스마적 지도자 체제와 결합되어 있음으로 해서 왕조의 형성과 확립이 어려운 상황에서 왕위를 무력으로 찬탈하고자 하는 자들의 놀이감이 되기가 얼마나 쉬운가를 보여준다. 이러한 여러 차례의 소동이 있은 후에 오므리는 왕권을 확고하게 장악하는 데 성공하였고, 그의 자손들 중 세 사람이 왕위에 오름으로써 오므리 왕가는 이스라엘 왕국에서 30년 넘게 통치하였다. 따라서 오므리는 이스라엘에서 비록 단명했지만 최초의 왕조를 세운 인물이 되었다.

오므리 왕가의 출신 배경에 관해서는 알려져 있는 것이 없다. 이것은 우연이 아닐 것이다. 오므리라는 이름이나 그의 아들 아합이라는 이름은 이스라엘식 이름이 아니다.[10] 군대 지휘자로서 오므리는 용병의 지위에서 벗어나 아주 쉽게 출세를 할 수 있었을 것이다. 용병들은 흔히 그 출신배경이 매우 다양하였다. 오므리 왕조는 선지자에 의해 야훼의 이름으로 지명된 새로운 왕이 다시 등장하면서 마침내 전복되었다. 열왕기하 9장 1절 이하에 의하면, 선지자 엘리사의 사자(使者)가 당시에 전쟁터에 있던 군관(軍官) 예후를 왕으로 지명하고 기름을 부었다고 한다.[11]

그후 예후는 당시에 통치하고 있던 오므리의 후손과 그 가문 전체를 잔혹하게 멸절시키고 주전 845-844년에 스스로 왕위에 올랐다. 이로써―솔로

---

10) 오므리라는 이름의 어근(語根)은 아랍식 인명에서는 흔하고, 아합이라는 이름도 아랍식 작명법(作名法)으로 설명될 수 있다; cf. M. Noth, *Die israelitischen Personennamen* (BWANT, III, 10 [1928], pp. 63, 222, note 7). 이방인을 왕으로 삼지 말라는 신명기사학파의 "왕의 법"에 나오는 특기할 만한 금령(신 17:15)은 오므리 왕이라는 구체적인 사례를 염두에 두었던 것인가?
11) 열왕기상 19:16에서는 예후의 기름 부음을 선지자 엘리야와 결부시키고 있으나, 이것은 이차적인 전승을 토대로 한 것일 것이다.

몬의 죽은 지 한 세기의 3/4이 지난 때에—선지자에 의한 이스라엘 왕의 지명이라는 관습은 끝나게 되었다. 예후가 창건한 왕조는 이스라엘 왕국에서 거의 한 세기 가량 지속되었다. 그리고 예후 왕조의 마지막 왕이 짧은 재위 후에 살해되고나서는(왕하 15:10)[12] 이스라엘이 멸망할 때까지 남은 20년 동안은 하나님의 인가를 받았다고 주장할 수 없는 왕위 찬탈자들이 번갈아 왕권을 장악하였다. 이들에 대하여 선지자 호세아는 하나님의 이름으로 이렇게 말할 수 있을 따름이었다: "저희가 왕들을 세웠으나 내게서 말미암지 아니하였고"(8:4).

솔로몬이 죽은 후에 이스라엘 왕국에는 아직 전통적인 왕도(王都)가 없었다. 여로보암은 에브라임 산지의 중요한 고대 도시인 세겜에서 왕으로 즉위하였고, 우선은 교통이 좋은 세겜에 머물러 있었다. 열왕기상 12장 25절에 의하면, 여로보암이 "세겜을 건축"하였다고 한다. 즉, 그는 세겜을 개축하여 왕도로 만들었다. 그러나 그후 그는 세겜을 떠나 요단 동편의 오지(奧地)인 얍복강의 깊은 계곡에 있는 브누엘(현재의 tulul ed-dahab)을 "건축"하여 도읍지로 삼았다.[13] 이렇게 도읍지를 이상하게 옮긴 것은 틀림없이 어떤 위기상황을 맞았기 때문일 것이다. 아마도 여로보암은 파라오 시삭(Shoshenk)의 무력 침공을 받아 요단 너머로 피신하였고 그 곳을 수도로 삼았다는 것이 정확한 설명일 것이다(cf. p.307f.).

결국 그는 시삭이 물러가고 더 이상 쳐들어올 기미가 보이지 않자 적당한 장소가 아니었던 브누엘을 버리고 다시 요단 서편 땅으로 돌아왔다. 그런데 이상하게도 그는 세겜으로 돌아오지 않고[14] 디르사 성읍을 선택하였다.

---

12) 열왕기하 15:8에 의하면, 그는 단지 여섯 달 통치하였다.
13) N. Glueck, *Explorations in Eastern Palestine*, III (AASOR, XVIII/XIX [1939]), pp. 232 ff.에 의하면, 고고학적 발견들은 tulul ed-ahab의 두 언덕 중에서 오직 동쪽 언덕인 tell ed- ahab esh-sherki만이 옛 브누엘의 유적지였을 가능성이 있음을 보여준다고 한다.
14) 세겜은 상형문자로 쐬어진, 시삭에 의해 정복된 이스라엘 성읍들의 명단에 나오지 않는 것으로 보아 시삭에 의해 그리 크게 파괴되지 않았던 것으로 보인다; cf. M. Noth, ZDPV, 61 (1938), p. 289.

이 성읍의 정확한 위치는 발견되지 않았으나 에브라임 산지에 있었다.[15] 여로보암을 이은 이스라엘 왕들은 한동안 디르사를 왕도로 삼았다. 바아사가 왕위에 올랐던(왕상 15:33) 곳도 디르사였고, 엘라가 시므리에 의해 살해된 곳도 디르사였으며(왕상 16:9), 시므리가 목숨을 잃은 곳도 디르사였다(왕상 16:18). 오므리는 디르사에서 왕으로 등극하였으나(왕상 16:23) 그후에 이스라엘 왕국에게 새로운 왕도를 선물하였다.

이런저런 이유로 디르사는 왕도로서 부적당한 곳이었기 때문에, 오므리는 자신의 왕권을 공고히 하는 과정에서 세겜에서 북서쪽으로 6마일 가량 떨어져 있는, 서쪽으로 뻗어있는 넓고 비옥한 계곡을 바라볼 수 있는 아름답고 전망 좋은 위치에 있는 에브라임 산지의 한 구릉 지대를 사서 거기에 왕도 **사마리아**(현재의 sebastye)를 건설하였는데(왕상 16:24), 사마리아는 이스라엘 왕국이 멸망할 때까지 한 세기 반 동안 이스라엘 왕들의 도읍지였다.

이 유적지에 대한 발굴을 통해서[16] 오므리 이후의 여러 왕들에 의해 확장되었던 이스라엘 왕궁터가 발견되었고, 그 곳은 이전에 성읍이 없었고 사실상 오므리가 이스라엘 왕들을 위하여 새로운 성읍을 건설하여 왕 개인 소유인 영구적인 중심지를 이스라엘 왕국의 본거지로 삼았던 것임이 밝혀졌다.

예배의 영역에서 이스라엘 왕국이 독자적으로 서기는 더욱 어려웠다. 예루살렘에 있던 유다 왕실의 성소는 고대의 성물(聖物)인 법궤가 안치된 곳이었기 때문에 이스라엘 왕국에 사는 지파들을 계속해서 끌어들였고, 틀림없이 그들은 예루살렘으로 순례를 하였을 것이다. 아히야 이야기(cf. p. 291)는 예루살렘과 결부된 종교적 전승은 솔로몬의 사후에 이미 확고하게 정립되어 있었기 때문에 다윗 왕가의 권위는 거부되었다고 하더라도 지파들의 중앙 성소

---

15) Cf. F. M. Abel, *Géographie de la Palestine*, II (1938), pp. 485 f. 그는 디르사가 세겜 북동쪽 6마일 쯤에 있는 tell el-far'a에 있었다는 것을 비롯한 이전의 주장들을 비판하지만 그 자신의 견해도 확신한 토대를 갖고 있지는 않다.
16) Cf. Reisner-Fisher-Lyon, *Harvard Excavations at Samaria*, 1908-1910, I/II (1924)와 나중에 처음 발굴에 이어 다시 속행한 발굴에 대한 보고서인 J. W. Crowfoot, K. M. Kenyon, E. L. Sukenik, *Samaria-Sebaste publications*, I (1942).

로서의 성전의 권위를 그대로 유지될 수 있었다. 이것은 적어도 모든 이스라엘 지파와 다윗 왕조를 연결시켜 주는 간접적인 접촉점이라는 것을 의미하였기 때문에 여로보암이 이 점을 가장 염려했다는 것은 당연하다.

그래서 여로보암은 이스라엘 사람들이 오랫동안 자주 드나들었던, 이스라엘 왕국의 최남단과 최북단에 위치한 두 개의 유명한 고대 성소인 벧엘(betin 근처에 있는 현재의 burj betin)과 단(현재의 tell el-kadi)을 왕실의 예배 처소라는 지위로 격상시켰다는 것을 열왕기상 12장 26절 이하에서 자세하게 말해주고 있다.[17]

그는 이 성소들을 호화롭게 장식하고 거기에 각각 "금송아지"를 두었다. 나중에 수도 사마리아가 왕실 성소로 되면서 거기에도 아마 "금송아지"가 세워졌을 것이다. 어쨌든 선지자 호세아는 "사마리아의 송아지"(8:5-6)를 언급하고 있다. 이스라엘 왕들은 이러한 이스라엘의 왕실 성소들에 온갖 필요한 설비를 다 해놓았고, 왕이 임명한 제사장들을 두고, 예루살렘에서 지켜진 것들을 본따 절기들의 제도를 마련해 놓았지만, 그러한 이스라엘의 예배 처소들은 예루살렘의 법궤가 지파들 속에서 차지하고 있던 유일무이한 전통적인 지위와 겨룰 수가 없었다.

나중에 신명기사학파는 예루살렘만이 언제나 이 땅에서의 유일하게 공인된 종교 중심지였다고 전제하고, 이스라엘에 이러한 왕실 성소들을 세운 것이 여로보암을 비롯하여 그후의 이스라엘의 모든 왕들이 범한 가장 큰 죄악이었다고 말했다. 그의 전제는 이스라엘 왕들에게 엄밀하게 그대로 적용되는 것은 아니었고, "금송아지들"도 '우상'으로 삼을 목적으로 세워진 것이 아니었다. 그것들은 이스라엘을 위하여 큰 일들을 행하셨고 "이스라엘을 애굽 땅에서 이끌어 내신"(왕상 12:28, cf. 출 32:4) 이스라엘의 하나님을 예배하기 위한 것이었다.

금송아지들을 이집트와는 달리 근동에서는 알지 못했던 신의 형상으로

---

[17] 이스라엘 왕이 이스라엘인들이 거주하는 곳들에 있던 옛 지방 성소들을 소유할 어떤 법적 권리를 갖고 있었는지는 분명치 않다.

생각하고 세운 것은 아니었을 것이다. 그것들은 하나님의 대좌(臺座)로서 그 위에 눈에 보이지 않는 하나님이 서 계신 것으로 생각되었을 것이다.[18] 그러나 백성들은 그것들을 하나님을 유형적으로 나타낸 것들로 생각하였다. 그리고 당시에 법궤만이 하나님이 온 이스라엘을 위하여 임재해 계시는 유일한 장소, 즉 이스라엘 고유의 진정한 성소로 생각되었음이 분명하다. 실로의 선지자 아히야에 관한 신명기사학파 이전의 설화에서도 이스라엘에 왕실 성소들을 세웠다고 하여 여로보암을 호되게 비판하고 있다(왕상 12:28-32). 이스라엘 왕정 및 그 공식적인 종교는 처음부터 엄격하게 이스라엘적인 진정한 전승과는 어느 정도 차이가 있었다. 이 점은 다윗 왕가의 유다 왕정에 비해 결정적인 약점이었다.

유다와 이스라엘 왕국의 관계는 결코 우호적이지 않았다. 우리는 솔로몬 사후의 두 왕국의 역사에 대해 매우 불완전하게 알고 있다. 우리가 알고 있는 것이라고는 신명기사학파가 "유다 왕 역대지략"과 "이스라엘 왕 역대지략"에서 발췌한 약간의 내용과 신명기사학파의 역사서에 나오는 여러 예언의 말들에서 취합할 수 있는 역사적 지식이 그 대부분이다. 신명기사학파가 "역대지략"의 내용들을 발췌해서 자신의 저작에 실은 목적은 결코 유다와 이스라엘 왕국의 전 역사를 일관성 있게 설명하고자 하는 것이 아니었다. "역대지략" 자체도 특정한 관점—그것이 무엇이었는지는 지금으로서는 알 수 없지만—에서 두 왕국의 공식적인 왕조 실록을 요약한 것일 가능성이 크다.

신명기사학파는 먼저 왕위 계승과 연대순의 일련의 사건들에 관한 모든 내용을 발췌하였다. 그는 이스라엘 왕국에 대해서는 대체로 그 정도에서 그쳤으나, 유다의 역사에 대해서는 예루살렘 성전과 직간접적으로 관련된 자세한 내용들을 자기 저작에 끼워 넣었다. 하나님의 약속이 주어진 다윗 가문과 다윗의 성이자 솔로몬 성전의 도성인 예루살렘, 무엇보다도 신명기 율법에

---

[18] 근동에서 동물들 및 신인동형론적(神人同形論的)으로 인식된 신들은 이런 식으로만 결부되어졌다 (cf. Gressmann, AOB², Nos. 331, 335, 338, 345, 354, 356). '황금 송아지'에 대한 또다른 해석에 대해서는 O. Eissfeldt, ZAW, N. F. 17(1940-41), pp. 199 ff.를 보라.

따라 이스라엘의 유일하게 합법적인 성소인 성전 자체가 그에게 중요한 문제였기 때문이다. 그는 예루살렘 성전의 유일한 정통성에 대하여 어떤 태도를 취하느냐에 따라 왕들을 판단하였다.

이 관점에서 그는 단지 몇 사람을 제외하고는 거의 모든 왕들에 대하여 부정적인 판단을 내릴 수밖에 없었다. 신명기사학파가 이러한 단죄들을 단조롭게 반복하고 있는 것을 보면, 그는 각 왕들을 인물 자체 또는 그들의 역사적 중요성에 따라 평가할 의도가 전혀 없었다는 것을 우리는 알게 된다. 도리어 그는 왕정을 이스라엘이 하나님으로부터 떨어져 나가게 만든 근본적인 요인으로 묘사하고자 하였다. 그러므로 그가 유다와 이스라엘 왕국의 역사를 서술할 수 없었다는 것은 당연하다.

하지만 그가 그런 것을 자신의 과제로 전혀 생각하지 않았다는 것을 명심하지 않으면 안 된다. 특정한 왕이 무슨 일을 했는가를 알고자 하는 독자는 자신이 자료로 사용하였던 "유다 왕 역대지략"이나 "이스라엘 왕 역대지략"을 참조하라고 권하는 사실을 보면 이 점이 분명해진다. 신명기사학파가 자신의 자료들에서 발췌한 내용은 양적으로 비록 적긴 하지만 솔로몬이 죽은 후 유다와 이스라엘의 역사의 경과에 대한 어느 정도의 통찰을 가능케 해준다.

솔로몬이 죽은 후에 오랜 동안 유다와 이스라엘은 적대관계에 있었다. 열왕기상 12장 21-24절의 예언의 말에 나와 있듯이, 이스라엘의 왕위를 무력으로 장악하고자 한 르호보암의 시도는 곧 포기되어졌다는 것은 사실이다. 유다에서는 이스라엘의 왕권이 다윗 왕가의 것이라는 주장이 한동안 계속해서 주장되었고, 이스라엘에서는 유다의 다윗 왕가가 통치권을 되찾으려는 시도에 대하여 두려워하였음에도 불구하고, 두 왕국의 분리는 이내 기정사실로 받아들여졌던 것 같다. 국경선 설정과 관련된 분쟁은 오랫동안 계속되었을 것이다. 르호보암은 에스바알, 다윗, 솔로몬 시대에 이스라엘 왕국에 속하였던 베냐민 지파의 영토 일부를 유다로 병합시키는 데 성공하였다. 이 일이 일어난 경과에 대해서는 우리는 전혀 모른다. 아마도 르호보암은 무력으로 이 땅을 점령하고 유다에 편입시킬 수 있었을 것이다.[19]

이 일은 그에게 중요하였다. 왜냐하면 왕도 예루살렘은 정확히 유다와 이스라엘 영토의 중간에 위치해 있었기 때문이다—사실 다윗이 예루살렘을 왕도로 선택한 것도 이런 이유 때문이었다(cf. p.245f.). 왕국이 분열되면서 예루살렘은 이스라엘과 직접 맞닿아 있는 유다의 접경지대에 있게 되었다. 베냐민 지파의 영토 일부를 병합하여 국경선을 북쪽으로 좀더 멀리 이동시킴으로써 방어선이 생겨서 예루살렘은 이스라엘 왕국의 기습이나 침공으로부터 보호될 수 있었다. 분명히 이 지역에서 국지적인 국경 분쟁들은 이후에도 계속해서 일어났을 것이다. 르호보암과 여로보암(왕상 14:30), 아사와 바아사(왕상 15:16) 시대에 유다와 이스라엘간에 끊임없이 전쟁이 있었다는 말이 나오는데, 그것은 바로 이 국경 분쟁을 가리키는 것이다.[20]

이스라엘이 베냐민 지파의 전 영토에 대한 영유권을 주장하였지만, 유다는 베냐민 지파의 영토 일부를 계속해서 예루살렘을 위한 방어선으로 장악할 수 있었을 것이다. 서로간에 밀고 당기는 국경 분쟁은 전적으로 베냐민 영토 내에서만 일어난 것 같다. 예루살렘 성전의 보화들과 관련이 있었기 때문에 신명기사학파가 아주 자세하게 기록해 놓은 사건들을 통해서 이 점을 알 수 있다(왕상 15:17-22).

이 기록에 의하면, 이스라엘 왕 바아사(주전 906/905-883/882년)는 북쪽으로부터 예루살렘으로 이어지는 대로변에 있는 베냐민 영토의 중심부에 위치해 있고, 예루살렘에서 5마일 떨어진 성읍 라마(현재의 er-ram)를 점령하여, 그 곳을 이스라엘의 거점으로 개발하기 시작하였다. 이 어려운 상황에서 유다 왕 아사는 예루살렘의 성전과 왕궁에 있던 많은 보화들을 아람 왕 다메섹에게 진상하고 그를 설득하여, 북쪽으로부터 이스라엘 왕국을 침공하

---

19) 선지자 아히야의 이야기는 이것을 회고적으로 기술함으로써 야훼가 한 지파(즉, 베냐민)를 제외한 이스라엘에 대한 통치를 여로보암에게 맡겼다는 것을 시사해 주고 있다 (왕상 11:31, 32, 36). 또한 '베냐민 지파'가 원래 '유다 지파' 자리에 나오는 열왕기상 12:20을 참조하라. 다윗 가문이 당연히 보유하였던 유다 왕국은 여로보암 이야기에서 전혀 논의되지 않는다.
20) 역대기사가가 역대하 13:3-20에서 잘 가다듬어 서술해 놓고 있는 유다 왕 아비야와 여로보암과의 전쟁에 관한 이야기의 토대는 이 문맥에 속한다.

도록 하였다. 그래서 바아사는 북쪽 국경선을 방어하기 위하여 남쪽 국경으로부터 철수하지 않을 수 없었다. 아사는 이스라엘의 곤경을 틈타 라마를 점령했을 뿐만 아니라 유다와 이스라엘의 국경선을 좀더 북쪽으로 이동시켰다. 바아사가 라마를 요새화하기 위하여 모아놓은 물자들을 사용하여 아사는 게바와 미스바 성읍들을 요새화하여 국경 요새로 삼았다.

게바(현재의 jeba')는 라마에서 동쪽으로 2마일 되는 지점, 남동쪽으로 길게 뻗은 깊은 와디-에스-수웨니트의 남쪽에 있는 성읍으로서 이 지역에서 두 왕국의 국경선이 되었다. 미스바는 위에서 말한 대로변에 위치한 라마에서 북쪽으로 3마일 되는 지점에 있는 현재의 텔 엔 나스베(tell en-nasbe)에 있었던 것 같다.[21] 이렇게 설정된 국경선은 유다 왕 요시야(주전 639-609년) 치하에서 "게바에서부터 브엘세바까지"(왕하 23:8)라는 어구에서 볼 수 있듯이 유다의 북쪽 경계로 등장하는 것으로 보아 고착화되었음이 분명하다.

어쨌든 이내 유다와 이스라엘의 관계에 변화가 일어나 초기의 국경 분쟁은 끝이 나게 되었다. 수로와 나란히 뻗어 있는 대로변에 있는 구릉 지대에 위치한 베냐민 영토의 상당 부분을 유다는 왕도 예루살렘을 보호하기 위하여 계속해서 소유하게 되었다.[22]

오므리 왕조에 속한 이스라엘 왕들은 전략적으로 유다와의 사소한 분쟁을 끝내고(cf. p. 308f.) 협정을 맺고자 노력하였다. 이렇게 하여 힘의 균형상 열세에 있었던 보다 작은 유다 왕국은 유능한 왕들이 이끌었던 이스라엘

---

21) 미스바의 위치는 오래 전부터 아직까지 논란되고 있다. 그러나 tell en-nasbe에 대한 발굴 결과들(cf. C. C. McCown and J. C. Wampler, *Tell en-Nasbeh excavated under the Direction of the late William Frederic Badè*, I/II〔1947〕)은 여러 가지 점에서 미스바의 역사와 아주 잘 맞아떨어지기 때문에 미스바가 tell en-nasbe에 있었을 가능성은 대단히 높다고 하겠다. 이 문제에 대한 자세한 논의는 A. Alt, ZDPV, 69 (1953), pp. I ff.를 참조하라.
22) 요단 계곡에서는 국경선의 심한 변동은 없었다. 어쨌든 옛 도시국가 여리고의 영토는 이스라엘 왕국에 의해 보유되었다(cf. 왕상 16:34). 그러나 서쪽 구릉지대에서 유다는 이스라엘의 영토를 약간 획득할 수 있었다. 르호보암은 한때 이스라엘 왕국의 영토였던(왕상 4:9) 아얄론 성읍(현재의 yalo)을 유다의 요새로 개발할 수 있었다(대하 11:10).

왕국을 추종하게 되었다. 이스라엘 왕들은 별로 뛰어나지 못했던 유다 왕들을 장악할 수 있었다. 열왕기상 22장 2-38절에 나오는 예언의 말은, 이스라엘 왕국에만 직접적으로 중요했던 길르앗의 라못 성읍을 점령하기 위한 군사 작전에 유다 왕이 이스라엘 왕의 동맹자로서 참가하였음을 보여준다.[23]

그리고 열왕기하 9장 16절 이하에서 우리는 또다시 유다의 왕 아하시야가 이스라엘 왕 요람의 측근 노릇을 하고 있는 모습을 보게 된다. 열왕기하 3장 4-27절에 나오는 예언의 말은 역사적으로 매우 모호하고 명확히 하기가 어렵긴 하지만 유다 왕이 이스라엘 왕을[24] 도와 모압과의 전쟁을 수행하였다고 말하고 있다. 이 전쟁은 주로 이스라엘 왕국의 일이었다. 왜냐하면 모압은 이스라엘의 바로 이웃에 있었고, 예전에는 이스라엘 왕국의 속국이었기 때문이다. 유다와 이스라엘 왕가는 혼인에 의해서도 결합되어 있었다. 유다 왕 요람(주전 852/851-845/844년)은 왕세자로 있을 때 이스라엘 왕 아합의 딸인 아달랴와 결혼하였는데(왕하 8:26)[25], 이 결혼은 당연히 정치적 배경이 있었다.

이스라엘에서 오므리 왕조가 몰락하자 유다와 이스라엘의 정치적 동반 관계는 다시 깨졌다. 사실 이스라엘에서 멸절된 오므리 왕가의 통치는 유다에서 부활하였다. 유다 왕 아하시야가 오므리 왕가에 대항하여 일어난 예후에 맞서 오므리 왕조의 마지막 왕의 동맹자로서 싸우다가 목숨을 잃은 후에(왕하 9:27 f.), 매우 야심찬 여인이었음이 분명한 그의 어머니, 즉 위에서 말한 아달랴가 정권을 장악하고 다윗 왕가의 남아 있는 모든 자들을 죽였다. 그런 후에 그녀는 6년 동안(주전 845/844-839/838년) 아주 독재적으로 유다

---

23) 이 왕들의 이름은 설화의 원문에는 나오지 않았다. 그리고 신명기사학파가 여호사밧과 아합의 치세를 역사적으로 배치해 놓은 것이 실제로 옳은 것인지는 확실치 않다.
24) 여기서도 여호람과 여호사밧 왕의 이름은 분명히 설화의 원래 내용이 아니었을 것이다.
25) 이 구절에서 그녀는 "오므리의 딸"로 불린다. 그러나 다음 절을 보면 이것은 단지 그가 오므리 왕가의 왕족이었고 실제로 아합의 딸이었다는 것을 보여줄 뿐임을 알 수 있다.

를 다스렸다—그녀의 치세에 관한 세부적인 내용은 우리에게 전해지지 않았다.

그러다 결국 그녀는 예루살렘의 대제사장 여호야다에 의한 끈질기고 현명한 계략에 의해 전복되고 살해되었다(cf. 왕하 11장에 나오는 자세한 기사). 아달랴가 피비린내 나는 살육극을 벌였을 당시에 아주 작은 아이였던 마지막 왕 아하시야의 한 아들이 이 난을 피해 살아 있었다. 요아스라는 이 작은 다윗 왕족은 이제 선왕의 뒤를 이어 왕위에 오르게 되었고, 다윗 왕가의 정통적인 왕위 계승은 지속되었다. 그 이후로 유다와 이스라엘 왕국간에는 밀접한 동맹관계도 없었고 적대관계도 없었다.

단 한번 이상한 사건이 일어났다. 열왕기하 14장 8-14절에 의하면, 유다 왕 아마샤(주전 800/799-785/784년)가 어느 날 군사력을 시험하기 위하여 왕조의 창건자인 예후의 손자 이스라엘 왕 요아스(주전 802/801-787/786년)에게 도전하였다. 이렇게 해서 벧세메스('en shems 근처에 있는 현재의 tell er-rumele)에서 전투가 벌어졌고 승리는 요아스에게 돌아갔다. 승리한 이스라엘 사람들은 예루살렘을 점령하고 성전과 왕궁의 창고를 약탈하였으며 (이것이 신명기사학파가 이 이야기를 기록한 이유이다) 성벽을 일부 허물었다. 이 사건의 실제 배경은 분명치 않으나 지속적인 영향을 미치지는 않았던 것으로 보인다.

처음에는 외세에 의해 시달렸던 예후 왕조는 마침내 이스라엘 왕국에 어느 정도의 평화와 안정을 가져다 줄 수 있었다. 오랜 기간에 걸친 여로보암 2세(주전 787/786-747/746년) 시대는 이스라엘에 있어서 비교적 전성기였다.[26] 그와 동일한 시기에 유다에서 오랫동안 계속되었던 웃시야 시대도 마찬가지로 평온한 시절이었다. 이것이, 새롭고 엄청난 사건들로 인해 유다와

---

26) 사마리아의 왕궁에서 발견된 도편(陶片)들은 이스라엘의 내부 조직을 약간 밝혀 준다. 이것들은 여로보암 2세 시대의 것으로서 이스라엘에서 나온 가장 오래된 기록들이다 (cf. W. F. Albright, *Archaeology and the Religion of Israel* [²1946], p. 214, note 41). 그것들은 왕실 소유지에 대한 왕의 경영에 관한 것인데 Reisner-Fisher-Lyon, *Harvard Excavations at Samaria*

이스라엘의 상황이 급변하기 직전의 상황이었다.

19. 주변국들과의 싸움

다윗과 솔로몬의 제국이 붕괴되면서 유다와 이스라엘은 수리아와 팔레스타인에서 소국으로 전락하였다. 그들은 이 지역에 있는 다른 세력들과 생존을 위한 싸움을 계속하지 않으면 안 되었다.

상황이 변하자 남서쪽의 블레셋인들이 다시 준동하기 시작하였다. 앞서 다윗에 의해 단번에 분쇄된 바 있던 블레셋 세력은 그후에는 사소한 국경 분쟁만을 일으켰을 뿐이었다.[27] 르호보암은 이미 완벽한 국경 요새 거점 체제를 갖추어 소국인 유다를 방어할 준비를 다 해놓은 상태였고(대하 11:5-10), 이 체제에서 유다의 서쪽 경계에 대한 요새화를 강화하였다는 점이 특히 주목되는 일이다.[28] 그런데 놀랍게도 이러한 요새 거점들 가운데 가드 성읍이 포함되어 있다. 이 성읍은 다윗 시대에 블레셋 통치자들 중에서 지도적인 역할을 하였던 왕의 본거지로서 한때 유명했던 블레셋 성읍이었고, 솔로몬이 왕위에 오를 때에도 여전히 정치적 독립을 누리고 있었다(cf. 왕상 2:39, 40). 우리는 블레셋 성읍들[29] 중에서 내륙으로 깊숙이 들어와 있는 이 성읍

(1924), I, pp. 227-246, II, Pl. 55에 의해 공간(公刊)되었다; 또한 cf. WAT, p. 174 and III, 10 and TGI, p. 50. Cf. ANET, p. 321, DOTT, pp. 204-208.

27) 이하의 서술에 대해서는 cf. O. Eissfeldt, 'Israelitisch-philistäische Grenzverschiebungen von David bis auf die Assyrerzeit', ZDPV, 66 (1943), pp. 115-128.

28) Cf. G. Beyer, 'Das Festungssystem Rehabeams', ZDPV, 54 (1931), pp. 113-134, 특히 p. 116에 나오는 약도.

29) 그 정확한 위치를 확인하기는 불가능하다. 아마도 그 곳은 tell es-safi에 있었을 가능성이 높다 (최근에 K. Elliger, ZDPV, 57 〔1934〕. pp. 148 ff.와 O. Eissfeldt, op. cit. p. 119가 이런 주장을 하였다). *The Westminster*

이 언제, 어떻게 유다의 소유가 되었는지를 알지 못한다.

솔로몬이 무력으로 이 성읍을 점령한 것인가? 아니면 르호보암이 독립국가로서의 유다를 공고히 하기 위하여 이 인접한 블레셋 성읍을 병합하였던 것일까? 어쨌든 그 이후에 블레셋인들은 가드를 되찾기 위하여 애를 썼다. 그러나 열왕기하 12장 18절 이하에 의하면 유다 왕 요아스(주전 839/838-800/799년) 때에도 가드는 여전히 유다의 수중에 있었다. 당시에 아람 왕 하사엘은 가드 성읍을 점령하고 나아가 예루살렘을 위협하였고—독자적으로는 유다와 적수가 되지 못했던 블레셋인들의 동맹군으로서—유다 왕은 예루살렘 성전과 왕궁 창고에 있는 보화들을 하사엘에게 조공으로 바치면서 물러가 줄 것을 간청하였다. 이때에 유다는 가드를 다시 잃었던 것으로 보인다.[30] 어쨌든 이로부터 한 세기 후에 가드가 다시 블레셋인들의 수중에 있는 것을 우리는 볼 수 있다.

이스라엘 왕국은 깁드돈 성읍 근방에서 블레셋인들과 끊임없이 국경 분쟁을 일으켰다. 온 이스라엘 군대가 깁드돈에 진을 친 모습을 우리는 우연히 두 번 보게 된다(왕상 15:27; 16:15-17). 깁브돈이 있었던 곳은 현재의 텔 엘 멜랏(tell el-melat)인 듯한데,[31] 이것이 사실이라면 이 성읍은 게셀(tell jezel) 성읍에서 서쪽으로 3마일, 에그론(아킬)이라는 블레셋 성읍에서 동쪽으로 3마일 가량 떨어진 곳에 있었다. 따라서 분명히 이 두 성읍 중의 하나를 놓고 싸움이 벌어졌을 것이다.

남은 문제는 유다가 인접한 블레셋 성읍 가드를 합병한 것과 마찬가지로 이스라엘 왕국이 인접한 성읍인 에그론을 병합하려고 한 것이냐 아니면 블레셋인들이 이스라엘 소유인 게셀을 위협한 것이냐 하는 것이다. 분명한 것은 양 진영 모두 목적을 이루지 못했고, 블레셋 전쟁은 아무런 성과도 없었다. 블레셋인들은 훨씬 강대한 다메섹의 아람인들과 손을 잡고 있었기 때문에 당

Historical Atlas to the Bible (1945), p. 109에서는 다른 견해를 제시하고 있다.
30) 유다 왕 웃시야가 블레셋인들에 대한 원정에서 갓, 야브네, 아스돗의 성벽을 허물었다고 말하고 있는 역대하 24:6의 기록은 그 출처와 의미가 불확실하다.
31) G. v. Rad는 PJB, 29 (1933), pp. 38 ff.에서 이렇게 주장하였다.

시의 유다와 이스라엘에게 위협적인 존재가 되었다.

그리하여 유다는 가드를 잃게 되었고, 열왕기하 13장 22절에 칠십인역이 첨가한 구절에 의하면, 이스라엘도 타격을 입은 것으로 보인다. 이스라엘에 대하여 블레셋인들이 승리할 수 있었던 것도 아람 왕 하사엘이 도왔기 때문이었다(cf. 사 9:11).

남서쪽의 보다 강력한 세력은 한 차례 이스라엘과 유다의 역사에 한동안 개입하였다. 르호보암 왕 재위 제5년, 즉 주전 922-921년에 이집트의 제22왕조를 창건한 리비아의 용병대장 출신의 파라오 시삭 1세는 한동안 수리아와 팔레스타인 전역을 장악하였던 신왕조의 위대한 파라오들의 영광을 되찾기 위하여 팔레스타인에 대한 원정을 감행하였다. 열왕기상 14장 25-28절에는 르호보암이 이 파라오에게 조공을 바치기 위하여 예루살렘의 성전과 왕궁의 모든 창고들에 있는 보화들을 끌어모았다는 기록이 나온다. 그는 유다와 예루살렘을 구하기 위하여 그러한 대가를 치르지 않을 수 없었다.

또한 시삭이 신왕조의 여러 파라오들이 자신의 원정을 기념하기 위하여 상부 이집트의 카르낙에 있는 거대한 아문(Amun) 신전의 벽에 붙여 놓았던 명단들을 본따서 자신이 팔레스타인에서 정복한 성읍들의 명단을 적어 놓은 기록을 통해서도 확인이 된다.[32] 이 명단에는 유다 성읍들에 대한 언급이 전혀 없다. 그러나 시삭은 팔레스타인 남쪽의 네게브 및 에돔 지방을 유린하였을 뿐만 아니라 자신의 군대를 보내어 이스라엘 왕국의 영토도 짓밟았다. 그는 이스르엘 평지로 진출하여 거기에서 사방으로 자신의 군대를 보내었다. 이 명단에 스물일곱번째로 나와 있는 므깃도에 그는 자기가 왔다가 갔다는 문헌 증거를 남기기도 했다.

이 곳을 발굴하는 과정에서 그의 이름이 새겨진 비석 단편이 발견되었다.[33] 그러나 시삭의 이 원정은 어떤 중요한 결과를 낳지는 않았다. 이 원정은 일과성(一過性)으로 끝났고 이후에는 그런 일이 다시 일어나지 않았다.

---

32) 이 명단에 대해 더 자세한 것은 M. Noth, ŻDPV, 61 (1938), pp. 277-304.
33) Cl. S. Fisher, *The Excavation of Armageddon*, Oriental Institute Communications. No. 4 (1929), Figs. 7 A, 7 B, 9.로 공간되었다.

이 원정은 세력을 과시하고 재물을 약탈하는 것이 주목적이었다. 따라서 르호보암은 조공을 바치고서 유다 왕국이 약탈당하는 것을 모면할 수 있었던 것이다. 시삭은 유다와 이스라엘 왕국의 내부 관계에 개입하여 어느 쪽 편을 들기를 원치 않았을 것이다. 그의 원정의 목적은 단지 이집트에서 가장 가까운 서아시아 땅을 약탈하는 것이었다.

북동쪽으로부터 다가오는 위기는 남서쪽으로부터의 군사적 침략들보다 유다, 특히 이스라엘에게는 훨씬 더 위협적이었다. 북동쪽에서 솔로몬 시대에 창건된 다메섹의 아람 왕국은 급속하게 위협적인 세력이 되어갔고, 곧 수리아와 팔레스타인 지역에서 가장 강력한 세력으로 성장하였다. 이 왕국은 다메섹을 거점으로 우선 요단 동편의 북쪽 지역에 있는 고대 도시국가 영토를 장악하여 북동쪽으로는 아일룬, 동쪽으로는 요단 계곡 상류를 사이에 두고 이스라엘과 대치하게 되었다.

이 아람 왕국은 한때 소바의 아람 왕 하닷에셀이 통치하였던(cf. p.253) 광석들이 풍부한 레바논과 안티 레바논 사이의 베카를 장악하고 있었고, 수리아 내륙에 살고 있던 아람인들도 그 지배하에 두었다. 북부 수리아의 알레포 지방에서 아람어로 된 간단한 비문이 새겨진 두로의 신 멜카르트(Melkart)에게 바쳐진 벤하닷 1세의 석비가 발견됨으로써[34] 다메섹 왕국의 세력의 성격과 판도가 밝혀졌다.

훼손이 많이 된 이 비문에서 벤하닷은 자신을 타브림몬(Tabrimmon)의 아들이며 하디안(Hadyan)의 손자로 소개하고 있는 것으로 보아 이미 수 세대 동안 다스려 왔던 '아람 왕들'의 왕조에 속하는 인물이었다.[35] 그는 페니키아의 해안 도시들과 우호적인 관계를 맺고 있었고[36] 북부 수리아에 이르기

---

34) M. Dunand, Bulletin du Musee de Beyrouth, 8 (1941), pp. 65 ff.에 의해 공간되었다; 또한 cf. W. F. Albright, BASOR, 87, (1942), pp. 23 ff.; ANEP, No 499, ANET, p. 501, DOTT, pp. 239-241 and Pl. 15.
35) Cf. 열왕기상 15:18. '벤하닷'은 아람어로 Barhadad이라고 말하는 이름을 구약에서 히브리어화시킨 것이다.
36) 명문(銘文)이 증언하고 있는 두로 신 멜카르트와 벤하닷의 관계의 토대를 확인하기는 불가능하다.

까지 아람인들을 통치하고 있었음에 틀림없다. 이스라엘을 침공하여 최초로 위기에 몰아 넣은 장본인이 바로 이 벤하닷 1세이다.

전에 유다 왕 아사는 그에게 많은 선물을 바치고 바아사가 다스리던 이스라엘을 침공해 줄 것을 간청한 적이 있었다(cf. p.302). 그는 군대를 보내어 자신이 다스리고 있던 욜란으로부터 요단 계곡 상류를 침공하여 이스라엘의 성읍들인 이욘(merj 'eyyun에 있는 현재의 tell dibbin), 단(현재의 tell el-kadi), 아벨 벧 마아가(현재의 tell abil), 갈릴리 산지의 서쪽 지역을 점령하도록 명하였다. 이로 인하여 바아사 왕은 북쪽 국경을 방어하는 데 주력하지 않을 수 없었는데, 이 침공의 결과가 어떻게 되었는지에 대해서는 아무런 기록도 남아 있지 않다. 아마 벤하닷은 자신이 침공한 이 이스라엘 영토를 영구적으로 점령할 의도는 없었기 때문에 스스로 군대를 철수하였을 것이다.

머지않아 이스라엘과 아람간의 주요한 전쟁터가 될 요단 동편 땅의 상황은 달랐다. 과거에 다윗은 아일룬 북동쪽의 도시국가 영토의 일부를 이스라엘 왕국에 병합하였고(cf. p.249), 그후 솔로몬은 그 지역을 속주 라못에 편입시켰다(cf. p.275). 아람인들은 요단 동편의 북쪽 지역에 있던 나머지 도시국가들의 영토가 그들에게 속해 있었기 때문에 이 도시국가들의 영유권을 주장하였다. 어쨌든 그후에 솔로몬 시대의 길르앗 라못(er-remte에서 남쪽으로 4마일 떨어진 현재의 tell ramit)[37]을 놓고 이스라엘과 아람인들은 끊임없이 각축을 벌였다.

오므리 왕조의 이스라엘 왕들은 이러한 위협을 방어하는 일을 그들의 정책의 최우선과제로 설정하였다. 그들은 이웃 나라 유다 왕국과의 국경 분쟁에 종지부를 찍었고, 유다 왕들은 이제 아람인들과의 싸움에서 이스라엘을 돕는 동맹자들이 되었다(cf. p.303). 그들은 이때에 지중해 연안의 광범위한 지역을 식민지화하는 데 착수하였던 페니키아 해안 도시들과의 접촉을 시도

---

37) Cf. N. Glueck, AASOR, 25-28 (1951), pp. 96 ff.

하였다.[38]

오므리의 아들이자 후계자인 왕세자 아합과 "시돈 사람의 왕" 두로의 엣바알[39]의 딸인 이세벨과의 결혼은 이와 연관이 있다. 아람 왕 벤하닷도 페니키아 도시들과의 우호관계를 발전시키고 있었기 때문에(위를 보라), 오므리가 아들의 결혼을 통하여 부강한 해양 교역도시들과 굳건한 유대를 맺고자 애썼다는 것을 쉽게 알 수 있다. 그러나 아합과 이세벨의 결혼은 이스라엘 내에서 강력한 반발을 불러일으켰고, 이러한 상황은 선지자 엘리야에 관한 전승 속에 생생히 나타나 있다.

솔로몬이 예루살렘 동쪽 감람산 위에 자신의 이방인 부인들을 위하여 이방 제의들을 위한 성소들을 지어 주었던 것과 마찬가지로, 틀림없이 이세벨은 두로에서 데려온 시종들과 함께 왕도(王都) 사마리아에 특별히 지어진 성소에서 두로의 종교 의식을 행하였을 것이다(cf. 왕하 23:13). 이 종교들은 공식적인 국가 제의는 아니었고, 여전히 야훼는 아합 왕과 이스라엘 왕국에게 유일한 이스라엘의 신이었음이 분명하다.[40]

그러나 사마리아에 이러한 이방 종교와 그에 따른 제관(祭官)들[41]이 존재한다는 사실 자체가, 온전히 야훼만을 섬겨야 한다는 고래(古來)로부터의 엄격한 전승을 절대적인 것으로 알고 있었던 이스라엘 지파들의 저항을 불러

---

38) Cf. W. F. Albright in *Studies in the History of Culture* (1942), pp. 40 ff.
39) 열왕기상 16:31에는 "시돈 사람의 왕 엣바알"이라고 되어 있는 반면에, Josephus, *Antiqu. Iud.* VIII, 13, 2, 324 Niese에 보존되어 있는 인용문에 의하면, 페니키아인 역사가 에베소의 Menander은 "두로 왕" 'Ιθώβαλος라고 말하고 있다. 이로부터 판단컨대, 이 왕의 이름은 구약에서 잘못 발음한 것이고 실제로는 Ittobaal이었다고 본다. '시돈 사람'과 '두로 사람'은 서로 밀접한 연관이 있었기 때문에 페니키아인들을 일반적으로 묘사하는 데 '시돈 사람'을 사용했던 것으로 보이며, Ittobaal은 그 정확한 영토는 우리가 알지 못하지만 두로를 수도로 한 한 페니키아 왕이었다.
40) 우리가 알고 있는 아합의 모든 자녀들은 야훼라는 신명(神名)이 있는 이름들을 지니고 있었다는 사실을 주목하는 것은 올바르다.
41) 이와 관련하여 구약은 흔히 "바알의 선지자들"을 얘기한다([왕상 18:19, 40;] 왕하 10:19).

일으켰다. 어느 해에 비가 전혀 오지 않아 극심한 가뭄이 들자[42] 백성들은 이것을 이스라엘이 바알을 숭배하는 것[43]에 대한 하나님의 징벌로 해석하였다.[44] 아합의 독재적인 통치도 이방인 왕후의 영향 때문인 것으로 생각되었다.[45]

또다시 왕정은 독자적인 '세속의' 법칙들을 따르지 않을 수 없다는 것이 분명해졌고, 이런 이유로 현명하고 강력하며 과단성 있는 왕들—오므리 왕조에 속하는 왕들은 이스라엘의 왕들 중에서 역사적으로 매우 중요한 인물들이었다—은 이스라엘의 정통적인 전승과 갈등을 빚게 되었다. 이러한 내부의 반대는 마침내 오므리 왕가의 몰락을 가져왔다. 예후는 장차 왕이 될 자로 기름부음을 받고, 사마리아에서 '바알' 숭배를 자행함으로써 스스로 재앙을 자초한 오므리 왕가를 제거하는 임무를 부여받았다.

대외정책, 특히 아람인들과의 싸움에서 오므리 왕가는 온갖 노력에도 불구하고 대체로 패배하였다. 아람인들의 세력이 점점 강성하여짐에 따라 이스라엘 왕국의 상황은 극히 어려워졌다. 이 문제와 관련된 구체적인 자료는 거의 없기 때문에 이스라엘과 아람과의 싸움이 어떤 식으로 진행되었는지를 밝

---

42) 에베소의 Menander도 두로 왕 Ittobaal 시대에 팔레스타인과 수리아에 대재앙이었던 심한 ἀβροχία에 대하여 기록하였다(Josephus, loc. cit.). 그는 그것이 정확히 일 년 동안 지속되었다고 말한다. 열왕기상 18:1에 의하면 가뭄은 "제3년에" 끝이 났다고 하고 있지만, 결국은 같은 말이 된다. 왜냐하면 사람들은 당시의 관습적인 연대계산 방법에 따라 정상적이었던 전해의 가물었던 여름을 첫 해로 쳤기 때문이다.
43) 엘리야 이야기에서는 이방 제의의 신을 그저 "바알"이라 부른다. 사실 이것은 멜카르트라는 이름의 두로의 국가신이었다.
44) 갈멜 산 위에서의 하나님의 심판(왕상 18:17-46)은 원래 사마리아에서의 바알 숭배로부터 야기된 투쟁과는 아무런 상관도 없었고 야훼 예배를 위한 지방 성소의 인수(引受)와 관련이 있었다; 더 자세한 것은 A. Alt, *Festschrift Georg Beer* (1935), pp. 1-18 = *Kleine Schriften zur Geschichte des Volkes Israel*, II (1953), pp. 135-149을 보라.
45) 열왕기상 21장에 나오는 나봇의 포도원에 관한 이야기를 참조하라. 이 사건은 오므리 왕가의 소유지—아마도 가족 영지—가 있었던 이스르엘(현재의 zer'in) 성읍에서 일어났다. 오므리 왕조의 최후의 왕은 예후가 반란을 일으킬 때 이스르엘에 머물고 있었고 거기에서 그때까지 생존해 있던 대비(大妃) 이세벨과 함께 죽임을 당했다(왕하 9:15 ff., 30 ff.).

혀내기는 불가능하다.

신명기사학파는 "이스라엘 왕 역대지략"에서 이 문제에 관한 상세한 내용을 발췌하여 우리에게 전해주지 않았기 때문에, 열왕기상 20장과 22장에 나오는 이야기 및 이보다 조금 더 긴 열왕기하 6장 8절-7장 20절, 13장 14절 이하의 엘리사에 관한 이야기만이 우리가 활용할 수 있는 유일한 자료이다. 그러나 이 자료들은 원래 왕들의 이름을 명확히 밝히지 않고 단지 "이스라엘 왕" 또는 "유다 왕"이라고만 언급하고, 아람 왕을 언제나 "벤하닷"이라고 표기하고 있었기 때문에 이 이야기들의 연대를 명확히 밝혀내고 역사적으로 해석하는 것이 불가능하다.[46]

따라서 이러한 자료들로부터 알 수 있는 것은 개략적인 상황에 관한 것이 그 전부이다. 아무튼 우리가 이 자료들로부터 추론해 보면, 이 싸움은 양 진영이 서로 밀고당기는 접전이었던 것 같다―어떤 때는 아람인들이 이스라엘로부터 몇 성읍을 빼앗기도 했고, 어떤 때는 그 반대가 되기도 했다. 싸움의 대상이 된 성읍들은 아일룬 또는 욜란의 접경지대에 있는 요단 동편의 북쪽 지역의 도시국가들이었다(왕상 20:34).

어떤 때는 아람인들이 사마리아에서 활동하기도 했고, 어떤 때는 이스라엘 사람들이 다메섹에서 활동하기도 했다(왕상 20:34). 싸움은 대체로 요단 동편 땅에서 벌어졌다. 아벡(디베랴 바다의 동쪽에 있는 현재의 fik), 길르

---

46) Cf. A. Jepsen, AfO, 14 (1942), pp. 154 ff. Jepsen은 예후 왕조 시대가 선지자들에 관한 이 이야기들의 역사적 배경이라고 가정한다. 그런 가정은 받아들이기가 어렵다. 이 이야기들은 신명기사학파의 분류에 따라 오므리 왕조와 연관하여 다루어져 왔다. 그러나 실제로 이 이야기들과 열왕기에서 그 이야기들의 분류에 나오는 특정한 왕들에 대한 언급이 얼마나 신빙성이 없는가는 열왕기상 12:2-38에 나오는 이야기가 아합 왕을 가리킬 수 없다는 사실로부터 분명해진다. G. Hölscher, *Eucharisterion Hermann Gunkel zum 60. Geburtstag*, I (1923), p. 185는 열왕기상 22:40a에 나오는 연대에 관한 기록은 아합이 자연사 했다는 것을 전제하고 있는 반면에, 열왕기상 22:2-38에서는 그가 전사했다고 하고 있는 것을 지적했다 (cf. Jepsen, op. cit, p. 155). 실제로 아합이라는 이름은 20절에만 나오고, 또한 이 대목의 본문은 의심스러우며(cf. BHK³, loc. cit.), 이 이야기를 열왕기의 맥락에 갖다 놓음으로써 그렇게 된 것이 아닌가 싶다.

앗의 라못(현재의 tell ramit)이 싸움의 무대들이었다고 한다(왕상 20:26, 30[cf. 왕하 13:17], 22:3 ff.).

그러나 이 싸움에서 대체로 이스라엘이 패했던 것으로 보인다. 열왕기상 22장 2-38절에는 이스라엘이 아람인들이 점령하고 있던 길르앗 라못을 되찾으려고 헛되이 시도하였다가 참패를 당하였다는 기록이 나온다. 열왕기하 6장 8절 이하에는 심지어 아람인들이 요단 서편의 에브라임 산지까지 침공하였다는 말이 나온다. 한때 사마리아 성읍도 아람인들에 의해 포위된 적이 있었다(왕하 6:24 ff.). 그러나 접경지대의 몇몇 성읍들을 잃기는 하였지만 이스라엘은 아람인들의 공격에 맞서 자신의 영토를 지킬 수 있었다. 오므리 왕조의 몰락에 관한 이야기(왕하 9, 10장)에 의하면, 오므리 왕가의 마지막 왕이 길르앗 라못을 다시 수중에 넣었으나(9:14b) 아람인들과의 전쟁에서 부상을 당했다고 한다(9:15).

아람인들과의 전쟁으로 이스라엘이 얼마나 어려운 지경에 빠졌는가는 다윗 시대 이래로 이스라엘 왕국에 조공을 바쳐 왔던 모압이 이제 속국 관계를 청산할 때가 드디어 왔다고 보았다는 사실에서도 잘 알 수 있다. 열왕기하 3장 4-5절에 의하면, 모압 왕 메사는 아합이 죽자 이스라엘에게 조공을 바치는 것을 중단하였다. 나아가 모압은 여러 해 동안 이스라엘과 모압이 그 영유권을 다투어 왔던 아르논 북쪽의 비옥한 고원지대를 장악할 수 있었다. 그 곳은 다윗과 솔로몬 시대에 이스라엘 왕국에 속하였고 그 이후로도 대체로 이스라엘 영토로 있었다.

우리는 이러한 사실을 아르논(현재의 sel el-mojib)[47] 북쪽 디본(현재의 diban)에서 1868년에 발견된 모압 왕 메사의 석비에 새겨진 비문을 통해 상

---

47) H. Gressmann, AOB², No. 120에 나오는 석비의 도판; 명문(銘文)의 본문을 히브리어 철자로 그대로 옮겨 놓은 것은 M. Lidzbarski, *Altsemitische Texte I; Canaanäische Inschriften*, AOT², pp. 5-9, and in TGI, pp. 47-49; 본문의 독일어 번역은 H. Gressmann, AOT², pp. 440-442; 세부적인 내용에 대한 역사적 해석에 대해서는 cf. M. Noth, ZAW, N. F. 19 (1944), pp. 42 ff. Cf. 또한 ANET, pp. 320-321, ANEP, No. 274, DOTT, pp. 195-198, and Pl. 10.

당히 자세하게 알고 있다. 이 비문에 의하면, 메사 왕의 출신지이기도 한 디본 성읍을 중심으로 이 고원지대의 최남단 지역은 한때 어떤 상황에서 모압족이 점령하였던 적이 있었다. 그러나 메사는 원정을 통해 모압의 판도를 사해 북단까지 넓히고 그 고원지대에 있는 이스라엘의 정착지들과 성읍들을 정복하는 데 성공하였다.

메사의 비문에서는 "오랫동안 모압을 압제하였던"(5행) 오므리 왕의 이름을 거명하고 그를 계승한 왕들에 관하여 말한 다음에 "오므리의 치세와 그의 아들들의 치세의 절반"은 "40년"이었다고 말한다(8행). 이것은 분명히 근사치이다. 그러나 이를 통해 우리는 메사의 원정이 오므리 왕조의 말기에 있었다는 것을 알 수 있다. 오므리 왕가의 마지막 왕들은 요단 동편에서의 여러 전투에서 참패하였을 것이다.

신앗수르 제국이 수리아-팔레스타인을 최초로 심각하게 잠식한 사건도 오므리 왕조 시대에 일어났다. 이 최초의 사건은 단지 일과성에 불과했지만, 이것은 수리아-팔레스타인의 역사에 돌풍을 예고하였다. 주전 9세기에 앗수르의 세력은 다시 강성해지기 시작하였다. 그들은 유프라테스를 넘어 지중해 연안으로 진출하였다. 앗수르 왕 앗수르나시르팔 2세(Ashurnasirpal II, 주전 884-859년)는 이미 북부 수리아로 진격하여 그 해안에 이르러 여러 페니키아 해안 도시들로부터 조공을 받아 왔었다. 그의 아들이자 후계자였던 살만에셀 3세(Shalmaneser III, 주전 859-824년)는 여러 차례의 원정을 통하여 중부 및 남부 수리아로 한층 더 진출하였다.

수리아와 팔레스타인의 여러 소국(小國)들은 결코 이 강대국의 적수가 되지 못했고 연합군을 형성하여 이 위협적인 세력을 막아내고자 하였다. 실제로 살만에셀이 중부 수리아에 처음으로 출현하였을 때, 그들은 그들간의 분쟁을 보류하고 공동의 방어를 위해 힘을 합쳤다. 살만에셀 제6년, 즉 주전 853년에 살만에셀과 수리아-팔레스타인 연합군 사이에 전투가 벌어졌다. 살만에셀은 자기와 싸운 왕들로 다메섹의 하닷에셀[48], 하맛 왕 이르훌레니

---

48) 쐐기문자로 ^{d}Adad-idri로 되어 있는 이름은 사무엘하 8:3 ff. 등을 통해 잘 알

(Irhuleni)⁴⁹⁾와 아울러 "이스라엘의 아합"(a-ha-ab-bu sir-'-la-ai)을 언급하고 있는데, 아합은 병거 2,000과 군사 10,000을 이끌고 참전하였다.⁵⁰⁾

북부 수리아의 하맛 지방(jebel ansariye의 동쪽 오론테스 계곡에 있는 현재의 khirbet kerkur)에 있던 카르카르(Karkar) 성읍 근방에서 전투가 벌어졌는데, 이 곳에서 연합군은 살만에셀 군대와 대치하였었다.⁵¹⁾ 살만에셀은 대승을 거두었다고 자랑하였다. 그러나 이 승리로 인한 눈에 띌 만한 전과(戰果)는 없었던 것으로 보인다. 그리고 이어서 살만에셀은 재위 제10년, 제11년, 제14년에 "하티(Hatti) 땅의 열두 왕들"과 싸우기 위하여 다시 수리아로 쳐들어왔는데, 이 왕들 중에서 다메섹 왕 하닷에셀과 하맛 왕 이르훌레니를 가장 중요한 인물로 가끔 언급하고 있다. 수리아와 팔레스타인 연합군은 결집된 힘으로써 앗수르의 침략을 저지하였는데, 어쨌든 당분간 그의

려지게 된 유명한 아람 왕 하닷에셀일 것이다. 보통 이 ᵈAdad-idri는 구약에 자주 언급되는 벤하닷과 동일시된다. 그러나 그렇게 할 만한 충분한 근거가 없고, 특히 벤하닷이라는 이름이 나오는 선지자 설화는 정확히 그 연대를 추정할 수 없기 때문에 더욱 그렇다(cf. Jepsen, op. cit. pp. 155, 158 ff.). 살만에셀의 명문(銘文)에 의하면(cf. 아래 p.318), 이 ᵈAdad-idri는 하사엘에 의해 살해된 것으로 되어 있고 반면에 열왕기하 8:7-15에서는 하사엘에게 살해된 왕이 벤하닷이라고 하고 있지만, 열왕기하 8:7, 9에 나오는 벤하닷이라는 이름이 '아람 왕'이라는 원래의 표현에 첨가한 것일 가능성이 크기 때문에 이 점은 중요치 않다. 선지자 설화들이 후대에 전승되면서 벤하닷은 아람 왕 일반을 가리키는 것으로 여겨졌다. 알레포(Allepo) 석비와 열왕기상 15:18, 20에 나오는 연대기적 기록을 통해 알려진 벤하닷 1세는 그 사이에 죽었고, 하닷에셀(ᵈAdad-idri)이 주전 9세기 중엽에 아람의 왕이었다.

49) Hamath(현재의 hama)은 당시에 북부 수리아에 있던 꽤 큰 정치 조직체의 중심지였다.

50) 이것은 살멘에셀의 현무암 명문(銘文) col. II, 11. 87 ff.에 나오는 연대기적 기록에 언급되어 있다(독일어 번역문은 H. Gressmann, AOT², pp. 340 f., 또한 TGI, pp. 45 f., ANET, pp. 276-280, DOTT, pp. 46-50. 이에 의하면 이스라엘은 다메섹 및 하맛과 아울러 이 연합군에서 가장 큰 군대였다. 그밖의 동맹국들은 훨씬 작은 군대를 보냈다. 이스라엘의 병거부대는 다메섹 및 하맛의 군대와 비교해서도 단연 대군이었다.

51) 앞의 주에서 언급한 내용을 참조하라. 다른 명문(銘文)에서도 살만에셀은 적군인 연합군을 자세하게 열거하지는 않고 있지만(다메섹의 하닷에셀과 이따금 등장하는 하맛의 Irhuleni를 제외하고) 카르카르 전투를 언급하고 있다.

진출을 막는 데는 성공하였다.

카르카르 전투는 아합 왕의 재위 말년에 일어났다(주전 871/870-852/851년). 그는 아람 왕의 동맹군으로 이 전투에 참가하였다. 절박한 위기상황에서 앗수르의 침략을 막아내야 한다는 문제와 비교해 볼 때 사소한 국경 분쟁에 불과했던 이스라엘과 아람간의 분쟁은 일단 유보되었다―물론 이 분쟁은 살만에셀이 물러가자 다시 재연되었다. 아합의 후계자들이 이후에 있은 살만에셀의 여러 차례의 수리아 원정에 맞서 어느 정도로 결집된 힘으로 저항하였는지는 알 수가 없다.[52]

오직 아합만이 대국적인 안목을 가지고 수리아와 팔레스타인에서의 내부적인 분쟁을 유보하고 아람 왕과 연합하여 살만에셀의 군대에 대항하였던 것 같고, 그의 후계자들은 주변국들에 맞서 자신의 지위를 지키는 데만 몰두하였을 것이다. 살만에셀의 여러 차례의 원정이 있고 나서 아람인들과의 전쟁이 다시 재연되기 이전에 오므리 왕가는 왕으로 지명된 예후의 출현으로 수치스러운 종말을 맞게 되었다(주전 845-844년).

예후는 고대 이스라엘 전승을 기치로 내걸고 오므리 왕가와 사마리아에서의 바알 숭배에 반대하여 반란을 일으켰다. 그는 순수한 야훼 예배의 선봉장으로 행동하였다. 열왕기하 10장 15절 이하에 의하면, 그는 '유목민적인 이상(理想)'을 그들의 생활 방식에 구현함으로써(cf. 렘 35:1-19) 이방의 종교적 영향에 물들어 있던 당시의 팔레스타인의 생활에 항의하였던 레갑 자손의 지도자인 요나답과 손을 잡고 있었다. 그들은 원래의 정통적인 생활 방식을 유지하는 것이 이스라엘의 임무라고 생각하였다. "여호와를 위한 열심"(왕하 10:16)으로 예후는 사마리아에 있던 바알 성소를 파괴하였다(왕하 10:18-28).

그러나 이 모든 것에도 불구하고 예후의 왕정도 세속적인 제도였고, 그는 세속적인 정책들을 펼 수밖에 없었다. 예후가 "여호와를 위한 열심"으로

---

52) 살만에셀이 '열둘'의 수리아-팔레스타인 왕들을 판에 박은 듯한 표현으로 끊임없이 말하고 있는데, 이것은 관습적인 표현일 뿐이고, 그가 원정을 벌일 때마다 언제나 동일한 적들의 연합군들과 맞붙었다는 것을 입증해 주지는 않는다.

그렇게 행했다고 하지만, 어쨌든 그는 왕위를 찬탈하였다. 한 세기 후에 선지자 호세아는, 예후가 오므리 왕가를 멸절시킴으로써 예후 왕조의 죄악을 짊어지게 되었고 이에 대하여 야훼는 곧 보수(報讐)하실 것이라고 선포하였다(호 1:4). 예후는 자신이 기치로 내걸었던 명분에 따라 오므리 시대의 정치 노선을 버리지 않을 수 없었다. 그는 사마리아에서 바알 숭배를 야기시켰던 페니키아 도시들과의 국교를 단절하였다.

또한 이스라엘 왕국은 유다를 속국으로 거느릴 정도로 강하지 않았기 때문에 유다 왕국과의 특별한 관계도 끝이 났다. 그밖에도 그는 온갖 외세의 영향력을 차단하였을 것이다. 재위 제18년(주전 841년)에 살만에셀이 네번째로 수리아에 출현하였을 때, 예후는 아무런 저항도 시도하지 않고 페니키아 도시들과 마찬가지로 앗수르 왕에게 조공을 바쳤다. 앗수르의 왕도(王都) 칼라(Kalah, 현재의 텔 니므룻)에서 발견된 현무암으로 된 살만에셀의 오벨리스크(이른바 검은 오벨리스크)[53]에는 예후가 조공을 바치는 모습이 묘사되어 있고 그 비문에는 그의 이름이 명기되어 있다(ia-u-a mar hu-um-ri-i).[54]

이스라엘이 고립됨으로써 아람인들에게 침공당할 위험성은 더욱 커졌다. 그리고 다메섹에서는 곧 이스라엘에게 매우 위협적인 대적이 될 하사엘이 왕위에 있었다. 처음에 그는 앗수르의 침공을 막아내는 데 몰두하였다. 살만에셀은 아닷-이드리(Adad-idri)[55]를 재위 제14년(주전 845년)에 마지막으로 언급하고, 하자-일루(Haza'-ilu, 하사엘)를 재위 제18년(주전 841년)에 처음으로 언급하고 있다.[56] 그러므로 예후와 하사엘은 둘 다 왕위를 찬탈

---

53) H. Gressmann, AOB², Nos. 121-125, ANEP, Nos. 351-355, DOTT, Pl. 3.에 나오는 도판들을 참조하라.
54) 이것은 직역하면 '오므리가의 예후'를 의미한다. 살만에셀이 말하고 있는 '오므리가'는 이스라엘 왕국을 뜻한다. 왜냐하면 이스라엘은 오므리 왕조 아래에서 처음부터(주전 853년) 그를 반대하였기 때문이다. 앗수르인들은 예후가 오므리가를 전복시키고 새로운 왕조를 창건하였다는 것을 알지 못하였다. 살만에셀의 실록에서 발췌한 한 내용에도 살만에셀 재위 제18년에 예후가 조공을 바쳤다는 기록이 나온다. (cf. Gressmann, AOT², p. 343, and TGI, p. 47.).
55) 살만에셀의 황소 명문(銘文) l. 100 (Gressmann, op. cit. p. 342).

하여 거의 동시에 왕위에 올랐던 것으로 보인다.[57] 열왕기하 8장 7-15절에 의하면, 하사엘은 다메섹에서 "아람 왕"을 살해하고 왕위에 올랐다고 한다. 살만에셀도 앗수르(Ashur) 성에서 발견된 그의 커다란 현무암 조상(彫像)[58]에 새겨져 있는 명문(銘文)을 통해 아닷-이드리가 살해되고 "서민 출신의 하사엘"[59]이 즉위하였다는 기록을 우리에게 전해주고 있다(앞면, 25-27행).[60]

재위 제18년과 제21년(주전 841년과 838년)에 감행된 살만에셀의 수리아 원정은 다메섹이 주 공격대상이었다. 주전 841년에 살만에셀은 다메섹 성으로 진격하여 한동안 포위하였으나 정복하지는 못하였다. 그후 그는 요단 동편의 북쪽 지역의 도시국가 영토, 즉 아람 왕국의 심장부를 하우란 산지(sadu mat ha-u-ra-ni, 현재의 예벨 엣-드루즈)에 이르기까지 진출하였다. 그런 다음 그는 "해변에 있는"[61] 바리라시(Ba'lira'si) 산지에까지 나아갔다. 이 곳은 베룻의 북동쪽 나르 엘-켈브에 있는 산기슭의 언덕이다.

거기서 그는 과거에 신왕조의 파라오들이 그토록 자랑하였던 수리아와 팔레스타인에 대한 영유권을 이제 주장하게 될 정도로 앗수르의 세력이 성장하였음을 과시할 목적으로, 해안 도로 위에 있는 바위에 이미 새겨져 있던 파라오 라암세스 2세의 부조(浮彫)들 옆에 자신의 초상(肖像)을 새겨 놓았

---

56) 특히 오벨리스크 명문(銘文) ll. 97 f. (Gressmann, op. cit. p. 343).
57) 하사엘과 예후는 열왕기상 19:15-17에 그런 식으로 나란히 묘사되어 있다.
58) 이 명문(銘文)은 E. Michel, WO, I, 2(1947), pp. 57-63에 공간되어 있다.
59) 이 표현은 노예 출신인 그가 왕위를 찬탈하였다는 것을 나타내고자 한 것이다. 열왕기하 8:13에 의하면, 선지자 엘리사는 야훼의 이름으로 그에게 자신의 미래의 왕국을 약속하였고(왕상 19:15에서 이 임무는 엘리야에게 맡겨졌다), 이로 인하여 그는 자신의 왕을 살해하게 되었다.
60) 현무암 조상(彫像)의 명문(銘文)에 나오는 해당 부분을 독일어로 번역해 놓은 것이 있다(H. Gressmann, AOT², p. 344). 영어 번역문으로는 ANET, p. 280.
61) 살만에셀 재위 제18년의 실록에서 초록한 내용을 참조하라(E. Michel, WO, 14〔1949〕m pp. 265 ff.; Gressmann, op. cit. p. 343), ll. 14-23, ANET, p. 280.
62) H. Gressmann, AOB², Nos. 146, 147, ANEP, No. 335에 나오는 도판들을 참조하라. nahr el-kelb의 부조(浮彫)에 나오는 앗수르 왕은 과거의 학설과는 달리 에살핫돈이 아니라 살만에셀일 것이다. 살만에셀은 해당 인용문에서 자

다.[62] 살만에셀이 예후의 치세 초기에 하사엘 왕을 압박하였기 때문에 이스라엘에 대한 아람의 위협은 완화되었다. 이때부터 수리아와 팔레스타인의 정세는 대체로 앗수르의 태도에 의해 좌우되었다.

살만에셀은 주전 838년에 마지막으로 수리아를 침공하여 "다메섹 땅"의 몇몇 성읍들을 함락시켰다.[63] 그후 그는 여러 차례의 원정에도 불구하고 실제로 중부 및 남부 수리아에 확고한 발판을 마련하지 못한 채 철군한 뒤에는 더 이상 수리아에 개입하지 않았다. 살만에셀의 후계자들은 처음에는 수리아에 적극적으로 개입하지 않았다. 따라서 하사엘은 아람의 세력을 공고히 하고 확대하여 그 막강한 힘으로 이스라엘 왕국을 압박할 수 있었다. 예후 왕가의 처음 몇몇 왕들이 다스리던 시기에 이스라엘은 아람인들로부터 가장 심각한 압박을 받았던 것으로 보인다. 구약 전승에서는 하사엘을 특히 위협적이고 두려우며 승승장구하는 대적으로 생각하였다(cf. 왕하 8:11-12).

불행히도 이러한 전투들에 관한 상세한 내용은 보존되어 있지 않다.[64] 그러나 선지자 아모스는 주전 9세기 말엽에 있었던 이 일을 회상하면서 아람인들이 길르앗 땅, 즉 요단 동편의 에브라임-므낫세의 정착지를 잔인하게 초토화시켰다고 말하고 있다(암 1:3). 아람인들이 전쟁에서 승리하자 이에 힘을 얻은 다른 대적들도 이스라엘 대한 공격을 재개하였다. 하사엘은 블레셋이 이스라엘과 유다 왕국을 상대로 싸울 때 블레셋을 후원하였다(cf. p.306). 블레셋인들이 전투에서 승리했다는 것을 암시하고 있는 아모스의 말(암 1:6)은 아마도 하사엘 시대를 가리키는 것일 것이다. 암몬족도 이스라엘의 곤경을 틈타 길르앗 땅을 침략하였다. 아모스 1장 13절에 의하면, 그들은 한동안 거기에 거하는 주민들을 몹시 잔혹하게 살해하였다고 한다. 그 곳은 그들이 이전부터 영유권을 주장하여 왔고, 지금에 와서는 거기에서 "자기 지

기가 Ba' lira' si 산에 자신의 초상을 세웠다고 분명히 말하고 있기 때문이다.
63) Cf. obelisk inscription ll. 102 ff. (Gressmann, op. cit. p. 343), ANET, p. 280.
64) 선지자 설화들 가운데 일부가 원래 이 시대를 말하고 있지 않다면(cf. 위 p. 311, 주39), 열왕기하 10:32, 33; 13:3 ff.에서 신명기사학파는 몇 가지 일반적인 고찰만을 행하고 있다.

경을 넓히고자" 하였던 얍복강 남쪽의 길르앗이었을 것이다(암 1:13).

마침내 앗수르인에 의해 상황은 일변하였다. 재위 제5년(주전 800년)에 앗수르 왕 아닷니라리 3세(Adadnirari III)는 다메섹으로 진격하여 살만에셀 3세의 전통을 되살렸다. 그는 다메섹에서 아람 왕[65]을 포위하였고, 이에 이 왕은 항복하고 조공을 바치지 않을 수 없었다.[66] 이 침공으로 아람 왕국의 세력은 꺾였던 것으로 보인다. 주전 8세기에 중부 수리아에서는 다메섹 대신에 하맛(hama) 왕국의 세력이 더 강성하였음을 우리는 보게 된다.[67] 바야흐로 이스라엘 왕국이 되살아날 때가 왔다.[68]

다메섹이 쇠퇴하자 열왕기하 14장 25절에 짤막하게 기록되어 있듯이 비로소 여로보암 2세(주전 787/786-747/746년)는 "이스라엘 지경을 회복하되 하맛 어귀에서부터 아라바[평지의] 바다[=사해]까지" 할 수 있었다. 이것은 남쪽에서 북쪽으로 이어지는 이스라엘의 동쪽 경계의 전 영역을 회복했음을 말해준다. 그 결과 여로보암 2세는 아람인들의 영토에 대한 이스라엘의 영유권을 또다시 주장하고 요단 동편의 북쪽 땅에 있던 대상지대(帶狀地帶)인 도시국가 영토 및 길르앗의 라못을 비롯한 다윗과 솔로몬 시대의 국경을 되찾을 수 있게 되었다.

또한 만약 암몬족이 여전히 길르앗 땅을 확보하고 있었다고 한다면, 여로보암 2세는 암몬족을 그들의 국경으로 축출할 수 있었을 것이다. 열왕기하 14장 25절에 나오는 "아라바[평지의] 바다"라는 표현이 무엇을 의미하는지

---

65) 아닷니라리는 이 왕을 ma-ri-' 라 부른다. 그러나 이것은 아마도 이름이 아니라 왕을 부를 때 사용하던 아람어 '주'(lord)일 것이다. 하사엘이 당시에도 여전히 왕이었는지는 의심스럽다.
66) 아닷니라리 3세의 부조 석비에 새겨져 있는 명문(銘文)을 참조하라. 그 독일어 번역문이 Gressmann, op. cit. p. 345에 나와 있다. 영어 번역문은 ANET, p. 281, DOTT, p. 51.
67) Cf. M. Noth, PJB, 33 (1937), pp. 47 ff.
68) 열왕기하 13:22-25 (cf. 왕하 13:4, 5)에는 이러한 상황의 변화에 대한 언급이 있다. 그러나 그것은 단지 하사엘로부터 그의 아들에게로 왕위가 넘겨진 것과 연관되어 있다(후자는 전통적인 아람의 왕호인 벤하닷으로 칭하였고, 우리가 아는 한 그는 이 왕호를 지닌 두번째 왕이었다).

는 불분명하다. 이 문맥에서 그것은 모압과의 경계를 가리킨다. 과거에 모압 족이 이스라엘의 곤경을 틈타 영토를 확장하려고 하였음에도 불구하고, 이때 여로보암은 메사 시대에 이스라엘과 모압의 국경이었던 사해 북단을 회복할 수 있었던 것일까?[69] 아니면 그는 심지어 아르논까지의 땅을 재점령하는 데 성공하였던 것일까?

앗수르는 다메섹의 세력을 꺾은 후에는 한동안 대규모의 침공을 해오지 않았기 때문에, 이스라엘 왕국은 주전 8세기 전반에 일종의 황금기를 구가하였고 유다 왕국도 마찬가지였다. 결국 두 왕국이 황금기를 누리게 된 것은 앗수르가 다메섹을 제압한 덕분이었다. 이스라엘과 유다가 주전 800년경에 일어난 운명의 변화를 기뻐하며 새로운 번영기를 맞이하였다고 믿고 있던 바로 그때에, 앗수르라는 거대한 세력이 그 배후에서 불길하게 어른거리고 있었다.

---

69) 열왕기하 14:25의 표현은 이러한 가정을 밑받침해 주는 듯하다.

제3부

고대 오리엔트의 강대국들의 통치 아래에서의 이스라엘

제1장

앗수르와 신바빌로니아 시대

20. 새로운 국제정세와 이스라엘의 상황

　대략 유다와 이스라엘에서 웃시야와 여로보암 2세의 오랜 동안의 행복한 시절이 이 왕들의 죽음과 함께 끝날 무렵인 주전 745년에,[1] 앗수르에서는 디글랏빌레셀 3세가 즉위하였다. 그는 지칠 줄 모르는 승승장구하는 군지휘관이자 정복자였다. 뿐만 아니라 그의 뒤를 이어 앗수르의 왕위에 오른 일련의 후계자들도 위대한 무인(武人)들이었다. 그는 단시일 내에 신앗수르 제국의 전성기를 가져왔고, 최초로 한 사람의 강력한 통치자 아래에서 고대 오리엔트 거의 전부를 통일시킨 제국을 건설하였다. 수리아-팔레스타인을 확실하게 장악하는 것은 이러한 통일 제국 건설을 위한 필수 조건이었다. 왜냐하면 메소포타미아에 있는 강대국에게 수리아-팔레스타인은 오리엔트에서 아주 드물게 생산되는 목재와 광물이 풍부한 곳이었고, 지중해에 접한 긴 해안선을 끼고 활발한 교역이 이루어지는 곳이었기 때문에, 그 자체로도 가치있는 지역이었지만 한편으로는 남동쪽의 소아시아, 다른 한편으로는 이집트로 통하

---

[1] Begrich, op. cit, p. 155에 의하면, 이 두 왕은 주전 747-746년에 죽었다. 이것이 정확한 연대인지는 확실치 않으나 틀려봐야 수 년 이내의 오차만 있을 뿐이다.

는 관문이기도 하였기 때문이다.

따라서 디글랏빌레셀은 수리아-팔레스타인의 중요 지역들을 앗수르 제국에 병합하고 수리아와 팔레스타인 전역을 앗수르의 지배 아래 두고자 하는 확고한 조치들을 즉시 취하였다. 그는 대체로 자기들이 정복한 수리아와 팔레스타인의 여러 왕들이 조공을 바치는 것으로 만족하였던 주전 9세기의 앗수르 왕들보다 한 걸음 더 나아갔다. 앗수르인들은 이 땅을 북방으로부터 침략하였기 때문에 북부 수리아가 제일 먼저 영향을 받았다. 그러나 정복자들은 앗수르가 보기에는 별로 크지 않은 수리아-팔레스타인으로 신속하게 남진하였는데, 디글랏빌레셀은 이미 원정을 통하여 중부 및 남부 수리아와 팔레스타인을 복속시켰다.

이 엄청난 사건들에 직면하여 수리아-팔레스타인 전역이 겪은 운명은 근본적으로 비슷하였다. 이 땅의 외부에 본거지를 둔 한 강대국이 이 땅의 운명을 한 손에 쥐고 있었고, 일단 앗수르인들이 이 땅을 장악한 이후로 이 땅의 역사는 잇달아 일어나 서로 먹고 먹히는 일련의 외세들의 각축에 의해 좌지우지되었다. 이 외세들은 너무나 압도적이었기 때문에 수리아-팔레스타인의 그 어디에서도 제대로 저항하기는 불가능했다.

이스라엘이 유다와 이스라엘 왕국으로 분열되어 수리아-팔레스타인의 소국으로 전락했기 때문에 그러한 운명을 겪게 되었다. 이제 이스라엘이 정치적으로 독립하고 있었던 시절은 끝이 났다. 그 이후로 멸망할 때까지 이스라엘은 외세들에 종속되었다—그 중간의 한 때를 제외하고는. 이러한 상황은 근본적으로 새삼스러운 것은 아니었다. 왜냐하면 이스라엘의 이전의 역사도 언제나 일반적인 역사적 상황에 의해 결정되어 왔었고, 넓은 지역을 걸친 역사적 조건들에 철저하게 종속되어 왔었기 때문이다.

그럼에도 불구하고 이스라엘은 그런 상황에서 꾸준히 독자적인 길을 걸어 왔고, 다윗과 솔로몬 시대에는 전성기를 맞이하기도 하였다. 비록 이스라엘은 어느 정도 다소 강력한 세력들이 출현함으로써 수리아-팔레스타인에 불어닥친 전쟁들에 휩쓸려 왔지만, 이스라엘 땅에서 생겨난 두 왕국은 어느 정도 성공적으로 독자적인 길을 걸을 수 있었다.

그러나 이제 이스라엘은 수리아-팔레스타인 전역에 대규모로 몰아닥친 압도적인 일련의 사건들에 굴복할 수밖에 없었고 어떠한 저항도 소용없다는 것이 곧 드러났다. 사실 고대 오리엔트 전역이 이 일련의 사건에 영향을 받았고, 그것은 단순히 지나가는 돌풍이 아니라 지속적인 의미를 지니는 역사의 전환점임이 곧 밝혀졌다. 수리아-팔레스타인의 다른 국가들과 마찬가지로 이제 이스라엘도 세계사의 의미를 알게 되었지만—자신의 제한된 시야에서— 이스라엘이 할 수 있는 것이라고는 그 압박을 견디어 내는 것밖에 없었다.

그러나 바로 이러한 인고(忍苦)를 통해서 이스라엘은 세계사의 본질을 체험할 수 있게 되었다. 세계사는 단지 한 민족의 역사를 중심으로 그 역사를 큰 규모로 확대해 놓은 것에 불과하다는 소박한 인식은 더 이상 통하지 않았다. 구체적이고 잔혹한 사건들을 통해 세계사는 한 민족의 삶의 범위를 뛰어넘는 운동(movement)이자 압도적인 과정으로서 거기에서 한 민족은 미미한 존재일 뿐임이 입증되었다.

우리는 이것이 이스라엘의 하나님 신앙에 무엇을 의미했는가를 알아보지 않으면 안 된다. 과거에는 이스라엘의 하나님은 자기 백성을 인도하고 보존하는 일을 통해 자신의 권능을 드러내신다고 생각되었다. 하나님은 이스라엘 지파들이 팔레스타인에 정착하는 것을 적극적으로 도우셨고 그들 곁에 서서 그들이 독자적으로 서기 위하여 벌인 전쟁들에 함께 하셨다. 하나님은 "다윗과 함께" 하셔서 그가 눈부신 제국을 건설하는 것을 도우셨고 그의 왕조가 영원할 것이라고 약속하셨다.

물론 오래 전부터 하나님은 온 세계를 창조하셨고 다스리시며 세계 열방들 내에서 이스라엘을 위한 특별한 계획을 갖고 계시는 것으로 인식되었고,[2] 주변세계와 광범위하게 접촉하였던 다윗과 솔로몬 시대 이래로 이에 관한 사상이 형성될 수 있었다. 이제 바야흐로 시작되고 있던 일련의 과정들을 전승 및 당시 사람들의 관념에 따라 해석한다면, 주변 민족들 및 국가들의 신들과 마찬가지로 이스라엘의 하나님도, 더욱 강력하다는 것이 증명되고 있는 앗수

---

2) 이것은 야휘스트(cf. 위 p. 286)가 말했던 내용이다.

르인들의 신들에 지금 굴복하고 있다고 말할 수밖에 없었다.

앗수르의 정복자 왕들은 바로 그 신들의 명령에 따라 그 신들의 이름으로 전쟁을 수행하고 있다고 자신들의 비문에서 엄숙하게 진술하고 있다. 이스라엘에는 이렇게 생각하는 사람들이 많았을 것이다. 그들은 여전히 하나님이 기적을 통하여 그들을 '구원'할 것으로 기대하였지만[3] 현실의 일련의 사건들에 거듭거듭 실망을 금치 못하였을 것이다.

이러한 상황에서 이스라엘에 이러한 일련의 사건들을 다르게 해석하는 목소리가 등장하였다. 그것은 바로 이른바 구약의 '고전적 예언'이라는 독특한 역사적 현상을 말한다. 이 현상은 주전 8세기 중엽, 즉 이스라엘과 세계의 역사에 이러한 변화가 일어나고 있을 무렵에 시작되어 역사적 사건들에 대한 판단을 선포하였다. 처음에는 탈혼 선지자들에게, 나중에는 하나님으로부터 '능력'을 받은 사람들―다른 민족들에서도 있었던 공통된 현상이었다―에게 적용되었던 히브리어 נביא와 마찬가지로, 헬라어로 신탁(神託, 종교사에서 하나의 공통적인 범주)을 선포하는 자를 의미하는 '예언자'라는 용어는 단지 고전적 '예언' 현상을 서술하는 방편에 불과하다.

하나님의 사자(使者)[4]로 등장하여 신탁(神託) 형태로 하나님의 말씀을 전하는 것이라고 주장하는 사람들이 출현하였던 것이다. 그들이 전한 메시지의 내용은, 지금 일어나고 있고 장래에도 계속될 일련의 세계사적 사건들은 하나님의 커다란 심판, 이스라엘의 하나님의 심판이라는 것이었다. 이스라엘은 이러한 사건들을 체험하고 견디어 낼 수밖에 없었기 때문에, 이스라엘의 하나님은 다른 신들과 마찬가지로 지파 동맹이나 하나의 민족 또는 국가의 하나님이 아니라 인류 역사 전체를 주관하시는 온 세계의 주님이라는 것을 스스로 증명하고 있었다.

---

3) 그러한 기대들은 구약을 통해 우리에게 전해져 왔다; cf. 렘 28:1 ff. 등등.
4) 하나님의 명령을 전해야 하는 신의 사자라는 인물은 마리 문서에 나온다(cf. 위 p. 30). (cf. M. Noth, *Geschichte und Gotteswort im Alten Testamant* [Bonner Akademische Reden, 3 (1949)], pp. 9 ff. ; W. v. Soden, WO, I, 5 [1950], pp. 397 ff.) ; 그러나 이 신의 메시지들의 내용은 역사의 큰 사건들에 관한 것이 아니다.

이러한 관점에서 볼 때 이제 역사는 단지 한 민족 또는 국가의 역사가 아니라 하나님의 활동이 인류 전체와 관련을 맺는 세계사이다―그 세계라는 것이 특정한 시간과 상황에서 어떤 범위의 것이냐와는 상관없이. 선지자들은 당시의 사건들을 이러한 보편적인 관점에서 하나님 편에 서서 해석하여 과거를 회고적으로 설명하거나 장래 사건들의 전반적인 흐름을 모호하게 예고하는 것이 아니라 당대의 사건들에서 하나님의 섭리의 작용을 식별해낸 최초의 인물들이었다.

인류사의 그 어디에도 이러한 '예언' 현상에 비견할 만한 유례(類例)는 없다. 특히 '예언자들'이 한 번 이상 언급하고 있듯이(cf. 암 1:3 ff. 등) 일련의 사건들이 이스라엘만이 아니라 수리아-팔레스타인 전역에 동일한 영향을 미쳤고 또 동일한 결과를 가져왔지만, 우리는 이스라엘의 주변국들 가운데서 이러한 현상과 유사한 것들을 전혀 찾아볼 수 없다. 예언자들의 목소리는 오직 이스라엘에서만 들려 왔다. 예언자들은 주전 8세기 중엽과 그 이후에 역사적인 격동기 때마다 등장하였다.

더욱이 '예언자들'은 모든 사건들은 우선적으로 작은 나라 이스라엘을 대상으로 하는 것임을 아주 분명히 했다. 예언자들이 그렇게 선포한 것은 이스라엘로 하여금 자신이 어디에 서있는가를 알도록 하기 위해서였다. 용서할 수 없는 배신과 불순종으로 인하여 이 백성의 현재 상태에 가혹한 심판을 수행하는 것이 하나님의 목적이었다. 예언자들은 하나님이 바로 이러한 한 목적을 위하여 고대 오리엔트의 전 역사를 사용하고 계시다고 과감하게 선포하였다.

이런 목적을 위해 앗수르의 막강한 왕이 하나님의 손에 붙들린 도구가 되었고(사 10:5), 나중에는 신바빌로니아 왕 느부갓네살이 하나님의 "종"이 되었으며(렘 27:6), 페르시아 왕 고레스는 하나님의 "기름부음 받은 자"가 되었다(사 45:1). 그들은 이스라엘은 역사적으로 미미한 존재임에도 불구하고 당시의 사건들 속에서 세계사의 중심이라고 선포하였다.

물론 이스라엘은 일련의 사건들을 주도적으로 이끌어가는 세력이라는 의미에서 중심인 것은 아니었다. 단지 역사적 운동들의 가시적인 축(軸)이 아니라 일련의 사건들의 은밀한 중심(中心)인 온 세계의 주 하나님의 심판의 대상으로서 역사의 중심이 되어 있었을 뿐이다. 이렇게 인류사 가운데 '비역사적인 요인'이 작용하고 있었다. 예언자들은 이렇게 말할 수 있었던 것은 하나님이 아득한 옛날부터 역사 속에서 이스라엘을 만나셨고, 장래에 있어서 하나님의 보편적인 목적을 실현하는 데 기여하는 것이 이스라엘의 의무라는 전제를 토대로 하고 있었기 때문이다.

'예언자들'이 주전 8세기 중엽 이후로 선포하였던 내용, 즉 이스라엘의 전통적인 생각은 역사적 사건들에 의해 산산이 부숴질 것이라는 것은 다음 시대에 아주 빨리 현실로 변했다.

21. 앗수르인들에 대한 예속

주전 745-727년에 앗수르를 통치하였던 디글랏빌레셀(앗수르어로, Tukulti-apil-Esarra)에게 있어서 수리아와 팔레스타인을 예속시키는 일은 그의 주요한 목표 중의 하나였다. 불행히도 이 왕에 관한 실록들은 보존상태가 나쁘고 불완전해서 그의 원정의 모든 상세한 내용을 분명하게 파악하기는 불가능하나 주요한 사건들은 알 수 있다. 주전 740년에 그는 북부 수리아를 정복하고 수리아 땅에 앗수르의 왕의 속주들을 건설하는 일에 착수하였다. 주전 738년에 그는 다메섹이 쇠퇴한 후에 그 세력을 키워왔던 북부 및 중부 수리아 국가인 하맛(hama)을 복속시키고 그 땅의 상당 부분을 앗수르 속주들로 재편하고 나머지 영토를 중심으로 작은 속국을 남겨 두었다.

이때에 페니키아의 여러 해안 도시들과 소아시아의 여러 국가들을 비롯하여 그밖의 수리아 국가들은 대부분 디글랏빌레셀이 하맛에게 승리하자 그에게 조공을 바쳤다.[5] 그가 언급하고 있는 조공을 바친 왕들 가운데는 "다메

---

5) *Annalen*, II. 150 ff., 독일어로는 H. Gressmann, AOT², p. 346; 앗수르

섹의 르손"(Rasunnu Dimaskai)[6], "사마리아의 므나헴"(Minihimme Samerinai)[7] 등이 포함되어 있다.

그러는 동안에 이스라엘 왕국에서는 예후 왕조가 전복되었다. 예후 왕가의 마지막 왕이 살해된 후에(왕하 15:10), 왕위 계승을 둘러싸고 암투가 벌어졌고, 마침내 므나헴이 왕위를 찬탈하여 수 년 동안 이스라엘 왕국를 차지할 수 있었다. 열왕기하 15장 19절 이하에는 그가 디글랏빌레셀에게 조공을 바쳤다는 말이 나온다.[8] 이 기록에 의하면, 그는 자신의 왕국 내에서 군역(軍役)을 제공할 의무가 있던 지주들에게서 천 달란트의 은을 거두어 조공으로 바쳤다고 한다.[9] 19b절에 의하면, 이렇게 조공을 바치고, 그는 왕이 살해되고 왕위를 놓고 암투가 벌어진 시대에서 어렵게 유지할 수 있었던 자신이 찬탈한 왕위를 공고히 하고자 하였다.

사실 디글랏빌레셀은 자발적으로 항복해 온 왕이 왕위에 머물기를 바랐을 것이다. 그러나 디글랏빌레셀은 곧 주전 738년에 거둔 승전으로 만족하지 못했다. 앗수르의 에포님들(Eponyms) 명단[10]에는 주전 734년에 "블레셋

왕의 명문(銘文)들의 해당 부분을 영어로 번역한 것으로는 ANET, pp. 282 ff., DOTT, pp. 53-58.
6) 이 사람은 열왕기하 15:37; 16:5 f.; 사 7:1 ff. 등에 언급되어 있는 르신인데, 그의 이름을 구약에서는 아주 틀리게 발음하고 있다. 칠십인역에서는 그의 이름을 Rezon으로 올바로 읽고 있다.
7) 유다 왕국은 사건들로부터 여전히 동떨어져 있었던 것으로 보인다. 그럼에도 불구하고 디글랏빌레셀은 Annals, ll. 103 ff.에서 주전 738년에 그가 Yaudi의 Azrijau를 복속시켰고 그로 하여금 조공을 바치게 하였다고 기록하고 있다. 이 대목에서 매우 단편적으로만 남아 있는 이 실록의 본문은 이 Azrijau가 당시에 디글랏빌레셋을 대항한 핵심인물이었음을 보여주는 것 같다. 이 Yaudi의 Azrijau를 Azariah(아사랴) = 유다의 웃시야와 동일시하기는 그리 어렵지 않다. 열왕기하 15:17, 23에는 유다의 아사랴가 이스라엘의 므나헴과 동시대인이었다고 분명히 나와 있다(Begrich의 연대표와는 반대로). 어떻게 남쪽 구석에 있던 작은 유다가 주전 738년에 그러한 역할을 할 수 있었는지를 역사적으로 해명하기는 매우 어렵다.
8) 디글랏빌레셀 3세는 여기에서 그의 바빌로니아식 왕호인 Phul로 나온다.
9) 여기에 언급된 수치들은 다 합하여 이스라엘의 60,000명의 지주(地主)가 된다.

땅"을 원정한 것이 그 해의 가장 중요한 사건으로 기록되어 있다.[11] 따라서 디글랏빌레셀은 수리아-팔레스타인의 최남서쪽 구석까지 진군해 왔음을 알 수 있다.

최근에 앗수르의 도성인 칼라(Kalah, 현재의 tell nimrud)를 발굴하는 과정에서 발견된 디글랏빌레셀의 실록 단편을 통해 이 원정에 관한 몇몇 세부적인 내용이 알려졌다.[12] 이에 의하면, 이 앗수르 왕은 중부 수리아의 해안에서 승리한 후에 팔레스타인의 해안 평지로 이어진 이스라엘 왕국의 영토의 서쪽 지역을 통과하여 남쪽으로 이동해갔다. 이 지역이 전략적으로 요충지였기 때문에, 그들은 실제로 이스라엘 왕국의 이 지역을 점령했을 것이다.[13] 그런 후에 디글랏빌레셀의 '소(小)비문' No. 1, 제8행 이하에 기록되어 있는 것처럼[14] 그는 가사 왕 하눈(Hanun)이 자신의 성읍을 앗수르인들의 수중에 넘긴 채 이집트로 피신하자 블레셋의 가사 왕국을 복속시켰다.

끝으로, 그는 "이집트 강"(현재의 wadim el-'arish), 즉 아시아의 최남서쪽 경계에 기지(基地)를 설치하였다. 이런 식으로 그는 수리아-팔레스타인의 소국들이 이집트와 관계를 맺을 수 없게 하려고 하였다. 아직 이러한 사건들에 직접적인 영향을 받지 않은 수리아-팔레스타인의 남쪽 지역에 있던 소국들—여기에는 유다 왕국이 포함되어 있었을 것이다—은 앗수르의 지배권

---

10) 여러 부분들과 사본들로 보존되어 온 이 명단은 제국의 고관들을 연대순으로 열거하고 있는데, 그들의 이름은 명확한 순서에 따라 각각의 재위 기간에 속하는 연대들을 명명하는 데 사용되었다. 주전 9세기 중엽부터 이 명단은 매 해의 원정들 및 그밖의 사건들을 간략하게 언급하고 있다; cf. A. Ungnad, *Eponymen* (Reallexicon der Assyriologie, II [1938], pp. 412 ff.).
11) Cf. A. Ungnad, op. cit. p. 431 and D. D. Luckenbill, *Ancient Records of Assyria and Babylonia*, II (1927), pp. 427 ff., 특히 p. 436.
12) D. J. Wiseman, Iraq, 13 (1951), pp. 21 ff., Pl. xi.로 공간되었다. cf. ANET, p. 282, DOTT, pp. 55 f.
13) 이 단편의 크게 훼손된 10행 이하에 대한 이러한 해석에 대해서는 cf. A. Alt. *Tiglathpilesers III erster Feldzug nach Palästina* (Kleine Schriften zur Geschichte des Volkes Israel, II [1953], pp. 150-162).
14) 독일어 번역문은 Gressmann, op. cit. pp. 347 f.; TGI, pp. 52 f. 영어 번역문은 cf. ANET, pp. 283 f., DOTT, p. 55.

을 인정하여 조공을 바치지 않을 수 없었을 것이다. 그러므로 채 몇 년도 안되어 디글랏빌레셀은 수리아-팔레스타인 전역을 유린하여 도처에 앗수르의 가공할 세력에 대한 두려움을 확산시켰다는 말이 된다. 그는 자신이 정복한 영토들을 앗수르의 속주로 편입시키지 않고 단지 그 왕들로 하여금 자신에게 조공을 바치게 하였다.

이와 관련하여 이듬해인 주전 733년에 중부 및 남부 수리아-팔레스타인에서 저항 세력들이 연합하여 다시 한번 봉기를 일으켰던 것으로 보인다. 여기에서 다메섹은 마지막으로 주도적인 역할을 하였다. 구약에서 말하고 있는 이른바 수리아-에브라임 전쟁[15]은 이와 관련이 있는 것 같다. 열왕기하 15장 37절, 16장 5절, 이사야 7장 1절 이하에 의하면, 다메섹의 아람 왕국과 이스라엘 왕국의 연합군이 예루살렘을 공격하고 포위하였다.

이사야 7장 6절에 의하면, 이러한 공격의 목적은 예루살렘의 다윗 왕조를 전복시키고 아람인―이사야 7장 6절에 나오는 그의 아버지의 이름을 볼 때 그렇게 판단된다―왕을 그 자리에 대신 세우는 것이었다. 이때 유다의 왕은 선왕 요담의 짧은 재위 후에 다윗의 위에 올랐던, 웃시야 왕의 손자인 아하스 왕이었다.[16] 이스라엘 왕국에서는 얼마 전에 르말랴의 아들[17] 베가가 왕위를 찬탈하여 왕이 되었다.

아람과 이스라엘이 연합하여 디글랏빌레셀에게 저항하고자 했으나 유다 왕 아하스가 전년도에 이웃한 블레셋에 대한 디글랏빌레셋의 원정에 겁을 집어먹고 거기에 합류하기를 거부한 것이 이 수리아-에브라임 전쟁의 배경이 되었음이 분명하다. 그래서 아람과 이스라엘은 유다 왕을 폐위시키고 그 자리에 아람인을 앉혀서 유다 왕국이 반앗수르 동맹군에 들어오게 할 작정이었

---

15) 이렇게 전통으로 묘사하는 것은 영어 성경이 언제나 아람이라는 명칭을 '수리아'로 번역하고, 당대의 예언자들이 이스라엘 왕국을 그 중심적인 지방 이름을 따라 흔히 '에브라임'으로 부르고 있기 때문이다(특히 cf. 사 7:1 ff.).
16) 이 시기에 있어서 유다 왕들의 연대표는 매우 불확실하다. 아하스는 짧은 기간 동안만 왕으로 있었을 것이다(이것은 Begrich의 견해와 반대이다).
17) 이사야 7:4 ff.에서는 그를 그가 왕족 출신이 아닌 것을 나타내기 위하여 그의 본명을 부르지 않고 "르말랴의 아들"이라고 경멸적으로 부르고 있다.

다. 예루살렘에 대한 이 두 강국의 공략은 처음에는 순조롭게 진행되었고 (cf. 호 5:8-11)[18], 아하스는 예루살렘에 갇혀 극도의 불안과 압박에 내몰려 있었다(cf. 사 7:2).

이러한 상황에서 아하스는 보다 강한 세력에 도움을 요청하기로 결심하고—조용히 하나님을 의뢰하라는 이사야 선지자의 간곡한 만류에도 불구하고 (사 7:1-17)—디글랏빌레셀보다 결코 덜하지 않은 인물에게 예루살렘 성전과 왕궁의 보화들을 진상(進上)하고 굴복하는 의사를 표시한 후에, 군사를 보내어 그 대적 아람과 이스라엘을 물리쳐줄 것을 간청하였다(왕하 16:7-9). 불행히도 이때에 디글랏빌레셀이 어디에 있었는지는 기록에 나와 있지 않다. 아마도 그는 이미 군대를 이끌고 수리아 어디쯤에 와 있었을 것이다. 이제 사건은 신속하게 진행되었다.

얼마 안 있어 앗수르인들이 개입한 덕분에, 아하스는 예루살렘이 아람인들과 이스라엘인들의 수중에 넘어가기 전에 곤경에서 벗어날 수 있었다. 따라서 수리아-에브라임 전쟁은 싱겁게 끝나고 말았다. 또한 이로 보건대 디글랏빌레셀은 아하스의 원조 요청을 받고 수리아-팔레스타인 원정에 나선 것이 아니었음이 분명하다. 어쨌든 당시에 그의 목적은 수리아-팔레스타인을 완전히 복속시키는 것이었다. 그는 이미 주전 734년에 블레셋을 침공한 적이 있었고, 주전 738년에 하맛을 처리한 후에 수리아-팔레스타인에서 가장 중요한 세력이 첫번째는 다메섹의 아람 왕국이고, 두번째는 이스라엘 왕국이라는 것을 알았다.

주전 733년과 732년에 있어서 위에서 말한 에포님들(Eponyms)의 명단에 "다메섹으로"라는 말이 나온다. 아마도 그는 다메섹을 고립시키고 남부 팔레스타인의 소국들을 견제하기 위하여 먼저 주전 733년에 이스라엘 왕국을 분쇄하였던 것으로 보인다. 어쨌든 그의 실록에는 다메섹 정복에 관한 내용이 자세하게 나온 후에 "앞서의 원정"에서 이스라엘에게 이미 보복하였다

---

18) A. Alt, *Hosea v, 8-vi, 6*, NKZ, 30 (1919), pp. 537-568 = *Kleine Schriften zur Geschichte des Volkes Israel*, II (1953), pp. 163-187가 이 선지자의 말을 역사적으로 해석하고 있는 내용을 참조하라.

는 말이 나온다(227행 이하).[19]

열왕기하 15장 29절에 의하면, 그는 주전 733년에 요단 계곡 상류지역을 침공하였고―레바논과 안티 레바논 사이의 베카를 통해 와서―그 곳을 거점으로 삼아 한편으로는 길르앗을, 다른 한편으로는 갈릴리를 정복하였다. 그리고 그는 실록 227행 이하에 자기가 이 땅의 "모든 성읍"을 합병하였고 사마리아(Samerina)만을 남겨두었다고 기록하였다. 이것 및 지금까지 보존된 앗수르 속주들을 기록해 놓은 여러 명단들을 살펴볼 때, 디글랏빌레셀은 왕도(王都) 사마리아를 중심으로 한 에브라임 산지를 이스라엘 왕 베가로 하여금 통치하도록 하고, 이스라엘 왕국의 나머지 영토를 앗수르의 속주들로 재편하였다는 것을 알 수 있다.

그는 이스라엘 왕국의 영토를 세 개의 속주로 나누어 앗수르의 관례에 따라 그 속주의 수도를 그 속주 명칭으로 삼았다. 갈릴리 및 그와 인접한 이스르엘 평지는 '므깃도' 속주에 편입되었다. 북쪽으로 갈멜에서부터 남쪽으로 나르 엘 오야(nahr el-'oja)에 이르기까지의 팔레스타인의 해안 평지 중에서 이스라엘 영토는 '돌'(돌 성읍은 et-tantura 근처에 있는 현재의 el-burj이다) 속주가 되었다. 요단 동편의 이스라엘 영토는 '길르앗' 속주가 되었다.[20]

이스라엘의 농민들은 대체로 새로운 속주들에서 속국의 백성으로 남아 있었지만, 도시의 상류계층은 신앗수르 제국에서 생겨난 관례에 따라 다른 곳으로 이주하지 않으면 안 되었다. 열왕기하 15장 29절에 다소 불분명하게 언급되어 있듯이, 그들은 "앗수르로" 끌려갔다. 말하자면, 그들은 메소포타

---

19) 주전 733-732년의 사건들을 말해주고 있는 실록의 해당 부분―불행히도 단편적으로만 남아 있다―에 대한 독일어 번역문은 Gressmann, op. cit. pp. 346. f., TGI, pp. 51 f.에 나와 있다. 영어 번역문은 ANET, p. 283.
20) 자세한 것은 E. Forrer, *Die Provinzeinteilung des assyrischen Reiches* (1921), pp. 59 ff., 69, 특히 A. Alt, 'Das System der assyrischen Provinzen auf dem Boden des Reiches Israel', ZDPV, 52 [1929], pp. 220-242 = *Kleine Schriften zur Geschichte des Volkes Israel*, II[1953], pp. 188-205을 보라.

미아 또는 앗수르 제국의 동쪽 지역에 있는 속주들로 보내졌다. 그리고 그들을 대신하여 앗수르의 총독들과 관리들, 제국의 다른 지역들에 살던 새로운 상류 계층은 새로운 속주들로 보내졌다.

그러나 베가(앗수르어로 Pa-ka-ha) 왕은 패전 후에 자기 백성에 의해 전복되었고(실록 제228행; 소(小)비문 No.1 제17행), 열왕기하 15장 30절에 의하면 호세아라는 인물이 그를 죽이고 사마리아에서 왕이 되어 조금 남은 이스라엘 영토를 다스리면서 디글랏빌레셀에게 조공을 바쳤고, 그후에 디글랏빌레셀은 정식으로 그를 속국의 왕으로 재가하였다(소비문 No.1 제17행 이하).[21]

디글랏빌레셀은 주전 732년에 다메섹을 정복하고 다메섹 왕국을 초토화시킨 후에 그 전(全)영토를 앗수르의 여러 속주로 재편하고 나서야, 비록 몇몇 왕들이 아직도 총독들에 의해 통치되는 앗수르의 속주들과 병행하여 조공을 바치는 속국들로 존재하고 있긴 했지만, 수리아-팔레스타인의 대부분을 복속시켰다고 생각할 수 있었다.[22] 따라서 이러한 상황은 주전 727년에 그가 죽을 때까지 계속되었다.

몇 년 후에 이스라엘 왕 호세아는 지혜롭지 못하게 앗수르 제국에게 조공을 바치는 것을 중단하고—디글랏빌레셀이 죽고 살만에셀 5세가 등극하자—앗수르의 지배를 벗어날 목적으로 이집트와 관계를 맺었다(왕하 17:4). 이 문제에서 조금 남은 영토를 지닌 이스라엘 왕국이 독자적으로 행동하였을 리는 없었을 것이다. 남부 팔레스타인의 몇몇 국가들이 동조하였을 것이 분명하지만 그 자세한 내용은 알 길이 없다. 이 때가 주전 724년이었다. 앗수르는 왕을 사로잡고 그 땅을 점령하는 데 성공하였다. 단지 요새화된 사마리아 성읍만이 3년 더 저항을 계속할 수 있었을 뿐이다.

살만에셀은 자신의 모든 군대를 동원하여 사마리아를 포위하지는 않았을 것이다. 앗수르에서 살만에셀 5세가 죽고 사르곤 왕이 즉위한 지 얼마 되

---

21) 디글랏빌레셀은 이 구절에서 자기가 호세아(A-u-si')를 임명했다고 말한다. 이것은 그가 이 왕위 찬탈자를 승인하였다는 의미이다. Cf. ANET, pp. 283 f.
22) Gressmann, op. cit. p. 348에 나오는 봉신(封臣)들의 명단을 참조하라.

지 않은 주전 722-721년에 마침내 사마리아는 멸망하였다.[23] 그리고 이제는 이스라엘의 남은 땅마저도 앗수르의 영토로 편입되어 '사마리아'(앗수르어로는 Samerina) 속주가 되었다. 이렇게 하여 이스라엘 왕국은 멸망하였다.

열왕기하 17장 6절에서 말하고 있듯이, 또다시 상류계층은 이번에는 메소포타미아와 메대(Media)로 이주를 당하였다. 거기서 대부분의 다른 이주된 상류계층들과 마찬가지로 이들은 수적으로 훨씬 많은 원주민들에게로 점차 흡수되었을 것이다. 그리고 열왕기하 17장 24절에 의하면, 바빌로니아, 바벨론 성, 바빌로니아의 성읍인 구다(Cuthah), 북부 수리아의 하맛[24] 등지에서 온 이방인 상류계층들이 새로운 사마리아 속주에 거주하게 되었다. 이 이방인들은 자신들의 고유한 생활방식을 영위하였고 무엇보다도 자신들의 종교를 신봉하였으나(cf. 왕하 17:29-31) 세월이 흐르면서 이 땅에 남아 있던 이스라엘 거민들에게 흡수되었다.

이스라엘 왕국의 영토에 새로이 생겨난 네 개의 앗수르 속주들이 그후에 어떻게 되었는지에 관한 기록은 거의 남아 있지 않다. 주전 720년에 다메섹과 사마리아를 비롯한 여러 속주들의 거민들이 가담한 폭동이 수리아-팔레스타인에서 일어났다. 남은 하맛 왕국도 앗수르인들에게 반기를 들었으나 이 폭동은 진압되었고 앗수르의 '하맛' 속주로 재편되었다. 아울러 이때에 가사 왕 하눈은 이집트의 "최고사령관"인 시부(Sib'u)라는 다소 불분명한 인물과 연합하여[25] 또는 이집트의 도움을 받아 다시 반기를 들었다.

앗수르인들과 하눈-시부 연합군과의 전투는 가사에서 북서쪽으로 16마일 지점에 있는 팔레스타인의 최남서쪽 경계인 라피후(현재의 refah)에서 벌어졌다. 하눈은 앗수르인들에게 생포되었고, 시부는 이집트로 철군하지 않

---

23) 사르곤은 자신의 기록들에서 사마리아 정복을 짤막하게 자주 언급하고 있다; cf. Gressmann, op. cit. pp. 348 f.; TGI, pp. 53 f., ANET, pp. 284 f., DOTT, pp. 58-63.
24) 하맛으로부터 온 사람들은 주전 720년에 하맛 왕국의 남은 자들이 제거된 후에야 왔을 것이다. 아래의 서술을 보라.
25) 이 Sib'u는 주전 724년에 앗수르에게 조공을 바치는 것을 중단한 이스라엘 왕 호세아와 화친을 맺고 있던 '이집트의 왕'(왕하 17:4에 אסו라는 이름으로 나온다)과 동일 인물임에 틀림없다.

을 수 없었다. 가사 왕국을 다시 앗수르인들의 속국이 되게 한 이 전쟁은 특별히 중요한 전쟁은 아니었지만, 수리아-팔레스타인에서 지배권을 획득했던 앗수르인들과 그후로 수리아-팔레스타인에서 일어나는 모든 반앗수르 봉기들을 배후에서 조종하였던 이집트 세력과의 첫번째 적대적인 조우(遭遇)라는 점에서 주목할 만하다. 반기를 든 속주들은 큰 어려움 없이 분쇄되었을 것이다.[26]

그 다음 세기에 이전의 이스라엘 왕국에 세워진 속주들의 상황이 어떠했는지에 관한 기록은 매우 드물다. 속주 사마리아와 므깃도의 몇몇 총독들은 주전 7세기에 앗수르의 에포님들로 등장한다.[27] 사마리아 속주에서 나온 몇몇 쐐기문자 문서들은 속주들의 생활을 어느 정도 밝혀준다. 총독들과 그 신복(臣僕)들은 틀림없이 앗수르인들이었을 것이다. 사마리아 성의 유적지에서 발견된 한 쐐기문자 문서에는 그러한 관리들 가운데 한 사람의 직함이 나온다: "라브 알라니"(rab alani), 즉 속주의 성읍들, 특히 각 속주들로 이주해 온 새로운 상류계층의 사람들에게 주어졌던 왕실 재산에 대한 관리 책임을 맡고 있었던 것으로 보이는 "성읍들의 수장(首長)."[28]

게셀(tell jezer)을 발굴하는 도중에 발견된 주전 7세기 중엽에 씌어진 두 개의 쐐기문자 법률 문서에 나오는 인명들은 이방인 상류계층의 인종 구성을 어느 정도 밝혀준다. 이 인명들은 열왕기하 17장 24절에 나오는 그들의 출신에 관한 기록이 전적으로 옳음을 확증해 준다.[29] 게셀 문서들 가운데 하나에 이집트식 이름을 지닌 이 성읍의 '시장'이 등장하는 것은 주목할 만하다. 그는 분명히 원주민의 수장(首長)이었을 것이다. 왜냐하면 게셀은 과거에 가나안 성읍이었으므로 이집트식 이름을 가진 사람들이 초기부터 있었

---

26) 특히 사르곤의 재위 제2년의 실록들(ll. 23-31)을 참조하라. 독일어 번역문은 Gressmann, op. cit. pp. 348 f.에 나와 있고, 사르곤 본문들은 op. cit. pp. 349 f. (cf. TGI, pp. 54 f., ANET, p. 285, DOTT, p. 61).
27) Cf. Forrer, op. cit. p. 69과 특히 A. Alt, ZDPV, 52 (1929), p. 226, note 3; p. 229, note I.
28) 더 자세한 것은 A. Alt, PJB, 37 (1941), pp. 102-104.
29) 자세한 것은 K. Galling, PJB, 31 (1935), pp. 81 ff.

을 것이기 때문이다. 이것을 제외하고는 속주들에 거하는 이스라엘 사람들이나 가나안인들에 대한 내용이 거의 나오지 않는다.[30]

이스라엘 왕국은 주전 733년과 722년의 반앗수르적인 행동으로 인하여 완전히 뿌리가 뽑힌 반면에, 유다 왕국은 한동안 속국으로 계속 남아 있었다. 아하스 왕은 주전 733년에 자발적으로 디글랏빌레셀에게 항복하였다(cf. p. 334). 그는 앗수르 황제에게 계속해서 조공을 바쳤다. 그는 디글랏빌레셀이 기록해 놓은 조공을 바치는 속국의 왕들에 언급되어 있다.[31] 그는 수리아-팔레스타인에서 반앗수르 봉기에 가담하라는 유혹을 계속해서 뿌리쳤던 것으로 보인다. 적어도 유다가 이스라엘 왕 호세아의 반앗수르 활동 및 북쪽의 사마리아 속주와 남서쪽의 가사가 주동이 된 주전 720년의 반앗수르 봉기에 연루되었다는 기록은 나오지 않는다. 불행히도 우리는 아하스가 죽은 연대를 정확하게 확인할 수 없기 때문에 이 시기에 여전히 아하스가 왕위에 있었는지를 확실하게 알 수 없다.[32]

그의 뒤를 이어 그의 아들인 히스기야가 왕이 되었다. 그리고 히스기야 치세 아래에서는 유다에서도 반앗수르 활동들이 일어났다. 앗수르에 대한 히스기야의 태도가 선왕과 근본적으로 달랐다고 생각할 필요는 없을 것이다. 그러나 그의 치세 때에 앗수르의 지배를 벗어날 수 있는 좋은 기회들이 있었던 것으로 보인다. 주전 713-711년에 블레셋의 아스돗 왕국에서 반앗수르 봉기들이 시작되었다. 사르곤(Sargon)은 여러 비문들에서 이 봉기들을 언급하고 있지만, 사건들의 연대적인 순서를 정확하게 말해 놓고 있지 않기 때문

---

30) 갈릴리 속주에서는 악고(현재의 'akka) 성읍이 이미 앗수르 시대의 속주 수도로서 므깃도를 대체하였을 가능성이 있다; cf. A. Alt, PJB, 33 1937, pp. 67 ff. = *Kleine Schriften zur Geschichte des Volkes Israel*, II(1953), pp. 376 ff.
31) Gressmann, op. cit. p. 348. 아하스 왕은 여기서 그의 본래 형태의 이름 Jauhazi = Jehoahaz로 나온다.
32) Begrich, loc. cit.는 아하스가 죽은 연대를 주전 725-724년으로 보고 있다. 열왕기하 18:1에 의하면, 아하스는 이보다 전에 죽었다. 그러나 구약에 나오는 유다 왕들의 치세 기간의 연대들과 열왕기하 18:13에 의하면, 아하스는 이보다 후에 죽은 것 같다; W. P. Albright, BASOR, 100(1945), p. 22, note 28는 주전 715년을 제시한다.

에 이 기록을 역사적으로 완전히 확실하게 해석하는 것은 불가능하다.

그럼에도 불구하고 사건들의 대략적인 경과는 파악할 수 있다. 사르곤의 각주(角柱) 단편에 의하면,[33] 아스돗에서 왕위를 둘러싼 쟁탈전이 벌어지는 와중에서 그의 재위 제9년(주전 713년)에 앗수르에 항거하는 봉기가 일어났는데, 사르곤은 그들이 조공을 바치기를 중단하자 여기에 개입하였다고 한다. 주변국들도 이 봉기에 연루되었다. 사르곤은 블레셋인들과 아울러 "유다 땅(mat ya-u-di), 에돔 땅, 모압 땅"이 이 봉기에 가담하였고 "이집트 땅의 왕 파라오"(pi-ir-'-u sar mat mu-us-ri)의 구원을 확보하고자 하였다고 기록하고 있다.

이집트에서는 주전 714년에 파라오 사바카(Shabaka)가 왕위에 오르면서 에디오피아인의 제25왕조가 집권하게 되었다. 그리고 사바카는 남부 팔레스타인에서의 이러한 반앗수르 활동에 직접적인 관심을 가졌던 것으로 보인다. 어쨌든 여러 모양으로 협상이 진행되었고, 유다의 히스기야도 이 협상에 참여하였다. 이사야 18장 1-6절에 의하면, 바로 이때에 에디오피아의 파라오가 보낸 이방인으로 보이는 사절들이 예루살렘에 나타났다고 한다.

이때 북부와 북서부 정벌에 몰두해 있었던[34] 사르곤은 재위 제3년까지는 무력 개입을 하지 않았다.[35] 제3년이 되자 그는 앗수르 군대의 최고사령관인 투르타누(Turtanu)로 하여금 군대를 이끌고 아스돗으로 가도록 하였다.[36] 이 3년 동안에 선지자 이사야는 예루살렘에서 사람들의 이목을 집중시킨 상징적인 행위를 통하여 이집트와 에디오피아의 구원에 의지하지 말라고 경고하였다(사 20:1-6). 그리고 실제로 사르곤의 재위 제11년(주전 711년)에 아

---

33) Gressmann, op. cit. p. 351.
34) 사르곤 재위 제9-11년의 실록을 참조하라.
35) 그는 재위 제11년의 실록(ll. 215 ff.)과 이른바 display inscription ll. 90 ff.에서 이에 관하여 기록하고 있다 (Gressmann, op. cit. pp. 350 f. ; TGI, pp. 55 f., ANET, pp. 286 f.).
36) 사르곤 문서들은 그가 친히 아스돗으로 갔다는 것을 시사해준다. 그러나 이사야 20:1에는 그가 tartan을 보냈다는 더 정확한 말이 나온다. 사르곤은 남부 팔레스타인에서 일어난 봉기를 대수롭지 않게 처리할 수 있었다. 재위 11년에 그는 소아시아의 북서쪽에 대한 경영에 몰두하고 있었다.

스돗의 봉기가 앗수르인들에 의해 진압되었을 때 이집트는 원군을 보내지 않았다. 오히려 파라오는 반란을 일으켰다가 앗수르인들을 피해 이집트로 도망온 아스돗 왕을 앗수르인들에게 넘겨주기까지 하였다.

과거에는 유다 왕국의 영토였다가 독립한(cf. p.306) 아스돗 왕국의 영토는 이때에 이전에 블레셋 성읍이었던 가드를 포함하고 있었는데[37], 이제 이 영토는 앗수르의 속주로 재편되었다. 유다 왕국을 비롯한 남부 팔레스타인의 주변국들은 적시에 이 봉기에서 손을 떼고 사르곤에게 조공을 바쳤던 것으로 보인다. 어쨌든 그들은 이 봉기에서 별 탈없이 넘어갈 수 있었던 것 같다.

주전 705년에 사르곤 왕이 죽자 반앗수르 봉기가 대규모로 일어났다. 그의 후계자 산헤립은 왕위에 오르자 그 초기에는 자신의 거대한 제국의 다른 지역들에서 일어난 반란들을 진압하고 자신의 통치 기반을 공고히 하는 데 몰두하였다. 남부 팔레스타인 국가들도 이 기회를 틈타 앗수르의 지배를 벗어나고자 하였고, 이번에는 유다의 히스기야도 순전히 주변적인 역할만을 한 것이 아니라 매우 적극적으로 가담하여 봉기를 주도하였다. 히스기야는 조공 바치는 것을 중단하고, 앗수르 황제에 대한 예속 관계를 폐기하고, 외세의 지배의 모든 잔재들을 제거하였다.

열왕기하 18장 4절에 짤막하게 언급되어 있는 히스기야 왕의 종교개혁—신명기사학파는 이에 대하여 히스기야를 극찬하였다(왕하 18:3)—은 이러한 배경 속에서 시작된 것이다. 고대 오리엔트에서 정치적으로 예속되면 속국은 원주민들의 종교와 병행하여 지배 국가의 공식 종교를 채택하지 않을 수 없게 되어 있었다. 앗수르 속주의 총독들은 그 수도에 앗수르 종교를 도입하여 그 제의를 거행하였다. 이전에 이스라엘의 영토였던 속주들에도 이스라엘 거민들의 전통적인 종교와 나란히(cf. 왕하 17:25-28, 32-34) 이방의 상류계층이 본국에서 가져온 종교들(왕하 17:29-31)—그들은 이 종교들을 통하여 그들의 고유성을 지켜나가고 있었다—과 앗수르의 공식 종교, 특히

---

37) 사르곤 문서들은 갓을 Gimtu로 표기한다.

제국의 신인 앗수르(Ashur) 숭배가 공존하고 있었다. 속국들에서도 사정은 마찬가지였다.

디글랏빌레셀에게 항복한 유다 왕 아하스는 예루살렘의 공식적인 성소에 앗수르 종교를 받아들이지 않을 수 없었다. 열왕기하 16장 10-18절에는 아하스가 다메섹에 있던 디글랏빌레셀 앞에 나아간 일―주전 732년에 다메섹이 멸망한 후에―과 예루살렘의 대제사장 우리야로 하여금 새로운 속주 다메섹의 수도에 세워진 앗수르의 제단을 본떠서 성전 건물 앞 중앙에 이전에 있던 솔로몬의 번제단을 치우고 거기에 그 제단을 세우게 한 일을 자세하게 기록해 놓았다.

이전에 있던 번제단은 치워졌고, 전통적인 종교의 그밖의 설비들도 변경이 가해졌다. 무엇보다도 성소로 들어가는 '왕의 문'―성소에 대한 왕의 권위의 상징―이 제거되었는데, 이 모든 것은 "앗수르 왕을 인하여"(18절) 행해졌다. 유다가 앗수르에게 조공을 바치는 속국으로 있는 동안, 즉 히스기야 왕의 치세 거의 대부분 동안, 앗수르의 공식 종교는 예루살렘의 국가 성소에서 전통적인 야훼 예배와 나란히 한 자리를 차지하고 있었다. 히스기야는 주전 705년에 앗수르에 대한 예속을 벗어버리면서 이에 발맞춰 앗수르의 공식 종교를 폐지하는 것을 중심으로 예루살렘의 공적 예배를 '개혁하였다.'

히스기야의 이러한 반앗수르 활동에는 주변국들, 특히 블레셋인들이 동조하였다. 주전 734년과 720년에 앗수르에 반기를 들었다가 곤욕을 치른 블레셋 국가들인 가사와 아스돗[39]은 이번에는 가담하지 않았으나, 에그론 사람들이 이에 동조하여 친앗수르파인 그들의 왕 파디(Padi)를 쇠사슬로 결박을 지어 유다의 히스기야에게 압송하였고[40] 아스글론 왕 시드카(Sidka)도 동조

---

38) 히스기야의 조치들이 특히 국가 성소에 해당되었을 것이기 때문에 아마도 성전에 있었을 가능성이 많은 옛 놋뱀 느후스단 같은 앗수르 종교에 속하지 않은 설비들도 부수적으로 이 '개혁'의 희생물이 되었다.
39) 아스돗은 주전 711년에 앗수르 속주가 되었지만, 아스돗의 왕은 또다시 산헤립 앞에 나타난다. 우리는 원주민 왕이 총독 아래 두어진 것인지 아니면 이 속주가 어떤 이유로 다시 포기된 것인지는 모른다.
40) 산헤립은 이 성읍의 이름을 Amkarruna라 부른다. 따라서 이 성읍의 진짜 이

하였던 것으로 보인다. 이런 사실로 볼 때, 히스기야는 이번에 남부 팔레스타인에서 주도적인 역할을 하였음이 분명하다. 또다시 이집트에게 원조를 청했고―에디오피아인 사바카가 여전히 파라오로 있었다―도움을 약속받았다. 이번에도 선지자 이사야는 이집트 세력을 의지하지 말 것을 여러 차례 경고하였다(사 30:1-5; 31:1-3 등).

그는 군사 원조를 얻어내기 위하여 유다 사절들이 협상하러 "애굽으로 내려 갔다"는 사실을 암시하고 있다.[41] 히스기야의 동맹세력은 멀리 메소포타미아까지 미쳤다. 사르곤이 죽자 바빌로니아는 므로닥발라단(바빌로니아어로, Marduk-apla-iddin)의 주도하에 앗수르의 종주권을 거부하였는데, 이사야의 이야기들 중에는(왕하 20:12-19) 이 므로닥발라단이 히스기야에게 사절들과 함께 서한과 선물들을 보냈으며 이때 이 사절들에게 예루살렘의 창고들, 특히 병기고를 시찰시켰다는 기록이 나온다. 이것은 이 사절의 주된 임무가 반앗수르 연합전선을 펴는 것을 논의하는 것이었음을 시사해준다.

앗수르로부터의 이탈은 광범한 지역에서 요원의 불길처럼 타올랐기 때문에 한동안 황제의 종주권을 벗어버리려는 노력이 성공할 것이라는 희망을 가질 수가 있었다. 그리고 실제로 산헤립은 모든 소요들을 진압하는 데 수년이 걸렸다. 먼저 그는 바빌로니아를 다시 복속시키고 므로닥발라단을 제거함으로써 메소포타미아와 제국의 동부 지역에서 자신의 통치 기반을 공고히 하였다. 그가 이전의 질서를 되찾기 위하여 수리아-팔레스타인에 대한 저 유명한 원정에 착수한 것은 즉위한 지 4년째 되던 해인 주전 701년이었다. 그는 이 원정에 대하여 자세하게 기록하여 놓았다.[42]

름은 'Akkaron이었다. 전통적으로 이 성읍을 부르는 이름은 이차적인 잘못된 발음을 토대로 하고 있다.

41) 30:2; 31:1에 나오는 표현들을 그렇게 이해해야 한다는 것은 분명하다. 30:4도 유다의 사절단들을 가리키는 것인지는 확실치 않다.

42) 이 기록은 흙으로 만들어진 두 개의 각주(角柱), 이른바 '테일러 원통'(Taylor-cylinder)에 나와 있고 (해당 부분인 II, 34-III, 41의 독일어 번역문은 Gressmann, op. cit. pp. 352 ff. and TGI, pp. 56 ff.), 지금 시카고에 있는 진흙 원통에도 나와 있다 (cf. D. D. Luckenbill, *The Annals of Sennacherib*, Oriental Institute Publications, II [1924], ANET, pp.

그는 아무런 어려움 없이 북부 및 중부 수리아-팔레스타인을 통과할 수 있었다. 이 지역들은 여전히 평온하였기 때문이다. 그런 후에 그는 페니키아 해안을 따라 진군하였는데 이때 단지 시돈 왕 룰리(Luli)의 저항만이 있었을 뿐이고[43] 아스돗 왕, 암몬 왕, 모압 왕, 에돔 왕과 마찬가지로 그밖의 다른 해안 성읍들은 다투어 그에게 조공을 바쳤다. 다음으로 그는 반기를 든 블레셋 국가들인 아스글론과 에그론을 복속시키는 일에 착수하였다. 그가 이 일에 착수하였을 때, 한 무리의 이집트 군대가 남서부 팔레스타인에 출현하였다.

알타쿠(Altaku), 즉 여호수아 19장 44절에 나오는 엘드게(현재의 Khirbet el-mukanna') 근처에서 앗수르군과 이집트군 사이에 충돌이 벌어졌고 앗수르군의 승리로 끝이 났다. 이집트군은 정예 대군이었던 것 같지는 않다. 산헤립은 이집트군이 "이집트의 왕들", 즉 아마도 삼각주 지대의 성읍 통치자들, "에디오피아 왕", 즉 에디오피아 파라오의 궁사(弓師)들과 병거부대였다고 기록하고 있다.

이사야의 이야기에서 "구스 왕 디르하가"가 산헤립에 대항하였다고 말한 것(왕하 19:9)은 분명히 실수이다. 왜냐하면 주전 701년에 사바카가 여전히 파라오였고, 그의 조카 디르하가는 주전 689년에야 그의 두번째 계승자로서 파라오가 되었기 때문이다. 알타쿠 전투에서 패배한 후에 이집트의 패잔병들은 무대에서 사라졌고, 남서부 팔레스타인에서 반기를 든 국가들은 이제 앗수르 황제의 대군 앞에서 풍전등화의 운명에 놓이게 되었다. 앗수르 군대는 신속하게 블레셋인들을 항복시켰다. 아울러 황제는 자신의 군대를 보내어 유다 땅을 점령하게 하였다. "마흔여섯 곳의 요새화된 성읍들과 작은 촌락들이 점령되었다." 달리 말하면, 온 땅이 앗수르군의 수중에 들어갔다.

히스기야는 앗수르군에 포위된 예루살렘에 갇혀 저항할 수밖에 없었

---

287 f., DOTT, pp. 64-69 and Pl. 4). 산헤립의 원정에 대해서는 cf. W. Rudolph, PJB, 25 (1929), pp. 59-80; H. Haag, RB, 58 (1951), pp. 348-359.

43) 이 Luli는 에베소의 Menander가 언급하고 있는 Ἐλουλαῖος와 동일 인물이다 (Josephus, Antiqu. Iud. IX, 14, 2, §§ 284-287 Niese에 인용되어 있다).

다.[44] 산헤립이 직접 포위하고 있던 라기스(현재의 tell ed-duwer)를 비롯하여 서쪽 경계에 있는 한두 요새들이 저항을 계속하였다.[45] 이러한 상황에서 히스기야 왕은 황제에게 항복하고 무거운 조공을 바치는 것외에는 다른 도리가 없었다. 그가 그렇게 했다는 기록이 열왕기하 18장 13-16절, 유다의 왕 조실록, 산헤립의 보고서 등에 나온다.[46] 산헤립은 이 항복을 수락하고 히스기야를 다시 한번 조공을 바치는 속국의 왕으로 보위에 머무는 것을 허락하였다. 산헤립은 히스기야에게 가혹한 징벌을 가했다. 그는 히스기야로 하여금 작은 도시국가인 다윗 성 예루살렘만을 통치하게 하고 유다 온 땅을 그에게서 빼앗아 충성스러운 블레셋 왕들, 즉 아스돗 왕 미틴티(Mitinti), 가사 왕 실벨(Silbel), 다시 복위된 에그론 왕 파디(Padi)에게 주었다.

후에 다윗 왕가는 유다 땅을 회복하게 되었는데, 언제 어떤 이유에서 그렇게 된 것인지는 알 수 없다. 아마도 이 일은 히스기야 또는 그의 아들이자 후계자인 므낫세 치하에서 일어난 일이 아닌가 싶다. 그러나 주전 701년부터 앗수르 제국이 멸망할 때까지 거의 7-80년 동안 다윗 왕가는 계속해서 앗수르 황제에게 정치적으로 예속되어 있었다. 히스기야는 또다시 예루살렘의 왕실 성소에 앗수르의 공식적인 국가 종교를 받아들이지 않을 수 없었고, 이로써 이방 종교들이 영향을 미칠 수 있는 길이 열려지게 되었는데, 전승 기록에서는 매우 오랜 기간 동안 통치하였던 그의 아들 므낫세가 이방 종교들을 섬겼다고 하여 호되게 비판하였다(왕하 21:1-18). 아마도 시간이 흐르면서 앗수르의 국가 종교와 아울러 온갖 이방 종교의 관습들이 예루살렘 및 유

---

44) 이러한 상황은 이사야 1:4-9에 나오는 선지자의 말에 전제되어 있다.
45) 산헤립은 라기스에 대한 자신의 포위 공격 및 점령을 니느웨에 부조(浮彫)로 새겨 놓도록 하였다 (cf. Gressmann, AOB², Nos. 138, 140, 141, ANEP, Nos. 371-4, cf. DOTT, pp. 69-70). 열왕기하 19:8에 의하면, 그는 라기스와 아울러 립나(아마도 = tell bornat)도 포위하지 않으면 안 되었다고 한다. 그는 예루살렘 밖에 친히 나타나지는 않았지만 열왕기하 18:17에 의하면 자신의 최고사령관(turtanu)를 보냈다.
46) 그후에 예루살렘이 다시 무력에 의해 점령될 필요가 없었다는 사실로부터 왕하 18:17-19:9a; 36, 37; 왕하 19:9b-35에 나오는 후대의 이사야 설화들은 이 도성의 기적적인 구원에 관한 사상을 이끌어 내었다.

다 전역에 침투하였을 것이다(cf. 습 1:4-6, 8, 9; 왕하 23:4 ff.). 이 모든 것은 정치적 예속의 결과였다.

주전 8세기의 마지막 1/3 기간에 일어난 커다란 사건들은 이스라엘이 독자적인 역사적 삶을 자유롭고 독립적으로 발전시킬 수 있는 가능성을 박탈하여 버렸다. 이제 이스라엘의 대부분은 앗수르의 여러 속주들에서 예속 상태로 살게 되었고, 그 상류계층은 제국의 다른 지역들로 강제이주되었다. 그리고 일부만 정치적으로 예속된 유다 속국에서 살았다. 주전 701년부터는 정치적 활동을 할 수 있는 기회도, 소망도 없었다. 세계사의 커다란 사건들, 특히 산헤립의 아들 에살핫돈 치하에서 앗수르인들이 이집트의 대부분을 정복하여 신앗수르 제국은 그 세력의 절정기를 맞이하는 사건이 눈 앞에서 벌어졌지만, 그런 일들은 이제 이스라엘에게 직접적인 영향을 미치지 못하였다.

22. 앗수르의 멸망과 요시야 치하에서의 회복

신앗수르 제국의 거대하고 가공할 만한 패권(覇權)은 전성기에 도달하자마자 얼마 안 있어 급속도로 붕괴하였다. 거대한 제국의 힘이 갑자기 꺾이어 여러 새로운 대적들의 밥이 되어 버렸다. 주전 669년에 에살핫돈의 뒤를 이어 그의 아들 앗수르바니팔(Ashurbanipal)이 왕이 되었다. 앗수르바니팔은 정복 사업을 추진하지 않았다. 그의 관심은 상당히 다른 데 있었다. 그가 아카드어로 된 문헌들을 필사케 하여 쐐기문자로 된 토판들을 왕도(王都) 니느웨에 수집하여 도서관을 세운 것은 유명하다. 주전 650-648년에 내분으로 그의 권위는 심각한 타격을 입었다. 바벨론의 대리왕(代理王)으로 임명되었

---

47) 이에 대하여 더 자세한 것은 A. Alt, PJB, 25 (1929), pp 80-88 *Kleine Schriften zur Geschichte des Volkes Israel*, II (1953), pp. 242-249.

던 왕의 아우 사마숨우킨(Samassum-ukin)이 앗수르바니팔에게 반기를 들었던 것이다. 앗수르바니팔은 가까스로 이 반란을 진압하였으나 그후에 신앗수르 제국의 세력은 급속하게 쇠락하였다. 앗수르바니팔의 치세 말기에 관한 기록은 별로 없다.

그러나 앗수르바니팔이 주전 632년경에 죽고 앗수르의 보위가 처음에는 그의 아들 앗수르에틸일라니(Assur-etil-ilani)에게, 다음으로는 후자의 아우인 신사르이스쿤(Sin-sar-iskun)에게 넘겨지면서 제국은 이미 사양길에 있었다. 바빌로니아는 일찍이 주전 625년에 독자적인 왕조 아래에서 독립하였다. 비옥한 초승달 지대의 접경, 유프라테스강 하구(河口)의 남쪽 땅을 본거지로 삼고 있던 갈대아 부족들이 그동안에 바빌로니아에 정착하여 통치권을 장악하였던 것이다. 나보폴라살(Nabu-apal-usur)이라는 한 갈대아인이 바빌로니아 왕이 되어 신바빌로니아 왕조의 창건자가 되었다. 그의 왕조가 창건된 배경에는 앗수르인들에 대한 바빌로니아인들의 해묵은 적대감이 작용하고 있었다.

이란 산맥 방면으로부터는 메대인들(Medes)이 티그리스 땅을 향하여 서쪽으로 밀려와서 이 방면에서 앗수르 세력의 중심부를 위협하기 시작하였다. 아카드어로 우마키스타르(Umakistar), 헬라어로 키악사레스(Cyaxares)로 번역되는 외국인 이름을 지닌 한 왕 아래에서 그들은 중요한 세력이 되어 고대 오리엔트 역사에서 적극적인 역할을 하기 시작하였다.

끝으로, 바로 이때에 남부 러시아의 스텝 지역으로부터 약탈을 일삼는 스키타이인들인 움만 만다(Umman-manda)족이 출현하였다. 이들은 어떤 뚜렷한 목적을 가지고 침공한 것은 아니었지만 메소포타미아의 접경을 위협하였고 앗수르인들을 궁지에 몰아 넣었다. 앗수르는 바로 이 세 세력에 굴복하고 만 것이다.

주전 616-609년에 일어난 가장 중요한 사건들을 바빌로니아의 시각에서 간략하게 요약해 놓은 이른바 '바빌로니아 연대기' 단편은 앗수르의 멸망 과정을 어느 정도 밝혀준다.[48] 이 문서는 이 기간 동안의 중요한 전투들을 기록해 놓았다. 이미 주전 616년에 앗수르의 중부 지역과 서쪽으로 인접한 메소포타미아 주변에서 주로 전투들이 일어나고 있었다. 그토록 방대했던 제국의 다른 지역들은 그때까지 아무런 역할도 하지 못했다. 이 전투들을 통하여 앗수르의 왕도(王都) 니느웨가 주전 612년에 바빌로니아인, 메대인, 움만 만다족의 연합군의 수중에 떨어졌다. 신사르이스쿤 왕은 이 과정에서 목숨을 잃었다.

그후 곧 앗수르우발릿(Assur-uballit)이란 인물이 서부 메소포타미아의 성읍 하란에서 '앗수르 왕'을 자처하고 옛 제국의 명맥을 유지하고 있었다. 그러나 주전 610년에 바빌로니아인들과 움만 만다족은 하란을 정복하여 앗수르우발릿을 축출하였다. 앗수르우발릿은 이듬해에 이집트의 도움을 받아 수리아 방면에서 하란을 탈환하고자 시도했으나 실패하고 말았다. 이것으로 앗수르 제국은 끝이 났다. 이집트의 도움도 더 이상 앗수르 제국을 구원할 수 없었다. 두 세대 전에 앗수르가 정복하고자 했던 최후의 커다란 대상이었던 이집트는 이제 앗수르가 생사의 기로에 서있을 때 앗수르의 유일한 협력자였다.

이집트는 주전 663년 이래로 제26왕조(Saitic Dynasty) 아래에서 독립을 회복하고 그 지위를 공고히 하였다. 이 왕조는 앗수르의 침략에 대항하여 출현하였지만, 결국은 약화된 앗수르를, 지금은 우선 앗수르를 위협하고 있지만 곧 고대 오리엔트 전역을 잠식하게 될 동쪽의 위험스러운 세력들을 막는 방패막이로 활용하는 것이 이득이라고 생각했을 것이다. 따라서 파라오 느고는 재위 초기(주전 609-593년)부터 서둘러 앗수르우발릿을 도왔으나 결국 아무 소용이 없었다. 그럼에도 불구하고 그는 이런 목적으로 수리아-팔레스타인 전역에 진출하게 됨으로써 앗수르의 지배가 끝이 난 후에 이 땅에 대한 지배권을 획득할 수 있었다.

---

48) 이 단편은 대영박물관에서 G. J. Gadd가 발견하여 1923년에 *The Fall of Nineveh*라는 제목으로 공간하였다. 독일어 번역문으로는 H. Gressmann, AOT^2, pp. 362-365 and TGI, pp. 59-63, ANET, pp. 303-305, DOTT, pp. 75 f. 또한 cf. D. J. Wiseman, *Chronicles of Chaldaean Kings* (1956).

제1장 앗수르와 신바빌로니아 시대 349

이러한 격동의 중대한 사건들로 인하여 이스라엘 역사는 새로운 전환기를 맞이하였다. 광대한 앗수르 제국에 의해 복속되고 속국이 되었던 민족들은 이 가공할 만한 세력이 쇠퇴의 기미를 보이자 요동하기 시작하였다. 이스라엘에서도 주전 8세기의 선지자들이 이스라엘 백성에 대한 하나님의 심판의 도구로 사용된 것이라고 말했던 앗수르가 멸망하기를 갈망하며 기다렸다.[49] 그러나 이러한 새로운 상황에 대한 정치 분야에서의 움직임은 아주 현실적이고 신중하였다. 이전에 이스라엘 왕국의 땅에 세워진 네 개의 속주들에서는 한동안 아무런 반응도 없었다. 앗수르의 행정 체제는 그 배후 세력인 제국이 없어졌는데도 한동안 계속해서 자동적으로 운용되었다.

속국 유다의 사정은 달랐다. 유다 왕 요시야는 변화된 위치로부터 논리적인 결론들을 도출해 내었다. 앗수르의 충실한 봉신(封臣)으로 한 세기 이상 다윗의 왕위에 앉아 있었던 므낫세 왕[50]의 뒤를 이은 그의 아들 아몬은 보위에 오른 지 얼마 되지 않아 궁중 음모에 휘말려 측근들에게 희생되었다.[51] 그러나 왕위를 찬탈하고자 한 반역자들은 그 목적을 달성하지 못했던 것으로 보인다. 유다의 기존 거민들은 그들에게 대항하여 즉시 봉기해서[52] 반역자들을 처형하고 살해된 왕의 여덟 살 난 아들인 요시야를 왕위에 앉힘으로써 다윗 왕가의 전통적인 왕위 세습을 보존하였다(왕하 21:23, 24; 22:1). 반역자들이 아몬을 왜 살해했는지에 관한 기록은 없다. 그것은 단지 개인적인 복수 또는 궁중 암투로 인한 행위였을 가능성이 있다. 그러나 이 반역이 앗수르의 쇠퇴와 관련하여 친앗수르파와 반앗수르파간의 충돌 때문이었을 가능성도 없지 않다—이 사건은 주전 639-638년에 일어났다는 것을 감안할 때.

하지만 확실하게 그랬다고 말하기는 불가능하다. 새로운 왕 요시야는 즉

---

49) 이러한 기대는 니느웨가 멸망하기 직전에 선지자 나훔이 특히 생생하게 표현하였다.
50) 제국의 서편에 있는 자신의 봉신들을 열거하면서 에살핫돈은 유다의 므낫세 왕도 언급하고 있다 (Gressmann op. cit. pp. 357 f.).
51) עבדי אמן은 주로 왕의 고관들을 의미할 것이다.
52) 이것이 עם הארץ의 의미이다.

시 일반적인 역사적 상황에 걸맞는 노선을 따랐다. 아직 미성년[53]이었던 재위 초기에는 결정적으로 중요한 일은 일어나지 않았다. 그러나 독자적으로 행동할 수 있는 때가 무르익자마자 그는 점진적으로 앗수르에 대한 예속으로부터 벗어나는 데 성공하였다.

열왕기하 23장 4-20절에는 왕조실록으로부터 연대순으로 발췌하여 공적 예배 분야에서의 왕의 활동들을 집중적으로 보여주는 내용들이 나오는데, 이것들은 왕의 정치 노선에 대해서도 어느 정도 빛을 던져준다. 이른바 '공적 예배의 개혁'의 일환으로 그는 먼저 왕실 성소에서 앗수르 국가 종교의 요소들을 제거하였다(이런 사실은 열왕기하 23장 4절에 분명하게 함축되어 있다). 이것은 속국 관계의 완전한 청산을 의미하였다. 또한 그는 조공을 바치는 것을 중단하였을 것이다. 이때 앗수르는 고분고분하지 않은 속국의 왕들을 다스릴 만한 힘을 가지고 있지 않았기 때문에 아무런 조치도 취하지 않았다. 우리는 요시야가 이러한 조치를 정확히 언제 취하였는지를 알지 못한다. 아마도 앗수르바니팔의 말년에 그런 일이 있었을 것이다. 계속해서 요시야는 도시국가 예루살렘과 유다 왕국 전역에 침투해 있던 온갖 형태의 앗수르 종교들, 특히 성신(星辰:별) 숭배를 제거하였다(왕하 23:5).

앗수르 세력이 몰락함으로써 요시야는 현재 네 개의 앗수르 속주로 나뉘어 있던 이전의 이스라엘 왕국을 중건하여 다윗 왕가의 통치를 회복한다는 목표를 설정할 수 있었다. 이스라엘에 왕이 없었기 때문에 다윗 왕가의 이전의 영유권을 주장하여 이스라엘 왕국을 또다시 통치함으로써 유다와 이스라엘로 구성되었던 이전의 다윗 및 솔로몬 왕국을 회복할 수 있는 길이 보였다. 수리아-팔레스타인의 앗수르 속주들은 독자적인 행정 조직을 갖추고 어느 정도 자율적으로 운용되었기 때문에 앗수르인들로부터의 심각한 반대는 염려할 필요가 없었다.

---

53) 우리는 왕이 몇 살이 되어야 독자적으로 처리할 수 있었는지 또는 그러한 것이 관례였는지를 정확히 알지 못한다. '왕자들'이 고관들과 나란히 언급되고 있지만, 왕은 등장하지 않는 스바냐 1:8로부터 요시야는 이때 미성년이었고, 아직 개인적으로 책임질 나이가 되지 못하였다는 것을 추론해 볼 수 있다.

요시야는 이 목표를 매우 점진적으로 추진하였다. 우선 그는 '사마리아' 속주 가운데서 인접한 남부 지역을 장악하였다. 열왕기하 23장 15절에 의하면, 그는 과거에 이스라엘 왕들에게 속해 있었던 유명한 고대 성소인 벧엘을 파괴하였다고 한다. 이것은 그가 그 동안에 사마리아 속주였던 벧엘(cf. 왕하 17:28)과 이 속주의 남부 지역 전체를 자신의 지배권 내에 복속시켰다는 것을 전제하고 있다. 이러한 상황은 여호수아 15, 18, 19장에 나오는 기록에 반영되어 있다.

좀더 자세하게 검토해 보면, 이 장(章)들에 나오는 지명들은 요시야 왕 시대에 작성된 유다 왕국의 열두 지구에 관한 명단인 것을 알 수 있다.[54] 이 가운데 솔로몬 사후에 유다 왕국에 속하게 되었기 때문에 원래 베냐민 지파 영토의 동쪽 지역을 포괄하였던 제12지구(수 15:61b, 62a; 18:21b-24a)는, 이 명단에 의하면, 요단 서편의 구릉 지대에 있는 벧엘과 오브라(벧엘 북동쪽에 위치한 현재의 et-taiyibe), 요단 계곡에 있는 여리고 성 등 이전에 이스라엘 영토였다가 앗수르의 속주로 된 지역을 포함하고 있다.

또한 이 명단은 원래 예루살렘 서쪽 구릉 지대의 최북단만을 포괄하였던 제5지구의 범위가 놀라울 정도로 넓혀져 있음을 보여준다(수 15:45; 19:41-46). 이전에 블레셋 성읍이었던 에그론 또는 적어도 그 영토의 일부가 욥바(Japho, 현재의 yafa) 항의 배후지[55]에 이르기까지 이 지구의 일부를 구성하고 있다. 그러므로 요시야는 자신의 세력권을 북쪽으로 상당히 넓혀놓은 상태였고 심지어 다윗과 솔로몬 왕국에 속하지 않았던 블레셋 영토까지도 점령하였다.

아울러 여호수아 13장에는 새로운 제13지구에 속한 지명들이 포함되어 있다.[56] 이것은 요단 동편의 남쪽 땅에서도 요시야는, 이스라엘 왕국이 멸망

---

54) Cf. A. Alt, 'Judas Gaue unter Josia', PJB, 21 (1925), pp. 100-116 = Kleine Schriften zur Geschichte des Volkes Israel, II (1953), pp. 276-288.
55) M. Noth, Das Buch Josua (²1953), p. 91에 나오는 약도와 pp. 92 ff.에 나오는 설명을 참조하라.
56) 아주 최근의 것으로 M. Noth, ZAW, N. F. 19(1944), pp. 49 ff.를 참조하라.

했을 때 그 주변국들인 모압과 암몬이 얍복 남쪽 땅을 획득하지 못하였기 때문에, 그동안 앗수르 속주인 '길르앗'에 편입되어 있었던 이전의 이스라엘 왕국의 영토를 점령하기 시작하였다는 것을 보여준다. 이렇게 우리는 요시야가 이전의 이스라엘 왕국의 영토를 되찾기 위하여 사방으로 판도를 넓혀가고 있는 모습을 볼 수 있다. 그가 이 지역을 자신의 지배권 아래 넣고자 체계적인 시도를 하였다는 것을 분명히 볼 수 있다.

그러나 이와 동시에 그가 매우 신중하게 이 목표를 추진하였고 자기가 할 수 있는 한도 내에서만 점진적으로 추진하여 나갔다는 것도 분명히 알 수 있다. 해당 속주들의 총독들은 새로이 정착한 이방인 상류계층들의 도움을 받아 최대한 저항을 했을 것이다. 요시야 치하에서의 유다의 여러 지구들에 관한 명단은 북부 지구들의 새로운 경계를 설정하기 위해서는 오랜 시간이 소요되어야 했던 요시야의 영토 확장 사업의 초기 단계를 보여준다.

이것이 순전히 잠정적인 상황이었다는 것은, 확장된 영토가 우선 여러 지구들로 나뉘어진 유다 왕국에 할당되었고 이스라엘 왕국을 새롭게 구성할 수 있는 기본적인 영토를 확보하는 데까지는 미치지 못하였다는 사실에 의해서 잘 나타난다. 나중에 요시야는 이 초기의 잠정적인 단계를 훨씬 능가하였다. 열왕기하 23장 19절에 의하면, 그는 나중에 자신의 종교 정책을 "사마리아 각 성읍"에 시행하였다고 한다—이것은 '사마리아'가 구약에서 한 성읍의 이름이 아니라 앗수르의 관행에 따라 한 속주 또는 지방의 이름으로 등장하는 최초의 사례이다. 따라서 이제 그는 앗수르의 속주인 사마리아 전역, 즉 이전의 이스라엘 왕국의 중심부를 점령한 셈이다.

끝으로, 그는 갈릴리 속주까지도 잠식하였다. 열왕기하 23장 29절에는 그가 이 앗수르 속주의 이전 도읍지였던 므깃도에 자신의 군대와 함께 있었다는 말이 나온다. 이때 그는 이미 자신의 통치 아래에서 이스라엘 왕국을 회복하고자 하는 목표에 거의 근접해 있었다. 그러나 므깃도에서 이 목표가 달성되기 전에 그의 생명과 치세는 갑작스러운 종말을 맞이하게 되었다.

그러나 요시야는 과거의 정통적인 질서의 외적인 특징들만을 회복하고자 한 것이 아니라 당시의 개념에 따라 파악되어진 그 질서의 내적 본질도 회복하고자 하였다. 실제로 그는 단순히 옛 질서로 되돌아간 것이 아니라 그러한 회복의 시도들이 흔히 그렇듯이 새로운 것을 창출하였다. 그의 재위 제18년(주전 621-620년)에 예루살렘의 국가 성소를 수리하는 과정에서 "율법 책"이 발견되었고, 성소의 대제사장이 그 율법 책을 왕에게 가져왔다(왕하 22:3-23:3). 이 "율법 책"은 하나님의 율법을 예전에 기록해 놓은 것임이 밝혀졌다. 이 율법은 권위가 있는 것으로 주장되었으나, 당시에 이 율법의 규례들은 대체로 무시되어 왔다. 왕은 이 "율법 책"을 시행하기로 결심하였다. 왕실 성소로부터 앗수르의 국가 종교를 점진적으로 제거하는 일이 앗수르의 지배를 벗어버리고자 하는 과정의 일환으로 이미 진행되고 있던 중에 "율법 책"이 발견된 것이었다.

이제 요시야는 자신의 종교 시책 속에 "율법 책"의 규례들을 준수하도록 하는 것을 포함시켰다. 그는 왕의 권위로 이 율법 책에 국법(國法)이라는 지위를 부여한 것이 아니라, 유다와 예루살렘의 장로들을 성전에 모아 놓고 옛 시내산 전승으로 돌아가서 야훼와 백성들—장로들에 의해 대표된—간에 계약을 맺게 함으로써 이 율법 책에 공식적인 권위를 엄숙하게 부여하였다. 그는 여전히 이스라엘 지파들의 중앙 성소라는 지위를 갖고 있었던 예루살렘 성소의 통치자라는 세속적인 지위로 인하여 이 예식을 주재하였다. 이것은 종교 질서와 국가가 모호하게 혼합되는 결과를 낳았는데, 장차 사건들의 경과에 결정적인 영향을 미치게 될 것이었다.[57]

이 "율법 책"은 구약에 보존되어 있는 신명기 율법의 원형(原形)이었을 가능성이 높다. 이 율법 책은 과거의 여러 율법 모음집들을 토대로 하여 주전 7세기에 편찬된 것으로서 잘 가다듬어진 설교와 교훈들을 통하여 고대의 하나님의 율법을 현시대에 맞게 재구성하여 새롭게 인식하고자 한 것이 이 편찬의 의도였던 것으로 보인다.[58] 이 율법 책은 모세로부터 나온 율법에 대

---

57) Cf. M. Noth, *Die Gesetze im Pentateuch* (1940), pp. 34 ff.
58) Cf. G. v. Rad, *Deuteronomium-studien* (1947), pp. II FF. 영역본으로는 *Studies in Deuteronomy* (1953), pp. 17 ff. 61) cf. A. Alt, PJB, 10 〔1914〕, pp 53 ff.).

한 해석서였다. 그리고 이 율법 및 그와 관련된 문헌으로 말미암아, 모세는 전통적으로 율법의 중보자로 되었다. 사실 이 율법 책에는 매우 오래된 몇몇 규례들이 포함되어 있다.

그러나 가나안 종교에 대한 이스라엘의 하나님 예배의 순수성을 강조하는 이 율법 책의 성향은 고대 이스라엘의 마음가짐을 토대로 한 것이었다. 단일한 예배 처소에 대한 최초의 요구는 새로운 요소로서 전에는 그렇게 요구된 적이 없는 것이었지만, 그러한 요구는 이스라엘 지파들의 제의 동맹에 있어서 하나의 중앙 성소라는 옛 체제와 연관되어 있다.

우리는 주전 7세기에 정확히 어떤 진영에서 고대의 전승을 토대로 이 "율법 책"을 썼는지를 모른다. 또한 우리는 어떻게 이 율법 책이 예루살렘 성전에 있게 되었고 그 동안에 사람들에게 발견되지 않은 채 보존되어 있었는지도 모른다.[59] 이 율법 책은 요시야 치세 때에 발견됨으로써 비로소 역사적으로 영향을 끼치기 시작하였다.

왕은 계약을 중보하였을 뿐만 아니라 나아가 왕의 권위를 활용하여 "율법 책"에 규정된 규례들을 시행하였다. 이런 식으로 비록 의도는 좋았지만 그는 또다시 자신의 권한을 남용하여 국가 권력을 사용하여 왕정 시대 이전의 고대의 제의 제도들의 영역을 침범하였다. 예루살렘의 왕실 성소의 제의를 이방 요소들로부터 정화하는 문제에 관한 한, 그는 이스라엘 백성의 일원으로서 자신에게도 책임이 있는 계약에 따라 율법을 시행하고 그 일에 헌신할 권한을 갖고 있었다.

그러나 그는 이에서 한 걸음 더 나아갔다. 그는 율법 자료의 맨앞에 나와 있던 예배 처소의 통일에 대한 요구사항을 어느 정도 일방적으로 강조하여, 먼 옛날부터 신성시되어 왔고 이스라엘 지파들에 의해 계승되었던 이 땅의 지방 성소들을 훼파하고 제의를 위해 사용할 수 없게 만들어 버렸다(왕하 23:8a). 실제로 그는 율법을 따라 이 모든 지방 성소들을 폐지하고 예루살렘

---

[59] 이와 같은 발견은 예루살렘 제사장들이 꾸민 '경건한 기만'이었다는, 과거에 널리 받아들여진 주장은 거의 유지될 수 없다.

성소를 자신의 통치영역 내에서 유일한 합법적인 예배 처소로 만들었다. 자신의 재위 기간 동안에 새롭게 복속시킨 지역들에서 그는 계속해서 지방 성소들을 파괴하였다(왕하 23:15, 19).

그는 자신이 지닌 왕의 권위로 그런 일을 행하였지만 사실 그러한 세속 권력은 그런 일을 행할 자격이 없었다. 그가 이스라엘의 일원으로서 또 계약의 결과로서 담당해야 했던 유일한 의무는 "율법 책"의 규례들의 시행에 동참하는 것뿐이었다. 지방 성소들의 폐지는 백성들의 전통적인 종교 생활에 대한 극히 폭력적인 침해였다. 모든 제의 활동을 예루살렘에 있는 하나의 유일한 성소로 제한함으로써 제의 의식(儀式)들의 수가 급감하였고, 필연적으로 이제까지 매우 긴밀하게 연결되어 있었던 일상 생활과 종교 활동이 분리되는 결과를 가져왔다. 특히 이제까지 지방 성소들에서 섬겨왔던 제사장들의 거취가 문제되었다.

"율법 책"은 이 문제를 세심하게 고려하여 이 제사장들은 예루살렘에서 제사를 드리고 제사장 직무를 수행할 자격이 있다고 규정해 놓았다(신 18:7). 그러나 현실적으로 예루살렘에 있던 기존의 제사장들의 반대에 부딪혀 그것은 전혀 불가능한 일이었다(왕하 23:9). 그러므로 이제 예루살렘에 이류 제사장들이 생겨나게 되었다. 이 지방 제사장들은 전통적으로 정해진 종교세의 일정 부분을 자신의 몫으로 받았으나 제사를 드리는 일은 허용되지 않았다. 나중에 가서야 이 열등한 제사장 계층의 지위는 보다 정확하게 규정되었다(cf. p. 430).

요시야의 종교 정책은 이후 시기에 강력한 영향을 미쳤다. 왜냐하면 이 종교 정책의 토대가 된 "율법 책"은 계속해서 권위있는 것으로 인정되었기 때문이다. 예배의 중앙집중화는 신속하게 실현되었고 곧 당연한 것으로 받아들여져서 그러한 정책을 특별히 강제할 필요는 더이상 없게 되었다. 그러나 왕의 정치적 운명은 달랐다. 다윗이 제국을 건설할 수 있었던 것이 주전 10세기에 고대 오리엔트에 수리아-팔레스타인을 지배할 위치에 있는 강대국들이 전혀 없었기 때문인 것과 마찬가지로, 다윗 왕위의 독립성을 회복하고 유다 왕국과 더불어 과거의 이스라엘 왕국을 부활시키고자 하는 시도가 처음에 성공적으로 진행되었던 것은 오직 앗수르 제국이 쇠퇴하여 수리아-팔레스타인의 일에 간섭할 수 없게 된 덕분이었다.

그러나 주전 7세기 말에 가서는 이스라엘의 부흥은 앗수르의 멸망이라는 엄청난 사건 이후에 근동의 세력 판도가 새롭게 형성되어 새로운 강대국이 옛 앗수르를 대신하여 출현할 때까지만 지속된 일시적인 현상이라는 것이 분명해졌다. 왜냐하면 주전 8세기 중엽 이후로 고대 오리엔트에 강대국들이 잇따라 부침(浮沈)을 거듭하였기 때문이다. 거대한 앗수르 제국도 이렇게 권력을 인수할 준비를 진행시켜 나갔던 세력들에게 굴복하고 말았던 것이다.

따라서 과거 질서를 회복할 수 있는 전망이 활짝 열려진 것처럼 보였던 요시야 시대는 일시적인 현상으로 끝날 수밖에 없었다. 그리고 요시야는 한동안 자유로운 상태에 있다가 마침내 또다시 강대국들의 각축에 휘말려 그의 왕위와 활동은 끝장이 나게 되었다.

주전 609년에 요시야와 파라오 느고(Necho) 사이에 충돌이 있었다. 당시에 느고는 앗수르 왕 앗수르우발릿을 하란으로 복귀시킴으로써 (cf. p. 349), 어쨌든 앗수르 세력의 명맥을 유지시킴과 동시에[60] 한때 이집트의 지배 밑에 있었고 앗수르에게 넘겨주려 하지 않았던 수리아-팔레스타인을 다

---

60) '가드 연대표'(Gadd Chronicle, cf. 위 p. 348, 주48)에 의하면, 열왕기하 23:29에 나오는 느고에 관한 말은 내용적으로 부정확하다는 것이 분명해진다. 이 구절에서는 느고가 "앗수르 왕을 대적하여(against) 올라왔다"고 말하고 있다. 아마도 이 전치사가 후대에 실수로 또는 고의로(오해로 인하여) 변경되었을 가능성이 있다 (אֶל을 עַל로; 다음의 עַל도 אֶל로 읽는 것이 더 좋을 것이다 [מֶלֶךְ־פָּרַס אֶל]). 역대기사가의 병행 기사는 이와는 상당히 달리 훨씬 더 일반적인 말들로 되어 있음으로 해서 (대하 35:20: "유브라데 강의 갈그미스를 치러 올라온고로") 실제로 일어난 일과 모순되지 않는다. 이것은 사실을 더 잘 알아서가 아니라 예레미야 46:2에 준거하였기 때문일 것이다—비록 이 구절이 주전 609년의 사건들을 가리키는 것인지는 확실치 않지만. 그러나 열왕기하 23:29와 아울러 이 정확한 전승이 보존되어 왔다(아니면 그것은 열왕기하 23:29의 앞선 판본을 토대로 하고 있는 것인가?) ; Ant. Iud. X, 5, 1, § Niese에서 요세푸스는 파라오의 목적을 아주 정확하게 다음과 같은 말로 표현하고 있다: Μήδους πολεμήσων καὶ τοὺς Βαβυλωνίους οἳ τὴν Ασσυριων κατέλυσαν ἀρχήν τῆς γὰρ Ασίας βασιλεῦσαι πόθον εἶχεν (그는 이전에 존재했던 앗수르를 멸망시킨 메대 및 바빌로니아와 싸우고자 했는데, 이는 그가 전부터 아시아를 통치해 왔기 때문이다).

시 장악하고자 하는 중이었다. 이러한 의도를 가진 그는 모든 면에서 요시야의 적이 될 수밖에 없었다. 요시야의 활동은 앗수르로부터의 해방, 즉 반앗수르 정책을 토대로 하고 있었다. 사실 요시야는 앗수르의 멸망을 준비하고 있었던 세력들의 편에, 따라서 느고의 반대 진영에 서 있었다.

아울러 요시야에게 있어서 수리아-팔레스타인의 독립은 그의 목표를 달성하기 위한 필수조건이었고, 앗수르를 대신하여 이집트가 이 땅을 지배하기를 원치 않았던 반면에, 느고는 수리아-팔레스타인을 복속시키기 위하여 팔레스타인에서 강력한 세력이 등장하는 것을 허용할 수 없는 상황이었기 때문에, 요시야는 이집트의 수리아-팔레스타인 점령을 반대할 수밖에 없었다. 그러므로 느고가 앗수르우발릿을 유프라테스로 복귀시키기 위하여 수리아-팔레스타인을 침공하였을 때 요시야는 저항하지 않을 수 없었다. 팔레스타인의 해안 평지에서 갈멜산 배후의 구릉 지대를 가로질러 이스르엘 평지를 거쳐 다메섹을 경유하여 북부 수리아로 통하는 수리아-팔레스타인 관통 도로―느고는 이 길을 이용하였다―가 지나가는 므깃도 근방에서 전투가 벌어졌다(왕하 23:29).

당시에 요시야는 므깃도가 속해 있던 갈릴리 속주의 일부를 이미 장악한 상태였기 때문에 전략적으로 요충지인 이 지점[61]에서 파라오를 저지하고자 하였으나 실패로 돌아갔다. 열왕기하 23장 29절에서는 이 사건을 아주 짤막하고 암시적으로 언급하고 있다: "애굽 왕이 요시야를 므깃도에서 만나본 후에 죽인지라." 이로 보건대, 우리는 두 진영간의 전투는 사실 므깃도에서 벌어진 것이 아니라[62] 느고가 어떤 방법으로 요시야를 생포하여 죽이자 이스라엘 군대가 전투를 포기하였다는 것을 알 수 있다.

이렇게 요시야의 정치적 활동이 분쇄된 것은 이 활동이 이 매우 영민하고 활동적인 군주의 개성과 너무나 밀접하게 결부되어 있었고 그와 비슷한

---

61) 대로가 므깃도 근처의 평지로 난 것은 이미 Thothmes III 치하에서도 한 때에 비슷한 방식으로 한 몫을 했었다 (cf. A. Alt, PJB, 10 〔1914〕, pp. 53 ff.).
62) 역대기사가는 전투로 생각하고 묘사한 최초의 인물이었다 (대하 35:23 f.).

자질을 갖춘 후계자를 찾을 수 없었기 때문이 아니라, 승리한 느고가 자신의 우월한 힘을 사용하여 요시야가 구축해 놓은 정치 조직을 파괴하였기 때문이다. 므깃도 전투에서 승리한 후에 느고는 우선 북부 수리아로 이동하여 이미 붕괴 상태에 있던 앗수르를 도우려는 최후의 시도를 하였으나 헛수고였다. 그 동안에 요시야의 시신은 예루살렘으로 옮겨졌고, 그의 장자였던 여호아하스가 다윗의 왕위에 올랐다. 이 일을 행한 이들은 עם הארץ 즉 다윗 왕가의 왕위 세습이라는 전통적인 체제를 또다시 주창하였던 유다 땅의 자유민들이었다(왕하 23:30).

 그러나 여호아하스는 단지 세 달 동안, 즉 느고가 북방에 몰두하고 있는 동안만 왕위에 있었다(왕하 23:31). 바빌로니아 연대기 제66행 이하에 의하면, 이집트군이 참가한 하란 근방에서의 전투는 두우스 월(Du'uz, 6/7월)에서 울룰(Ulul, 8/9월)까지 계속되었다고 한다. 그런 후에 느고는 자신의 목적을 이루지 못한 채 유프라테스 강을 건너 회군하여서 수리아-팔레스타인의 지배자 행세를 하였다. 그는 리블라(homs 호수의 남쪽 beka의 북부 지역에 있는 현재의 rable)에 본부를 설치하고는 여호아하스를 거기로 불러 호되게 처벌하였다(왕하 23:33 f.). 그는 여호아하스를 폐위시켰을 뿐만 아니라 감옥에 가두어 두었다가 나중에 이집트로 끌고 갔는데, 여호아하스는 이집트에서 죽었다.

 여호아하스는 선왕의 정책을 지속적으로 추진하였을 것이라 짐작된다. 그러자 느고는 이것을 용납하지 못하고 수리아-팔레스타인의 통치자인 자신에 대한 반란으로 규정하였다. 그는 유다 땅에 무거운 벌금을 부과하였고, "바로 느고의 명령대로" 그 거민들은 각각 자신의 수입에 따라 얼마를 내지 않으면 안 되었다(왕하 23:35). 느고는 자신의 뜻에 따라 요시야의 다른 아들인 엘리야김의 이름을 여호야김으로 바꾸어 왕으로 세웠다. 이렇게 이름을 바꾼 것은 새로운 왕이 파라오에게 예속되어 있음을 보여줌으로써 자신의 지배권을 과시하기 위한 것이었다.

 느고는 다윗 왕가의 통치권을 요시야 시대 이전의 경계들로 축소시켜서 도시국가 예루살렘과 이전의 유다 왕국에만 그들의 통치권이 미치게 하였을 것은 말할 필요도 없다. 그는 자신의 지배권을 인정할 것을 요구하였고, 이전의 이스라엘의 영토에 있던 속주들을 이집트의 속주로 편입하였다. 그는 수리아-팔레스타인의 나머지 지역에서도 비슷한 조치를 취하였다. 이렇게 해서 수리아-팔레스타인은 제국 세력에 대한 이전의 예속 상태로 되돌아갔다. 그리고 앗수르 제국의 쇠퇴로 인하여 열려지는 듯이 보였던 독립의 희망은 사라지고 말았다.

23. 느부갓네살과 유다 왕국의 멸망

이 땅에 대한 이집트의 통치는 오래 지속되지 못하였다. 앗수르가 멸망한 후에 승리한 메대인들과 바빌로니아인들—이제 움만 만다족은 역사의 무대에서 사라졌다—은 앗수르라는 전리품을 나눠 가졌다. 메대인들은 제국의 북서부와 북부, 즉 앗수르 본토와 소아시아에 이르기까지의 이란-아르메니아 산지를 장악하였고, 신바빌로니아는 메소포타미아의 나머지 지역과 수리아-팔레스타인을 차지하였다. 신바빌로니아는 수리아-팔레스타인을 장악하기 위해서는 그 동안에 앗수르 제국의 이 지역을 점령하고 있었던 이집트와 싸우지 않으면 안 되었다. 이 충돌은 아주 빨리 일어났다. 불행히도 이 사건에 관한 믿을 만한 기록은 거의 남아 있지 않지만, 이 사건이 중요한 결과들을 가져왔다는 것은 아주 분명하다.[63]

전임자들인 앗수르 왕들과는 달리 신바빌로니아 왕들은 연대기적인 기록들을 전혀 남겨 놓지 않았고 단지 그들의 건축물들에 붙어 있는 비문(碑文)들에 개략적으로 자신들의 역사적 행위들을 적어 놓았을 뿐이다. 그러므로 우리는 예레미야 46장 2절에 나오는 내용과, 요세푸스의「유대인 고대사」(Ant. Iud.) X, II, I, 219 ff. Niese에 보존되어 있는 베로수스

---

63) Cf. D. J. Wiseman, op. cit. and DOTT, pp. 78-80.

(Berossus)의 「카르다이카」(Χαλδαικά) 제3권[64]에서 발췌한 내용에 의거하게 된다.

예레미야 46장 2절에 의하면, 이집트의 파라오 느고는 유다 왕 여호야김 제4년, 즉 주전 605년에 바빌로니아의 "왕" 느부갓네살[65]에게 패하였다고 한다. 여기에 베로수스는 보다 자세하게 느부갓네살은 당시에 아직 왕이 아니었고, 부왕인 나보폴라살이 병들어 있었기 때문에 대신해서 바빌로니아군을 이끌고 가서 아직 왕세자의 신분으로 신바빌로니아 제국을 공고히 하는데 아주 중요한 영향을 끼쳤던, 느고에 대한 승전을 획득한 것이라는 말을 덧붙인다. 그는 느고와의 싸움에서 승리하고, 곧 이어 수리아-팔레스타인을 복속시킨 후 그 동안에 죽은 선왕의 뒤를 잇기 위하여 신속하게 바벨론으로 귀환하지 않을 수 없었다(주전 604년).

예레미야 46장 2절에 의하면, 전투는 유프라테스의 갈그미스(메소포타미아에서 북부 수리아로 통하는 유프라테스의 중요한 십자로에 있는 현재의 jerablus)에서 벌어졌다고 한다. 액면 그대로 보면, 전투는 앞의 두 세력이 서로 만난 지점에서 벌어졌을 가능성이 있다. 그러나 예레미야 46장 2절에 나오는 갈그미스에 대한 언급[66]이 원래부터 느고의 패배에 대한 기록의 일부였는지에 대해서는 의문이 제기되어 왔다.[67] 따라서 전투가 일어난 정확한 장소에 관한 문제는 해결되지 않은 채 남아 있다.

신바빌로니아 세력이 이집트에 대하여 승리함으로써 수리아-팔레스타인을 장악하게 되었다는 사실은 아주 중요하다. 이 점은 열왕기하 24장 7절에

---

64) 주전 3세기에 Berossus는 자기가 활용할 수 있는 자료들을 가지고 바벨론의 역사를 편찬하여 Χαλδαικά를 저술하였다.
65) 이 이름은 구약의 많은 구절들(특히 다니엘서)에 나오는 오역으로 인하여 생겨난 것이지만 관례상 사용하기로 한다. 특히 예레미야서에 나오는 Nebuchadrezzar이라는 표기가 더 낫다(바빌로니아식으로는 Nabū-kudurri-usur이다).
66) Josephus, *Ant. Iud.* X, 6, I, §§ 84 ff. Niese는 이미 그것을 느부갓네살의 승리에 관한 말과 결부시키고 있다.
67) Cf. B. Alfrink, *Biblica*, 8 (1972), pp. 395 ff.; W. Rudolph, *Jeremia* (HAT, I, 12, 1947). p. 231.

분명히 명시되어 있다: "애굽 왕이 다시는 그 나라에서 나오지 못하였으니 이는 바벨론 왕이 애굽 하수(wadi el-'arish)에서부터 유브라데 하수까지 애굽 왕에게 속한 땅을 다 취하였음이더라."

이리하여 수리아-팔레스타인은 또다시 새로운 주군(主君)을 모시게 되었는데, 이번에는 그 어떤 분쟁도 없었다. 어쨌든 분쟁이 있었다는 기록이 남아 있지 않다. 유다 왕국을 비롯하여 특히 남부 팔레스타인에 있던 기존의 독립된 정치 조직들은 느부갓네살의 지배권을 인정하지 않을 수 없었다. 불행히도 가장 중요한 왕이었던 느부갓네살(주전 604-562년)을 중심으로 한 단명했던 신바빌로니아 제국에서 예속된 민족들이 어떻게 다루어졌는가에 관한 자세한 기록은 남아 있지 않다. 그러므로 유다 왕 여호야김—다른 속국의 왕들과 마찬가지로—이 이제 예루살렘의 왕실 성소에 바빌로니아의 국가 종교를 받아들이지 않을 수 없었는지의 여부를 확인할 수 없다.

틀림없이 속국의 왕들은 바빌로니아에 정기적으로 조공을 바쳐야 했을 것이다. 나아가 구약은 여호야김에 대하여 대단히 좋지 않은 평가를 내린다. 열왕기하 24장 4절에 의하면, 그는 예루살렘에서 유혈극을 자행한 독재자였다고 하며, 선지자 예레미야도 그를 예루살렘 왕궁을 주제넘게 확장하는 데만 주력한 불의하고 잔인한 독재자로 묘사한다(렘 22:13-19). 그는 선왕 요시야를 계승할 만한 인물이 되지 못하였다.[68]

더욱이 여호야김은 현명치 못하게도 바빌로니아의 지배에서 벗어나고자 하였다. 열왕기하 24장 1절에 의하면, 그는 단지 3년 동안만 느부갓네살에게 충성하였다고 한다.[69] 그가 반란을 일으키자, 느부갓네살은 그를 치러 바빌로니아 군대를 보냈고, '에돔'의 주변국들에게 군대를 동원할 것을 명하였

---

68) 예레미야 26장과 36장에서는 여호야김이 선지자의 말에 코웃음을 친 것으로 나온다.

69) 여호야김 제3년에 느부갓네살이 예루살렘을 포위하여 함락시켰다는 다니엘 1:1에 나오는 말은 이 연대표—이 연대표의 시작은 수리아-팔레스타인을 신바빌로니아가 점령한 때 또는 느부갓네살이 즉위한 해임에 틀림없다—및 열왕기하 24:1 f.와 열왕기하 24:10을 잘못 결합한 것에서 연유한 것이다 (그러나 cf. Alfrink, op. cit. pp. 396 ff.).

으므로 모압과 암몬도 그를 치러 나섰다. 열왕기하 24장 1절에 언급된 시기에 의하면, 이 사건은 주전 602년에 일어났음이 틀림없다. 여호야김은 이 별로 강력하지 않은 공격을 한동안 견뎌낼 수 있었든지 아니면 이 공격으로 다시 신바빌로니아의 지배권을 인정하지 않을 수 없게 되었을 것이지만, 삼사 년 후에 다시 반기를 들었다. 어쨌든 주전 598년에 이르러서야 느부갓네살은 예루살렘을 포위하여 여호야김을 적극적으로 징벌하였다.[70]

그러나 바로 그 해에 여호야김은 죽었기 때문에 여호야김 자신이 개인적으로 징벌을 받지는 않았고 유다 왕국과 왕도(王都)인 예루살렘을 물려받은 그의 아들이자 후계자인 여호야긴이 극히 위태로운 지경에 처하게 되었다. 열왕기하 24장 8절에 의하면, 당시에 겨우 18살이었던 여호야긴은 예루살렘이 포위 상태에 있을 때 왕위에 올라 더 이상 지탱하지 못하고 단지 세 달 동안 왕위에 있었을 뿐이었다. 왕도(王都)는 점령되었고[71] 왕과 가족과 시종들과 고관들은 바벨론으로 끌려갔다. 성전과 왕궁의 보화들과 예루살렘에 있던 그밖의 귀중품들은 전리품으로 약탈되었다. 예루살렘에 있던 장인(匠人)들과 왕도를 수호하기 위하여 소집된 군대의 지도층들은 바빌로니아로 잡혀갔다(왕하 24:12-16).

여호야긴은 폐위되어 바벨론에서 그후로도 오랫동안 살았다. 바벨론에서 발견된 쐐기문자로 씌어진 느부갓네살 시대의 네 문서들은 그의 이름(Ya-'-u-kinu 또는 Ya-ku-u-ki-nu)을 언급하고 있고 그를 "유다 (땅의) 왕"(Ya-a-hu-da 또는 Ya-ku-du)이라고 묘사하기까지 한다. 또한 이 문서들에는 일정량의 참기름을 그와 "유다 왕의 다섯 아들"—여호야긴은 아주 어려서 바벨론으로 끌려갔기 때문에 이것은 넓은 의미에서 왕가의 왕자들을 가리키는 듯하다—과 "유다 땅의 여섯 사람"에게 주었다는 말이 나온다. 이 문

---

70) 아마도 그는 친히 출정하지는 않은 것 같다. 열왕기하 24:10 ff.에서 주어는 일부는 '부하(군관들)'이고 일부는 느부갓네살 자신이다 (11절은 이러한 불일치를 완화하고자 하고 있다).
71) 열왕기하 24:12b에 나오는 연대 표시(느부갓네살의 재위 "팔 년")는 정확하지 않다.

서들은 바벨론의 왕궁에서 발견되었다. 이로 보건대, 여호야긴은 폐위된 왕으로서 자기 가족과 시종들을 데리고 이 왕궁에서 생활하였던 것으로 보인다.[72]

바빌로니아로 끌려간 유다인들은 기간 계산을 "여호야긴 왕의 사로잡힌 지"(겔 1:2) 몇 년이라는 식으로 하였고[73] 아마도 여호야긴을 유다의 최후의 합법적인 왕으로 여기고 그의 복위를 소망하였던 것으로 보인다(cf. 렘 28:1 ff.).[74]

주전 562년에 느부갓네살이 죽고 아멜마르둑(Amel-Marduk, 구약에는 그의 이름이 에윌므로닥으로 나온다)이 신바빌로니아 제국의 왕이 되면서, 그는 여호야긴을 일종의 사면행위의 일환으로서 왕궁으로 데려와서 대우를 해준다(왕하 25:27-30). 이것은 여호야긴이 왕의 대권을 회복하였다는 의미가 아니라 단지 우호적이고 순전히 개인적인 우대에 불과하였다.

예루살렘을 정복한 후에 느부갓네살은 유다의 내정(內政)을 재편하였다. 그는 유다를 계속해서 독자적인 왕을 가진 속국으로 남겨 두었고 바빌로니아의 속주로 편입하지 않았다. 그는 여호야긴의 삼촌이자 요시야의 아들인 맛다냐를 왕으로 앉히고(cf. 대상 3:15) 이 왕과 그의 왕국이 자기에게 예속되어 있다는 사실을 나타내기 위하여 그의 이름을 시드기야로 바꾸었다(왕하 24:17). 어쨌는 예레미야 13장 18-19절에 나오는 예언의 말은 주전 598년의 재난을 언급하면서 "남방의 성읍들이 봉쇄되고 열 자가 없고"라고 말한다. 이것으로부터 이때에 유다 왕국이 남방의 성읍들을 잃었고 북쪽으로 헤브론

---

72) Cf. E. F. Weidner in Melanges syriens offerts à R. Dussaud, II(1939), pp. 923 ff. Cf. ANET, p. 308, DOTT, pp. 84-86. 팔레스타인의 tell bet mirsim에 대한 발굴 과정에서 바벨론으로 끌려간 여호야긴의 신하인 듯한 "Ywkn의 종 엘리아김"의 봉인이 발견되었다; cf. W. F Albright, JBL, 51 (1932), pp. 77 ff.
73) 에스겔서는 계속해서 이 시기로부터 사건들의 연대를 계산한다.
74) Cf. A Malamat, Journal of Near Eastern Studies, 9(1950), pp. 223 f. ; Palestine Exploration Quarterly, 83 (1951), pp. 81 ff.; M. Noth, Revue d'histoire et de philosophic religieuses, 33 (1953), pp. 81 ff.

에 이르는 남쪽 경계—페르시아 시대에 유다 속주의 남쪽 경계로서 우리에게 아주 잘 알려져 있는—가 설정되었다는 것을 추론할 수 있다.[75]

이런 식으로 분리된 유다 왕국의 영토의 남쪽 지역은 오래 전부터 자신들의 원래의 본거지로부터 요단 서편 땅의 남쪽 경계들을 침범하였고 서쪽으로 와디 엘-아라바를 건너 와서 요단 서편 산지들을 향하여 북쪽 방향으로 진출하고 있던 모압족에게 할당되었다. 주전 598년에 유다 왕국이 패전하자 그들은 이 방면에서 실질적인 이득을 얻었다.

속국으로 변해버린 유다 백성들은 새로운 상황을 수용하기가 어려웠다. 150여년 전에 그들이 겪었던 역사적 경험에도 불구하고 여전히 그들 가운데서는 방금 잃어버렸던 것을 조기에 회복해야 한다는 목소리들이 있었다(cf. 렘 28:1-4). 그들은 백성들의 공감을 얻어낼 수 있었고 심약하고 우유부단한 시드기야 왕에게 영향력을 행사하는 데 성공하였다. 이때에 예언자 예레미야는 절박하게 반복해서 경고를 하면서, 한동안 세계에 대한 통치를 그의 손에 맡긴 하나님의 뜻에 따라 느부갓네살에게 복종할 것을 요구하였다(렘 27-29장). 그러나 백성들은 이 예언자의 말을 듣기를 싫어했고 그의 말로 인하여 그를 반역자로 규정하였다(cf. 렘 37:11-16).

사실 바빌로니아의 주군(主君) 덕분에 왕이 되었던 왕 자신도 당혹스러워 하면서 예언자의 경고에 전혀 귀를 기울이지 않은 것은 아니었다. 그는 예레미야를 은밀히 불러—백성들의 눈을 피해—그에게 조언해 줄 것을 부탁하기도 하였다(렘 37:17-21; 38:14-27). 그러나 결국 그는 고관들과 백성들의 성화를 견디지 못하고 느부갓네살에 대한 충성을 거부하는 미친 짓을 감행하고야 말았다. 그 결과 그의 재위 제9년(주전 589년)에 바빌로니아 군대가 그의 땅에 출현하게 되었다(왕하 25:1).

따라서 바빌로니아로부터의 그의 이탈은 이 사건 직전에 있었음에 틀림없다. 시드기야는 아무런 준비 없이 그런 조치를 취하지는 않았을 것이다. 남부 팔레스타인의 속국들 가운데 어느 나라가 이 반란에 가담하였다는 기록

---

[75] Cf. A. Alt, PJB, 21 (1925), p. 108.

은 없으나, 신바빌로니아 자료들은 주전 589-587년에 유다에서 일어난 사건들에 관해서는 전혀 언급이 없고, 유다의 왕조실록에서 발췌한 내용들은 주로 예루살렘 도성의 운명에 집중되어 있다는 것을 우리는 명심하지 않으면 안 된다. 그러나 사건들의 경과로 보아서 시드기야는 어쨌든 이집트와의 접촉을 시도하였고 이집트로부터 원조 약속을 얻어냈을 것으로 추측할 수 있다.

처음에는 유다 왕국만이 신바빌로니아의 공격 대상이었고, 처음부터 이집트의 원조는 문제가 되지 않았음이 분명하다. 유다의 거의 전 지역은 아주 신속하게 신바빌로니아의 수중에 떨어졌을 것이고, 오직 몇몇 요새들만이 저항할 수 있었을 것이다. 예레미야 34장 7절에는 예루살렘을 제외하고 유다 왕국의 서쪽 경계에 있는 구릉 지대에 위치한 두 요새인 라기스(현재의 tell ed-duwer)와 아세가(현재의 tell ez-zakariye)만이 저항하였고, 나머지 요새들과 모든 개활지(開活地)들은 이미 적의 수중에 넘어갔다고 말하고 있다. 이 일은 주전 588년에 일어났을 것이다.

이 성읍의 큰 성문이 있던 터에 위치한 텔엣-두웨르(tell ed-duwer)를 발굴하는 도중에 발견된 라기스의 이른바 도편(陶片), 즉 글자가 새겨진 도기(陶器)들[76]에는 라기스 요새의 사령관에게 보낸 것이 틀림없는 간단한 보고들이 적혀 있다. 이 보고들은 적에게 점령된 지역에 있는 포위된 성읍들간의 통신을 담당한 여러 전초기지들로부터 온 것들이다. 아울러 거기에는 온갖 관측들이 기록되어 있다. 이 도편(陶片)들은 유다 왕국의 절망적인 상황을 아주 극명하게 보여준다. 이 단편들에는 당시에 일어난 아세가 요새의 함락에 대한 언급도 포함되어 있는 듯하다.

어쨌든 IV, 10 ff.에는 "우리는 라기스의 신호에 유의하고 있다 … 우리는 더 이상 아세가의 (신호)를 볼 수 없다"라고 적혀 있다. 예루살렘의 상

---

76) Cf. H. Torczyner, *The Lachish Letters* (Lachish, I) 1938. 이 도편(陶片)의 본문은 J. Hempel, ZAW, N. F. 15 (1938), pp. 126 ff.에 나와 있고, 가장 중요한 여섯 개의 도편의 본문은 TGI, pp. 63-65에 실려 있다. Cf. ANET, pp. 321 f., DOTT, pp. 212-217.

황에 대해서는 "이 땅과 도성의 손을 약하게 하는" 자들이 거기에 있었다는 말이 나온다(VI, 6 ff.). 예레미야 38장 4절에 의하면, 이러한 책망은 예루살렘의 고관들이 예레미야에 대하여 왕에게 고했던 말과 동일하였다. 도편(陶片)을 쓴 기자(記者)의 논평이 선지자 예레미야를 명시적으로 언급하고 있는 것이 아니라 할지라도, 이 말은 예레미야 및 그의 견해에 동조한 사람들이 끼친 영향을 가리키고 있는 것이다.

그발야후(Kebaryahu)라는 유대 군대의 장군, 즉 최고사령관이 "애굽으로 내려가면서" 도중에 양식을 스스로 공급받았다고 말하고 있는 III, 13 ff.의 내용은 역사적으로 매우 중요한 의미를 갖는다. 그발야후의 본부가 있었을 것이 틀림없는 예루살렘에 대한 적군의 포위 및 이 땅에 대한 적군의 점령은 그발야후가 그런 행동을 할 정도로 별로 삼엄하지 않았던 것으로 보이기 때문이다. 그발야후가 어떤 임무를 띠고 이집트로 내려 갔는지는 알 수 없으나, 아마도 이집트의 원조를 얻기 위한 것과 관련이 있을 것임에 틀림없다.

실제로 이때에 이집트 군대가 이 땅에 나타났고 바빌로니아군은 한동안 예루살렘에 대한 포위를 중단하지 않을 수 없었다(렘 37:5; 렘 34:21). 바빌로니아군은 먼저 이집트군의 공격을 방어하지 않으면 안 되었고, 아마 매우 신속하게 이 일을 처리했던 것으로 보인다. 이집트 군대는 그리 강하지 않았을 것이다. 이집트군은 본국으로 돌아가고 바빌로니아군은 다시 예루살렘을 포위할 것이라는 예레미야의 예언은 적중하였다(렘 37:7-9). 또다시 이집트의 원조에 대한 믿음은 좌절되었다. 이리하여 유다 왕국의 운명은 단번에 결정되어 버렸다. 발굴을 통해 밝혀졌듯이, 아세가가 함락된 뒤에 라기스 요새도 정복자들의 수중에 넘어가서 불에 타 잿더미로 변해 버렸다. 그리고 마침내 예루살렘도 그러한 운명을 맞이하였다.

열왕기하 25장에는 예레미야 39장의 자세한 내용을 토대로 예루살렘의 멸망과 그 이후의 운명에 관한 묘사만이 나온다. 이것은 유다 왕국의 최후의 항전에서 단지 일부분에 불과하다. 이에 의하면, 예루살렘은 시드기야 제9년 10월 10일부터 제11년 4월 9일까지 포위되었다고 한다. 이집트군의 공격으로 잠깐동안 중단된 것을 제외하고 이 도성은 일 년 반 넘게 적군에 저항한 셈이다. 그때쯤 되어서 예루살렘 거민들은 굶주렸고, 제4월 9일에, 즉 주전 587년 8월에 바빌로니아군은 성벽을 뚫고 성 안으로 진입하는 데 성공하였다.

시드기야 왕은 시종들과 함께 동쪽에 있는 "유다 광야"로 피신한 다음 요단 동편 땅으로 가고자 하다가, 여리고 근처에서 요단강을 건널 즈음에 바빌로니아군에게 사로잡혀 느부갓네살 앞으로 끌려갔다. 느부갓네살은 예루살렘을 점령하는 데 직접 나서지 않았으나 주전 609년의 파라오 느고와 마찬가지로 중부 수리아의 리블라에 본부를 두고 있었다. 이것으로 보건대, 당시에 그는 수리아-팔레스타인의 그밖의 지역에서 자신의 기반을 다지고 있었고, 시드기야의 반란은 수리아-팔레스타인에서의 다른 반란들과 결부되어 일어났던 것은 아닌가 생각해볼 수 있다.

그러나 이 점에 관한 명확한 기록이 남아 있지 않다.[77] 리블라에서 그는 배신한 시드기야에게 혹독한 벌을 가하였다. 그는 시드기야가 보는 앞에서 그의 아들들을 "처형하였고", 그런 다음 시드기야의 눈을 멀게 하고 쇠사슬로 결박하여 바벨론으로 끌고 갔다. 그 곳에서 그는 곧 죽었을 것이다. 그에 관한 기록은 더 이상 없다. 그러나 정복자들은 예루살렘을 함락시킨 후 왕궁과 성전을 약탈하고 불을 질렀다. 열왕기하 25장 8절에 의하면, 같은 해 제5월 7일에, 그러니까 대략 예루살렘을 함락시킨 지 한 달 후에 리블라의 본부로부터 처음으로 이 곳에 당도하였던 느부갓네살의 명령에 따라 이런 일이 일어났던 것 같다.

솔로몬 성전은 화염과 함께 사라졌고 아울러 고대 지파 동맹 시절의 유물인 법궤도 사라졌을 것이다. 이 법궤에 관하여서는 전승은 솔로몬에 의해 지어진 성전으로 법궤가 옮겨졌다는 말을 한 후에는 완전히 침묵하고 있다.

---

77) wadi brisa에서 출토된 느부갓네살의 명문(銘文)은 레바논 지역에서 느부갓네살이 수행한 전투들을 기록하고 있다(AOT² p. 365 f., ANET, p. 307에 번역되어 있다). 불행히도 이러한 전투들이 언제 일어났는지에 대해서는 언급이 없다.

법궤는 공적 예배에서 더 이상 중요한 역할을 하지는 않았겠지만 이 성전의 지성소에 안치되어 전통적인 성물(聖物)로 숭앙되었었다.[78] 성전에 대한 약탈이 이전에 일어났다는 기록이 없고, 또한 바빌로니아인들은 주전 598년에 성전의 보화들을 가져왔다고 하면서 법궤를 가져왔다거나 파괴하였다고 말하고 있지 않는 것으로 보아(왕하 24:13) 법궤는 주전 587년에 성전의 나머지 기물들과 함께 파괴되었을 것으로 보인다. 예루살렘의 성벽은 무너뜨려졌고, 거민들은 가혹하게 다루어졌다.

느부갓네살은 이제 유다의 자율권을 박탈하였다. 신바빌로니아인들은 새로운 정치 체제를 도입하는 데 있어서 앗수르인들보다 더 소극적이었다. 그러나 느부갓네살은 주전 598년에 하지 못했던 것을 이제 행하였다. 그는 유다를 신바빌로니아 제국의 속주 조직으로 편입시켜 예루살렘에서 4세기 가량 통치하였던 다윗 왕조를 폐지하였다. 앗수르의 관습을 따라, 그는 지배계층을 그 땅에서 이주시켰다. 시드기야 왕의 측근 중 몇 명 그리고 왕과 함께 붙잡히지 않았던 예루살렘 및 유다 땅의 얼마간의 저명인사들이 예루살렘에서 체포되어 리블라에 있는 느부갓네살의 본부로 압송되어 거기에서 처형되었다(왕하 25:18-21).

그밖에 예루살렘과 유다의 이전의 상류계층이 주전 598년에 사로잡혀 간 후에 주로 예루살렘의 도시 거민들이 또다시 바빌로니아로 끌려갔던 것 같다.[79] 한편 농민들은 이전에 살던 곳에서 그대로 살았다. 다른 이방인 상류계층을 유다로 이주시키지 않았고 작은 영토에 어떤 새로운 독립적인 정치 조직을 세우지 않았다는 점에서, 느부갓네살은 주민들에 대한 재조직을 미완성으로 남겨 놓았다고 할 수 있다. 이 점에서 유다의 사정은 이전의 이스라

---

78) 제의 시편들의 여러 암시들을 통하여 법궤가 왕정 시대에 특정한 절기들 동안에 지성소에서 내와져서 대중 행렬 속에 참여하였다고 생각할 수 있지만 (cf. Gunkel-Begrich, *Einleitung in die Psalmen* [1933], pp. 411 f.) 확실한 증거는 없다.

79) 선지자 에스겔은 이때까지 포로로 끌려가지 않고 있다가 (이 점에 대해서는—세부적인 내용에 있어서는 차이가 있지만—Bertholet, *Hesekiel* [1936], pp. xiii ff.를 참조하라) 바빌로니아로 잡혀 갔다.

엘 왕국의 영토에 앗수르인들이 설치한 속주들의 사정과 판이하게 달랐다. 그리고 이것은 장래의 사건 경과에 있어서 중요하였다.

또한 이것은 바빌로니아인들이 앗수르인들보다 일관되게 행하지 못하였다는 것을 보여준다. 심지어 복속된 유다를 다스리는 최고 행정책임자가 유다인이 되었다. 그는 요시야 왕(왕하 22:12, 14)과 여호야김 왕(렘 26:24) 시대 때부터 잘 알려져 있던 한 유다인 고관의 아들이었던 그달랴라는 인물이었다. 우리는 느부갓네살이 무슨 이유에서 그를 등용하였는지를 알지 못한다. 우선 그의 관저는 예루살렘에 있지 않았다. 앗수르인들도 정복된 왕도(王都)들에 총독들을 세우는 데 주저하지 않았었기 때문에, 반역한 왕도를 비하시키려는 의도 때문에 그런 것은 아니었을 것 같다.

아마도 예루살렘은 아주 철저하게 파괴되어서 한동안 그 곳을 행정 중심지로 사용하기가 불가능했기 때문에 그랬을 것이다. 그달랴는 유다의 중심부로부터 다소 떨어져서 북쪽 경계에 위치해 있던 미스바(현재의 tell en-nasbe)에 거주하였다. 이 성읍을 선택한 이유는 아마도 이 성읍이 주전 589-587년의 전투에서 다른 유다 성읍들보다 심하게 파괴되지 않았기 때문일 것이다.[80]

그달랴의 재임기간은 그리 길게 지속되지 않았다. 그는 곧 재난을 피해 요단 동편 땅의 암몬족에게로 도망쳤던 몇몇 유다 관리늘 또는 군관들에게 살해되었다. 그들이 이렇게 행동한 동기는 알려져 있지 않고, 그들이 암몬 왕의 사주를 받아 그렇게 하였다는 예레미야 40장 14절의 말도 그 동기를 보다 분명하게 밝혀주지는 못한다. 이 사건들에 관한 자세한 기록이 남아 있는 유일한 이유는, 이전에 그달랴의 시종이었던 자들과 미스바 및 이 땅의 다른 곳에 있던 다른 많은 유다인들이 그의 대리자를 살해하고 그 살해자들

---

[80] 이를 더 정확하게 밝혀줄지도 모르는 tell en-nasbe에서 발견된 고고학적 유물들은 그리 분명치가 않다 (cf. Tell en-Nasbeh, I〔1947〕, pp. 50 ff.). 그러나 이 유물들은 이 곳에서의 정착이 주전 6세기 초를 넘어 페르시아 시대까지 계속되었다는 것을 보여준다. 그리고 주전 587년의 대파국의 흔적들은 발견되지 않았다.

을 피신시킨 데 대하여 느부갓네살이 보복할 것을 두려워하여 이집트로 도망 갈 것을 결심하고는 예레미야 선지자를 강제로 끌고 감으로써 본의 아니게 예레미야가 이 사건에 연루되어 있었기 때문이었다.

예레미야 40장 7절-43장 7절(열왕기하 25장 22-26절에 나오는 것은 여기에서 발췌한 내용이다)에는 꽤 자세한 기록이 나오지만, 그 이후의 사건 경과에 관해서는 전혀 기록이 없다. 그달랴가 살해된 후에도 유다인들이 행정 관리로 임명되었을 것이다. 유다는 영토가 협소하였기 때문에 하나의 독립된 속주가 되지 못하고 인접한 사마리아 속주에 병합되었기 때문에 유다의 행정 책임자는 사마리아 총독의 부하이자 제한된 권한만을 지닌 총독 대리였다. 이런 관점에서 볼 때, 우리는 훨씬 후대인 주전 5세기 중엽의 상황을 이해할 수 있게 된다.[81]

시간이 흐르면서 미스바도 행정 중심지 역할을 하지 못하게 되었고, 페르시아 시대에는 다시 예루살렘에 총독 대리를 두었다. 유다의 남쪽 지역의 분리가 주전 598년에 이미 일어났다고 한다면(cf. p. 363), 유다의 행정구역 경계들은 유다 왕국의 말기와 동일하였다. 유다의 행정구역은 헤브론 성읍의 북쪽으로부터 시작해서 요단 서편의 산지들에 있는 유다 지파의 예전의 영토와 과거의 도시국가 예루살렘, 베냐민 지파의 예전의 영토 중에서 보다 큰 남쪽 지역을 포괄하였다.

24. 예루살렘 멸망 후의 상황

주전 587년에 일어난 일은 주전 8세기 중엽에 이미 시작되었던 오랜 역사적 과정의 마무리였을 뿐이었다. 어쨌든 이 일로 인하여 이스라엘의 역사

---

81) Cf. A. Alt, in *Festschrift Otto Procksch* (1934), pp. 5 ff. = *Kleine Schriften zur Geschichte des Volkes Israel*, II (1953), pp. 316 ff.

적 상황에 돌연한 변화가 일어나지는 않았다. 이스라엘의 역사에서 강대한 외세의 개입은 오랫동안 끊임없이 고려하지 않으면 안 되었던 요소였었다. 그러나 예루살렘의 함락과 멸망으로 그 진정한 실상의 전면모가 이스라엘에게 처음으로 드러났고, 이스라엘은 이 사건을 자신의 역사에서 중대하고 결정적인 전환점으로 여겼을 것은 분명하다. 이 사건의 영향으로 신명기사학파는 자신이 활용할 수 있는 자료들을 토대로 자기 백성의 역사를 결국 예루살렘의 멸망이라는 사건을 초래하게 된 끊임없이 반복되고 점증되는 불순종의 역사로 기술하였다.[82] 주전 8세기와 7세기의 위협적인 예언들은 이 사건을 통해 성취된 것으로 보였다. 이미 예고되었던 하나님의 심판이 이제 일어난 것이었다.

사실 유다 왕국의 멸망은 세계사적인 중요성을 지닌 획기적인 사건이 아니었지만—느부갓네살의 비문들에서는 이 사건을 언급할 가치도 없는 것으로 생각하고 있다—몇 가지 관점에서 이스라엘에게는 중요하였다. 이 사건은 이스라엘 땅에서 정치적 독립의 최후 보루의 종언을 의미하였다. 중간 중간의 몇몇 시기를 제외하고 한 세기 반 동안이나 유다는 오리엔트의 여러 강대국들의 지배를 받는 속국으로 있었고, 그것도 겨우 이스라엘 지파들 중의 작은 부분만을 포괄하고 있었다. 그러나 어쨌든 유다는 비록 제한적이기는 하였지만 독자적인 왕과 행정제도를 갖추고 독자적인 정치 생활을 영위하였으며 자신의 자원들을 가지고 그 생활과 생존을 계발하고 보호할 수 있는 여러 기회들이 제공되었다.

이 작고 제한된 독립국이 언젠가는 이스라엘의 독립을 회복하는 토대가 될 것이라는 소망이 여전히 있었다. 그리고 그리 오래지 않은 요시야 왕의 성공적인 활동은 이러한 소망이 전혀 근거 없는 것은 아니라는 것을 보여주었다. 이러한 소망이 이제는 완전히 사라져 버렸다. 무엇보다도 이제 예루살렘에서 다윗 왕조와 함께 그 왕조에 주어졌던 약속과 소망도 사라져버렸다. 바벨론으로 끌려간 다윗 왕가의 여호야긴이 황제의 죄수로서 한동안 살

---

82) Cf. M. Noth, *Überlieferungsgeschichtliche Studien*, I (1943), pp. 100 ff.

아 있었을 때는 팔레스타인의 본국에 남아 있던 이스라엘인들이나 이방 땅에 흩어져 있던 자들 가운데서 온갖 종류의 독립의 소망이 그를 중심으로 살아 있었을 가능성이 높다.

그러나 그에게 걸었던 그 어떤 소망도 이루어지지 않은 채 결국 여호야긴은, 신명기사학파가 자신의 저작의 말미에 구체적으로 기록해 놓고 있듯이 (왕하 25:27-30), 죽고 말았다. 이제 이스라엘 지파들은 왕의 대리인들이 다스리는 여러 속주들에서 신민(臣民)에 불과하였다. 그리고 유다 속주의 총독 대리가 계속해서 유다인이었을 것이지만, 그는 황제의 관리였고 모든 면에서 황제에게 책임을 지는 인물이었을 뿐이다.

이스라엘 땅에서 왕의 제도는 이제 끝장이 났다. 이스라엘 역사 전체의 관점에서 본다면, 왕의 제도는 단지 한 부분에 지나지 않았다. 왕의 제도는 이스라엘 지파들이 팔레스타인 땅에서 이백 년 넘게 제의동맹으로 연합하여 살던 중에 출현하였고, 독립된 제도로서 유다와 이스라엘을 합하여 이백오십 년 정도밖에 지속되지 못하였다. 그것도 백오십 년 동안 왕의 제도는 유다 왕국에서 속국의 왕으로 잔존하였을 뿐이다.

그후 4세기 이상 이스라엘은 왕 및 독자적인 정치 생활 없이 지냈다. 왕의 제도는 다윗과 솔로몬 시대에 급속하고 비약적으로 발전했다가 곧 멸망으로 이끄는 요인이 되었고, 이스라엘은 수리아-팔레스타인의 군소국가들의 싸움에 휘말리게 되었으며, 결국에는 강대국들이 각축을 벌이는 와중에서 불행한 최후를 맞이하게 되었다. 왕정의 출현이 이스라엘 역사의 시작이 아니었듯이, 왕정의 소멸도 이스라엘의 종말을 뜻하지 않았다. 그러나 이스라엘이 왕정 이전 시대의 상태로 돌아간다는 것은 더 이상 불가능하였다.

이스라엘 지파들이 팔레스타인 땅에서 그들의 기본적인 삶을 유지하였다는 것은 사실이다. 그러나 그들은 이전과는 달리 이제 스스로의 힘으로 자신의 기반을 다져갈 과제와 기회를 지닌 자유로운 지파들이 아니었다. 그들은 한 이방 강대국의 방대하고 다양한 신민(臣民) 집단에 흡수되어 있었다. 그들을 한데 묶어주고 다른 민족들과 구별시켜준 것은, 그들이 종교 의식들을 통해서 지켜나갈 기회를 여전히 갖고 있었던 그들의 신앙이었다. 지파 동맹의 제의 중심이었던 고대 지파의 유물인 법궤는 파괴되었다.

그러나 법궤는 공적 예배에서 뒷전으로 밀려난 지 오래였고 단지 성소에 안치된 유물 정도로 취급되었을 것이다. 한때 법궤로 인하여 지파들의 종교 중심지가 된 이후로 독자적인 중요성을 획득하게 된 예루살렘 성소가 보다 중요하게 되었다. 예루살렘 성소는 "만군의 여호와가 거하시는"(사 8:18) 곳이자 "여호와께서 자기 이름을 두시려고"(신 12:11 등) 택하신 곳이 되었다. 이 터에 솔로몬이 세운 성전은 화염 속에 사라져 버린 것은 사실이다. 그러나 이 장소의 신성함은 성전 건물과 결부되어 있었던 것은 아니었다. 폐허가 되었지만 이 곳은 여전히 거룩한 곳이었고 여전히 "여호와의 집"이었다.

예레미야 41장 5절에 의하면, 바빌로니아인들에 의해 예루살렘이 파괴된 후에도 세겜, 실로, 사마리아, 달리 말하면 유다 왕국에 속하지 않았던 지파들의 영토로부터 사람들이 예루살렘을 찾아왔다고 한다. 정치적 경계와는 상관없이 그들은 "여호와의 집"에 제사를 드리기 위하여 지파들의 중앙 성소인 예루살렘 성소로 순례를 행하였던 것이다. 예루살렘 성소에서는 종교 의식들이 계속해서 거행되었고, 지파들의 예배는 이 장소와 여전히 결부되어 있었다.

그러나 지파들이 전혀 손상을 받지 않은 것은 아니었다. 그들의 상류계층들은 승리자들에 의해 강제로 끌려갔다. 이 상류계층 사람들은 수적으로는 지파 전체에서 작은 부분을 차지하기는 했지만 정치적, 지성적으로 지도자들이었다. 바로 그런 이유 때문에 승리자들은 이 상류계층을 끌고가서 강제이주시켰던 것이기도 하다. 이전에 이스라엘 왕국의 영토에는 네 개의 속주가 설치되고 거기에 이방인 상류계층이 들어와서 자신들의 지적, 종교적 전통들을 지키며 살았다. 다윗 치하에서 이스라엘과 유다 왕국에 통합되었던 가나안 도시국가들에 살던 거민들이 이스라엘에 흡수되었던 것과 마찬가지로, 시간이 지나면서 이방인 상류계층도 원주민들에게 동화되었다는 것은 사실이다.

그러나 이것은 이스라엘 지파들의 상당 부분이 이방인들과 혼합되었고, 이전에 유다 왕국이었던 지역에 살던 지파들만이 새로운 이방인 상류계층의 유입 없이 그대로 유지될 수 있었다는 것을 의미하였다. 그러나 그들의 지도층들은 제국의 머나먼 곳들로 잡혀간 상태였다. 주전 8세기에 앗수르인들에게 끌려간 사람들은 오래 전에 완전히 사라져 버렸다. 그리고 최근에 끌려간 유다의 상류계층 사람들만이 바빌로니아에서 함께 살면서 본국 땅에 남아 있는 사람들과의 교류를 계속하고 있었다. 그달랴를 살해한 후에 이웃한 하부 이집트로 이주했던 유다 사람들도 마찬가지였다.

바빌로니아와 하부 이집트에서 이전의 생활방식과 전통들이 어느 정도 유지되기는 하였지만, 본국에 남은 지파들이 계속해서 이스라엘의 역사와 이스라엘의 삶의 중심이었다. 그들에게 있어서 주전 587년의 사건들은 어쨌든 종말을 의미하지는 않았다. 예루살렘의 성소에서의 예배와 마찬가지로 이 분야에서도 이스라엘의 과거와의 연결고리들은 보존되어 있었다. 신명기사학파는 자신의 저작에서 사용한 이스라엘 역사를 위한 모든 자료들을 활용할 수 있었던 팔레스타인에서 자신의 역사서를 썼을 가능성이 크다.[83]

팔레스타인에서는 무엇보다도 특히 신명기 율법이 계속해서 알려져 있었고 적용되고 있었다. 지파들은 요시야 왕과 맺은 계약을 따라 신명기 율법에 충실하였고, 이 율법은 하나님의 뜻을 권위있게 체계화시켜 놓은 것으로서 신명기사학파의 저작에서 중요한 역할을 하였다. 예루살렘이 멸망한 후 반 세기 동안 팔레스타인에서 이스라엘 지파들이 어떠한 외적 환경에서 어떤 모습으로 살았으며 그 정신적인 삶은 어떠했는가를 보여주는 직접적인 기록은 없다.

이것은 우리의 지식에 있어서 불행한 공백이다. 왜냐하면 페르시아 시대의 초기에 취해진 조직 재편은 이 중간기에 전개되었던 상황과 연관되어 있을 것이기 때문이다. 우리의 자료들에는 이에 관한 내용이 전혀 없다. 왕정이 몰락할 때까지의 이스라엘 역사를 연속적으로 기록한 유일한 사료는 보다 오래된 전승들을 나름대로 개작한 신명기사학파의 역사서이다. 그러나 이 저작은 예루살렘의 멸망까지만을 다루고 있다. 그리고 훨씬 후대에 나온 역대

---

83) Cf. M. Noth, op. cit. p 110, note I.

기사가의 역사서는 그 마지막 단원(에스라/느헤미야)에서 페르시아 시대의 몇몇 사료들을 활용하여 신명기사학파의 역사를 이어가는 속편(續篇) 역할을 하고 있긴 하지만, 기록과 관심의 부족으로 인하여 신바빌로니아 치하의 마지막 50년을 완전히 무시하였다.

당시에 수리아-팔레스타인을 다스렸던 신바빌로니아 왕조는 역사적 기록을 거의 남기지 않았고, 또한 제국 전체로 보아서 중요성을 지니는 어떤 중요한 사건 또는 변화들이 제국의 서부 속주들에서 거의 일어나지 않았기 때문에, 해당 시기에 있어서 팔레스타인에서의 지파들의 상황을 엿볼 수 있는 자료는 구약밖에는 없다. 남은 문제는 이전의 유다 왕국의 주변국들이었던 남부 팔레스타인의 속국들이 신바빌로니아 시대에 정치적 독립성을 잃고 몇몇 페니키아 해안 도시들을 제외하고는 수리아-팔레스타인 전역이 제국의 속주 조직으로 편입되었는지의 여부이다.

예루살렘이 멸망할 즈음에 암몬, 모압, 에돔 국가는 여전히 존재해 있었다. 예레미야 40장 14절에 의하면, 그 당시 암몬 왕은 유다의 총독 대리인 그달랴를 살해하는 일을 배후 조종하였다고 한다. 그리고 예레미야 27장 3절은 시드기야 제4년에 페니키아의 도시들인 두로와 시돈의 왕들과 나란히 암몬, 모압, 에돔에 왕들이 존재해 있었음을 보여준다.[84]

그러나 이 동쪽의 국가들은 유다 왕국에 닥친 재난의 영향을 받지 않았다. 첫째는 그러한 영향을 받았다는 기록이 전혀 없고, 둘째는 예레미야 40장 11절에 주전 587년에 많은 유다 사람들이 모압, 암몬, 에돔으로 피신하였다는 말이 나오는데, 이는 그들이 거기에서 바빌로니아인들의 삼엄한 경비를 피할 수 있었기 때문이었을 것이다. 그러나 시간이 흐르면서 이러한 국가들도 종말을 맞이하였다. 불행히도 이에 관한 확실한 기록은 남아 있지 않다.

그럼에도 불구하고 이와 관련하여 요세푸스가 기록해 놓은 글을 주목할

---

84) 예레미야 27:1의 현존 본문에 나오는 연대는 훼손되었고 38:1의 원문에 따라 변경되어야 한다.
85) *Antiq. Iud.* X, 9, 7, §§ 181 f. Niese.

필요가 있다.[85] 이에 의하면, 예루살렘이 멸망한 지 5년 후(주전 582년), 즉 그의 재위 제23년에 느부갓네살은 전쟁을 일으켜 이집트에 대한 원정의 여세를 몰아 코일레 수리아를 정벌하는 동안에 암몬족과 모압족을 복속시켰다고 한다.[86] 이 기록이 정확한지를 확인하는 것은 불가능하고 이 내용이 역사적으로 정확히 어느 시기에 속하는지를 확정하는 것은 불가능하다. 그러나 이런 일이 일어나지 않았을 것이라고 생각할 필요는 없으며, 아마도 이 국가들은 바빌로니아의 지배에 반기를 들었다는 이유로 그 독립성을 상실하게 되었을 것이다.

이 사건에 있어서 오직 에돔 왕국의 최후만이 여전히 완전히 어둠에 가려져 있다. 암몬, 모압, 에돔에서 일어난 사건들로 인하여 이스라엘은 이제 완전히 이방 제국의 통치권들에 의해 포위되었고, 완벽하고 통일적인 속주 체제로 정립된 수리아-팔레스타인 세계에서 살게 되었으며, 커다란 역사적 사건들에 의해 기존의 질서가 전복될 때까지는 자신의 정치적 상황을 변화시키려는 그 어떤 시도도 생각할 수 없게 되었다.

팔레스타인에서 살고 있는 지파들이 계속해서 이스라엘 역사에 있어서 중요하였지만, 이스라엘의 여러 집단들이 본국에서 멀리 떨어진 타국들에서 살고 있다는 사실도 중요하게 되었다. 특히 중요한 타국은 무엇보다도 이집트와 바빌로니아였다. 그들은 자족적인 집단을 이루어 함께 거주하며 이전의 전통들을 고수하며 그 곳에서 살았다. 이런저런 이유로 이주하였거나 전화(戰禍)를 피해 어느 곳으론가 쫓겨갔던 개개인들은 곧 역사에서 사라졌다. 언제나 보다 큰 자족적인 집단들을 떠난 개개인들은 곧 이방의 환경에 흡수되고 마는 법이다. 여러 명확한 이유들로 인하여 우리는 그들에 관한 말을 거

---

86) 위 p. 367, 주77에서 언급한 wadi brisa에서 나온 느부갓네살의 명문(銘文)은 이를 확증해 주는 것으로 보인다.
87) 특히 주전 5세기의 쐐기문자 문서들(cf. *The Babylonian Expedition of the University of Pennsylvania*, Ser. A. Cuneiform Texts, ed. by H. V. Hilprecht, Vols. IX, X and the University of Pennsylvania, The Museum, *Publications of the Babylonian Section*, Vol. II), 특히 'Murasu의 자손들'이라는 거상(巨商)의 문서들에는 유다인의 이름이 많이 나

의 듣지 못한다.[87]

이집트에 있어서, 유다에서의 재난과 관련하여 하부 이집트로 이주해간 사람들이 그 직후에 어떤 삶을 살았고 어떻게 되었는지에 관한 기록이 거의 없다. 하부 이집트로 이주한 사람들이 중요한 존재로 등장하는 것은 헬레니즘 시대에 이르러서였다. 우리가 이 맥락에서 그들을 언급하는 유일한 이유는 그들의 기원이 그 곳에 이주하여 함께 살았던, 수적으로 결코 많지 않았던 유다 사람들에 있었기 때문이다.

반면에 우리는 나일 강의 첫번째 폭포가 끝나는 지점에 있는 엘레판틴 섬에서 파피루스들을 발견함으로써[88] 이른바 엘레판틴의 '유다인 군사 식민지'에 관하여는 비교적 잘 알게 되었다. 이 식민지는 파라오들에 의해 나일 강의 이 섬에 정착하게 된 이스라엘 사람들과 그 가족들, 이집트의 남쪽 경계를 수비하기 위하여 국경수비대로 거기에 주둔한 사람들로 이루어져 있었다. 단일한 예배 처소를 요구하는 신명기 율법의 규정과는 달리, 그들은 엘레판틴 성전에 고대 근동에서 알려져 있던 한 무리의 신들과 같이 야후(Yahu)와 나란히 모신(母神)과 아들신을 모시고 이 세 신을 섬겼다.[89]

이렇게 식민지 사람들은 상당히 이교화된 야훼 신앙을 가졌으나 고대 이스라엘 전승에 나오는 절기들을 지켰고[90] 예루살렘과의 교류를 유지하였다.[91] 엘레판틴 파피루스들은 주전 5세기, 즉 페르시아 통치 시대의 것이다. 그러

온다. 이 유다인들은 바빌로니아의 생활에 흡수되어 자신들이 바빌로니아 세계의 일부라고 느꼈을 것이다.

88) 본문의 편집 및 (영어) 번역문으로는 A. E. Cowley, *Aramaic Papyri of the Fifth Century B. C* (1923). 몇몇 중요한 단편들에 대한 독일어 번역문은 AOT², pp. 450 ff. 또한 cf. ANET, pp 491 f., DOTT, pp. 256-269.

89) 특히 주전 419년에 있어서 엘레판틴 성전을 위한 세금 목록이 나와 있는 Pap. Cowley, No 22를 참조하라 (이것의 짤막한 초록은 AOT², pp. 453 f., ANET, p. 491).

90) Pap. Cowley, No 21 (AOT², pp. 453 ;TIG, p 73, ANET, p 491, DOTT, pp 258-260에 의하면, 어쨌든 유월절과 무교절은 니산월 14일(15일)부터 21일까지 지켜졌다.

91) 특히 주전 408년에 이 식민지가 예루살렘의 유다 총독에게 보낸 서신을 참조하라 (Pap. Cowley. No. 30 [AOT², pp. 450 ff., ANET, p. 492, DOTT, pp. 260-265]).

나 이 식민지는 꽤 이른 시기에, 적어도 신바빌로니아 시대에 생겼다. 한 파피루스에서 식민지 사람들은 선조들이 엘레판틴에 성전을 지었고 페르시아 왕 캄비세스(Cambyses)가 이집트에 와서 이 땅을 페르시아의 지배하에 복속시켰을 때 이미 이 성전이 지어져 있었다고 분명하게 말하고 있다.[92] 이 군사 식민지가 정확히 언제, 어떠한 환경에서 세워졌는지를 확실하게 알 수 없는 것이 애석하다. 그리고 분명히 이집트에서 시작된 것이 아니라 수리아-팔레스타인의 어딘가에서 들여왔을 삼신(三神) 숭배의 기원이 여전히 모호한 상태에 있다.

신바빌로니아 시대와 페르시아 시대에 엘레판틴의 군사 식민지는 본국에서 멀리 떨어진 이스라엘 사람들의 전초기지를 형성한 자족적인 집단들 중의 하나였고, 이것이 우리가 이 집단을 여기서 언급한 이유이다. 별로 알려지지 않은 하부 이집트 집단과는 달리, 이 상부 이집트 식민지는 그리 오래 지속되지는 못하였다. 주전 5세기 이후로는 이 식민지에 관한 기록이 전혀 없다. 아마도 이 식민지는 결국 뿔뿔이 흩어져 사라져버렸을 것이다.[93]

주전 598년과 587년에 끌려간 유다인들은 바빌로니아에 살았다. 그리고 이 바빌로니아 집단은 페르시아 시대에 중요한 역할을 하였다. 하부 이집트의 경우처럼 이 집단도 점차로 새로운 환경에 흡수된 몇몇 사람들을 제외하고는 함께 살면서 과거의 전통들을 지켜 나갔다. 바빌로니아 집단들이 선조들의 전통을 계발하고 지켜 나갔음을 보여주는 온갖 형태의 기록들이 남아 있다. 이 집단의 중요성은 과장되어서는 안 된다. 역대기사가는 당시의 맥락에서는 이해할 수 있는 정통성이라는 개념을 토대로 사마리아 분파의 정통성을 정면으로 부인하고[94] 예루살렘 멸망 이후 이스라엘의 역사는 유다인들의 '바빌로니아 포수(捕囚)'와 유다 속주로의 이 '포로들'의 귀환을 중심으로 이루어진다는 식으로 사건들의 경과(經過)를 기술하였다.

---

92) Pap. Cowley, No. 30, ll. 12 f. (AOT², p. 451).
93) Pap. Cowley, No. 30, ll. 4 ff.는 이미 이 식민지를 이웃 이집트인들이 공격하여 그 성전을 파괴한 사건을 기록하고 있다.
94) Cf. M. Noth, *Überlieferungsgeschichtliche Studien*, I (1943), pp. 174 ff.

역대기사가의 영향으로 하나의 전통이 되어 온 이러한 관점은 편파적이라 할 수 있다. 생활과 사상에 있어서 매우 중요한 발전들이 바벨론으로 끌려간 자들 가운데서 생겨나서 후대의 이스라엘 역사에 영향을 끼쳤다는 것은 확실하지만, 바빌로니아 집단은 단지 전초기지에 불과했던 반면에 팔레스타인은 여전히 이스라엘 역사의 중심적인 장(場)이었고 본국에 남은 이전 지파들의 후손들은 예루살렘의 성소와 아울러 수적으로도 다수였을 뿐만 아니라 이스라엘의 진정한 중추이기도 했다.

에스겔서에는 바빌로니아로 끌려간 자들의 초기 생활에 관한 기록이 조금 있다. 후대의 전승과는 달리 예루살렘 멸망 이전에 이 선지자가 선포한 경고들은 예루살렘에서 말해진 것이긴 하지만, 그는 주전 587년에 바빌로니아로 끌려간 사람들 속에 끼어 있었을 것이다. 어쨌든 에스겔서는 바빌로니아에서 그 곳의 관점에서 편집되었다. 따라서 에스겔서는 끌려간 자들의 생활양식을 보여주는 자료가 된다. 에스겔서는 끌려간 자들이 '죄수들'이 아니라 자유롭게 일상생활을 영위할 수 있으나 강제노역을 해야 했던, 강제로 이주된 신민(臣民)이었음을 여실히 보여준다. 끌려간 자들은 자신들이 "거하는" 촌락들이 있었다(겔 3:15).

에스겔은 주로 '나루 카바루'(naru kabaru), 즉 유프라테스강과 티그리스강 하류의 깊은 충적토를 가로질러 그 비옥한 땅을 관개한 운하늘 중의 하나인 "그발 강"지역(겔 1:1, 3 등)에 살던 끌려간 자들을 잘 알고 있었다.[95] 끌려간 자들이 거주한 지역들 가운데 하나가 델아빕(겔 3:15)이었다.[96] 에스라 2장 59절(=느헤미야 7장 61절)에는 바빌로니아로 끌려간 자들이 거주한 몇몇 다른 지역들의 이름이 나온다. 끌려간 자들은 함께 모일 수 있었고, 어느 누가 노래하거나 말하고자 할 때 기꺼이 모였다(cf. 겔 33:30-33).

그들은 이 새로운 땅에서 낯선 자들로 느꼈다. 그들에게 이 땅은 "이방"

---

[95] 이것들은 시편 137:1에 바빌로니아의 풍경의 전형적인 특징으로 언급되어 있는 "바벨론의 여러 강변"이다.
[96] Tel-abib이라는 명칭은 포로로 끌려간 자들이 자신들의 발음에 맞춰서 변경시킨 그 곳의 한 지명일 것이다.

(strange land, 시 137:4)이었고 "부정한"(cf. 겔 4:13) 땅, 달리 말하면 자신들의 제의를 행할 수 없는 땅이었다. 그들의 제의는 그들의 본국과 결부되어 있었고, 신명기가 요구하는 바에 의하면 특히 예루살렘의 성소와 결부되어 있었다. 따라서 그들은 예루살렘을 잊지 못하고 그리워 하였다(시 137:5 f.).

이렇게 종교 의식들을 행할 수 없게 되자 전통적인 몇몇 관습들이 그들의 과거 및 본국의 지파들과의 하나됨의 표징이자 그들의 귀속과 결속의 표징으로서 중요성을 띠게 되었다. 이러한 관습들은 실제 제의와 결부되어 있지 않았고 이제까지 특별한 비중을 두고 행해진 것도 아니었다. 먼저 그 기원과 원래의 의미는 이제 와서 확실하게 알 수는 없지만, 제7일을 안식일로 지키는 아주 오래된 관습이 있었다.

끌려간 자들 가운데서 안식일의 준수는 이제 옛 신앙의 표현이자 이방 환경으로부터의 분리의 표시가 되었다. 왜냐하면 근본적으로 안식일은 그 자체로 제의 의식을 수반하는 절기의 한 날(a festival day)이 아니라 종교 의식 없이 지켜질 수 있는 일종의 '금기의 날'(tabu day)이었기 때문이다. 에스겔서에서는 거듭거듭 "여호와의 안식일들"을 "거룩하게 지키고" "더럽히지" 않아야 할 "여호와와 그 신실한 자들간의 표징"이라고 말한다(20:12 ff.; 22:8, 26; 23:38).

동일한 상황에서 할례의 관습도 마찬가지로 중요시되었을 것이다. 그런데 에스겔서에는 할례에 관한 언급이 없는 것으로 보아 이 관습은 나중에야 중요시되었을 것이다. 이 관습은 이스라엘이 이제까지 살아왔던 수리아-팔레스타인 지역 및 이집트에서 일반적으로 행해져 왔었다. 오직 블레셋인들만이 이스라엘 주변국들 중에서는 "무할례자들"로서 이방인들이었던 것으로 보인다. 그러므로 이 관습은 이 지역에서는 특별한 표징이 될 수 없었다.

그러나 먼 옛날부터 이 관습은 메소포타미아에서는 없었기 때문에 하나의 "표징", "나(하나님)와 너희 사이의 언약의 표징"(창 17:11)이 될 수 있었다. 따라서 증명할 수는 없지만, 엄밀한 의미에서는 종교적이지 않았지만 어쨌든 특정한 예배 처소와 결부되어 있지 않았던 할례의 관습은 바빌로니아로 끌려간 자들 가운데서 중요성을 획득하게 되었고 그 의미도 확대되었을 가능성이 크다.

시간이 흐르면서 그들의 특별한 상황에서 중요하게 되었던 관습들이 온 이스라엘에서 커다란 비중을 차지하게 되면서 이 집단의 영향력은 중요하게 되었다. 방대한 오경 전승에서 가장 최근의 자료층인 이른바 제사장 법전은 안식을 세상의 창조와 연결시키고(창 2:3) 할례를 이스라엘 역사의 근본을 이루는 하나님과 아브라함의 "언약"의 "표징"으로 해석하고 있다(창 17:11). 제사장 법전이 바빌로니아로 끌려간 자들 가운데서 씌어졌다는 것은 입증하기 불가능하고 단지 그랬을 가능성만을 보일 수 있을 뿐이다.

안식일과 할례의 준수를 매우 강조하고 있다는 것은 이 관습들이 이스라엘 전체에 걸쳐 근본적으로 중요하게 되었다는 것을 보여준다. 그리고 한편으로는 제사장 법전 및 그것을 토대로 한 오경으로 인하여 이 관습들은 이스라엘 중에서 크게 부각되었다고도 할 수 있다.

주전 8세기 중엽에 앗수르인들이 개입한 이래로 이스라엘의 상황은 점점 더 어려워졌다. 그리고 주전 587년에 그나마 명맥을 유지해 오던 정치적 독립성마저 상실하게 되면서 외적인 상황은 거의 절망적이었다. 이제 이스라엘은 자신의 삶을 스스로 유지하고 지켜나가기 위한 독자적인 행동을 취할 수 있는 거의 모든 기회를 빼앗긴 채 세계사적인 사건들에 의해 완전히 쇠우지되게 되었다. 이런 사정은 팔레스타인에 남아 있던 지파들이나 이집트와 바빌로니아에 살던 집단들에게나 마찬가지였다.

근본적으로 이스라엘은 이제 과거의 전통들 위에서 살고 있었다. 과거의 역사와 전통들을 뒤돌아보는 것이 그들의 삶의 전부였다. 그들은 자신들이 고수해 나갈 수 있는 것이라면 그 무엇이든지 꽉 붙잡았다. 그리고 바로 그런 것들이 특별한 중요성을 띠게 되었다. 그러나 이러한 전통들은 그 내용이 너무 방대해서 그 모든 개별적인 부분들을 전체적으로 통합하여 지켜나가기가 어려웠다.

수리아-팔레스타인에 살던 모든 민족들도 이스라엘과 마찬가지로 그 정치적 독립성을 상실하고 그 상류계층이 각 곳으로 흩어지고 강제이주되는 운명을 겪었었다. 그러나 이 민족들 가운데 이스라엘처럼 자신의 독특한 민족성과 생활방식을 보존한 민족은 없었다. 이제 이스라엘의 이러한 독특성은 다음과 같이 역사적으로 구체적인 결과를 낳게 되었다. 이스라엘이 회고한 전승들은 장래에 대한 것도 포함하고 있었다.

과거 한 세기 반 동안의 처절한 사건들의 와중에서 주전 8세기와 7세기의 선지자들은 하나님의 심판—임박한, 그리고 실제로 이미 행해지고 있는—에 관한 경고의 말들을 선포하였을 뿐만 아니라 이따금 이스라엘을 향하신 하나님의 장래 계획에 대해서도 말을 했었다. 최후의 멸망이 가져다준 충격이 채 가시지 않은 시기에는 장래의 회복에 대한 소망을 갖기가 어려웠을 것이고 대다수의 사람들은 그런 소망을 더 이상 믿지 않았을 것이다.

그렇지만 외적인 상황이 아무리 암울했을 때에도 이러한 소망은 결코 죽지 않았다. 아니 오히려 상황이 암울하면 할수록 그러한 소망은 점점 더 되살아났을 것이다. 그리고 그들에게 약속된 새로운 미래에 대한 소망은 이스라엘이 한데 뭉쳐 거대한 세계 제국의 많은 민족들 가운데서 이 민족의 특수성에 대한 인식을 유지하는 데 도움을 주었다. 희미하게 남아 있는 소망의 불씨에 바람을 부쳐 다시 타오르게 하기 위해서는 세계의 역사적 상황에 있어서의 근본적인 변화에 대한 합당한 전망이 필요하였다.

제2장

페르시아와 마케도니아의 지배

25. 예루살렘 성소와 제의의 중건

　신바빌로니아 제국은 오래가지 않았다. 이 제국은 주전 562년에 느부갓네살이 죽자 급속하게 쇠퇴하였다. 주전 555년에 왕위에 오른 이 제국의 마지막 왕 나보니두스(Nabu-na'id)는 이상한 성격을 가진 인물로서, 정치 조직이 무너지는 것을 방관하였고, 바벨론에 있던 제국 신 마르둑의 제사장들과 사이가 나빠졌다. 그러나 그러는 동안에 가까운 이란 고원지대에서는 곧 고대 오리엔트 전역의 역사에 결정적인 영향을 미칠 사건들이 벌어지고 있었다. 메대인들은 전에 앗수르 제국을 멸망시키는 데 결정적인 역할을 한 바 있었다. 그 승리의 대가로 그들은 메대의 본토 외에 앗수르 영토의 북부 지역을 획득하였고, 서쪽으로 할리스 강에 이르기까지 아르메니아와 소아시아로 세력을 확장하였다. 남동쪽에서 그들은 옛 엘람(Elam)을 통치하고 있던 아케메네스(Achaemenes) 왕가의 페르시아 통치자들을 복속시켰다.[1]
　이 아케메네스 왕가는 주전 6세기 중엽에 메대를 멸망시킨 장본인이었다. 인접한 메대 제국의 군사력을 두려워했던 신바빌로니아 왕 나보니두스(Nabonidus)와 연합하여 아케메네스 왕가의 고레스는 왕의 독재에 반기를

---

1) Cf. P. J. Junge, *Dareios I, König der Perser* (1944), pp. 14 ff.

든 메대의 귀족들 가운데 어떤 진영의 도움을 받아 메대 왕 아스티아게스 (Astyages)를 무너뜨렸다. 고레스는 메대와 페르시아의 귀족계급에 의해 메대와 페르시아의 왕으로 추대되었고, 메대의 수도 엑바타나(Ecbatana)에서 거대한 이란 제국을 통치하였다. 이제 바빌로니아는 두려웠던 메대 왕조 대신에 보다 더 위험스러운 페르시아 왕조가 인근에서 등장하는 것을 보게 되었다.

먼저 고레스는 서쪽과 동쪽으로 자신의 세력을 보다 확장하였다. 그의 제국 서쪽으로는 소아시아의 서쪽 지역에 주전 7세기 초에 생겨난 리디아 왕국이 인접해 있었는데, 이 리디아 왕국은 헷 제국이 붕괴한 이래로 소아시아 땅에서 출현한 최초의 강국이었다. 부자인 것으로 소문난 리디아 왕 크로이소스(Croesus)는 고레스와 동시대 인물이었다.

고레스의 손에 의해 메대 왕조가 무너지면서 이란이 불안정하게 되자 크로이소스는 메대와 페르시아 왕국을 침공하였으나, 주전 546년에 고레스에게 참패를 당하고 페르시아 왕에게 자신의 왕국을 빼앗기게 되었다. 따라서 그후로 페르시아 제국의 세력은 소아시아의 서쪽 해안까지 확대되었다. 고레스는 이란 동쪽의 광대한 영토들을 복속시킴으로써 엄청난 세력을 수중에 넣게 되었다.

신바빌로니아 제국은 이러한 사건들을 보고 큰 불안을 느낄 수밖에 없었다. 그러나 신민(臣民)들은 신바빌로니아 세력이 곧 무너질 것이라는 소망을 가질 수 있게 되었다. 바빌로니아로 끌려간 유다인들은 승승장구하며 강성해져 가는 고레스를 큰 기대의 눈초리로 바라보았다. 이때에 주전 8세기와 7세기의 예언을 계승하여 모든 역사의 유일한 주재자인 이스라엘의 하나님이 곧 새로이 개입할 것이라고 예언하였던 '제2이사야'(사 40-55장)라 불리는 선지자는 자신의 예언에서 고레스를 때로는 이름까지 거명해 가며(사 44:28; 45:1) 하나님의 도구로서 하나님에 의해 통치 권력을 부여받은 왕이라 하면서 바벨론은 곧 멸망할 것이라고 아주 분명하게 예언하였다(사 47장).

분명히 바빌로니아로 끌려간 자들 중의 한 사람이었을 제2이사야가 가까운 이란에서 일어난 역사적 사건들을 토대로 예언을 한 것인지 아니면 예언 전승을 바탕으로 하나님 나라의 도래(到來)와 이스라엘의 중건에 관한 종말론적 기대들 속에 승승장구하는 고레스라는 인물을 끼워넣은 것인지를 확실히 알 수는 없다.[2] 어쨌든 바빌로니아에 끌려간 사람들은 그의 말을 기쁜 마음으로 경청하였고 그들의 처지에 변화가 올 것이라는 소망으로 부풀어올랐다.

실제로 예상한 대로 신바빌로니아 제국에 대한 고레스의 공격은 매우 빨리 찾아왔다. 고레스가 자신의 시야에 보이는 데까지 모든 방면으로 자신의 세력을 확장했을 때, 그가 복속시켜야 할 유일하게 남은 세력은 메소포타미아와 수리아-팔레스타인을 통치하고 있던 신바빌로니아 제국이었다. 그는 틀림없이 자신의 세력이 이 제국의 세력보다 월등히 우월하기 때문에 공격하기만 하면 곧 이 제국을 무너뜨릴 수 있다는 것을 알고 있었을 것이다. 그는 주전 539년에 나보니두스에 대한 공격에 나섰다. 그는 자신의 고관(高官) 중의 한 사람인 고브리아스(Gobryas)에게 그를 공격하라고 명령하였다. 나보니두스는 대회전(大會戰)에서 패배하였고, 곧이어 승리자들은 느부갓네살이 신바빌로니아 제국의 왕도(王都)로 웅장한 규모로 눈부시게 발전시켜 놓았던 바벨론 성을 점령하였다.

그런 후에 고레스는 나보니두스의 통치에 불만을 가졌던 마르둑의 제사장들과 많은 바빌로니아인들에 의해 해방자로 환영을 받으며 유서깊은 바벨론 성에 입성하였다. 이렇게 하여 신바빌로니아 제국은 그에게 넘어갔다. 메소포타미아는 별 어려움 없이 그에게 순복하였을 것이고, 수리아-팔레스타인도 비록 고레스가 군대를 이끌고 거기에 나타나지조차 않았지만 별 소동 없이 이 강력한 승리자를 인정했을 것이다. 그의 아들이자 후계자인 캄비세스(Cambyses)가 주전 525년에 이집트를 복속시킴으로써, 고대 오리엔트 전 지역은 한 제국으로 통일되었고, 이 제국은 주전 7세기 전반에 전성기에 달했을 때 고대 오리엔트의 전 역사에서 가장 광대한 세력이었던 신앗수르 제국의 규모를 훨씬 능가하였다. 이스라엘은 옛 본국에 남아 있던 사람들과 본

---

2) Cf. J. Begrich, *Studien zu Deuterojesaja* (1938).

국에서 멀리 떨어져 살던 집단들 모두 이제 한 황제의 수중에 들어가게 되었다.

그러나 페르시아 제국의 창건은 단순한 주군(主君)의 교체 및 한층 강화된 권력 집중 이상의 것을 의미하였다. 앗수르 및 바빌로니아 왕들과는 대조적으로 페르시아 왕들은 제국 내의 수많은 신민(臣民)들을 다루는 데 있어서 근본적으로 다른 정책을 채택하였다―그리고 이것은 이스라엘에게도 중요한 것이었다. 앗수르와 바빌로니아 왕들은 속국 지역들 내의 원주민들의 뿌리를 뽑아버리고 그들의 감독 하에 둠과 동시에 상류 계층들을 강제이주시킴으로써 제국 내의 수많은 신민(臣民)들을 획일화하고 황제를 최고권력자로 한 지배계층을 속주들에 둠으로써 가능한 한 그들의 권력을 확보하고자 하였다. 특히 그들은 지역 종교들을 용납하는 가운데 공식 종교를 도입하였다―적어도 속주의 수도들에는.

그러나 페르시아 왕들은 자비와 관용으로 인한 것은 아니었지만 어쨌든 신민(臣民)들의 전통과 특성을 존중하였다. 그들이 실권을 장악하고 있었다는 것은 말할 필요도 없다. 실권은 왕에게 집중되어 있었다. 그리고 제국의 고관들―제국이 다리오 1세에 의해 속령(屬領)으로 분할된 후에 이들은 큰 권한을 가진 태수들이 되었다―은 광대한 제국의 모든 지역에서 페르시아인들로 충원되었다. 그럼에도 불구하고 신민(臣民)들로 하여금 제국의 기본 시책들의 범위 내에서 독자적인 삶을 발전시켜나갈 것을 허용하였을 뿐만 아니라 권장하기까지 하였는데, 이것이 페르시아의 공식적인 정책의 원칙이었다―물론 그들 자신의 이익을 위해서.

이것은 아주 많은 민족들을 포괄하였던 제국에서 언어 문제에 대한 공식적인 규제에서 볼 수 있다. 아케메네스 왕조의 초기 왕들이 세운 거대한 기념비에 새겨져 있는 비문들은 바빌로니아어, 고대 페르시아어, 엘람어[3] 등 세 가지 언어로 씌어 있다. 이 세 언어는 모두 메소포타미아에서 유래한 쐐

---

3) Elam은 페르시아의 세력이 강성해지기 전에도 그 지배 아래 있었다.
4) Cf. F. H. Weissbach, *Die Keilinschriften der Achämeniden* (1911).

기문자로 되어 있다.⁴⁾ 이제까지 고대 오리엔트의 황제들은 당시에 세력을 잡고 있던 민족의 언어로 비문들을 기록하였을 따름이었다. 아케메네스 왕조의 비문들이 세 가지 언어로 되어 있다는 사실은 어쨌든 이 점에 있어서는 신민(臣民)들을 승리자들과 대등하게 다루었다는 것을 보여준다.

그러나 제국 내의 공문(公文)에는 지역 사정에 따라 더 많은 공용어들이 허용되었고, 이 공용어들은 중앙 정부와 주고받는 공문(公文)에서도 사용되었다. 따라서 아람어는 수리아-팔레스타인과 이집트 전역에 걸쳐 공용어가 되었다. 아람어는 아람족이 주전 2천년대 말에 이 땅을 점령한 이래로 중부 및 북부 수리아에서 일상언어로 꽤 널리 퍼져 있었고 점점 더 가나안 세계에서 유래한 알파벳 문자로 기록되게 되었다.

신앗수르 제국 말기에 아람어는 간단한 알파벳 문자를 사용하여 쓰고 읽을 수 있었기 때문에 메소포타미아, 수리아-팔레스타인, 이집트의 비(非)아람어권 지역들에서 어쨌든 처음에는 일상언어로서가 아니라 왕의 관리들 및 서기관들, 상인들에 의해 사용된 상용어(商用語) 그러니까 일종의 국제어로 통용되었다.⁵⁾ 따라서 아람어는 이미 매우 널리 통용되었기 때문에 자연스럽게 페르시아 제국의 주요 지역과 수리아-팔레스타인, 이집트에서 공용어로 사용될 수 있는 유일한 언어였다.

---

5) 특히 열왕기하 18:26을 참조하라. 이에 의하면, 이미 주전 8세기 말에—관련된 예언자 이야기가 시대를 착각하여 한 세기 후의 상황을 묘사한 것이 아니라면—예루살렘 사람들은 아직 아람어를 할 수 없었으나, 유다 왕들의 신하들 및 당시에 예루살렘을 포위하고 있던 앗수르의 고관들과 군관은 아람어를 할 수 있었다. 여기서 군관은 그렇다 치더라도—이 설화에서는 그가 '유다어'도 할 수 있었다고 단순하게 전제하고 있다—이 구절은 분명히 앗수르 시대 말기에 수리아-팔레스타인의 전형적인 상황을 보여주고 있다. 이와 관련하여 1942년에 이집트의 sakkara에서 발견된 한 남부 팔레스타인의 통치자의 서신—그의 이름과 주거지는 불행히도 단편적으로 남아 있는 본문 속에 보존되어 있지 않았다—은 매우 의미심장하다. 이 서신은 신바빌로니아 통치 시대에 이집트의 파라오에게 보내진 것으로서 발신자나 수신자에게 모국어가 아니었던 아람어로 씌어졌다. (본문은 H. L. Ginsberg, BASOR, III〔1948〕, p. 25에 나와 있다.) 알파벳 문자로 씌어진 아람어는 이 시기에 아마르나 시대에 쐐기문자로 씌어진 바빌로니아어와 마찬가지로 국제 공용어로 사용되었다.

페르시아 제국의 남서 지역에서 아람어가 공식적으로 사용된 것은 이 언어의 발전에 중대한 영향을 미쳤다. 이로 인하여 아람어를 일상언어로 사용하는 것이 촉진되었을 뿐만 아니라 수리아-팔레스타인에서 아람어는 시간이 흐르면서 이전의 가나안 방언들을 거의 완전히 몰아내었다—공문(公文)에서 특정한 형태의 언어가 발전되어 이른바 '제국 아람어'[6]라는 특수한 정서법(正書法)이 등장하였고, 이 제국 아람어는 그후에 발전된 아람어 방언들의 토대가 되었다.

그러나 언어 문제에 있어서 제국에 사는 많은 민족들의 생활에 대한 이러한 배려보다 더 중요한 것은 전통적인 지역 종교들에 대한 페르시아 정부의 태도였다. 종교는 신민(臣民)들이 자신들의 존재 자체와 특히 밀접하게 결부되어 있다고 생각하는 분야였고, 그 중요성은 그들의 정치적 후견인에 의해서만 고양될 수 있었다. 페르시아 왕들은 신민(臣民)들에 대한 회유책의 일환으로 이 문제를 특히 신중하게 다루었다. 이 현명한 정책을 통하여 그들은 제국의 기반을 공고하게 하고자 했다. 이것은 어느 정도 성공했다고 할 수 있는데, 우리는 이를 보여주는 뚜렷한 증거들을 여러 자료들을 통하여 확인할 수 있다.

바벨론 성에 입성한 뒤 고레스는 신바빌로니아 왕 나보니두스가 멋대로 바벨론 성으로 옮겨 놓았던 신상(神像)들을 제자리에 갖다 놓는 등 메소포타미아의 지역 종교들을 부활시킴으로써 나보니두스와는 대조적으로 자신이 옛 종교 전통들의 보호자임을 부각시켰다.[7] 이집트를 복속시키는 데 성공하였고 자신의 독재적이고 잔인한 성격으로 인하여 사람들로부터 미움을 받은, 고레스의 아들이자 후계자인 캄비세스(주전 529-522)도 기본적으로 동일한 노선을 추구하였다.

---

6) 이 개념에 대해서는 cf. H. H. Schaeder, *Iranische Beiträge*, I (Schriften der Königsberger Gelehrten Gesellschaft, geisteswiss. Kl. VI, 5 [1930]), pp. 27 ff.; the same, Esra der Schreiber (1930), p. 41.
7) Cf. 이른바 Cyrus-Cylinder (Weissbach, op. cit. pp. 2 ff.; AOT², pp. 368 ff.; TGI, pp 70 ff.; ANET, pp. 315 f., DOTT, pp. 92-94, Pl. 6), II. 33 ff.

캄비세스가 이집트를 정복할 때 온갖 잔인하고 무자비한 파괴를 자행했지만, 종교 전통들만은 존중하였고 필요한 경우에는 그 전통들을 복원시켰다는 증거가 이집트측의 자료에도 나온다. 그는 이 땅의 전통에 따라 이집트 왕으로서 이집트식 왕호를 사용하였을 뿐만 아니라 삼각주 지대에 있는 사이스(Sais) 성—이 곳은 그가 폐한 마지막 이집트 왕조의 본거지였고 그 자신도 이 곳을 수도로 생각했을 것이다—에서 오래된 네이드(Neid) 여신 숭배에도 관심을 보였다.

우자홀(Uzahor)의 비문[8]에 의하면, 그의 건의에 따라 캄비세스는 네이드 신전에 그 동안에 침투해 있던 이방적인 요소들을 제거하여 "신전을 정화(淨化)하였고" "신의 소유를 옛날처럼 위대한 모신(母神) 네이드와 사이스의 위대한 신들에게 주었고" "모든 축제들과 행사들도 옛날처럼 거행하도록" 하였다고 한다. 그러나 엘레판틴 섬의 식민지에 살던 이스라엘 사람들은, 캄비세스가 이집트에 들어와서 자기들의 성전은 전혀 손상시키지 않았으나 이집트 신들의 신전들은 무너뜨렸다고 기록하고 있다.[9]

다리오(Darius)는 신민(臣民)들의 종교 전통을 보존하고 증진시키는 데 한층 더 노력을 기울였다. 이러한 것을 보여주는 가장 중요한 증거는 그가 서부 소아시아의 메안델(Meander)에 있던 마그네시아(Magnesia) 지구의 왕실 소유지를 관리하던 페르시아인 가다타스(Gadatas)에게 보낸 칙령이다. 이 칙령은 후에 로마 시대에 돌에 새겨져서 우리에게 전해지게 되었다.[10] 이 칙령은 서부 소아시아의 페르시아 행정관청의 공용어였던 것으로 보이는 헬라어로 쓰여져 있다. "신들에 대한 왕실의 방침"을 보여주는 이 칙령은 이 칙령의 내용이 종교 제도들과 관습들에 대한 페르시아 제국의 근본적인 방침으로부터 나왔다는 점에서 특히 중요하다.

---

8) 번역문은 R. Kittle, *Geschichte des Volkes Israel*, III (1927/29), p. 291, note 1을 참조하라.
9) Pap. Cowley. No. 30 (AOT², pp. 450 ff., ANET, p. 492, DOTT, pp. 262 f.), II. 13 f.
10) 헬라어 본문은 Ed. Meyer, *Die Entstehung des Judentums* (1896), pp. 19 f.

이 칙령은 나아가 이러한 방침이 "선왕들"로부터 시행되어 내려온 것이었다고 밝힌다. 이 칙령에서는 왕의 이러한 근본적인 방침을 무시하고 "아폴로 신전의 정원사"에게 세를 부과하고 세속적인 강제노역을 시킨 것을 가다타스가 즉각 중지하지 않으면 왕의 진노를 사게 될 것이라고 경고하고 있다. 달리 말하면, 가다타스는 제의에 종사하는 사람들의 전통적인 특권을 침해하였던 것이다. 후기의 아케메네스 왕조에 있어서는 주전 419년에 나온 유월절에 관한 다리오 2세의 포고령만이 엘레판틴 파피루스 가운데서 발견되었다.[11]

불행히도 보존상태가 나쁜 이 문서에는 이집트의 페르시아인 태수에게 보낸 왕의 칙령이 담겨 있는데, 거기에서 왕은 유월절과 무교절을 당시의 규례에 정확히 맞추어서 엘레판틴에서 거행할 것을 명하고 있다. 불행히도 이 칙령이 나오게 된 정확한 배경은 알려져 있지 않다. 페르시아 정부가 거대한 제국 내의 수많은 종교들의 세부적인 사항까지 신경을 썼다고 보기는 어렵다. 보고(報告)나 탄원을 통하여 분명한 악폐들을 알게 되었을 때―이 후자의 사례와 가다타스에게 보내진 칙령의 경우처럼―페르시아 정부는 오래된 지역 종교 제도들을 보존하고 회복시킨다는 아주 명확한 공식 방침을 가지고 개입했을 것이다.

아주 중요한 결과들을 가져왔던 성전 중건에 관한 고레스의 칙령도 이러한 배경에서 나온 것이다. 공용어인 제국 아람어로 쓰어진 이 칙령의 본문은 대부분의 수리아-팔레스타인을 포괄하였던 거대한 속령(屬領) '강 서편'[12]의 태수―이 태수는 다메섹에 거주하였을 것이다―와 왕실간에 오고간 다리오 1세 때의 공문서 중의 일부로서, 에스라 6장 3-5절을 통해 우리에게 전해져 왔다. 예루살렘 성전 중건을 허가할 것이냐는 문제를 다루고 있는 이 공문은, 중건 공사를 허락할 것인가에 대한 태수의 질의(質疑)와 고레스의 기본

---

11) Pap. Cowley, No. 21; cf. AOT², p. 453 and TGI, p 73, ANET, p. 491, DOTT, pp. 258-260.
12) 이 태수령에 대한 공식적인 아람어 명칭은 עבר נהרא ('강〔유프라테스〕 너머'였다 (메소포타미아에서 보았을 때).

칙령을 그대로 인용한 회답(回答)으로 되어 있다(스 5:6-6:12). 예루살렘의 종교 공동체에 무척 중요하였던 이 공문은 어떤 경로를 통하여 알려져서 그 사본이 예루살렘에 보존되었다.

상당한 세월이 지난 후에 이 공문은 예루살렘 도성의 중건과 관련된 다른 공문과 함께 이야기로 짜여진 아람어 문서 모음에 포함되어졌다. 이 모음은 현재 에스라 4장 6절-6장 18절에서 찾아볼 수 있고, 이 모음을 역대기사가는 에스라 1-6장의 사건들을 서술하는 데 주된 자료로 활용할 수 있었다.[13]

"고레스 왕 원년"—그가 이전의 신바빌로니아 제국에 대한 통치를 시작한 첫 해, 달리 말하면 주전 538년—에 나온 고레스의 칙령은 "예루살렘의 하나님의 집을 희생제물들을 죽이고 '불의 희생제사들'(?)을 드리던 관습이 있던 곳에 〔다시〕 지으라", 즉 종교 의식이 계속해서 거행되고 있었던 이전의 성소 터에 지으라고 명하고 있다. 중건에 소요되는 물자는 "왕실에서", 즉 국고에서 조달하도록 되어 있었다. 끝으로, 이 칙령은 느부갓네살이 전리품으로 바벨론으로 가져와서 그때까지 거기에 보관해 두었던 이전의 왕실 성소의 값진 기물(器物)들을 중건된 성전에 돌려줄 것을 명하고 있다. 따라서 고레스의 칙령은 보상 행위로서 분명히 페르시아 왕들의 정책에 따라 옛 종교 제도들을 회복시킨 다른 사례들과 맥을 같이 한다.

고레스가 신바빌로니아 영토를 장악한 후에 신바빌로니아 제국의 일부로서 그에게 주어졌지만 결코 발을 들여놓은 적도 없는 땅에서 일어난 그리 중요치 않은 지역 제의에 관한 문제에 어떻게 해서 관심을 갖게 되었는지가 궁금하다. 이 조치는 분명히 고레스의 주도로 이루어진 것은 아닐 것이다. 그러나 바빌로니아로 끌려간 유다인들 중 몇몇이 메소포타미아에서 고레스가

---

13) 자주 의심받아 왔고 오늘날에도 여전히 이따금 의심받고 있는 이 문서들의 진정성은 특히 Ed. Meyer, *Die Entstehung des Judentums* (1896), pp. 8 ff.에 의해 자세하고 매우 분명하게 입증되었다. 아람어로 쓰여진 에스라 4:(6),7-6:18 및 그 구성 부분들의 문헌 출처에 관한 문제에 대해서는 cf. M. Noth, *Überlieferungsgeschichtliche Studien*, I (1943), pp 151 ff.

옛 종교들을 회복시키는 모습을 지켜보고는, 신바빌로니아 통치자가 예루살렘의 성소를 파괴하였는데 이제는 복구되어야 한다는 것을 페르시아 궁정으로 하여금 알게 하였고, 이를 증명하기 위하여 그 성소에서 전리품으로 훔쳐 온 기물들이 바벨론에 있다는 것도 알려주었을 것이다.

바벨론에서 이 증거를 찾기는 어렵지 않았다. 끌려간 자들이나 본국에 남아 있던 지파들에게나 여러 곳으로 흩어져 살고 있던 옛 이스라엘의 집단들에게 성전 중건은 기본적으로 중요한 문제였다. 왜냐하면 아주 오랫동안 예루살렘에 있었던 지파 동맹의 중앙 성소는 여전히 이 전승들을 고수하고 있던 이스라엘의 구심점이었기 때문이다. 고레스가 예루살렘 성전을 중건하도록 공식적으로 명령을 내렸다고 해서 제2이사야가 역사에서 최후의 결정적인 변화를 가져올 하나님의 도구로서의 고레스에게 걸었던 기대들이 이루어진 것은 결코 아니었으나, 그것은 고레스의 출현과 결부되어 있었던 상황의 근본적인 변화와 호전(好轉)에 대한 소망이 근거없는 것이 아니었음을 보여주었다.

어떤 학자들은 고레스가 성전을 중건하는 데 국고를 사용하도록 했을 리가 없다고 주장하며 이 점을 에스라 6장 3-5절에 인용된 이 칙령의 진정성을 반박하는 논거로 사용해 왔다. 그러나 이러한 조치는 필요한 경우에는 국고 지원을 해서라도 지역 종교들을 후원하라는 방침과 일치한 것이다. 예루살렘 성전의 경우에는 특히 그렇게 하도록 할 만한 이유가 있었다. 느부갓네살은 성전을 파괴하고 약탈하였다. 따라서 신바빌로니아를 이어받아 종교 문제에서 의도적으로 다른 정책을 채택하고 있었던 고레스로서는 느부갓네살에 의해 자행된 잘못된 일을 바로잡을 충분한 이유가 있었고, 아울러 예루살렘 성전은 이전의 왕실 성소로서 이를 돌보는 일은 이전의 유다 왕들의 법적인 계승자인 페르시아 황제의 책무였다. 그리고 고레스는 성전 중건에 드는 비용을 스스로 책임졌기 때문에 새로운 건축 양식에 관한 몇 가지 일반적인 지시를 했다(스 6:4a).

고레스의 칙령은 오로지 성소의 중건만을 언급하고 있다. 나중에 역대기 사가는 '포수(捕囚)' 이후의 새로운 출발에 관한 역사를 서술하면서 자신이 잘 알고 있던 성전 중건에 대한 명령과 관련있는 문서의 본문을 토대로 끌려간 자들에게 본국으로 돌아갈 자유를 허가한 내용을 히브리어로 기록해 두었다(스 1:2-4). 그는 옛 고국, 특히 예루살렘 도성을 거의 사람이 살지 않는 폐허로 생각했기 때문에, 고레스가 중건 역사(役事)를 위해 필요한 인력을 조달하도록 하기 위하여 포로로 잡혀간 자들이 고국으로 돌아가 이 역사(役事)를 진행할 수 있도록 허락하였다는 결론을 내리지 않을 수 없었을 것이다. 팔레스타인에는 극히 소규모의 동포들이 남아 있고(cf. 왕하 25:12) 이전의 이스라엘 왕국에 설치된 속주들에는 이방인 상류계층들만이 머물고 있다고 그는 생각한 것이었다.

또한 그는 이 사람들 중 그 누구도 성전 중건이라는 거룩한 역사(役事)에 참여하지 않은 것으로 생각하였다. 그는 이스라엘 역사의 정통성은 성전 중건이 가능하다면 많은 사람들이 고국으로 돌아오리라 생각되었던 바빌로니아로 끌려간 유다인들이 잇고 있다고 보았다. 그래서 그는 고레스 칙령의 원문을 자기가 보기에 객관적으로 꼭 필요하고 역사적으로 적절하다고 생각되는 방식으로 보완하였던 것이다. 사실 고레스 칙령에는 포로된 자들의 귀환 문제는 전혀 언급이 없었다. 고국 땅에는 지파들의 상당수가 남아 있었고 느부갓네살이 성전을 파괴한 후에도 거룩한 곳에서 계속해서 종교 의식을 거행하고 있었기 때문에, 성전을 중건하는 데 이 포로된 자들이 꼭 귀환할 필요는 없었던 것이다. 그들은 이제 성전 중건에 착수할 수 있었다.

이때 포로된 자들 중에서 일부는 예루살렘과 유다 땅으로 돌아왔고, 페르시아인들은 그들의 귀환을 방해하지 않았을 것이다. 그러나 고국으로 돌아온 자들의 수(數)는 그리 많지 않았을 것이다. 특히 대다수의 성읍들과 촌락들이 파괴된 채 아직 중건되지 않고 있었고, 예루살렘 도성 자체도 대부분이 폐허 상태로 있는 등 고국 땅의 여건이 별로 좋지 않았던 것도 그 이유 중의 하나일 것이다.[14]

---

14) 에스라 2:1-67(68) = 느헤미야 7:6-69(71)에는 긴 명단이 나오는데, 이것이 역대기사가가 전승 자료를 그대로 사용한 것인지 아니면 후대에 삽입된 것인지는 확실치 않다. 이 명단은 고국으로 귀환한 포로들의 명단으로 소개되어 있다. 그

고레스의 칙령에도 불구하고 실제로 상황이 전혀 고무적이지 않았다는 것은 성전 중건이 가슴 아플 정도로 느리게 진전되었다는 사실에서도 잘 나타난다. 고레스는 자신의 칙령이 시행되도록 하기 위하여 특별 명령을 내려야 했다. 위에서 말했듯이 '강 서편' 태수가 다리오 1세에게 보낸 공문(公文)에서 활용되었던 예루살렘과 유다의 장로들의 정보에 의하면, 고레스는 세스바살(Sheshbazzar)이라는 인물[15]에게 성전의 기물들을 예루살렘으로 가져가고 성전 중건을 책임지는 임무를 맡겼고, 세스바살은 어쨌든 새로운 성전의 토대를 놓았다(스 5:14-16).

세스바살은 고레스에 의해 임명된 "총독"[16]이었다(스 5:14). 그렇지만 그가 어떤 공식적인 직함을 지녔는지는 확실치 않다. 그는 독립된 속주로 존재했거나 별개의 속주로 재편성되었던 유다 속주의 총독이었는가 아니면 사마리아 속주의 통치 아래 있던 유다 특별구의 총독 대리였는가? 아니면 그는 총독이라는 공식적인 직함을 지닌 것이 아니라 단지 에스라 5장 15절에 나오는 고레스의 지시에 따라 성전 기물들을 예루살렘으로 옮기고 성전을 중건할 책임을 맡은 판무관(辦務官)이었는가?[17]

이에 대하여 확실한 대답을 하기는 어렵다. 우리가 확실히 알 수 있는 것은 고레스가 실제로 자신의 칙령을 시행하기 위하여 명확한 임무를 그에게 부여하였다는 것뿐이다. 또한 우리는 세스바살이 누구였는지도 모른다. 그가 지닌 바빌로니아식 이름은 그가 페르시아 관리가 아니었음을 보여준다. 바빌

러나 이 명단이 과연 그런 명단인지 또는 이 명단에 나오는 사람들의 귀환이 언제 이루어졌는지를 아는 것은 불가능하다. cf. K. Galling, JBL, 70 (1951), pp. 149 ff.

15) 이 표기는 바빌로니아식 이름 Samasapla-usur를 그대로 재현한 것이다. 역대기사가는 다시 가져와진 성전 기명들의 목록―진정한 것이든 만들어낸 것이든―과 관련하여 에스라 1:7-11에서 세스바살을 언급하면서 (에스라 1:7-11에 대해서는 K, Galling, ZDPV, 60 [1937], pp. 177-183을 참조하라) 자발적으로 그에게 "유다 목백"이라고 칭하고 있다.

16) 히브리어-아람어로 פחה의 의미가 그리 분명하지 않은데 아마도 페르시아의 태수 또는 속주 총독을 말하고 있는 것 같다.

17) 후자의 의미에 대해서는 Galling, op. cit. p. 179을 보라.

로니아인에게 임무가 맡겨진 이유가 분명하지 않기 때문에, 그는 바빌로니아에 끌려간 다른 사람들과 마찬가지로 바빌로니아식 이름을 지니게 되었고[18] 이런저런 이유로 페르시아 정부에게 이 임무에 적합한 인물로 보였던 유다인 포로였을 가능성이 크다.

그를 포로로 끌려간 유다 왕 여호야긴의 아들들의 명단 가운데 네번째로 나오는 역대기상 3장 18절의 세낫살 같은 어떤 알려진 인물[19]과 동일시하려는 시도는 쓸데없는 짓이다.[20] 페르시아 정부가 성전 중건에 관한 왕의 칙령을 시행하는 임무를 다윗 왕가의 왕손에게 맡겼을 가능성은 있지만, 세스바살을 세낫살과 동일시할 수는 없다.[21] 세스바살이라는 인물에 관하여 우리가 알고 있는 것은 에스라 5장 14-16절에 나오는 내용뿐이라는 사실을 그대로 받아들이는 편이 더 낫다.

새로운 성전의 토대는 지체없이 놓아졌다. 그러나 그런 후에 역사(役事)는 중단되었다. 그 이유는 학개서 1장 1-11절에 나오는 예언의 말로부터 추론해 볼 수 있다. 예루살렘과 그 주변 땅의 상황은 극히 나쁘고 절망적이었기 때문에 아무도 성소를 중건하는 역사(役事)에 열심을 낼 수 없었고, 역사(役事)의 비용을 국고에서 조달하라는 왕의 명령이 있었음에도 그것으로는 공사를 시작할 충분한 유인(誘因)이 되지 못하였다. "여호와의 전을 건축할 시기가 이르지 아니하였다"(학 1:2). 사람들은 여전히 자신들의 고민과 걱정에 온통 휩싸여 있었고 "너희는 각각 자기의 집에 빨랐음이라"(학 1:9). 이미 "판벽한 집"(학 1:4)에 사는 사람들도 있긴 하였지만 그 수는 극히 적었

---

18) 예를 들면, 나중에 언급하게 될 스룹바벨, 다니엘 1:7, 그리고 M. Noth, *Die israelitischen Personennamen* (1928), p. 63을 참조하라.
19) 역대기사가는 그를 스룹바벨과 구별하지 않는 것 같다. 왜냐하면 역대기사가는 암묵적으로 세스바살의 명령들이 스룹바벨에 의해 수행되는 것으로 보았기 때문이다(스 3:1 ff.).
20) 특히 Ed. Meyer, op. cit. pp. 75 ff.과 최근의 것으로는 E. Sellin, *Geschichte des israelitisch-jüdischen Volkes*, II (1932). pp. 83 f.
21) 칠십인역의 사본들이 이 두 이름이 동일할 가능성을 시사해 주는 것처럼 보인다고 하더라도, 그렇게 된 것은 실수로 그 이름들이 왜곡되었거나 아니면 의도적으로 이 두 이름을 서로 비슷하게 했기 때문일 것이다.

고, 예루살렘은 대체로 여전히 폐허였으며 많은 사람들의 주거는 불쌍할 정도로 형편없었고 시골의 촌락들에서도 사정은 결코 더 낫지 않았다. 게다가 설상가상으로 가뭄이 들어(학 1:10 f.) 극심한 흉작이 되자(학 1:6) 사람들은 더욱 더 자신의 개인적인 궁핍을 해결하는 데만 몰두하였다. 이리하여 토대만 놓아진 채 방치되고 역사(役事)는 곧 완전히 중단되었다.

변화가 있기 위해서는 새로운 바람이 필요하였다. 그 바람은 또다시 커다란 역사적 사건들로부터 왔다. 고레스 칙령이 반포되고 성전 중건을 시작한 지 16년 후 페르시아 왕 캄비세스는 왕위를 이을 아들을 남겨 놓지 않고 죽었다(주전 522년). 따라서 아케메네스 왕가의 방계 자손이자 캄비세스가 수리아에서 죽을 때까지 그의 측근이었던, 히스타스페스(Hystaspes)의 아들 다리오에게 왕위가 넘어갔다. 그러나 다리오는 왕위에 오르기 위해서 캄비세스 사후에 제국의 여러 지역에서 일어난 수많은 위험스러운 소요들을 먼저 제압하지 않으면 안 되었다. 캄비세스에게는, 캄비세스와는 달리 고레스가 왕위에 오른 후에 태어나서 왕자로서 많은 사람들에게 떠받들려 살았던 바르디야(Bardiya)라는 동생이 있었다. 캄비세스는 이집트 원정을 떠나기 전에 이 동생을 위험스러운 경쟁자로 생각하여 은밀하게 살해하였다.

캄비세스가 죽은 후에 이 동생이 죽은 것이 결코 아니라고 주장하며 동생 행세를 한 가우마타(Gaumata)라는 인물이 바르디야라는 이름으로 페르시아 왕위를 찬탈하였다. 제국의 중부 지역들, 메대-페르시아, 메소포타미아에는 그를 지지하는 자들이 많았고, 아울러 제국의 여러 지역들은 독립을 되찾을 호기를 맞았다. 꼬박 일 년 동안 다리오는 끈질기고 집중적인 전투를 통하여 이 대적들을 물리쳤고 반기를 든 지역들을 복속시켰다. 결국 주전 521년 말경에야 유일한 통치자로서의 그의 지위가 공고해질 수 있었다.[22]

그 해에 대제국 전역에 불어닥친 이 충격으로 인하여 이스라엘에는 선지

---

22) 베히스툰 바위에 새겨진 다리오의 대명문(大銘文)을 바탕으로 서술된 P. J. Junge, *Dareios I König der Perser* (1944), pp 43 ff.를 참조하라. (*Westminster Historical Atlas to the Bible* [1945], p. 9에 그 도판이 실려 있다).

자들이 예언하였던 역사의 마지막 결정적인 위기에 대한 기대가 되살아났다. 수리아-팔레스타인은 당시의 소요에 직접적으로 연루되지는 않았지만, 사람들은 흥분된 심정으로 사건의 경과를 지켜보았고, 이러한 흥분은 페르시아 제국의 상황이 다시 안정된 후에도 가라앉지 않았다. 주전 520년 후반에 예언자 학개는 예루살렘에서 예언활동을 하였고, 주전 519년 초에는 예언자 스가랴가 스가랴 1장 7절-6장 15절에 기록되어 있는 밤의 환상들을 보았다.[23]

이 두 예언자는 당시의 역사적 혼란에 의해 예고된 하나님의 통치의 도래(到來)를 기다리고 있었다. 이들에게는 이와 관련하여 임박한 사건들에 비추어 볼 때 예루살렘 성전을 기어코 중건하고 완공하는 일이 중요하였다. 그들은 거룩한 곳과 결부하지 않고는 하나님의 임재라는 것을 상상할 수 없었다―이와 같이 제의적 관심을 가졌다는 점에서 그들은 주전 8세기와 7세기의 예언자들과 달랐다. 따라서 특히 학개는 성전 중건 역사(役事)의 재개를 촉구하였다. 시대가 어렵다고 해서 성전을 중건하는 역사를 중단해서는 안 된다―그는 일반 여론에 맞서 이렇게 주장하였다. 거꾸로 이러한 곤경 자체가 역사(役事)를 재개하는 일을 지체하는 것에 대한 하나님의 벌이라고 그는 주장하였다(학 1:1-11).

새로운 성전의 초라함―예루살렘에 사는 노인들이 젊었을 때 직접 눈으로 보았던 과거의 다윗 성전의 웅장함에 비하면―이 중건 역사로부터 오는 모든 즐거움을 앗아가버렸다고 할지라도, 하나님 나라가 동터오면 모든 민족이 그 보화들을 이 하나님의 집으로 가져올 것임을 기억하도록 하라(학 1:15b; 2:1-9). 실제로 학개의 끈질긴 설득으로 성전 중건 역사(役事)는 주전 520년 말경에 재개되었다(학 1:12-14). 스가랴는 환상 중에 대제사장이 정결케 되어 새로운 성소에서 직무를 봉행하는 모습을 보았다(슥 3:1 ff.).

당시에 다윗 왕가의 왕손 스룹바벨은 예루살렘 "총독"이었다. 그는 여호

---

23) 스가랴의 환상에 대하여 이와 다르게 연대를 추정하고 역사적으로 해석하고 있는 K. Galling, *Vetus Testamentum*, 2 (1952), pp. 18-36을 보라

야긴 왕의 장자 스알디엘[24]의 아들이었다. 그는 페르시아의 관리로 임명되어 유다 속주의 총독 또는 사마리아 속주의 총독 아래 있는 총독 대리직을 맡고 있었다. 학개서 1장 1절 이하에 의하면, 이 선지자는 바로 스룹바벨에게 성전을 중건할 필요성을 일깨워주었다고 하며, 학개서 1장 12절에 의하면 그는 실제로 이 역사(役事)에 착수하였다.

그러나 사람들은 스룹바벨에게 이보다 훨씬 더 엄청난 소망들을 걸고 있었다. 다윗 왕가의 장손이자 예루살렘과 유다의 지도적 인물인 그가 지금은 당분간 제국의 관리로 있긴 하지만, 때때로 주전 8세기와 7세기의 선지자들에 의해 예언되었던 부활된 다윗 제국에서 장차 왕이 될 자가 아닐까? 사실 학개와 스가랴는 스룹바벨이라는 인물을 분명히 이러한 관점에서 바라보았다. 온 세계가 급박하게 요동하는 가운데서 학개는 그를 야훼에 의해 택함받은 인(印)이라고 말했는데(2:20-23), 이 말은 하나님 나라에서 스룹바벨은 이 땅에서의 하나님의 대리자가 될 것이라는 것을 의미하였을 것이다.

그러나 6장 9-14절에서 스가랴는 왕관을 준비하여 장래의 왕인 스룹바벨의 머리 위에 씌워 주라는 하나님의 위임을 받았다고 말하고 있다.[25] 이것은 미래의 '메시야' 대망을 기존의 역사적 인물과 결부시킨 예언자들의 독특한 예이다. 이것으로부터 우리는 사람들은 어떠한 열망으로 역사의 최종적이고 임박한 변화를 기대하고 있었는지를 분명하게 알 수 있다. 학개와 스가랴가 말한 예언적 환상과 스룹바벨을 중심으로 한 소망이 어느 정도의 영향력을 미쳤는지는 알 수 없으나, 예루살렘과 온 땅의 지파들 속에서 초조한 기다림과 흥분이 얼마나 컸었는가는 쉽게 알 수 있다.

우리는 이 일의 결말에 관하여서는 아무것도 모른다. 학개와 스가랴가 예언활동을 하고 있을 때, 다리오 1세는 다시 제국을 확고하게 장악하였다.

---

24) 학개서(에스라서에서도)에서 스알디엘은 언제나 아버지로 나온다. 스룹바벨을 여호야긴의 손자라고 말하고 있는 역대기상 3:19의 말보다는 이 말이 옳은 것 같다. 스룹바벨이라는 이름은 바빌로니아식 이름이다(Zer-Babili).

25) 나중에 스가랴 6:11에서 스룹바벨이라는 이름은 역사적 결과에 비추어서 제사장 여호수아라는 이름으로 대체되었다.

그리고 캄비세스가 죽은 후에 잇따랐던 소요들은 종말의 징후인 "고난의 시작"(마 13:8)이 아니라 일시적인 위기에 불과했고, 제국은 또다시 강력하고 영민한 통치자의 수중에서 급속하게 공고해졌고, 역사의 흐름은 이전과 다름없이 앞을 향하여 나아가고 있다는 것이 이내 분명해졌다. 따라서 한동안 사람들의 마음을 흔들어 놓았던 기대들은 거짓된 것으로 밝혀져 버려지지 않을 수 없었다. 겉으로 볼 때 이러한 운동은 많은 영향을 끼치지도 않았고 구체적인 행동으로 표출되지도 않았다.

이제 확고하게 정립된 페르시아 제국은 이에 개입할 필요가 없었을 것이다. 그들의 종주권에 맞선 공개적인 봉기도 없었다. 아마도 스룹바벨을 중심으로 한 소망들에도 불구하고 그에게는 더 이상 아무 일도 없었을 것이다. 에스라서에 나오는 아람어 문서에 대한 꽤 후대의 주석을 제외하고는 구약 전승에서는 이 문제에 관한 어떤 기록을 기대할 수 없다는 점을 감안할지라도 어쨌든 우리는 그에게 어떤 일이 일어났다는 말을 듣지 못한다. 아마도 스룹바벨은 유다의 총독으로 계속 있었을 것이다.

한편으로 만약에 예루살렘과 유다에서 일어난 내부적인 일들이 사마리아 총독과 강 서편 태수를 거쳐 페르시아 궁정에까지 알려지게 되었다면, 그는 위험스러운 관리로 지목되어 소환되고 다른 후계자로 대체되었을 것이다. 이 보는 일은 페르시아 당국자들에게는 별로 중요한 일이 아니었을 것이 분명하다.

이 점은 다리오가 예루살렘 성전의 완공을 위한 역사(役事)를 계속하라고 명시적으로 허가하였다는 사실에서 분명히 알 수 있다. 다리오 치세의 초기에 생겨난 종말론적 소망들이 가져온 가장 중요한 역사적 결과는 성소를 중건하는 역사를 재개하게 된 것이었다. 강 서편 지역의 태수는 이 역사, 오직 이 역사만을 방해하였다. 그는 예루살렘에서 조사를 한 다음에 다리오에게 지시를 내려줄 것을 요청하는 보고를 올렸고 페르시아 궁정으로부터 회신을 받았다. 이 공문은 에스라 5장 6절-6장 12절에 보존되어 있다.

불행히도 이 공문의 정확한 연대는 알려져 있지 않으나, 이 공문은 틀림없이 에스라 5장 1-5절에서 후대의 구도 안에서 묘사되고 있는 학개와 스가랴 선지자의 출현 이후 시기에 나온 것일 것이다. 결국 이 선지자들, 특히 학개는 성전 역사(役事)를 재개시키는 데 성공하였다. 그리고 태수는 성전 역사가 재개되고나서도 그러한 보고를 받지 못하였을 것이다. 태수는 자신의 보고서에서 성전 중건에 관한 고레스의 칙령을 말하고 있는 예루살렘의 장로들의 정보만을 이용하고 있을 뿐 학개와 스가랴, 총독 스룹바벨이라는 인물을 중심으로 일어난 동향에 관해서는 전혀 언급이 없다는 것이 놀랍다.

페르시아 당국자들은 이러한 동향을 공식적으로 전혀 눈치채지 못했고 아마 듣지도 못했던 것으로 보인다. 그러나 다리오의 회신은 공식적인 조사를 토대로 고레스의 칙령을 명시적으로 확인해 주었고 중건 비용을 국가가 부담해야 한다는 것과 과거에 유다 왕들의 소관사항이었던 이 이전의 왕실 성소에서 드리는 희생제사에 필요한 것들을 국고에서 충당하도록 해야 한다는 것(스 6:8, 9), 그리고 그 대가로 새로운 성소에서는 "왕의 … 생명을 위하여"(스 6:10) 기도할 것 등 고레스 칙령에 담긴 지시사항들을 되풀이하였다.

따라서 국가 성소라는 이 성전의 예로부터의 성격―예루살렘의 장로들은 "이스라엘의 큰 왕"이 이 성전을 세웠다고 분명하게 말하고 있다(스 5:11)―은 어느 정도 보존되었다. 그리고 이것은 과거의 종교 관습들을 회복시키는 정책과 전적으로 일치하였고, 다른 점이 하나 있다면 그것은 지금은 신민(臣民)들이 된 사람들의 이전의 왕들의 권리와 의무가 이제는 페르시아의 왕 및 그 거대한 행정 기구로 이관되었다는 것뿐이었다.

비록 그 배후의 종말론적 소망들은 한동안 수그러들 수밖에 없었지만, 학개와 스가랴로부터 나온 영향력은 지속되었다. 따라서 다리오가 고레스 칙령을 확인해준 후에, 수 년 내로 성전 중건은 완료되었다. 신뢰할 만한 확고한 전승에 토대를 둔, 아람어 문서의 틀에 편입된 에스라 6장 15절의 말에 의하면, 중건된 성소는 다리오 재위 제6년 아달(Adar)월 제3일, 즉 주전 515년 봄에 엄숙하게 봉헌되었다고 한다.

이렇게 하여 이스라엘은 또다시 솔로몬 성전의 전통을 이을 수 있는 종교 중심지를 갖게 되었고, 이스라엘은 정치적 독립을 상실하고 그 백성 가운데 많은 수가 고국을 떠나 살고 있었기 때문에, 이 사건은 이스라엘의 장래의 삶에 결정적으로 중요하였다. 왕정 시대에 과거의 열두 지파의 제의 동맹이 단지 관념(觀念)으로가 아니라 거룩한 법궤가 놓여 있는 곳인 예루살렘이라는 종교적 중심지로서[26] 현실적인 형태로 표현되어 계속해서 존재하였다고 할지라도, 이스라엘의 삶의 외적인 형태에 있어서는 그러한 제의 동맹은 다양한 여러 가지 정치 조직들에 밀려 뒷전으로 물러나 있을 수밖에 없었다.

그리고 이 시대에 중앙 성소 역할을 한 곳은 우선적으로 왕실 성소였다. 정치적 독립을 상실하고 독립된 왕정 제도가 폐지된 지금에 와서는 저 멀리 떨어진 페르시아 황제가 내린 칙령에 의해 중건되었고, 그 황제를 위한 기도가 드려졌으며, 특히 공식 제의들을 위해 필요한 희생제물들을 국고에서 조달했다는 의미에서, 국가 성소로서의 성격을 유지하고 있었던 성전이 또다시 이스라엘의 삶의 진정한 구심점이 되었다.

이제 이스라엘은 이 성소를 중심으로 한 거대한 종교 공동체였다. 당시에 알려진 세계 거의 전부를 포괄하였던 제국 내의 수많은 민족들 가운데서 이스라엘은 하나님이 그들을 위하여 행하셨던 행사(行事)들에 관한 전승과 여러 특별한 관습들, 그리고 무엇보다도 예루살렘 성전에 대한 공통의 충성에 의해 구별되고 한데 뭉쳐 있었다. 이것은 이전의 지파 동맹 조직으로의 복귀를 의미하지는 않았다. 지파 체제는 상당히 느슨해져 있는 상태였다. 옛 지파들의 중심이 되었던 사람들은 여전히 과거의 지파 영토들에서 여전히 살고 있었다.

그러나 아울러 이제는 바빌로니아와 하부 이집트에 강력하고 중요한 집단들이 있었고, 이들에게는 특정 지파에 소속되어 있다는 것은 단지 허구(虛構)에 불과하였다. 그리고 세월이 흐르면서 이러한 집단들 외에도 페르시아 제국의 광대한 영토들 및 그 경계 너머에까지 이스라엘인들이 흩어져서 크고 작은 무리를 이루어 살게 되었다. 왕정의 등장 이래로 여러 가지 점에서 이미 제한을 받고 있었고, 주전 8세기 중엽 이후에 일어난 사건들로 인하여 점

---

26) Cf. M. Noth, Die Gesetze im Pentateuch (1940), pp. 23 ff.

차적으로 쇠퇴하지 않을 수 없었던 지파 동맹의 기능을 되살리기는 불가능하였다. 지파 동맹의 유물이었던 법궤마저도 이제는 존재하지 않았다. 남은 것이라고는 이전에 법궤가 안치되어 있었고 예배 처소로서의 남다른 중요성을 지니고 있었던 거룩한 곳뿐이었다. 이스라엘은 이제 거룩한 곳을 구심점으로 좁게는 고국에 남아 있거나 돌아온 사람들을 중심으로, 넓게는 디아스포라 (Diaspora)까지 포함한 종교 공동체를 형성하고 있었다.

이리하여 이스라엘에서 제사장적 요소가 지금까지와는 비교가 안 될 정도로 중요하게 되었다. 이제 예루살렘 성전에서 가장 높은 제사장이 온 이스라엘의 우두머리가 되었다. 즉, 그는 '대제사장'이 되었다. 과거에 이스라엘에는 제사장들간에 위계가 없었다. 과거의 지파 동맹에 중앙 성소를 섬기던 인보동맹적 제사장단이 있었는지는 확인되지 않고 있다. 그러나 어쨌든 중앙 제의와 나란히 수많은 지방 성소들이 공존하였었고, 적어도 이것들 가운데 매우 중요한 성소들에는 자체적으로 제사장단이 있었다.

그리고 예루살렘의 중앙 성소의 제사장들이 다윗 왕가의 관리들이었을 때, 다윗의 권한은 오직 이 중앙 성소에만 미쳤을 뿐 왕정 시대에도 계속 유지되었던 지방 성소들의 제사장들과는 아무런 연관도 없었다. 요시야 왕이 예배 처소를 단일화해야 한다는 신명기의 요구사항을 시행함으로써 예루살렘의 대제사장은 온 이스라엘 제사장들의 수장(首長)이 되었다. 그러나 그는 여전히 왕의 관리였다. 다윗 왕가가 멸망하자 변화가 찾아왔다.

폐허가 된 솔로몬 성전 터에서 누가 계속해서 예배를 주관하였는지는 알려져 있지 않다. 고레스의 칙령으로 성전이 중건되고 예루살렘에 공적 예배가 재개되자 아울러 이 성소의 제사장단도 재조직되었다. 이 일이 어떤 과정으로 진행되었는지는 우리는 모른다. 왕의 관리이자 예루살렘의 상류계층의 일원으로서 다윗과 솔로몬 치세 이래로 세습적으로 예루살렘에서 제사장 직무를 맡아 보았던 사독 가문은 느부갓네살에 의해 끌려 갔었다.

사독 가문의 일부가 예루살렘에 남아서 제사장 직무를 계속해서 행하다가 제사장단이 재조직될 때 그 토대가 되었을 가능성도 있다. 또한 고레스의 칙령으로 바빌로니아로 끌려갔던 몇몇 사독 가문 사람들이 예루살렘으로 돌

아왔을 수도 있다.[27]

어쨌든 사독 가문이 새로운 성소에서 제사장단을 이루어서 이스라엘의 수장(首長)으로서 새롭고 훨씬 더 중요한 역할을 했을 가능성이 높다. 학개와 스가랴, 아람어 문서 모음, 에스라 1-6장에 나오는 역대기사가의 이야기에는 요사닥의 아들 예수아가 "대제사장"으로 나온다. 그는 우리에게 알려진 최초의 대제사장으로서 실제로 이 직임을 최초로 맡은 인물이었을 것이다. 이제부터 이스라엘 역사가 끝나는 날까지 대제사장은 아주 중요한 역할을 하였다. 이스라엘의 삶의 기본적인 틀이었던 과거의 인보동맹적 조직과 독립 국가가 쇠퇴하고 소멸된 뒤에, 제의와 제사장직이 전면에 등장하게 된 것이다.

26. 페르시아 지배 아래에서 국민 생활의 재편

새 성전이 봉헌된 후 다음 반 세기 동안의 이스라엘 역사에 관하여는 실제로 자료가 전혀 없다. 성소가 준공되고 제사장단이 재편되었다고 해서 과거 이스라엘의 쇠퇴한 조직들이 완전히 쇄신되거나 새로운 조직들로 대체된 것은 아니었다. 물론 재편을 위한 계획은 존재하였다. 이 계획은 바빌로니아에 끌려간 자들이 편집한 에스겔 선지자의 책에 첨부되어 있는 것으로 보아 이 진영에서 만들어진 것 같다(겔 40-48장). 그러나 이 계획은 종말론적인 질서만을 고려하고 있을 뿐 역사적 사실들을 무시하고 있다. 그러므로 이 계획은 실제의 역사적 상황을 고려하지 않으면 안 되는 현실 질서의 토대로 사용하기에는 많은 한계가 있었다.

---

27) 이 경우에 역대기상 5:41의 말은 역사적으로 옳은 듯하다. 이에 의하면, 그 직후에 나오는 여호수아의 아버지는 느부갓네살에게 끌려간 사독 가문의 사람이었다.

따라서 이스라엘의 국민 생활은 한동안 새로운 조직 없이 계속되었다. 원칙적으로 신명기 율법은 여전히 유효하였다. 이 율법은 국법(國法)으로 도입된 것이 아니었기 때문에 국가 조직이 해체된 후에도 유효성을 상실하지 않았다. 이 율법의 권위는 하나님과 백성 사이에 맺어진 계약에서 나온 것이기 때문에, 이 율법은 정치적 변화와는 무관하였다. 실제로 단일한 예배 처소에 대한 신명기적인 요구사항은 엄격하게 지켜졌던 것으로 보인다. 그리고 우리가 아는 한, 한 세대 전에 융성하였던 다른 그 어떤 성소들도 예루살렘 성소가 폐허가 된 후에 다시 그 기능을 되찾지는 못했다. 오히려 예루살렘 성전은 중건된 후에 더욱 더 유일한 합법적인 성소로 생각되었다.

그러나 이미 요시야가 예배의 통일에 대한 요구라는 관점에서 편파적으로 바라보았던 신명기 율법은 그밖의 점들에서는 거의 지켜지지 않았던 것 같다. 성전이 중건된 후의 상황이 얼마나 만족스럽지 못한 것이었는가 하는 것은 성전이 완성된 후 에스라와 느헤미야가 등장하기까지의 기간에 선포되어 '말라기'—실명(實名)이 아니다—라는 이름 아래 보존된 예언의 말씀 모음을 통해 잘 알 수 있다.

이 예언 모음 속에는 제사장들이 얼마나 부주의하게 자신의 직무를 수행하였는지가 잘 나타나 있다. 제사장들은 희생제물로 드릴 짐승들은 흠이 없어야 한다는 규례를 무시하였고 종교적 가르침을 베풀 의무를 등한히 하였다(1:6-2:9). 또한 제사장들은 성소에 십일조를 들이는 일에 속임수를 썼고(3:6-12), 하나님에 대한 예배와 하나님을 경외하는 일을 진지하게 생각하지 않으며(3:13-21), 쉽게 이혼을 허락하였다(2:10-16). 이웃 나라의 이방 처녀들과 결혼이 자주 있었고, 심지어 제사장 가문들에서도 이러한 이방인들과의 결혼이 있었다(cf. 느 13:23-28). 안식일도 이제 엄격하게 준수되지 않았다(cf. 느 13:15-22).

결국 새로운 국민 생활 질서에 대한 추동력은 이방 땅에 살면서 팔레스타인에 머물러 있던 지파들보다 더 엄격하게 조상들의 전통과 규례를 지켰던 바빌로니아로 끌려간 자들로부터 나왔다. 그들은 페르시아 정부로 하여금 팔레스타인을 재편할 필요성을 느끼게 하였다. 분명히 페르시아인들은 이스라엘에게 중요했던 규례들의 성격을 개인적으로 잘 알고 있지 못했을 것이다. 그러나 그들은 팔레스타인, 특히 유다 땅의 상황을 안정시키는 것이 중요하다는 것을 알고 있었을 것이다. 이 지역은 대제국에서 주변에 있는 작은 지역에 불과했지만 어느 정도 중요한 곳이었다.

주전 5세기 중엽에 강 서편의 태수 메가비조스(Megabyzos)가 반란을 일으킴으로써 수리아-팔레스타인은 그들에게 민감한 지역이 되었고, 그들은 될 수 있는 한 이 지역에 안정된 분위기를 조성하는 데 관심을 갖고 있었다. 게다가 주전 5세기 중엽에 페르시아 정부는 이집트에서 일어난 온갖 독립 투쟁들을 진압해야 했기 때문에 더욱 그런 필요성은 높아졌다. 유다 땅은 이집트로 통하는 군사 도로에 인접해 있었고, 시나이 사막을 거쳐 나일 땅으로 가기 전 아시아 땅에서의 마지막 체류지들로부터 멀리 있지 않았다.

유다 속주 근방에 있고, 국경 요새인 가사 남쪽의 와디 가제(wadi ghazze)에 위치한 텔 옘메(tell jemme)의 폐허더미에서 주전 5-4세기에 세워진 창고 터가 발견되었다. 이 창고에는 이집트로 파견된 페르시아 군대의 군수품을 저장해 놓았던 것이 분명하다.[28] 와디 가제에서 더 남쪽으로 내려가면 거기에 주둔하였던 한 페르시아 군관(軍官)의 것으로 보이는 주전 5세기 후반에 만들어진 무덤이 발견되었다.[29]

한 마디로 말해서, 페르시아인들은 유다 땅과 팔레스타인 전반에서 안정을 회복시키는 데 관심을 가지고 있었기 때문에 이 지역의 주민들을 회유할 수 있을 것으로 보이는 제안들을 기꺼이 받아들였음이 분명하다. 특히 이러한 제안들이 그들의 이제까지의 방침대로 신민(臣民)들의 전통을 회복하는 일이라면 두말할 필요도 없었을 것이다. 바로 이와 같은 상황이 페르시아 정부가 에스라와 느헤미야를 예루살렘에 공식적으로 파견하게 된 배경이다.

에스라와 느헤미야에 관한 전승 기록들을 잘 해명하는 일은 쉽지 않으며

---

28) Cf. Fl. Petrie, *Gerar*(1928), Pl. xiii.
29) CF. Fl. Petrie, *Beth-Pelet*, I (1930), Pls, xliv-xlvi와 J, H, Iliffe, *Quart. of the Departm. of Antiqu. in Palestine*, 4 (1935), pp. 182 ff.

이 두 사람의 활동연대의 순서를 밝혀내는 것도 불가능하다. 우리는 훨씬 후대에 씌어진 역대기사가의 역사서의 틀 내에서만 이 두 사람에 관하여 들을 수 있다―물론 이 부분에서 역대기사가는 모종의 문헌 자료들을 참고하였지만. 느헤미야에 관한 전승은 에스라에 관한 것보다 훨씬 더 확실하고 알차다. 역대기사가는 느헤미야의 활동을 서술하면서 느헤미야 자신이 쓴 글, 이른바 '느헤미야의 회고록'을 이용할 수 있었고, 그 회고록을 원문 그대로 통채로 끼워넣었다.

느헤미야 1장 1절과 2장 1절에 의하면, 느헤미야는 아닥사스다(Artaxerxes) 제20년에 처음으로 예루살렘에 부임하였다고 한다. 이 왕은 아닥사스다 1세 롱기마누스를 가리키고 있음에 틀림없다. 왜냐하면 주전 408년의 엘레판틴 파피루스에 사마리아 총독 산발랏의 아들들에 관한 말이 나오는데,[30] 이 산발랏은 느헤미야가 자기를 반대한 인물로 거듭거듭 말하고 있는 그 산발랏과 동일 인물임에 틀림없기 때문이다. 따라서 그 이후에 아닥사스다 왕호를 지닌 왕들이 느헤미야를 파견한 왕일 가능성은 없게 된다.

그러므로 느헤미야는 주전 445년에 처음으로 예루살렘에 왔다. 에스라에 관한 전승 자료들은 훨씬 빈약하다. 역대기사가는 에스라에게 임무를 부여하는 공문서를 이용할 수 있었고, 이 문서를 에스라 7장 12-26절에 제국 아람어 본문을 실어 놓았다. 그밖에 에스라에 관하여 말하고 있는 모든 것은 에스라의 전체 이야기를 언어학적으로 면밀하게 검토해 보면 알 수 있듯이 후대의 역대기사가 자신이 쓴 기록에 담겨 있다.[31]

에스라 이야기의 내용은 전적으로 위에서 말한 문서에 담겨 있는 기록과 에스라, 느헤미야를 역대기사가가 자신이 결합시켜 기록해 놓은 것을 바탕으로 하게 된다.[32] 바로 이 문서에서도 아닥사스다가 에스라에게 임무를 맡겼다고

---

30) Pap. Cowley. No. 30, I. 29 (cf. AOT², p. 452, ANET, p. 492, DOTT, pp. 260-265).
31) Cf. A. S. Kapelrud, *The Question of Authorship in the Ezra-Narrative* (1944). 어쨌든 구전된 에스라-전승이 최종적으로 글로 쓰어질 때까지 '역대기사가와 관련이 있는 진영'에서 전승되었다는 여기에 표명된 견해는 충분한 증거가 없다.

말하고 있다(7:12). 이 왕을 아닥사스다 1세로 보는 것은 단지 역대기사가의 견해일 뿐이다. 그런데 역대기사가는 주전 3세기에 자신의 저작을 썼고 또 그가 구전 전승을 바탕으로 한 에스라-느헤미야 시대의 믿을 만한 전승을 활용하였다는 것도 확인하기 불가능하다. 그는 에스라와 느헤미야가 거의 동시대에 활동하였고 많은 부분이 서로 겹친다는 가정 위에서 이들에 관한 이야기를 서술하였다. 진정한 사료들인 에스라 문서와 느헤미야 회고록에는 이 두 사람이 같이 활동했다는 언급이 전혀 없다.

그럼에도 불구하고 에스라와 결부된 아닥사스다가 아닥사스다 2세 므네몬(주전 404-358년)[33]이나 아닥사스다 3세 오쿠스(주전 358-337년)가 아니라 아닥사스다 1세 롱기마누스(주전 465-424년)일 가능성이 크다. 왜냐하면 에스라와 느헤미야와 특별한 관련이 있는 예루살렘 공동체의 생활 질서의 재편이라는 문제는 주전 5세기 중엽에 긴급한 문제로 등장하였고, 페르시아인들도 그렇게 인식하였기 때문이다. 그럼에도 불구하고 에스라의 활동연대가 아닥사스다 1세 치세 때라고 하는 것은 절대적으로 확실한 것이 아니고 단지 개연성이 높을 뿐이다. 그리고 설령 그렇다고 할지라도 에스라의 활동연대를 정확하게 설정하는 데는 문제가 있다.

에스라 7장 7-9절에는, 에스라가 아닥사스다 제7년—우리가 아닥사스다 1세라는 것을 받아들인다면 주전 458년이 된다—에 예루살렘에 왔다는 말이 나온다. 그러나 에스라 7장 7절은 후대에 역대기사가가 첨가한 것일 뿐만 아니라 에스라 7장 8, 9절도 나중에 역대기사가의 저작에 삽입되었을 것이다.[34] 왜냐하면 이 구절로 인해 이야기의 흐름이 뚜렷하게 단절되기 때문이다. 후대에 왜 에스라가 임무를 부여받은 해를 아닥사스다 제7년으로 했는지 그 이유는 알려져 있지 않다. 그러나 아람어로 된 에스라 문서와 역대기사가

---

32) Cf. M. Noth, *Überlieferungsgeschichtliche Studien* I (1943), pp. 145 ff.
33) 에스라가 아닥사스다 2세 치세에서 느헤미야 뒤에 예루살렘에 왔다는 주장은 A. van Hoonacker, 'Néhémie et Esdras, une nouvelle hypothèse sur la chronologie de l' époque de la restauration' *Le Muséon*, 9 (1980), pp. 151-184; 317-351; 389-401 에서 처음으로 자세하게 논증되었다.
34) Cf. M. Noth, op. cit. pp. 125 ff.

의 이야기에서 에스라가 아닥사스다(1세) 시대에 파견되었다는 식으로 일반적으로만 말하고 있기 때문에, 활동연대에 있어서 에스라와 느헤미야의 선후 관계에 관한 문제는 여전히 해결되지 않은 채로 남아 있다.

역대기사가는 에스라가 느헤미야보다 먼저 예루살렘에 왔다고 하고 있다. 그러나 이 견해가 실제의 전승을 바탕으로 했다고 볼 수는 없다. 오히려 역대기사가에게 에스라의 특별 임무가 더 긴급하고 중요하게 보였기 때문에, 그는 에스라가 먼저 와서 느헤미야와 동시에 활동했다고 했을 것이다. 그러므로 문제는 에스라와 느헤미야의 연대기적인 관계를 객관적인 토대 위에서 어떤 결론에 도달하는 것이 가능한가 하는 것이다. 이에 대하여 느헤미야는 예루살렘과 유다 땅에서 종교 및 일상생활의 혼란상을 보고 질서를 세워야겠다는 생각을 품게 되었을 것이라고 할 수 있다.

그렇다고 하여 이것은 에스라가 이미 예루살렘에 율법을 가져와서 공동체 생활 전체를 통일적으로 조직하기 위한 토대를 마련한 후였다는 것을 시사해주지는 않는다.[35] 이런 이유로 우리는 이하의 글에서, 느헤미야가 에스라에 앞서 활동했고, 에스라는 아닥사스다 치세의 후반에야 예루살렘으로 왔다는 전제하에서 서술을 전개해 나갈 것이다.[36] 그러나 신빙성 있고 확실한 증거가 없기 때문에 이 점에 관하여 절대적으로 확고한 결론에 도달하기는 불가능하고 우리가 도달할 수 있는 것은 어느 정도의 개연성을 가진 견해에 불과하다는 점을 강조해두지 않을 수 없다.

느헤미야는 바빌로니아로 끌려간 자들의 후손이었다. 그는 페르시아의 왕도들 가운데 하나인 수사(Susa) 궁에서 왕의 잔을 받드는 자의 지위에 올

---

35) 역대기사가의 기록에 의하면 에스라는 자신의 율법을 선포하고 시행하기 전에 느헤미야의 출현을 기다린 것이 된다(느 8:9). 이것은 가능성이 별로 없다. 그후에 느헤미야는 전혀 이 율법에 의거하지 않고 여러 가지 개혁들을 단행하였기 때문이다(느 13:4 ff.).

36) W. F. Albright도 에스라가 연대적으로 느헤미야 뒤에 아닥사스다 1세 말기에 예루살렘에 온 것으로 말하고 있다 (*The Biblical Archaeologist*, 9 (1946), p. 13); 또한 cf. H. H. Rowley, 'The Chronological Order of Ezra and Nehemiah', *Ignace Goldziher Memorial Volume*, I (1948), pp. 117 ff. = *The Servant of the Lord* (1952), pp. 129-159.

랐다. 따라서 그에게는 왕에게 직접 접근할 수 있는 기회가 주어졌다. 그는 예루살렘 문제에 대하여 페르시아 왕의 관심을 불러일으킬 수 있는 방법에 관하여 우리가 알고 있는 유일한 구체적인 예이다. 포로로 끌려간 자들 중에서 궁정에서 지위를 얻은 사람은 그만이 아닐 것이다.

자신의 이야기를 시작하는 부분에서(느 1:1-2:8) 그는 유다로부터 수사에 온 어떤 사람들이 예루살렘의 절망적인 상황, 그 성벽 및 성문과 가옥들의 상당수가 폐허 상태로 있다는 것을 자기에게 알려주었다고 말하고 있다. 그는 자신에 대한 왕의 총애를 활용하여 예루살렘 성벽을 복구하는 임무를 맡겨서 예루살렘으로 공식적으로 보내달라고 요청하였다. 그는 여행중의 자신의 신변을 보호하기 위하여 강 서편 태수의 속주 총독들에게 보내는 공한(公翰)들을 요청하였고, 팔레스타인에 없는 복구 공사에 필요한 목재를 마련하기 위하여 왕실 재산 관리인—그가 맡은 공식적인 구역은 불행히도 언급되어 있지 않다—에게 보내는 지시(指示)를 요청하였다. 그는 마침내 기병들과 군관들의 경호를 받으며 예루살렘에 도착하였다(느 2:9).

그는 특별한 임무만이 아니라 왕이 그에게 수여한 공식적인 직위를 가지고 예루살렘에 나타났다. 그는 유다 속주의 총독이 되었고(느 5:14),[37] 성벽 중건이라는 자신의 특별 임무를 끝낸 후에도 오랫동안 예루살렘에 머물렀다. 느헤미야 5장 14절에 의하면, 그는 아닥사스다 제20년에서 제32년까지(주전 445-433년) 예루살렘에 있었고, 느헤미야 13장 6절 이하에 의하면 동일한 직위를 가지고 다시 한번 예루살렘에 부임하였다. 왕의 호의로 느헤미야가 총독으로 임명되었다는 것은 유다가 독립된 속주로 재편되었다는 것을 의미하였을 것이다.

지금까지 유다가 사마리아 속주의 한 지구로서 총독 대리가 상주하는 곳이었다면, 이제 유다는 사마리아로부터 분리되어 독립된 속주로 승격되었다.[38] 이 때문에 느헤미야는 처음부터 사마리아 총독 산발랏의 미움을 샀

---

37) 느헤미야 (8:9), 10:2에서 느헤미야를 지칭하기 위하여 사용되고 있는 אתרשתא라는 말은 (페르시아의) 직함인 듯하다; cf. Ed. Meyer, op. cit. p. 194.
38) Cf. A. Alt, *Festschrift Otto Procksch* (1934), pp. 5 ff.

다.[39] 산발랏은 요단 동편 땅의 인접한 속주의 총독이었던 것으로 보이는 "암몬 사람 도비야"—느헤미야는 그를 이렇게 부르고 있다—와 손을 잡고 느헤미야에게 적대하였다(느 2: 10). 느헤미야는 예루살렘 성벽을 중건하는 데 선결요건이었던 유다 독립의 회복에 대한 왕의 재가를 받아내었을 것이다.

성벽 중건의 역사(役事)는 앞서 사마리아 속주의 관리들이 주도하여 시도한 적이 있었다. 예루살렘 성 및 그 성벽의 중건에 관한 아닥사스다 시대의 공문이 에스라서에 아람어 문서 모음 속에 보존되어 있다(스 4:7-22). 나중에 아람어 문서 모음의 설화적인 구도로 인하여 이 공문은 성전 중건에 관한 공문으로 잘못 오인되었으나, 문서 본문은 이 공문에서 논의된 문제가 성소 중건과는 전혀 별개였던 성의 중건임을 극명하게 보여준다. 인용된 첫번째 문서의 수신인으로 되어 있는 아닥사스다는 아닥사스다 1세임에 틀림없다. 이 공문은 성벽 중건 문제를 최종적으로 해결한 느헤미야의 파견 이전 시대에 작성되었을 것이다. 이 문서들에는 보다 정확한 기록 연대가 들어 있지 않다.

우리가 말할 수 있는 것은 이 문서들이 아닥사스다 1세 치하의 초기 20년의 어느 시점에 작성되었다는 것뿐이다. 이 문서들은 사마리아 총독부의 관리들[40]이 여전히 유다 지구와 함께 사마리아 총독의 통치하에 있었던 예루살렘에 상주하여 성 및 성벽을 중건하는 일을 이미 시작하였음을 확인해 준다. 그들은 이 문제와 관련하여, 예로부터 반역의 도시였던 예루살렘이 그 성벽의 보호 아래서 또다시 안전다고 느끼게 되면 제국의 안녕에 위협이 될 것임을 지적하는 보고서를 강 서편 태수를 경유한 공식적인 경로를 통하

---

39) 산발랏이 사마리아의 총독이었다는 것을 우리는 엘레판틴 파피루스를 통하여 처음으로 분명하게 알게 되었다 (Pap. Cowly. No. 30, I. 29; AOT², p. 452, ANET, p. 492, DOTT, p. 264) ; 느헤미야는 자기를 그의 공식적인 직함으로 부르는 것을 모멸스럽게 여겼다.
40) 서신을 취급한 실명의 두 속주 관리들을 제외하고 페르시아의 관직 명칭 전체—이 가운데 일부는 잘 알 수가 없다—와 여러 오래된 직함들이 4:9에 열거되어 있다. 이 모든 것들은 사마리아로 강제이주 되어온 이방인 상류계층 사람들을 가리키는 듯하다.

여 왕에게 보냈다.[41]

 이와 관련하여 우리는 진정한 전승 기록으로부터 유다인들이 바빌로니아에서 예루살렘으로 갔다는 말을 처음으로 듣게 된다(4:12). 그 동안 실제로 포로된 자들 중에 여러 부류들이 한 번의 대규모의 이동을 통하여서가 아니라 작은 무리를 이루어 여러 차례 고국으로 돌아갔을 것이다. 그리고 폐허가 된 도성을 중건하려는 추진한 사람들은 바로 이들이었을 것이다. 본토에 그대로 남아 있었던 사람들은 성소를 중건하는 일에도 충분한 힘을 결집시킬 수 없었고 도성을 폐허인 채로 방치해 두었기 때문에, 귀환한 포로들은 저 먼 타국 땅 바빌로니아에서 그토록 그리워했던 도성을 중건하는 작업에 누구보다도 먼저 착수하였다(cf. 시 137:5-6).

 그러나 이전에 이스라엘의 왕도였고 지금은 총독의 관저가 있는 사마리아에서는 유서깊은 유다의 왕도를 중건하는 일을 곱지 않은 눈길로 바라보았다. 유다의 왕도는 거기에 있는 성소로 인하여 이스라엘 지파들 가운데 특별한 역할을 했는데, 지금 와서 다시 그 도성이 중건된다면 원치 않던 경쟁상대가 생기게 될 것이기 때문이었다. 보고서가 아닥사스다에게 올라갔기 때문에, 왕이 사마리아에 보내는 칙령(4:17-22) 속에서 별도의 지시(4:21)가 있을 때까지 예루살렘 중건 역사(役事)는 금지되었다.

 느헤미야가 역사의 무대에 등상하게 된 것은 아마도 이 사건과 어느 정도 밀접하게 관련되어 있었을 것이다. 중건 역사를 중단하라는 금령이 나온 후에 고국으로 돌아온 포로들은 메소포타미아에 있는 포로들과의 인맥을 활용하여 중건 역사를 계속하라는 왕의 허가를 얻어 내었다. 느헤미야는 왕의 측근이었기 때문에 왕에게 접근할 수 있는 기회가 얼마든지 있었다. 중건 역사를 방해하는 공작은 사마리아에서 시작되었었다.

 중건이 성공하려면, 예루살렘과 유다는 사마리아 속주 및 그 통치로부터 독립되어야 했다. 느헤미야는 이것을 알았을 것이다. 아니면, 유다로부터 온 사람들이 그에게 귀뜸을 해주었을 것이다. 그래서 그는 유다를 사마리아 속

---

41) 4:7, 8에 나오는 다소 모호한 서론적인 어구들은 이런 의미로 이해될 수 있을 것이다. '강 서편' 태수령은 장계 및 왕의 회신의 서두에 언급되어 있다.

주로부터 분리하여 별개의 속주로 재편한다는 왕의 재가를 얻어 내었다. 새로이 편성된 유다 속주의 총독으로서 그는 공식적으로 사마리아 속주와의 협의 없이 예루살렘 중건에 착수할 수 있는 지위에 있었다.

그럼에도 불구하고 느헤미야는 예루살렘에 당도한 후에 자신의 목표를 달성하기 위하여 극히 신중하고 지혜롭게 일을 진행하지 않으면 안 되었다. 사마리아 총독 산발랏이 온갖 수단을 동원하여 예루살렘 중건을 방해할 것은 뻔한 노릇이었다. 그래서 우선 느헤미야는 자신의 계획을 비밀에 부치고 부임한 후 삼 일 동안 밤중에 단지 몇 사람만을 데리고 말을 타고 성벽 전체를 조사하였다(느 2:11-15).[42]

그런 다음에야 그는 예루살렘에서 자신의 계획을 발표하였고 많은 사람들의 호응을 얻었다. 이제는 이웃 속주들의 반대로 역사(役事)가 훼방을 받기 전에 가능한 한 신속하게 행동하는 일이 문제였다. 그래서 느헤미야는 성벽 전체를 여러 구간으로 나누어 각 구간들에서 동시에 작업이 진행되도록 하였다. 아울러 예루살렘 거민은 수적으로 여전히 적었기 때문에, 그는 전(全) 속주로부터 도성의 성벽 역사에 필요한 일꾼들을 불러 모았고, 속주의 각 지역으로 하여금 성벽의 한 구간씩을 맡아 공사를 진행하도록 하였다. 예루살렘의 각 가문들과 이 구간 책임자들에게는 성벽의 한 구간을 중건하는 책임이 맡겨졌다(느 3:1-32). 이와 같은 다소 즉흥적인 시도를 보고 사마리아와 요단 동편의 암몬 속주의 사람들은 처음에는 코웃음을 쳤다(느 3:33 ff. 〔영어 성경으로 4:1 ff.〕).

그러나 성벽은 이미 절반은 복구가 되어 있는 상태인데다 일꾼들은 열심과 기쁨으로 일을 하였기 때문에, 그들은 무력으로 역사(役事)를 중단시키고자 하였다(느 4:1 ff. 〔영어 성경으로 5:7 ff.〕). 사마리아와 암몬의 총독들은 예루살렘을 공격하라고 명령하였고—자기들은 뒷전에 물러앉아 비공식적으로—남쪽과 서쪽의 사람들이 이에 가담하였다.[43] 그러나 이 음모는 새어나

---

42) 성벽을 따라 야밤에 순행한 길의 지형에 대해서는 cf. A. Alt, PJB, 24 (1928), pp. 91 ff. 이와 다른 설명으로는 J. Simons, *Jerusalem in the Old Testament* (1952), pp. 437 ff.를 보라.

갔다. 속주의 변방에 사는 사람들이 이 소식을 예루살렘에 알렸고, 느헤미야는 제때에 방어 조치를 취할 수 있었다.

이 사실이 알려지자 기습 공격을 하기로 되어 있던 계획은 취소되었다. 그럼에도 불구하고 이 사건은 예루살렘을 수비할 필요가 있음을 보여주었다. 이제 역사(役事)는 더 어려운 여건에서 수행되어야 했다. 그렇지만 성벽은 마침내 완성되었다. 느헤미야의 대적들[44]은 여전히 그를 제거하기 위하여 그에게 반란 혐의를 뒤집어 씌워 그를 협박하거나 술수를 써서 그를 체포하려고 하였다(느 6:1-14). 그러나 느헤미야는 지혜로웠기 때문에 그 어떤 계략에도 말려들지 않았고, 온갖 방해 책동에도 불구하고 그는 마침내 자신의 목표를 달성하였다.

성벽 중건 역사(役事)는 52일이라는 놀라울 정도로 짧은 기간에 완료되었다(느 6:15). 느헤미야는 새로이 축조된 성벽을 "영문의 관원"의 책임 하에 수비하는 조직들을 편성하였고, 아침에 성문을 열고 밤에는 닫도록 명령하였다(느 7:1-3). 이렇게 하여 유다 속주는 또다시 안전하고 확고한 통치 중심지를 갖게 되었다.

그러나 이 도성은 너무 오랫동안 폐허로 방치되어 있었기 때문에, 사는 사람이 그리 많지 않았다. 그래서 느헤미야는 속주의 각 지역의 거민들 가운데서 제비를 뽑아 그 십분의 일을 예루살렘에 거주하게 하였다(느 7:4, 5a와 11:1, 2).[45] 이 일이 이루어지고 나서 새 성벽을 봉헌하는 의식이 엄숙하게 거행되었다(느 12:27 ff.). 이 모든 것으로 볼 때, 분명히 이 새로운 예루살렘은 원래의 다윗 성보다 더 클 필요가 없었을 것이다. 왕정 시대의 예루살

---

43) 느헤미야 4:1〔영어 성경으로는 5:7〕에는 아라비아인들과 아스돗 사람들이 암몬 족과 아울러 언급되어 있다. 아스돗 사람들은 공식적으로 아스돗이라 불렸던 서쪽의 이웃 속주 출신 사람들이었을 것이고, 아라비아인들은 남부 사막으로부터 요단 서편 땅으로 침투해 들어온 남부 거민들이었던 것 같다.
44) 그들 가운데는 이 문맥 속에서 산발랏과 도비야 말고도 한 부족의 족장이었던 것으로 보이는 아라비아인 게셈(느 2:19; 6:1 ff.)도 등장한다.
45) 느헤미야 회고록에서 연결되어 있었던 이 구절은 나중에 역대기사가가 삽입한 느헤미야 (7) 8-10장에 의해 끊겨졌다.

렘은 일반적으로 기혼 샘 위 기드론 골짜기 옆의 작은 '남동쪽 언덕' 위에 있던 옛 여부스족 및 다윗의 성, 그리고 왕궁 건물들을 포함한 솔로몬 성으로 이루어져 있었고, 나중에 솔로몬 성의 서쪽으로 바로 옆에 그리 넓지 않은 "제 이구역"(왕하 22:14; 습 1:10)이 생겨서 약간 확장된 것이 고작이었다.

느헤미야가 중건한 예루살렘도 처음에는 이러한 좁은 지역으로 한정되어 있고, 그 이후에도 도성은 확장할 필요가 거의 없었다. 이것은 고고학적 탐사를 통해 예루살렘이 헬레니즘 이전 시대에 서쪽의 넓은 언덕으로 확장되었을 보여주는 증거가 전혀 발견되지 않았다는 사실과도 일치한다. 헬레니즘 시대에 와서야 예루살렘은 더 많은 공간이 필요하였기 때문에 이전의 좁은 경계를 좀더 확장되었다.

느헤미야는 성벽 중건을 완료한 후에도 총독으로서 기회가 주어지는 대로 계속해서 예루살렘과 유다 속주에서 백성들의 삶을 정립하는 일을 돌보았다. 이런 일은 그가 예루살렘에 파견되면서 맡겨진 임무 가운데 일부였을 것임에 틀림없다. 그는 속주가 여러 지구로 나뉘어 있음을 알았다. 이러한 사실은 성벽을 여러 구간으로 나누어 각 지구의 우두머리 및 그 거민들에게 한 구간씩을 할당했다는 느헤미야 3장 1-32절의 말로부터 알 수 있다.

실제로 언제 이렇게 속주가 여러 지구로 나뉘어졌는지는 모른다. 지구(地區)를 아카드어 pilku〉pelek(필쿠〉펠렉)으로 표기한 것으로 보아 이미 신바빌로니아 시대에 이미 지구로 획정되었던 것으로 보인다. 각 지구의 명칭은 그 중심되는 성읍의 이름을 따 붙여졌는데, 이 땅의 많은 성읍들이 파괴된 상태였기 때문에 한 성읍을 두 지구가 공동으로 사용한 경우들도 있었다.[46] 속주의 남쪽 지역에서는 예루살렘과 벧술(현재의 khirbet et-tubeka)에 두 지구가 있었고, 유다 산지의 서쪽으로 뻗어 잇는 구릉 지대에서는 그일라(현재의 khirbet kila)에 두 지구가 있었다. 벧 학게렘이 현재의 엔 카

---

46) H. Guthe, *Bibelatlas* (^{2}1926), No. 7 III에 나오는 지도작성법에 관한 설명을 참조하라.

림(en karim)과 동일한 곳이라면, 이 지구는 예루살렘 서쪽에 있었을 것이다. 미스바(현재의 tell ennasbe) 지구는 속주의 북쪽 지역에 있었다.

이러한 지구 명칭들을 통해 우리는 속주의 전 지경(地境)을 대충 알 수 있는데, 느부갓네살이 유다 속주를 설치한 이래로 그 지경은 변경되지 않았다. 느헤미야 3장에 나오는 성벽 중건 역사에 관한 기록은 특별 집단들로서 이 역사에 참여한 별도의 공동체들에 관한 서술로 끝이 난다. 이에 의하면 속주는 서쪽으로 벧술과 헤브론을 잇는 산지까지 미쳐 있는 것을 알 수 있는데, 이 지역은 팔레스타인 땅을 점령한 이래로 산지의 최남쪽 지역들에 정착한 유다 지파, 갈렙 지파, 그밖의 작은 지파들간의 경계를 형성하고 있었다. 이 경계선의 남쪽 땅은 일찍이 주전 598년에 유다 왕국에서 분리되어 에돔 족에게 할양되어 그 이후로 사해의 양안(兩岸)과 와디 엘-아라바(wadi el-'araba)에 위치해 있던 에돔 속주의 일부가 되었다. 속주는 서쪽 구릉 지대로 확장되면서 유다 왕국의 정상적인 서쪽 경계였던 벧술의 북쪽까지 미쳤다.

또한 북쪽 경계도 대체로 말해서 미스바의 북쪽에 있었다. 유일하게 두드러진 특징은 속주가 북동쪽으로 여리고를 포함한 요단 계곡 하류까지 확장되어 있다는 것이다. 느헤미야 3장 2, 22절에 의하면, "여리고 사람"과 "(요단) 평지 사람"이 성벽 중건 역사에 참여하였다고 한다. 요단 계곡 하류의 서쪽 절반은 한때 이스라엘 왕국에 속했다가 그후 사마리아 속주로 편입되었다. 이 지역에서 요시야가 병합한 영토들 가운데 일부는 요시야의 사업이 와해된 후에도 계속해서 유다 왕국에 속했고, 그후에 하위속주 유다에, 마지막에는 독립된 속주 유다에 속하게 되었다.

총독으로서 느헤미야는 이 아주 작은 속주에 삶을 안정시키는 데 중요한 영향을 미쳤던 한두 가지 개혁을 단행하였다. 그의 회고록에 나오는 성벽 중건 역사에 관한 서술 가운데는 그가 전면적인 부채 탕감을 단행하였다는 기록이 나온다. 이 회고록이 연대순으로 정리되어 있는 것을 감안할 때, 이러한 부채 탕감은 느헤미야의 초기 시책들 중의 하나였을 것이다(느 5:1-13). 이 조치를 취한 것은 악폐가 심했기 때문이었다.

유다의 상류계층이 느부갓네살에 의해 끌려간 후에, 왕정 시대 후기의 사회, 경제적 상황의 특징이기도 했던 빈부격차가 본토에 남아 있던 거민들 내에서도 다시 진전되었다. 포로로 끌려간 자들이 돌아와서 자기 가족의 과거의 재산에 대한 소유권을 다시 주장한 것이 얼마나 이러한 빈부격차 현상의 원인이 되었는지는 알 수 없다. 어쨌든 느헤미야는 헐벗고 굶주리며 빚에 쪼들려 결국에는 그 가진 재산을 다 팔고 빚 때문에 종이 될 수밖에 없었던 일부 사람들을 보게 되었다. 이러한 기반이 없고 사회에 불만을 품는 계층이 존재한다는 것은 사회의 불안 요인이었다.

그래서 느헤미야는 채권자들에게 빚을 전면적으로 탕감해 주고 저당 잡히거나 양도받은 재산을 다시 돌려줄 것에 동의할 것을 성소에서 엄숙하게 약속하게 하였다. 속주 전체가 얼마나 가난했는가는 느헤미야가 속주에서 거두어 주게 되어 있는 총독의 급료를 자발적으로 거절하고 얼마 안 되는 현물세로 생활하였다는 사실에서 잘 드러난다(느 5:14-19).

느헤미야는 회고록의 끝부분(느 13장)에 속주, 특히 예루살렘의 질서를 잡기 위하여 자신이 만든 여러 가지 법령들을 모아 놓았다. 느헤미야 13장 6절 이하를 보면, 이러한 법령들 중의 일부 또는 전부가 그의 두 번째 총독 재임 기간 중에, 즉 12년의 임기를 마치고 아닥사스다 제32년(주전 433년)에 바빌로니아로 돌아갔다가 얼마 후에 다시 예루살렘 총독으로 부임해서 만든 것들임을 알 수 있다.

그가 왜 다시 총독으로 오게 되었는지는 알 수 없다. 아마도 속주에서 새로운 악폐들이 생겨나서 그가 다시 총독으로 부임할 수밖에 없었고, 느헤미야 13장에 열거되어 있는 법령들은 바로 그러한 악폐들을 바로잡기 위한 목적으로 제정되었을 것이다. 특히 성벽 중건 역사에 참여하였던(느 3:1) 대제사장 엘리아십의 행동에 개입하여 규제할 필요가 있었다. 느헤미야는 유다 속주의 독립과 분리를 위하여 애를 썼던 것에 반해—메소포타미아에 있던 포로들간에 퍼져 있던 성향을 따라—엘리아십은 느헤미야가 예루살렘에서 이임(離任)한 틈을 타서 자신의 정치 노선을 따라 이웃 속주들의 총독들과 상류계층들과 우호적인 관계를 맺었다.

제2장 페르시아와 마케도니아의 지배 417

후대에 대제사장 사독 가문은 이웃의—일부는 이방인인—속주들에 대하여 우호적인 관계를 유지하였는데, 엘리아십의 모습을 통해 우리는 여기에서 처음으로 그 싹을 보게 된다. 또한 그것은 정치적 독립을 상실한 후 이스라엘의 정신사 전체에 배어 있던, 공동체의 생활의 독특성과 관련하여 주변 세계에 대해 개방주의를 채택하느냐 아니면 엄격한 고립주의를 채택하느냐의 대비를 보여주는 첫번째 징후이기도 하다.

여기서 구체적으로 문제가 된 것은, 자신의 손자 한 명을 사마리아 총독 산발랏의 사위가 되게 하였던(느 13:28) 엘리아십이 어떤 목적에서인지 성소 제의용으로 만들어진 예루살렘 성전의 한 방을 자기와 친분 관계가 있는 "암몬 사람 도비야"로 하여금 마음대로 사용하게 한 것이었다(느 13:4 ff.).[47] 느헤미야는 예루살렘으로 다시 부임하자 성전의 방을 잘못 사용하고 있던 일을 중지시켰다. 나아가—이 일을 전후하여—그는 유다인들과 주변 이방 민족들간에 수없이 이루어진 혼인 문제를 처리하였는데, 그 혼인들을 실제로 해소(解消)시킨 것은 아니고—어쨌든 그런 취지의 말은 명시적으로 나와 있지 않다—유다인들로 하여금 자녀들이 그러한 혼인을 맺지 않도록 할 것임을 맹세하도록 하였다(느 13:23 ff.).[48]

그런 후에 느헤미야는 이미 '말라기'에서도 지적되었듯이 성소에 십일조를 드리는 일을 게을리하는 것에 대하여 조치를 취하였다. 그는 백성의 "민장"[49]으로 하여금 십일조가 정확히 드려지도록 살피고, 성소에 믿을 만한 감독자들을 세워 수입의 십일조를 검사하도록 할 것을 서약하게 하였다(느 13:10 ff.). 또한 그는 희생제사의 불을 지피는 데 필요한 땔감을 성소로 날

---

47) "우리 하나님의 전 골방을 맡은" 제사장 엘리아십(느 13:4 ff.)이 대제사장 엘리아십(느 3:1; 13:28)과 동일 인물이었는지는 확실치 않다. 그러나 그는 어쨌든 제사장 가문인 사독가의 일원이었다.
48) 느헤미야 13:1-3에서 신명기 23:4-6의 "객에 관한 율법"을 언급하고 있는 것은 후대의 첨가이다.
49) 이 "방백들"은 느헤미야 회고록에 꽤 자주 나오는데 아카드어 סגנים으로 지칭된다. 그들의 기능은 그동안 사멸되었던 과거의 지파 동맹에서의 '장로들'의 기능과 대체로 비슷했던 것 같다. 그들은 지방 연합체들의 수장(首長)들이었을 것이다. 또한 cf. Ed. Meyer, op. cit. pp. 132 ff.

라오는 일을 규율하였다(느 13:31). 이러한 조치들이 필요하였다는 것은 성전이 중건된 지 거의 한 세기가 지나도록 유다 속주의 백성들 및 예루살렘 성소에 충성하였던 이 땅의 이스라엘 지파들이 공적 예배를 얼마나 소홀히 하였는지를 보여준다.

끝으로, 느헤미야는 안식일이 제대로 지켜지도록 조치들을 취하지 않으면 안 되었다. 이 문제에 관하여 느헤미야는 바빌로니아의 포로들의 엄격한 견해들을 그대로 대변하였을 것이다. 안식일은 유다-이스라엘 열왕의 시대에서도 이미 밭에서의 일(왕하 4:23)과 성읍들에서의 매매(암 8:5)를 그쳐야 하는 날로 지켜졌었다. 그러나 포로들 가운데서 안식일의 준수는 특별한 중요성을 띠게 되었다(cf. pp. 378f.).

반면에 예루살렘과 이 땅의 다른 곳에서는 안식일은 대수롭지 않게 취급되어 별로 지켜지지 않았다. 시골에 사는 백성들은 안식일 날에 나귀에 팔 물건을 싣고 전국에서 가장 큰 시장인 예루살렘으로 들어왔다. 그리고 지중해 연안에서 잡은 물고기와 그밖의 물건들을 팔기 위하여 예루살렘에 정착해 있던 두로 상인들은 안식일 따위는 아랑곳하지 않았다. 이런 상황에서 느헤미야는 어쨌든 예루살렘에서만이라도 안식일을 지키도록 하기 위하여 안식일에는 시장을 폐쇄하고 성문을 열지 않도록 하였다(느 13:15 ff.).

느헤미야 10장에 보존되어 있는 문서는 느헤미야 13장에 기록된 그의 조치들과 직접적으로 연관되어 있다. 이 문서에는 일인칭 복수의 엄숙한 선언 형식으로 몇몇 요구사항들을 양심적으로 지키겠다는 '합의서'가 포함되어 있는데, 이 요구사항들은 위에서 말한 느헤미야의 지시들과 정확히 일치한다. 1절에 의하면, 이 합의서는 공동체 전체의 대표자들이 서명하고 도장을 찍은 문서로 기록되었다고 한다.[50] 이 문서는 느헤미야의 회고록이 아니고, 느헤미야의 회고록에 끼어 있는 역대기사가의 많은 분량의 삽입문 중의 일부이다. 역대기사가는 에스라가 율법을 도입한 인물이라고 생각해서, 이 문서

---

50) 느헤미야 10:2-28에 삽입된 서명자들의 명단은 그 출처가 의심스러운 것으로서 후대에 이 부적당한 대목에 삽입되었을 것이다.

를 에스라가 율법을 선포한 것에 관한 이야기에 덧붙여 놓았다.

이 문서가 진정한 것이라면—이것을 의심할 만한 이유는 없다—역대기 사가는 자기에게 전해진 전승 문서를 역사적으로 부적절한 곳에 끼워 넣은 것이라고 할 수 있다. 이 문서가 느헤미야 13장과 결부되어 있다는 사실은 느헤미야가 유다 속주의 책임있는 자들에게 자신의 지시사항들을 시행할 것을 문서로 써서 공표하는 방식을 통해 서약하게 하였다는 것을 보여준다. 그리고 이 문서는 예루살렘에 보존되어 오다가 후대의 역대기사가의 눈에 띄게 되었다.

느헤미야의 활동은 주로 유다 속주의 외부 조직을 정비하는 일에 집중되어 있었다. 분명히 그가 페르시아 정부로부터 받은 지시들도 이러한 것들이었을 것이다. 그는 통치 중심지를 중건하고 거기에 사람들로 하여금 거주하게 하였다. 그는 공식적인 지시에 따라서 국고 지원을 받아 중건한 중앙 성소에서 공적 예배의 몇몇 악폐들을 시정하였고, 속주에서 가장 긴급한 사회 개혁들을 실시하였다. 그러나 이와 아울러 그는 개인적으로 속주 거민들을 주변의 민족들로부터 분리시키는 일, 안식일의 엄격한 준수 등과 같은 바빌로니아 포로 집단들의 몇몇 특별한 관심사들에 관심을 기울였다.

이러한 특정한 문제들을 제외하고는 그는 예루살렘 제의 공동체의 내면 생활에 관심을 갖지 않았다. 그러나 그가 부임했을 때 이 분야에서도 개혁이 절실히 필요하다는 것을 알았다. 느헤미야는 주로 자신의 정치적 임무에 따라 정치적인 방법들을 사용하여 정치적인 목적을 염두에 둔 채 일을 진행하였고, 예루살렘의 제의를 속주의 공적 제도들 중의 하나로 취급하였다. 느헤미야 10장에 기록된 "언약"이 진정한 전승을 바탕으로 한 것이고, 실제로 느헤미야의 주도로 이루어진 것이라고 한다면, 그것은 느헤미야의 방법론을 전형적으로 보여주는 예라고 할 수 있다.

이 합의는 공동체 전체의 책임있는 대표자들이 서명하여 구속력 있는 문서로 만드는 법적 행위였을 뿐 엄숙하게 봉헌되었다는 말은 전혀 없다. 이 "언약"의 내용은 시정하고자 한 악폐들과 바빌로니아의 포로 집단들로부터 나온 몇 가지 특별한 관심사들을 중심으로 하고 있다. 이따금 "율법"이 언급되고 있다. 그리고 그 "율법"이 우리에게 전해져 내려온 율법이라면, 그것은 요시야 치하에서 계약을 맺은 이래로 계속해서 시행되어 왔던 신명기 율법을 가리킬 가능성이 아주 크다. "언약"(30절)이라는 도입 문구는 두드러지게 신명기적인 표현임을 보여준다.

이제 유다 속주와 전혀 동일하지 않았던 예루살렘 제의 공동체에 새롭고 구속력 있는 조직을 부여할 때가 온 것 같았다. 과거의 지파 동맹 및 그 조직은 해소되었고, 세계 각지에 디아스포라로 흩어져 있으면서 여러 가지 방식으로 과거의 전승들을 지켜나가며 예루살렘의 예배에서 그 하나됨을 발견하였지만 아직 새로운 형태를 찾지 못하고 있었던 '이스라엘'이 그 자리를 대신하였다. 바로 이 부분이 에스라가 해야 할 일이었다.

에스라의 활동은 느헤미야보다 훨씬 덜 알려져 있다. 그에 관한 유일하게 진정한 전승 자료는 에스라 7장 12-26절에 기록되어 있는 그의 공식적인 가르침들이다. 그밖의 점에 있어서는 에스라 이야기는 역대기사가의 작품이기 때문에 그것들은 사료(史料)로 사용될 수 없다. 왜냐하면 역대기사가가 에스라에 관한 직접적인 구전 전승을 인용했다고 볼 수 없기 때문이다. 한편 우리는 이 공식적인 가르침들을 통해 에스라가 "하늘의 하나님의 율법"—페르시아 시대에 이것은 이스라엘의 하나님을 가리키는 공식적인 용어였다—을 손에 들고 있었고, 이 율법을 시행하는 것이 그의 임무였다는 것을 알게 된다. 그리고 그러한 사명은 느헤미야 직후의 시대 상황과 아주 잘 맞아 떨어진다. 따라서 우리는 407면에서 말한 대로 에스라가 아닥사스다 1세 치세의 후기에 등장하였다고 가정하는 것이 우리의 논의를 위하여 옳을 것이라고 생각한다.

에스라는 제사장이었다(스 7:12). 그는 "바벨론 온 도"(스 7:16)에서 예루살렘으로 보내졌고, 분명히 바빌로니아의 포로 집단 출신이었다는 점에서 아마도 이전에 예루살렘으로부터 끌려간 사독 가문의 일원이었을 것이다. 그는 스스로 또는 자신의 진영에 속한 영향력 있는 사람들의 부추김을 받아 공식적인 임무를 맡게 되었을 것이다. 예루살렘과 유다의 혼란스러운 상황과 예상되는 반대에 비추어서, 그가 페르시아 정부로부터 공식적인 사령(司令)

을 받고 예루살렘에 도착하는 것이 중요하였다.

　이미 느헤미야를 최근에 독립된 유다 속주의 총독으로 임명하는 것에 동의한 바 있는 아닥사스다는 지금 포로 집단에 속한 사람들이 조언한 대로의 공식적인 임무를 에스라에게 부여하는 데 동의했을 것이다. 에스라의 임무는 느헤미야의 두번째 임무와 결부되어 있었을 것이고, 실제로 결부되어 있지 않으면 안 되었다. 에스라가 실제로 느헤미야의 뒤를 따라 아닥사스다 치세 동안에 예루살렘에 갔다고 한다면, 이 두 사람이 활약한 시기는 연대적으로 서로 매우 근접해 있었을 것임에 틀림없다. 왜냐하면 느헤미야가 바빌로니아로 돌아갔다가 다시 두번째로 부임해 온 일과 에스라가 임무를 부여받고 예루살렘으로 온 일이 모두 아닥사스다 치세의 마지막 9년 동안에 일어난 일일 것이기 때문이다.

　느헤미야로 하여금 두번째로 총독으로 부임해 갈 결심을 하게 만든 예루살렘과 유다의 불안정한 상황에 관한 소식이 들리자, 바빌로니아에 있던 포로들은 총독이라는 지위를 통하여 단지 몇몇 심한 악폐만을 제거할 수밖에 없었던 느헤미야의 한계를 생각한 끝에, 개혁을 위한 종합적인 계획을 수립하고 이 계획의 중요성을 페르시아 당국자들에게 설명한 후에, 에스라에게 이 계획의 수행을 맡기게 되었을 것이다. 어쨌든 에스라는 느헤미야와는 달리 특정한 직위의 수행을 위임받지 않고 단지 특별한 단일 임무만을 맡게 되었다. 이것은 에스라 7장 12절에 나오듯이 에스라가 자신의 임무를 수행하기 위하여 수여받은 공식적인 직함을 보면 분명히 알 수 있다.

　예루살렘 제의 공동체에서 그의 지위와 관련된 "제사장"이라는 명칭과는 별도로 그는 "하늘의 하나님의 율법에 완전한 학사"라는 공식적인 직함을 지니고 있었다. 역대기사가는 나중에 이 직함을 에스라 7장 6절에서 히브리어로 "이스라엘 하나님 여호와께서 주신 바 모세의 율법에 익숙한 학사"라는 말로 수정하고자 하였고, 또한 에스라 7장 11절, 느헤미야 8장 1절 이하에서는 "학사 에스라"로 줄여서 말하고 있다.[51]

---

51) 에스라 7:11b은 7:11a에 첨가된 것으로 보인다. 후자에서 아람어로 된 직함은

그런 후에 '소페르'(sofer)의 의미가 발전이 되면서 '에스라 학식있는 주석가'라는 개념으로 귀결되었다. 그러나 사실 에스라의 공식 직함은 페르시아 제국의 공용어인 제국 아람어에서 전문적인 용어로서 에스라를 "하늘의 하나님의 율법"을 쓰는 자 또는 이 "율법"에 정통한 학자 또는 해석자로 묘사하고자 한 것이 아니었다. 이 공용어에서 아람어 "학사"(scribe)는 종속의 속격으로 묘사된 특정한 공무(公務)를 부여받은 관리를 나타내는 일반적인 표현이었다. 따라서 에스라는 "하늘의 하나님의 율법을 위한 관리" 또는 "하늘의 하나님의 율법을 위한 판무관(辦務官)"[52]이었다―그의 임무는 되풀이될 필요가 없었다는 점을 감안하면.

이 직함으로 판단컨대, 예루살렘에서의 그의 임무는 일차적으로 특정한 제의법을 시행하는 것이었음에 틀림없다. 그러나 에스라 7장 12-26절에 기록된 그에 대한 공식적인 지시(指示)에는 이에 대한 명시적인 언급이 없다. 그런 것이 그의 임무의 실제 목적이었다는 것은 당연한 것으로 받아들여졌다. 단지 끝부분에 가서, 즉 25절 이하에서 강 서편 태수 지역의 "백성"―유다 속주만이 아니라 이 속령의 여러 속주들에 모여 살았고, 또 그밖의 지역들에 흩어져 살았던 '이스라엘'을 의미한다[53]―을 제의법과 아울러 일상 생활의 몇몇 분야들을 포괄하고 있었을 새로운 율법에 따라 재판하라는 것과 온 "백성"에게 이 율법을 알리고 구속력 있게 만들라는 것이 규정되어 있을 뿐이다.

그렇다고 해서 옛 이스라엘의 모든 잔존한 자손들이 강제적으로 에스라의 율법에 복종하도록 하지는 않았을 것이다. 그런 식으로 강압적인 방식으로 시행하는 것은 페르시아의 관습에 부합하지 않았을 것이기 때문이다. 아

"여호와의 계명의 말씀과 이스라엘에게 주신 율례의 학사"로 완곡하게 번역되어 있다.
52) safar/sofer라는 말의 의미에 대해서는 특히 H. H. Schaeder, *Esra der Schreiber* (1930), pp. 39 ff.를 참조하라.
53) '흩어진' 이스라엘은 이 태수령 지역 바깥에도, 특히 메소포타미아와 이집트에도 존재하였다. 이러한 사실이 고려되지 않은 것은 에스라의 임무가 강 서편 태수령에 한정되어 있었기 때문이다.

마도 이것은 여전히 스스로를 '이스라엘' 공동체의 일원이자 예루살렘 제의 공동체에 속해 있는 것으로 생각하고자 하였던 모든 사람들로 하여금 이 율법에 복종하도록 했다는 의미일 것이다. 그들을 위하여 에스라는 새로운 율법에 따라 재판할 재판관들을 임명하여야 했다.

페르시아 정부가 이스라엘 안에서의 엄격한 율법 개혁을 이 정도까지 후원했다는 것이 놀라운 일로 보일 수도 있지만, 아닥사스다 왕에 대한 바빌로니아 포로들의 영향력이 대단히 컸기 때문에 왕이 이들의 제안에 동의하고—에스라에 대한 공식적인 지시사항의 전문(全文)은 포로들이 기초하였을 것이다—자기에게 품신된 '하나님의 율법'에 '왕의 법'이라는 구속력을 부여함으로써 "하나님의 명령"(divine law)과 "왕의 명령"(royal law)을 동일한 의미로 말할 수 있었다는 것(26절)을 명심하지 않으면 안 된다.

페르시아 당국의 후원을 받아 온 이스라엘에 "하나님의 율법"을 시행하게 된 것은 광범위한 영향을 미쳤다. 이 율법에 대한 복종은 이스라엘 및 예루살렘 제의 공동체의 일원임을 나타내는 결정적인 표지(標識)가 되었다. 옛 이스라엘의 유기체적 통일성은 율법을 인정하는 자들의 모임으로 대체되었다. 그리고 이 모임의 범위는 흩어진 자들 중 다수가 시간이 흐르면서 옛 공동체를 떠났다는 점에서는 옛 이스라엘의 자손들보다 좁았고, 원칙적 및 실제적으로 이스라엘인이 아닌 사람들도 율법을 인정하고 종교 공동체에 들어올 수 있었다는 점에서는 더 넓었다고 할 수 있다. 그럼에도 불구하고 이 모임은 대체로 옛 고국 땅에 그대로 남아 있던 이전의 지파들의 자손들 전체와 과거의 전승들을 굳게 고수하였던 흩어진 이스라엘 자손들로 구성되었다.

그러나 옛 지파 동맹이 해체되고 아무런 형태도 없이 옛 전승들과 예루살렘 성전 예배를 중심으로 모였던 중간기를 거쳐 이런 식으로 이스라엘은 새로운 모습, 국가에 의해 이 법에 따라 재판을 받도록 인정되어 있었고, 구속력이 있었던 특별한 하나님의 율법에 복종하는 공동체라는 국가에 의해 공인된 모습을 갖추게 되었다. 이리하여 하나님의 율법이 이스라엘을 향하게 지니게 된 의미는 이스라엘의 외적인 형태뿐만 아니라 그 내적인 삶에 있어서도 대단히 중요하게 되지 않을 수 없게 되었다.

에스라가 어떻게 자신의 임무를 수행했는지에 관한 확실한 기록은 남아 있지 않다. 에스라는 예루살렘으로 부임할 때에 그의 공식적인 지시사항들에 열거되어 있는 몇 가지 부수적인 권리들을 갖고 있었다. 그는 자신의 배후에 있었던 바빌로니아 포로 집단의 영향력을 강화하는 데 관심을 갖고 있었기 때문에 이 집단으로부터 한 무리의 귀환자들을 데리고 오고자 하였다. 그래서 왕은 자발적으로 고국으로 돌아가기를 희망하는 자들은 그렇게 해도 좋다고 허락하였고(13절), 에스라는 고국으로의 귀환을 희망하는 자원자들을 바빌로니아에서 모집했을 것이다. 틀림없이 그는 적든 크든 한 무리의 귀환자들을 이끌고 예루살렘으로 왔을 것이다.

　　이때 그는 느헤미야 회고록에 잘 나타나 있듯이, 가난한 유다 속주의 어려운 경제 사정을 감안하여 돈을 가지고 예루살렘으로 오고자 하였다. 그래서 그는 왕 및 왕의 고관들로부터 "예루살렘에 거하신 이스라엘 하나님"(15절)을 위한 특별 기부금을 받아내었고, 예루살렘의 공적 예배에 우선적으로 쓰기 위하여, 바빌로니아 속주에서 자유로운 기부금을 거두고 예루살렘 성소 제의에 사용할 기명들을 기부받을 수 있도록 허가를 얻어 내었다(19절). 아울러 그는 예루살렘 성소의 제사용으로 필요한 것들을 일부 국고에서 보조받을 수 있도록 한 다리오의 조치를 이제 그 한계를 명확히 정하여 새롭게 갱신받았다(20-22절). 끝으로, 그는 이미 시행되고 있던 성전 직원 전체에 대한 전면적인 조세 면제에 대한 공식적인 확인을 얻어 내었다(24절). 이러한 공식적인 허가들을 받아 가지고 에스라는 마침내 수행원들과 함께 예루살렘으로 갔다.

　　예루살렘에서의 에스라의 활동들을 보여주는 자료로는 오직 역대기사가의 기록만이 있을 뿐이다. 그에 의하면, 에스라가 예루살렘에 도착하여 최초로 씨름한 문제는 이방인들과의 혼인 문제였다(스 9, 10장). 역대기사가는 느헤미야 회고록을 통해서 당시에 이스라엘 사람들과 주변 민족들 사이에 수없이 혼인이 이루어졌다는 것을 알았고, 연대적으로 느헤미야보다 늦은 에스라가 자기에게 특히 심각했을 것임에 틀림없는 이 걸림돌을 제거했음에 틀림없다고 결론짓지 않을 수 없었을 것이다.

그의 기록에 의하면, 에스라가 자신이 갖고 온 율법을 엄숙한 총회에서 선포하고 레위인들로 하여금 그 율법을 설명하게 하고 초막절을 율법의 규례에 정확히 맞춰서 거행한 것은 그의 활동의 후기, 느헤미야가 예루살렘에 두 번째 부임해 온 후에 일어난 일이었다고 한다(느 8장). 아마도 느헤미야가 그에 앞서 이방인들과의 혼인 문제를 처리하였을 것인데도 에스라가 이 문제에 관심을 갖게 된 이유가 있었는지는 말하기 불가능하다. 어쨌든 에스라는 역대기사가의 말과는 달리 율법의 선포라는 자신의 주된 임무를 수 년 동안 미루지 않았다. 이 율법의 선포가 어떤 방식으로 일어났는지에 대해서는 진정한 기록이 남아 있지 않다.

틀림없이 그것은 제의 행위의 틀을 빌어 이루어졌을 것이다. 그가 신명기 율법을 소개했을 때 요시야가 따랐던 이스라엘의 전통에 따라 계약이 맺어졌을 것이다. 이러한 계약 체결로 인하여 온 '이스라엘'은 새로운 율법에 구속되었다. 그것은 하나님과 백성간에 새로운 계약을 맺는 문제가 아니었다. 이와는 반대로 옛 지파 동맹이 해체된 후에도—주전 8세기와 7세기의 선지자들의 위협들에도 불구하고—그 계약이 여전히 통용되고 있는 확신이 지켜지고 있었다. 이전 시대에 '계약의 갱신'이 이루어졌었고(cf. 신 31:10-13), 요시야가 신명기 율법에 의거하여 계약의 개혁을 촉구하였던 것과 마찬가지로, 이제 또다시 하나님과 "백성"간의 율법은 새로운 율법에 의거하여 재정의되었다.

한 가지 차이가 있다면, 그것은 이제 계약 관계는 점점 더 에스라에 의해 조직된 계약 체결 의식 속에서 다시 확인된 옛 전승의 한 요소에 불과하게 된 반면에, 율법은 하나님의 뜻의 절대적인 계시라는 최고의 지위를 얻게 되었다는 것이다.[54]

"에스라의 수중에 있었던" "하늘의 하나님의 율법"이 어디에서 났고 그 내용이 무엇이었는가 라는 중요하고도 난해한 문제가 여전히 남는다. 에스라의 공식적인 지시사항들에나 후대의 역대기사가의 이야기 그 어디에도 이에

---

54) Cf. M. Noth, *Die Gesetze im Pentateuch* (1940), pp. 70 ff.

대한 언급이 없다. 이 율법은 바빌로니아의 포로 집단 가운데서 편집되거나 다듬어진 후에 페르시아 정부의 권위를 빌어 온 이스라엘에 구속력이 있게 되었을 가능성이 극히 높다고 하겠다. 제2이사야의 예언을 제외한다면, 이것은 이스라엘의 삶 전체에 대한 바빌로니아 집단의 영향력을 보여주는 가장 중요하고 중대한 예였다.

에스라의 율법이 정치적 독립을 상실한 뒤의 중간기를 거친 후에 예루살렘 제의 공동체의 이스라엘에게 그 영속적인 형태를 부여해 주었다고 한다면—그 이후의 시기에 분명하게 식별할 수 있는 어떤 개혁이 있었음을 말해주는 기록이 없는 것으로 보아 이것이 사실이었다고 할 수 있다—이 율법은 구약 전승의 일부로서 우리에게 전해내려 왔을 것임에 틀림없다. 구약의 정경화(正經化)는 에스라가 활동한 후 얼마 지나지 않아 시작되었기 때문이다.

과거에는 에스라가 예루살렘으로 가져와서 소개한 "율법"은 오경 설화의 제사장 법전 자료층(P)이라고 이따금 주장되기도 하였다. 그러나 그럴 가능성은 별로 높지 않은 것 같다. 왜냐하면 P는 원래 또는 부차적으로도 거기에 속해 있지 않았던 수많은 율법 내용들이 거기에 부가되었다고 할지라도 우리가 생각하는 것보다 훨씬 더 이야기 작품의 성격을 띠고 있기 때문이다.[55] P는 "율법"이 아니었고 비유적인 의미로 말한다고 할지라도 율법이라고 할 수는 없다. 오히려 우리는 나중에 방대한 오경 설화에 편입된 여러 율례 모음들, 예를 들면 레위기 17-26장의 이른바 성결 법전, 레위기 1-7장에서 찾아볼 수 있는 것들이나 그런 유의 단편적인 여러 규례들을 수집해 놓은 것 같은 제의 규례의 모음들을 생각해 보는 것이 좋을 것이다. 우리는 이러한 가능성을 진지하게 고려해 보지 않으면 안 된다—비록 에스라가 가져온 율법의 범위와 내용을 정확하게 규명해 내는 것은 불가능하지만.

에스라가 예루살렘에 가져온 것은 어느 정도 완결된 오경이었다는 것이 가장 보편적인 생각이다.[56] 이것이 사실이라면, 에스라의 "율법"은 광범위한

---

55) Cf. M. Noth, *Überlieferungsgeschichte des Pentateuch* (1948), pp. 7 ff.
56) J. Wellhausen, *Geschichte Israels*, I (1878), p. 421. 최근의 것으로는 H. H. Schaeder, op. cit. pp 63 f., O. Eissfeldt. *Einleitung in das*

이야기를 토대로 하고 있었을 것이고, 기본적으로 매우 오래된 이스라엘의 전사(前史)에 관한 전승 전체의 틀 안에서 제시되었을 것이다. 그렇다면 예루살렘 제의 공동체의 개혁은 이스라엘에게 열방 중에서 특별한 위치를 부여하신 하나님의 위대한 역사적 행위들에 대한 새로운 회상과의 아주 밀접한 관련하에서 진행되었다는 말이 된다. 이러한 회상이 예루살렘 제의 공동체에서 삶의 개혁의 배경에 있었다고 한다면, 그것은 매우 중요했을 것이 분명하다. 불행히도 에스라가 오경 전체를 가져와서 그것을 예루살렘 제의 공동체에게 구속력 있는 "율법" 문서가 되게 하였다는 주장은 증명될 수 없다.

또한 이 주장을 받아들일 수 없는 몇몇 중요한 이유들이 존재하기 때문에 이 주장이 사실일 가능성은 희박하다고 하겠다. 무엇보다도 오경이 팔레스타인이 아니라 바빌로니아에서 편집된 납득할 만한 이유가 없다는 것이다. 제사장 법전도 팔레스타인에서 씌어졌을 가능성이 크고, 어쨌든 보다 오래된 설화 자료들은 팔레스타인에서 전승되었고 존재하였다. 그러므로 에스라가 바빌로니아에서 예루살렘으로 가져왔던 "에스라의 손에 있던 율법"은 오경 전체가 아니었을 가능성이 크다. 오경은 팔레스타인에서 편집되었다.

오경 '설화'가 에스라 이전에 존재하지 않았다고 한다면, 오경은 에스라 시대 직후에 편집되었을 것임에 틀림없다. 왜냐하면 한 세기 후에 예루살렘으로부터 분리된 사마리아 공동체는 완전한 오경을 이미 확고하게 받아늘인 거룩한 책으로서 지니고 있었기 때문이다. 에스라의 "율법"은 나중에 오경 설화에 삽입된 율법 부분들에 끼어 있을 것이다. 어쨌든 그 율법은 예루살렘 제의 공동체의 생활의 유효한 토대로서 곧 정경화된 오경 문서의 일부가 되었기 때문이다. 불행히도 에스라의 이 율법을 정확하게 규명하기는 정말 불가능하다.

느헤미야의 총독직 수행을 통하여 이루어진 유다 속주의 공고화 및 에스라의 특별 임무를 통하여 이루어진 예루살렘 제의 공동체의 삶의 개혁으로 옛 질서의 붕괴 이후에 이스라엘이 다시 살아갈 수 있는 여건이 마련되었고

A. T. (^{2}1956), p. 699, 그리고 아마도 A. Welser, *Einleitung in das A. T.* (^{2}1949), p. 247.

어느 정도의 안정이 이루어졌다.

27. 페르시아 치하에서 예루살렘 제의 공동체[57]의 생활

두 세기 동안 이스라엘은 근동 전체와 아울러 페르시아 통치 아래 살았다. 고레스의 칙령으로 인한 예루살렘에서의 공적 예배의 개혁, 주전 5세기의 삼사분기에 유다 속주에서의 느헤미야의 총독직 수행, 끝으로 느헤미야 직후에 에스라의 활약에 관하여 전해져 온 자료를 통해 알게 된 것을 제외하면, 우리는 이 오랜 기간 동안의 이스라엘 역사에 관하여 거의 아무 것도 모른다. 그리고 우리가 알고 있는 것조차도 일반적으로 말해서 예루살렘을 중심으로 한 작은 유다 속주라는 좁은 범위에 한정되어 있다. 그러나 이스라엘은 디아스포라로 이역(異域) 땅에 흩어져 사는 사람들을 제외하고라도 유다 속주보다 훨씬 더 광범위하였다.

사마리아 속주 및 당시에 갈릴리 속주라는 명칭을 지니고 있었던 것으로 보이는 악고 속주(cf. p. 339, 주5)—그리고 암몬 속주와 아스돗 속주의 일부도—에는 이후 시대의 역사가 보여주듯이 여전히 스스로를 이스라엘 공동체 및 예루살렘 제의 공동체의 일원으로 생각하여 예루살렘의 공적 예배에 참여한 옛 이스라엘 지파들의 자손들이 살고 있었다. 에스라는 율법을 소개할 때 당연히 그들도 염두에 두었다(cf. p. 421). 왜냐하면 에스라의 사역은 유다 속주만의 일이 아니라 '이스라엘' 전체와 관련된 것이었고, 에스라는 예루살렘을 유다 속주의 수도가 아니라 이스라엘 종교의 중심지로 생각하고, 거기에서 자신의 임무를 수행한 것이기 때문이다.

---

57) '예루살렘 종교 공동체'라는 어구를 사용한 것은 독일어 원문의 'Jerusalemer Kultgemeinde'의 의미를 살리기 위해서였다. 그것은 그 구성원들이 모두 반드시 한 곳에 모여 살지는 않았더라도 예루살렘 제의를 자신들의 종교 생활의 중심으로 삼았던 사람들을 가리킨다

그러나 우리는 페르시아 시대에 그밖의 다른 팔레스타인 속주들에서 진행된 이스라엘 사람들의 역사에 관하여 실제로 아무것도 알지 못한다. 이스라엘은 이때에 독자적인 역사적 행동을 취할 수가 없었다. 따라서 페르시아 지배가 지속되는 동안에 이집트에서 페르시아의 통치권을 유지하기 위하여 끊임없이 계속된 전쟁들, 주전 4세기 내내 거듭거듭 수행된 반역하는 페니키아 해안 도시들에 대한 무력 충돌들 같은 역사적 사건들은 대체로 이스라엘을 비켜갔고, 인접한 곳에서 일어난 일들임에도 불구하고 이스라엘에 그리 실질적인 영향을 미치지 못하였다.

우리는 이역(異域) 땅에 흩어진 이스라엘 사람들로 이루어진 작은 집단들은 말할 것도 없고 좀더 중요한 디아스포라 집단들의 운명에 관하여도 별로 아는 것이 없다. 느헤미야와 에스라의 이야기를 통해 우리는 예루살렘 제의 및 종교 공동체의 전(全) 조직에 대한 바빌로니아 집단의 관심사의 일부와 어떻게 그들이 때때로 페르시아 궁정에 영향을 끼칠 수 있었는지에 관하여 알게 된다. 그러나 이러한 것들은 이 집단의 역사 속에서 단편적인 일화들일 뿐으로 그 전체적인 모습은 알 길이 없다.

이 시기에 있어서 하부 이집트 집단의 생활에 대해서도 전혀 알려진 바가 없다. 이 집단은 이후의 헬레니즘 시대에 아주 중요한 역할을 했고, 따라서 페르시아 시대에 이미 어떤 역할을 했을 것이 거의 틀림없다는 점을 생각하면, 이것은 한층 안타까운 일이 아닐 수 없다. 반면에 위에서 말한 주전 5세기의 엘레판틴 파피루스들은 상부 이집트 국경에 있던 이스라엘의 군사 식민지의 생활을 어느 정도 밝혀준다. 그러나 그들은 이따금 그들의 문제들을 예루살렘에 있던 총독에게로 가져오곤 하였지만,[58] 시간이 흐르면서 이 식민지에 살던 사람들은 스스로 독자적인 괴이한 성전 제의를 갖게 되면서, 예루살렘 제의 공동체와의 교류를 단절함으로써 이스라엘에서 떨어져 나가 주전 5세기 이후에는 그들의 모든 자취는 사라져 버렸다.

---

58) cf. Pap. Cowley. No. 30(AOT², pp. 450 ff., ANET, p 492, DOTT, pp. 262 f.).

그러나 페르시아 지배 시기는 매우 광범위한 분야에 걸쳐 개혁이 진행되었고, 그 개혁들이 후대의 역사에 결정적인 영향을 미쳤다는 점에서 이스라엘에게 근본적으로 중요하였다. 어쨌든 그 새로운 형태의 생활의 주요한 윤곽을 알아내는 것은 가능하지만, 그 생활의 발전 과정의 일부가 다소 우연히 느헤미야가 총독직을 수행하던 동안에 그의 활동을 기록해 놓은 회고록을 통하여 밝혀지게 된 경우를 제외하고는, 자료 부족으로 인하여 그 생활의 전 발전 과정을 추적하는 것은 불가능하다.

페르시아 시대에 예루살렘 제의의 본질적인 형태는 형성되어서 이스라엘의 역사가 끝나는 날까지 지속되었다. 고레스가 성소를 중건하라는 칙령을 내린 후로 예루살렘은 그 근방에 사는 이스라엘 사람들만이 아니라 세계 전역에 흩어져 살던 자들에게도 종교 중심지가 되었다. 따라서 여전히 남아 있거나 생겨나게 된 지방 제의들은 불법 또는 이단으로 낙인찍혔다. 예루살렘에서는 "대제사장"을 우두머리로 하고(cf. p.403) 다윗 시대의 사독 가문 출신인 폐쇄적인 제사장단으로 구성된 위계를 갖춘 제사장 계급이 다스리고 있었는데, 이제 사독 가문의 기원은 모세의 형인 아론에까지 소급되어 아론은 전승 속에서 크게 부각되게 되었다.[59]

열왕들의 시대의 사독 가문과의 연관성은 분명히 존재하였다. 하지만 그 동안에 오랜 동안의 혼란스러운 과도기가 있었기 때문에 이 가문에 속한다는 몇몇 가문들의 주장은 의심을 받고 반박되었으며[60] 온갖 내분들을 거친 후에야 '사독 가문의' 제사장단의 정확한 경계가 그어질 수 있었다.

페르시아 시대를 거치는 동안에 이른바 '레위인'이라는 하위 성직계급 (clerus minor)이 꽤 오랜 세월에 걸쳐 이 제사장단과 나란히 발전하였다. 신명기 율법은 요시야에 의해 폐지된 지방 성소의 제사장들에게 예루살렘에서 제사장으로서 섬길 권리를 허용하였으나(신 18:6 f.), 이들은 예루살렘

---

59) 특히 레위기 8, 9장에 나오는 서술과 역대기상 5:27-41의 명단을 참조하라.
60) 에스라 2:61-63 = 느헤미야 7:63-65을 참조하라. 제사장들의 권리에 관한 분쟁은 민수기 16장(P) 같은 오경 설화 중에서 후대에 쓰여진 몇몇 대목에 기록되어 있다.

제사장들의 방해로 제사를 드릴 권리를 제대로 발휘할 수 없었는데(왕하 23:9), 에스겔서에 나오는 미래의 설계에서는 이 지방 제사장들을 성소에서 제사장의 직무를 돕는 역할, 특히 이제 평신도들이 완전히 배제된 제사 의식을 준비하는 일을 할 수 있는 자격이 있는 것으로 생각하였다(겔 44:9-14).

사실 '레위인'으로 구성된 성전 봉사자들은 성소가 회복된 후에 형성되었다. 여기에는 요시야 시대 이래로 과거의 지방 성소 출신의 제사장 가문들이 포함되어 있었을 것이다.[61] 그러나 세월이 흐르면서 거기에 온갖 부류의 비(非)제사장 계열의 인원들이 합류하여 보다 밀접하게 통합되어 마침내 '레위인'이라는 하나의 집단을 형성하게 되었다.[62]

제사장과 레위인은 성소를 중심으로 예루살렘에 밀집해 있었다. 그러나 예루살렘 밖에 살면서 엄격하게 정해진 봉사일에만 성소에 온 이들도 있었다 (cf. 눅 1:39 f.). 제의 종사자들의 조직이 방대해짐에 따라 특히 '레위인'과 관련된 다양한 공식적인 직무들을 정확하게 배분할 필요성이 생겨났다. 이것은 꽤 오랜 기간에 걸쳐 단계적으로 이루어졌을 것이다. 그러나 그 토대는 분명히 페르시아 시대에 놓여졌다.

공적 예배 자체도 페르시아 시대에 새로운 형태를 띠게 되었다. 예루살렘 성전은 이제 다윗 시대와는 달리 왕의 주관하에 왕의 관리인 제사장들이 이 땅, 특히 이 곳의 전통석인 관습에 따라 희생제사들을 드리거나 그밖의 다른 통상적인 종교 의식들을 거행하는 왕실 성소가 아니었다. 에스겔서에 나오는 미래의 설계에서 이제 공석이 된 왕의 지위는 주로 과거에 왕이 담당했던 종교적 직무들을 수행하는 "왕"(prince)이라는 인물이 차지하고 있다 (겔 45:7 ff.).[63]

---

61) P(민 3:5 ff. 등)에 나오는 레위인들의 명단과 K. Möhlenbrink, ZAW, N. F. II (1934), pp. 184 ff.를 참조하라.
62) 역대기사가의 저작은 특히 그 이차적인 첨가 부분에 여러 부류의 레위인들에 관한 많은 명단들을 담고 있고 특히 레위인 성가대를 언급하고 있다 (cf. 특히 대상 23:[2b], 3-27:34).
63) 또한 기타 지역에서 왕정이 폐지된 후에도 왕의 종교적 기능이 유지된 예, 이를테면 아테네에서의 ἄρχων βασιλεύς를 참조하라.

그러나 예스겔이 꿈꾸었던 "왕"은 역사적 현실이 되지 못하였다. 이와는 반대로 성전이 회복된 후, 그리고 무엇보다도 에스라의 개혁이 있는 후로, 전(全) 종교 공동체는 예루살렘의 공적 예배에 책임을 지게 되었다. 국가 성소라는 과거의 제도는, 페르시아 왕들이 희생제사에 필요한 재료들의 일부에 대한 비용을 대주고 "그들의 생명을 위하여" 성소에서 기도해 줄 것을 요청한 것을 통하여 성소에 특별한 특권들을 허용하였다는 점에서만 잔존해 있었다(cf. p.402).

그러나 페르시아 왕들은 실제로 드리는 공적 예배에는 직접적인 영향을 미칠 수 없었다. 그들은 전승에 따라 예배를 조직하는 일을 종교 공동체에 일임하였을 것이다. 예루살렘 제의 공동체는 당연히 예루살렘에서 전승되어 온 예배 형태를 고수하였다. 그러나 상황이 변화되었기 때문에 온갖 종류의 혁신들이 불가피하게 되었다. 원래는 팔레스타인 전승에 뿌리를 둔 추수 축제들이었으나 그 동안에 하나님의 위대한 근본적인 행사(行事)들을 송축하는 절기들로 된 전통적인 세 가지 순례 절기들은 계속해서 지켜졌는데, 이제 여기에 가을 대절기(大節期)가 시작되기 전에 제7월 제10일에 닷새 동안 지켜졌던 특히 중요시된 "속죄일"이 더해졌고(레 23:27-32), 이 절기는 이제 종교력의 실제적인 시작이었던 가을 절기를 대신하게 되었다(cf. 레 25:9 f.).

과거에 행해졌던 성소를 정결케 하는 의식은 더욱 발전되었다(레 16장). 이렇게 "속죄일"을 도입하게 된 것은 이제 공적 예배에 있어서의 속죄가 전반적으로 점차 중요하게 된 것과 연관되어 있었다. 하나님의 심판과 그 결과들을 몸소 체험한 이 백성들은 하나님의 계명을 어기는 일을 몹시 두려워하게 되었고, 이에 따라 거듭거듭 정결(淨潔) 의식을 행할 필요를 느꼈다. 예배 자체도 점점 기존의 규례들을 꼼꼼하게 지키는 것에 토대를 두게 됨으로써—에스라가 가져온 "하늘의 하나님의 율법"은 공적 예배를 규율하는 규정들을 포함하고 있었을 것이다—신명기 율법이 판에 박은 어투로 말하고 있는 대로 그저 "여호와 앞에서 즐거워하는" 그런 모습을 찾아볼 수 없게 되었다.

그러나 무엇보다도 페르시아 시대가 중요한 것은 이때에 특정한 문헌의 정경화(正經化)가 시작되었기 때문이다. 오경이 본질적으로 그 뚜렷한 형태를 지니게 되었을 뿐만 아니라 예루살렘 제의 공동체 전체를 구속하는 거룩한 책이 된 것은 분명히 이 시기였다. 이 방대한 저작의 문헌사는 훨씬 이전으로 거슬러 올라간다. 그러나 이 저작을 이루고 있는, 보다 오래된 개별 구성요소들은 이 저작 전체가 이제 행하게 된 것과 같은 그런 커다란 역할을 결코 한 적이 없었다. 오경은 하나님의 기본적인 행사(行事)들을 신조처럼 짧게 요약한 글들이었는데, 이것들을 종교 의식들에서 낭송하는 것이 관례였다. 그리고 이 신조들의 개별 주제들을 중심으로 모여 있던 풍부한 설화 자료들은 어떤 공식적인 재가(裁可)도 없이 읽혀지고 전혀져 내려온 신학 작품들을 통해 고정된 형태로 표현되었다.

하나님의 율법을 요약한 문구들은 과거의 지파 사회에 구속력이 있었을 것이고, 이러한 것들이 꽤 이른 시기에 글로 씌어졌을 것이다. 그것들의 역사를 자세하게 추적하는 일은 불가능하다. 그러나 보다 산만한 형태로 율법의 체계화에 있어서 비교적 후기의 단계를 보여주고, 이전의 편집물들을 포함시키고 발전시켰던 신명기 율법의 운명은 비교적 잘 알려져 있다.[64] 이 신명기 율법은 요시야가 부추긴 계약에 의해, 여전히 적어도 이론적으로는 존재해 있었던 지파 동맹에게 구속력이 있었다. 이것은 보다 광범위한 문서가 온 '이스라엘'에게 유효한 것으로 인정된 첫번째 사례라고 할 수 있다.

그리고 신명기 율법은 하나님의 율법과 규례들의 모음을 중심으로 하고 있었지만 여기저기 흩어져 있는 강해적 요소들 속에서 끊임없이 하나님과 이스라엘의 특별한 관계의 역사적 기초(基礎)를 언급하였다. 요시야 시대에는 여전히 이스라엘의 과거의 전통적인 제도들이 적어도 잔재로는 남아 있었다. 그러나 독립을 상실하면서 그 잔재들마저 이내 완전히 와해되었고, 기존의 제도라는 배경이 없어졌음에도 불구하고 신명기 율법에 관한 문서는 이제 전통적인 규례들에 관한 기록으로서의 특별한 비중을 획득하게 되었다. 페르시

---

64) Cf. G. v. Rad, *Deuteronomium studien* (1947), pp. 7 ff. 영역본으로는 *Studies in Deuteronomy* (1953), pp. II ff.

아 시대에는 바로 그러한 노선을 이어 더욱 발전이 이루어졌다.

신명기 율법이 처음에 계속해서 통용되던 중에, 에스라는 과거에 신명기 율법을 시행하기 위해 사용되었던 것과 유사한 방법을 통하여 자기가 가져온 "하늘의 하나님의 율법"에 대한 백성들의 인정을 확보하였다. 다시 한번 하나의 문서, 한 권의 책이 생활과 행위의 토대가 되었다. 이 에스라의 "율법"에 관하여 자세한 것을 알려져 있지 않고 또한 그 율법이 완전한 오경 자체는 아니었다고 할지라도(cf. p.425f.), 그 직후에 이와 동일한 노선을 따라 에스라의 "율법"을 포함하는 방대한 오경의 최종적인 편집이 이루어졌다.

오랜 편집 과정의 결실인 이 오경은 하나님의 율법을 체계화한 아주 중요한 초기 및 후기의 문구들과 함께 이스라엘의 전사(前史)에 관한 모든 기본적인 전승들을 결집하였다.[65] 그리고 이 방대한 저작은 그것에 공식적인 지위를 부여하는 특별한 의식(儀式)을 거행함이 없이 곧 권위있는 문서로 인정을 받게 되었다. 그후로 오경은 예루살렘 제의 공동체의 정경(正經)이 되었고, 또한 지금 구약에 포함되어 있는 저작들을 수집하는 일의 기초가 되었다. 기본적으로는 이야기임에도 불구하고 나중에 그저 "율법"이라고 불리게 된 이 거룩한 책을 읽고 아는 것은 이 경건한 공동체와 경건한 개인의 필수적인 일이 되었다.

그리고 이로 말미암아 예루살렘에서의 중심적인 희생제사 의식과 나란히 특정한 형태의 예배, 즉 예루살렘 이외에서, 특히 디아스포라 가운데서도 행해질 수 있도록 "율법"의 여러 부분들을 큰 소리로 봉독하고 해석하는 것으로 이루어진 예배 형태가 촉진되었다. 또한 이 거룩한 책의 모든 자세한 내용들이 중요하게 되었으나, 그것들이 그 복잡한 배경으로 인하여 항상 즉각적으로 이해될 수 있는 것은 아니었기 때문에, 이 거룩한 책을 해설하는 기법이 발달되었다.

회당 예배와 서기관들의 해석은 후대의 헬레니즘 시대에 이르러서야 역

---

65) 오직 신명기 율법만이 처음에 오경에 포함되지 않았다. 그러나 페르시아 시대에 오경과 신명기사학파적 역사서가 결합됨으로써 마침내 신명기 율법이 오경에 통합되었다(cf. M. Noth, *Überlieferungsgeschichtliche Studien* I 〔1943〕, pp. 211 ff.).

사의 무대에 분명하게 등장하게 된다. 이 중요한 과정의 시작 단계는 확실히 밝혀져 있지 않다. 그것이 이미 페르시아 시대에 시작되었다고 확실하게 말할 수는 없다. 그러나 오경의 정경화(正經化)는 회당 및 서기관들의 해석을 탄생시키는 첫 걸음이었다.

또한 페르시아 시대에 선지자들의 말씀들에 관한 전승 기록들은 끊임없이 읽혀지고 수집되기도 하였다. 일단 오경으로 인하여 과거의 문헌 기록들에 대한 연구 및 수집의 중요성이 부각되자, 이러한 연구는 백성들이 몸소 체험했던 하나님의 심판에 의해 아주 분명하게 확증된 위협들과 사람들의 시선을 현재의 환난들로부터 하나님이 장래에 하실 일에 대한 소망으로 옮겨주는 약속들을 담고 있던 예언 저작들로 확대되었다. 선지자들의 말씀들에 대한 기존의 모음들은 당시의 관점에 맞춰 약속들을 아주 다양하게 재구성함을 통하여 만들어내진 장래에 대한 소망의 표현들로 보완되었다.

현존하는 예언서들에 담겨 있는 상당한 양의 이차 자료들은 페르시아 시대에 나온 것임은 거의 의심할 여지가 없다—이 과정을 자세하게 추적하는 것은 당연히 불가능하지만. 이러한 과정은 헬레니즘 시대에도 계속되다가 헬레니즘 시대의 첫 세기의 어느 시점에서 마침내 예언자들의 전승도 고정된 형태를 갖게 되었고, 기존의 예언서들이 당시에 예언적이라고 생각되었던 신명기 역사서의 주요 부분과 결합되어 권위있는 성경의 두번째 부분으로서 예언서 정경을 이루게 됨에 따라 그 발전과정은 끝이 나게 되었다. 마지막으로, 그 자세한 과정은 알 수 없지만 구약의 세번째 부분으로 포함된 그밖의 다른 저작들도 페르시아 시대에 탄생하였을 것이다.

이렇게 페르시아 시대는 분명히 후대의 이스라엘 역사와 생활에 많은 점에서 결정적인 영향을 미쳤다. 앗수르와 신바빌로니아 시대의 역사적 사건들로 인하여 구질서가 쇠퇴하고 붕괴된 후에, 고레스가 재위 첫 해에 내린 예루살렘 성소의 중건에 관한 칙령과 당시에 공동체 전체에 적지 않은 기여를 했던 바빌로니아 포로 집단이 페르시아 정부에 끊임없이 가한 압력 덕분으로, 예루살렘 제의 공동체는 새로운 출발을 시작하고 삶을 재정립할 수 있게 되었다. 이 시기에 발전되고 준비된 것들은 그 종말에 이르기까지 이후의 이스라엘 역사의 전 과정에 중요한 영향을 미쳤다.

유다-이스라엘 열왕들의 시대와는 달리 이 시기의 역사적 사건들을 연대순으로 기록해 놓은 자료는 전혀 없다. 단지 중요하긴 하지만 단편적인 사건들을 몇몇 단편적인 전승들 속에서 찾아볼 수 있을 뿐이다. 또한 구약 이외에는 활용할 수 있는 자료가 드물다. 대제국의 일부를 구성하는 신민(臣民)이 된 이스라엘은 어느 때보다도 근동의 외적인 역사 과정에 대한 영향력이 적었다. 그러므로 이 시기의 이스라엘 역사에 관한 고고학적 발굴의 성과는 미미할 수밖에 없다.

이스라엘 지파들은 당시에 팔레스타인에서 외세의 지배 하에서 비참한 생활을 했기 때문에 전반적으로 건축과 공예 분야에서 그들의 기량을 펼칠 수 있는 여건이 조성되어 있지 못했다는 것이 고고학적 발굴을 통해서도 뚜렷하게 드러난다. 문헌으로 남아 있는 이 시기의 유일하게 주목할 만한 건축물인 예루살렘의 새로운 성소는 꽤 장기간에 걸쳐 어렵게 건축되었지만, 오늘날 그 터를 유명한 회교 사원이 차지하고 있어서 고고학적으로 연구가 불가능하게 되어 있다. 따라서 현재까지 이 분야에서 이렇다 할 만한 연구 성과는 나오지 않았다.[66]

단 한 가지 주목할 것은 yhd = '유다'라는 명문(銘文)이 새겨진 페르시아 시대의 주화들이 발견되었다는 것이다. 그 위에 쓰여 있는 액면 금액을 통해 그 화폐 가치가 공식적으로 보장되어 있는 주화는 루디아 왕국에 도입된 이후에 페르시아 시대까지 고대 오리엔트 전역에 걸쳐 유통되지는 않고 있었다. yhd라는 명문(銘文)이 있는 주화들[67]은 이 분야에서도 페르시아 정부는 유다 속주에게 자율권을 주었음을 보여준다. 그리고 페르시아 정부가 다른 중요한 성소들에게도 독자적인 주화를 제조할 수 있는 권한을 허용한

---

66) 이 시대를 다루고 있는 W. F. Albright, *The Archaeology of Palestine* (1949), pp. 142-145은 특히 짧고 직접적으로 이스라엘 역사에 속하지 않는 이스라엘의 주변국들의 상황을 주로 다루고 있다.
67) Cf. K. Galling, PJB, 34 (1938), pp. 57 ff.
68) Cf. Albright, op. cit. p. 143

것과 마찬가지로[68] 이 주화 제조도 페르시아 정부가 후원한 유다 속주의 중심이었던 예루살렘 제의 공동체를 고려한 조치였을 것이다. yhd 주화들은 주전 4세기에 사용된 것으로 보인다.

또한 yhd 또는 yrslm(예루살렘)이라는 글자가 찍힌 항아리 손잡이들이 많이 발견되었다. 이런 글자가 새겨진 토기들은 종교세·세도에서 사용되었을 것이다. 가장 주목할 만한 점은 은으로 만들어진 주화들이 아테네의 드라크마를 본따 제조되었는데, 거기에는 제우스 상(像) 또는 아테네의 부엉이 그림이 새겨져 있었다는 것이다.[69] 이 시기의 도자기에는 온갖 종류의 헬라-에게해 물건들이 포함되어 있었다. 마케도니아가 오리엔트를 정복하기 훨씬 전에 유다 속주만이 아니라 다른 곳들에서도 등장한 이러한 헬라의 영향과 수입품들은 페르시아 지배 하에서 상당한 정도의 독립을 확보한 가운데 대규모로 해상무역을 발전시키고 있었던 페니키아 해안 도시들을 통해 들어온 것이다.

페르시아 시대 말기에 다리오 1세 시대의 장군 스키락스(Scylax) 이름으로 되어 있는 지중해 연안에 관한 글은 팔레스타인 해안 평지의 상당 부분이 당시에 이러한 페니키아 여러 도시들에 종속되어 있었음을 보여준다.[70] 페니키아 해상무역은 헬라의 상업활동과 밀접한 관계를 맺고 있었다. 그리고 아테네의 드라크마는 아테네 해상동맹이 결성된 이후로 공용 통화가 되었고, 페니키아인들의 영향으로 수리아-팔레스타인으로 들어와 거기서 모방되었으며, 이와 아울러 헬라 세계의 그밖의 다른 생산물들도 들어왔다. 그러나 이 세계와의 이러한 간접적인 접촉은 예루살렘 제의 공동체의 내적 생활에는 그리 영향을 미치지 않았다.

페르시아의 지배는 적어도 유다 속주의 인근에 몇 가지 고고학적 흔적들을 남겨 놓았다. 이미 405면에서 말했듯이, 팔레스타인의 최남서쪽 시나이 사막의 접경지대에 있던 페르시아의 군사시설들 외에도 이 시기의 주목할 만

---

69) Cf. figs. 4 and 5 in Galling, op. cit. p 77, ANEP, Nos. 226-227, DOTT, p. 233 and Pl. 14.
70) 자세한 것은 K. Galling, ZDPV, 61 (1938), pp. 66 ff., 특히 pp. 78 ff.

한 유산은 고대 라기스의 유적지인 텔 엣-두웨르(tell ed-duwer)에서 발견된 주전 5세기 말 또는 4세기 초의 페르시아의 웅장한 궁전 유적이 있다.[71] 이것은 라기스가 페르시아 통치의 중요한 중심지였다는 것을 시사해주고, 이곳에 유다 속주의 서쪽에 있던, 사해 남단의 양안에 있는 지역을 포괄한[72] 에돔 속주를 다스리던 페르시아 총독의 관저가 있었음을 알 수 있다.

이 속주의 행정 중심지가 실제로 라기스였다면, 북서쪽으로 치우쳐서 외곽에 위치해 있던 이 성읍을 선택한 이유는 아마도 주로 이 방면으로부터 이 속주에 진입하였기 때문인 것으로 보인다. 언제나 불안정했던, 이집트로 통하는 길목이었던 이 지역은 페르시아 통치자들에게는 특히 중요하였다. 사마리아 속주의 남서쪽 모퉁이를 차지하고 유다 속주의 북서쪽 접경과 매우 근접해 있었던, 이 지역에서 북쪽으로 그리 멀리 떨어져 있지 않은 게셀(tell jezer)에서 페르시아인들 또는 페르시아에 고용된 군관들이 매장된 것으로 보이는 페르시아 시대의 무덤들이 발견되었다.[73] 또한 이것도 이곳이 페르시아 행정의 소중심지였음을 보여준다.

이상으로써 우리는 팔레스타인 땅에서 페르시아 시대에 속하는 확실한 고고학적 발견물들을 실질적으로 모두 다 말한 셈이다.

28. 마케도니아의 오리엔트 정복과 사마리아의 분리

주전 333전에 잇수스(Issus)에서 다리오 3세 코도마누스(Darius III Codomannus)에게 승리한 후에 수리아-팔레스타인은 이미 소아시아를 정복했던 알렉산더 대왕의 수중으로 넘어갔다. 주전 332년에 그는 가능한 한 신

---

71) 이 왕궁의 평면도에 대해서는 Albright, op. cit. p. 144, fig. 47을 보라.
72) Cf. M. Noth, ZDPV, 67 (1944-1945), pp. 62 f.
73) 원래 '블레셋인'의 것으로 추정되었던 이 무덤들의 상태 및 그 정확한 연대설정에 대해서는 cf. K. Galling, PJB, 31 (1935), pp. 88 ff.

속하게 이집트에 이르러 정벌하기 위하여 북방으로부터―잇수스는 현재의 북부 수리아의 알렉산드레타(Alexandretta) 항 가까이에 있었다―수리아-팔레스타인 해안을 따라 서진하였다. 그는 7개월 동안 오래된 두로 섬 요새 외부에 머물러 있다가 가까운 본토와 그 섬을 잇는 방파제를 축조하여 마침내 그 섬을 정복하였고, 풍요로운 땅을 정복하기 위하여 시나이 사막을 거쳐 이집트에 도달하기 전에 남서 팔레스타인에 있는 가사 성을 포위하는 데 두 달을 보내야 했다.

그런 후에 그는 지체하지 않고 수리아-팔레스타인의 내륙 지방을 정복하고 이 지역을 최고사령관인 파르메니오(Parmenio)에 맡겼고, 그는 이 지역을 어려움 없이 지배하였다. 팔레스타인에서 무력으로 점령해야 했던 곳은 과거에 이스라엘의 왕도였고 당시에는 사마리아 속주의 총독부가 있었던 사마리아뿐이었다. 그후에 마케도니아인 페르디카스(Perdiccas)는 그 곳에 마케도니아 식민지를 건설하였다. 예루살렘과 유다 속주, 그밖에 이스라엘 사람들이 거하던 팔레스타인의 속주들도 아무런 저항없이 아주 급작스럽게 엄청난 군사력으로 출현한 새로운 세력에 굴복하였다.

그리고 사마리아 속주에서 마케도니아군은 사마리아 성을 제외하고는 거의 저항을 받지 않았던 것 같다. 주전 331년에 알렉산더는 또다시 이집트로부터 수리아-팔레스타인을 거쳐 메소포타미아에 이르는 원정을 감행하여 아르벨라(Arbela) 근처의 가우가멜라(Gaugamela)에서 벌어진 대회전(大會戰)에서 페르시아 제국에 결정적인 일격을 가함으로써 헬라-오리엔트에 걸친 제국을 건설하는 데 착수하였다. 이러한 사건들은 세계사의 전과정에 영향을 미쳤다.

이 사건들로 인하여 고대 오리엔트의 역사는 끝이 났고 동부 지중해 지역에서 헬레니즘 시대가 개막되었다. 주전 332-331년에 있은 알렉산더의 원정에서 마케도니아의 주력군은 이스라엘 지파들이 거하는 지역에서 아주 가까운 곳으로 통과하였고, 이것은 그들에게 강렬한 인상을 남겼음에 틀림없다. 그럼에도 불구하고 구약에는 이 사건에 대한 언급이 전혀 없다. 구약의 역사서들은 이스라엘과 유다 왕국의 멸망, 페르시아 시대의 회복―역대기사가의 이야기에서―이후는 다루지 않는다. 그리고 후기의 역사서들(마카베오서, 요세푸스)은 어떤 명확한 정보를 가지고 그 이전까지 소급해서 기록하고 있지 않다. 우리는 주전 3세기에야 마감되었던 매우 후대의 예언서들에서 알렉산더 시대에 대한 언급들이 있을 것으로 예상해 볼 수 있다. 실제로 극악무도한 정복자에게 하나님의 심판이 내릴 것이라고 경고하고 있는 하박국서의 말씀(합 1, 2장)의 역사적 배경을 알렉산더 원정에서 찾고자 하는 시도들이 그동안 있어 왔다.[74]

그러나 확실한 증거는 없지만 그런 가능성은 별로 없다. 그리고 스가랴 9장 1-8절에 나오는 선지자의 말씀도 주전 332년에 있은 알렉산더군의 수리아-팔레스타인 진군을 가리키는 것으로 생각되어 왔다.[75] 그러나 이러한 것들은 단지 고려해볼 만한 가능성들에 불과하다. 알렉산더의 압도적이고 신속한 침공이 남긴 인상 외에는 우리가 위에서 언급한 구절들은 이 시기에 있어서 예루살렘 제의 공동체의 운명에 관한 것을 밝혀주지 않는다. 이로 보건대 한 강대국의 지배로부터 다른 강대국의 지배로의 이전은 외적으로 커다란 소동 없이 일어났을 것이다.

주전 323년에 알렉산더가 죽자 측근 장군들(Diadochi)의 세력 다툼의 일부가 또다시 수많은 통상로의 중심지였던 수리아-팔레스타인과 예루살렘 제의 공동체 근방에서 일어났다. 특히 알렉산더가 임명한 이집트의 총독 프톨레마이오스(Ptolemy)는 가까운 팔레스타인과 페니키아를 이집트로부터 점령하였다. 알렉산더를 이어받았다고 주장하여 알렉산더의 다른 대다수의 총독들로부터 반발을 샀던 안티고누스(Antigonus)와 그의 아들 데메트리우스 폴리오르케테스(Demetrius Poliorketes)에 맞선 전투에서, 프톨레마이오스는 주전 312년에 가사 근방의 전투에서 그를 패배시키고, 팔레스타인과 페니키아를 다시 차지하였다.

안티고누스가 주전 301년에 프리기아의 입수스(Ipsus) 전투에서 패배하

---

74) 특히 B. Duhm, *Das Buch Habakuk*(1906).
75) 최근의 것으로 K. Elliger, *Das Alte Testament Deutsch*, 25 (1950), pp. 135 ff., and ZAW, 62 (1949-1950), pp. 63-115.

여 목숨을 잃고난 후에, 그 동안에 왕을 자처하고 있었던 측근 장군들의 영토들은 점차로 공고하게 되어 갔다. 이집트에서 **프톨레마이오스 왕조**는 나일강 서쪽 삼각주 지대에 있는 '알렉산더 도시'를 왕도로 정하고 기반을 잡아 나갔다. 셀레우코스(Seleucid) 왕조의 본거지는 북부 및 중부 수리아에 있었다. 이 왕조는 오론테스 강 하류에 안디옥을 건설하여 왕도로 삼았는데, 안디옥은 동쪽으로 메소포타미아를 끼고 있었다.

특히 프톨레마이오스 왕조는 그 주변 지역인 팔레스타인과 페니키아를 획득하고자 했던 셀레우코스 왕조를 물리치고 그 곳을 장악할 수 있었다. 따라서 예루살렘 제의 공동체의 핵심을 이루고 있던 지역은 당분간 프톨레마이오스 왕조에 속하게 되었다. 프톨레마이오스 왕조의 치하에서 예루살렘 제의 공동체의 생활상에 대해서는 거의 알려져 있지 않다. 이 새로운 세력이 예루살렘 공동체의 내부 생활에 개입했을 것 같지는 않기 때문에, 페르시아 제국 멸망 후에 지배 세력이 교체된 것은 처음에는 이 공동체에 그리 영향을 미치지 않았을 것이다.

1915년에 나일강 삼각주에서 남서쪽 파이윰(faiyum) 오아시스에 있는 필라델피아 군사 식민지의 유적지에서 발견된 제노(Zeno) 파피루스는 프톨레마이오스 치하에서의 팔레스타인의 모습을 어느 정도 보여준다.[76] 이 파피루스에는 프톨레마이오스 왕소의 재무대신 아폴로니우스(Apollonius, 주선 261-246)의 부동산 관리인이었던 제노라는 사람의 서신이 담겨 있다. 아폴로니우스는 팔레스타인 및 요단 동편 지역에 프톨레마이오스 2세 필라델푸스 (Ptolemy II Philadelphus)에게서 봉토(封土)로 받은 온갖 종류의 부동산들을 소유하고 있었다. 이 부동산들은 이미 오래 전부터 왕실 소유였던 왕실 소유지들이었을 것이다. 이스라엘과 유다의 왕들에게는 왕실 소유지들이 있었다(cf. pp. 275f.).

그리고 왕정이 폐지되면서 이러한 왕실 소유지는 당시의 지배 세력의 수

---

76) Cf. J. Herz, PJB, 24 (1928), pp. 105 ff. (참고문헌에 대해서는 cf. p. 106, note I ff.).

중에 들어가서 공무(公務) 및 군사시설을 위해 사용되었다. 이 왕실 소유지의 성격과 범위에 관해서는 자세한 기록이 남아 있지 않다. 그러나 팔레스타인에 있던 아폴로니우스의 자산(資産) 속에는 분명히 이 왕실 소유지의 일부가 포함되어 있었을 것이다. 프톨레마이오스 왕조는 페르시아인들과 마찬가지로 이스라엘 사람들의 소유권을 침탈하지는 않았을 것이 분명하기 때문이다.

예루살렘 제의 공동체에 속한 상당수의 사람들은 주전 3세기에 이미 프톨레마이오스 왕조의 도읍지였던 알렉산더에 무리를 지어 살았을 것인데, 이들 가운데 일부는 예전에 하부 이집트로 이주하였던 사람들의 후손들이었고, 나머지는 급속하게 번영하는 이 도시에 매료되어 새로 이주해 온 사람들이었다. 이 집단은 당시 알렉산드리아에서 아람어 대신에 통용되었던 헬라어를 사용하였다. 그리고 알렉산드리아는 곧 동부 지중해에 있던 여러 헬레니즘 도시들에서도 찾아볼 수 있었던 헬라어를 사용하는 헬레니즘적인 디아스포라들의 가장 중요한 거점들 가운데 하나가 되었다.

이러한 집단들은 이전에 여러 곳으로 흩어져 살았던 이스라엘 사람들의 집단들과 예루살렘 제의 공동체의 예배 및 신앙에 매력을 느끼고 그 '율법'에 순종하는 다양한 부류의 새로운 신입자들로 구성되었다. 그들은 개종자들(προσήλυτοι), 즉 '신입자들'로 불렸다. 이 집단들은 구약의 히브리어와 팔레스타인에 사는 이스라엘 사람들의 통속 아람어를 이해하지 못했기 때문에, 한동안 '율법'(오경)만으로 이루어진 예루살렘 제의 공동체의 성경을 헬라어로 번역할 필요성이 생겨났다. 그래서 주전 3세기에 예배에서 봉독하고 해석하도록 되어 있었던 '율법'의 여러 부분들이 처음에는 회당 예배에서 구두로 헬라어로 번역되었다가 점차 알렉산드리아 및 그밖의 다른 곳들에서 나름대로 오경에 대한 헬라어 번역이 이루어지게 되었다. 나중에는 구약의 다른 부분들이 정경화되는 대로 이에 대한 번역들도 계속해서 이루어졌다.[77]

---

77) 많은 사본들로 보존되어 온 이른바 Letter of Aristeas라는 위서(僞書) (독일어 역본으로는 F. Kautzsch, *Die Apokryphen und Pseudepigraphen des*

이것은 매우 중요한 사건이었다. 이렇게 해서 헬라어를 사용하는 디아스포라는 예루살렘 제의 공동체가 사용하던 히브리어로 된 성경로부터 단절되게 되었는데, 당시에 이미 히브리어 성경은 공적 예배와 전문적인 석의(釋義)에만 국한되어 사용되는 형편이었다. 성경을 헬라어로 번역할 때 이미 헬라어 및 그 표현양식을 사용하게 됨으로써 헬라 사상의 영향을 받게 된 것을 시작으로 성경은 헬라 사상의 영향을 받을 가능성에 노출되었다.

프톨레마이오스 왕조가 주전 3세기에 팔레스타인과 페니키아의 지배자로서 유다 종교 공동체의 헬레니즘화를 부추겼다거나 그 구심점을 헬레니즘화된 디아스포라로 옮기는 데 도움을 주었다고 생각할 필요는 없지만, 어쨌든 오리엔트에 알렉산더가 출현함으로써 이 모든 일들은 시작될 수밖에 없었다. 프톨레마이오스 왕조는 이집트에서와 마찬가지로 팔레스타인과 페니키아에서도 전통적인 종교 의식들이 아무런 방해도 받지 않고 계속될 수 있도록 허용하였다.

그러나 결국 프톨레마이오스 왕조는 **셀레우코스 왕조**에게 팔레스타인과 페니키아를 잃고 말았다. 셀레우코스 왕조는 안티오쿠스 3세(주전 223-187) 치세 때 그 전성기를 맞이하였다. 마케도니아의 필립(Philip)과 연합하여 그는 소아시아까지 세력을 넓히고 저 멀리 헬라까지 영향력을 미칠 수 있었다. 그는 이로 인하여 나중에 로마인들과 충돌하게 되기 전에 페니키아와 팔레스타인에 대한 셀레우코스 왕조의 예로부터의 영유권 주장을 실현할 수 있었다. 처음에는 이러한 시도가 실패하였다. 주전 217년에 그는 팔레스타인의

A. T. s〔1900〕, II, pp. I ff. 영역본으로는 R. H. Charles, *Apocrypha and Pseudepigrapha of the Old Testament* II (1913), pp. 83-122)는 프톨레마이오스 2세 필라델푸스(주전 285-246)의 부추김으로 '율법'을 헬라어로 번역하게 되었다는 전설을 전해준다. 이 위서는 주전 2세기 말에 쓰여진 것으로서 당시에 알렉산드리아에 있던 구약의 특정한 헬라어 역본이 유일하게 권위있는 판본임을 밝힐 목적으로 쓰여졌다 (cf. P. Kahle, *The Cairo Geniza* 〔1947〕, pp. 132 ff.). 이 위서는 이 번역본이 주전 3세기에 공식적인 명령에 따라 72명의 학자들(여기서 '칠십인역'(Septuagint)라는 명칭이 나왔다)에 의해 이루어졌다고 주장한다. 이 전설에서 이 헬라어 번역이 주전 3세기에 알렉산드리아에서 시작되었다는 것은 사실일 것이다.

최남서쪽 모퉁이에 있으면서 이집트로 통하는 해안 도로변에 위치한 라피아 (현재의 refah) 전투에서 프톨레마이오스 4세 필라파토르(Ptolemy IV Philopator)에게 패하여 자신이 정복했던 팔레스타인과 페니키아를 포기하지 않을 수 없었다.

그러나 주전 198년에 그는 마침내 파네이온(현재의 banyas) 성 근처 요단강의 발원지에서 프톨레마이오스 5세 에피파네스(Ptolemy V Epiphanes)를 쳐부수는 데 성공함으로써 단번에 페니키아와 팔레스타인을 장악할 수 있게 되었고, 프톨레마이오스는 이러한 상황을 토대로 그들과 화친하지 않을 수 없었다. 이렇게 해서 또다시 예루살렘과 팔레스타인에 살던 이스라엘 사람들은 지배 세력의 교체를 보게 되었다. 그들은 이러한 변화를 싫어했던 것 같지는 않다.

어쨌든 우리가 잠시 후에 논의하게 될 문서에는 파네이온 전투 후에 이스라엘 사람들은, 예루살렘에 있던 프톨레마이오스 점령군들을 사로잡고 코끼리를 타고 입성하는 셀레우코스군을 "열렬하게" 환영하면서 많은 군수품들을 그들에게 마련해 주었다는 얘기가 나온다. 아마도 이런 모습은 외세가 그 식민지에서 결국에는 불러일으킬 수밖에 없게 되어 있는 반감과 일단 새로운 지배 세력이 확정되었을 때 그들에게 잘 보이려고 하는 의도가 나타난 것 이상의 것이라고 볼 수는 없을 것이다.

안티오쿠스는 세계 전역에 흩어져 있는 디아스포라로 말미암아 매우 광범위한 인맥을 형성하고 있다는 점을 고려하여 중요하게 생각하고 있던 이 예루살렘 공동체의 환심을 사기 위하여 즉시 자신의 호의를 보여 주었다. 「유대의 고대사」(Ant. Iud.) XII, 3, 3 (§§138-144 Niese)에서 요세푸스는, 새로이 정복한 지역에 파견한 판무관(辦務官)이었던 것으로 보이는 프톨레미라는 인물에게 안티오쿠스 3세가 보낸 칙령의 본문을 기록해 놓았다. 이 칙령에는 예루살렘 제의 공동체에게 유익이 되는 몇몇 법령들이 담겨 있는데, 이 문서가 예루살렘에 보존되었다는 점으로 미루어 진정한 것이라 할 수 있을 것이다.[78]

이 칙령에 의해 프톨레마이오스 왕조에서 셀레우코스 왕조로 그 지배세력이 바뀐 것을 그 백성들이 환영해 준 대가로 예루살렘 성에 대하여 앞서의 전화(戰禍)로 인하여 흩어졌던 거민들의 귀향이 허용되고, 노예가 된 자들이 해방되었으며, 전면적인 조세 감면, 성의 중건과 그 경제적 여건의 호전을 도울 목적으로 3년 동안 1/3씩 현물세를 감해주는 조치가 취해졌다(§§138, 139, 143, 144). 이것만으로도 우리는 예루살렘이 프톨레마이오스 왕조와 셀레우코스 왕조간의 전투로 인하여 상당한 피해를 입었다는 것을 우연히 알게 된다. 이 전투들에 관한 자세한 기록은 우리에게 거의 전해지지 않고 있다. 어쨌든 새로운 지배세력은 전화(戰禍)를 복구하고자 노력하였다.

나아가 안티오쿠스는 칙령을 통하여 예루살렘 성소에 몇몇 특권을 부여하였다. 특히 희생제사 재료 및 그밖에 제의에 필요한 물자들을 일정 한도까지 국고, 즉 왕실 소유지들의 소산물에서 공급해 주고, "조상들에 의해 전해진 율법"에 따라 살 권리를 부여해 주며, 끝으로 제의 종사자들에게는 영구적으로 조세를 면제해 주도록 하였다(§§140-142). 이러한 특권들은 이미 페르시아 시대부터 존재했던 것이고(cf. p.424) 알렉산더와 프톨레마이오스 왕조도 이를 침해하지 않았던 것으로 보인다. 따라서 안티오쿠스는 새로운 지배자로서 새로운 특권들을 부여했다기 보다는 이전의 권리들을 단지 재확인해주었을 뿐이다. 다만 몇 가지 세부적인 내용에 있어서는 약간의 확대 조치들이 있었을 것이다.

예를 들면, 꼭 필요한 성소 확장에 대해서는 그 비용이 국고로부터 충당될 수 있도록 하였고(§141), 느헤미야가 종교 공동체의 구성원들에게 공급하도록 서약하게 했던(느 10:35) 희생제사용 땔감에 대해서는 면세 조치를 하였다(§141). 끝으로, 제의 종사자들에 대한 조세 감면은 "장로회의"

---

78) 이 칙령의 진정성은 자주 의심을 받아 왔다 (가장 최근의 것으로는 cf. H. Willrich, *Urkundenfälschung in der hellenistisch-jüdischen Literatur* [1924], pp. 21 f.). 그 진정성에 대해서는 cf. Ed. Meyer, *Ursprung und Anfänge des Christentums*, II (1921), pp. 126 f. 최근의 것으로는 E. Bickermann, *Revue des études juives*, 100 (1935), pp. 4-35 (자세한 역사적 해석도 되어 있다), A. Alt, ZAW, N. F. 16 (1939), pp 283 ff. (여기에는 이 칙령의 복잡한 구조에 대한 분석도 되어 있다). 이 칙령의 헬라어 본문에 대해서는 TGI, pp. 76 f.

(γερουσία)와 여기서 역사상에 최초로 등장하는 "서기관들"(γραμματεῖs)에게까지 확대되었다.

이렇게 해서 생겨난 새로운 지배 세력과 예루살렘 제의 공동체의 우호적인 관계는 실제로 오래 가지 못했다. 얼마 안 있어 안티오쿠스 3세는 제2차 포에니 전쟁 후에 즉시 동부 지중해 지역에 개입한 로마인들과 충돌을 일으키게 되었다. 왜냐하면 한니발(Hannibal)이 제2차 포에니 전쟁에 패한 후에 마케도니아의 필립과 손을 잡고 있었던 안티오쿠스 3세에게 도망하자 로마인들은 안티오쿠스 3세의 세력을 위험스럽게 생각하였기 때문이다. 주전 190년에 소아시아 메안델의 마그네시아 전투에서 안티오쿠스는 로마인들에게 패하였고, 이듬해에 굴욕적인 아파메아(Apamea) 화친조약을 맺게 되었다. 이로써 셀레우코스 세력은 사양길에 접어들기 시작하였다. 그리고 이러한 쇠퇴기에 안티오쿠스 4세 에피파네스는 예루살렘 제의 공동체와 대충돌하게 되었는데, 이 사건으로 인하여 이스라엘 역사는 새로운 국면을 맞이하게 되었다.

한편 그 사이에 이 공동체의 내부 역사에 중대한 영향을 미친 한 사건이 일어났다. 즉, 사마리아 공동체가 예루살렘에서 분리되어 세겜 근처에 있는 고대의 성산인 그리심 산에 독자적인 사마리아 제의를 세운 것이었다. 이러한 분리가 일어난 정확한 연대는 알 수 없다. 그러나 이와 같은 분리는 먼 과거로 거슬러 올라가는 오랜 발전과정의 완결일 뿐이었다. 이 기나긴 과정의 뿌리는 남부 지파 집단과 중부 팔레스타인 집단을 주축으로 한 나머지 지파 집단간의 해묵은 분열에 있었다.

다윗은 역사적으로 남부 지파들을 부각시켰고, 솔로몬 사후에 남왕국 유다는 자신의 영향권 내에 있는 왕도 예루살렘에 지파 동맹 전체의 종교 중심인 고대 지파의 유물인 법궤를 지니고 있었다. 모든 이스라엘 지파들은 이 성소를 계속해서 방문했을 것이다. 그러나 이스라엘 열왕들은 독자적인 국가 성소들을 세워 예루살렘 성소에 맞서고자 하였다(cf. 왕상 12:26 ff.).

그리고 이스라엘 왕국을 구성한 지파들은 예루살렘에 새롭게 위엄이 부여된 것이 유다 사람 다윗에 의한 것이고, 예루살렘은 유서깊은 성소로서의 권위를 완전히 결여하고 있다는 것을 알고 있었기 때문에 진심으로 예루살렘을 중앙 성소로 인정하기 어려웠다. 과거에는 법궤, 즉 종교적 중심은 언제나 중부 지파 집단의 영토 가운데, 즉 처음에는 세겜, 다음에는 벧엘과 길갈, 마지막에는 실로에 있었고, 중앙 성소로서의 세겜의 원래의 역할을 보여주기라도 하듯이 고대의 성소인 세겜에서는 종교 의식들이 계속해서 거행되어 왔었다.

종교 제도들 및 사상들은 보통 끈질기게 보존되는 법이기 때문에, 이스라엘 왕국이 멸망하고 그 성소들이 과거의 중요성을 상실한 가운데 이방의 지배계층이 자신들의 제의를 가지고 이 땅에 들어왔어도, 과거에 대한 기억은 완전히 지워질 수 없었다. 이러한 이방인들의 제의가 이전의 이스라엘 왕국의 영토에 머물러 있던 지파 사람들이나 그들의 종교 전승들에 상당한 영향을 미쳤을 것 같지는 않다.

이때 요시야가 등장하여 자신이 병합한 사마리아 속주에서까지 고대의 유명한 성소인 벧엘을 비롯하여 지방 성소들을 폐하고, 단일한 예배 처소를 요구하는 신명기 율법을 토대로 모든 종교 체제를 예루살렘으로 집중시켰다. 갈릴리와 요단 동편 지파들, 즉 요시야가 갑자기 죽어서 미처 복속시키지 못하였던 앗수르의 므깃도 속주와 길르앗 속주에서는 한동안 과거의 지방 성소들이 계속해서 유지되었을 것이다.[79]

분명한 기록은 남아 있지 않지만, 예루살렘은 이 땅에 남아 있던 모든 지파들의 구성원들이 참여하는 유일한 합법적인 예배 처소로서 빠르게 정립되어갔을 것이다. 주전 587년에 성전이 파괴되고 오직 거룩한 장소만이 남게 되었을 때에도 사정은 마찬가지였을 것이다. 예루살렘은 이제 유다 왕실의 성소가 아니라 모든 이들에게 유일한 중앙 성소로 보다 쉽게 인정받을 수 있었다. 그러나 북부와 남부간의 해묵은 반감은 여전히 물밑에서 계속되었고, 고레스의 칙령에 따라 예루살렘 성소 중건을 위한 계획이 만들어졌을 때

---

79) 요시야는 단지 요단 동편의 작은 남쪽 지역만을 장악할 수 있었던 것으로 보인다 (cf. 위 p. 351).

또다시 폭발하였다.

　이번에 저항한 쪽은 유다였다. 유다 땅의 거민들은 예루살렘 성전을 자신들의 성소로 생각하였고 그 성전을 중건하는 일도 자신들의 일이라고 생각하였기 때문에 이웃 속주들에 사는 이스라엘인들이 이에 참여하기를 원하지 않았던 반면에, 이스라엘인들은 예루살렘이 고대의 중앙 성소라는 점을 들어 그 중건 공사에 자기들이 참여할 분깃이 있다고 주장하였다. 이방의 상류계층이 전혀 이식되지 않았던 유다인들은 이방의 상류계층들이 점차로 이스라엘 거민들에게 흡수되는 과정을 겪었거나 그러한 과정 중에 있는 이웃 속주들의 거민들을 제의적으로 부정(不淨)한 것으로 여겼다.

　선지자 학개도 이 문제를 그런 시각에서 보고, 학개 2장 10-14절에 기록되어 있듯이, 제사장들에게 "정한 것"과 "부정한 것"이 무엇인가를 묻는 상징적인 행위를 통하여 "이 백성과 이 나라"가 제의적인 부정(不淨)에 물들어 있다고 하면서, 이웃 속주 거민들을 성전 중건 공사에 참여시킴으로써 성전의 정결을 더럽혀서는 안 될 것이라고 말하였다.[80] 바빌로니아로 끌려가 페르시아 궁정에 영향을 미쳐서 이 시기의 유다에서의 일련의 사건들에 영향을 미쳤던 유다인들도, 예루살렘 제의를 회복하는 일을 전적으로 유다인들의 문제로 생각하였을 것이다.

　유다인들과 이스라엘인들간의 해묵은 정치적 갈등은 여전히 이 시기에 한 몫을 했을 것이다. 그러나 종교적이고 제의적인 측면이 보다 더 전면에 부각되었던 것으로 보인다. 유다는 여전히 사마리아 총독에 속해 있었고, 성전 중건이 사마리아 속주의 관할하에서 진행되었기 때문에 더욱 그러했을 것이다. 유다가 독립된 속주가 되고 느헤미야가 총독으로 부임하게 되면서 상황이 변하였고, 사마리아와 예루살렘간의 적대감은 고조되었다. 느헤미야는 자신의 회고록에서 이런 상황을 되풀이하여 언급하고 있다.[81]

---

80) W. Rothstein, *Juden und Samaritaner* (1908). 나중에 에스라 4:1-5에서 역대기사가는 귀환한 포로들과 고국에 남아 있던 거민 사이에 성전 재건을 둘러싸고 갈등이 있었다고 전제함으로써 약간 그릇된 서술이 되었다. 성전을 재건할 무렵에는 고국으로 귀환한 포로들은 거의 없었다.

자기들이 이스라엘의 진정한 중추라는 중부 지파들의 해묵은 주장이 새로운 형태로 되살아난 것인 이러한 정치적 경쟁은 종교 분야에도 영향을 미칠 수밖에 없었다. 사마리아 속주의 이스라엘인들은 마지 못해서 예루살렘을 유일하게 합법적인 예배 중심지로 인정하고 있었을 뿐이었다―갈릴리 속주 및 요단 동편 속주 사람들은 이러한 정치적 대립에 별 관심을 갖고 있지 않았을 것이다. 그들은 페르시아 정부가 예루살렘 성소만을 특별 취급하고 온갖 종류의 특권들을 허용하는 등 상황의 진전을 겉으로는 묵묵히 따르는 것 같이 보였다. 그러나 그들은 예루살렘 성소로부터 분리하여 자기 지역의 오래된 종교 전승들을 토대로 독자적인 제의를 세우는 일을 향하여 움직여가고 있었다. 남은 문제는 이러한 의도를 실현시킬 때가 언제 올 것인가 하는 것뿐이다.

「유대의 고대사」(Ant. Iud.) XI, 8, 3-7에서 요세푸스는 알렉산더 대왕의 군대가 수리아-팔레스타인을 점령한 일에 대하여 말하고 있는데, 이와 관련하여 예루살렘의 대제사장은 페르시아 제국에 대한 충성심에서 알렉산더를 거부하였던 반면에, 사마리아 속주의 총독은 이 정복자에게 즉시 항복하고 독자적인 성소를 세우는 것을 허가해 달라고 요청하였고, 이에 알렉산더는 즉시 허락하였다고 한다(§§321-324 Niese). 이 이야기 전체는 전설적인 내용으로 가득차 있고, 이 시기의 인물이 아닌 사마리아 총독 산발랏 같은 온갖 부류의 인물들이 등장한다. 알렉산더가 어떻게 마침내 예루살렘에 오게 되었고, 대제사장의 처음 태도에도 불구하고 예루살렘 도성이 어떻게 기적적으로 구원을 받게 되었는지에 관한 이야기(§§325-339 Niese)는 사실적인 토대를 전혀 갖고 있지 않음이 분명하다.

그러나 알렉산더의 등장에 대하여 예루살렘과 사마리아가 취한 태도의 차이에 관한 이야기는 정확한 전승을 담고 있을 가능성이 있다. 페르시아인

---

81) 엘레판틴에 거주하던 이들은 이 갈등을 모르고 있었던 것 같다. 주전 408년에 그들은 동일한 문제를 쓴 서신을 예루살렘 총독 Bagoas와 사마리아 총독 산발랏의 아들들에게 동시에 보냈다 (Pap. Cowley. No. 30; cf. AOT², pp. 450 ff., ANET, p. 492. DOTT, pp. 262 f.).

들로부터 아주 많은 특권을 누려 왔던 예루살렘에 대한 반발로 사마리아는 새로운 지배 세력의 출현을 환영하였고, 또한 예루살렘으로부터 독립하여 독자적인 제의를 세우려는 갈망을 실현할 좋은 기회로 삼았을 가능성이 역사적으로 있기 때문에, 요세푸스의 이야기가 아니더라도 그리심 산에 사마리아의 제의가 세워진 것은 헬레니즘 시대 초기라고 할 수 있을 것이다. 이러한 목표가 사마리아에서 페르시아 시대에 이루어졌을 가능성은 별로 없다. 예루살렘 제의에 대한 페르시아 제국의 태도는 이러한 것에 대하여 불리하게 작용하였기 때문이다.

또한 사마리아인들이 자신들의 제의의 토대로서 오경을 선택할 수밖에 없었다고 한다면, 그러기 위해서는 오경이 예루살렘 제의 공동체에서 아주 확고하게 성경으로 받아들여지게 되었다는 전제요건이 필요하다. 이러한 상황은 아무리 빨라야 페르시아 시대 말기에 해당한다. 그러나 다른 한편으로 그 시기를 헬레니즘 시대가 한참 진행된 후로 설정하는 것도 잘못이다.

그리심 산에 사마리아 성소가 존재한다는 것을 명확하게 보여주는 최초의 증거는 안티오쿠스 4세 에피파네스 시대의 기록이다(마카베오하 6:2). 그러나 여기서 사마리아 성소는 예루살렘 성소와 나란히 어떤 전승에 의해 이미 확연하게 구별된 중요한 성소로 등장한다. 말할 필요도 없이, 알렉산더가 수리아-팔레스타인에 처음 당도하자마자 사마리아 성소를 세우는 것을 허가하였다는 요세푸스의 이야기는 역사적 진실이라고 할 수 없다. 그러나 알렉산더의 치세 또는 측근 장군들의 권력투쟁기 동안에 사마리아는 오랫동안의 숙원이었던 독자적인 제의를 세우는 일에 대한 공식적인 허가를 받아낼 호기를 맞았을 가능성은 크다.

갈릴리와 요단 동편 땅에 살던 이스라엘인들을 제외하고, 그리심 산 위의 제의는 사마리아 속주에 거하는 전체 거민을 대상으로 했음에 틀림없다. 이리하여 사마리아는 아주 오랫동안 예루살렘을 종교 중심지로 삼았던 유다 속주와 마찬가지로 독자적인 종교 중심지를 갖게 되었다. 사실 이러한 목표는 완전하게 달성된 것은 아니었다. 새로운 제의가 대다수의 사마리아인들을 끌어들였다는 것은 틀림없다. 그러나 아주 오랫동안 사마리아 속주의 거민들에게조차도 종교 중심지가 되어 있었던 예루살렘의 오랜 전승은 그들 중 다수의 마음을 여전히 사로잡고 있었다. 어쨌든 사마리아 속주의 남쪽 지역들에 살던 이스라엘인들은 지리적으로 유다와 예루살렘에 가까웠기 때문에 예루살렘과 꽤 긴밀한 유대를 갖고 있었던 것으로 보이는데, 결국 주전 2세기 중엽에 이 지역들은 사마리아 속주로부터 분리되어 유다 속주에 속하게 되었다.[82]

예루살렘 사람들은 언제나 그리심 산의 제의를 불법적인 것으로 간주하였다. 사마리아인들은 배교자이며 종교적으로 부정한 자들로 여겨졌다. 역대기사가의 역사서 전체는 사마리아 제의에 맞서 예루살렘 전승의 유일한 합법성을 역사적으로 증명하려는 목적에서 주전 300년경에 편집되었다. 이 점을 고려하여 다윗이라는 인물과 다윗이 성전을 세우려고 준비한 하나님의 기뻐하시는 일이 처음부터 두드러지게 부각되었다. 그러므로 역대기사가는 유다 열왕들의 역사를 이스라엘의 진정한 역사로 보았고, 포로로 끌려갔다가 나중에 귀환한 유다인들을 진정한 전승을 보유한 자들로 보고 이들을 성전 중건 역사(役事) 및 종교 공동체의 중건과 결부시켰다.[83]

사마리아인들이 당시에 무슨 생각을 했는지에 대해서는 자료가 전혀 없다. 아마도 그들은 "우리 조상들은 이 산(즉, 그리심 산)에서 예배하였는데 당신들의 말은 예배할 곳이 예루살렘에 있다 하더이다"(요 6:20)라는 말에 세겜은 이스라엘 성소로서 보다 오래된 전승을 갖고 있고, 유다의 왕도인 예루살렘으로 유다인 다윗이 법궤를 옮긴 것은 그의 자의적이고 불법적인 행위였다는 점을 지적하면서 대답을 했을 것이다.

사마리아 종교 공동체는 역사의 변천을 뚫고 그럭저럭 살아남았다. 유다인의 관점을 채택한 요세푸스는 사마리아인들이 아무런 원칙도 없이 그때 그때 상황에 따라 이스라엘이라는 보다 큰 통일체에 대한 관계와 예루살렘 사람들과의 연관을 강조하기도 하고, 그들 자신의 분리와 특별한 지위를 강조

---

82) 아래 p. 479과 A. Alt in PJB, 31 (1935), pp. 94 ff., 특히 pp. 100 ff.의 자세한 설명을 참조하라.
83) Cf. M. Noth, *Überlieferungsgeschichtliche Studien*, I (1943), pp. 174 ff.

하기도 하면서 역사의 우여곡절을 헤쳐나갔다고 비판하고 있다(op. cit. 340 ff.). 그러나 결국 사마리아인들은 오래된 전승들을 토대로 하긴 했지만, 오랜 세월에 걸쳐 진화되어온 상황에 반기를 들고 오래 전에 이미 사라져 버린 역사적 조건들을 자신의 삶의 토대로 삼고자 하는 모든 자들이 겪는 운명을 공유하였다. 그들은 점차로 타락하여 거의 완전하게 비창조적이 되어버렸다. 오늘날 나블루스(Nablus, 세겜) 시에는 사마리아인들의 작은 촌락이 있다.[84] 그들은 그리심 산에서 유월절을 지키지만[85] 그밖의 점들에 있어서는 단순한 역사적 유물이 되어버렸다.

---

84) P. Kahle는 1909년의 사마리아 거민을 조사하였다 (PJB, 26 (1930), pp. 89 ff.).
85) Cf. J. Jeremias, *Die Passahfeier der Samaritaner* (1932).

제4부

회복, 쇠퇴, 멸망

제1장
마카베오 항쟁과 왕정 복고

29. 안티오쿠스 4세 치하의 충돌과 그 결과

팔레스타인에서 셀레우코스 왕조의 지배는 오래 가지 않았다. 단지 한 세대가 지나자 셀레우코스 왕조와 예루살렘 제의 공동체간에 큰 충돌이 일어났고, 이것은 결국 셀레우코스 왕조의 쇠퇴와 멸망으로 이어져 종교 공동체는 정치적 지배로부터 해방되어 독자적인 왕정을 세울 수 있게 되었다. 이 시기의 사건들은 문헌 기록들, 특히 구약의 헬라어 역본인 칠십인역에 포함되어 보존된 마카베오 상하권 덕분에 비교적 잘 알려져 있다. 원래는 히브리어로 씌어졌지만 헬라어 역본으로만 남아 있는 마카베오 상권은 주전 175년부터 134년까지 일어난 사건들을 기록한 귀중한 사료(史料)로서 당시의 간단한 기록들을 사용하여 씌어진 것으로 보인다.

이 책은 율법에 대한 엄격한 경외심이라는 관점에서 사건들을 묘사하고 있고 무엇보다도 마카베오-하스모네가(家)의 지도자들의 위업을 강조하고 있다. 주전 175년부터 161년까지만을 다루고 있는 마카베오 하권은 본문에서 말하고 있듯이(마카베오 하 2:23 ff.) 당시의 역사에 관한 저작을 다섯 권의 책으로 쓴 구레네인 야손(Jason)이라는 인물의 역사서에서 발췌한 내용으로 되어 있는데, 마카베오 하권의 저자는 그 역사서를 한 권의 책으로 요약하고

자 하였다. 구레네인 야손은 헬레니즘적 디아스포라 출신으로서 자신의 역사서를 헬라어로 썼을 것이므로, 마카베오 하권은 처음부터 헬라어로 씌어졌을 것이다. 마카베오 하권은 상권보다 마카베오 항쟁의 전사(前史)와 그 초기에 관하여 더 상세한 내용을 전해주지만 전설적인 요소들이 더 강하게 표현되어 있기 때문에 역사적인 가치는 상권보다 못하다. 상권과 하권은 사건들에 관한 묘사에서 온갖 종류의 편차들을 보여준다. 그런 경우에 비록 상권도 자신만의 특별하고 주관적인 관점에서 사건들을 바라보고 요약하고 있긴 하지만 상권이 더 신뢰할 만한 것으로 보인다.[1]

충돌이 발생한 것은 셀레우코스 왕조의 당국자들이 예루살렘 성소 및 예루살렘 제의 공동체의 자산(資産)과 권리와 규례들을 심각하게 침해하였기 때문이었다. 이렇게 침해한 이유는 아주 분명하지는 않다. 이러한 침해 행위는 신민(臣民)들 및 그 종교들에 대한 헬레니즘 통치자들의 근본적인 태도와 부합하는 것은 아니었다. 안티오쿠스 3세가 팔레스타인을 점령한 후에 예루살렘 제의 공동체의 특권들을 명시적으로 재확인해 주고, 그밖의 점들에서도 호의를 보여준 것은 정상(正常)에서 벗어난 것이 결코 아니었다.

그러나 그 동안에 셀레우코스 왕조의 상황은 상당히 나빠졌다. 안티오쿠스 3세는 이미 로마인들에게 패하여 주전 189년에 아파메아 화친 조약을 맺지 않을 수 없었다. 주전 187년에 그가 죽자 그의 아들 셀레우코스 4세 필로파토르(Seleuchus IV Philopator)가 즉위하였고, 그의 동생 안티오쿠스는 로마에 볼모로 잡혀 있어야 했다. 셀레우코스는 자기 대신에 아들인 데메트리우스(Demetrius)를 볼모로 로마에 보내고 가까스로 풀려나 본국으로 돌아올 수 있었다. 셀레우코스가 주전 175년에 신하인 헬리오도루스

---

[1] 마카베오 상하권의 내용의 상호관계와 이 두 권의 문학적 관계에 대한 문제는 매우 복잡하다. 이 두 책이 모두 공통의 자료를 이용하였다고 생각할 수 있는 근거들이 있긴 하지만, 이 공통의 자료의 성격과 출처는 여전히 미해결인 채로 남아 있다. cf. W. Kolbe, *Beiträge zur syrischen und jüdischen Geschichte* (1926), pp. 124 ff. 그는 구레네의 야손이 마카베오 상권의 자료이기도 하였다고 주장하는 데 반하여, F. M. Abel, *Les Livres des Maccabées* (1949), pp. xxxviii ff.은 공통의 자료가 존재하였다는 사실 자체를 논박하고 있다.

(Heliodorus)에 의해 살해되자 그의 동생 안티오쿠스는 로마에 볼모로 잡혀 있던 진정한 후계자인 데메트리우스를 제치고 정권을 장악하여 안티오쿠스 4세 에피파네스(Antiochus IV Epiphanes)가 되었다.

이를 기점으로 셀레우코스 왕조는 왕권을 둘러싼 쟁탈전이 시작되었고 나라는 조용하고 안정될 날이 없었는데, 이런 상황은 멸망할 때까지 계속되었다. 설상가상으로 로마인들은 점점 더 강력하게 동부 지중해 지역을 압박해오고 있었고, 그들과 실제로 접전이 있게 된다면 셀레우코스 왕조는 그 적수가 되지 못할 형편이었다. 또한 아주 최근까지 팔레스타인과 페니키아를 장악하고 있었던 이집트의 프톨레마이오스 왕조도 위협적인 세력이었는데, 특히 이 시기에 로마는 셀레우코스 왕조에 맞서 프톨레마이오스 왕조를 후원하였기 때문에 더욱 그 위험은 컸다.

안티오쿠스 4세는 몇 차례 원정을 벌여 프톨레마이오스 4세 필로메토르와 싸우지 않을 수 없었다. 한 마디로 셀레우코스 왕조의 세력은 매우 불안정해졌고, 이에 따라 신민(臣民)들의 내정(內政) 및 그들 가운데 일어나는 소요의 징후들에 대하여 점점 더 민감해지게 되었다. 끊임없이 전쟁을 수행함으로써 그들은 재정적으로 큰 곤경에 처하게 되어 자연히 신민(臣民)들의 소유물들에 눈독을 들이게 되었다.[2]

한편 예루살렘 제의 공동체 내에서도 갈등이 일어났는데, 이 갈등은 셀레우코스 왕조에게 환영할 만한 일일 수 없었고 또 그들이 개입할 수 있는 명분을 주었다. 바로 이것이 안티오쿠스 4세 치하에서 일어난 충돌의 진정한 원인이었다. 처음에 그것은 예루살렘 공동체의 전통과 헬레니즘의 갈등에 관한 문제였다. 마케도니아가 페르시아 제국 전역을 정복하면서 시작된 오리엔트의 헬레니즘화는 예루살렘 제의 공동체에 영향을 미치지 않을 수 없었다. 특히 이 공동체에는 수적으로는 그리 많지 않았지만, 많은 분파들을 가진, 동부 지중해 지역에 살면서 헬라어를 사용하는 디아스포라들이 있었던 것도

---

2) 이 문제 전반에 대해서는 cf. H. L. Jansen, *Die Politik Antiochos' des IV* (1943), 특히 pp. 17 ff.

여기에 일조를 하였다.

　디아스포라를 위하여 이미 거룩한 것으로 인정되었던 히브리어 성경—적어도 그 일부—이 헬레니즘의 통속어로 번역되었다. 디아스포라들은 정기적으로 예루살렘의 중앙 예배 처소를 방문하였기 때문에, 예루살렘은 헬레니즘적인 생활방식에 친숙하게 되었다. 그러나 헬레니즘적인 생활은 프톨레마이오스 왕조 치하에서도 팔레스타인과 예루살렘 제의 공동체의 중심지에 들어왔었다. 이러한 헬레니즘적 생활의 중심지는 과거에 성읍들이 있던 곳에 세워진 헬레니즘 도시들이었는데, 이 도시들은 이제 성벽 안에 무질서하게 주거들이 운집해 있는 정착지가 아니라 건축가 히포다무스(Hippodamus)[3]의 이름을 따 명명된 이른바 히포다무스식 도시계획에 토대를 둔 보다 널찍하고 잘 계획된 부지들이었다.

　알렉산더 시대에 페르디카스(Perdiccas)는 과거의 이스라엘 왕국의 왕도였던 사마리아를 마케도니아의 군사 식민지로 바꾸어 놓았다. 프톨레마이오스 왕조 치하에서 그 도시 명칭들이 프톨레마이오스 왕조 시대의 것들임을 증명해주는 여러 헬레니즘적인 도시들이 생겨났다. 프톨레마이오스 2세 필라델푸스의 이름을 따 명명된 필라델피아(Philadelphia)는 고대 암몬족의 수도인 랍밧-베네-암몬(현재의 'amman) 부지에 세워졌고, 프톨레마이스(Ptolemais)는 과거의 악고(현재의 'akka) 성의 터에 세워졌으며, 필로테리아(Philoteria, 현재의 khirbet el-kerak)는 디베랴 바다의 남단에 위치해 있었다.

　프톨레마이오스 왕조 시대 또는 셀레우코스 왕조 시대 초기에 이전에 벧산 성이 있던 곳에 니사 스키토폴리스(Nysa Scythopolis, 현재의 besan)라는 헬레니즘 도시가 생겨났다.[4] 이러한 도시들에서 자유롭고 웅장하게 발전

---

3) Cf. C. Watzinger, *Denkmäler Palästinas*, II (1933), p. II. 이 헬레니즘적 도시들은 보통 로마와 비잔틴 시대까지 이어져서 헬레니즘 시대의 유적층은 후대의 유적층으로 인해 사라졌기 때문에 고고학적 흔적들이 아주 드물게 남아 있다.

4) 이 헬레니즘적인 도시 설비들에 대해서는 cf. A. H. M. Jones, *The Cities of the Eastern Roman Provinces* (1937), pp. 238 ff., 447 ff.

한 헬레니즘적인 생활은 이스라엘인들에게 감명을 주어, 그들이 이를 모방하도록 자극했을 것은 뻔한 일이었다. 아주 많은 사람들이 여기에 매료되었을 것이 틀림없다. 마카베오하 4장 12절 이하에 기록된 대로, 주전 175년경에 예루살렘의 어느 대제사장이 헬라식 운동경기장을 지어 유서깊은 성도(聖都) 안에서 헬레니즘적 생활방식으로 살아가는 공동체를 위한 중심지로 삼아서, 거기에서 원반 던지기 등을 행하였고 구경꾼들이 모여들어 열광하게 한 일은 어느 한 명의 건달의 특이한 아이디어가 아니라, 선수로든 구경꾼으로든 새로운 운동경기장(gymnasion)에서 벌어지는 활동들에 열심으로 참여했던 일부 이스라엘인들의 모습을 그대로 반영해 주는 일이었다.

마카베오하 4장 14절 이하에서는 예루살렘의 제사장들 가운데 일부도 이 새로운 생활방식에 매료되어 넋을 잃었다고 분명하게 말하고 있다. 한편 상당수의 사람들은 이방적인 생활방식을 거부하고 자신의 유서깊은 전승들을 일편단심으로 열심히 따랐고, 조상들로부터 전해져 온 관습들로부터 이탈하는 행위를 하나님에 대한 전통적인 신앙에 불충성하는 행위이자, 위장된 또는 공공연한 우상숭배로 보았다. 사실 예로부터 헬라식의 운동경기들과 헬라의 다신 숭배간에는 밀접한 연관성이 있었다는 점에서, 그들의 견해는 타당한 것이었다.

마카베오 상하에 보면, 주전 175년경에 이 갈등은 처음으로 표면화된다. 물론 이러한 갈등은 이 때에 돌연히 생겨난 것이 아니라 막료 장군들의 치하에서 오리엔트가 헬레니즘화되어 가는 과정에서 주전 3세기부터 어느 정도 잠복되어 있는 가운데 점차 발전되어 온 것이다. 이로 인하여 예루살렘 제의 공동체는 이방의 헬레니즘적인 관습들과 생활방식에 대하여 어떤 태도를 취하여야 하느냐 하는 중대하고 근본적인 문제에 직면하였다.

이 문제에 대한 해답은 어느 정도의 시간을 두고 찾아져야 될 것이었지만, 제때에 해결책이 찾아지지 않는다면 이 갈등이 심화된 정도로 보아 폭발할 위험이 있었다. 기폭제가 될 만한 사건이 일어나기만 한다면 폭발하는 것은 기정사실이었다. 주전 2세기 초에 예루살렘 제의 공동체의 내부 사정은 매우 긴박하였고, 이렇게 하여 적대적인 이집트에 근접해 있는 팔레스타인에서 생겨난 정정(政情)의 불안은 셀레우코스 정부가 무관심할 수 있는 문제가 아니었기 때문에, 그들은 결단을 강요하여 가능한 한 사태를 진정시키고자 하였다.

또한 예루살렘에서는 이 때에 대제사장직을 둘러싸고 온갖 소동과 암투가 벌어졌다. 이 싸움에서는 전통적인 생활방식과 헬레니즘적 생활방식간의 갈등은 별로 큰 역할을 하지 않았다. 일반적으로 제사장들은 헬레니즘을 환영했던 것으로 보이는데, 어쨌든 그들은 셀레우코스 왕조의 통치자와 좋은 관계를 맺고자 하였다. 그러나 여러 제사장 가문들과 인물들은 대제사장직을 놓고 정권 다툼을 벌이고 있었다. 주전 3세기 및 2세기 초에 대제사장직의 역사에 관한 믿을 만한 기록이 없기 때문에, 이러한 싸움들의 전사(前史)에 관해서는 알 도리가 없다.

셀레우코스 4세 치하에서 오니아스(Onias)라는 대제사장이 있었다. 율법에 충실한 진영에서는 그를 대제사장직을 맡기에 적합한 경건한 인물로 평가하였으나(마카베오 하 3:1 ff.; 4:1 ff.), 동료 제사장들 가운데서 그를 반대하는 자들은 그를 제거하기 위하여 왕에게 그를 중상하는 상소를 올렸다(마카베오 하 3:4 ff.; 4:1 ff.). 마카베오하 3장 3절에 의하면, 예루살렘 제의 공동체의 특권들을 다시 한번 재확인해 주었던 셀레우코스는 그들의 요구를 들어주지 않았던 것으로 보인다.

그러나 안티오쿠스 4세가 주전 175년에 셀레우코스를 살해한 후 정권을 장악하자, 마카베오하 4장 7절에 오니아스의 동생으로 나오는 야손이라는 인물이 새로운 왕에게 많은 돈을 바치고 예루살렘을 더 한층 활발하게 헬레니즘화시킬 것을 약속하고는, 왕의 명령으로 오니아스를 대제사장직에서 쫓아내고 스스로 대제사장이 되었다(마카베오 하 4:7 ff.).[5] 비록 왕이 주도적으로 한 것은 아니었지만, 이 사건은 왕이 예루살렘 제의 공동체의 내부 문제에 괴이하게 개입한 월권 행위였다.

---

5) Josephus, *Ant. Iud.* XII, 5, 1, § 239 Niese에 의하면, 이 야손의 본명은 Joshua였으나 특이하게도 야손이라는 헬라식 이름을 사용하였다고 한다.

이 사건은 왕의 후원으로 권력을 장악하고자 한 예루살렘 제사장단의 일부 진영에 의해 이루어졌고, 이로 인해 왕은 그후로 대제사장의 임명과 예루살렘의 종교 문제 전반에 대하여 간섭하게 되었다. 그로부터 3년 후 메넬라우스(Menelaus)[6]가 왕에게 더 많은 돈을 내자 왕은 야손을 쫓아내고 그 대신에 메넬라우스를 대제사장에 임명하였다(마카베오 하 4:23 ff.). 주전 169년에 안티오쿠스가 이집트 원정 중에 목숨을 잃었다는 소문이 퍼지자 야손은 또다시 무력으로 예루살렘 성과 대제사장직을 장악하고 메넬라우스와 그 지지자들을 숙청하였는데, 이들은 안티오쿠스에게로 도망갔다. 안티오쿠스는 무력으로 메넬라우스의 지위를 회복시켜 주었기 때문에 야손은 앞서 대제사장직을 박탈당한 후에 은거하였던 요단 동편 땅으로 또다시 도망하지 않을 수 없었다(마카베오 하 5:5 ff.).

이러한 사건들을 통하여 예루살렘 제의 공동체의 내분에 개입하게 된 안티오쿠스는 한 걸음 더 나아갔다. 그는 재정적으로 곤경에 처하여 있었기 때문에 자신의 통치권 내에 있는 성소들의 보화들을 탐내게 되었다. 폴리비우스는 한 곳에서(XXX, 26 fin. Büttner-Wobst), 안티오쿠스 4세가 "대다수의 신전들을 모독하고 약탈하였다"고 말하고 있다. 그러나 이 말이 전반적으로 그렇게 하였다는 것인지 아니면 어느 특정한 지역에서 그렇게 하였다는 것인지는 문맥에 분명하게 나와 있지 않다.

더욱이 그라누스 리키니아누스(Granus Licinianus)[7]에는, 그가 히에라폴리스(Hierapolis)에 있는 "디아나" 신전을 약탈하여 그 보화들을 도둑질하였다는 짤막한 말이 나오고, 폴리비우스(XXXI, 9 Büttner-Wobst)는 그는 죽기 직전에 바대인들(the Parthians)을 원정하는 중에 들른 엘리마이스(엘람) 땅에 있는 "아르테미스" 신전의 보화를 약탈하려다 실패했다고 기록해 놓았다. 이러한 것들은 우연히 남아 있게 된 단편적인 자료들에 불과하기 때문에, 안티오쿠스가 재원을 마련하기 위하여 곳곳에서 이러한 정책을 추구

---

6) Josephus, loc. cit.에 의하면, Menelaus의 본명은 Onias였는데 그도 헬라식 이름으로 개명하였다.
7) Cf. Jansen, op cit. p 34.

하였을 가능성이 있다고 하겠다. 따라서 이런 관점에서 그는 여러 번 그 내부 문제에 간섭한 바 있던 예루살렘 성소에 눈독을 들였을 것이다.

마카베오하 3장 6절 이하에는, 셀레우코스 4세가 이미 예루살렘에 있던 당시의 대제사장 오니아스의 적의 부추김에 의해 성전의 보화에 관심을 갖고, 대신(大臣) 헬리오도루스의 대리인을 통하여 이 보화들을 손에 넣고자 하였으나 기적이 일어나 그 시도가 실패하였다는 내용의 기록이 있다. 이 이야기 전체는 전설적으로 되어 있긴 하지만 당시의 셀레우코스 왕조의 통치자들이 성소의 보화들을 탐냈다는 것을 여실히 보여준다. 따라서 주전 169년에 안티오쿠스 4세는 메넬라우스를 대제사장직에 복직시키는 기회를 활용하여 그에게 예루살렘 성전의 보화들을 가져오게 하고 스스로 성소에 들어가기까지 하였다(마카베오 상 1:17-28; 마카베오 하 5:15 ff.).

이런 식으로 성소가 침범당하자, 엄격하게 율법을 준수하던 이스라엘인 진영은 당연히 격노하였다. 왕이 대제사장의 임명에 간섭할 때부터 이미 곱지 않은 시선으로 바라보긴 했지만, 이제 그들은 안티오쿠스를 신앙의 불구대천의 원수로 간주하지 않을 수 없었다. 왕에 대한 적대감은 이제 억눌러질 수 없었다.

이후에 왕이 취한 여러 조치들로 미루어 볼 때, 이 사건 이후에 즉시 예루살렘에서 소요들이 있었던 것 같다.[8] 주전 168년에 이집트에 대한 재원정에서 안티오쿠스는 포필리우스 레나스(Popilius Laenas)에 의해 전달된 로마 원로원의 포고령에 의해 이집트에 대한 모든 계획들을 포기하고 이집트를 떠나지 않을 수 없게 되자, 고위 세무 관리—마카베오 하 5장 24절에 의하면 이 사람은 아폴로니우스라는 "미시아 사람"이었다—에게 예루살렘을 기습공격하여 성을 약탈하고 불태우며 그 가옥들과 성벽들을 허물도록 명령하였다. 예루살렘의 거민들 중 많은 사람들이 목숨을 잃었다. 여자들과 아이들은 노예로 끌려갔고, 예루살렘은 적국의 성읍으로 취급되었다(마카베오 상 1:29

---

8) 이하의 서술에 대해서는 특히 cf. E. Bickermann, *Der Gott der Makkabäer* (1937), pp. 69 ff.

ff.).

그런 후에 마카베오 상권과 요세푸스에서 흔히 헬라어로 "아크라"로 불리는 성채가 설치되어 이후의 역사에서 상당히 중요한 역할을 하게 되었다. 마카베오상 1장 33절 이하에 의하면, "불경건한 사람들"이 망루들이 세워진 튼튼한 원형 성벽이 둘러쳐져 있는 이 지역 안에 거하였다. 이 "불경건한 사람들"은 주로 예루살렘 거민들 가운데 헬레니즘적 생활방식을 좇는 사람들이었을 것이고, 율법을 고수하는 예루살렘인들 중 다수는 성에서 도망했다. 이 지역 안에는 공격에 대비하여 병기와 식량이 비축되었다. 또한 셀레우코스 제국의 수비대가 주둔하였다.

따라서 이 "아크라"는 이제는 성벽이 허물어지고 그 거민의 일부가 소개(疏開)된 이전의 예루살렘 성의 지위를 대신하였고, 새로운 공동체는 헬레니즘적인 노선을 따라 조직되었을 것이다. 이 성채의 위치를 정확하게 규명하는 것은 불가능하지만, 예루살렘 성 영토의 이른바 "서쪽 언덕", "성의 계곡"을 사이에 두고 성소와 마주하고 있는 곳에 위치해 있었다.[9] 그러나 마카베오상 1장 33절에서 이 성채가 "다윗 성"의 터에 세워졌다고 말하고 있고, 또한 마카베오 상권의 저자가 후대의 요세푸스와는 달리 역사상의 "다윗 성"의 정확한 위치를 알고 있었을 것이기 때문에, "아크라"는 남동쪽 언덕, 즉 성소의 남쪽 능선에 있었을 가능성이 큰데, 이러한 가능성은 고고학적 발견과 지지학적(地誌學的) 고찰에 의해서도 밑받침된다.[10]

예루살렘 성에 대한 이러한 개입은 극히 폭력적인 것이었다. 그러나 안티오쿠스 4세는 곧 한층 결정적인 조치를 취하였다. 자신의 적대적인 정책의 일환으로 그는 자기에게 반기를 드는 것으로 생각되었던 예루살렘 제의 공동체를 말살해 버리기로 결심하였다. 한 포고령(마카베오 상 1:41)을 통해 그는 모든 중요한 종교 의식들을 금지하였다. 전통적인 희생제사들을 드리는

---

9) 가장 최근의 것으로는 F. M. Abel, *Histoire de la Palestine*, I (1952), p. 122.
10) 자세한 증거를 제시하고 있는 가장 최근의 것으로는 cf. J. Simons, *Jerusalem in the Old Testament* (1952), pp. 144 ff.

것, 안식일의 준수, 할례의 관습은 금지되었고, 성경들은 훼멸되었다. 그는 이러한 금령들을 어기는 자들을 사형으로 다스렸다. 심지어 그는 예루살렘 성소에 이방 제의를 들여왔고 그리심 산에 있던 사마리아 성소도 마찬가지로 다루었다.[11]

마카베오하 6장 2절에 의하면, 올림포스의 제우스신 제의가 예루살렘에 설치되었고, 크세니우스 제우스 제의가 그리심 산에 설치되었다. 그리고 왕은 모든 백성이 이 새로운 제의에 참여하도록 명령하였다. 왕의 관리들은 온 땅을 돌아다니며 왕의 지시를 강제로 시행하고자 하였다. 셀레우코스 왕조 제145년 기슬레우월, 즉 주전 167년 12월 15일에 "멸망의 가증한 것"이 예루살렘 성전에 세워졌다. 이것은 아마도 새로운 제의가 시작되었음을 의미하는 것 같다. 시골의 촌락들에도 제단들이 세워졌고 이제 누구나 거기에서 희생제사를 드려야 했다. 이리하여 페르시아 시대의 초기부터 여러 황제들에 의해 예루살렘 제의 공동체에 허용되어 왔었고 안티오쿠스 3세 및 셀레우코스 4세의 치세 때까지 거듭 재확인되어 왔던 특권들, 즉 자신의 율법에 따라 살 권리를 공동체에게 허용했던 특권들은 폐지되었다.

안티오쿠스는 자신의 통치하에 있는 많은 다른 신민(臣民)들이 시간이 지나면서 헬레니즘적인 또는 헬레니즘화된 제의들을 받아들였던 것과 마찬가지로 예루살렘 제의 공동체도 비록 저항을 하고 있긴 하지만 이 지시들에 복종하게 될 것이라고 생각했을 것이다. 그러나 예루살렘 제의 공동체에게 이런 일은 불가능하였다. 그들은 주변 민족들의 전통적인 신들과는 비교될 수 없는 하나님을 섬겼다.

따라서 세속 권력에 대한 처절한 종교 전쟁은 불가피하였다. 이 종교 전쟁에서 맹활약한 사람들은 헬레니즘적인 생활방식을 일관되게 거부하여 왔던 진영에 속한 이들이었다. 그들은 아마도 이제까지는 그리 적극적인 역할을

---

11) 안티오쿠스에 대한 사마리아인들의 태도에 대해서는 알려져 있는 것이 없지만, 아마도 그들은 예루살렘에서 진행되는 분쟁에 대해서 가급적 초연한 입장을 견지하였을 것이다. 그러나 안티오쿠스는 이들간에 근본적인 차이가 없다고 보고 예루살렘 사람들과 똑같이 다루었을 것이다.

하지 않았을 것이지만, 드디어 자신들의 신앙을 수호할 때가 왔다. 헬레니즘화된 사람들은 이미 새로운 방향으로 나아갔기 때문에 저항할 수 있는 힘을 잃었고, 그들 가운데 일부는 옛 전통들로부터 너무나 멀리 떨어져나갔기 때문에 전혀 저항할 의사가 없었다. 안티오쿠스에 의해 임명된 대제사장 메넬라우스와 헬레니즘화된 제사장들의 대다수는 묵종하였을 것이다.

그밖의 많은 사람들은 사태의 추이에 겁을 집어 먹고 복종하였으며 이방 제사에 참여하였다. "부정한 음식을 먹어서 몸을 더럽히거나 거룩한 계약을 모독하느니 차라리 죽음을 달게 받기로 결심"(마카베오 상 1:63)한 작은 무리들은 처음에는 그리 많지 않았을 것이다. 그들 가운데 다수는 박해를 피해 집을 놔두고 피신했을 것임에 틀림없다. 가까운 장래에 있어서 어떤 행동을 할 것인가는 결연한 소수의 결단에 달려 있었고, 그들에게 있어서 왕의 폭력적인 조치들에 맞선 투쟁은 헬레니즘적인 생활방식 전반에 대한 투쟁이기도 하였다.

왕가를 둘러싸고 벌어진 온갖 내분과 갈등들로 시달리고 있던 셀레우코스 왕국의 상황은 이 투쟁에 도움이 되었다. 그러나 결단력 있고 용맹스러운 지도자들을 만나지 못했다면, 이 투쟁은 아마도 그 목표를 달성하기 어려웠을 것이다. 룻다(Lydda) 동편 산지의 서쪽 경계에 있는 모데인(현재의 el-midye)이라는 작은 촌락에 요아립이라는 제사장 가문(느 12:6, 19; 대상 24:7)에까지 거슬러 올라가는 한 제사장 가문이 살았다(마카베오 상 2:1). 이 가문의 최근 조상은 하스몬이라는 인물이었기 때문에(요세푸스, Bell. Iud. 1, 3, 36; Ant. Iud. XII, 6, 1, 265 Niese)[12], 그들은 "하스모네가"(Hasmoneans)로 자처하였다. 당시에 이 가문의 장손은 맛다디아였는데, 그에게는 여러 아들이 있었다.

셀레우코스 왕국의 관리가 모데인에 나타나 거기 살던 모든 사람들에게 이방 제사를 드리도록 강요하자 맛다디아는 그 지시에 따를 것을 거부하였을

---

12) 요세푸스는 Ασαμων(αιος)로 표기하고 있고, 후대의 유다 전승은 (׳) חשמן로 표기하고 있는 것 같다; cf. G. Dalman, *Aramäisch-neuhebräisches Handwörterbuch* (³1938), p. 163.

뿐만 아니라, 그 요구에 따라 이방 제사를 드린 한 이스라엘인과 왕의 관리를 자기 손으로 죽였다(마카베오 상 2:15-28). 이 사건은 공개적인 저항의 신호탄이었고, 맛다디아의 행동에 관한 소식은 빠르게 널리 퍼졌다. 맛다디아와 그의 가족은 모데인에 머물러 있을 수가 없었다. 그는 마을 사람들을 모아 그들과 함께 사람이 접근하기 어려운 유다 광야의 산지로 피신하였다. 거기에서 시간이 흐르면서 뜻을 같이 하는 추종자들이 그의 주변에 모여들었다. 이 모든 일은 주전 166년에 일어났다.

처음에는 단지 이 신실한 무리와 왕의 명령에 복종하여 자신들의 평안과 안전을 위하여 이 땅에서 봉기가 일어나는 것을 원하지 않았던 이스라엘인들 간에 소규모의 전투들이 있었을 뿐이었다. 맛다디아를 지지하는 사람들은 기습공격을 감행하여 이방 제단을 파괴하고, 이방 제사에 참여하는 데 동의한 배교자들을 죽였으며, 왕의 명령에 따라 할례를 받지 않은 아이들에게 강제로 할례를 시켰다. 그들의 적들은 그들의 은신처를 공격하여 전멸시키고자 하였다. 적들은 안식인을 경건하게 지키는 것, 즉 거룩한 날에 저항하지 못하는 약점을 이용하였기 때문에, 율법에 충실하였던 이 사람들은 비상시 동안에는 안식일에도 스스로를 방어하기로 결정하여야 했다(마카베오 상 2:29-48).

나이 많은 맛다디아는 이러한 소규모의 전투들을 행하던 주전 166년에 죽었다. 그의 셋째 아들 유다(Judas)가 그의 지위를 이어받았다. 마카베오 상 2장 4절에 의하면, 그의 별명은 Μακκαβαῖος,[13] 즉 "쇠망치", 좀더 좋은 표현을 사용하자면 "쇠망치 같은 (사람)"이었다. 가공할 만한 타고난 전사임을 나타내주는 이 별명은 틀림없이 그의 군사적 업적들로 인하여 붙여졌을 것이다. 이 별명으로 인하여 유다를 중심으로 신실한 자들이 결정적인 승리들을 이끌어낸 투쟁을 "마카베오" 봉기라 부르게 되었고, 이 시대를 "마카베오" 시대라 말하게 되었다.

실제로 유다는 "그의 활약은 사자와도 같았고 짐승을 앞에 놓고 으르렁

---

13) 그 근거가 된 것은 아람어 מקבא 또는 מקבי(cf. 히브리어מקבה)이다.

대는 새끼 사자와도 같았던"(마카베오 상 3:4) 용맹스러운 전사였다. 그러나 무엇보다도 그는 용맹스럽고 멀리 보는 안목이 있는 지도자였기 때문에, 자신들의 행동에 소규모의 전투들과 기습공격들 이상의 의미를 부여하여, 율법을 고수하는 이스라엘과 그 적대 세력들과의 전면전으로 보았다. 이러한 것은 그의 별명과 걸맞는다. 그리고 그는 최초의 장쾌한 승리들을 거둔 후에 수많은 새로운 지지자들을 얻게 되었다.

그의 지도 아래에서 셀레우코스 세력과의 최초의 충돌들이 일어났다. 셀레우코스 왕조는 팔레스타인에서 일어나는 사건들을 오랫동안 방관만 할 수는 없었기 때문에 반도(叛徒)들을 소탕하러 나서지 않을 수 없었다. 마카베오상 3장 10-12절에 의하면, 유다는 먼저 구체적으로 기록되어 있지 않은 어떤 곳에서 아폴로니우스라는 인물[14]이 이끄는 셀레우코스군을 쳐부수는 데 성공하였고, 아폴로니우스는 이 전투에서 죽었다. 그후 그는 유다 속주의 북서쪽에 위치한 벧호론(현재의 bet ʻur)에서 북방으로부터 해안 평지를 따라 유다 속주로 진격해온 "수리아"[15]의 장군 세론(Seron)을 무찌르고 패퇴하는 적군을 해안 평지까지 추격하였다(마카베오 상 3:13 ff.).

그러자 안티오쿠스 왕은 보다 강력한 조치들을 취하지 않을 수 없었다. 그는 동부에 출정하여 바대인들(the parthians)과 싸우고 있었기 때문에, 팔레스타인에서의 전투를 섭정으로 본국에 남아 있었던 리시아스(Lysias)에게 일임하였다. 셀레우코스 왕조 제147년(주전 165년 여름)에 리시아스는 프톨레마이오스(Ptolemy), 니카노르(Nicanor), 고르기아스(Gorgias) 등 세 명의 장군으로 하여금 상당한 규모의 군대를 이끌고 유다와 그 추종자들을 치도록 하였다. 전투는 벧호론 남쪽 산지의 서쪽 경계에 있는 엠마우스(현재의 ʻamwas)에서 벌어졌고, 유다는 노련한 전술을 구사하여 또다시 적

---

14) 이 사람은 아마도 마카베오상 5:24에 의하면 주전 168년에 안티오쿠스를 대신하여 예루살렘 성을 정복하고 약탈했던 Apollonius였던 것 같다(마카베오상 1:29에서 이 '최고 징세관'의 이름은 불행히도 언급되어 있지 않다).
15) '수리아'는 셀레우코스 왕국 전체가 아니라 오직 그 일부, 수리아 땅의 남쪽 지역을 포괄하고 있었던 것으로 보이는 '코일레 수리아'(Coele-Syria)를 뜻한다.

을 무찔렀다(마카베오 상 3:27-4:25).

그러자 리시아스는 몸소 출전하였다. 이번에 그는 서쪽이 아니라 이두매 속주를 경유하여 남쪽으로부터 유다 땅으로 진격하여 왔고, 전투는 벳술(현재의 Khirbet et-tubeka) 근처, 유다 속주의 남쪽 경계에서 벌어졌다. 유다는 이 전투에서도 승리를 거둘 수 있었다(마카베오상 4:26-35).

이 혁혁한 승전들로 인하여 유다와 그의 지지자들은 셀레우코스 왕국의 수비대가 주둔하고 있는 예루살렘의 "아크라"를 제외한 유다 속주 전체를 장악하게 되었다. 이러한 승리가 어떻게 가능했는지를 물어볼 수 있을 것이다. 동부에서 바대인들과 전투를 벌이고 있었던 셀레우코스 왕국은 유다를 치기 위하여 대군을 보낼 수 없었을 것이다.[16] 그럼에도 불구하고 그들의 군대는 수적으로나 장비면에서 확실히 우위였다.

한편 유다와 그의 지지자들은 자신의 고국이었기 때문에 지리에 밝은 이점을 갖고 있었고, 싸움이 산지에서 벌어졌기 때문에 노련한 전술을 구사할 수 있는 기회들을 가질 수 있었으며, 무엇보다도 그들은 신앙을 지키기 위해 절박한 전쟁을 수행하고 있다는 확신과 이러한 대의(大義)를 위해서는 개인의 안전을 아랑곳하지 않고 기꺼이 목숨까지 바칠 각오가 되었다.

승전에 고무된 신실한 자들은 반대 세력들에 맞서서 그들이 승리를 거둘 것이라는 소망을 갖게 되었다. 그리고 전에는 두려워서 움츠러들어 있었던 많은 사람들이 유다 주위로 몰려들었다. 그러나 이러한 승전들은 경건한 자들에게 하나님이 자기들 편임을 분명히 해주었다. 하나님이 세속 세력에 맞서 그들을 도우실 때에만 이러한 승전들이 가능할 것이었기 때문이다. 실제로 하나님의 통치냐 인간의 세속적 통치냐가 신앙의 토대를 구하기 위한 이 전투들 속에서 최종적으로 판가름나는 것 같이 보였다.

다니엘서의 후반부에 기록된 환상들(visions)이 최종적인 형태로 씌어진 것은 바로 이러한 승전들을 거둔 시기 동안이었다(단 7-12장). 이 환상들은

---

16) 마카베오 상하권에 나오는 적군의 인원은 옛 전승들에서 흔히 그러하듯이 아마도 과장되었을 것이다.

당시의 사건들을 이 땅에 하나님의 가시적인 통치가 돌연히 임하여 "지극히 높으신 자의 성도들이 나라를 얻게"(단 7:18) 되기 전의 역사의 마지막 국면으로 해석하였다. 이스라엘 역사에 유례가 없었던 예루살렘 제의 공동체에 대한 안티오쿠스 4세의 잔혹하고 피비린내 나는 압제, 수 세기 동안 존속하였던 특권들의 폐지에 맞선 충성스러운 신봉자들의 생사를 건 투쟁은 궁극적이고 최종적인 결판이 눈 앞에 닥쳐 왔다는 확신을 일깨워 주었다.

세상의 압력에 저항한 신실한 자들을 하나님께서 도우신다는 것을 사례들을 들어 보이고자 주전 3세기에 생겨난 일련의 이야기들과 맥을 같이 하여 (단 1-6장), 다니엘의 환상들은 당시의 사건들을 세월의 흐름에 따라 흥망성쇠를 거듭하였던 세상 세력의 종말의 시작이자 하나님의 권능 있는 행사라고 할 수 있는 유다와 그의 추종자들이 이룬 승전을 통해 그 징후가 나타난 하나님의 통치의 도래를 위한 예비단계로 해석하였다(단 11:34). 이에 따라 당시의 역경과 환희의 와중에서 이전 시대의 예언을 이어받아 세상 및 그 역사가 하나님에 의한 역사의 종말로 귀결될 것이라고 설명하는 이른바 묵시문학(Apocalyptic)이 발전하였다. 이러한 환상으로 인하여 유다와 그의 투쟁은 상당히 고무되었고 지지자들도 생겨났을 것이다.

그러나 유다와 그의 동료 투사들 중 다수는 다니엘의 묵시문학적인 환상들에 전적으로 공감하지 않았고, 그들의 행위를 단지 "일조하는 것"으로 생각하지 않았으며, 셀레우코스 왕국의 세력에 맞선 이 전쟁을 필수적인 과업으로 보았을 것이다. 다니엘 11장 34절에 보면 "많은 사람은 궤휼로" 자유를 위한 투사들에게 "친합할 것"이라고 말하고 있는데, 이때 저자가 염두에 둔 것은 아마도 모든 것이 하나님 자신의 행위들로부터 올 것이라는 기대가 아니라 무력으로 세속적인 승리를 얻을 것에 대한 기대였을 것이다. 이것은 마카베오 항쟁의 핵심에 있어서 의견의 불일치를 보여주는 최초의 증거로서 곧 표면화될 것이었다.

유다가 최초의 전투들에서 승리한 후에 염두에 둔 과업은 예루살렘의 해방과 성소의 회복이었다. 주전 167년에 성전이 더럽혀진 후에 신실한 자들은 예루살렘 북쪽의 미스바(tell en-nasbe)에 일종의 임시 성소를 세웠다.

율법에 의하면 거기에서 희생제사를 드리는 것은 허용될 수 없는 일이었다. 그러나 거기에서 회합들이 열렸고, 율법에서 명한 십일조는 거기로 가져왔고, 전화(戰禍) 속에서 건질 수 있었던 제사장의 의상들과 성경들도 거기로 가져왔다(마카베오상 3:46-49).

그러나 진정한 성소는 비록 지금은 더럽혀져 있다고 할지라도 예루살렘이었고, 이 성소를 회복하는 일이 유다의 현재의 목표였다. 주전 164년 후반기에 유다와 그의 추종자들은 예루살렘으로 진격하였다. 그는 셀레우코스의 수비대와 민족반역자들을 "아크라"(Akra)에 가두어 말썽을 피우지 못하도록 한 다음에 성소의 회복에 주의를 기울였다. 그는 조상의 전승에 충실하여 왔던 제사장들을 임명하였다. 그는 올림포스의 제우스신 제의와 관련된 것들을 제거하고, 이방 제의에 의해 더럽혀진 번제단을 헐어 버렸다. 그는 그 자리에 새로운 번제단을 세우고 새로운 제의 설비들을 준비하였다.

성전이 더럽혀진 지 3년이 지난 셀레우코스 왕조 제148년 기슬레우월, 즉 주전 164년 12월 25일에, 합법적인 하나님 예배를 위한 성전은 회복되고 8일 동안 축제가 벌어지는 동안에 희생제사, 기도, 찬양이 드려졌다. 유다 속주의 남쪽 경계에 있는 벧술이 요새화되고 수비대가 주둔한 것과 마찬가지로, 성전을 안전하게 지키기 위하여 성전이 있는 지역은 요새화되고 거기에 수비대가 주둔하였다(마카베오상 4:36-61).

이리하여 매우 중요한 진전이 있게 되었다. 이듬해 봄에 철천지 원수인 안티오쿠스 4세 에피파네스가 바대인들을 원정하는 동안에 죽었고, 그의 여덟 살 난 아들인 안티오쿠스 5세 유파토르(Antiochus V Eupator)가 즉위하였는데, 그는 그의 후견인이자 섭정이었던 리시아스에게 전적으로 의존해 있었다. 그러나 절박한 투쟁은 아직 끝나지 않았다. "아크라"와 그 수비대는 예루살렘 성전 옆에 나란히 건재해 있었고, 예루살렘 제의 공동체의 예배 전체를 금지하였던 안티오쿠스 4세의 포고령은 아직 폐지되지 않은 상태였다. 유다 속주 이외에서는 셀레우코스 왕조의 지배는 방해를 받지 아니하였고, 그 관리들은 유다 속주 밖에 사는 예루살렘 제의 공동체의 구성원들에게 이러한 명령들을 지키도록 강제할 수 있었다.

그래서 주전 163년에 유다는 유다 속주의 경계를 훨씬 넘어서 예루살렘 제의 공동체에 충실한 이스라엘인들이 살고 있던 갈릴리와 요단 동편 땅에 대한 원정을 감행하였다. 그들은 예루살렘에서 떨어져 이방 민족들과 헬레니즘적인 도시들 근처에서 이방인들과 섞여 살고 있었기 때문에 어려운 처지에 있었다. 그들은 안티오쿠스 4세에 의한 박해 시대에 심한 압박을 받았다. 따라서 유다는 둘째 형 시몬—그는 여기에서 처음으로 역사의 무대에 등장한다—을 갈릴리로 보내고, 자기는 막내 요나단과 함께 "길르앗", 즉 요단 동편 땅으로 갔다. 이들은 모두 승리를 거두었다. 그러나 이 예전의 이스라엘 지역들을 영구적으로 유지하기에는 그들의 세력이 크지 못하였기 때문에, 그들은 예루살렘 제의 공동체의 구성원들로 남기를 원하는 이스라엘 거민들 전체를 데리고 유다 땅으로 돌아왔다.

그후 유다는 유다 속주의 이웃 민족들에게 두려움과 경외감을 심어주기 위하여 또다시 이두매를 공격하여 헤브론을 포위, 함락시켰고 블레셋 땅의 아스돗을 기습공격하였다(마카베오 상 5:1-68).[17] 그런 후에 유다는 예루살렘에 있는 "아크라"와 그 수비대를 포위하기 시작하였다. 수비대는 안티오쿠스 5세에게 구원을 요청하였고, 그밖의 친헬레니즘적인 이스라엘인들도 왕을 설득하여 그들의 문제에 개입하게 하려고 노력하였다. 이번에 안티오쿠스 5세와 리시아스는 반도(叛徒)들을 분쇄하기 위하여 심혈을 기울였다(주진 163-162년). 정예 병력이 남방으로부터 공격해 왔다. 유다가 요새화했던 벤술이 함락될 위기에 처했고, 유다는 이 요새를 버리고 북쪽으로 후퇴하였다. 벤술은 침략자들에게 항복하지 않을 수 없었다.

그러나 그러는 사이에 셀레우코스 왕국의 주력부대는 북쪽으로 유다를 추격하였다. 베들레헴에서 남서쪽으로 6마일 가량 떨어진 곳에 있는 벧스가랴(현재의 bet iskarye) 근방에서 전투가 벌어졌는데, 코끼리를 타고 공격해 온 수리아인들이 승리를 거둠으로써, 이제 그들은 요새화된 예루살렘 성

---

17) 주전 163년의 이 원정에 대해서는 cf. K. Galling. PJB, 36 (1940), pp. 43 ff.

소를 포위하였고, 거기에 갇힌 유다와 그의 지지자들은 굶주려서 비참한 곤경에 빠지게 되었다(마카베오상 6:17-54). 유다와 그의 지지자들의 투쟁은 이제 끝장이 나는 듯 했다.

그러나 예기치 않게 셀레우코스 왕조의 내분이 그들을 구원해 주었다. 셀레우코스 왕조의 쇠퇴가 급속히 진행됨에 따라 이후에도 자주 일어나게 될 돌연한 사태가 발생하였다. 안티오쿠스 4세가 바대인들에 대한 원정에서 죽기 전에 자신의 후계자인 어린 아들의 후견인으로 임명하였던 섭정 리시아스의 한 경쟁자가 정권을 찬탈하고자 하였기 때문에, 리시아스는 갑자기 유다 땅에 대한 원정을 신속하게 끝내지 않으면 안 될 형편이 되었다.

그래서 그는 어린 왕으로 하여금 포위당한 자들에게 전통적인 율법에 따라 자유롭게 예배를 드릴 수 있게 해주겠다는 확약을 주고 화친을 청하도록 권유하였다. 맹세를 통해 이러한 확약이 주어지자 유다는 이 제안을 수락하고 성전의 요새화된 지역을 내어주었다. 합의와는 달리 수리아군은 성전 구역의 요새 설비들을 무너뜨렸으나 어쨌든 물러갔고, 특히 무력 충돌을 초래하는 불씨가 되었던, 안티오쿠스 4세가 주전 167년에 내린 포고령이 공식적으로 폐지됨으로써 예루살렘 제의 공동체는 과거의 지위를 되찾게 되었다.

이로써 마카베오 항쟁의 목표는 달성된 듯이 보였다. 셀레우코스 왕조가 이제 분명히 화친의 의사를 갖고 있었기 때문에 더 이상 투쟁을 계속할 분명한 이유가 없었다. 주전 162년에 선왕 사후에 진정한 후계자였으나 당시에 로마에 볼모로 잡혀 있었던 셀레우코스 4세의 아들 데메트리우스가 안디옥에 나타나 군대로 하여금 안티오쿠스 5세와 리시아스를 죽이도록 부추긴 후에 보위(寶位)에 올라 데메트리우스 1세 소테르(Demetrius Ⅰ Soter)가 되었다.

예루살렘에서는 최후의 대제사장 메넬라우스가 안티오쿠스 5세에 의해 제거된 후에 아마도 제의의 재조직에 대한 합의에 따라(cf. 마카베오하 13:1-8) 대제사장 가문의 적자(適子)였던 것으로 보이는(마카베오상 7:14)

---

18) 그의 이름은 본명인 Eliakim을 헬라식으로 바꾼 것이었을 것이다.

알키무스(Alcimus)라는 인물[18]이 공식적으로 대제사장으로 임명되었다. 이렇게 대제사장을 임명한 목적은 분명히 예루살렘 제의 공동체 내의 평화에 기여하려는 것이었고, 유다와 그의 추종자들에게는 화친을 맺자는 메시지가 보내졌다. 당시에 폭력과 압제에 맞선 절박한 투쟁에 참여하였던 사람들을 포함하여 당시에 이스라엘의 경건한 자들 중 다수는 이미 얻은 성과에 만족할 때가 왔다고 믿었다.

전통적인 율법에 따라 공적 예배와 일상 생활을 자유롭게 영위할 수 있는 권리는 공식적으로 인정받은 상태였고, 합법적인 대제사장이 또다시 취임하였으며, 예루살렘의 "아크라"에 여전히 셀레우코스의 수비대가 주둔하고, 셀레우코스의 관리들과 군대들이 이 땅에 남아 있긴 하지만, 그런 것은 이 땅이 외세의 지배하에 있기 때문이며, 또 예루살렘 제의 공동체는 수 세기 동안 외세의 지배하에 살아왔었다.

그러나 유다와 그의 추종자들의 생각은 달랐는데, 그들의 견해는 마카베오상 7장 1-25절에 나와 있는 사건들과 인물들에 대한 묘사에 잘 표현되어 있다. 그들은 평화를 믿지 않았다. 실제로 그들은 새로운 대제사장이 아무리 정통성을 지니고 있다고 할지라도 그의 선임자들이 적대적인 왕들에 의해 임명받았던 것과 마찬가지로 왕에 의해 임명되고 그의 정치적, 군사적 도움을 받는다는 사실 자체를 아니꼽게 생각하였다. 또한 이후의 사건들은 예루살렘 제의 공동체의 내부 문제에 다시 개입할 것이라는 그들의 우려가 어느 정도 정당하였음을 보여준다.

그러나 무엇보다도 유다와 그의 추종자들은 완전한 정치적 독립과 외세의 완전한 척결을 목표로 하고 있었다. 이러한 목표는 이제 극명하게 표출되었다. 이 투쟁은 왕의 파괴적이고 독재적인 행위들에 맞선 투쟁이자 자유를 위한 투쟁으로 시작되었지만, 시간이 지나면서 이 투쟁의 지도자들은 이전 상태의 회복을 훨씬 뛰어넘는 목표를 설정하게 되었다. 그러나 이로 말미암아 이제까지 함께 일해 왔던 사람들 사이에 극히 불행하고 중대한 분열이 생겨나게 되었다.

한편으로는 이러한 분열을 통하여 한층 더 순전히 정치적인 노선으로 나아가게 된 '하스모네가'와 그 추종자들이 있었고, 다른 한편으로는 예배를 방해 받지 않고 드릴 수 있는 자유와 율법에 따라 엄격하게 살아갈 권리에만 관심이 있었던 무리들이 있었다. 이 후자는 독자적인 집단을 형성하여 '경건한 자들'로 자처하였다.[19] 이와 아울러 특히 제사장 가문들 가운데 헬레니즘화된 집단들이 있었는데, 이들은 '사두개인'[20]으로 불렸고, 대제사장 알키무스도 아마 이러한 성향을 가지고 있었을 것이다.

유다와 그의 추종자들의 비타협적인 태도로 말미암아 화친은 이루어질 수 없었다. 마카베오상 8장 1-32절에 의하면, 유다는 사절을 보내어 로마와 접촉을 시도하는 등 자유를 위한 그의 투쟁을 당시의 거대한 역사적 갈등들의 일부로 만들었는데, 이는 그의 목적이 이제 주로 정치적이었다는 것을 보여주는 또하나의 증거이다. 한편 군대의 호위를 받고 예루살렘에 왔던 알키무스는 자신의 자리를 지킬 수 없었다. 그는 곧 데메트리우스에게 도움을 청하지 않을 수 없었다. 데메트리우스는 반도(叛徒)들을 진압하기 위하여 군대와 함께 니카노르를 예루살렘으로 보냈다. 협상을 통해 유다를 항복으로 이끌고자 한 시도는 무위로 끝났기 때문에 적대행위들이 생겨났다.

유다는 엣입(ed-jib)에서 북서쪽으로 반 마일, 예루살렘에서 북서쪽으로 6마일 가량 떨어진, 현재의 키르벳 셀마(khirbet selma)로 추정되는 카파르 살라마(Caphar salama) 전투에서 승리하였다. 니카노르가 증원군을 요청한 후에 전투는 아달월, 즉 셀레우코스 왕조 제161년 3월 13일에 예루살렘에서 북쪽으로 4마일 떨어져 있는 아다사(현재의 khirbet 'adase)에서 벌어졌다. 니카노르는 이 전투에서 패배하여 목숨을 잃었다. 유다는 패주하는

---

19) 히브리어로 그들은 스스로를 חסדים으로 표기하였고, 이로부터 헬라식 표기인 Ασιδαῖοι가 유래하였다(마카베오상 7:3 등). 나중에 이 집단을 지칭하는 '분리된 자들', פרושים, Φαρισαιοι, '바리새인'이라는 용어가 등장하였다 (cf. Josephus, Ant. Iud. XIII, 5, 9, §§ 171 f. Niese and elsewhere).

20) A. Geiger (*Urschrift und Übersetzungen der Bible* [1857], p. 102)의 견해는 격렬한 이의가 제기되긴 했지만 여전히 가능성이 있는 것으로서, 그의 해석에 의하면 '사두개인'은 '사독 가문의 사람들', 곧 예루살렘에서 대대로 제사장 가문이었고 여전히 정통적인 제사장 가문인 사독가의 사람들이었다는 것이다. 주전 2세기의 혼란기에 이들은 하나의 파당이 되었다.

적군을 해안 평지까지 추격하였다(마카베오상 7:26-50). 그러자 데메트리우스는 "왕의 친구"라는 고위직에 있던 바키데스(Bacchides)에게 반도들을 분쇄하는 임무를 맡겼다. 그의 수행원에는 대제사장 알키무스가 포함되어 있었는데, 그는 분명히 또다시 왕에게 상소를 올렸을 것이다.

이번에는 셀레우코스 왕조 제152년 1월, 즉 주전 160년 4월에 의도한 승전을 단번에 얻기 위하여 대군이 소집되었다. 불행히도 마카베오상 9장 2절 이하에 나오는 지명들을 해석할 수 없기 때문에, 우리는 바키데스가 진군한 경로를 정확히 알 수가 없고, 또한 결전이 벌어졌던 곳으로 되어 있는 엘라사(Elasa)의 위치를 아는 것도 불가능하다. 물 밀듯이 밀려오는 대군 앞에서 유다는 그의 지지자들 중 다수가 겉보기에 승산이 없는 전투를 감행하기를 거부하였기 때문에 곤경에 처하게 되었다.

그럼에도 불구하고 유다는 충실한 추종자들로 이루어진 작은 무리를 이끌고 이 전투에 뛰어들었다. 그는 이 전투에서 패배하여 목숨을 잃었다(마카베오 상 9:1-22). 이제 바키데스는 대제사장의 도움으로 이 땅에 평화와 질서를 회복하고자 하였다. 예배의 자유와 율법의 유효성은 제한을 받지 않았다. 그러나 유다의 추종자들은 잡히는 대로 사형에 처해졌다. 유다 광야의 은신처로 피신한 일부 사람들만이 간신히 목숨을 구할 수 있었다. 그들은 이제 맛나니아와 그의 추송자들이 마카베오 항쟁 초기에 처했던 것과 비슷한 상황에 놓이게 되었다. 그들은 유다 대신에 막내인 요나단을 지도자로 삼았다. 그들은 이제 거의 성공할 가망이 없는 것처럼 보였다. 왜냐하면 율법에 충실한 사람들의 대다수가 이제 새로운 상황에 묵종하였고, 이 비타협적인 투사들과 보조를 같이 하기를 거절하였기 때문이다.

바키데스는 이 땅에 대한 셀레우코스 왕조의 지배를 튼튼히 하기 위하여 여러 요새들을 건설하고 거기에 수비대를 두었다. 요나단이 자신의 추종자들을 데리고 할 수 있었던 일은 거듭거듭 이 땅의 평화를 교란시키는 일뿐이었다. 마카베오상 9장 43-49절에 기록되어 있는 요단 전투 또는 요나단이 가볍게 요새화시켜 놓았던(마카베오 상 9:62-69) 유다 광야의 모서리에 있는 베들레헴에서 동남동쪽으로 위치해 있는 벧바시(현재의 khirbet bet bassa)

에서의 전투 등과 같은 왕의 군대들과 가끔 충돌하여 승리를 거두었지만, 이것들은 소규모 전투들이었고 그 성과도 미미하였다. 이러한 전투들은 대세(大勢)에 거의 영향을 주지 못했다.

또한 주전 4세기 말부터 고대 에돔족의 땅이었던 사해 및 와디 엘-아라바(wadi el-'araba)의 동쪽 지역에 정착해 있었던 나바테아인들(the Nabataeans)은 이웃 팔레스타인을 지배하고 있던 셀레우코스 왕조와는 당연히 적대관계에 있었는데, 요나단은 이들과 연합하고자 했으나 별 성과를 거두지 못하였다. 요나단의 맏형인 요한은 나바테아인들에게 특사로 파견되었다가 목숨을 잃었다(마카베오상 9:35 ff.). 그리고 나바테아인들과 접촉하려던 시도는 그후 포기되었다.

그런데 또다시 셀레우코스 왕조의 내분은 예기치 않게 요나단이 목표를 달성하는 데 도움이 되었다. 이로 인하여 바키데스는 벧바시 전투 후에 돌연히 요나단과 협상하는 데 동의하였다. 요나단의 요구에 따라 그는 포로들과 전리품들을 넘겨주었고 더 이상의 적대행위를 중단하였다. 바키데스의 양해 아래 요나단은 예루살렘에서 남남동쪽으로 8마일 떨어져 있는 믹마스(현재의 mukhmas)에 거점을 마련하고, 거기에서 옛 "이스라엘의 사사들"처럼 "백성들을 재판하였다"(마카베오 상 9:70-73). 이때가 주전 157년이었다.

현재로서는 전쟁은 이제 진짜 끝났다. 대제사장 알키무스는 2년 전에 죽었고(마카베오상 9:54-56), 대제사장직은 다시 공석으로 있었다. 그러나 예루살렘에서는 '사두개파' 제사장들이 세력을 장악하고 있었기 때문에 요나단은 한동안 그들의 구역에 들어가려고 하지 않았다. 그래서 그는 믹마스에서 통치하였던 것이다. 그후 요나단은 정치적이고 세속적인 권력을 장악하고자 한 자신의 목표에 더 근접하기 위하여 셀레우코스 왕가에서 왕위를 놓고 벌어진 쟁탈전을 아주 교묘하고 거의 비양심적이라고 할 정도로 이용하였다.

주전 153년에 안티오쿠스 4세 에피파네스의 아들 행세를 하며 셀레우코스 왕국의 보위를 이어받을 권리가 있다고 주장하는 알렉산더 발라스(Alexander Balas)라는 인물이 데메트리우스 왕에게 반기를 들었다. 이런 상황에서 데메트리우스는 친구들을 만들어 두는 것이 좋겠다고 생각하여 파격적인 양보조건들을 제시하여 요나단을 자기 편으로 끌어들이고자 하였다. 그는 요나단에게 무장 군대를 유지하고 그밖의 전쟁 준비들을 해도 좋다고 공식적으로 허용하였다. 또한 그는 예루살렘의 "아크라"에 억류되어 있었던 볼모들을 넘겨주었다.

이러한 양보들을 얻어낸 요나단은 예루살렘으로 옮겨와서 성전 구역을 다시 요새화하고 "아크라"의 수비대 및 거민들을 견제하였다. 셀레우코스 왕국은 벧술의 요새만을 여전히 유지하고 있었을 뿐이었다(마카베오상 10:1-14). 그러나 동시에 왕을 참칭하고 있던 알렉산더 발라스도 요나단의 호의를 구하고 있었고, 요나단은 그의 호의를 조금도 주저없이 받아들였다. 알렉산더는 요나단에게 알키무스가 죽은 후에 공석으로 있었던 대제사장직을 맡겼고, 요나단은 주전 152년 가을 대축제 때에 엄숙하게 취임식을 거행하였다. 이렇게 예루살렘 제의 공동체의 최고직은 '사독 가문'이나 '아론 가문'이 아닌 하스모네가라는 제사장 가문의 일원에게 적법한 형태로—이방 셀레우코스 왕의 주권적 행위에 의해—수여되었다.

하스모네가는 헤롯의 치세 때까지 이 직위를 차지하였다. 알렉산더는 요나단에게 세속 권세의 표징들인 자주색 외투와 황금 왕관을 보내주기까지 하였다. 이렇게 하여 요나단은 셀레우코스 왕조 치하에서 봉신왕(封臣王)이 되었다(마카베오상 10:15-21). 이 모든 것들은 과거의 철천지 원수 안티오쿠스 4세 에피파네스의 아들이라 자처했던 왕위 참칭자의 선물들이었다!

한동안 요나단은 데메트리우스와 알렉산더 사이에서 줄타기 곡예를 하고 있었음에 틀림없다. 그러나 결국 그는 예루살렘 제의 공동체에 대한 풍부한 선물과 전면적인 조세 면제, 유다 군대를 셀레우코스군의 군관들 휘하에 편입시키는 것 등과 같은 데메트리우스의 추가 제안을 성의 없다고 하여 거부하고(마카베오상 10:22 ff.) 알렉산더 편이 되었다. 그는 운이 좋았다. 왜냐하면 한동안 알렉산더는 데메트리우스보다 우세하였고, 마침내 주전 150년에는 데메트리우스가 알렉산더와의 전투에서 전사하였기 때문이다. 요나단은 알렉산더를 지지한 데 대하여 상을 받았다.

알렉산더 발라스는 프톨레마이오스 6세 필로메토르의 딸 클레오파트라와의 결혼식을 거행했던 프톨레마이스(악고)로 그를 초대하여 귀빈 대우를 했고, 그를 셀레우코스 왕국의 "장군"과 "공동 통치자"로 삼았다(마카베오상 10:59-66). 이러한 상황 아래에서 유다 속주에서 요나단의 지위는 더욱 더 공고해졌다. 그의 오랜 추종자들은 그와 함께 승리를 자축하였고, 새로운 추종자들이 이 승승장구하는 지도자 주변에 몰려들었으나, 그의 대적들은 침묵할 수밖에 없었다(cf. 마카베오상 10:61-64).

알렉산더 발라스는 주전 147년에 데메트리우스라는 이름을 가진 데메트리우스 1세의 아들이 그의 왕권에 반기를 들었기 때문에 계속해서 요나단의 지지를 필요로 하였다. 처음에 요나단은 알렉산더 편에 서서 젊은 데메트리우스의 군대를 쳐러 블레셋 성읍들 지역으로 몇 차례 원정을 갔고, 이에 대한 보상으로 에그론 성(현재의 'akir)과 그 주변 영토를 받았다. 그러나 한편으로 그는 프톨레마이오스 6세까지 가세한 당시의 혼란을 틈타 예루살렘의 "아크라"에 있던 셀레우코스 수비대를 포위하였다.

알렉산더 발라스는 마침내 주전 145년에 패하였고, 조금 후에 프톨레마이오스 6세는 팔레스타인-수리아 원정 도중에 죽었다. 따라서 젊은 데메트리우스는 왕위에 올라 연호를 데메트리우스 2세 니카토르(Demetrius II Nicator)라 하였다(마카베오상 10:67-11:19). 새로운 왕은 즉시 요나단을 프톨레마이스로 소환하여 해명을 요구하였다. 요나단은 왕의 진노를 달래는 데 성공하였고 많은 선물로 그의 환심을 샀다. 그리고 자신의 행동으로 인하여 벌을 받기는 커녕 왕으로부터 새로운 양보조건들을 얻어 가지고 예루살렘으로 돌아왔다.

데메트리우스는 그의 직위들을 명시적으로 재확인해 주었을 뿐만 아니라 예루살렘 제의 공동체의 특권들도 재확인해 주었고, 많은 선물에 대한 답례로 그리심 산의 사마리아 제의에 참여하지 않고 가까운 예루살렘 제의에 충실하였던 사마리아 속주의 남쪽 세 지역(cf. p.451)을 요나단에게 넘겨주었다. 이 지역들은 유다 속주에 편입되었다. 이 지역들은 산지 동쪽 사면에 있는 아파이레마(Aphaerema, 벧엘 북동쪽에 있는 현재의 et-taiyibe), 산지의 서쪽 사면에 있는 라마다임(Ramathaim, 야파에서 동쪽으로 16마일 가량 떨어진 현재의 rentis), 해안 평지의 내륙쪽 모서리에 있는 룻다 (Lydda, 현재의 lidd) 등 이었다. 이리하여 유다 속주는 북쪽 및 북서쪽으로 긴 대상지대(帶狀地帶)를 얻어 확장되었다. 데메트리우스는 이 확대된 속주에 대한 세금을 면제해 주었다(마카베오상 10:20-37).

그러나 결국 요나단의 정치적 변신술은 몰락을 자초하게 되었다. 데메트리우스 2세는 요나단이 군대를 보내 그를 도와서 안디옥의 반란을 진압한 후에도 더 이상의 양보를 할 생각이 없었다―요나단은 예루살렘의 "아크라"와 벧술로부터 셀레우코스군의 수비대가 철수할 것을 요구하였다(마카베오상 11:41-53). 그러자 요나단은 데메트리우스와 결별하였다. 주전 145년에 디오도투스 트리폰(Diodotus Tryphon)이라는 인물이 등장하여 안티오쿠스라 불린 아직 미성년자인 알렉산더 발라스의 아들로 하여금 셀레우코스 왕국의 보위를 잇게 하고자 하였다.

요나단은 그를 설득하여 "두로의 계단이라고 불리는 지방에서 이집트의 국경에 이르기까지"(마카베오상 11:59) 수리아-팔레스타인의 남부 지방 전체를 복속시키는 임무를 자기와 형에게 맡겨달라고 하였다. 요나단과 시몬은 남쪽 해안 평지에서 갈릴리와 다메섹 지방에까지 이르는 일련의 성공적인 원정을 통하여 이 과업을 완수하였다(마카베오상 11:60-74; 12:24-38). 그러나 이로 인하여 요나단의 지위는 위험스러울 정도로 막강하여졌다.

또다시 그는 로마 및 스파르타와 접촉하였다(마카베오상 12:1-23). 나아가 그는 유다 속주에 요새들을 건설하고 예루살렘 성벽을 더 높이 쌓아올려 보강하였으며 "아크라"가 성의 일에 간섭할 수 없도록 하기 위하여 수리아군이 점령하고 있던 예루살렘의 "아크라"와 성의 나머지 지역 사이에 높은 담을 쌓았다. 어린 안티오쿠스를 내세워 스스로 왕이 되고자 하였던 디오도투스 트리폰은 이 일을 수수방관하지 않았다.

그는 속임수를 써서 요나단으로 하여금 소수의 수행원들만을 데리고 프톨레마이스로 오게 꾀어서 거기서 그를 잡아 가두어 버렸다. 예루살렘에서는 그의 형이자 맛다디아의 차남인 시몬이 요나단의 지위를 대신하였다. 트리폰은 여러 방면에서 공격을 시도하였지만 시몬은 성공적으로 유다 속주를 방어할 수 있었다. 트리폰은 요나단을 자신의 원정길에 끌고 다니다가 마침내 요단 동편 땅, 지금 위치가 알려져 있지 않은 바스카마(Bascama)라는 곳에서 죽였다(마카베오상 12:39-13:32). 이 일은 주전 143년에 일어났다.

트리폰과의 동맹이 이런 나쁜 결과로 끝나게 되자 시몬은 이제 데메트리우스 2세에게 접근하였다. 데메트리우스 2세는 트리폰에 맞서 자신의 왕위를 보존하는 데 어려움을 느끼고 있었기 때문에 시몬과 협력하게 되기를 몹시 원하고 있었고, 이런 목적을 위해서라면 여러 가지 것들을 양보할 준비가 되어 있었다. 그는 유다인들의 조세 면제와 전면적인 사면(赦免)을 허용하였고, 시몬이 유다 속주에서 그 동안 몸소 만들어 놓은 요새 시설들을 소급적으로 재가하였다. 시몬은 점점 더 독립적인 통치자로 행세하였고, 이때에 셀레우코스 왕국은 그 권세를 제대로 발휘할 수 있는 처지에 있지 못했다.

백성들의 동의를 얻어 시몬은 "유다인의 대제사장이며 사령관이며 지도자"(마카베오상 13:42)라는 공식 직함을 얻게 되었고 공적인 일들을 자신의 재위 연한에 따라 그 연대를 계산하게 하였다. 그는 셀레우코스 왕조 제170년을 자신의 "재위 원년"(마카베오상 13:41 f.)으로 삼았다. 그는 요나단이 시작하였던 로마 및 스파르타와의 외교 관계를 그대로 유지하였다(마카베오상 14:16-24).

무엇보다도 그는 예루살렘의 "아크라"를 포위하여 항복을 받아내고, 그 거민들을 철수하게 하였으나 왕은 개입할 수 없었다. 전승 기록들에는 이 중요한 사건의 정확한 연대가 나와 있다. 셀레우코스 왕조 제171년 23일, 즉 주전 141년의 중반에 예루살렘에서는 그토록 오랫동안 민족반역자들과 이방 수비대의 본거지로 있었던 "아크라"로의 입성이 이루어졌고, 다시 한번 시몬은 성전 경내의 방어를 강화하였다(마카베오상 13:49-52). 그는 이전의 "아크라" 자리에 "(신실한) 유다인들"을 거주시키고 성벽을 개수(改修)하여 그곳을 성내로 포함시켰다(마카베오상 14:37).

또한 그는 여러 차례의 원정을 통하여 유다 속주의 영토를 확장하였으나 이번에도 왕은 그를 견제할 수 없었다. 그는 야파(yafa)의 남동쪽 해안 평지에 있는 옛 게셀(현재의 tell jezer) 가사라(Gazara) 성읍을 정복하여 유다 속주에 합병하고는 수비대가 주둔하는 성읍으로 만들어 군사령관인 그의 아들 요한에게 맡겼다(마카베오상 13:43-48, 53). 그러나 무엇보다도 그는 욥바(yafa) 항을 정복함으로써 속주에서 지중해 방면으로 바로 나아갈 수 있는 통로를 획득하였다(마카베오상 14:5).

이와 관련하여 마카베오상 14장 6절에 그가 "백성들의 국경들을 확장하였다"는 말이 나오는 것으로 보아, 그는 북동쪽으로 사마리아 속주를 침공하여 유다 땅을 확장하기도 했던 것 같다. 이러한 사실은 요세푸스[21]와 플리니우스(Pliny)[22]가 최초로 명시적으로 증언하고 있지만 그보다 상당히 이전에 일어났을 것임에 틀림없다. 이러한 영토 확장으로 주전 145년에 요나단이 할양받은 아파이레마, 라마다임, 룻다 등 사마리아의 세 지방 외에도 이전에 사마리아에 속해 있었던 나블루스(Nablus, 세겜)[23]에서 남동쪽으로 8마일 가량 떨어진 "아크라바티네"(Akrabattine), 즉 아크라베타(현재의 'akrabe) 지방도 유다 속주에 속하게 되었다.

이렇게 영토가 확장됨으로써 유다 속주는 아파이레마 지방의 북쪽 고원지대에까지 이르렀고, 중부 팔레스타인 산지의 옛 수도였던 세겜 가까운 사마리아 산지의 동쪽 지역에까지 이르렀다. 이렇게 해서 요세푸스가 나중에 명시적으로 기록하고 있듯이,[24] 예루살렘과 세겜 사이 고원지대에 나있는 북남 관통로에 위치한 아누앗 보르케우스(Anuath Borcaeus)가 이제 유다와 사마리아의 경계가 되었다. 그 명칭은 아직도, 예루살렘에서 북쪽으로 22마일 넘게 떨어져 있지만 세겜에서는 불과 10마일 가량밖에 떨어져 있지 않은 엔 베르킷('en berkit) 샘이라는 이름으로 남아 있다. 따라서 시몬은 자신의 영토를 마무리하고 꽤 평온하게 유다 속주를 다스릴 수 있었다.

시몬은 정의롭고 자비로운 군주로 묘사되는데, 그의 치세는 그에 앞선 한동안의 역경의 세월 후에 온 평화와 번영의 시대로 간주되었다(마카베오상

---

21) *Bell. Iud.* III. 3, 4, 5, 48, 55 Niese.
22) *Hist. Nat.* V, 14, 70.
23) Cf. A. Alt, PJB, 31 (1935), pp. 97 f.
24) *Bell. Iud.* III. 3, 5, §§ 51 Niese.

14:4, 8 ff.). 대체로 시몬은 자신의 업적들이 다 이루어졌다고 생각할 수 있었고, 백성들을 부추겨서 자신의 업적들(res gestae)을 동판(銅版)에 기록하여 예루살렘 성전이 있는 산 위에 안치시켜 놓게 하였다. 이 동판에는 그의 아버지와 형제들, 특히 요나단을 기리는 내용도 짤막하게 포함되기는 했지만 주로 그 자신의 업적들이 기록되었다(마카베오상 14:25-49).

마지막으로 시몬은 다시 한번 셀레우코스 왕가의 내분에 영향을 받았다. 그러나 거의 지위는 이제 그러한 내분에 의해 심각한 위험에 처하지 않았다. 주전 140년에 데메트리우스 2세 니카토르는 동부 지역의 바대인들을 정벌하러 나섰다가 바대인들에게 생포되었다. 그러자 그의 동생 안티오쿠스 7세 시데테스(Antiochus VII Sidetes)가 안디옥에서 즉위하였다. 그는 아직 살아 있던 디오도투스 트리폰과 맞서 싸웠고, 이런 이유로 시몬과 협력하기를 간절히 바랐다(마카베오상 15:1-14). 그러나 그는 곧 트리폰을 이겼고, 싸움에 진 트리폰은 스스로 목숨을 끊었다.

그러자 그는 이제 시몬의 매우 독립적인 지위를 압박해 오기 시작하였다. 그는 시몬에게 점령지들, 특히 가사라, 욥바, 예루살렘의 "아크라"를 내놓으라고 요구하였다. 시몬이 거절하자 그는 켄데베우스(Cendebaeus)를 보내어 유다 속주를 치게 했다(마카베오상 15:25-41). 시몬은 얌니아(Jamnia, 현재의 yebna)로부터 진격하여 이미 유다 속주의 일부를 초토화시키기 시작하였던 적군의 공격을 그의 두 아들 유다와 요한으로 하여금 막도록 지시하였다. 그들 가문의 옛 고향인 모데인 근방에서 시몬의 두 아들은 켄데베우스를 무찌르고 적군을 평지에 이르기까지 추격하였다(마카베오상 16:1-10). 이렇게 하여 유다 속주는 다시 평온을 되찾았고, 그 이후로는 더 이상 시몬을 치려는 시도는 없었다.

주전 134년 초에 이제 상당히 나이든 시몬은 사위인 프톨레마이오스에게 목숨을 잃었다. 프톨레마이오스는 여리고 지구 사령관이었고, 지금도 엔 둑('en duk)이라 불리는, 여리고 서북서쪽의 샘 곁에 있는 독(Dok)에 주둔하고 있었다. 독을 방문차 온 시몬과 두 아들 맛다디아와 유다는 권력을 장악하고자 한 프톨레마이오스의 계략에 넘어가 살해되었다. 이제 프톨레마이오스는 왕과 교섭하여 그의 지지를 얻어내려고 하는 한편 자신의 군대로 속주 전체를 점령하고 가사라에 주둔하고 있던 시몬의 아들 요한을 제거할 준비를 하였다.

그러나 요한은 사전에 이 계획을 알아내어 그 공격에 대처할 수 있었고, 프톨레마이오스에 앞서 예루살렘에서 부왕의 후계자로 즉위하였다(마카베오상 16:11-22). 맛다디아의 손자이자 시몬의 아들인 그는 곧 유다인들의 승인과 지지를 받았을 것이다. 그는 살인자 프톨레마이오스가 주둔하고 있던 독(Dok)을 봉쇄하였으나 그의 어머니가 프톨레마이오스의 수중에 있었기 때문에 그를 공격하지는 못했다. 결국 그는 포위를 풀었으나, 프톨레마이오스는 그의 어머니를 죽이고 도망하였다.[25]

그후 요한은 요한 히르카누스 1세로서 선왕의 직임과 직함들을 가지고 유다 속주를 다스렸다. 그러나 그는 재위 초기에는 아주 어려운 곤경에 처했다. 장군 켄데베우스가 패배하자 안티오쿠스 7세 시데테스는 유다 속주의 독립성을 멸하기 위하여 다시 침공을 하였다. 이번에 그는 속주를 점령하고 예루살렘을 포위하여 요한 히르카누스를 봉쇄하여서 예루살렘은 점차 기아로 인하여 극한 상황에 처하게 되었다. 그러나 결국 합의가 이루어졌다. 아마도 본국 사정으로 인하여 안티오쿠스는 오랫 동안 예루살렘을 포위할 수 없었을 것이기 때문에 보다 신속하게 이 일을 마무리하고자 하였을 것이다.

요한은 선왕이 점령한 지역들, 특히 욥바에 대하여 상당한 대가를 지불하지 않으면 안 되었다. 그러나 어쨌든 이 지역들이 유다 속주의 땅이라는

---

25) Josephus, *Ant. Iud.* XIII, 8, 1, §§ 230 ff,; Bell. Iud. I. 2, 3, 4, §§ 54, ff. 마카베오 상권은 시몬이 살해되는 이야기로 끝이 난다. 그 시점 이후로 우리는 주로 요세푸스를 의존하게 된다. 그는 그 직후 시대에 대해서는 별로 많은 정보를 제공해주고 있지 않지만 그 이후로는 좋은 전승들, 예를 들면 헤롯의 궁정에 살면서 역사서를 썼던 다메섹의 Nicolaus의 기록 등을 광범위하게 참조하여 점점 더 자세하게 기록하고 있다. *Bellum Iudaicum*의 서문에서 요세푸스는 로마인들의 개입까지의 시대—안티오쿠스 에피파네스로부터 시작해서—를 서술하는 데 어떤 자료들을 사용하였는지를 아주 짤막하게 요약해 놓았다. 그는 나중에 *Antiquitates Iudaicae*라는 저작을 통해 이 시대에 대하여 더 자세하게 기록하고 있다. 따라서 이 책은 우리의 주된 사료가 될 것이다.

것은 공식적으로 인정이 된 셈이었다. 그는 병기들을 넘겨주고 볼모들을 보내야 했다(Ant. Iud. XIII, 8, 2, 3, 236 ff.). 마지막으로, 안티오쿠스 7세는 바대인들을 정벌하러 나섰다가 주전 128년에 이 원정 도중에 죽음을 맞이하였다. 원정 도중에 데메트리우스 2세는 바대인들로부터 풀려나서 그의 동생 안티오쿠스의 경쟁자로서 다시 보위에 올라 그의 동생을 후방에서 공격하였다. 안티오쿠스가 죽은 후에 데메트리우스는 다시 수 년 동안 왕이 되었다.

그러나 이때로부터 셀레우코스 왕가에서는 왕위 계승을 둘러싸고 끊임없이 내분이 계속되었고, 이것은 어느 모로 보나 유다 속주의 독립을 도왔다. 안티오쿠스 4세 에피파네스가 예루살렘 성전 예배에 폭력적으로 개입하면서 결정적인 단계로 진입하였던 예루살렘 제의 공동체와 셀레우코스 왕조와의 기나긴 험난했던 갈등은 주전 128년에 끝이 났다.

30. 하스모네 왕조의 등장과 몰락

마카베오 항쟁으로 인하여 예루살렘 제의 공동체가 단기간에 예배의 자유를 되찾게 되자 제사장 맛다디아의 아들들은 점점 더 분명하고 자신있게 우선 유다 속주의 정치적 독립을 위하여 투쟁하였다. 유다는 이미 이러한 목표를 설정하였고, 요나단과 시몬, 시몬의 아들 요한 히르카누스도 그러한 방향으로 나아갔다. 이러한 세속적 권력과 독립에 대한 추구는 예루살렘 제의 공동체의 일치된 승인을 받지 못하였다.

"경건한 자들"이라는 불리는 큰 집단은 이를 거부하거나 판단을 유보하였다. 그들은 예배의 자유와 일상생활을 율법에 따라 영위할 수 있는 자유가 보장된 것으로 만족하였고, 그밖의 일들에 대해서는 인간의 행위가 아니라 이 세상 권세들을 제거할 장래의 하나님의 영화로운 행위로 인하여 당시의 곤경과 환난으로 해방되기를 기다렸다. 또한 이 "경건한 자들"은 마카베오의 지도자들, 특히 요나단이 당시의 소란한 국제정세를 틈타 세속적인 협상의 방법으로 목표를 이루고자 하는 등 언제나 바른 길로 걷지 않는 것에 대하여 불만을 가졌다.

그리고 한편으로는 몇몇 "사두개파" 제사장들을 비롯하여 헬레니즘적인 지배 세력과 싸울 의향이 거의 없었던 헬레니즘 신봉자들의 친구들이 있었다. 그럼에도 불구하고 마카베오 지도자들에게는 큰 무리의 지지자들이 있었고 승전을 거듭함에 따라 그 수는 더욱 늘어났을 것임에 틀림없다. 그렇지 않았다면, 그들은 사건들의 우여곡절과 극한 곤경들을 뚫고 그들의 지위를 끊임없이 고수할 수 없었을 것이다. 이 진영 속에서 그들의 행위들은 역사적 중요성을 갖고 있는 것으로 생각되었다.

그리고 사실 수 세기 동안 계속해서 여러 외세의 지배를 받아오다가 일어난 마카베오 항쟁은 자신의 역사 발전에 이스라엘이 다시 적극적으로 개입하게 된 것을 의미하였다. 따라서 다윗이 한때 이스라엘 최초의 중요한 역사 서술을 고무시켰듯이, 역사가들은 맛다디아와 그의 후손들의 활약을 기꺼이 기록하고자 하였고 그들의 역정(歷程)을 올바르고 하나님께서 기뻐하시는 일로 기록하고자 하였다는 것은 놀라운 일이 아니다. 지금까지 전해져 오는 전승 기록들을 토대로 판단컨대, 이것은 다윗과 솔로몬 시대 이래로 해당 사건들과 인물들의 직접적인 영향 아래에서 역사적 서술이 이루어진 최초의 경우였다.

확실한 증거가 있는 가장 오래된 문헌은 마카베오상 16장 24절에 나오는 요한 히르카누스의 "대제사장의 실록"인데, 이 문헌은 그의 죽음 직후인 주전 100년경에 완성되었을 것이다. 이 문헌은 현재 전해져 오지 않기 때문에 실제로 역사서였는지 아니면 단지 연대순으로 사건을 기록한 실록이었는지는 알 수 없다. 이 "실록"을 인용하고 있는 마카베오 상권은 아마도 그 직후에 기록되었을 것이다.

이 책은 전승 기록들을 토대로 시몬에 이르기까지 "마카베오 형제들"의 활약상을 그들 편에 서서 일관되게 서술해 놓고 있다. 나중에 마카베오 하권으로 요약된 구레네인 야손이 쓴 "유다 마카베오와 그의 형제들"에 관한 다섯 권으로 된 작품(마카베오하 2:19)도 비슷한 태도를 취하였다. 불행히도 이 책이 언제, 어디에서 씌어졌는지는 알 수 없다. 주전 2세기의 사건들은 그밖의 다른 문학 활동에 새로운 자극제 역할을 하였다.[26]

우리는 그러한 문학 작품들 중에서 유일하게 구약 히브리 정경에 포함된 다니엘서에 대해서는 이미 말한 바 있다(cf. pp.468f.). 벤시라서(the book of Jesus ben Sira)의 헬라어 역본 서문에 의하면, 이 아름답고 중요한 지혜서의 히브리어 원본은 마카베오 시대 초기에 씌어졌음에 틀림없다. 문학 작품들 속에서 일상의 아람어 대신에 히브리어가 부활한 것—헬라어를 말하고 썼던 헬레니즘적인 디아스포라를 제외하고—은 과거의 유서깊은 전승들과 가치들에 대한 새로운 각성을 보여주는 징표였다.

다니엘서에 나오는 이야기들(단 1-6장)은 아마도 주전 3세기에 아람어로 씌어진 반면에, 주전 167년에서 164년까지의 박해 시대에는 다니엘서 7장은 여전히 아람어로 씌어지긴 했지만 그 후의 환상들(단 8-12장)을 기록하는 데는 히브리어가 사용되었다. 벤시라의 지혜서는 헬라어 역본의 서문에서 말하고 있고, 발굴을 통해 발견된 원본에 의해 확인되듯이 히브리어로 씌어졌다. 헬라어 역본만이 현존하는 마카베오 상권도 원래는 아람어가 아니라 히브리어로 씌어졌을 가능성이 크다.

그렇지만 마카베오 항쟁과 관련되어 일어난 사건들은 진정한 이스라엘의 재탄생을 가져올 수 없었고, 왕정이 복고되고 정치적 독립이 회복되었다고 해도 그것은 사울 및 다윗 아래에서의 왕정의 출현과 비교될 수는 없었다. 하스모네 왕조의 토대는 애초부터 허약하였다. 셀레우코스 왕국이 점차 사양길에 접어들었지만 아직은 다른 세력들이 그 영토를 넘보지 못할 정도의 힘은 가지고 있었다는 사실이 호조건으로 작용하여 하스모네가의 영리한 지

---

26) 분명히 이 때에 사람들은 옛 오경 전승의 여러 주제들을 다시 연구하였고, 특히 헬레니즘 디아스포라들은 전승 이야기들을 분명히 연역적인 방법으로 신화적이고 합리주의적으로 재해석하였다. Artapanus와 Eupolemus가 전승 설화들을 재해석한 것은 주전 1세기 초에 이루어졌던 것 같다—우리는 이에 대해서 오직 간접적이고 단편적인 것만을 알 뿐이다; cf. A. Schlatter, *Geschichte Israels von Alexander dem Grossen bis Hadrian* (^{3}1925), pp. 187 ff.

도자들은 이 왕국의 변방인 남부 팔레스타인에서 명목상으로는 셀레우코스 왕조의 종주권을 끊어버리지 못하였지만 실질적으로는 독립되어 있었던 독자적인 왕국을 건설하게 된 것이었을 뿐이다.

이러한 정세는 그리 오래 가지 못하였다. 보다 강한 세력이 셀레우코스 왕조를 장악하자마자 하스모네 왕조의 독립성은 끝이 나고 말았다. 이 왕조는 진정으로 굳건한 토대를 갖추지 못하였기 때문이다. 다윗 왕조는 유다와 이스라엘 왕국으로 이루어진 자유로운 이스라엘 지파들의 동의 아래 유지되었던 반면에, 처음부터 하스모네 왕조는 작은 유다 속주 내의 특정한 분파의 지지에 거의 의존하였다. 이 왕조가 이 좁은 영토를 훨씬 넘어서까지 그 지경을 넓혔을 때에도, 이 왕조의 토대가 된 백성들의 인구 구성은 수 세기 동안의 외세의 지배와 수많은 우여곡절로 인하여 너무도 제각각이었기 때문에 지속적인 정치 체제의 토대를 이룰 수 없게 되어 있었다.

예루살렘 제의 공동체는 과거의 이스라엘 백성과는 전혀 다른 모습이 되었다. 하스모네가와 그 지지자들은 주로 군사력에 의존하여 자신들의 권력을 정립하고 유지하였다. 처음부터 그들은 이스라엘인들 가운데서 비록 뚜렷하지는 않지만 수많은 적들을 갖고 있었기 때문에 건강하고 통합된 정치체제를 이루기는 불가능하였다. 그들은 단지 모험가들이었던 것은 아니다. 그들의 목표는 이스라엘을 다스리는 왕정이었고, 다윗의 왕국 건설은 그들의 모델이었을 것이다. 유다는 이미 갈릴리와 요단 동편 땅에 사는 이스라엘인들에게 관심을 갖고 있었고, 나중에 하스모네가는 대략 과거 이스라엘 지파들의 영토 전체로 그들의 지배권을 넓힐 수 있었다. 그러나 다윗 왕조를 회복하는 데 필요한 조건들은 당시에 존재하지 않았다.

하스모네가는 그들의 통치의 모습을 보여주는 가시적인 흔적들을 거의 남겨놓지 않았다. 고고학적 발견물들을 통해서가 아니라 문헌 기록들을 통해서 하스모네가의 군주들의 건축 활동에 관한 내용이 조금 알려져 있다. 이러한 건축 활동들은 왕도 예루살렘의 면모를 일신하는 데 도움을 주었다. 요세푸스(*Bell. Iud.* V, 4, 1, 139)에 의하면, 하스모네가는 결국 한때 "아크라"가 있던 터를 밀어버렸는데,[27] 이것은 요세푸스 당시까지 다시는 사람들이 거주하지 않게 된 예루살렘의 '남동쪽 언덕'에 있는 정착지의 종말의 시작이었다.

한편 그들은 예루살렘에 왕궁을 건축하였다. 하지만 불행히도 이 건축공사에 관한 기록은 전혀 전해오지 않고 있다. 그러나 요세푸스는 하스모네가 시대에 세워진 예루살렘에 있는 "하스모네가의 집"(Bell. Iud. 11, 16, 3, 344)과 "왕의 요새"(Ant. Iud. XX, 8, 11, 189 f.)에 대해 언급함으로써 그러한 건축공사가 있었음을 증언해 준다. 이 하스모네가의 왕궁은 성전 구역의 남쪽 부분 맞은 편에 돌출해 있는 예루살렘의 서쪽 언덕의 일부에서 찾아볼 수 있다.[28] 아울러 하스모네가는 성전 구역의 북서쪽에 있는 언덕에 성소를 내려다 보려는 목적으로 "바리스"라는 요새를 건설하였다(Ant. Iud. XV, 11, 4, 403).

이리하여 예루살렘 성의 무게중심은 점차 서쪽과 북쪽으로 옮겨가게 되었다. 나중에 헤롯의 건축 활동들은 이러한 경향을 더욱 부채질하였다. 또한 하스모네가의 군주들은 예루살렘 밖의 여러 지역에도 요새들을 세웠다. 그 명칭으로 보건대, 요한 히르카누스에 의해 세워진 것이 틀림없는 히르카니아 요새는 예루살렘에서 동남쪽으로 유다 광야에 있는 현재의 키르벳 미르드(khirbet mird)에 있었고 이후 시대에서 한 번 이상 중요한 역할을 하였다.

요단 서편 구릉지대로부터 요단 하류로 돌출해 있는 카른 사르타베(karn sartabe) 봉우리에 있던 알렉산드리움 요새는 알렉산더 얀네우스의 이름을 본딴 것으로서, 하스모네 시대 후기의 전투에서 중요한 역할을 하였다. 알렉산더 얀네우스는 요단 동편의 남쪽 땅에 있던 마케루스(현재의 khirbet el-mukawer) 요새를 확장하기도 하였다. 그러나 이 모든 하스모네가의 군사시설들은 나중에 헤롯이 세운 건축물들의 그늘에 가리워지게 되었다.

주전 128년에 안티오쿠스 7세 시데테스가 죽은 후 다소 자유롭게 된 요

---

27) 나중에 요세푸스는 구체적으로 이 저작을 시몬의 것이라고 하였으나 (Ant. Iud. XIII, 6, 7, 215 ff.) 아마도 그렇지 않은 것 같다.
28) Cf. J. Simons, *Jerusalem in the Old Testament* (1952), pp. 152 f.

한 히르카누스 1세는 대제사장이자 분봉왕으로서 여러 차례의 원정을 통하여 사방으로 세력을 확장하였다. 그는 다윗과 마찬가지로 주로 자신이 모집한 용병을 사용하여 이러한 원정을 감행하였다. 그러나 스스로 직업 군인이었던 다윗이 자신이 잘 알고 있는 전술을 구사하기 위하여 용병을 사용했던 것과는 달리, 요한 히르카누스의 용병 사용은 대중적인 지지를 받지 못하고 있다는 표지(標識)였다. 그는 용병들을 이용하여 요단 동편의 남쪽 땅으로 진격해 들어가 여섯 달 동안의 포위 후에 메드바 성을 함락시켰고 그후 몇몇 곳을 손에 넣음으로써 다윗 치하에서 이스라엘 왕국의 영토였던 엘 벨카(el-belka) 땅을 장악하였다.

또한 그는 사마리아 속주에 대한 정벌에 나서서 세겜 성을 함락시키고 그리심 산을 점령하였으며 그 위에 세워진 사마리아 성전을 파괴하였다. 나아가 그는 주전 598년까지 유다 영토였고 남쪽으로 유다 땅과 인접해 있는 이두매("에돔") 속주를 침공하여 헤브론 서남서쪽에 있는 아도라(dura) 성과 현재의 벳 이브린(bet jibrin) 근처의 마리사(tell sandahanne) 성을 점령하였고, 이두매 거민들에게 할례의 관습 및 예루살렘 제의 공동체의 율법 전체를 강제로 받아들이게 한 후에 그들을 이 종교 공동체에 편입시켰다 (*Ant. Iud.* XIII, 9, 1, 254 ff.).

나중에 그는 속주의 수도인 사마리아를 비롯하여 사마리아 속주를 다시 한번 공격하였다. 이 성은 오랫동안 포위하여야 했기 때문에, 요한 히르카누스는 이 임무를 두 아들인 아리스토불루스와 안티고누스에게 맡겼다.[29] 이 속주 수도의 거민들이 곤경에 처하여 셀레우코스 왕조의 도움을 요청하였기 때문에, 이 성을 포위한 군대는 한동안 심각한 어려움에 빠졌다. 하지만 마침내 그들은 일 년여의 포위 끝에 주전 107년에 이 도성을 함락시키는 데 성공하였고, 사마리아는 그 정복자들에 의해 철저하게 파괴되었다(*Ant. Iud.* XIII, 10, 2, 3, 275 ff.).

이렇게 요한 히르카누스의 승리는 대단한 것이었다. 그럼에도 불구하고

---

29) 이 두 사람의 헬라식 이름(또는 별명)은 주목할 만하다.

그는 내분에 시달렸다. 요세푸스(Ant. Iud. XIII, 10, 5, 6, 288 ff.)는 히르카누스와 그의 정치적, 군사적 활동을 찬성할 수 없었던 바리새인들과의 불화를 사실에 토대를 두고 간략하게 말하고 있다. 이것은 맛다디아의 손자로 하여금 친헬레니즘적 성향이 짙어서 그의 활동을 쉽게 용납할 수 있었던 사두개인들과 가까워지는 계기를 만들어 주었다. 그밖의 점에 있어서 그는 독립적인 군주같이 행동하였다. 그는 다음과 같은 명문(銘文)이 새겨진 동전을 주조하였다: "대제사장 요한네스와 유다인 공동체" 또는 "유다인 공동체의 수장(首長), 대제사장 요한네스." 이 동전들에는 셀레우코스 왕국의 동전과 같이 풍산(豊産)의 상징들인 두 개의 풍요의 뿔과 양귀비 장식이 새겨져 있는데, 이것들은 틀림없이 요한 히르카누스 치세의 은택을 나타내고자 한 것일 것이다.[30]

주전 104년에 요한 히르카누스는 죽었는데, 그는 자기 아내가 자기 뒤를 이어 왕이 되게 하고자 하였다. 그러나 그의 장자 **아리스토불루스**가 정권을 장악하였고, 그의 어머니는 투옥되어 굶주려 죽었다. 또한 그는 세 명의 동생들도 감옥에 가두었고 오직 안티고누스라는 동생만 통치에 참여하게 하였다. 이제 안티고누스를 제거하려는 음모가 시작되었다. 아리스토불루스의 측근들은 왕으로 하여금 동생을 불신하게 하였고, 결국 안티고누스는 계략에 걸려 살해되고 말았다(Ant. Iud. III, ii, 1, 2, 301 ff.). 이 골육상쟁은 하스모네 왕조의 타락상을 잘 보여주는 것으로서, 그것은 이제 곧 더 악화된 형태로 등장할 것이었다.

아리스토불루스는 상황을 잘 활용하여 왕이라는 칭호를 사용하였고 스스로에게 왕관을 수여하였다. 그러나 그의 시대에 만든 동전들에서는 왕이라는 칭호는 새겨져 있지 않고 다음과 같은 명문(銘文)들이 보인다: "대제사장

---

30) Cf. C. Watzinger, *Denkmäler Palästinas*, II(1933), p. 23; A. Reifenberg, *Ancient Jewish Coins* (²1947), pp. 13 f., 40 f., Pl. II. 벧술을 발굴하는 과정에서 발견된 대제사장의 이름이 새겨져 있는 주화는 마카베오-헬레니즘 시대 이전의 것인 듯하다. (cf. W. F. Albright, BASOR, 53 [1934], p. 22). Cf. DOTT, p. 234, Pl. 14

유다[31]와 유다인 공동체."[32] 요세푸스(Ant. Iud. XIII, 2, 3, 318 f.)에 의하면, 그는 이 땅의 최북방에서 전쟁을 수행하여 갈릴리 북쪽의 이투레아 인들(Ituraeans)로 하여금 할례와 예루살렘 제의 공동체의 율법을 받아들이 도록 강요하였다. 따라서 그는 적어도 갈릴리 일부를 복속시켰던 것으로 보인다. 그는 일 년을 보위에 있다가 주전 103년에 죽었다.

아리스토불루스의 왕후 살로메[33] 알렉산드라는 감옥에 갇혀 있던 죽은 왕의 세 형제들을 풀어주고 그 중 한 명을 왕으로 임명하였다. 그의 본명은 요나단이었으나 얀나이(Jannai)라는 별명으로 불렸고 본명을 헬라식 이름의 성(姓)으로만 사용하였기 때문에, 그는 알렉산더 얀네우스(Alexander Jannaeus)[34]로 알려지게 되었다. 하스모네 왕조의 타락상은 맛다디아의 증손자인 그에게서 여실히 드러났다. 그를 왕위에 앉힌 살로메 알렉산드라가 정확히 어떤 역할을 했는지는 알 수 없다. 어쨌든 그녀는 그와 결혼하였고[35] 그가 죽자 정권을 장악하였다. 이것으로 보아 그녀는 그가 살아 있는 동안에도 이미 강력한 영향력을 행사했을 것이다. 그는 생존해 있던 두 형제 중 한 명을 죽였고—자신의 권력을 유지하기 위한 목적으로—정치적 야심이 전혀 없었던 한 명만 살려 두었다(Ant. Iud. XIII, 12, 1, 323).

그 외에는 그는 승리와 패배를 거듭하면서 끊임없이 전쟁을 수행하였고, 그 결과 실제로 팔레스타인 선역을 관장하게 되었다. 그의 치세 초기에 프톨레마이스(악고) 항을 공격함으로써 그는 이집트로부터 추방되어 당시에 구브

---

31) Josephus, Ant. Iud. XX, 10, 3, §§ 240에 의하면, Judas가 본명이었고 아리스토불루스는 헬라식 별명이었다.
32) Cf. A. Reifenberg, op. cit. pp. 14, 41, Pl. ii.
33) Ant. Iud. XIII, 12, 1, §§ 320에는 이 이름이 Salina로 잘못 표기되어 있다.
34) 자신의 주화들(cf. C. Watzinger, op. cit. p. 23; A. Reifenberg, loc. cit. pp. 14, 41, Pl. ii)에 그는 이전의 대제사장 주화들과 마찬가지로 자신의 본명을 새겨 넣었다: "대제사장 요나단과 유다인 공동체." 아울러 그는 나중에 두 개의 언어로 명문(銘文)을 써넣은 새로운 왕의 주화들을 주조하였다: "왕 요나단(히브리어)—왕 알렉산더(헬라어)."
35) 이에 대한 분명한 증거는 없다. 그러나 살로메 알렉산드라라는 이름은 언제나 이 시대에서 동일한 인물을 가리키는 듯하다.

로를 다스리고 있던 프톨레마이오스 라디루스(Ptolemy Lathyrus)와 무력 충돌하게 되었다. 프톨레마이스 거민들이 그에게 도움을 요청했기 때문이다. 프톨레마이오스 라디루스는 이 땅을 침공하여 아사폰(Asaphon)[36] 근방의 요단 중류에서 벌어진 전투에서 알렉산더 얀네우스를 참패시킴으로써 이 땅을 수중에 넣을 수 있었다.

그러나 이집트, 특히 그의 어머니 클레오파트라의 반대에 부딪혀 그는 구브로로 철군할 수밖에 없었고, 알렉산더 얀네우스는 곤경에서 벗어날 수 있었다(Ant. Iud. XIII, 12, 2-13, 2, 324 ff.). 다시 자유로워진 알렉산더 얀네우스는 먼 요단 동편 땅으로 진격하여 오랜 포위 끝에 야르묵의 남쪽 지역에 있는 가다라(현재의 umkes) 성과 요단 중류의 동쪽 모서리에 있는 아마두스(현재의 'ammata) 성을 차례로 점령함으로써 요단 동편의 중부 지역을 장악하였다. 그런 후에 그는 남부 해안 평지로 눈을 돌려 라피아(현재의 refah) 성과 아나데돈(가사의 북서쪽) 성을 점령하였고, 마침내 계략을 써서 중요한 가사 성을 함락시키고 그 성을 불태웠다(Ant. Iud. XIII, 13, 3, 356 ff.).

나중에 그는 다시 요단 동편 땅을 침공하여 모아비티스(Moabitis)와 갈라디티스(Galaaditis) 지역, 즉 요단 동편의 남부 및 중부 지역의 거민들을 복속시켰고 아마두스 성을 다시 점령하였다. 그러나 그의 통치는 순전히 군사력을 토대로 한 것이었기 때문에—그도 용병을 사용하여 전쟁을 수행하였다—점령지들에서 그의 통치는 어디에서나 지속적이지 못했고, 그가 다른 지역으로 이동하자마자 언제나 무너지기 시작하였다. 그는 아마두스를 점령한 후에 가울라니티스(Gaulanitis), 즉 야르묵 북쪽에 있는 현재의 욜란(jolan) 지역까지 진격하였고, 거기서 요단 동편 땅을 다메섹까지 복속시킬 준비를 하고 있던 "아랍인의 왕" 오베다스(Obedas), 즉 나바테아인들의 왕 오보닷(Obodath)과 접전하게 되었다. 그는 복병에게 걸려 가까스로 목숨만을 건

---

36) Asaphon 또는 Asophon의 정확한 위치에 대해서는 cf. F. V. Filson, BASOR, 91 (1943), pp. 27 f.를 참조하라. 한편 N. Glueck, AASOR, 25/28 (1951), pp. 354 f.도 참조하라.

진 채 예루살렘으로 도망쳐 왔다.

    이 일화는 자기 백성 가운데 그에 대한 반대가 얼마나 심했는지를 여실히 보여준다. 백성들은 당시에 그를 제거하고자 하였고 심지어 주전 90년경에 수리아 일부를 장악하고 있던 셀레우코스 왕조의 데메트리우스 3세 유카이루스(Demetrius III Eukairus)의 도움을 요청하기까지 하였다. 그의 군대는 이미 벼랑 끝에 몰려 있었던 알렉산더 얀네우스를 세겜에서 격파하였다. 그는 산지 어느 곳으로 도망가지 않으면 안 되었다. 그러나 이러한 상황에서 자신들의 왕조가 무너지기를 원하지 않았던 지지자들이 그의 주변에 몰려들었는데, 요세푸스에 의하면 유다인 6,000명이 그와 합류하였다고 한다. 이들을 이끌고 알렉산더 얀네우스는 다시 자신의 지배를 확립할 수 있었다.

    데메트리우스 3세는 물러갔고, 알렉산더 얀네우스는 자기를 반대하였던 유다인들에게 잔혹하고 무참한 보복을 하였다(Ant. Iud. XIII, 13, 5-14, 2, 372 ff.). 그는 공포정치로 정권을 유지하고 모든 내분을 일소하는 데 성공하였다. 그러나 외적, 특히 세력이 강성해지면서 영토 확장을 위해 가까운 팔레스타인을 넘보고 있었던 나바테아인들과의 싸움은 계속되었다. 그들은 옛적부터 본거지였던 사해 남동쪽 산지로부터 요단 동편 땅의 동쪽 경계에 있는 최북방을 압박하였을 뿐만 아니라 팔레스타인의 남쪽 경계에 있는 와디 엘 아라바(wadi el-'araba)를 통하여 지중해에 이르고자 하였다. 그리고 어느 방면으로나 그들의 가장 가까운 중요한 이웃은 알렉산더 얀네우스가 통치하는 땅이었다. 그후 얀네우스는 셀레우코스 왕조와 나바테아인들과의 싸움에 휘말리게 되었다.

    셀레우코스 왕조의 마지막 왕들 가운데 한 사람인 안티오쿠스 12세 디오니수스는 위에서 말한 데메트리우스의 동생으로서 팔레스타인의 해안 평지를 거쳐 나바테아인들을 치려고 알렉산더 얀네우스의 영토를 지나가려 하자, 얀네우스는 카바르사바(현재의 kefr saba)와 욥바(yafa) 사이에 도랑과 담을 쌓고 셀레우코스의 진로를 가로막고자 하였다. 이 셀레우코스 왕조의 왕은 이러한 구조물들을 불태우고 파괴하였으나 얼마 안 있어 나바테아 원정에서 전사하였다(Ant. Iud. XIII, 15, 1, 387 ff.).

그후 나바테아인들과 알렉산더 얀네우스는 정면으로 크게 맞붙게 되었다. 그 동안에 나바테아인들의 왕이 되었던 아레타스(Aretas)는 유다 땅 깊숙이 진격하여 아디다(룻다 동쪽의 el-hadite)에서 알렉산더 얀네우스에게 참패를 안겨줌으로써 얀네우스는 적군을 물러가게 하기 위하여 여러 가지를 양보하지 않을 수 없었다(Ant. Iud. XIII, 15, 2, 392). 마지막으로 그는 요단 동편 땅에 대한 수 차례의 원정을 승리로 이끌었다. 그는 요단 중류의 동쪽 경계에 있는 펠라(현재의 khirbet fahil) 성, 아일룬(' ajlun)에 있는 거라사(jerash) 성, 야르묵 북쪽에 있는 가울라니티스(정확한 위치는 미상)의 수도인 골란 성,[37] 셀레우키아(현재의 selukye) 성, 디온(현재의 tell ash' ari) 성, 가말라 성채[38] 등을 점령하였다.

요단 동편 땅에서 그는 임종을 맞이하였다. 방종한 생활로 쇠약해진 그는 남부 아일룬에 있는 라가바(현재의 rajib) 성채를 포위 공격하는 도중에 51세의 나이로 죽었다. 그는 많은 승전을 거두었지만 몇 차례의 심각한 패배를 겪기도 하였다. 그는 옛 유다 땅 외에도 선왕들로부터 사마리아와 갈릴리를 물려받았고, 남부 해안 평지에 대한 수 차례의 정벌을 감행하였으며, 무엇보다도 요단 동편 땅으로 판도를 넓혀 놓았고, 강성해지는 나바테아인들에 맞서 어느 정도 자신의 세력을 유지하였다.

요세푸스(Ant. Iud. XIII, 15, 4, 395-397)는 알렉산더 얀네우스의 통치 말기에 "유다인들"의 판도를 묘사해 놓고 있다. 이에 의하면, 그 판도는 다윗과 솔로몬이 통치하던 시절의 유다와 이스라엘 두 왕국의 영토들을 포괄하였고, 또한 과거 블레셋인들의 땅과 리노코루라(el-' arish)를 포함한 이집트로 가는 해안길도 포괄하였다. 그의 군사적인 승리로 인해 그는 지지자들을 얻었지만, 이 세속적이고 극도로 타락한 왕조를 증오하였던 "경건한 자들", "바리새인들"의 적대감도 만만치 않았다.

요세푸스(Ant. Iud. XIII, 15, 5, 399 ff.)는, 그는 죽기 전에 왕비인

---

37) 이 성읍은 흔히 현재의 sahem ed-jolan과 동일시된다.
38) Ant. Iud. XIII, 15, 3, §§ 393 f. 와 Bell. Iud. I. 4, 8, §§ 104 f.에 나오는 이름들은 약간씩 서로 다르다. 앞에서 이 두 명단을 서로 대조해 본 바 있다.

살로메 알렉산드라에게 장차 바리새인들에게 어느 정도의 영향력을 허용할 것, 즉 하스모네 왕조와 그들간에 화해가 이루어지도록 노력해 줄 것을 부탁하였다고 기록하고 있다—실제로 이 왕조는 장기적으로 이러한 내분을 견뎌낼 수 없었다.

주전 76년에 알렉산더 얀네우스가 죽은 후 그의 활동적이고 영민한 왕비였던 **살로메 알렉산드라**는 9년 동안 통치하였다. 선왕의 보위를 계승했어야 할 장자인 히르카누스(2세)가 아주 게으르고 우유부단하였기 때문에, 그녀는 자신의 책임하에 왕권을 장악하였다. 그녀는 기존의 율법에 의해 자신이 맡을 수 없었던 대제사장직을 그로 하여금 잇게 하였으나, 보위는 자신이 차지하였다. 그녀는 형과는 달리 매우 용맹스럽고 진취적이었던 차남 아리스토불루스(2세)를 견제하였다. 특히 그녀는 바리새인들과 좋은 관계를 맺고 그들의 요구를 광범위하게 들어주었다. 따라서 그녀의 치세는 호시절로 여겨졌다. 또한 그녀는 전쟁을 일으키지 않고도 하스모네 왕국을 잘 통합하여 온갖 어려움들을 헤쳐 나갔다(Ant. Iud. XIII, 16, 1-6, 405 ff.).

그녀가 다룰 수 없었던 유일한 인물은 그녀의 아들 아리스토불루스였다. 사두개파 제사장들은 바리새인들이 갑자기 득세하게 되자 그 누구보다도 불만을 품게 되었다. 묵묵히 권력 찬탈을 암중모색하고 있던 야심찬 아리스토불루스는 이러한 불만을 이용하였다. 그러나 반란이 일어나기 전에 여왕은 주전 67년에 73세의 나이로 죽었고, 하스모네가의 왕권을 둘러싼 그녀의 두 아들간의 싸움이 시작되었다.

먼저 장자로서 왕위를 이을 자격이 있었던 **히르카누스 2세**가 실제로 보위에 올랐다. 그는 그의 어머니가 다스리던 때부터 이미 대제사장이었다. 그러나 보다 강한 성격을 지니고 있던 아리스토불루스는 이러한 상황을 묵묵히 받아들이기를 거부하였다. 그는 자신의 추종자들을 이끌고 여리고에서 히르카누스군을 격파하였고, 그러자 히르카누스군의 상당수가 적군에게 투항하였다. 그런 후에 그는 히르카누스를 예루살렘의 요새[39]에 가둬놓고 항복을 강

---

39) 이 요새는 마카베오 항쟁에서 아주 커다란 역할을 했던 과거의 '아크라'가 아니

요하였다. 히르카누스는 왕위 및 대제사장직을 동생에게 양위하고, 그 대가로 자신의 수입을 보장받았다(Ant. Iud. XIV, 1, 2, 4 ff.). 이것으로 왕위를 둘러싼 내분은 끝난 것처럼 보였다.

그러나 장차 이스라엘 역사에서 중요한 역할을 하게 될 새로운 인물이 등장하였다. 알렉산더 얀네우스와 살로메 알렉산드라 치하에서 안티파테르(줄여서 안티파스)라는 인물이 이두매 총독을 맡았다.[40] 공식 직함은 확실하게 알려져 있지 않지만 아마도 이두매 총독이었던 것으로 보이는 같은 이름을 지닌 그의 아들이 이제 패배한 히르카누스를 지지하고 나섰다. 아마도 그는 활동적이고 야심찬 아리스토불루스를 그리 좋아하지 않았던 것 같다. 그는 유다 땅에서 지지자들을 끌어모았고, 나바테아 왕 아레타스와도 접촉하여 히르카누스를 신변이 위험하다는 이유로 예루살렘을 떠나 나바테아 왕의 보호 아래 있도록 설득하였다.

히르카누스는 안티파테르와 함께 야밤을 틈타 성을 빠져나가 나바테아의 왕도 페트라로 갔다. 나바테아 왕은 알렉산더 얀네우스가 나바테아인들로부터 빼앗은 옛 모압 땅인 사해 동쪽의 몇 성읍을 넘겨받는 대가로 군대로 그를 호위하여 예루살렘으로 데리고 가서 왕으로 앉혀 주겠다고 약속하였다. 그리고 히르카누스는 이 조건을 들어주기로 약속하였다(Ant. Iud. XIV, 1, 3, §§8 ff.). 그러자 아레타스는 군대를 이끌고 유다 땅으로 진격하여 아리스토불루스군을 무찔렀다—전투가 벌어진 장소를 요세푸스는 기록해 놓지 않았다. 이리하여 아리스토불루스군의 대다수는 승자에게로 넘어갔고, 홀로 남아 곤경에 빠진 아리스토불루스는 예루살렘으로 물러가 자기 편을 들고 있던 제사장들과 함께 요새화된 성전 구역에 몸을 숨겼다. 그러나 아레타스는 성소에 있는 그를 포위하였고, 예루살렘 및 그밖의 지역의 백성들은 당시에 떠오르는 세력을 지지하였을 것이다. 아리스토불루스가 이길 승산은 거의

었으나 성전 담에서 북서쪽으로 솟아 있는 곳에는 하스모네가에 의해 당시에 '바리스'라 불린 요새 설비가 축조되었다.

40) 안티파테르가 '이두매인'이었다는 사실은 Josephus, *Ant. Iud.* XIV, 1, 3, §8 등에서 말하고 있다.

없었고, 히르카누스는 곧 안티파테르가 원하던 목표를 달성할 수 있을 것으로 보였다. 그러나 이때 훨씬 강력한 또 다른 세력이 개입하여 사건의 경과를 완전히 변화시켜 놓았다.

이런 일이 일어났다는 것은 하스모네 왕조가 얼마나 깊은 수렁에 빠져 있었는가를 다시 한번 여실히 보여준다. 두 형제가 왕위를 놓고 싸우고 있는 중이었다. 이 내분을 배후에서 조종하고 있던 인물은 당시의 왕을 제거하기를 원하였던 왕의 고위 관리—아마도 이두매 총독이었을 것이다—였다. 이 내분은 이 관리가 그러한 목적으로 끌어들였던 나바테아 왕의 군사력의 도움을 받아 수행되었다. 하스모네 왕국의 적이었던 이 이방 왕에게 지불해야 했던 대가는, 다윗 왕국을 모델로 삼아 이스라엘 왕국을 건설하는 과정에서 획득하였던 광대한 지역을 양도하는 것이었다.

이제 유다인들 자신이 불러들인 이 이방 왕은 요새로 사용되고 있던 예루살렘 성소 바깥에서 군대를 이끌고 진을 쳤다. 그리고 유다군과 백성들은 그가 우월한 승자라는 이유로 그의 편을 들었다. 하스모네 왕조가 역사적으로 그 역할을 다하였다는 것은 분명해졌다. 하스모네가의 한 인물이 "왕"을 자처한 지 40년이 채 지나기 전에 이미 이 왕조가 완전히 몰락했다는 것은 분명해졌다.

31. 헬레니즘 시대에 있어서 이스라엘의 영적 생활

마카베오 시대에 시작된 투쟁은 예루살렘 제의 공동체를 외적으로만 분발하게 만든 것이 아니라 그 정신 생활을 강렬하게 자극하였다. 이 시대에 관한 전승 기록들은 아주 다양한 종교적, 지성적 동향들을 보여준다. 말할 필요도 없이 이 공동체의 정신 생활의 이러한 차별화는 셀레우코스 세력과의 충돌에 의해 야기된 것이 아니었다. 그것은 그러한 사건들을 거치면서 더욱 강화되기는 하였으나 그 뿌리는 이전 시대들에 있었다—이 시대들에 관하여서는 별로 잘 알려져 있지 않다. 우리는 이스라엘의 삶이 오랜 기간에 걸쳐 점점 더 개인주의화되어 왔다는 사실을 고려하지 않으면 안 된다.

고국 땅에서 자족적인 단위로 살았던 옛 열두 지파의 이스라엘이 형체 없는 집단 체제로서 그 속에서 개인은 단지 보다 큰 전체의 구성원에 불과하였던 것은 아니고 "솔로몬 시대 및 솔로몬 시대 이후의 인본주의"(cf. p. 287) 같은 것이 존재하기도 하였지만, 이스라엘의 정치적 독립을 파괴한 하나님의 심판으로 인한 재난들로 인하여 원 이스라엘의 유기적 조직체가 점차적으로 손상되면서, 전통적인 유대가 더욱 해소되고 개인의 성향과 결단이 중요시되는 개인주의의 경향이 더욱 부각되었다는 것은 어쩔 수 없는 일이었다.

페르시아 시대의 사건들로 인하여 이스라엘은 고대의 전승들과 연결된 예루살렘 성소의 제의를 중심으로 한 거대한 공동체로 다시 통합되었고, 온 이스라엘인들의 일상 생활은 "하늘의 하나님의 율법"에 의해 구속을 받게 되었다는 것은 사실이다. 그러나 바로 이 율법이라는 것이 개인을 상대로 그 율법을 개인이 수용하여 '이스라엘'의 구성원이 되느냐의 문제를 다루는 것이었기 때문에 이스라엘인이 아닌 사람들도 개인적으로 율법을 받아들이는 것이 가능하였다.

자세하게 증명할 수는 없지만, 어쨌든 헬레니즘 세계의 지적인 분위기에 휩쓸리게 된 것도 개인주의화의 과정을 더욱 촉진시켰다고 할 수 있다. 특히 널리 퍼져 있던 디아스포라가 이방 환경에서 살아갈 때 모든 것이 각 개인에게 달려 있었고, 필요하다면 이스라엘의 전승들에 대한 자신의 충성을 스스로 입증하지 않으면 안 되었다. 헬레니즘 시대의 첫 세기 동안에 씌어지고 취합되었던 것으로 보이는 다니엘 1-6장의 이야기들은 하나님 및 율법에 대한 순종의 삶을 자신의 신앙의 힘으로 유지해 나가지 않으면 안 되었던 처지에 있는 디아스포라 이스라엘인의 전형적인 상황을 보여준다.

디아스포라들이 고국과 끊임없이 교류를 하였다는 점을 감안할 때, 디아스포라들의 상황은 팔레스타인에서 모여 살고 있던 이스라엘인들의 지성 생활에 지속적인 영향을 미쳤을 것이 틀림없다. 따라서 마카베오 항쟁이 발발하기 전에도 이스라엘의 생활은 많은 점에서 개인주의화되어 있었던 것으로 보인다. 그리고 안티오쿠스 4세 에피파네스 시대의 사건들에 대한 예루살렘 제의 공동체의 반응도 제각각이었다. 이 시대에 일어난 위기를 통하여 서로 견해차가 존재한다는 것이 분명해졌고, 예루살렘 제의 공동체 내부에서는 특정한 분파들이 형성되어 로마 시대에까지 계속해서 커다란 영향을 미치게 되었다.

이방 세계에 그냥 흡수되어 버려 이스라엘 역사로부터 분리된 것이 아니라 어느 정도 의도적으로 예루살렘 제의 공동체의 일원임을 자처하면서도 고국 및 디아스포라, 특히 이집트의 디아스포라 등 사면으로 이 공동체를 둘러싸고 있던 헬레니즘적인 생활에 몰두하였던 헬레니즘화된 분파들이 존재하였다. 이 집단들은 안티오쿠스 4세 치하에서 중요한 역할을 하기 시작하였고 예루살렘에서 갈등이 생겨난 것에 상당한 몫을 하였던 것 같다(cf. p. 457f.). 그들은 그 사건 전이나 후에나 독자적인 지적 생활을 발전시켜 나갔는데, 이런저런 방식으로 이스라엘의 전승들을 헬레니즘 사상과 결합시키고자 하는 시도들을 하였다.

그러나 이러한 지적 생활의 산물들은 현재 거의 남아 있지 않다. 이 집단들은 적어도 팔레스타인에서는 주전 2세기의 싸움에서 졌기 때문이다. 그리고 이스라엘이 멸망한 후에 회당이 자신에게로 움츠러들어 이방적으로 보이는 모든 요소들을 거부하였기 때문에, 이 진영에서 생겨난 작품들은 비록 지중해 세계의 디아스포라 사이에서는 읽혀지고 있었다고 하더라도 더 이상 전승되지 않았다. 이 헬레니즘화된 이스라엘의 문헌 가운데서 남아 있는 것이라고는 위대한 수집가인 알렉산더 폴리히스토르(Alexander Polyhistor, 주전 1세기 전반) 및 그밖의 경로들을 통하여 초기 기독교 저술가들의 작품들 속에 들어 있는 미미한 단편들뿐이다.

그럼에도 불구하고 이 단편들은 이런 유의 문헌이 존재하였다는 것을 보여준다. 주전 2세기 중엽에 알렉산드리아의 철학자 아리스토불루스는 그 기본적인 내용을 세밀하게 분석해 보면 구약 율법은 헬라 철학의 여러 학파들의 견해와 일치한다는 것, 실제로 헬라 철학이 예로부터 모세 율법을 원용하였다는 것을 입증하고자 하였다.[41] 이것은 헬레니즘 사상의 토론장에서 이스라엘의 전승들을 해석하고 정당화하고자 하는 시도였다.

여기서 사용된 방법은 알레고리적인 석의(釋義)였다. 아리스토불루스 같은 철학자들 외에도 486면 주1 에서 언급했듯이 아르타파누스(Artapanus)와 유폴레무스(Eupolemus) 같은 역사가들[42]이 이에 가세하였다. 나중에 알렉산드리아의 필로(Philo)의 알레고리적이고 신비적인 철학 및 요세푸스의 역사 저작—당대의 역사가 아니라 헬레니즘 및 로마 시대의 이스라엘의 옛 역사를 기술하였다는 점에서—도 동일한 접근방식을 사용하였다.

마카베오-하스모네 왕조 시대에 사두개파는 이러한 헬레니즘화된 경향을 좇았다. 그들은 예루살렘의 제사장 집단, 곧 비록 명목상이긴 하지만 어쨌든 공적 예배의 합법적인 주관자들이었기 때문에 원칙적으로 헬레니즘적인 생활양식을 채택하는 것에 반대하지 않았다. 종교적 전승들에 대한 보수성 덕분에 그들은 헬레니즘과의 충돌에서 오는 모든 위기를 잘 넘기고 이스라엘 역사가 끝나는 날까지 살아남을 수 있었다.

주전 2세기의 싸움에서 반헬레니즘 세력이 승리를 거두었다. 474면에서 이미 말했듯이 그들 가운데서 분열이 일어나게 된 것은 셀레우코스 왕조에 맞선 투쟁의 지도자들이 정치적 독립과 세속 권력을 획득하고자 하는 목표를 세우고 이를 달성했을 때였다. 결국 이들의 후계자들은 로마의 지배에 항거하다가 결국 이스라엘 역사의 종말을 초래하는 데 일조를 하게 되었다. 셀레우코스 왕조에 맞서 투쟁을 벌이던 초기에 이미 처음에는 예루살렘 제의 공동체의 생활을 유린하는 것에 맞서 저항 운동에 참여하였으나, 나중에는 군사적이고 정치적인 행동 노선을 찬성하지 않았던 "경건한 자들"은 이러한 정

---

41) 아리스토불루스의 단편들에 대한 독일어 번역은 P. Rissler, *Altjüdisches Schrifttum ausserhalb der Bibel* (1928), pp. 179 ff.에 실려 있다. 또한 아리스토불루스에 대해서 cf. A. Schlatter, *Geschichte Israels* (³1925), pp. 81 ff. 또한 cf. W. N. Stearns, *Fragments from Graeco-Jewish Writers* (1908), pp. 75 ff.

42) Artapanus와 Eupolemus의 단편들에 대해서는 Riessler, op. cit. pp. 186 ff., 128 ff.를 보라. 또한 cf. Stearns op. cit. pp. 42 ff. 29 ff.

치적 행동주의자들과 결별하였다.

그들에게 중요했던 것은 방해 받지 않고 예루살렘 제의를 계속해 나가는 것과 조상의 전승들을 따라 그들의 삶을 영위해 나갈 자유였다. 그들은 바리새파 집단을 형성하여 이스라엘 역사가 끝나는 날까지 예루살렘 제의 공동체의 영적 생활에 결정적인 영향력을 행사하였고, 이스라엘 역사가 끝나고 나서도 그후에 생겨난 유대교에 결정적인 흔적을 남겼다.

주전 2세기에 그들의 태도를 보여주는 가장 중요한 증거는 다니엘 7-12장에 나오는 다니엘의 일련의 환상들이다. 이 환상들은 일련의 세상 권세들에 의한 통치가 이어지다가 어느 날 하나님의 통치의 개입으로 종말을 맞게 될 세계사에 대한 매우 분명한 개념을 토대로 하고 있다. 역사 과정에 대한 이러한 개념은 이전부터 시작되었다. 다니엘 1-6장에 모아진 다니엘 이야기들은 이미 세상의 세대(world ages) 및 세계사의 단계(patterns)에 관한 이스라엘인의 이론들을 사용하여 이전에 예언자들이 구약에서 하나님 나라 대망을 선포한 것을 토대로 시간적으로 연속선상에 있는 세속의 통치와 하나님의 통치를 대비시켜 놓음으로써 이러한 전망(단 2:29 ff.)을 담고 있었다.

안티오쿠스 4세에 의한 박해 시대에 역사에 대한 이러한 전망은 세상 권력들의 시대는 수명을 다했고 하나님의 통치의 도래가 임박하였다는 확신으로 구체화되었다(cf. 특히 단 7장). 여기에서 세계사는 연이어 일어나는 제국들로 나타내질 수 있다는 의미에서가 아니라 근본적으로 세계사는 하나님을 거스르는 혼돈으로부터 출현하였고(cf. 단 7:2b, 3a), 적어도 그 성향에 있어서 하나님께 적대적인 것으로 여겨져야 한다는 의미에서 거대한 통일체로 인식되었다. 이러한 개념은 이원론적인 세계관을 위한 길을 마련해 놓았다.

구약의 예언서에서는 역사 속에 횡행하고 있는 인간의 교만과 죄악을 인식하기는 했어도 이러한 이원론적인 세계관은 찾아볼 수 없다. 이러한 이원론적 경향은 개인주의화와 나란히 진행된 신앙 내용의 합리화로부터 연원하였던 것 같으며, 이런 유의 합리화가 많이 나타나는 이란의 이원론의 영향도 받았을 것이다. 다니엘의 환상들에 나타나는 합리화된 역사관의 배후에는 여러 세기에 걸쳐 여러 제국들의 보호를 받기도 하고, 관대하게 예루살렘의 제의에 특권들을 누리기도 하고, 그 지배와 권력, 어떤 경우에는 압제 아래 놓이기도 하고 "이방적인 것"으로 단죄하였던 종교 제도를 따르기도 했던 예루살렘 제의 공동체의 생활 체험이 있었다.

그러나 이와 아울러 불경건한 세상 권세들에 의해 결정되어 왔던 역사 과정의 종말에 대한 소망도 여전히 살아 있었다. 현세에서 압제당하는 하나님 백성이 모여들고 해방되고 영화롭게 될 것에 대한 소망은 포로기 이전 예언자들의 메시야 선포와 포로기 이후 시대의 종말론적 기대로 발전되었다. 세속 통치에서 하나님의 통치로 넘어가는 대전환의 시기를 결정하고 계산할 수 있다고 생각되었다는 점에서 이러한 소망에도 합리적인 요소가 들어 있었다. 안티오쿠스 4세 치하의 박해 시대는 세상 역사의 최종 단계라는 확신은, 과거의 역사에서 실제로 경험해 본 적이 없었던 극도의 환난의 충격 아래에서 저절로 생겨났을 것이다.

그러나 이와 동시에 전통적인 도식에 따라 그들이 세상 권세의 네번째 세대이자 최종적인 단계에 살고 있다고 믿을 뿐만 아니라 다니엘 9장 24-27절에 나와 있는 "해-이레"(year-weeks)의 복잡한 계산법을 통해 하나님의 통치가 도래하기까지는 시간이 얼마 남지 않았다는 것을 나타내보임으로써 이러한 확신의 정확성을 증명하고자 하는 시도가 있었다.

"경건한 자들"의 진영에서 큰 역할을 하게 될 묵시문학은 종합적인 역사관과 최종적이고 임박한 위기에 대한 기대를 토대로 하고, 역사 과정 내에서 현 시대의 위치를 계산할 수 있다는 전제 아래에서 다니엘의 환상들과 함께 생겨났다. 그 기대는 기존의 역사 과정을 인간의 도움 없이 종결시킬 하나님의 행위에 의해 모든 것이 이루어질 것이라는 것이었다. 예루살렘 제의 공동체의 유일한 관심은, 다가오는 하나님의 통치 아래에서의 축복들에 참여하기 위하여 자신들이 지켜야 하는 "계약"(cf. 단 9:27)에 복종하여 하나님께 충성하는 것뿐이었다.

여전히 예루살렘 제의 공동체라는 형태로 존재하는 '이스라엘'이 장래의 하나님의 통치 아래에서 어느 정도까지 특별한 지위를 차지할 것이냐 하는 것은 상황에 따라 다르게 대답되었다. 다니엘 7장 18절에 의하면, 세계사가 끝난 후에 다스릴 권한을 부여받게 될 "지극히 높으신 자의 성도들"이 원래 하나님을 대신하여 다스리게 될 천상의 존재들을 의미했다고 할지라도, 그것들은 초기부터, 실제로 다니엘의 환상들에 부차적으로 첨가된 부분들에서 이미 이스라엘인들을 가리키는 것으로 해석되었다(cf. 단 7:21).

그들은 하나님의 통치를 가져오지는 않을 것이지만 하나님으로부터 "권세"를 선물로 받을 것이다―이 "권세"의 성격과 범위는 정확하게 나와 있지 않다. 이미 죽은 자들도 이 장래의 삶에 동참할 것이다. 다니엘 12장 2, 3절에는 "땅의 티끌 가운데서", 즉 음부(陰府)에서 자는 자들이 "깨어" "영생을 얻을 자도 있겠고 … 무궁히 부끄러움을 입을 자도 있을 것"이라는 말이 나온다. 죽은 자들 가운데 "많은 수"는 이런 식으로 깨어나, 이 땅에서 살면서 행한 행위들에 대한 상벌로서 서로 다른 운명을 받게 될 것이라고 한다. 분명히 전체 죽은 자들 가운데 일부만을 가리키는 이 "많은 수"는 주로 마카베오 항쟁에서 이런저런 식으로 목숨을 잃었고 조상의 전승들에 순종했느냐 불순종했느냐에 따라, 죽은 후에 하나님의 상 또는 벌을 받을 것으로 예상할 수 있는 그런 자들을 가리킨다.

구약 신앙 내에는 육체의 죽음으로 하나님과의 연합이 끝나는 것이 아니라는 확신을 표현하는 말들이 있긴 하지만(cf. 시 73:24), 어쨌든 이것은 죽은 자의 부활과 이 부활 후의 하나님의 심판을 최초로 명시적으로 언급하고 있는 사례―이미 벌써 매우 일반화되어 있다―이다. 이런 식으로 육신의 죽음 후의 삶에 대한 개인의 기대는 하나님 나라의 도래에 의해 역사가 종말을 맞을 것이라는 기대와 병존하였지만, 한동안 이 둘을 결부시키려는 시도는 없었다.

이러한 붕아(崩芽)로부터 다음 시대에 꽤 정교하게 다듬어진 묵시문학이 발전되었다.[43] 그 작품들은 주후 1세기 말에 예루살렘이 멸망한 후에 회당에 의해 편찬되어진 '정경'에 포함되지 못하였다. 이 작품들은 완전히 사라져버

---

43) Cf. P. Volz, *Die Eschatalogie der jüdischen Gemeinde im neutestamentlichen Zeitalter* (²1934).

리지 않고 한동안 초기 기독교회에서 사용된 구약의 여러 헬라어 역본에 남아 있다가, 동방정교회의 손에 들어가서 구약의 여러 동방정교회 역본들에 포함되었다.[44] 따라서 그 작품들의 히브리어-아람어 원문 및 저작 연대를 확인하기는 어렵다.

그러나 일반적으로 그것들은 주전 2-1세기에 나왔다. 이 작품들은 개인, 이스라엘, 인류에 대한 종말론적 기대라는 요소에 다니엘서에서도 이미 그 싹이 보이는 천사론을 덧붙였고, 우주론에도 강한 관심을 나타내었다. 묵시문학의 발전과 아울러 구약의 옛 이야기 전승에 대한 관심이 생겨났다. 창세기의 내용을 제사장적이고 바리새적인 관점에서 새롭게 제시한 「요벨서」(book of Jubilee)도 주전 2세기에 나온 것으로 보인다. 이 책은 팔레스타인에서 히브리어(또는 아람어)로 씌어졌지만 후대에 구약 정경에 포함되지 못했다.

이러한 작품들이 정경에 포함되지 않음으로써 주전 2-1세기의 "경건한 자들"이 지은 이러한 문학 작품들은 후대에 비정통적이고 분파적인 외경으로 낙인이 찍혔다. 원래 이러한 오명(汚名)은 당시의 여러 종교적, 지적 운동들 가운데서 그것들에 붙여져 있던 것은 아니었다. 그러나 일단 "바리새인들"이 당시에 유행하던 여러 경향들로부터 "분리"의 길을 취하자(cf. p. 474, 주 19), 비록 그들이 나중에 예루살렘 제의 공동체 내에서 매우 영향력 있는 집단이 되었긴 하지만, 이런 유의 분리로의 경향은 곧 바리새인들을 넘어 밖으로 퍼져나가지 못하고, 묵시문학적이고 영지주의적인 사변들에 흡수되거나, 제의(祭儀)상의 정결이나 금욕의 문제들에서 바리새인들의 율법주의를 능가하는 엄수주의(rigorism)의 방향으로 나아간 것은 아닌가 하는 의문이 있을 수 있다.

특히 이 후자의 경향은 파당과 분파들의 형성을 초래하였다. 후대의 랍

---

44) 독일어 번역문으로는 E. Kautzsch, *Die Apokryphen und Pseudepigraphen des Alten Testaments*, II (1900), 영어 번역문으로는 R. H. Charles, *Apocrypha and Pseudepigrapha of the Old Testament*, II (1913).

제1장 마카베오 항쟁과 왕정 복고   505

비 전승과 요세푸스, 필로를 통해 우리는 여러 세례파들, 특히 주전 1세기와 주후 1세기의 "에세네파"(Essenes)에 대하여 잘 알게 되었다.[45] 요세푸스가 사두개파와 바리새인과 나란히 세 번째 분파로 명기하고 있는 "에세네파"는 약간씩 다른 수많은 분파 조직들 전체를 포괄하는 개념이다. 이 분리주의적 운동들은 주전 2세기의 내우외환 속에서 생겨났을 가능성이 대단히 크다. 아울러 이 운동들은 예루살렘 제의 공동체의 영적 생활이 메말라졌음을 보여주는 것이다.

안티오쿠스 4세 치하에서의 박해로 인하여 또다시 대체로 헬레니즘에 불리하지 않은 분위기 속에서 활발한 저항 세력들이 생겨났다. 그러나 이러한 세력들의 승리는 전체적으로 공동체에 어떤 진정으로 새로운 내용을 가져다 주지 않았다. 승자들은 외적인 권세의 길을 추구하였다. 이런 길을 가지 않은 바리새인들과 같은 사람들은 점점 더 율법주의적 도덕주의로 기울어 점차 하나님의 율법 전승들을 미묘하게 궤변적으로 다루게 되었고, 이런 상황에서 다니엘서의 환상들 속에 표현되어 있던 종말에 대한 묵시론적 기대들은 뒷전으로 물러났다.

많은 사람들은 작은 집단들 속에서 그들의 소망을 실현하고자 하였고, 그 가운데는 공동 생활을 하는 집단도 있었다. 사해의 북서쪽 모서리에 있는 키르벳 쿰란(khirbet kumran) 주변의 몇몇 동굴에서 그 저작들이 발견됨으로써 우리에게 알려진 공동체[46]는 주전 2세기에 생겨난 것으로 보인다. 키르벳 쿰란에서 고고학적으로 발견된 증거들에 의하면, 이 공동체는 주후 66-70년의 대반란 때까지 주후 첫 세기에 여리고 남쪽 사해의 불모지에서 수도원 같은 촌락을 이루어 살면서, 폭동의 와중에서 멸실되는 것을 방지하기 위하여, 이 동굴들에 그 저작들을 주의깊게 보존해 두었다가 나중에 이 숨겨둔 곳으로부터 그 저작들을 되찾지 못했다.

고문서학적으로 이 필사본들의 연대를 알아내기는 무척 어렵다. 그것들

---

45) 특히 cf. A. Schlatter, *Geschichte Israels* (³1925), pp. 170 ff., 173 ff.
46) 1947년에 이루어진 이 획기적인 사본 발견에 대해서는 WAT, pp 246 ff.에 실려 있는 짤막한 보고를 참조하라.

은 동굴에 보존되기 전에 상당한 기간 동안 사용되었을 것이다. 이 저작들은 두 개의 사본으로 현존하는 이사야서와 같은 성경 책들이 아니었기 때문에 공동체의 생활 규칙에 관한 글들, 예전문(禮典文)들, 구약의 책들을 해석하는 형태로 된 묵시문학적인 자료(예를 들면, '하박국서 주석')를 포함하고 있다. 이 저작들은 당대의 역사를 여러 모로 암시해 주고 있긴 하지만 아직까지 그 정확한 연대를 알 수가 없는 형편이다. 어떤 내용들은 셀레우코스 제국이 여전히 존재해 있던 시대, 즉 안티오쿠스 4세 다음 세기를 시사해 주고 있기도 하다.[47]

또한 저작들이 각각 다른 시기에 씌어졌을 가능성도 있다. 이 문제가 최종적으로 어떻게 결말이 나든, 어쨌든 키르벳 쿰란 공동체는 주전 2세기의 소란한 시대에 팽배하였던 분리주의적 경향들로부터 생겨났을 가능성이 크다. 그리고 사해에서 발견된 필사본들은 예루살렘 공동체의 바로 심장부에 있던 파당과 분파 조직들을 잘 보여준다. 이 조직들은 아마도 마카베오 시대 이래로 발전해 왔을 것인데, 그 초기 시대의 흔적은 전혀 찾아볼 수 없다. 이 분파들은 역사적 사건들의 전면에서 그리 중요한 역할을 하지 못했지만, 그 역사의 최종 국면에서 이스라엘의 영적 생활에 중요한 영향을 주었다.

---

47) Cf. H. H. Rowley, *The Zadokite Fragments and the Dead Sea Scrolls* (1952)—이 책은 이제까지 이루어진 사본들의 의미에 대한 학적인 탐구를 자세하게 설명하고 있고, 1952년까지 간행된 문헌들에 대한 완벽한 서지(書誌)를 제공해 준다.
48) 가장 최근의 성과들과 출판물들에 대해서는 Millar Burrows, *The Dead sea Scrolls* (1955), *More Light on the Dead Sea Scrolls* (1958), C. Burchard, *Bibliographie zu den Handschriften vom Toten Meer* (BZAW 76, 1957)를 참조할 수 있을 것이다.

제2장

로마 시대

32. 로마 세력의 개입

주전 65년에 로마 세력이 수리아-팔레스타인에 출현하였다. 이렇게 하여 이스라엘 역사는 새로운 배경을 획득하였다. 이제부터 이스라엘 역사의 경과는 이 새로운 세력에 의해 결정적으로 영향을 받게 되었다. 그럼으로써 이스라엘 역사는 그 최종 국면에 진입하였다. 사실 간접적으로 로마는 이미 오래 전부터 이스라엘 역사에 영향을 미쳐 왔다. 셀레우쿠스 왕조가 쇠퇴하고 마카베오-하스모네 시대의 여러 사건들이 가능했던 것도 주전 190년에 마그네시아 전투에서 안티오쿠스 3세가 패한 이래로 로마 세력이 동부 지중해로 세력을 확장한 간접적인 결과였다. 그리고 마카베오 형제들은 이미 때때로 로마와 관계를 맺고 있었다. 그러나 실제적으로 말해서 이런 것은 거의 의미가 없었다. 이제까지는 로마가 저 멀리에 있었던 반면에 지금은 로마의 군사력이 수리아-팔레스타인에 출현한 것이다.

폰투스(Pontus)의 미드리다테스(Mithridates) 왕국을 점령하고 아르메니아의 왕 티그라네스(Tigranes)가 로마의 승리의 영향으로 항복한 후에, 폼페이(Pompey)는 서아시아에 로마식의 새로운 질서를 정립하고 이미 철저히 쇠퇴해 있던 셀레우쿠스 왕국을 쓸어버릴 준비를 하였다. 이와 관련하여 그는 주전 65년에 지방장관(legate) 에밀리우스 스카우루스(M. Aemilius Scaurus)를 수리아로 보냈다. 스카우루스는 다메섹에서 유다 땅에서의 분쟁 소식을 듣고 곧장 그리로 달려갔다. 예루살렘에서 곤경에 처해 있던 아리스토불루스와 승세에 있던 히르카누스는 둘 다 그에게 눈을 돌렸다. 두 사람은 그의 환심과 지지를 얻기 위하여 똑같이 많은 뇌물을 그에게 갖다바쳤다.

　스카우루스는 아리스토불루스가 현재 사정이 어렵기는 하지만 장기적으로 볼 때 자기에게 더 도움이 될 것이라고 판단해서 그를 돕기로 결심하였다. 그는 아레타스를 위협하여 포위망을 풀고 철수하도록 요구하고 아리스토불루스를 이전 직위들에 복직시켰다(*Ant. Iud.* XIV, 2, 3, §§29 ff.). 이렇게 하여 모든 일들이 로마의 자의적인 의견이나 결정에 좌지우지되는 상황이 벌어졌다. 이후로 성공하기 위해서는 특정한 상황에서 가장 중요하다고 생각되는 로마 당국자의 호의를 얻어내는 것이 필수적이었다.

　이로 인하여 이후 시대에서 중요한 역할을 한 로마 주군(主君)들의 환심을 사려는 볼썽 사나운 추태들이 생겨났다. 사건들의 경과가 얼마나 달라질 수 있었는가 하는 것은 현재의 사례에서 아주 속히 볼 수 있었다. 당시에 로마는 격심한 내분과 내란의 시대에 접어들고 있었다. 그리고 이 시대의 소요들은 이스라엘 역사에 끊임없이 영향을 미치지 않을 수 없었다.

　폼페이는 친히 곧 수리아에 나타나서 거기 있던 겨울 궁에서 주전 64/63년 겨울을 보냈다. 봄이 되자 그는 다메섹으로 이동하였고, 곧 온갖 지역의 사절들이 청원 사항들을 가지고 그에게 나타났다. 아리스토불루스는 이미 많은 뇌물을 주고 그에게 영향을 미치고자 하였었다. 또한 그는 특사를 폼페이에게 보내기도 했는데, 이때 안티파테르도 히르카누스의 대표로서 폼페이를 알현하였고, 하스모네 왕가를 완전히 폐하고 이전의 제사장직을 회복하기를 원했던 바리새인들로부터도 사절이 왔다. 아리스토불루스와 히르카누스도 친히 다메섹에 모습을 나타내었다. 폼페이는 아리스토불루스의 거친 태도를 못마땅하게 생각했으나 최종적인 결정을 미루고 나바테아인들에 대한 원정을 예정대로 끝마친 후에 유다 문제를 재고하겠다고 약속하였다(*Ant. Iud.* XIV, 3, 1-3, §§34 ff.).

아리스토불루스가 그때까지 기다리기를 거부하고 자신의 세력을 수호할 여러 조치들을 취하기 위하여 곧장 유다 땅으로 돌아가자, 폼페이도 나바테아인들에 대한 원정을 연기하고 군대를 이끌고 유다 땅으로 갔다. 그는 펠라 (khirbet fahil)와 스키도폴리스(besan)를 거쳐 사마리아의 남쪽과 남동쪽으로 확장된 네 지역을 비롯한 유다 속주의 원래의 영토가 시작되는 코레아 (wadi far'a 하류에 있는 현재의 karawe)로 갔다. 근방에는 요단 계곡으로 유입되는 와디 파르아의 강어귀의 서쪽으로 요단 계곡을 내려다보는 웅장한 둥근 산 정상 위(현재의 karn sartabe)에 알렉산더 얀네우스가 확장한 알렉산드리움 요새가 있었다(cf. p.488).

아리스토불루스는 이 요새로 진격하였다. 조금 망설인 끝에 아리스토불루스는 폼페이의 명령에 따라 그 요새를 넘겨주고, 폼페이에 맞서 저항하기 위하여 황급히 예루살렘으로 갔다. 폼페이는 그를 뒤쫓아 여리고를 거쳐 예루살렘 근처까지 갔다. 그러나 그후 아리스토불루스는 싸움에서 뻔히 질 것을 알고 아예 체념한 상태에서 폼페이의 진영으로 가서 예루살렘 성을 넘겨줄 것을 약속하였다. 폼페이는 그를 억류해 두고 가비니우스(Gabinius)가 이끄는 군대를 예루살렘으로 보냈다.

그러나 예루살렘 거민들은 그의 입성을 거부하였다. 이에 격노한 폼페이는 아리스토불루스를 옥에 가두고 전군(全軍)을 거느리고 예루살렘으로 이동하였다. 그러자 예루살렘 거민들 대다수가 싸움을 포기하고 로마인들에게 성문을 열어 주었다. 결사적으로 계속해서 성을 수호하기로 결심한 소수만이 요새화된 성전 구역에서 격렬한 저항을 계속하였다. 폼페이는 그 곳을 포위하고 파성퇴(破城槌)를 사용하여 세 달만에 벽에 구멍을 뚫고 성전 구역을 점령할 수 있었다. 결사항전 하던 이들에 대한 처참한 대량학살이 벌어졌다. 폼페이와 그밖의 로마인들은 성전에 들어갔고 심지어 구경 삼아 지성소까지 들어갔다. 이것은 모든 신실한 자들을 격분케 한 행동이었다.

그러나 성전을 약탈하지는 않았고, 다음 날 폼페이는 전통적인 희생제사 제의들을 재개하도록 명령하였다. 히르카누스는 다시 대제사장직에 앉혀졌다 (*Ant. Iud.* XIV, 4, 1-4, §§ 54 ff.). 아리스토불루스는 그의 두 아들 알렉산더와 안티고누스와 함께—이들 가운데 알렉산더는 도망을 쳤다—포로가 되어 로마로 끌려갔다. 폼페이가 주전 61년에 로마에서 그의 승리를 축하했을 때, 하스모네가의 왕 아리스토불루스는 다른 포로들과 함께 그 개선 행진에서 로마 시민들 앞에 모습을 나타내야 했다. 바로 그 시간에 그의 형은 로마의 방침에 따라 예루살렘에서 대제사장이 되어 있었다.

주전 63년에 셀레우코스 왕국이 멸망한 후에 폼페이는 수리아를 근본적으로 재편하였고 이전의 하스모네 왕국의 영토 배치도 조정하였다. 수리아-팔레스타인, 즉 이전의 셀레우코스 왕국의 서부 지역은 로마의 수리아 속주가 되었고, 에밀리우스 스카우루스가 그 첫번째 총독이 되었다. 총독의 통치 아래에서 이 속주의 정치 조직은 새롭게 정비되었다. 팔레스타인에서 하스모네 왕조의 점령지들은 또다시 대부분 유다 땅으로부터 분리되었다. 해안 도시들은 독립적인 도시 공동체들로 편성되어 직접 속주의 관할하에 두었다.

요단 계곡에 있던 펠라와 스키도폴리스를 비롯하여 요단 동편의 중부 및 북부 땅에 있는 여러 성읍들은 하나로 결합되어 '열 도시'(Decapolis)의 공동체를 이루게 되었다. 이 성읍들은 대체로 헬레니즘적인 토대 위에서 건설되었거나 중건된 성읍들로서 하스모네 왕조에 의해 복속되었었다. 이 성읍들은 이제 다시 '해방되었고', 이 해방을 그들의 역사에서 새로운 장(章)의 시작으로 여겨서 그때부터 '폼페이' 시대가 개시된 해를 원년으로 삼았다.

사마리아도 다시 유다 땅으로부터 분리되었다. 이전에 마케도니아의 군사 식민지였던 사마리아 성은 독립된 도시 공동체로 편성되었으나, 그밖의 사마리아 땅은 예루살렘 제의 공동체의 지역과 같이 사마리아 종교 공동체 자신의 지역으로서 수리아 속주의 직할로 두었다. 하스모네 왕조 치하에서 언제 그리심 산의 제의가 중단되었는지는 모르지만, 어쨌든 이제 그 제의가 재개되었다. 속주·총독의 지휘를 받는 대제사장이 다스리던 예루살렘 제의 공동체의 영토는 이제 또다시 베뢰아와 갈릴리를 더한 옛 유다 속주로 한정되었다. 유다 땅은 요나단과 시몬이 획득하였던 사마리아 남쪽 및 남동쪽의 네 지방과, 요한 히르카누스 1세에 의해 정복되었고 이제는 '해방된' 해안 도시들에 의해 해안으로부터 다시 분리된 이두매 땅을 유지하였다. 유다 땅과 연결된 요단 동편의 남부 및 중부의 대상지대(帶狀地帶)는 여전히 대제사장의 관할하에 있었다.

이제 '베뢰아'로 불리게 된 이 대상지대는 남쪽으로는 여전히 독립 국가였던 나바테아 왕국, 북쪽으로는 '데가볼리'의 성읍들의 영토와 접경을 이루고 있었다. 또한 갈릴리 내륙도 대제사장 치하의 예루살렘 제의 공동체에게 맡겨졌으나, 지리적으로는 유다 땅과 베뢰아로부터 분리되었다. 대체로 폼페이는 그 거민들이 대개 예루살렘 제의에 참여한 지역들을 대제사장의 관할하에 두었던 것으로 보인다. 이 지역들은 이두매를 포함한 유다 땅, 요단 동편의 남부 및 중부의 서쪽 지역, 갈릴리의 내륙 지방에 있던 옛 이스라엘의 영토였다. 그리심 산에 독자적인 제의를 설치하면서 사마리아는 예루살렘으로부터 분리되었고, 이에 따라 수리아 속주라는 틀 내에서 독립이 허용되었다.

우리는 폼페이의 행정구역 재편은 적절한 것이었고 대체로 예루살렘 제의 공동체의 실제 구성원을 고려한 것이었다고 인정하지 않을 수 없다. 하스모네 왕국과 그 점령지들은 해체되고, 또다시 대제사장을 수장으로 하고 예루살렘 제의에 실제로 참여한 백성들을 구성원으로 하는 예루살렘 제의 공동체로 남게 되었다. 하스모네가는 단지 대제사장 히르카누스라는 인물을 통해 그 명맥을 유지하였을 뿐이다.

주전 57년에 수리아 총독 가비니우스(A. Gabinius)는 예루살렘 제의 공동체를 또다시 재편하였다. 지방총독이자 폼페이의 총신(寵臣)이었던 그는 주전 57년에 동쪽 경계라는 그 지리상의 이유로 인하여 중시되었던 수리아 속주의 행정을 떠맡게 되었다. 폼페이는 히르카누스에게서 왕이라는 직함을 박탈하였었다. 이제 가비니우스는 그로부터 예루살렘 제의 공동체에 속한 팔레스타인 지역들의 우두머리로서 그가 갖고 있던 정치적 권한을 빼앗고 전적으로 대제사장직만을 맡게 하였다. 그는 예루살렘 제의 공동체를 구성하고 있던 '백성들'의 영토를 다섯 개의 독립된 지구로 분할하여 속주 총독의 직할하에 두었다.

이렇게 하여 유다 땅은 예루살렘, 가사라,[1] 여리고 지구로 분할되었다. 예루살렘 지구는 실질적으로 유다-이두매 산지들, 가사라 지구는 서쪽 구릉

지대의 몇몇 부분, 여리고 지구는 아파이레마 및 아크라바티네를 비롯한 산지의 동쪽 사면을 포괄하였고, 베뢰아는 아마두스('ammata) 지구로 되었으며 갈릴리 내륙 지방은 세포리스(현재의 saffurye) 지구가 되었다(Ant. Iud. XIV, 8, 5, 169 f.).[2]

폼페이와 가비니우스의 행정구역 개편은 아주 합리적인 것이었기 때문에 이로써 팔레스타인의 갈등은 가라앉았고, 특히 예루살렘 제의 공동체의 지위가 안정되어 이 땅에 평화가 정착되었다. 그러나 이전의 반외세주의자들의 열정은 여전히 활활 타올라서 계속해서 소요를 일으켰고, 로마의 정세는 아주 불안정했기 때문에 수리아 속주의 문제는 끊임없이 당시의 커다란 정치적 동향들에 의해 영향을 받고 있었다. 이제 여전히 그의 아들 안티고누스와 함께 로마에 갇혀 있던 아리스토불루스, 로마인들로부터 탈출했던 그의 아들 알렉산더, 안티파테르도 점점 두각을 나타내었던 그의 아들 파사엘과 헤롯, 끝으로 배후 인물로서 폼페이와 카에사르, 안토니우스와 옥타비아누스, 수리아의 로마 총독들과 장군들이 모두 가세한 매우 불유쾌한 음모와 술수들이 벌어졌다. 요세푸스(Ant. Iud. XIV, 5-16과 Bell. Iud. I, 8-18)는 이 사건들을 자세하게 설명하고 있다. 이 사건들을 자세하게 살펴볼 필요는 없고 주요한 요인들만을 간략하게 언급하는 것으로 충분할 것이다.

먼저 아리스토불루스 및 그의 두 아들 알렉산더와 안티고누스는 폼페이가 박탈해서 히르카누스에게 준 예전의 직위를 되찾고자 하였다. 이 일에 있어서 그들은 약한 히르카누스와 내정의 재편에 불만을 품고 있던 예루살렘 제의 공동체의 지지를 폭넓게 받았다. 우선 아리스토불루스의 맏아들인 알렉산더는 폼페이에게서 도망치는 데 성공하여 로마로 끌려가지 않았기 때문에 자유롭게 행동할 수 있었다. 폼페이가 떠난 직후에 그는 무력으로 히르카누스를 치고자 하였다.

가비니우스는 주전 57년에 수리아로 와서 알렉산드리움(karn sartabe)

---

1) Ant. Iud.와 Bell. Iud.에는 Gazara가 아니라 Gadara로 잘못 표기되어 있다.
2) Cf. H. Guthe, *Bibelatlas* ([2]1926), No. 10.

요새에 웅거하고 있던 알렉산더에게 항복할 것을 권유하였다. 얼마 안 있어 아리스토불루스도 그의 차남 안티고누스와 함께 로마를 탈출하는 데 성공하였다. 그들은 이 땅에 도착하여 지지자들을 이끌고 히르카누스를 쳤으나 사해 동쪽, 베뢰아의 남쪽 경계에 있는 마케루스(현재의 khirbet el-mukawer) 요새에서 가비니우스에게 잡혀 로마로 다시 압송되었다. 가비니우스는 이집트 원정에 착수하자마자 알렉산더는 다시 봉기를 일으켰다.

그러나 가비니우스가 수리아로 돌아오자마자 알렉산더는 갈릴리의 서쪽 경계에 있는 다볼 산 지역에서 그에게 참패를 당하였다. 폼페이가 세워 놓은 질서를 수호하고 있던 가비니우스는 이제 아리스토불루스와 그의 아들이 책동을 일으켜 대항했던 대제사장 히르카누스의 위치를 공공히 해 놓는 것이 자신의 임무라고 생각하였다. 그래서 그는 자기가 주전 57년에 시행한, 예루살렘 제의 공동체의 영토를 다섯 개의 독립된 지구로 나눈 행정구역 개편을 취소하고, 다시 전 지역을 대제사장의 관할하에 두었다.

주전 60년에 뽑힌 세 집정관 중의 한 사람인 리키니우스 크라수스(M. Licinius Crassus)는 주전 57년에 바대인들을 치기 위하여 수리아 속주를 인수하였다. 그는 속주를 아주 철저하게 약탈하고 예루살렘 성전의 금은 기명들과 보화들도 강탈하였다. 이듬해에 그는 바대인들에 대한 원정에서 실패하고 돌아온 후에 바대인 군사들의 공격을 받아 살해되었다. 이제 주전 53년부터 51년까지는 그의 재무관 카시우스 롱기누스(C. Cassius Longinus)가 수리아 속주를 다스렸다. 그는 다시 예루살렘 제의 공동체에서 일어난 기존의 조직에 대한 봉기를 제압해야 했다.

주전 49년에 카에사르는 루비콘 강을 건넜고, 폼페이와 그의 지지자들은 제국의 동부 지방으로 물러났다. 카에사르는 로마에 포로로 잡혀 있던 아리스토불루스를 폼페이의 빨치산들을 소탕하러 보내고자 하였다. 아리스토불루스에게서 예루살렘에서의 왕위와 대제사장직을 빼앗은 인물이 바로 폼페이였기 때문에, 그는 기꺼이 이 임무를 받아들였을 것이다. 그러나 그는 임지로 떠나기 전에 로마에서 폼페이의 지지자들에 의해 독살을 당했고, 아버지와 같이 떠나기로 되어 있었던 알렉산더도, 폼페이의 지시에 따라 안디옥에서 얼마 안 있어 살해되었다. 히르카누스와 안티파테르는 한동안 계속해서 폼페이 편을 들었다.

그러나 폼페이가 주전 48년 8월 9일에 파르살루스(Pharsalus)에서 패하고 얼마 안 있어 나일 삼각주 해안에서 살해되자, 히르카누스와 안티파테르는 신속하게 승자인 카에사르의 환심을 사고자 하였다. 카에사르가 알렉산드리아에서 어려움에 처하게 되자, 안티파테르는 군대를 보내어 페르가몬의 미드라테스(Mithrates of Pergamon)가 보낸 군대와 함께 그를 도와 카에사르를 위하여 삼각주의 동쪽 지역에 있는 중요한 국경 요새인 펠루시움(Pelusium)을 점령하고 이집트에서 여러 가지로 그를 도왔다.

그리고 대제사장인 히르카누스는 이집트에 거주하는 예루살렘 제의 공동체의 구성원들을 설득하여 카에사르를 돕도록 하였다. 이듬해인 주전 47년에 카에사르는 수리아로 왔다. 아리스토불루스의 생존한 아들인 안티고누스는 카에사르에게 자기가 대제사장직에 더 적합한 인물임을 탄원하고 카에사르에게 유용했던 안티파테르를 음해하고자 하였다. 그러나 카에사르는 얼마 전만 해도 수리아에 있는 폼페이의 지지자들과 싸우는 데 아리스토불루스와 그의 아들들을 이용할 생각을 했었지만 이제는 안티고누스를 신용하지 않았다.

그는 히르카누스와 안티파테르를 더 총애하였다. 따라서 그는 안티고누스의 요청을 거부하고 그들을 이전 직위에 그대로 두었다. 안티파테르와 그의 군주 히르카누스는 신속하게 승자 편에 붙어서 카에사르의 총애를 얻는 데 성공하였고, 카에사르는 이 두 사람에게 자기를 도와준 것에 대하여 풍부하게 상을 내렸다. 히르카누스는 대제사장직의 세습을 명시적으로 확인받았고, 또한 세습적인 '분봉왕'의 직위도 수여받았다. 예루살렘 제의 공동체에게는 내정을 스스로 처리할 수 있는 권한이 허용되었다. 히르카누스와 그의 후손들은 로마인들의 '동맹자'로 선포되었고, 그의 영토는 군역(軍役) 및 겨울에 로마군의 숙소를 제공할 의무를 면제받았다. 또한 예루살렘을 다시 요새화해도 좋다는 허가도 받았다.

안티파테르는 로마 시민권이 수여되었고 유다 땅의 행정을 다스리는 로마의 행정장관(최고 행정관)으로 임명되었다. 유다의 영토는 확장되었다. 특히 중요한 항구인 욥바(yafa)와 대평야, 즉 이스르엘 평지에 있던 촌락들을 비롯하여 기존의 도시 영토들의 바깥에 있던 지역이 유다 땅으로 다시 편입되었다.[3] 동부 지중해 지역의 디아스포라들에게도 카에사르는 예루살렘 제의 공동체의 구성원들에게 준 특권들을 허용하였고, 특히 그들의 예배 및 이에 수반되는 의식들을 자유롭게 거행할 수 있도록 해주겠다고 약속했다.[4] 이러한 것들은 이집트에서 자기를 군사적으로 도운 것에 대한 대가라고 하기에는 파격적인 양보조치들이었다. 대제국의 동부 지역에 깊은 관심을 갖고 있던 카에사르는 자신의 세력을 굳건히 하기 위하여 신민(臣民)들을 회유하고자 하였다.

카에사르의 여러 조치들로 인하여 특히 안티파테르의 지위가 크게 강화되었고, 이제 안티파테르는 그의 두 아들 파사엘(Phasael)과 헤롯(Herod)을 전면에 내세웠다. 장자인 파사엘에게는 유다 땅과 베뢰아에 대한 행정 책임이 맡겨졌고, 차남인 헤롯에게는 갈릴리가 맡겨졌는데, 이 두 사람에게는 '장군'(strategos)이라는 직함이 수여되었다. 안티파테르와 그의 아들들이 득세하자 예루살렘 제의 공동체의 많은 구성원들, 특히 제사장단과 귀족계급들은 이를 싫어하였다. 그들은 약한 히르카누스를 회유하여 안티파테르와 그의 아들들을 견제하는 조치를 취하도록 하고자 하였다. 그들의 압력으로 히르카누스는 실제로 견제 조치를 취하기도 하였다.

갈릴리에서 헤롯은 성행하던 산적행위를 근절시키고 산적 두목과 그 졸개들 중 다수를 처형하였다. 그러나 그의 대적들은 이를 빌미로 삼아 제사장 귀족들과 바리새인 서기관들이 모여 예루살렘 제의 공동체의 기본적인 내정을 처리하는 "최고 회의체"인 산헤드린의 권한을 침해하였다는 이유로 그를

---

3) 이 중요한 조치들은 Ant. Iud. XIV, 8, 5, §§ 177 ff.에 나와 있다. 이러한 조치들은 나중에 원로원의 칙령에 의해 인준되었다. Ant. Iud. XIV, 1[0]에 나오는 문서 모음을 참조하라.
4) 그 진정성에 대하여 여전히 논란이 있긴 하지만 Ant. Iud. XIV, 10에 나와 있는 문서들을 참조하라.

고발하였다. 그래서 히르카누스는 헤롯으로 하여금 산헤드린에 출두하도록 소환하였다. 당시 수리아 총독 섹스투스 카에사르(Sextus Caesar)의 강력한 지지를 받고 있던 헤롯은 고압적인 자세를 취하였기 때문에 산헤드린은 감히 그에게 형을 선고할 수 없었다. 헤롯은 은밀하게 예루살렘을 빠져나갔다가 군대를 이끌고 성밖에 다시 나타났다. 이것은 그의 아버지 안티파테르에게도 황당한 일이었다. 그는 산헤드린에게 피비린내 나는 복수를 하겠다고 벼르던 헤롯을 어렵사리 진정시켰고, 헤롯은 어쨌든 자기에게 맞서면 어떤 꼴을 당할 것인지를 보여준 후에 다시 갈릴리로 돌아갔다.

주전 44년에 마치의 이데스(Ides of March)에서 카에사르는 살해되었다. 그런 후에 그를 살해한 자들은 제국의 동부 지역을 공격하였다. 그들 가운데는 바대인들에 의해 살해된 크라수스 밑에서 주전 53-51년에 수리아 속주를 다스린 바 있던 카시우스 롱기누스(C. Cassius Longinus)도 끼어 있었는데, 그는 주전 44-42년에 수리아 총독이 되었다. 그는 속주를 집중적으로 착취하였기 때문에 백성들의 원성을 샀다. 그러나 언제나 권좌에 있는 자들과 좋은 관계를 맺고자 한 안티파테르는 그를 열심으로 섬겼다. 이 일로 인하여 예루살렘 제의 공동체에서 그의 평판은 더욱 나빠졌다. 결국 그는 순전히 개인적인 반감이 작용한 음모에 휘말려 희생되었다.

히르카누스도 음모에 말려들었다. 안티파테르는 독살되었다. 그러나 때는 이미 늦었다. 그의 아들들인 파사엘, 특히 헤롯의 지위는 이미 매우 튼튼했기 때문에 안티파테르가 살해되었어도 대세에는 영향이 없었다. 유다에서 영향력 있는 지위를 차지하고자 안티파테르를 살해하도록 배후에서 조종했던 아랍인 말리쿠스(Malichus)는 헤롯의 계략에 걸려 살해되었다. 이렇게 해서 헤롯은, 안티파테르의 적들에게 겁을 주었다. 아울러 카시우스 총독이 파사엘과 헤롯의 배후 세력이었다.

아리스토불루스의 아들 안티고누스는 이제 또다시 군사를 일으켰다. 그는 갈릴리를 침공하였으나 헤롯에게 패하여 갈릴리에서 쫓겨났다. 이 승리로 헤롯은 안티파테르와 그의 아들들로 인하여 그의 지위를 유지하고 있으면서도 그들의 우월한 세력을 언제나 못마땅해 했던 히르카누스의 환심을 사게 되었다. 그럼에도 불구하고 그의 조카 안티고누스는 자신의 지위를 탐내고 있었기 때문에 그의 진정한 적이었다. 그래서 히르카누스는 안티고누스를 쫓아내 준 데 대하여 헤롯에게 감사하고, 그를 설득하여 자신의 조카 딸이자 그의 동생 아리스토불루스의 손녀, 알렉산더의 딸인 하스모네가의 마리암네(Mariamne)[5]와 결혼하도록 하였다.

그후 안티고누스는 다시 한번 자신의 목표를 실현할 기회를 찾고 있었다. 주전 42년에 카에사르를 살해한 자들이 필리피 전투에서 안토니우스(M. Antonius)와 율리우스 카에사르 옥타비아누스(C. Julius Caesar Octavianus)에게 패하자, 제국 동부 지역의 통치권은 안토니우스에게 넘어갔다. 예루살렘 제의 공동체는 여러 번 사절단을 파견하여 파사엘과 헤롯을 음해하고자 하였지만 성공하지 못했다―이 두 사람을 반대하고 히르카누스를 추켜올리는 시도도 행해졌다. 헤롯은 친히 안토니우스 앞에 나타나 그의 환심을 살 수 있었다.

또한 히르카누스도 안디옥으로 가서 안토니우스를 알현하면서 파사엘과 헤롯을 지지한다고 천명함으로써, 그들의 지위는 한동안 확고해졌다. 특히 안토니우스는 전에 가비니우스 아래에서 수리아에 머물러 있는 동안 그들의 아버지 안티파테르의 손님이었다는 것도 여기에 작용을 하였다.[6] 따라서 한동안 안티고누스는 승산이 없었다. 안토니우스는 수리아에서 엄청난 세금을 거두어들였기 때문에 백성들의 원성을 샀으나 워낙 세력이 강해서 아무도 그에게 대항할 수 없었다.

그러나 마침내 안티고누스는 전혀 예기치 않던 사건 덕분에 자신의 목표를 달성하게 되었다. 안토니우스가 알렉산드리아에서 여왕 클레오파트라와 함께 지내면서 이탈리아에서 일어난 사건들에 전념하고 있었을 때, 바대인들이 근동의 로마 속주들을 침략하였고 수리아도 점령하였다. 이때가 주전 40

---

5) 이상하게도 요세푸스는 *Ant. Iud.* XIV, 12, 1, § 300에서 이 이름을 언급하지 않으면서 *Bell. Iud.* I, 12, 3 § 241에 나오는 병행 어구에서만 언급하고 있다.
6) 파사엘과 헤롯은 분봉왕으로 임명되어 정치적 지도력이 맡겨졌기 때문에 히르카누스의 권한은 다시 대제사장직만으로 한정되었다.

년이었다. 안티고누스는 그들에게 상당한 대가를 약속하고 그들의 지지를 얻어내는 데 성공하였다. 바대인들이 여전히 북부 수리아에 있는 동안, 그는 서둘러 유다 땅으로 가서 지지자들을 모아 예루살렘으로 진격하여 파사엘 및 헤롯과 싸웠다.

그런 후에 바대인들은 예루살렘으로 와서 이 내분을 종식시킨다는 구실로 파사엘을 에크디파(악고 북쪽에 있는 현재의 ez-zib)에 있던 바대군의 본부로 호출하였다. 이 속임수를 꿰뚫어 보고 있었던 동생 헤롯의 충고를 무시하고 파사엘은 히르카누스와 함께 거기로 갔고 두 사람 다 즉시 투옥되었다.

바대인들은 안티고누스를 예루살렘의 왕과 대제사장으로 세웠고, 3년 동안 그는 자신이 원하던 지위를 차지할 수 있었다. 예루살렘에는 작은 규모의 바대인 수비대가 잔류하였다. 바대인들은 히르카누스와 파사엘을 안티고누스에게 넘겨 주었다. 파사엘은 자결하였고, 안티고누스는 히르카누스의 두 귀를 잘라서 대제사장직을 맡을 자격이 없게 만들어 버린 다음에 바대인들에게 다시 넘겨주었고, 바대인들은 그를 포로로 삼아 바벨론으로 끌고 갔다.

알렉산더 얀네우스의 주화들과 같이 히브리어-헬라어로 된 명문(銘文)이 새겨져 있고 안티고누스의 본명인 맛다디아가 나와 있는 안티고누스 치세(주전 40-37) 때의 주화들이 현존한다—그렇지 않았다면 우리는 그의 헬라식 이름만을 알고 있었을 것이다. 주화에는 이렇게 새겨져 있다: "대제사장 맛다디아(히브리어)-왕 안티고누스(헬라어)."[7] 그밖의 일에 대해서는 우리는 그의 치세에 관하여 아무것도 아는 것이 없다.

이제 안티고누스에게 남아 있는 유일한 적은 헤롯이었다. 히르카누스와 파사엘이 바대인들에게 생포되자, 헤롯은 자기 가족과 그의 형제들의 가족을 사해의 서쪽 해안에 위치한, 사람이 거의 접근할 수 없는 깎아지른 듯한 마사다(현재의 es-sebbe)의 바위로 피신시키고 동생 요셉으로 하여금 그들을 보살피게 하였다. 그는 나바테아 왕의 도움을 얻고자 페트라에 가고자 했으

---

7) Cf. A. Reifenberg, *Ancient Jewish Coins* (²1947), pp. 17 f., 42, Pl. III.

나 거부당했다. 그래서 그는 가장 강력한 지원을 얻어내야겠다고 결심하고 친히 로마로 모험의 길을 떠났다. 로마가 바대인들이 세운 안티고누스의 왕위를 인정하지 않고, 로마가 수리아를 탈환한다면 안티고누스는 왕위에 그대로 머물러 있지 못하게 될 것이라는 것은 분명한 일이었다.

그리고 로마는 헤롯이 비록 자신의 이익을 위하여 행동한다고 하더라도 어쨌든 수리아를 탈환하는 일에 원군(援軍)을 얻을 수 있다는 것은 환영할 만한 일이었을 것이다. 노련한 협상과 뇌물로 헤롯은 로마의 안토니우스의 마음을 움직이는 데 성공하였고, 안토니우스의 중재로 옥타비아누스의 마음도 움직일 수 있었다. 주전 40년 말에 로마의 원로원은 헤롯을 유다 땅의 왕으로 임명하였다. 헤롯은 먼저 자신의 왕국을 정복하여야 했다. 그는 로마에서 곧장 수리아로 달려가 프톨레마이스에 머물렀다.

그 동안에 수리아에서 로마 총독 벤티디우스(P. Ventidius)는 바대인들을 몰아낸 후였다. 바대인들은 주전 38년에 다시 공격해 왔으나 벤티디우스에게 단번에 패퇴당하고 말았다. 한동안 벤티디우스는 예루살렘의 안티고누스를 그대로 두었다. 로마 총독의 후원하에 헤롯은 주전 39년에 처음으로 진격을 시작하였다. 그는 욥바를 점령하였고 안티고누스의 명령에 따라 마사다에 포위되어 있었던 자기 가족을 구출할 수 있었다.

그러나 그후에 어려움이 시작되었다. 부사령관으로 있던 로마 장군이 헤롯의 지시를 따르기를 거부하였기 때문에—아마도 군사들의 감정으로 인하여 그를 지지할 수 없었을 것이다—예루살렘에 대한 포위는 실패로 돌아갔다. 그래서 헤롯은 갈릴리로 갔다. 주전 38년에 로마인들은 바대인들의 재침(再侵)에 대항해야 했다. 이번에 안토니우스는 상부 유프라테스에 있는 사모사타(Samosata)를 포위하여 점령하였다. 헤롯은 때를 놓치지 않고 그를 친히 알현하여 로마의 지지를 다시 확인받았다. 안토니우스가 없는 사이에 유다 땅에서 그의 대리인으로 임무를 수행하고 있던 그의 동생 요셉이 안티고누스에게 패하여 전사하였다.

헤롯은 돌아와서 재차 자신의 왕국을 정복하고자 군사를 일으켰다—이번에는 새로운 수리아 총독 소시우스(S. Sosius)의 실질적인 후원을 받아서.

먼저 그는 갈릴리를 점령하였고, 그후 안티고누스와 그의 군대를 쳐부수고 주전 37년까지는 예루살렘을 제외한 나머지 영토를 수중에 넣을 수 있었다. 주전 37년에 소시우스와 로마군은 꽤 오랜 포위 공격 후에 예루살렘을 점령하였다. 로마군은 점령한 성에서 닥치는 대로 파괴를 일삼았기 때문에, 헤롯은 소시우스에게 뇌물을 주고 로마군을 예루살렘에서 철수하도록 하였다. 이제 헤롯은 예루살렘에서 왕이 되었다. 안티고누스는 포로가 되어 로마군에게 끌려가서 헤롯의 요청에 따라 안디옥에서 처형당했다.

33. 헤롯과 그 후손들의 치세

주전 37년 이후로 헤롯은 자신의 왕국을 확고하게 장악할 수 있었다. 이것은 그의 아버지 안티파테르가 로마인들을 끊임없이 접촉하였고 자신도 가장 가까운 관계를 유지하려고 노력하였던 덕분이었다. 그는 비상하게 영리하여 당시의 가장 중요한 인물들의 지지를 얻어 내는 데 성공하였다. 그는 천리를 멀다 하지 않고 적시(適時)에 그들과의 면담 기회를 얻어내었고, 이런 식으로 해서 상당한 성과를 거두었다. 그후로 한 번 더 그의 위치가 크게 위태로워진 적이 있었다. 필리피 전투 후에 그의 후원자는 안토니우스였다. 안토니우스와 옥타비아누스간에 충돌이 일어나 주전 31년 9월 2일에 악티움 해전에서 안토니우스가 옥타비아누스에게 결정적으로 패한 후 곧 알렉산드리아에서 자결하자, 안토니우스를 지지하였던 헤롯은 승자의 보복을 받게 될 위기에 처하게 되었다.

그래서 주전 30년에 헤롯은 로데스에 머물고 있던 옥타비아누스에게 친히 찾아가서 배우 같은 몸짓을 써가며 자발적으로 자신의 왕관을 옥타비아누스의 발 앞에 내려 놓았다―이것은 그의 행동양식 전체를 보여주는 전형적인 것이었다. 이러한 행동을 통해 그는 자신이 바라던 결과를 얻어낼 수 있었다. 옥타비아누스는 그의 왕관을 되돌려 주었을 뿐만 아니라 나아가 상으로 그 영토를 넓혀 주기까지 하였다. 헤롯은 자신의 이익을 위하여 평생토록 옥타비아누스-아우구스투스를 철저하게 추종하였다.

헤롯의 치세(주전 37-4)에 관해서는 요세푸스(*Ant. Iud.* XV, 1-XVII, 8과 *Bell. Iud.* I, 18-33)가 당시에 헤롯 궁정에 있었던 다메섹의 니콜라우스(Nicolaus)가 쓴 역사서를 주로 인용하여 광범위하고 아주 자세하게 기록해 놓고 있다. 헤롯이 지은 수많은 건물들 가운데서 상당수의 웅장한 유적들이 아직도 잔존해 있고, 오늘날까지도 그것들은 이 왕조가 얼마나 외적으로 휘황찬란하고 사치스러웠는가를 그대로 전해주고 있다.[8]

헤롯은 로마의 통치 체제 내에서 '동맹자 왕'(confederate king)의 지위에 있었다. 따라서 그는 수리아 총독의 지시를 받은 것이 아니라 대원수(princeps)에게 직접 책임을 졌고, 외교 정책에 관한 모든 중요한 지시들을 대원수와 원로원으로부터 직접 받았다. 그는 지원군을 파견할 책임이 있었고, 동쪽과 남쪽으로 페트라를 수도로 한 나바테아 왕국과 접해 있던 그의 지역 내의 제국의 국경을 수비할 책임이 있었다. 헤롯은 자신의 왕국에서 내정을 독자적으로 처리할 수 있었고 조공을 바치지 않아도 되었다.

헤롯은 매우 유리한 조건하에서 자신의 왕국의 국경들을 마무리할 수 있었다. 헤롯이 왕위에 올랐던 주전 37년에 그의 영토는, 폼페이가 하스모네 왕조를 폐하고 예루살렘 제의 공동체에 남겨 주었던 지역, 곧 유다와 이두매, 베뢰아와 갈릴리 내륙 지방이었다. 여기에 카에사르가 히르카누스에게 할양해 준 욥바 항과 이스르엘 평지의 여러 촌락들이 더해졌다. 먼저 이 영토는, 안토니우스와 친했고 당시에 동부 지역을 다스리고 있던 안토니우스에 의해 팔레스타인과 페니키아에 대한 예전의 프톨레마이오스 왕조의 영유권이 실현되기를 원했던 야심차고 독재적인 여왕 클레오파트라로부터 위협을 받았다.

---

8) 헤롯과 그의 후손들에 대해서는 cf. W. Otto, *Herodes*, 1913 (이 주제에 대한 별도로 간행된 논문들에 대해서는 Pauly-wissowa's *Realencyklopädie*). 또한 cf. S. Perowne, *The Life and Times of Herod the Great* (1956), and *The Later Herods* (1958).

실제로 안토니우스는 그녀에게 팔레스타인의 모든 해안 도시들을 주었는데, 이것은 헤롯이 다시 욥바를 잃었다는 것을 의미하였다. 또한 안토니우스는 그녀에게 열대 지역의 비옥한 오아시스인 여리고 지역을 주었다(주전 34년). 전에 예루살렘을 방문한 적이 있던 클레오파트라는 더 많은 것을 원하였다. 그녀가 죽고 안토니우스도 악티움 해전 후에 죽게 됨으로써 그녀의 소원은 이루어지지 못하였다. 주전 30년에 헤롯이 아우구스투스의 신임을 얻고 안토니우스와 클레오파트라가 죽은 후에 알렉산드리아로 다시 한번 그를 알현했을 때, 클레오파트라에게 주어졌던 팔레스타인 지역들이 그에게 이전되었기 때문에, 헤롯은 이제 팔레스타인의 해안 평지 전체를 수중에 넣게 되었고, 사마리아 성과 그 지방, 요단 동편의 북쪽 땅에 있던 성읍들인 가다라(umkes)와 히포스(kal'at el-husn)도 그에게 주어졌다.

끝으로, 야르묵의 북쪽, 요단 동편 땅에 있던 트라코니티스(Trachonitis), 바타네아(Batanaea), 아우라니티스(Auranitis) 지역들도 동쪽으로 예벨 엣-드루즈(jebel ed-druz)의 거대한 산지에 이르기까지 헤롯에게 주어졌다(주전 23년). 이렇게 하여 헤롯은 실질적으로 '데가볼리'에 속한 자유 도시들의 영토를 제외한 팔레스타인 전역(全域)을 소유하게 되었다. 그는 죽을 때까지 이 모든 영토를 다스렸다.

헤롯은 아우구스투스의 영예를 높이고자 무척 열심이었다. 헤롯은 로데스로 아우구스투스를 알현하러 가기 전에 자신의 태도 변화를 즉각적으로 분명하게 보여주기 위하여 수리아에 남아 있던 안토니우스의 잔병(殘兵)들과 싸우는 데 서둘러 참여하였다. 주전 30년에 아우구스투스가 이집트로 가는 길에 수리아를 통과하여 진군하였을 때, 헤롯은 그를 프톨레마이스에서 성대하게 예를 갖추어 영접하였다. 그리고 헤롯은 안토니우스와 클레오파트라가 죽자 알렉산드리아로 아우구스투스를 알현한 후에 수리아를 통과하여 안디옥까지 이르는 개선 행렬에서 그를 수행하였다. 주전 20년에 다시 수리아에 온 아우구스투스는 요단 계곡의 상류 지역 일부를 헤롯에게 주었다.

주전 12년에 헤롯은 이탈리아로 가서 아킬레이아(Aquileia)에서 아우구스투스를 만나 그의 두 아들간의 분쟁을 해결해 줄 것을 요청하였다. 그리고 얼마 안 있어 그는 다시 한번 이탈리아와 로마에 갔다. 단 한번 주전 9년에 헤롯은 나바테아인들과의 전투와 관련하여 일시적으로 황제의 노여움을 샀으나 다메섹의 니콜라우스의 중재로 아우구스투스와 헤롯의 밀월관계는 회복되었다.

또한 헤롯은 황제의 영향력 있는 친구인 비프사니우스 아그립바(M. Vipsanius Agrippa)와도 친분을 유지하고자 애를 썼다. 주전 22년경에 헤롯은 레스보스의 뮤틸레네(Mytilene)로 아그립바를 방문하였고, 주전 15년에는 아그립바가 헤롯의 초청으로 예루살렘에 와서 성대한 예우를 받았다. 이때 헤롯은 그에게 특히 전국에 걸쳐 있는 그의 웅장한 건물들을 보여주었다. 나중에 헤롯은 소아시아로 다시 한번 아그립바를 방문하였다. 헤롯은 자신이 지은 성읍들의 이름을 아우구스투스의 이름을 따라 명명함으로써 그를 기렸다. 이런 유에 속하는 그의 첫 작품은 옛 사마리아 성을 확대 개축한 것이었다.

가비니우스는 이미 과거에 이스라엘 왕국의 왕도였던 중부 팔레스타인의 산지에 있는 아름다운 언덕 위에 헬레니즘-로마 양식으로 성을 지었고 성을 더 확장하였다.[9] 주전 30년에 아우구스투스에게서 사마리아를 하사받은 헤롯은 수 년 뒤에 이 성을 방대하게 확장하여 웅장한 아우구스투스 신전을 건립하였는데, 이 신전의 밖으로 난 계단은 오늘날에도 그 자리에 존재한다. 헤롯은 성벽을 쌓고 망대를 세운 성문들을 축조하여 강력한 요새로 만들어 놓은 이 성을, 아우구스투스를 기려서 "세바스테"(Sebaste)[10]라 명명하였다.

성읍 건설에 있어서 헤롯의 가장 큰 업적은 지중해 연안에 세운 새로운 항구였다. 갈멜 돌출부에서 남쪽으로 22마일 가량 떨어져 있는 곳에는 '스트라토의 망대'라 불리는 꽤 오래된 아주 작은 장소가 있었다. 이 장소는 주전 30년에 해안 지역 전체와 함께 헤롯에게 주어졌었다. 이 터에 헤롯은 12년간에 걸쳐 엄청난 비용을 들여서 헬레니즘-로마식 도시의 일부를 구성하였던

---

9) Cf. C Watzinger, *Denkmäler Palästinas* II (1933), pp. 25 f.
10) '아우구스투스'라는 단어의 헬라어역은 σεβαστός 이다. 따라서 옛 사마리아 성의 부지에 있던 정주지는 sebastye라 불린다.

극장, 원형극장, 경주장 같은 온갖 공공건물들과 인공 항구 시설들을 갖춘 웅장한 도시를 건설하였다. 주전 10년에 화려한 시범경기들이 펼쳐지는 가운데 완공식이 벌어졌고, 여기에 아우구스투스와 리비아(Livia)는 상당한 돈을 대었다. 이 도시에도 황제를 기리는 명칭이 붙여졌다: 헤롯은 이 도시를 '가이사랴'(현재의 kesarye), 그 항구를 '세바스토스 항'이라 명명하였다.

아우구스투스를 기리는 이러한 도시 설비들 외에도 헤롯은 이 땅에 수많은 건물들을 지었다.[11] 팔레스타인 역사상 헤롯 시대만큼 아주 짧은 기간에 그토록 수많은 휘황찬란한 건물들이 세워진 때는 없었다. 그는 수많은 건물들을 지어서 왕도 예루살렘의 면모를 일신시켰고, 이렇게 해서 예루살렘의 장래의 모습은 결정되었다. 이 도성의 북서쪽 모퉁이, 즉 현재의 야파 문(Jaffa Gate)이 있는 지역에 그는 많은 망대들을 갖춘 튼튼하게 요새화된 왕성(王城)을 새로 지었다.

주전 20년에 그는 성전 건물을 개축하는 작업을 시작하였다. 커다란 제방들과 웅장한 외벽―이 넓고 높게 쌓아진 외벽은 이른바 '통곡의 벽'에서처럼 오늘날에도 볼 수 있다―을 쌓음으로써, 그는 성전 구역을 확장하여 현재까지 고대 예루살렘 성에서 가장 인상깊은 기념물인 저 커다란 거룩한 구역을 만들어 놓았다. 그는 성전 구역에 여러 문들과 시장 공간들을 지었고 솔로몬 성전을 본따서 성소도 개축하였다. 성전 구역의 북서쪽 모퉁이에는 그가 이미 하스모네 왕조의 '바리스'(cf. p. 488)가 있던 터에 지어서, 당시에 그의 친구였던 안토니우스의 이름을 따라 '안토니아'라 명명해 놓은 성채가 있었다. 예루살렘 이외 지역에서 그는 헤브론에 있던 선조들의 묘지를 웅장한 외벽으로 둘러쳤고―예루살렘 성전의 외벽처럼―헤브론 북쪽의 마므레에 있던 아브라함의 유서깊은 성소(현재의 haram ramet el-khalil)도 네모난 담을 쌓아 놓았다. 한편 그는 현재의 바니아스(banyas) 근처에서 바로 북쪽으로 위치한 요단강의 발원지에 있던 이방신 판(Pan)의 성소에 아우구스투

---

11) 고고학적 발견물들을 토대로 헤롯의 건축 역사를 가장 자세하게 서술해 놓은 것은 C. Watzinger, op. cit. pp. 31 ff.이다.

스 숭배를 위한 신전을 마련하기도 하였다.

헤롯은 자신을 위해서도 일련의 요새들을 축조하였는데, 특히 사람이 접근할 수 없는 유다 광야와 사해에 지었다. 엘-리산(el-lisan) 반도 맞은편, 사해의 서쪽 모퉁이에 있는 마사다(현재의 es-sebbe)의 극히 높고 깎아지른 듯한 암벽을 개발한 것은 특기할 만하다. 이 암벽의 평평한 표면 위에 그는 거대한 궁전과 넓은 창고들을 지어 놓았다.[12]

여기에서 북동쪽으로 사해의 다른 편에는, 이미 알렉산더 얀네우스가 요새화해 놓았고 헤롯이 더 큰 규모로 강력한 요새로 다시 건축한 마케루스 성채가 있었다. 그는 베들레헴에서 남동쪽으로 3마일 되는 유다 광야의 모퉁이에 있는 산 정상을 평평하게 한 다음에 거기에 커다란 성채를 짓고, 그 산자락에는 정착촌을 건설하여 자신의 묘지가 있는 이 성채를 '헤로디움'(현재의 jebel ferdes)이라 불렀다. 여리고 위에 그는 자기 어머니의 이름을 따라 '키프로스'라 부른 성채를 지었다.[13] 비상시에 피난처로 이 성채들을 지으면서 그는 자신과 가족의 안전을 염두에 두었다.

이미 앞에서 언급한 세바스테와 가이사랴 같은 큰 도시들 외에도 그는 다른 곳들도 건설하거나 헬레니즘-로마식으로 개발하였다. 옛 여리고 터에서 북쪽으로 지금도 남아 있는 유적들은 이 오아시스 정착촌을 새로운 면모로 바꾸어 놓은 헤롯의 건축 활동을 그대로 증언해주고 있다.[14] 남쪽으로 헤롯에 의해 더욱 개발되었음이 분명한 하스모네가의 알렉산드리움 요새(karn

---

12) 자세한 고고학적 탐구들의 토대에 대해서는 A. Schulten, 'Masada. Die Burg des Herodes und die romischen Lager', ZDPV, 56 〔1933〕, pp. Ⅰ ff.를 참조하라. 수많은 도판들과 도면들이 있다.

13) Cf. A. Alt, PJB, 21 (1925), pp. 23 f. 그는 이 성채가 현재의 tell el-'akaba에 있었다고 한다.

14) 현재는 tell abu el-'alayik라는 이름으로 불리는 헤롯 시대의 여리고 유적지에 대한 미국인들의 발굴이 최근에 시작되었는데 이에 대해서는 J. L. Kelso, PASOR, 120 (1950), pp. 11-22 and J. B Pritchard, BASOR, 123 (1951), pp. s-17에 나와 있는 중간 보고서를 참조하라. 헬레니즘적인 건축물의 흔적들이 헤롯의 유적지들에서 발견되었고, 하스모네가도 거기에 어떤 건축물— 적어도 요새화된 망대—을 세웠음이 분명하다.

sartabe) 아래에 헤롯은 요단 계곡에 새로운 정착촌을 건설하고 죽은 형 파사엘의 이름을 따라 파사엘리스(현재의 khirbet fasa'il)라 불렀다. 그는 예루살렘의 왕성에 있는 많은 망대들 중 하나도 파사엘의 이름을 따라 명명하였다. 그는 나르 엘-아우야(nahr el-'auja)의 발원지 근처 해안 평지의 내륙쪽 모퉁이에 건설한 안티파트리스 도시—야파 북쪽 지중해까지 닿아 있다—를 그의 아버지의 이름을 따라 명명하였다.

팔레스타인에서 이렇게 수많은 건물들을 큰 규모로 지었다는 것은 헤롯이 얼마나 고압적인 군주였는가를 여실히 보여준다. 왜냐하면 이 모든 건물을 짓는 데는 엄청난 자금과 노동력이 소요되었을 것인데 그 모든 것들을 별로 크지도 않은 자신의 영토에서 공급해야 했을 것이기 때문이다. 자신의 영토 밖에서도 헤롯은 부요하고 큰 헬레니즘적인 왕들을 흉내내어 자신의 명성과 성가(聲價)를 높이기 위하여 헬레니즘 도시들에게 여러 가지 선물들을 주고 건물들을 지어 주었다. 지난 한 세기 반 동안에 걸친 끊임없는 전화(戰禍)로 고갈되어 궁핍해진 이 땅에서 그가 이 모든 것을 긁어 모을 수 있었다는 것은 그의 통치 기반이 얼마나 튼튼했는가를 보여준다.

그러나 한편으로 그는 자신의 즉위로 시작된 평화 시대에서 이 땅의 번영을 증진시키는 데도 성공하였다. 그는 자신의 적이라고 생각되는 이들에 대해서는 무자비한 숙청을 감행하였다. 그가 마침내 얻게 된 권좌를 향한 그의 행로는 술수와 폭력으로 얼룩져 있었다. 그리고 왕이 되어서도 그는 계속해서 그런 길을 갔다. 사랑과 증오, 특히 증오에 있어서 그를 제지할 수 있는 것은 없었다. 그의 성품 중에서 두드러졌던 것은 열정과 독단과 의심이었다. 왕으로서의 그는 특히 자신의 가문에서 잔혹한 독재자였다.

요세푸스가 광범위하게 기록해 놓은 이 가정사(家庭事)들을 여기서 상세히 논할 필요는 없을 것이다. 그 중에서 가장 잘 알려져 있는 것은 중상모략에 의해서 질투심에 불타 자신의 두번째 부인인 하스모네가의 마리암네(Mariamne)를 처형한 일과 나중에 마리암네와의 사이에서 낳은 두 아들인 알렉산더와 아리스토불루스를 처형한 일이다. 한동안 그의 아들 안티파테르가 중요한 역할을 하였다. 그는 헤롯이 첫번째 부인인 예루살렘 여자인 도리스(Doris)와의 사이에서 낳은 아들로서 헤롯의 장자였다. 배다른 두 형제 알렉산더와 아리스토불루스의 제거를 부추긴 것도 바로 그였다. 헤롯은 자신의 첫번째 유언장에서 그를 자신의 후계자로 지명하였였다. 그러나 결국 그는 자신의 꾀에 넘어가, 헤롯은 자기가 죽기 며칠 전에 그를 처형하였다.

 예루살렘 제의 공동체의 수많은 구성원들은 헤롯의 통치를 혐오하였다. 이들은 왕가에서 일어난 내분과 음모에 대해서는 별 관심이 없었다. 그런 것들은 이 왕조를 반대할 전반적인 이유 중의 하나의 징후에 불과하였다. 무엇보다도 헤롯은 로마의 친구로 간주되었기 때문에 평판이 나빴다. 왜냐하면 로마 당국자들은 이미 여러 차례 예루살렘 제의 공동체의 내정에 고압적인 자세로 간섭하였고, 비록 카에사르 등이 여러 가지 호의들을 베풀었지만 점점 더 이방인 압제자들로 느껴졌기 때문이다. 실제로 그의 출신이 어떻게 되었든, 헤롯은 이방인으로 간주되었다. 헤롯이 예루살렘 성소를 화려하게 개축하고 헤브론의 조상 묘지들에 관심을 보였다고 할지라도, 그런 것들을 통하여 예루살렘 제의 공동체와 헤롯의 통치가 화해될 수는 없었다.

 헤롯은 형식적으로는 예루살렘 제의 공동체의 일원이었음에도 불구하고 사실 근본적으로 헬레니즘적인 이방 군주로서 예루살렘 제의 공동체의 관심사들과 거기에서 유효한 것으로 인정된 율법보다는 헬레니즘-로마식으로 대규모의 도시들을 건설하고, 그의 주군이자 황제인 아우구스투스 숭배를 위한 신전들을 건립하는 데 훨씬 더 관심을 기울였다. 헤롯의 사악한 통치 밑에서 예루살렘의 사두개파 제사장들은 어떤 역할도 할 수 없었고, 헤롯의 성품과 행위들은 경건한 자들, 특히 엄격한 바리새인들에게는 더욱 더 혐오스러운 것이었다. 그는 제사장직을 제멋대로 처리하여 그것을 정치적 술수의 대상으로 만들었다.

 과거의 하스모네 왕가가 제사장 가문이었기 때문에 대제사장직과 왕을 겸임할 수 있었지만 자신은 제사장 가문 출신이 아니어서 그렇게 할 수 없었기 때문에, 헤롯은 치세 초기에 아나넬(Ananel)을 대제사장으로 임명하였었다. 아나넬은 바빌로니아에서 온 제사장 가문 출신이었다. 주전 40년까지 대제사장직을 맡고 있었던 나이든 히르카누스는 그 동안에 바빌로니아로부터 돌아와 있었다. 그러나 안티고누스가 그의 사지(四肢)를 잘라버렸기 때문에 그는 대제사장직을 다시 맡을 수 없었다.

주전 30년에 헤롯은 팔십 고령인 그를 경쟁자로 여겨서 어떤 구실을 붙여 그를 처형하였다. 그러나 히르카누스의 딸이자 폼페이의 명령으로 처형된 그녀의 사촌 알렉산더의 처였던(cf. p. 513) 야심찬 알렉산드라(Alexandra)는 아나넬을 반대하는 공작을 하였다. 그녀는 마리암네의 어머니였기 때문에 헤롯의 장모가 되었다. 그녀는, 헤롯의 처남이자 실제로 대제사장직의 정당한 후계자의 자격이 있었던 자기 아들 아리스토불루스를 대제사장직에 앉히기를 원했다. 이때는 안토니우스와 클레오파트라가 동부 지역을 다스리고 있던 시기였다. 그리고 알렉산드라는 클레오파트라와 교분이 있었다. 이러한 상황에서 헤롯은 이 두 위험한 여인들을 건드리지 않는 것이 좋겠다고 판단하여 대제사장직을 아나넬로부터 빼앗아 아리스토불루스에게 주었다.

그러나 1년 후에 헤롯은 계략을 써서 여리고에서 수영하고 있던 대제사장을 물에 빠져 죽게 만들었다(주전 35년). 그리고 헤롯은 클레오파트라의 양해하에 알렉산드라를 옥에 가두고 나중에 그녀를 죽였다. 왕이 현직 대제사장을 살해할 지경에까지 이르도록 대제사장직을 마음대로 주무르는 헤롯의 처사에 예루살렘 제의 공동체, 특히 사두개파만이 아니라 엄격한 바리새인들도 극도로 불만을 품게 되었다.

헤롯의 통치는 공포와 폭압에 토대를 두고 있었다. 그러나 그는 이러한 수단들을 통하여 자신의 왕권을 확고하게 장악해 나갈 수 있었다. 헤롯의 치세 기간 동안에 그의 위치가 심각하게 위협받은 적은 한 번도 없었는데, 그 주된 이유는 거대한 로마 세력으로부터 계속해서 인정을 받는 데 성공하였기 때문이다. 겉으로 그의 왕조는 화려했고, 그런 점에서 이스라엘 역사에서 최후의 절정기였다고 할 수 있다. 그리고 끊임없는 전투가 벌어졌던 오랜 기간 후에 이 땅이 한 세대 이상 내적으로 내란이 없었고 외적으로 중요한 전쟁이 벌어지지 않았다는 것은 분명히 축복이었다. 이것도 아우구스투스가 이루어 놓은 로마의 지배하의 평화의 결과였다.

그럼에도 불구하고 이 왕조는 오래 지속될 수 없었다. 하스모네 왕조는 외세의 압제에 대한 적극적인 저항 운동으로부터 생겨났지만 팔레스타인에 남아 있는 예루살렘 제의 공동체가 하나의 국가가 될 수 없었기 때문에 그 기반이 취약하였다. 그리고 로마의 후원에 토대를 둔 헤롯의 폭정(暴政)은 더욱 더 어떤 건강하고 유기적인 토대가 결여되어 있었다. 헤롯이 죽으면 이 왕조가 오래 가지 못할 것이라는 것은 예상할 수 있는 일이었다. 그의 치세 기간 동안에도 이따금 폭동들이 일어났지만 헤롯은 폭동들을 신속하고도 무자비하게 분쇄하였다. 그러나 이러한 폭동들은 그가 아주 굳건한 기반을 가진 왕조를 후대에 물려줄 수 없을 것임을 보여주었고, 게다가 그는 가문 내에서의 끊임없는 알력으로 인하여 분명하게 또는 조기에 왕위 계승 문제를 매듭지을 수 없었다.

헤롯은 중병에 걸려 오랜 기간 투병생활을 하면서 그 병을 고치러 사해의 동쪽 해안에 있는 칼리르호에(Callirrhoe) 온천을 찾기도 했지만 결국 여리고에서 주전 4년에 죽었다. 그의 죽음을 애도하는 사람은 거의 없었다. 그의 시신은 장엄한 장례 행렬 속에서 여리고로부터 헤로디움으로 운구되어 거기에 묻혔다. 그는 죽기 직전에 새로운 유언장을 작성하여 두었었다. 거기에는 사마리아 여인인 말다케(Malthake)와의 사이에서 낳은 두 아들인 아켈라오(Archelaus)와 (헤롯) 안디바(Antipas), 예루살렘 여인 클레오파트라와의 사이에서 낳은 아들인 빌립(Philip)에게 남기는 유언 내용이 들어 있었다.

아켈라오는 실제 왕위를 계승하고, 안디바는 갈릴리와 베뢰아의 분봉왕, 빌립은 요단 동편 땅의 최북쪽 지역의 분봉왕이 되라는 것이었다. 이 유언장은 아우구스투스의 재가를 받아야 했기 때문에, 아켈라오와 안디바는 서로 많은 것을 얻어내기 위하여 앞다투어서 로마로 가서 자신의 권리를 주장하였다. 여기에서 안디바는 선왕의 첫 유언장의 내용대로 혼자 전 영토를 계승하기를 원했다. 헤롯가의 다른 사람들도 로마로 가서 탄원을 하였다. 그리고 예루살렘 제의 공동체의 유력자들도 아우구스투스에게 사절을 보내어, 헤롯가의 통치를 완전히 종식시키고 예루살렘 제의 공동체의 이전의 독립성을 회복시켜 줄 것을 요청하였다.

이러한 다양한 청원들을 접수한 아우구스투스는 대체로 헤롯의 마지막 유언장의 내용에 따라 결정을 하였다. 아켈라오에게는 왕이 아니라 봉신왕(封臣王, ethnarch)이라는 직함과 함께 유대와 이두매, 사마리아가 주어졌다. 그는 가사 성읍만이 아니라 아우구스투스가 헤롯에게 준 데가볼리의 도시들인 가다라(Gadara)와 히포스(Hippos)를 포기하여야 했다. 이 도시들은 자치도시로서 수리아 총독의 직할로 되었다. 유언장의 내용에 따라 헤롯의 누이 살로메에게는 남부 해안 평지에 있는 성읍들인 아스돗과 얌니아, 그리고 아스글론의 왕궁, 요단 계곡에 있던 헤롯이 새로 건설한 파사엘리스가 주어졌다. 안디바와 빌립은 분봉왕이 되었다. 안디바에게는 지리적으로 나누어진 갈릴리와 베뢰아가 주어졌고, 빌립에게는 트라코니티스, 바타네아, 아루라니티스와 요단 계곡 상류의 일부가 주어졌다(Ant. Iud. XVII, 9-12; Bell. Iud. II, 1-6). 그 결과 헤롯 왕국은 분할되었다. 그리고 바로 그것이 아마도 황제가 원했던 바였을 것이다.

헤롯의 후손들이 다스린 이 국가들의 역사는 결코 영화롭지 못했다. 그 상세한 내용은 요세푸스(Ant. Iud. XVII, 13-XIX, 9; Bell. Iud. II, 7-12)에 기록되어 있다. 헤롯이 죽고 왕위를 노리는 자들이 대거 로마로 가 있는 동안에, 헤롯 왕가 및 로마 세력에 저항하는 폭동들이 여기저기서 일어났다. 나중에 게르마니아(Germania)에 대한 불운한 원정으로 잘 알려지게 된 퀸틸리우스 바루스(P. Quintilius Varus)는 주전 6년부터 4년까지 수리아 속주의 총독이었기 때문에, 아우구스투스가 왕위 계승 문제를 매듭지으라고 팔레스타인에 보낸 행정장관 사비누스(Sabinus)와 함께 이 폭동들을 진압하지 않으면 안 되었다. 바루스는 무력으로 예루살렘을 점령하고 전국에 걸쳐 반도(叛徒)들을 색출하여 처벌하였다.

로마군이 백성들을 심하게 다루었기 때문에 반(反)로마 감정은 더욱 높아질 수밖에 없었다. 헤롯의 후계자들이 돌아왔을 때에도 소요는 가라앉지 않고 있었다. 선왕으로부터 가장 많은 유업을 이어받은 아켈라오의 세력이 가장 먼저 무너졌다. 그는 가혹한 폭정을 행하였기 때문에 백성들의 원성을 샀고, 자신의 신민(臣民)의 사절들이 아우구스투스에게 가서 그를 비방하였다. 아우구스투스는 구실을 만들어서 그를 폐위시키고 골(Gaul) 지방의 비엔느(Vienne)로 추방하였다(주후 6년).

헤롯이 죽은 지 채 10년도 못 되어 아켈라오가 다스리던 땅, 즉 요단 서편의 중부 및 남부 지역은 그 독립을 박탈당하고 행정장관이 다스리는 속주로 재편되었다. 이러한 상황은 주후 41-44년에 일시적으로 중단되었을 뿐이다. 열등한 지위를 지닌 행정 속주[15]가 된 이 영토는 헤롯에 의해 건설된 가이사랴 항에 상주해 있던 행정장관(총독) 아래 놓이게 되었다.

이 총독(procurator)은 이 땅에서 일으킨 군대에 대한 통수권을 갖고 있었다. 예루살렘의 안토니아 요새를 비롯하여 여러 곳에 수비대가 주둔하였다. 총독은 최고위 사법권도 행사하였다. 산헤드린에 의해 행사된 사법권은 그대로 인정되었으나 사형을 선고할 권한은 총독에게 유보되었다. 그는 원주민 당국자들이 거두는 세금을 취합할 책임이 있었다. 총독이 관할하는 영토는 행정목적상 과거의 행정구역을 토대로 이른바 11개의 소국(toparchy)으로 나뉘어졌다.

이 소국들은 예루살렘, 예루살렘 북쪽의 고프나(현재의 jifna), 고프나 북동쪽의 아크라베타(현재의 'akrabe), 고프나 서쪽의 담나(Thamna, 현재의 tibne), 룻다(현재의 lidd), 룻다 남동쪽의 엠마오(현재의 'amwas), 엠마오 남쪽의 벧렙테파(Bethleptepha, 현재의 bet nettif), 이두매(산지의 남쪽 지역과 구릉지대를 포함한), 엔가디(사해의 서쪽 해안에 있는 현재의 'en jidi), 예루살렘 남쪽 유다 광야의 모퉁이에 있는 헤로디움(현재의 jebel ferdes), 끝으로 요단 계곡 하류의 여리고였다.[16]

예루살렘 제의 공동체의 특성들은 가급적 존중되었다. 그 구성원들에게도 황제에 대한 충성의 서약을 하도록 요구되었다는 것은 사실이지만 황제

---

15) 당시 로마 제국에 몇 군데 있었던 그러한 행정속주들의 법적 지위와 조직에 대해서는 cf. F. M. Abel, *Histoire de la Palestine*, I(1952), pp. 424 ff.
16) *Bell. Iud.* III, 3, 5, §§ 54 f.에 나오는 명단을 참조하라. Bethleptepha에 대해서는 *Bell. Iud.* IV, 8, 1, 445를 참조하라(다른 구절에는 실수로 'Pelle'라 표기되어 있다).

숭배에 참여하도록 요구하지는 않았다. 성전 바로 곁에 있는 안토니아 요새의 로마 수비대는 성전의 행사(行事)들을 감시하였으나 규칙상 황제 상(像)들을 예루살렘으로 가져오지는 않았다.

로마인들이 베푼 온갖 세심한 배려에도 불구하고 이 땅에 로마 세력이 존재한다는 것에 대한 반감은 심했다. 최초의 총독(procurator)이 다스리던 시대에 수리아 속주의 총독(governer)인 술피키우스 퀴리니우스(P. Sulpicius Quirinius)는 조세 제도를 개편하기 위하여 '유대'(Judaea)—이것이 총독의 관할하에 있는 이 영토에 대한 공식 명칭이었다—에서 로마식 인구조사를 실시하였다. 이 조치는 커다란 소요를 불러일으켰고, 급진적인 반로마 운동이 일어나는 계기가 되어 곧 엄청난 재앙을 불러오게 될 것이었다. 강력한 로마의 통치에 사람들은 겉으로는 묵묵히 따르는 듯이 보였다. 총독들은 사려깊게 행하지 못하는 경우가 많아서 백성들의 원성을 불러일으키곤 했다.

총독들 가운데서 가장 유명한 인물은 주후 26-36년에 총독직을 맡았던 본디오 빌라도(Pontius Pilate)였다. 그는 예루살렘 제의 공동체가 거리끼는 일들을 별로 존중하지 않았고 사마리아인들에 대해서도 잔혹하게 행하였다. 결국 그는 예루살렘 제의를 특별히 존중하여 다루었던 수리아 총독 비텔리우스(L. Vitellius)의 건의로 해임되었다.

예루살렘과 요단 서편 땅의 중부 및 남부 지역 전체는 이미 로마 당국의 직할로 다스려지고 있었던 반면에, 헤롯 안디바는 로마의 종주권 아래 있는 분봉왕으로서 꽤 오랜 기간 동안(주전 4년-주후 39년) 갈릴리와 베뢰아를 다스렸다. 먼저 그의 영토의 수도는 가비니우스가 이 지역의 중심지로 만들어 놓았고 안디바가 이제 수도의 지위로 격상시킨, 하부 갈릴리의 구릉지대에 있는 세포리스(현재의 saffurye)였다. 나중에 주후 20년경에 안디바는 게네사렛 호수의 서쪽 연안에 웅장한 새로운 수도를 건설하여 당시의 황제인 티베리우스(Tiberius)의 이름을 따라 디베랴로 명명하였다. 현재까지 이 곳은 이 호수의 연안에 있는 가장 중요한 정착지로 남아 있다.

그는 거기에 왕궁을 지었다. 전에도 그는 사해 북단에서 북동쪽으로 요단 계곡에 있는 베뢰아의 베다람프다(Betharamphtha, 현재의 tell errame)를 인접한 나바테아인들을 막는 요새로 개발하여 그 곳을 율리아스 (Julias), 나중에는 리비아스(Livias)라 명명하였다. 이러한 명칭들을 통해 우리는 그가 얼마나 로마 제국의 황가의 환심을 사려고 애썼는가를 알게 된다. 안디바는 차남 아켈라오보다는 더 신중했기 때문에 더 오래 권좌에 머물러 있을 수 있었다. 그러나 그의 사생활이 방종하기로는 선왕보다 결코 못하지 않았다.

헤롯이 하스모네가의 마리암네와 결혼하여 얻은 아들인 아리스토불루스의 딸인 야심찬 헤로디아(Herodias)와 그가 결혼한 이야기는 잘 알려져 있다. 그는 처음에 나바테아 왕의 딸과 결혼을 했었고, 헤로디아는 헤롯이라 불렸던 헤롯의 또 다른 아들, 그러니까 안디바의 이복형제와 결혼하였었다. 헤로디아는 분봉왕 안디바의 아내가 되면 더 큰 영예를 얻을 수 있을 것이라고 생각하였다. 그래서 헤로디아의 충동질로 안디바는 자신의 나바테아인 아내를 내치고 헤로디아와 결혼하였다. 이 결혼으로 딸을 하나 낳았는데, 그녀가 바로 어머니와 함께 세례 요한을 참수하는 데 한 몫 했던 살로메였다.[17]

요한은 안디바의 영토인 베뢰아에 등장하였고, 안디바는 자신의 심기를 불편하게 만드는 이 무시무시한 회개의 설교자를 체포하여 마켈루스 요새[18]에 가두어 두었다가 마침내 처형하였다. 헤로디아와 결혼한 것은 안디바에게 재앙만을 가져다 주었을 뿐이다. 헤로디아의 충동질로 자신의 나바테아인 아내를 버리게 됨으로써 그는 나바테아인들과 싸움을 하게 되었고 여기서 패배하였다(주후 36년).

그러자 티베리우스 황제는 나바테아인들을 치러 수리아 총독 비텔리우스(L. Vitellius)를 보내야 했다. 끊임없이 야심에 불타는 헤로디아는 안디바를 설득하여 황제―당시에는 칼리굴라(C. Caligula)―에게 왕의 직함을 달라고 청원하게 하였다. 이것은 그의 최후의 파멸을 가져왔다. 왜냐하면 이

---

17) 이 이름은 Josephus, *Ant. Iud.* XVIII, 5, 4, 136에만 나온다.
18) 요세푸스만이 세례 요한이 마케루스에 갇혀 있었다고 말하고 있다 (*Ant. Iud.* XVIII, 5, 2, 116 ff.).

렇게 함으로써 그는 잠시 후에 얘기하게 될 헤롯 아그립바의 반감을 샀기 때문이다. 그는 안디바를 황제에게 고발하였고, 주후 39년에 칼리굴라는 오랫동안 다스리고 있던 그를 해임시켜 골(Gaul) 지방의 루그두눔(Lugdunum)으로 추방하였다.

주전 4년에 헤롯이 죽자 그의 아들 빌립은 분봉왕으로서 요단 동편 땅의 최북쪽 지역에 있는 영토를 물려받았다. 요세푸스는 그가 훌륭한 군주였다고 찬양한다. 그의 재위 시기에 관하여서는 알려진 것이 거의 없다. 주전 2/1년에 그는 헤르몬 산의 남서쪽 기슭, 요단강의 최동쪽 발원지 옆에 있는 판(Pan) 신전 근방에 자신을 위한 주거지를 건설하여 황제를 기려서 가이사랴(가이사랴 빌립보)라 명명하였다. 게네사렛 호수와 이 호수의 북쪽에 있는 요단 강의 발원지가 안디바와 빌립의 영지의 경계선을 이루었다. 게네사렛으로 흘러들어가는 요단강 동쪽의 경계에 빌립은 벳새다를 율리아스로 이름을 바꿔 수도로 삼고자 했으나 이 계획을 포기하였다.[19] 그는 마지막으로 안디바와 헤로디아 사이에서 낳은 딸인 살로메와 결혼하였으나 주후 34년에 자녀를 두지 못하고 죽었다. 그러자 그의 영토는 수리아 속주에 병합되었다.

결국 헤롯 왕가의 한 사람에게 또다시 헤롯이 다스리던 거의 전 영토를 짧은 기간이나마 왕으로서 다스릴 좋은 기회가 왔다. 그는 헤롯과 하스모네 가의 마리암네 사이에서 태어난 아들이자 헤로디아의 친오빠인 아리스토불루스의 아들이었다. 그는 아우구스투스의 친구인 비프사니우스 아그립바(M. Vipsanius Agrippa)의 이름을 따라 아그립바로 불렸다. 헤롯 아그립바는 로마에 살면서 왕위에 오르기 전에도 황제 칼리굴라의 신임을 얻는 데 성공하였다. 그가 왕위에 오르자 칼리굴라는 자신의 총신(寵臣)인 그에게 3년 전에 수리아 속주에 병합되었던 빌립의 영지를 주면서 왕이라는 직함을 수여하였다.

또한 칼리굴라는 그에게 아빌레네(Abilene), 즉 이제까지 빌립의 영지 북쪽에 인접한 별개의 분봉왕 영지였던, 안티 레바논 지역의 다메섹 북서쪽

---

19) Cf. A. Alt, PJB, 33 (1937), p. 85, note 4.

에 있는 아빌라(현재의 suk wadi barada) 지방도 주었다. 그가 이렇게 잘 되자 그의 누이 헤로디아는 마음이 편치 못하였다. 한동안 로마에 머물러 있던 아그립바가 주후 38년에 팔레스타인에 왕으로 부임해오자, 헤로디아는 그녀의 남편인 안디바를 설득하여 황제에게 그에게도 왕의 직함을 달라고 요청하도록 하였다. 그러나 황제의 총신(寵臣)인 아그립바는 안디바의 직위를 박탈하고 그 영지, 달리 말하면 갈릴리와 베뢰아를 자신에게 주도록 하였다(주후 39년).

그후 주후 40년에 로마에 온 아그립바에게 이두매를 포함한 유대와 사마리아도 주어졌다. 그 동안에 이 지역에서 매우 중대한 사건이 발생하였었다. 주후 38년에 아그립바가 로마에서 팔레스타인으로 돌아오는 도중에 알렉산드리아에 머물고 있을 때, 그 곳에 있던 예루살렘 제의 공동체의 구성원들에 대한 반감으로 인하여 그들에 대한 과도한 조치가 취해졌다. 칼리굴라는 즉위 직후에 스스로를 신으로 생각하고 제국 전역에 사는 신민(臣民)들에게 황제 숭배에 참여할 것을 계속해서 요구하였다. 이 요구는 여러 모습으로 이루어졌다. 오직 예루살렘 제의 공동체의 구성원들만이 황제 숭배에 참여하려 하지 않았을 뿐이다. 이러한 태도를 취하였기 때문에 그들은 다른 이들로부터 미움을 샀다.

아그립바 왕은 알렉산드리아에서 공개적으로 조롱당하였을 뿐만 아니라 알렉산드리아 사람들은 황제 상(像)을 이 도시의 회당들에 안치시켜 놓을 것을 요구하였다. 그리고 칼리굴라의 신임을 별로 받고 있지 못했던 이집트의 로마 총독 아빌리우스 플라쿠스(A. Avilius Flaccus)는 어떻게든 황제의 환심을 사려고 아무런 이의도 제기하지 않고 이러한 지시에 따랐다. 그래서 알렉산드리아에 있던 몇몇 회당들은 황제 상(像)이 안치됨으로써 더럽혀졌고, 완전히 파괴된 곳들도 몇 곳 생겼으며, 피비린내 나는 가혹한 박해가 알렉산드리아에 살던 예루살렘 제의 공동체의 구성원들에게 닥쳤다.

플라쿠스는 주후 38년 가을에 소환되었으나 후임자가 왔어도 상황은 근본적으로 변하지 않았다. 주후 40년에 서로 다투던 두 파의 대표단이 황제를 알현하러 알렉산드리아에서 로마로 갔는데, 회당측 대표단 단장은 유명한 저술가인 필로(Philo)였다. 황제는 회당 대표단을 아예 무시하는 태도로 오만 무례하게 대하였고 아무 것도 양보하지 않았다.[20]

이듬해에 황제 클라우디우스(Claudius)는 황제로 등극한 직후에 예루살렘 제의 공동체의 특권을 회복시키고 아무런 방해도 받지 않고 자유롭게 예배를 드릴 수 있도록 해 주겠다고 약속함으로써 알렉산드리아에서의 박해를 종식시켰다.

그러나 그 동안 사건은 팔레스타인으로 번져 있었다. 주후 39년에 얌니아 성(현재의 yebna)의 이방인 거민들이 황제를 위한 제단을 설치했는데, 이 단을 예루살렘 제의 공동체의 구성원들이 부숴버리는 사건이 일어났다. 이 소식이 황제의 귀에 들어가자, 그는 자신의 상(像)을 예루살렘 성전에 세우도록 명령하였다. 그리고 황제의 지시를 예루살렘에서 시행할 의무가 있었던 수리아 총독 페트로니우스(P. Petronius)는 이 기괴한 명령을 시행하라는 지시를 받았다. 페트로니우스는 현명한 사람이어서 한동안 무력의 사용을 자제하였다. 먼저 그는 안디옥으로부터 오는 길에 시돈에 머물면서 예루살렘 제의 공동체의 우두머리들을 오게 하여 그들에게 황제의 지시를 받아들이도록 설득하였다.

말할 필요도 없이 이런 설득은 아무 소용이 없었다. 이렇게 협박하는 행위가 있었다는 소식이 전해지자 예루살렘 제의 공동체에서는 큰 소동이 일어났다. 페트로니우스가 프톨레마이스로 옮겨갔을 때 수많은 군중들이 몰려들어 황제의 지시를 시행하지 말 것을 그에게 탄원하였다. 그러자 그는 황제에게 그 지시를 보류해 줄 것을 요청하는 장계(狀啓)를 올렸으나 소용이 없었다. 그후 그가 디베랴로 갔을 때, 또다시 수많은 군중들이 그를 사십 일 동안 둘러싸고 황제의 지시를 시행하지 말 것을 탄원하였다. 그러자 그는 자신의 책임하에 자신의 임무를 수행치 않기로 결심하고, 자신의 군대를 이끌고 안디옥으로 돌아간 후 황제에게 그 지시를 취소해 달라고 요청하는 장계를 다시 올렸다.

---

20) Philo의 소논문, *Legatio ad Gaium*을 참조하라.

아울러 아그립바 왕도 자신의 친구인 황제가 그의 지시를 취소하도록 애를 썼다. 황제는 아그립바에 대한 답신에서 한 가지 양보를 하였으나 곧 그것을 취소하는 등 더 이상 아그립바에게 호의적이지 않았다. 주후 41년 1월에 칼리굴라 황제가 갑자기 살해됨으로써 예루살렘 제의 공동체는 더 이상의 격심한 박해를 받지 않아도 되었고, 총독 페트로니우스도 자신의 명령 불복종에 대한 처벌을 받지 않게 되었다. 다행히도 자결하라는 명령이 들어 있는 총독에 대한 황제의 교지(敎旨)는 황제가 살해되었다는 소식이 전해진 후에야 총독에게 도달하였다. 새로운 황제 클라우디우스는 예루살렘 제의 공동체에 황제 숭배를 강요하지 않았다.

여전히 로마에 있던 아그립바는 칼리굴라가 살해된 후에 군사들이 그들의 지도자로 추대한 클라우디우스가 보위에 오르는 것을 지지하였었다. 이에 대한 보답으로 클라우디우스는 아그립바가 칼리굴라에게서 이미 받은 영지들에 더하여 이전에 총독(proculator)이 다스렸던 유대의 여러 지역(즉, 이두매를 포함한 본래의 유대 땅과 사마리아)을 그에게 주었다. 이제 아그립바는 가사 주변의 남서쪽 해안 평지와 요단 동편의 북쪽 지역에 있는 도시들인 가다라 및 히포스의 영토들을 제외하고는, 조부 헤롯이 다스리던 전 영토를 자신의 왕홀(王笏) 아래 통합하였다. 나아가 저 멀리 북방으로 그는 안티 레바논의 아빌레네를 소유하고 있었다. 로마에서 성공적으로 일을 끝마친 아그립바는 팔레스타인으로 돌아왔다(주후 41년).

이때 그의 나이는 오십쯤 되었다. 그는 이미 파란만장하고 천박한 삶을 영위해 왔었고 어린 시절부터 로마에 오랫동안 살면서 음모가 난무하는 투기(鬪技)에 해박하였고 스스로 행하기도 하였었다. 운이 좋아서 그는 거대한 왕국을 자신의 수중에 넣을 수 있었으나 그의 짧은 치세 기간에 칭찬할 만한 일이라고는 찾아보기 어렵다. 그는 예루살렘에서 경건한 사람의 모범처럼 행세하여 겉으로 엄격한 바리새인들의 규례들을 지키는 체 하였고, 예루살렘 제의에 많은 돈을 기부하고, 칼리굴라 황제로부터 하사받은 황금 사슬을 성전 금고에 바쳤고, 예루살렘 제의 공동체의 외적인 관심사들을 앞장서서 옹호하였다. 이러한 태도는 개인적인 확고한 신앙에서가 아니라 정치적 동기에서 나온 것이었다.

그는 가이사랴에서 투기 시합을 개최하였고, 자신의 영토 밖에서는 부요한 헬레니즘적인 군주 같이 행세하여 베류투스(Berytus, berut) 시에 엄청난 기부를 하고 거기에서 검투 시합을 열도록 하는 등 자신의 부를 과시하였다. 그럼에도 불구하고 예루살렘에서의 그의 행실은 예루살렘 제의 공동체로부터 호감을 샀다—이것이 바로 그의 의도였다.

반면에 자신이 통치하고 있던 세바스테 같은 헬레니즘적인 도시들에서는 그의 통치를 별로 신통치 않게 생각하였다. 그럼에도 불구하고 그의 통치 아래에서 이 땅은 수 년 동안 평화를 누렸다. 그는 예루살렘 성을 확장하고 다시 요새화하고자 하였다. 그는 이 성의 북쪽 지역에 이전 성벽의 북쪽으로 여러 망대들을 갖춘 아주 튼튼한 성벽을 쌓아 이 방면으로 도성을 더 넓혀 놓았다. 이것이 이른바 "제3의 성벽"이다.[21] 그러나 이 공사는 완성되지 못하였다. 왕의 치세 기간이 짧았기 때문이기도 하지만 황제가 수리아 총독 비비우스 마르수스(C. Vibius Marsus)에게 이 공사를 중단시키도록 지시했기 때문이다.

그밖의 점에서도 아그립바는 종종 거대한 정치적 설계를 가진 독립적인 군주 같이 행동하였다. 그는 수리아와 소아시아에서 다스리던 다섯 명의 로마 봉신(封臣) 군주들을 디베랴로 초대하였다. 이 회합의 목적이 무엇이었는지는 알려져 있지 않다. 아마도 아그립바가 그 세(勢)를 과시하기 위한 모임이었을 것이다. 이 회합은 실제로 이루어지긴 하였으나 시작되자마자 수리아 총독 마르수스가 나타남으로써 이 모임은 무산되었다.

아그립바는 중요한 군주가 아니었다: 비록 그가 더 오래 살았다고 할지

---

21) 이 아그립바의 '셋째 성벽' (Josephus, *Bell. Iud.* V, 4, 2, §§ 147 ff.)이 현재도 예루살렘의 북쪽 바깥 구역에 웅장한 모습으로 뻗어 있는 성벽과 동일한 것인지(cf. E. L. Sukenik and L. A. Mayer, *The Third wall of Jerusalem* [1930]) 아니면 지금도 옛 예루살렘 성을 남쪽 지역에서 단절시켜 놓고 있는 후대의 터키의 북쪽 성벽을 따라 있었던 것인지(cf. J. Simons, *Jerusalem in the Old Testament* [1952], p. 459)는 아직까지 확실하게 해결되지 않은 문제이다.

라도, 그의 치세는 별 중요한 의미를 띠지 못했을 것이다. 그는 황제를 기려서 가이사랴에서 열리고 있던 축제 경기에 제왕의 장엄함을 갖추어 공중 앞에 나타나서 성육신한 신으로서 백성들의 하례를 받은 후 주후 44년에 갑자기 죽었다. 잠시 후에 그는 격렬한 통증이 일어나 실려갔으나 수 일 후에 죽었다(cf. 행 12:21-24). 그의 유족으로는 몇 명의 딸 외에도 아그립바라 불린 열일곱 살 난 아들이 하나 있었다.

그러나 황제 클라우디우스는 이 아들이 선왕의 지위를 잇는 것을 허용하지 않고, 그 전 영토를 로마 속주로 재편하여 가이사랴에 상주한 총독(procurator)으로 하여금 다스리게 하였다. 이 총독이 다스리는 영토 전체는 공식적으로 유대(Judaea)라 불렸다. 이 유대의 법적, 현실적 지위는 주후 6년에 아켈라오가 폐위된 후에 창설되어 주후 41년까지 계속된 보다 작은 유대의 지위와 동일한 것이었다. 로마 세력 및 행정부와 예루살렘 제의 공동체간의 갈등은 곧 다시 재연되었다. 그리고 예루살렘 제의 공동체의 폭넓은 진영들 사이에서의 소요는 점점 더 위협적인 것이 되어갔다.

34. 기부딩한 그리스도

예루살렘을 비롯한 이 땅의 백성들은 로마 세력을 증오하며 가이사랴에 거주한 로마 총독의 행위에 불만을 품었고, 결코 훌륭하지 않은 안디바가 분봉왕으로서 갈릴리와 베뢰아를 다스리고 있는 가운데, 결정적으로 중요한 사건들이 예루살렘 제의 공동체의 심장부에서 일어나고 있었다. 나사렛 예수는 이 시기에 살면서 활동하였다. 세계사는 당시에 그를 알아차리지 못하였다. 이 시기의 동향들과 세력들에 관하여 그토록 자세하게 기록하고 있는 요세푸

---

22) *Ant. Iud.* XVIII, 3, 3, §§ 63 f.에 나오는 예수에 관한 대목은 후대에 기독교인이 삽입한 것이라는 데 대체로 의견이 일치되어 있다.

스조차도 그의 출현에 대하여 한 마디도 하지 않았다.[22] 그의 추종자들이 생겨남으로써 이 일이 역사적으로 구체적인 사실이 되었을 때에야, 그의 이름은 언급되기 시작한다.[23]

이스라엘 역사에서 당시의 중요한 관심사는 우월한 세속 세력들이 끊임없이 위협적으로 잠식해 들어오는 것에 대항하여 예루살렘 제의 공동체를 공고히 하는 일, 예배의 자유를 위협하는 것들에 대하여 그 자유를 수호하는 일, 전통적인 율법의 엄격한 요구사항들에 따라 살아갈 권리를 계속적으로 확보하는 일이었던 것으로 보인다. 한 무리의 추종자들을 모아서 꿈 같은 주장들을 펴면서 마침내 예루살렘에 등장한 순회 설교자는 안중에도 없었다. 뛰어난 위인이나 기인(奇人)들로 가득차 있는 이스라엘 역사에서 그는 별 중요치 않은 인물로 보였다. 그의 출현으로 인하여 예루살렘에서는 잠시동안 큰 소동이 벌어졌으나 곧 가라앉아 과거지사가 되었고, 보다 더 중요해 보이는 다른 일들에 묻혀 버렸다. 그렇지만 여기에서 궁극적이고 최종적인 결단이 이스라엘 역사 속에서 내려졌던 것이다.

먼저 예수의 인간으로서의 삶에 관한 이야기는 단순하고 직접적이었다. 그는 갈릴리 내륙지방에서 여전히 남아 있던 이스라엘 지파들의 무리들 속에서 사역을 하였다.[24] 그의 고향인 나사렛(현재의 en-nasira)은 이스르엘 평지 북쪽 하부 갈릴리의 구릉지대에 있던 촌락으로서 이전 시대의 기록에 나오지 않는 것으로 보아 예수 당시에 최근에 생긴 정착촌이었을 것이다. 이 촌락은 안디바가 건설하여 최초의 수도로 삼았던 세포리스(saffurye)에서 남쪽으로 4마일밖에 떨어져 있지 않았으나 이 헬레니즘-로마식 도시의 영토가 아니라 스불론 지파의 옛 영토에 있던 여러 촌락들에 속했고 분명히 이스

---

23) 요세푸스도 예루살렘의 초기 기독교 공동체를 말하는 가운데 결국 *Ant. Iud.* XX, 9, 1, §§ 200에서 "예수 이른바 그리스도"를 언급하였다. Suetonius, Claudius, ch. 25 and Tacitus, *Ann.* XV, 44에 나오는 유명한 말을 참조하라.
24) 이하의 서술에 대해서는 특히 A. Alt, *Die Stätten des Wirkens Jesu in Galiläa territorialgeschichtlich betrachtet* (BBLAK, 68, 1 [1949], pp. 51 ff.)를 참조하라.

라엘인들이 거기에 살았을 것이다.

예수는 거기에서 게네사렛 호수의 북서쪽 호반으로 다녔으나 안디바에 의해 그 당시에 중건된 웅장한 왕도 디베랴가 아니라 디베랴의 북동쪽에 있는 가버나움(현재의 tell hum)과 고라신(현재의 khirbet keraze) 같은 이스라엘 촌락들로 다녔다. 이 지역은 안디바와 빌립의 영지를 나누는 경계 근처에 있었다. 가버나움에서 북동쪽으로 수 마일 떨어진 곳에서는 요단 강이 게네사렛 호수로 흘러들었고, 요단 강의 다른 편에는 벳새다라는 촌락이 빌립의 영지 내에 있었다.

그러나 요단강 양안에는 기본적으로 이스라엘 주민들이 살았고, 이 호수에서 고기를 잡는 어부들은 이 호수 가운데로 영지의 경계선이 가로지르고 있었지만 호수 양안을 자유롭게 왕래하였다. 그렇지만 이 접경 지대에는 세관들과 로마 수비대가 있었다. 바로 이 곳에서 예수는 호수 주변에서 순박한 이스라엘 백성들에게 설교하여 자기를 따르는 제자들과 자신의 말에 귀를 기울이는 무리들을 얻었다.

예수는 가끔 더 멀리 옛 이스라엘 정착촌의 바로 북쪽에 빌립이 새로 세운 수도인 가이사랴 빌립보(현재의 banyas) 지역 또는 상부 갈릴리 전체를 거쳐 요단 계곡 상류의 서쪽 모퉁이까지 걸쳐 있었으므로 고대 이스라엘인들이 살았던 지역의 일부를 포함하고 있었던 두로와 시돈 지역, 즉 두로 성의 영토에까지 다니기도 하였다. 이렇게 예수가 처음에 돌아다니면서 설교했던 곳은 팔레스타인에서 예루살렘 제의 공동체의 주변 지역들이었기 때문에 중앙 성소에 관심을 쏟고 있던 예루살렘 거민들은 이를 거의 눈치채지 못했을 것이다. 예수의 제자들 가운데서 구두로 전승된 이야기들만이 이런 것들을 우리에게 전해주고 있다.

그러나 마침내—이 일도 초기 기독교 전승에만 기록되어 있다—예수는 살아계신 하나님의 계시라는 자신의 주장과 예루살렘 제의 공동체의 전승들 간에 담판을 벌이기 위하여 예루살렘으로 왔다. 이런 일이 정확히 어느 해에 일어났는지를 확인하기는 불가능하다. 아무튼 그 날은 유월절 직전이었다. 예수는 당나귀에 타고 메시야로서 예루살렘에 입성한 다음 성전의 거룩한 경

내에 나타나 권세있게 설교하였다. 그가 입성하자 열성적인 무리들은 그를 오랫동안 기다리던 메시야적인 왕으로 환호하였고, 그의 말을 듣기 위하여 그의 주변에 몰려들었다.

그러나 예루살렘 제의 공동체의 공식적인 지도자들은 그의 주장에 승복하지 않았다. 그리고 그들은 곧 자신들이 영향력을 이용하여 무리들을 그로부터 떼어놓으려 하였다. 그들은 갈릴리 출신의 이 나사렛 예수 속에서 약속된 메시야의 모습을 볼 수 없었다. 오랜 외세의 지배를 받으면서 장래의 메시야적 왕에 대한 옛 유다 예언자들의 대망(待望)은 정치적 해방자에 대한 소망으로 발전되어 있었다. 그리고 이 땅에서 로마의 지배에 대한 증오심이 커지면 커질수록 이 가증스러운 외세를 몰아낼 메시야적 승리자에 대한 사상은 더욱 더 확고해져 갔다.

이러한 관점에 비추어 볼 때, 나사렛 예수는 그들이 기다리던 메시야일 수 없었다. 그리고 이러한 이분법은 예루살렘의 지도적인 인사들에게 예수의 주장을 거부할 좋은 이유를 마련해 주었다. 왜냐하면 거룩한 전승을 수호하는 자들은 언제나 결정적인 혁신에 대항하여 전승을 옹호하는 경향이 있는 법이기 때문이다. 그러나 나사렛 예수가 메시야, 곧 "그리스도"가 아니라면, 그는 사람들을 유혹하고 속이는 자임에 틀림없다. 그리고 그가 위험스러운 유혹자이자 사기꾼이라면 예루살렘 제의 공동체의 안전과 평화를 위하여 그는 제거되지 않으면 안 된다.

그래서 이 종교 공동체의 안녕을 책임지고 있던 산헤드린은 예수를 고소하였다. 어느 날 밤에 그는 계략에 의해 체포되어 즉시 예루살렘 제의 공동체의 내정을 관할하는 최고 법원인 산헤드린 앞에 끌려갔다. 심문을 하는 동안에 예수는 자기가 메시야이고 구약의 말씀에 따라 하나님의 아들임을 인정하였기 때문에 신성모독죄로 사형을 언도받기에 충분하였다.

당시의 법에 의하면 사형 선고는 로마 총독에 의해 재가되고 집행되도록 되어 있었다. 당시 총독은 예루살렘 제의 공동체의 율법을 침해하였다는 이유로 백성들의 미움을 받고 있던 본디오 빌라도(주후 26-36년)였다. 그는 수많은 백성들이 참가할 유월절 행사를 친히 감시하기 위하여 가이사랴에서 예루살렘으로 방금 올라와서 헤롯이 세운 성의 북서쪽에 있는 왕궁에 머물고 있었다. 산헤드린측 사람들은 예수를 그에게 데려왔고, 무리들은 총독에게 예수에게 사형 선고를 내릴 것을 외치며 모여 있었다. 총독은 이 죄인이 국가에 대하여 끼친 위험성을 그에게 분명하게 설명하느라 애를 쓴 다음에 사형에 처하는 데 동의하였다. 그는 실제로 이 사건의 진상이 무엇인지를 알려고 하지 않았다.

단지 이 사건은 그에게 예루살렘 사람들에게 환심을 사두어서 나중에 그들의 권리를 더욱 침해해도 별 탈이 없을 기회를 제공해 주었을 뿐이다. 유대에서 '사형 집행권'(ius gladii)은 오직 총독에게만 있었다. 그래서 그는 로마 병사들로 하여금 나사렛 예수에 대한 사형 선고를 집행하도록 지시하였다. 이런 경우에 로마군은 흔히 수치스럽고 고통스러운 형 집행 방법인 십자가형을 사용하였는데, 속주들에서 반도(叛徒)들을 처형할 때는 특히 그러했다. 예수는 성문 밖에서 사형집행을 맡은 병사들에 의해 몇 사람의 사형수들과 함께 십자가에 못 박혔다.

예루살렘에 함께 모여 있던 제자들의 작은 무리만이 남았고, 그들은 곧 설교를 통해 복음을 전파하기 시작하였다. 그들의 행위는 그리 중요해 보이지 않았다. 그러나 나사렛 예수를 처형함으로써 이 문제를 매듭지으려 했던 예루살렘 제의 공동체의 지도자들은 이 일을 못마땅해 했다. 그래서 때를 잡아서 예수의 제자들과 그 활동을 억압하는 조치를 취했다. 바리새인의 경건을 지니고 있는 양 행세하던 아그립바 왕도 예루살렘에서 예수의 제자들을 박해함으로써 대중들로부터 인기를 얻고자 하였다.

그는 이 무리의 지도자 중 한 사람이었던 야고보를 어떤 이유에서인지는 모르지만 잡아 죽였고, 또다른 지도자인 시몬 베드로를 감옥에 가두었다(행 12:1 ff.). 나중에 어떤 대제사장은 새로운 총독이 아직 부임해 오지 않아서 총독직이 공석으로 있던 짧은 기간을 틈타 월권행위를 자행하여—사형 집행권은 오직 총독에게만 있었기 때문에—예수의 형제였던 야고보와 예수의 몇

---

25) Cf. Josephus, *Ant. Iud.* XX, 9, I, §§ 200 ff. 이와 관련하여 요세푸스는

몇 제자들을 돌로 쳐 죽였다(주후 62년).[25]

그러나 그밖의 점에 있어서, 이 땅의 여러 곳으로 나가 전도하고, 헬라어를 사용하는 디아스포라 및 지중해 세계 전역에서 전도를 시작했던 예수의 제자들은 처음에 그리 많은 관심을 끌지 못하였다. 이상이 대체로 예루살렘 제의 공동체가 이 사건을 어떻게 보았는가에 대한 서술이다. 예수라는 인물, 그의 말과 행동은 더 이상 이스라엘 역사의 일부를 구성하지 않았다. 오히려 예수라는 인물 속에서 이스라엘 역사는 그 진정한 끝에 도달하게 되었다. 예루살렘 제의 공동체가 예수를 거부하고 단죄한 과정은 이스라엘 역사의 일부에 속하였다.

예루살렘 제의 공동체는 예수가 이스라엘 역사가 은밀하게 지향하여 왔던 목표라는 것을 알지 못했기 때문에 대망의 메시야인 그를 거부하였다. 오직 소수만이 예수와 합류하였고, 그들로부터 새로운 것이 진행되었다. 예루살렘 제의 공동체는 더 중요한 문제라고 생각된 것에 눈을 돌렸고, 이 새로운 운동으로부터는 초연하였다. 그후 이스라엘 역사는 신속하게 그 종말을 향하여 움직여 갔다.

35. 로마에 대한 봉기와 이스라엘의 종말

주후 44년에 새롭게 편성된 행정 속주(procurator province) 유대에서 곧 위험스러운 충돌이 일어났다. 이 땅에서는 점점 사람들이 로마 지배에 대하여 민감해졌고 신경이 곤두서게 되었다. 이미 아켈라오가 제거되고 요단 서편의 중부 및 남부 지역을 다스릴 로마 총독이 가이사랴로 왔을 때, 외세의 지배에 저항하고 그 지배를 종식시킬 목적으로 하나의 당(黨)이 결성되어 있었다. 이 사람들은 스스로를 '열심당'(Zealots)이라 불렀다.

---

[25] "예수 이른바 그리스도"라는 이름을 언급한다.

그들은 오직 한 분 하나님만을 섬겨야 한다는 명령으로부터 구체적인 정치적 결론들을 이끌어내었고, 전승의 약속들을 민족주의적 관점에서 해석하였다. 그들은 외세에게 세금을 납부하기를 거부하고, 맛다디아가 그의 아들들 및 추종자들과 함께 셀레우코스 치하에서 행했던 것과 마찬가지로 하나님 백성의 자유를 위하여 투쟁할 목적으로 무장 봉기를 꿈꾸었다. 그들은 바리새인 출신들이었지만, 바리새인들을 앞뒤가 안 맞고 약한 자들로 규정하였다. 왜냐하면 바리새인들은 전승과 율법을 충실하게 고수하였으면서도 외세를 필요악으로 생각하여 용인하였기 때문이다.

그리고 언제나 세속적인 지배 세력과 영합하여 살기를 선호하여 왔던 사두개파의 태도는 그들이 보기에 더욱 더 비난받을 것이었다. 그들은 폭력이 꼭 필요하다고 인식하였지만, 처음에는 대규모가 아니라 수많은 소규모의 전투들을 벌여서 이 땅을 끊임없는 소요 상태에 놓이게 만들었다. 로마의 총독들이 예루살렘 제의 공동체의 내정에 도발적으로든 단지 경솔해서이든 개입하면 할수록 이 운동을 추종하는 자들은 자연히 더욱 늘어났다.

하지만 주민의 대다수는 이 급진파들과는 동떨어져 있었다. 이 세기의 일삼분기 동안에는 중요한 사건은 일어나지 않았고, 통치자들과 피치자들간의 기존의 관계 아래에서 대체로 꽤 평온한 상태가 유지되었다. 그러나 주후 39년의 지나친 월권행위와 예루살렘 제의에 대한 칼리굴라 황제의 위협적인 간섭은 심각한 위기를 초래할 것처럼 보였다. 그러나 수리아 총독 페트로니우스(Petronius)의 양식 있는 행동으로 인하여 최악의 사태가 벌어지는 것은 막을 수 있었다(cf. p. 536f.). 아그립바 왕이 다스리던 3년 동안(주후 41-44년)은, 비록 그가 황제 덕분에 왕이 되긴 했지만, 독자적인 권력을 행사하고 마치 자신이 예루살렘 제의 공동체의 일원인 것처럼 행동하였기 때문에 평화로운 시기가 되었다. 그러나 그가 죽자 예전의 상황으로 다시 돌아갔다.

요세푸스는 「유대인 전쟁」(Bell. Iud.) 제2권 이하에 이후의 사건들을 자세하게 기록해 놓았다. 그의 기록은 이 시기에 대한 우리의 주된 사료이다. 로마 총독들은 가이사랴에서 이 땅을 지배하였다. 아그립바 왕의 아들인 아그립바 2세는 묘한 지위를 점하고 있었다. 그는 자기 아버지와 마찬가지로 로마에 살았다. 그의 아버지가 죽자 황제 클라우디우스는 그의 나이가 어리다는 핑계로 그에게 아버지의 왕국을 주지 않았다. 그러나 그는 로마에서 좋은 인맥관계를 맺고 있었기 때문에 궁극적으로 이러한 손실에 대한 보상을 받을 수 있었다. 주후 50년에 그는 자신의 삼촌이자 선왕의 형제인 헤롯이 죽은 후에 그가 장악하고 있던 레바논과 안티 레바논 사이의 베카(beka')에 있는 칼키스(현재의 'anjar)라는 작은 왕국을 받았다.

그렇지만 그는 한동안 더 로마에 머물렀다. 얼마 안 있어서 그는 이 작은 영토 대신에 요단 동편의 최북쪽 지역에 있던 빌립의 이전 영지(領地)와 다메섹 북서쪽의 안티 레바논에 있는 아빌레네를 포괄하는 더 큰 왕국을 받았다. 그러나 무엇보다도 그는 칼키스 왕국과 아울러 예루살렘 성전을 감독하고 예루살렘의 대제사장을 임명할 권한을 수여받았다. 그는 이러한 권한을 주후 66년에 봉기가 발발할 때까지 행사하였다. 이것은 예루살렘 제의 공동체 내에서 독립적인 왕의 종주권의 최후의 잔재였고, 황제는 적어도 로마 총독이 어느 정도 예루살렘 성소의 일에서 물러나 있기를 바랐던 이 공동체에 대한 양보의 일환으로 이러한 조치를 취했음이 틀림없다.

아그립바 2세는 여러 번 예루살렘 제의 공동체의 이익을 대변하였다. 그러나 율법을 엄격하게 고수하는 이들은 헤롯가의 사람이 자기 마음대로 대제사장들을 임명하고 해임하는 것을 용납할 수 없었다. 또한 그는 성전의 행정을 특히 훌륭하게 수행하지도 못했다. 더욱이 그는 자기 삼촌인 칼키스의 헤롯의 미망인인 자기 누이 베레니케와 살았기 때문에(cf. 행 25:13) 심한 구설수에 올랐다.

주후 44년까지 초기의 두 총독은 예루살렘 제의 공동체를 사려깊게 다루었기 때문에 그들이 재임하던 기간 동안에는 이 땅은 비교적 평온하였다. 그렇다고 해도 그들은 예루살렘 제의 공동체에 여러 선동가들이 나타나 소요를 일으키는 것을 막을 수는 없었다. 그러나 세번째 총독인 **벤티디우스 쿠마누스**(Ventidius Cumanus, 주후 48-52년) 때에 매우 중대한 사건들이 발생하였다. 유월절을 지키기 위하여 모여든 무리들을 한 로마 병사가 조롱한 사건은 사람들의 커다란 분노를 불러일으켰는데, 이에 대해 총독은 무력으로 대처하였다.

특히 유월절을 지키러 온 한 무리의 갈릴리 순례자들이 사마리아를 통과하는 도중에 사마리아인들에게 습격을 받아 피살되는 사건이 발생하였다. 총독은 사마리아인들로부터 뇌물을 받고 이 사건에 개입하지 않았기 때문에, 한 무리의 열심당원들이 사마리아에 대하여 보복하기 위하여 잔혹한 공격을 감행하였고, 총독은 이 열심당원들에 대하여 군사력을 사용하였다. 예루살렘 제의 공동체는 발칵 뒤집혔고 곧 큰 일이 벌어질 것 같았지만, 우연히 당시에 로마에 가있던 아그립바 2세가 황제 클라우디우스를 설득하여 사마리아인 주모자들을 처형하고, 총독 쿠마누스를 직위해제하게 함으로써 가까스로 위기는 진정될 수 있었다.

후임자는 황제의 총신(寵臣) 중의 한 사람이었던 **안토니우스 펠릭스**(벨릭스)(Antonius Felix, cf. 행 23:24 ff.)였는데, 그는 주후 52년부터 60년까지 총독으로 재임하였다. 그는 얼마 안 되어 곧 백성들의 미움을 샀다. 그의 사생활은 지저분하였다. 그는 세 번 결혼하였다. 그의 부인들 가운데 한 사람인 아그립바 2세의 누이 드루실라(Drusilla, cf. 행 24:24)는 원래 유부녀였는데, 그가 빼앗다시피 하여 자기 부인으로 삼았다. 그는 자신의 직위를 이용하여 온갖 폭정을 자행하였다. 따라서 반로마 감정은 그의 치하에서 급격히 고조되었다. 항상 단검(sica)을 품고 다닌다고 하여 시카리 당이라고 하는 집단이 결성되어, 이 땅은 살인이 횡행하였다.

포르키우스 페스투스(베스도)(Porcius Festus)는 공정하고 의로운 사람이었지만(cf. 행 24:27 ff.) 그의 짧은 재임 기간 동안에 이러한 상황을 바꾸어 놓을 수는 없었다. 그 후임자로 온 뻔뻔스럽고 타락한 알비누스(Albinus, 주후 62-64년) 치하에서 이 땅에서의 부정부패는 더욱 심해졌다. 그 다음으로 부임해 온 총독 **게시우스 플로루스**(Gessius Florus, 주후 64-66년)는 상황을 더욱 악화시켰다. 그는 이 땅을 아주 노골적이고 스스럼없이 약탈하였고 사리사욕을 채우기 위해서라면 강도짓이든 무엇이든 수단 방법을 가리지 않았다.

로마 세력과 이 땅의 주민 사이는 일촉즉발의 상황에 있었고, 단지 조그만 사건만 일어나도 곧 그것은 대규모의 폭동으로 번지게 될 것이었다. 상황이 이렇게 악화된 데에는 로마 총독들의 부패하고 폭압적인 행정가 그 주된 원인이었다고 할 수 있다. 그러나 우리는 이러한 사건들을 주로 요세푸스에 의존하여 알고 있는데, 요세푸스는 이 봉기에 적극적으로 가담하였던 인물이었기 때문에 이러한 봉기가 발발한 데에는 로마 세력의 대표자들이 주로 그 책임이 있다는 것을 보여주고자 하였고, 또 이러한 기준에서 서술 내용들을 선택하였다는 것을 명심하지 않으면 안 된다.

그럼에도 불구하고 그의 기록을 보면, 우리는 로마 세력에 대한 투쟁은 단순히 로마의 개입에 대한 반발로서가 아니라 원천적으로 예루살렘 제의 공동체 속에서 꽤 오랫동안 이미 진행되어 왔다는 것을 분명히 알 수 있다. 열심당원들도 오랫동안 폭력을 사용하여 왔고, 작은 사건들을 통하여 이 땅을 끊임없는 소요 상태에 있게 하였다. 그들은 끊임없이 로마 행정의 대표자들을 공격하고 도전함으로써 그들에게 대응조치 및 보복행위를 할 수 있는 빌미를 주었다. 그러나 갈등은 점점 더 첨예해졌고, 로마 총독들의 폭정(暴政)도 상황을 악화시키는 데 일조를 했다.

여러 세속 권세들의 지배 아래에서 수 세기 동안 비교적 평온하게 살아왔던 예루살렘 제의 공동체는 자신의 생존 자체를 위협했던 안티오쿠스 4세 에피파네스에 의한 박해에 저항한 이래로 이스라엘의 정치적, 민족적 자유를 되찾을 길을 계속해서 찾고 있었다. 이것은 결국 하스모네 왕조, 로마의 피보호자로서 백성들의 미움을 샀던 헤롯 체제를 가져왔다. 이제 비타협적인 집단은 로마의 우월한 세력에 맞선 투쟁을 요구하였다. 이와 같은 요구는 그들이 밟아왔던 길의 당연한 귀결이었으나, 이 투쟁은 이스라엘의 종말을 가져왔다.

대투쟁의 서막(序幕)은 주후 66년에 가이사랴에서 올랐다. 로마 총독이 거주하는 헤롯이 지은 겉보기에 화려한 이 도시에서는 이방인 주민들과 거기 살고 있던 예루살렘 제의 공동체의 구성원들간에 항상 알력이 있었다. 결국 예루살렘 제의 공동체의 구성원들은 공적인 방해와 조롱을 피하여 성경을 갖고 이 도시를 떠날 수밖에 없었다. 이러한 사건으로 인해 그렇지 않아도 심해진 반감은 한층 더 거세어졌다. 얼마 후 주후 66년 5월에, 총독 플로루스(Florus)는 예루살렘에서 폭력적인 행위를 자행하여, 봉기는 폭발 직전에까지 이르렀다. 그는 성전 금고에서 17달란트를 꺼내 갔던 것이다.

이 일로 인하여 총독은 예루살렘 백성들에 의해 공개적으로 조소를 당했다. 그러자 크게 격분한 플로루스는 군사들을 시켜 이 도성의 일부를 마음대로 약탈하도록 시켰고, 마침 예루살렘에 있던 부인 베레니케의 간곡한 만류에도 불구하고 로마 군대는 아주 잔혹하게 닥치는 대로 약탈을 자행하였다. 그후 플로루스는 이 도성의 거민들에게 가이사랴에서 그 성으로 입성하는 로마의 두 보병대를 환영하는 행사를 베풀라고 명령하였다.

이 공동체의 다른 많은 현명한 구성원들과 함께 평온을 유지하고자 애를 쓰고 있던 대제사장은 백성들에게 그 명령을 따르도록 설득하려고 하였다. 그리고 또다시 그는 가까스로 백성들이 그들에게 요구된 굴욕적인 명령을 받아들이게 하였다. 그러나 로마 군인들이 백성들의 환영 인사에 답례를 하지 않자, 백성들은 총독을 욕하며 불만을 터뜨렸고, 군사들은 무력을 사용하였다. 격분한 예루살렘 사람들은 성전 구역을 점령하고, 성전 구역과 로마인의 수중에 있던 안토니아 요새 사이에 있던 연결 통로인 주랑(柱廊)을 헐어 버렸다.

이때에 플로루스는 반도(叛徒)들을 제압할 만한 힘이 없었다. 그래서 그는 가이사랴로 물러갔고 예루살렘에는 한 보병대만 남겨 두었다. 그러는 동안에 아그립바 왕이 예루살렘에 도착하여 대중 연설을 통하여 백성들에게 저항을 포기할 것을 설득하였으나 결국에는 소용이 없었다. 백성들은 몇 가지를 양보할 준비가 되어 있었으나 더 이상 플로루스 총독의 말에 복종할 의향은 없었기 때문에, 아그립바는 목적을 달성하지 못하고 도성을 떠났다.

이제 반도들 세상이 되었다. 그들의 우두머리는 대제사장의 아들 엘르아살이었다. 그들은 사해에 있는 헤롯이 세운 마사다(es-sebbe) 요새를 점령하는 데 성공하였고, 예루살렘에서는 엘르아살의 선동으로 황제를 위해 날마다 드리던 희생제사를 중단하고 이방인들을 위한 그 어떤 희생제사도 받아들이

지 않기로 결정하였다. 이것은 그 정도에 있어서 지금까지 이 땅에서 있었던 크고 작은 중요한 충돌들을 훨씬 넘는 로마 세력과의 완전한 단절을 의미하였고, 이제 남은 것은 생사를 건 투쟁뿐이었다.

    대제사장은 대다수의 제사장들과 보다 냉철한 바리새파의 지도자들과 함께 한 번 더 이번에는 무력으로 반도(叛徒)들을 진압하고자 하였다. 그의 요청에 따라 아그립바는 도성의 일부를 점령하기 위하여 3,000명의 기병을 보냈다. 그러나 이러한 군사력으로도 약하다는 것이 밝혀졌다. 반도들의 주요 거점이었던 성전 구역과 도성 내에서 기나긴 치열한 전투를 벌인 끝에 그들은 헤롯 궁으로 퇴각하지 않을 수 없었고, 결국에는 스스로 명예로운 철군을 하지 않을 수 없었다. 반도들은 심지어 안토니아 요새까지 점령하였다.

    로마 보병대는 헤롯 궁의 북쪽 지역에 있던 요새화된 세 개의 망대로 피신하였다. 결국 그들은 철수해도 좋다는 허락을 받았으나 계략에 걸려 살육되었다. 대제사장도 살해되었고, 그의 궁과 아그립바와 베레니체가 최근에 관저로 사용하여 왔던 하스모네가의 왕궁, 헤롯 궁의 일부도 이미 불에 탔다. 이제 반도들은 예루살렘을 완전히 장악하였다. 이 땅의 다른 여러 곳에서도 피비린내 나는 전투들이 벌어졌는데, 이방 거민과 반도들은 지방에서 상대적으로 우월한 힘을 갖고 있었기 때문에 승리를 거두었다.

    총독 플로루스는 더 이상 사태를 해결할 수 없었다. 그래서 주후 66년 가을에 수리아 속주의 총독 케스티우스 갈루스(C. Cestius Gallus)는 로마의 한 군단과 수많은 지원군을 이끌고 반란을 진압하기 위하여 안디옥으로부터 진격하여 왔다. 그는 해안 평지를 따라 프톨레마이스와 가이사랴를 거쳐 남쪽으로 룻다에 이르기까지 진군한 후에 산지로 올라와 북쪽으로부터 예루살렘 도성에 접근하였다. 그는 북쪽으로부터 이어진 간선도로가 지나가는 예루살렘의 요지(凹地)의 북단 언덕에 있는 이른바 스코푸스(현재의 ras el-mesharif)에 진을 쳤다. 그는 예루살렘의 북쪽 근교를 점령하였으나 성전 구역에 대한 공격은 실패하였다.

    케스티우스는 예루살렘 백성들이 결사적으로 도성을 방어하고 있기 때문에 자신의 군대로는 이 도성을 점령하기에 역부족임을 깨닫고서는 퇴각하였다. 그의 군대는 벧호론(현재의 bet 'ur)의 옛 길에 있는 산지를 내려오던 중에 반도들에 의해 사방에서 기습을 받아 심각한 병력 손실을 입게 되었고 군수물자와 무기를 반도들에게 거의 다 빼앗기고, 케스티우스는 일부 병력만을 이끌고 운좋게 피신하여 안디옥에 겨우 돌아왔다. 반도들은 이 날의 승리로 이 땅 전역을 장악하게 되었다. 예루살렘은 환호성으로 가득찼다.

그러나 이 모든 것은 단지 시작일 뿐이었다. 흔히 그렇듯이 반란은 대단한 열정으로 시작되어 적군이 세력을 모을 때까지는 초기의 전투에서 승리하는 법이다. 바로 지금이야말로 진짜 전쟁을 위한 준비를 시작해야 할 때였다. 이제는 돌이킬 수 없었기 때문에 자신들의 태도에 대한 그 어떤 반대도 용납하지 않았던 예루살렘의 반란 지도자들은 예상되는 반격에 대처하기 위하여 이 땅 전역에 걸쳐 전열을 정비하고자 하였다. 극히 이질적인 거민들로부터 모병하는 일은 부분적으로만 성공할 수 있었고, 열심당의 활동으로 인하여 이 거민들은 대체로 훈련이 되어 있지 않은 상태였다.

게다가 필수적인 전쟁물자와 경험이 전무하였다. 전국은 여러 지구로 나뉘어졌고, 각 지구에는 한 명의 사령관이 배치되었다. 예루살렘과 그 근방 외에도 갈릴리가 중요한 전장(戰場)이 될 것이었다. 왜냐하면 갈릴리는 여전히 예루살렘 제의 공동체에 속한 비교적 단일한 거민으로 구성되어 있었기 때문이다. 맛다디아의 아들 요셉이 갈릴리의 사령관으로 파견되었다. 이 사람이 바로 후대의 역사가인 요세푸스였다.

그는 온건파여서 사태가 극단적으로 진행되는 것을 원치 않았고 결국 적당한 선에서 로마 세력과 타협할 것을 바랐다. 그래서 그는, 상부 갈릴리의 기샬라(Gischala, 현재의 ed-jish)에 거점을 두고 기샬라의 요한이라는 인물이 이끌고 있었던 열심당원들의 반대를 받았다. 이 요한은 요세푸스를 로마에 대한 항쟁에서 반역자로 낙인찍고, 그를 제거하고자 몇 차례 시도하였으나, 요세푸스는 겨우 살해되는 것을 면할 수 있었다. 이러한 내분은 예루살렘 제의 공동체의 내부 사정을 보여주는 한 징후였다.

반도들은 내부적으로 하나가 되어 있지 못했다—그리고 이것은 곧 예루살렘에서도 분명하게 드러날 것이었다. 아직은 보다 신중한 세력이 주도하고 있었다. 그러나 그들 배후에는 극히 급진적인 열심당원들이 포진하고 있었고, 패전이 많아지고 상황이 어려워질수록 이 급진파가 주도하게 될 것은 뻔한 일이었다. 자신의 군대가 야전(野戰)에서는 로마 군단들의 적수가 되지 못하리라는 것을 너무도 잘 알고 있었던 요세푸스는 재빨리 갈릴리의 가장 중요한 성읍들을 요새화하였고, 상당한 규모의 예비군을 모아 훈련을 시켰다. 또한 그는 갈릴리에 특별 행정조직을 세워서 비상시에 갈릴리가 예루살렘과는 별도로 독자적인 질서 속에서 살아갈 수 있게 만들어 놓았다. 예루살렘 및 예루살렘 제의 공동체에 속하는 그밖의 지역들에서도 이와 비슷한 준비들이 이루어졌다.

그러는 동안에 네로 황제는 수리아 총독이 참패를 당하고 우연인지는 몰라도 곧 죽게 된 것을 보고 백전노장 중의 한 사람인 플라비우스 베스파시아누스(T. Flavius Vespasianus)에게 반란을 진압할 임무를 맡겼다. 베스파시아누스는 주후 66-67년 겨울에 전쟁 준비를 하였다. 그는 안디옥에 로마의 여러 군단들과 수많은 지원부대로 이루어진 대군을 집결시켰고, 아울러 자기 아들 티투스(Titus)를 알렉산드리아로 보내어 거기에서도 로마군을 더 이끌고 오도록 하였다. 이 연합군은 프톨레마이스에서 만나기로 되어 있었다. 베스파시아누스는 주후 67년 봄에 거기에 도착하자마자 주로 비이스라엘계 주민들이 살고 있던, 안디바가 건설한 도시인 세포리스(saffurye)로부터 로마 수비대를 보내달라는 요청을 받고 이 중요한 하부 갈릴리 지역을 곧장 점령할 수 있었다.

티투스가 프톨레마이스에 도착하자 베스파시아누스는 로마의 세 군단(제5, 10, 15군단)과 지원부대를 이끌고 프톨레마이스로부터 먼저 갈릴리를 공격하기 시작하였다. 요세푸스군은 로마군이 진격해 온다는 소식만 듣고도 급히 요새화된 성읍들로 후퇴하였기 때문에 평지는 단 한 차례의 싸움도 없이 로마의 수중에 들어갔다. 반도들은 살 엘-바토프(sahl el-battof) 평지의 북쪽에 있는 요새화된 요타파타(현재의 khirbet jefat)로 피하였고, 요세푸스는 방어를 지휘하기 위하여 먼저 머물러 있었던 디베랴를 떠나 거기로 갔다. 따라서 베스파시아누스는 먼저 이 성읍을 정복하는 데 전력(戰力)을 집중시켰다. 이 성읍은 포위되었고, 요세푸스는 그 처절했던 항전을 직접 체험했던 사람으로서 기록하고 있다.

초기에 공격은 실패했으나, 47일 동안의 전투 후에 로마군은 주후 67년 7월에 이 성읍을 함락시켰다. 요세푸스도 동굴로 피신했다. 그는 자결하라는 동료들의 요구를 거부하고 베스파시아누스에게 항복하였고, 관대한 대우를 받아 포로로 있게 되었다. 이 승리 후에 베스파시아누스군은 가이사랴에서 짧은 시간 동안 휴식하였다. 그는 티투스로 하여금 게네사렛 호수 근방에 있는 성읍들인 디베랴와 타리케아(현재의 el-mejdel)[26]를 점령하도록 했다. 디베랴 성읍은 곧 항복했으나, 타리케아는 과감한 기습공격(coup de main)으로 점령되었다. 10월에 요단 동편 땅의 북쪽에 있는 튼튼하게 요새화된 가말라 성읍(현재의 tell el-ehdeb)이 그 용맹스럽고 완강한 저항에도 불구하고 베스파시아누스의 공격을 받고 점령되었고, 이와 동시에 한 로마의 지대(支隊)는 이스르엘 평지에 있는 다볼 산을 점령하였다.

끝으로, 티투스는 기샬라의 요한이 마지막 순간에 한 무리의 추종자들과 함께 피신한 후에 열심당의 거점인 기샬라(ed-jish)를 금방 취할 수 있었다. 이제 갈릴리 전역이 로마군의 수중에 떨어졌고, 주후 67-68년 겨울에 베스파시아누스군은 겨울 막사로 이동할 수 있었다. 제5군단과 제15군단은 가이사랴에, 제10군단은 스키도폴리스(besan)에 겨울 막사를 정하였다. 이제 예루살렘에서의 결전이 점점 다가왔다.

예루살렘에서는 몰지각한 내분이 일어나고 있었다. 갈릴리에서 패함으로써 이제까지 봉기를 주도해 왔던 지도부의 위치는 약화되었고 급진파가 득세하게 되었다. 티투스로부터 도망쳐 나온 기샬라의 요한은 자신의 추종자들과 함께 예루살렘으로 와서 산헤드린을 비판하였다. 열심당원들은 성전 구역을 점령하였으나, 이미 반대자들을 많이 숙청한 바 있던 이 광분한 자들에게

---

[26] 디베랴에서 북서쪽으로 3마일 가량 떨어진 호반에 있는 이 곳의 본래 이름은 Magdala였다. 이 이름은 현재의 지명에 보존되어 있고 신약, 특히 막달라 마리아라는 이름─이 이름의 두 번째 부분은 그녀의 출신지를 나타낸다─을 통해 잘 알려져 있다

자신들을 맡기기를 원치 않았던 거민들로 인하여 곤경에 처하게 되었다. 그래서 열심당원들은 이두매에 도움을 요청하였고, 그들을 도우러 진군해온 이두매인들 덕분에 예루살렘의 대적들을 압도하고 그들 중 많은 수를 죽이고 이 성에서 절대적인 권력을 획득할 수 있었다.

거짓된 구실로 동원되었던 이두매인들은 이런 결과를 원하지 않았기 때문에 다시 물러갔다. 이 땅의 다른 지역들에서도 대체로 열심당원들이 온건파를 누르고 세력을 장악하였다. 초기의 기독교 공동체가 예루살렘을 떠나 이 봉기의 영향권 밖에 있었던 요단의 중부 계곡의 동쪽 데가볼리에 있는 성읍인 펠라(khirbet fahil)의 영토로 간 것은 바로 이때쯤이었을 것이다.

베스파시아누스는 반군이 예루살렘에서의 내분으로 약화되어 가는 모습을 조용히 지켜 보았다. 주후 68년 봄에 그는 예루살렘 근방의 반란 지역들을 복속시켰다. 남쪽 깊숙한 곳에 있던 튼튼한 마케루스 요새(khirbet el-mukawer)를 제외한 베뢰아의 전 지역이 점령되었다. 그도 친히 해안 평지를 따라 가이사랴로부터 남쪽으로 이동하여 해안 평지와 유다의 구릉지대에 있는 반란 지역들을 점령한 후 이두매로 갔다. 그는 해안 평지를 거쳐 다시 북쪽으로 진군하여 사마리아를 통해 요단 계곡으로 접근해서 여리고를 점령하였다. 이로써 예루살렘의 영향권 안에 있던 모든 지역이 점령되었고, 이제 베스파시아누스는 예루살렘 전투에 전력을 집중할 수 있었다. 그가 이를 위한 준비에 몰두하고 있을 때, 네로 황제가 죽었다는(주후 68년 6월 9일) 소식이 가이사랴에 있던 그에게 들려 왔다.

베스파시아누스는 로마에서 진행되는 상황의 추이를 지켜보기로 하고, 반도들에 대한 전투를 일단 중단시켰다. 반도들은 몰지각한 동족상잔의 내분을 통해 자신들의 힘을 더욱 소진시켜 가고 있었다. 시몬 바르 기오라(Simon bar Giora)라는 산적 두목이 로마군이 미처 점령하지 못한 지역들을 휩쓸고 다니면서 약탈을 자행하였고, 마침내 예루살렘을 장악하려는 목적으로 이 도성에 있던 열심당원들을 공격하였다. 예루살렘인들은 기샬라의 요한의 폭정(暴政)에 넌더리가 나 있었기 때문에 시몬 바르 기오라를 성으로 받아들였다. 기샬라의 요한이 이끄는 열심당원들은 성전 구역으로 물러갔고,

시몬 바르 기오라는 이 도성의 나머지 지역을 다스렸다(주후 69년 봄).

주후 69년 6월에 베스파시아누스는 로마의 상황이 일단락되었다고 보고 예루살렘에 대한 공격을 다시 준비하였다. 로마에서는 네로가 죽자 갈바(Galba)가 보위에 올랐으나 주후 69년 1월 15일에 살해되었다. 이제 최고의 권력을 장악한 것처럼 보였던 오토(Otho)가 황제가 되었다. 따라서 이러한 로마의 사태에 따라 유다인들에 대한 공격은 다시 연기되었다. 게르만 군단들은 하부 게르마니아의 총독인 비텔리우스(A. Vitellius)를 경쟁적으로 황제로 추대하였다. 이 소식이 오리엔트로 전해지자, 오리엔트에 주둔해 있던 군단들도 어떤 행동을 취하지 않으면 안 된다고 생각하여, 주후 69년 7월 1일에 베스파시아누스를 이집트의 황제로 선포하였고, 곧 이어 팔레스타인과 수리아의 황제로 선포하였으므로, 눈 깜짝할 사이에 그는 오리엔트 전체를 다스리는 황제로 인정을 받게 되었다.

주후 69년 12월 20일에 비텔리우스가 로마에서 살해된 후 최종적으로 로마에서도 승리를 거둔 베스파시아누스는 주후 70년 여름에 로마로 가서 보위를 둘러싼 문제에 몰두하였다. 팔레스타인의 반도를 진압하는 임무를 이어받아 완료할 책임은 그의 아들 티투스에게 맡겨졌다. 따라서 주후 69년은 아무 일 없이 지나갔다.

티투스는 주후 70년 봄에 예루살렘에 대한 공격을 재개하였다. 그에게는 4개 군단과 수많은 지원부대들이 있었다. 그는 자기 아버지의 세 군단, 즉 제5군단, 제10군단, 제15군단 외에도 제12군단을 휘하에 두었다. 제5군단은 엠마오(˒amwas)에서, 제10군단은 여리고에서 출정하였다. 그 자신은 제12군단과 제15군단을 이끌고 가이사랴에서 올라와 북쪽으로부터 접근하여 유월절 직전에 성밖에 모습을 나타내었다. 그는 예루살렘 북쪽 스코푸스 산에 진을 쳤다. 이 성의 북쪽은 공격하기에 최고로 좋은 곳이었다. 왜냐하면 이 성의 그밖의 다른 부분들은 계곡의 다소 가파른 능선을 따라 성벽들이 우뚝 세워져 있었기 때문이었다. 그렇지만 북쪽도 다른 세 방면에 못지 않게 튼튼하게 요새화되어 있었는데, 이에 관해서는 요세푸스가 잘 알려주고 있다.

북동쪽 모퉁이에 있던 특히 잘 요새화된 성전 구역—그 북쪽에는 안토니아 요새가 있었다—으로부터 서쪽으로 헤롯 궁까지 하나의 성벽이 이어져 있었다. 이 성벽은 하스모네 왕조 시대에 이 도성의 거주 지역을 성전 담의 북쪽에 있던 좁은 동쪽 언덕에서 보다 널찍한 서쪽 언덕까지 넓히면서 축조되었다. 그 앞쪽으로는 안토니아 요새에 접하여 그 곳으로부터 앞에서 언급한 북쪽 성벽—그 정확한 위치는 오늘날 알 수 없다—의 한 지점까지 이어져 있는 두번째 성벽이 있었다. 이 두번째 성벽이 언제 축조되었는지는 확실하게 알려져 있지 않다.

좀더 북쪽으로는 아그립바 1세가 축소하다가 완성하지 못한 거대한 성벽이 있었다. 도성의 최북쪽의 새로운 지역을 둘러싸고 있던 이 성벽은 비상시에 방어용으로 사용할 수 있는 설비가 갖추어져 있었다. 따라서 티투스군은 비록 강하긴 했지만 어려운 과제에 직면하게 되었다. 로마군이 진격해 오는 상황에서 예루살렘 성에서는 유월절 기간 동안에 여러 당파들간에 피비린내 나는 충돌이 벌어졌었다. 그러나 로마군의 공격이 시작되자, 모든 당파들은 힘을 합쳐 성을 방어하기로 결정하였다. 북쪽 전선은 서쪽 지역은 시몬 바르 기오라가, 성전과 안토니아 요새 근처인 동쪽 지역은 기샬라의 요한이 맡았다. 이들은 결사항전으로 도성을 수호하였다. 항복하라는 요구는 일언지하에 거절되었다.

그리고 처음에 로마군은 적군의 기습 출격으로 밀리기도 했으나 오랜 공성(攻城) 경험에서 축적한 온갖 포위 공격 기법들을 사용하여 이 도성을 공략하기 시작하였다. 그럼에도 불구하고 로마군은 한 번에 하나의 성벽을 뚫고 도성의 한 부분만을 점령할 수 있었다. 그들은 비교적 신속하게 최북쪽의 성벽을 파성퇴(破城槌)로써 뚫고 들어가 이 지역을 장악하였다. 그리고 곧 이어 두번째 성벽도 한 차례의 실패 후에 마침내 뚫리고 말았다.

그러나 안토니아 요새와 성전 구역에 대한 공격으로 침략자들은 그렇게 신속하게 앞으로 나아갈 수 없었다. 두 진영 모두 완강하게 저항하였다. 굶주림과 전염병에도 불구하고 도성의 지도자들은 항복은 생각조차 하지 않았고, 로마군의 공격이 재개되었을 때 이미 유월절을 지키러 예루살렘에 올라

온 사람들로 인하여 그 수가 많이 불어나 있었던 거민들을 가혹하게 다스렸다. 티투스는 도성을 탄탄한 공성용 누벽(攻城用 壘壁)으로 둘러쳐서 성과 외부의 모든 연락을 차단하였다. 그는 성에서 탈출하여 나온 사람들을 성에서 잘 보이는 장소에서 능지처참하거나 십자가에 못 박아 죽였다.

이제 그는 튼튼한 안토니아 요새에 누벽을 쌓아 공격을 시작하였다. 몇 차례의 시도 끝에 그는 마침내 주후 70년 7월에 안토니아 요새에 침투하여 점령하는 데 성공하였다. 그는 요새의 설비들을 부수고 바로 성전 구역의 모퉁이에 서 있었다. 그는 이제 매일의 희생제사가 중단된 성전을 손상시키지 않고자 하였다. 그러나 순순히 항복하라는 요구는 거부되었다. 따라서 티투스는 이 거룩한 구역에 대한 공격을 시작하지 않을 수 없었다.[27] 강력한 요새 설비들로 인하여 처음 몇 차례의 시도들이 실패하자, 티투스는 여러 문들에 불을 질렀다. 그의 의도와는 달리, 이로 인해 성전 건물 근방에 불이 옮겨 붙었고, 요란한 함성과 함께 로마군은 성전 구역에 진입하여 닥치는 대로 살육하였다.

티투스도 재빨리 저 유명한 성소와 지성소에 들어갔다. 이렇게 하여 헤롯이 세운 성전 건물은 화염에 휩싸이게 되었다. 이 일은 주후 70년 8월에 일어났다. 중앙 성소가 파괴됨으로써 예루살렘 제의 공동체는 그 실질적인 중심을 상실하였다. 로마군은 그들의 군기(軍旗)를 세우고 그것들 앞에서 제사를 드렸다. 그러나 아직 성 전체가 점령된 것은 아니었다. 기샬라의 요한은 한 무리의 열심당원들과 함께 성전 구역을 빠져나와 서쪽 언덕에 있는 이른바 '윗성'으로 피하였다. 최후의 저항군들은 튼튼한 망대들을 갖춘 헤롯궁으로 피신하였고, 티투스는 다시 한번 포위 공격을 시작하지 않으면 안 되었다. 로마군이 마침내 그들의 공성 기술을 이용하여 담벽들을 뚫고 이 마지막 보루(堡壘)로 들어감으로써 저항은 완전히 끝이 나고 말았다(주후 70년 9월).

최후의 저항군은 몸을 피하고자 하였다. 승리자들은 자기들에게 그토록

---

27) AOB², No. 509에 나오는 도판들을 참조하라.

완강하게 저항하였던 이 도성에서 무차별한 살육과 약탈을 자행하였다. 도성은 완전히 파괴되었다. 헤롯 궁 옆에 있는 서쪽의 성벽 일부와 헤롯 궁의 튼튼한 세 개의 망대만이 외로이 서있었다. 로마 수비대는 거기에 진을 쳤다. 승리자들에게 생포되어 포로가 된 반란 지도자들인 기샬라의 요한과 시몬 바르 기오라는 한 무리의 특별히 선택된 포로들과 함께 개선 행진에 사용되기 위하여 로마로 끌려갔다.

이듬해에 대장군(Imperator) 티투스는 개선 행진을 통하여 로마인들에게 예루살렘에 대한 자신의 혁혁한 승리를 과시하였다. 로마에 세워진 티투스의 개선문은 아직도 예루살렘을 정복한 것에 대한 그의 자부심을 증언해주고 있다. 이 개선문의 도면들을 보면, 그가 승리자의 전리품을 전시하기 위하여 불타는 성전에서 귀중한 기명(器皿)들을 가져왔음을 분명하게 알 수 있다.

예루살렘의 점령으로 전쟁은 일단락되었으나 봉기가 완전히 끝난 것은 아니었다. 세 곳의 요새가 아직도 반군의 수중에 있었다: 헤롯이 세운 요새들인 헤로디움(jebel ferdes), 마사다(es-sebbe), 마케루스(khirbet el-mukawer). 티투스는 제10군단을 수비대로 주둔시키고 유대 총독으로 하여금 이 문제를 처리하도록 맡겼다. 예루살렘에서 전투를 하는 동안에, 총독 베툴레누스 케리알리스(S. Vettulenus Cerialis)는 제5군단의 지휘관이었다.

예루살렘이 함락된 후 그의 후임자로 루킬리우스 바수스(Lucilius Bassus)가 부임하였다. 그는 아직 반군의 수중에 남아 있던 요새들을 점령하러 나섰다. 헤로디움 요새는 이렇다 할 싸움도 해보지 못한 채 그의 수중에 들어온 것으로 보인다. 그는 베뢰아 남쪽 지역, 사해 동쪽에 있는 마케루스 요새를 한동안 포위하여야 했다. 결국 저항군은 자유롭게 후퇴하도록 해주겠다는 약속을 받고 항복했고, 실제로 그 약속은 이행되었다.

이제 마사다만이 남았다. 바위 위에 지어진 이 높은 요새는 주후 66년에 엘르아살이라는 갈릴리인의 지휘 아래 한 무리의 열심당원들이 점령하였었다. 그들은 이 곳을 거점으로 주변 지역을 약탈하였다. 마사다는 점령하기가 가장 어려운 요새였다. 루킬리우스 바수스는 결국 이 요새를 점령하지 못하고 주후 72년에 죽었다. 이 임무는 그의 후임 총독인 플라비우스 실바(L. Flavius Silva)에게 넘겨졌다. 그는 이 험준한 요새를 점령하기 위하여 로마의 온갖 공성 기술을 동원하지 않을 수 없었다. 그는 이 요새를 완벽한 누벽(circumvallatio)으로 둘러 쌓았다.

그런 다음에 그는 바위에 높이 솟아 있는 요새를 둘러싸고 있는 성벽으로 파성퇴(破城槌)를 옮기기 위하여 거대한 보(堡)를 쌓았다. 사해의 서쪽 연안의 남쪽 지역에 있는 불모지대 마사다에는 로마가 이 요새를 공격하면서 쌓았던 이러한 구조물들의 유적이 오늘날까지 상당히 좋은 상태로 보존되어 있다. 누벽(circumvallatio)이었던 돌로 된 성벽은 오늘날도 거의 끊어지지 않은 상태로 보존되어 있고, 로마군이 막사로 사용하였던 여덟 개의 구조물들의 주춧돌과 담벽은 여전히 광범위한 지역에 걸쳐 남아 있는데, 두 개의 큰 막사는 한 군단이, 여섯 개의 작은 막사는 지원부대들이 사용한 것들이다. 웅장한 구조물인 거대한 보(堡)는 아직까지 분명하게 그 모습을 식별할 수 있다.[28]

이러한 군사시설들을 계획하는 데에는 상당한 시간이 필요하였다. 실바는 주후 72년 여름에 마사다에 대한 공격을 시작했던 것으로 보인다. 그러나 주후 73년 봄이 되어서야 보(堡)의 도움을 받아 파성퇴(破城槌)를 성벽에까지 옮길 수 있었다. 그러는 동안에 저항군은 원래의 성벽 뒷쪽에 있던 보(堡) 자리에 두번째의 성벽을 세울 시간적인 여유를 가졌기 때문에 원래의 성벽이 파성퇴(破城槌)에 의해 무너지자 두번째 성벽에 의지하여 저항을 계속할 수 있었다. 그후 포위군은 그 성벽에 불을 지르는 데 성공하였다. 요새에 대한 공격은 다음날로 예정되어 있었다.

저항군들은 성벽이 불타는 것을 보고 자신들이 졌음을 깨닫고 요새에 있던 헤롯 궁에 방화한 후 그 궁에서 모두 자결하였다. 오직 두 명의 여인과

---

28) 이 모든 유물들은 A. Schulten, 'Masada. Die Burg des Herodes und die römischen Lager' ZDPV, 56 〔1933〕, pp. I-185, Plates 1-14 and Plans I-XXVIII에 정확하게 기록되어 있다.

다섯 명의 어린아이들만이 피신하여 이 소름끼치는 비극에서 살아남을 수 있었다. 로마군이 다음날 이 요새를 뚫고 들어갔을 때 아무런 저항도 받지 않았고 단지 한때 위용을 자랑했던 헤롯 궁의 잿더미 속에서 수없이 나뒹구는 시체들만을 볼 수 있었을 뿐이었다. 이것이 오랜 세월 동안 수행되었던 로마 지배에 대항한 봉기의 종말이었다.

이에 앞서 베스파시아누스는 이미 이 땅을 재편하였다. 네로는 행정속주 유대를 그에게 주었고, 베스파시아누스는 유대라는 공식 명칭을 그대로 유지한 채 하나의 제국 속주로서 유대 땅을 다스려 왔었다. 이전처럼 총독들은 가이사랴에 상주하였고 이와 동시에 이 땅에 수비대로 남아서 예루살렘의 폐허와 그 근방에 주둔하고 있던 제10군단 프레텐시스(Legio X Fretensis)의 군단장(legate)을 맡고 있었다. 이전 거민들 가운데 남은 자들은 폐허가 된 도성에서 로마 병사들과 나란히 살았다. 시간이 흐르자 유대인 기독교 집단들을 비롯한 새로운 거민들이 그들에게 합류하였다. 옛 세겜 성읍 자리에는 황제 이름을 따라 플라비아 네아폴리스(현재의 nablus)라는 로마 식민지가 세워졌고, 거기에는 이방인들이 주로 거하였다. 베스파시우스는 엠마오(amwas)에 800명의 퇴역 군인들에게 땅을 주어 정착시켰다. 이제 예루살렘 제의 공동체의 구성원들은 이전의 성전세 대신에 주피터 카피톨리누스(Jupiter Capitolinus)를 위하여 유대세(fiscus Judaicus)를 내야 했다.

그밖의 점에 있어서는 예루살렘 제의 공동체의 중요한 내정에 로마인들은 공식적으로 개입하지 않았다. 이 공동체는 계속해서 로마 제국의 종교 칙령(religio licita)의 보호를 받았다. 그러나 이제까지 일어난 사건은 사실 궁극적이고 결정적인 의미를 지니고 있었다. 중앙 성소는 파괴되었고 중건될 가망은 없었다. 거룩한 곳은 더럽혀졌고, 어떠한 희생제사 의식도 거기에서 드려질 수 없었다. 제사장직도 더 이상 존재하지 않았다. 고국에서조차도 디아스포라들 사이에서 가능했던 것 이상으로는 공적 예배를 드리거나 과거의 전승들을 계발하는 것이 불가능하였다. 그럼에도 불구하고 아직도 많은 부분이 가능하였다.

오래 전부터 디아스포라들 및 고국에서 중앙 성소와는 별도로 회당 예배 및 율법에 대한 준수가 일정한 형태로 발전되어 왔다. 예루살렘 성전이 없어진 후에도 이런 것을 보존하는 것은 가능하였다. 오랫동안 바리새인들의 율법주의적인 경건과 성소와 결부된 사두개파 제사장들의 종교는 일정한 대비를 이루고 있었다. 이제 주도권은 바리새인들에게 넘어갔고, 그들은 대재난을 겪은 후에 고국에서 율법을 중심으로 예루살렘 제의 공동체의 남은 자들을 조직하였다.

야파(yafa) 남쪽 해안 평지에 있는 얌니아 성(현재의 yebna)이 예루살렘을 대신하여 회합 장소로 쓰였다. 새로운 최고 회의체가 거기에서 구성되었다. 과거에는 제사장 귀족들과 나중에 바리새인 지도자들이 합류한 예루살렘의 산헤드린은 정치 문제에 있어서 어느 정도 주도권을 쥐고 있었다. 이제 그것은 끝장이 났다. 얌니아의 최고 회의는 바리새파 서기관들인 72명의 "장로들"로 구성되었다. 그 임무는 율법을 권위있게 해석하고 적용하는 일이었다. 또한 이 최고 회의는 법원의 역할도 하여 내부 문제들에 대하여 결정들을 내렸고, 아마도 형사범의 경우에도 형의 선고를 하였던 것 같다. 로마 세력은 이 법원을 그대로 놔두었다. 그리고 이 법원은 로마 관리들의 사법권을 침해하지 않도록 각별히 조심하였을 것이다.

이 최고 회의의 명성은 급속히 높아졌고, 그 결정들은 디아스포라들에게서도 받아들여졌다. 이 최고 회의의 의장은 구약, 특히 에스겔서에 나오는 장래를 위한 설계로부터 전해온 "왕"(ruler)[29]이라는 직함을 지녔다(겔 40-48장). 곧 그는 커다란 명예를 얻게 되었다. 이렇게 해서 시간이 지나면서 몇몇 유명한 유력인사들에 의해 표현된 학식있는 랍비 전승이 시작되었다. 요하난 벤 자카이(Jochanan ben Zakkai)가 첫 인물이었다. 예루살렘의 재난 이후에 그는 새로운 상황 전개에 결정적인 영향을 미쳤다. 그밖에도 유명한 랍비들이 등장하였는데, 특히 가말리엘 2세를 들 수 있다.

예루살렘에서 제의가 중단된 후에 전통적인 성경은 이전보다 더욱 유일한 토대가 되었다. 랍비들은 주로 성경 연구에 몰두하였다. 이제 회당의 정

---

29) 히브리어로 נשיא.

경은 그 전통적인 세 부분으로 확고하게 정립되었고, 진정하고 권위있다고 생각되지 않는 것들은 모두 거부되었다. 정경의 확정된 본문을 꼼꼼하게 보존하고 연구하는 일에 특별한 주의가 기울여졌다. 헬라-로마 세계의 기독교인들의 성경으로 사용되었지만 그 범위 및 본문이 랍비들의 엄격한 요구사항들에 부합하지 않았던 헬라어 역본인 칠십인역을 대체하기 위하여 새로운 헬라어 번역들이 헬라어를 사용하는 디아스포라를 위하여 이루어졌다. 때로 이 새로운 역본들은 권위있는 히브리어 정경을 맹목적으로 추종하기도 하였다. 전승 및 새로운 결정들을 토대로 한 랍비들의 주석 작업은 글로 기록되어 새로운 책들로 편찬되었다.

이것은 이스라엘 역사에 속하지 않는 것이기 때문에 여기에서 장황하게 얘기할 필요는 없을 것이다. 이러한 일들을 통해 유대교가 새로운 모습을 띠고 등장하였다. 물론 유대교는 이미 디아스포라 속에서 오래 전부터 시작되어 지속적인 발전을 거듭해 왔다. 그러나 이와 같은 새로운 상황에서 유대교는 특별하고도 영속적인 형태를 갖게 되었다. 예루살렘 제의 공동체는 이제 존재하지 않았다. 이 공동체는 정치적 독립을 상실한 후 생겨나서 이스라엘이 계속해서 존재해 온 모습이었다. 무엇보다도 이 공동체는 고국 땅에 남아 있던 이스라엘 지파들에 속한 사람들을 하나로 묶어 놓았다. 흩어진 사람들은 그 외곽에 살면서 세월이 흐름에 따라 점차 중요하게 된 디아스포라를 형성하였다.

그러나 팔레스타인에 있는 옛 이스라엘은 계속해서 이 예루살렘 제의 공동체의 진정한 중추를 이루고 있었다. 하지만 사실 이 중추는 점점 더 강도 높게 손상되어갔다. 그러나 이스라엘은 여전히 존재하였고, 다윗 성 예루살렘은 그 중심지 역할을 하고 있었다. 자기 마음대로 이 예루살렘 성소를 파괴한 자는 그 누구라도 옛 이스라엘 지파 영토 전역에 걸쳐 저항을 불러 일으켰다. 안티오쿠스 4세 에피파네스는 톡톡히 대가를 치르고 이 교훈을 배웠다.

그리고 안티오쿠스에 대한 저항운동으로부터 생겨난 하스모네 왕조는 비록 만족스럽지 못한 방식으로 진행되고 지속적인 성공을 거두지는 못하였지만 어쨌든 이스라엘을 다시 한번 과거의 왕정 시대 같은 정치적 독립으로 이끌 수 있었다. 비록 엄청나게 왜곡된 형태이긴 하지만 그래도 주후 66-70년의 봉기에서도 이 동일한 이스라엘은 로마 총독에 의해 유린된 성소를 수호하기 위한 싸움에 다시 나섰다.

그런데 이제 예루살렘은 로마 군단의 수비 지역이 되어 있었다. 그리고 저항의 구심점이었던 성소도 이제 없었다. 과거의 의미에서의 중심지는 더 이상 존재하지 않았다. 최고 회의가 있는 얌니아(Jamnia)는 실제로 예루살렘을 대신할 수는 없었다. 최고 회의는 다른 어디에서도 회합을 가질 수 있었다. 최고 회의의 권위는 특정한 장소가 아니라 오직 꼭 필요한 결정들을 내리는 랍비들의 인품의 무게와 결부되어 있었다. 따라서 고국과 디아스포라 간의 차이는 사라졌고, 이제까지 예루살렘 편으로 기울었던 성향도 없어졌다.

모든 점에서 팔레스타인에서의 삶과 디아스포라의 삶은 다를 것이 없었고, 이것은 주후 66-70(73)년에 일어난 무시무시한 대량살육 이후에는 더욱 그랬다. 이제 예루살렘은 고국의 상징이 아니었다. 디아스포라 외에는 아무것도 없었다. 고국에서의 삶은 이제까지 디아스포라가 살아 왔던 삶과 다를 바가 없었다. 이렇게 해서 이스라엘은 존재하기를 그쳤고, 이스라엘 역사는 끝장이 났다.[30]

그럼에도 불구하고 사람들이 이 모든 것을 깨닫는 데에는 좀 시간이 걸렸다. '이스라엘의 회복'에 대한 소망이 여전히 남아 있었다. 주전 587년의 파국 후의 상황도 이와 비슷하지 않았던가? 그후 성전은 다시 중건되고 예루살렘 제의 공동체는 그 성전을 구심점으로 다시 모이지 않았던가? 이런 일이 다시 일어나지 않으리라는 법이 있는가? 구약에는 이 세상의 권세를 끝장낼 하나님의 최종적이고 영광스러운 개입에 관한 약속들이 나와 있지 않은가? 당시에 예언들은 그러한 역사적 이스라엘의 회복이라는 관점에서 재해석되었

---

30) 이하의 서술에 대해서는 cf. H. Bietenhard, Die Freiheitskriege des Juden unter den Kaisern Trajan und Hadrian und der messianische Tempelbau' Judaica, 4 [1948], pp 57-77, 81-108, 161-185.

다. 수많은 사람들이 죽고 이역 땅으로 뿔뿔이 흩어졌지만, 여전히 이 땅에는 그러한 회복의 토대가 될 수 있는 과거의 예루살렘 제의 공동체의 구성원들이 많이 남아 있었다. 이렇게 이스라엘을 회복하려는 후속적인 봉기가 실제로 다시 일어났다. 따라서 이 후속편은 이미 끝이 난 이스라엘 역사의 부록인 셈이다.

이때까지 주요한 사료였던 요세푸스의 기록이 주후 73년에서 끝나고 있기 때문에 그후에 일어난 사건들에 관해서는 자료들이 많지 않다. 로마 황제들은 이미 제국 내의 실세가 되어 버린 유대교에 기회가 될 때마다 관심을 가졌다. 대체로 플라비아누스가의 황제들은 유대교를 탐탁치 않게 여겼는데, 이는 유대 땅에서의 대규모 봉기로 수많은 로마인들이 목숨을 잃었다는 것을 생각할 때 당연한 일이다. 하지만 그 자세한 내용을 기록해 놓은 자료들은 없다. 아마도 트라야누스(주후 98-117)도 유대교를 박해하는 여러 조치들을 시행하였던 것 같다. 어쨌든 그의 치세 하에서 대규모 유대인 봉기들이 특히 디아스포라를 중심으로 일어났다.[31]

트라야누스가 치세 말기인 주후 115년에 메소포타미아의 바대인들을 정벌하기 위하여 원정에 나섰을 때, 구레네, 이집트, 구브로, 그리고 심지어 메소포타미아 전선 후방에 있던 유대인들도 폭동을 일으켰다. 특히 구레네에서는 유대인들이 한동안 이방 거민들을 잔혹하게 학살하였으며, 구브로에서도 대량 유혈극이 벌어졌다. 트라야누스는 이러한 폭동을 진압하고 반도들을 무자비하게 처형하였다.

실제로 유대교 역사의 한 페이지를 장식하는 이러한 소요들과 관련하여 가장 흥미로운 대목은, 곧 이어 하드리아누스 치세 때에 일어나게 될 봉기의 전주곡이라 할 수 있는 소요들이 팔레스타인에서도 동시에 일어나지 않았는가 하는 점이다. 트라야누스가 메소포타미아에서 유대인 반도들을 무자비하게 진압한 직후에 유대 땅의 질서를 바로잡기 위하여 마우레타니아인

---

31) 이것에 관하여 우리가 아는 것은 랍비 문헌들에 여기저기 암시되어 있는 것들을 제외하고는 Dio Cassius (LXVIII, 32)와 후대의 것인 Eusebius(*Hist. eccl.* IV, 2)에 나와 있는 것이 전부이다.

(Mauretanian) 장군 루시우스 키에투스(Lusius Quietus)를 유대 총독으로 임명하였다는 사실을 보면, 이런 가능성도 배제할 수 없다. 그러나 이에 대한 확실한 기록은 없다.[32]

최후의 대규모 봉기는 하드리아누스(주후 117-138) 치하에서 일어났다. 확인할 수 있는 모든 자료들을 통해 볼 때, 이 봉기는 주후 66-70년의 사건들과 비견될 수 있는 규모의 사건이었다. 그러나 후자의 사건에 대해서는 요세푸스가 자세한 기록을 남겼는데 반해, 하드리아누스 치하의 봉기에 관한 자료는 디오 카시우스(Dio Cassius, LXIX, 12-14)와 유세비우스(Hist. eccl. LV, 6)에 나오는 짧막한 말들과 그밖에 드문드문 흩어져 있는 자료들뿐이다. 아주 광범위하게 확산되었고 수 년 동안 지속되었던 이 엄청난 봉기가 일어난 원인에 대해서도 사료들마다 다르기 때문에, 이 봉기가 일어난 원인조차도 우리는 확실히 알 수 없다.[33]

디오 카시우스는, 예루살렘의 폐허 위에 엘리아 카피톨리나(Aelia Capitolina)라는 로마식 도시가 서고, 과거의 성전 터에 주피터 신전이 들어서자, 아직도 거룩하게 생각된 땅에 이방적인 삶과 이방 제의가 생겨나는 것에 분노한 유대인들이 무장봉기를 한 것이라고 말한다. 디오 카시우스에 의하면, 엘리아 카피톨리나가 세워진 것은 하드리아누스가 주후 129년에 오리엔트를 방문한 것과 연관이 있다고 한다. 하드리아누스는 먼저, 주후 106년에 트라야누스 치하에서 재편된 수리아와 아라비아 속주를 방문한 후, 주후 130-131년 겨울에 이집트로 갔다가 주후 131년에 수리아로 돌아왔다. 유대인들은 황제가 자기네 땅 또는 그 근방에 있는 동안에는 자제하면서 준비하고 있다가 황제가 떠나자 마침내 봉기하였다.

그러나 스파르티아누스(Spartianus, Hadr. 14)는 유대인들이 봉기한

---

32) 팔레스타인에서 일어났던 것으로 보이는 "키에투스 전쟁"(war of Quietus)에 대한 랍비들의 암시적인 언급들에 대해서는 cf. E. Schürer, *Geschichte des jüdischen Volkes*, I (4,3 1901), pp. 667 f. (E. T. T² (1898),p. 286); H. Bietenhard, op. cit. pp. 69 ff.
33) 자세한 논의는 H. Bietenhard, op. cit. pp. 85 ff.와 F. -M. Abel, *Histoire de la Palestine*, II (1952), pp. 83 ff.를 참조하라.

것은 황제가 할례를 금하는 영을 내렸기 때문이라는 식으로 말한다. 이것은 하드리아누스가 이미 도미티아누스가 내린 거세(去勢) 금지령을 더 엄격하게 개정하여 할례도 거세의 일종으로 간주하였다는 사실과 연관이 있다. 이것은 황제 안토니누스 피우스(Antoninus Pius, 주후 138-161년)가 칙령을 내려 유대인들에게 할례를 다시 허용하였는데, 그 문구에 따르면 여전히 유효한 거세 금지령에서 유대인의 할례를 제외한다는 것으로 되어 있다는 사실로부터 유추해 볼 수 있다.[34]

문제는 이와 같이 서로 다른 기록들을 어떻게 평가하느냐 하는 것이다. 이러한 황제들이 내린 조치들은 반역한 유대인들에 대한 싸움에서 생겨난 결과이거나 그들의 반란에 대한 처벌로 이해되어야 하기 때문에 이 원인들 중 어느 것도 타당치 않다고 보는 학자들도 있다.[35] 만약 그렇다면, 유대인의 정치적, 민족주의적 기대들을 다시 한 번 실현시키고자 한 이 봉기의 진정한 원인은 여전히 베일에 가려 있을 수밖에 없다.

할례는 로마가 통치한 오리엔트의 다른 많은 민족들에 의해서 행해졌고, 특히 단지 거세의 특별한 경우로 생각되었기 때문에, 할례 금지령을 유대인들에게 보복하기 위한 특별한 조치로 이해하기는 어려운 감이 있다. 따라서 이 금지령은 특별히 유대인들을 표적으로 삼았다기 보다는 일반적인 조치였으나, 조상들의 전승에 대한 충성을 확인하는 행위로서 할례를 특별히 중요시했던 유대인들로부터 완강한 저항을 받았다고 보아야 할 것이다. 불행히도 이 거세 및 할례 금지령이 언제 반포되었는지를 전혀 모른다. 따라서 이 금지령이 유대인 봉기의 발단에 한 몫을 했는지의 여부를 알기 어렵다.

한편 옛 예루살렘 터에 로마식 이방 도시를 건설하고 주피터 신전을 건축하려는 계획이 봉기 직전의 시기에 세워졌을 가능성은 생각해 봄직하다. 이 가능성은 디오 카시우스가 잘 밝혀놓고 있듯이 주후 130-131년에 있었던

---

34) 이 칙령의 본문은 Schürer, op. cit. p 677, note 80 (E. T. T² (1898), p. 292, n. 68a)에 나와 있다.
35) A. Schlatter, *Geschichte Israels von Alexander dem Grossen bis Hadrian* (³1925), pp. 373 f.

황제의 오리엔트 순방과 잘 어울린다. 왜냐하면 하드리아누스는 그러한 순방을 할 때마다 많은 새로운 도시와 기념 건축물들을 세우도록 지시하였기 때문이다. 또한 오리엔트에 이런 것을 보여주는 증거가 존재한다.

주후 130년 봄에 그는 요단 동편 땅의 성읍인 거라사(현재의 jerash)에 있었다.[36] 이때 그는 제10군단 프레텐시스(Legio X Fretensis)를 사열할 기회를 가졌을 가능성이 있다. 그러나 그렇지 않았다고 하더라도 그가 이 때에 예루살렘 성과 그 유명했던 과거를 회고하고, 폐허가 된 예루살렘 터에 로마식 도시를 건설하도록 지시했을 가능성은 얼마든지 있다. 할례 금지령이 어떤 영향을 미쳤든, 비록 착수되지는 않았다고 할지라도 예루살렘 터에 새로운 도시를 건설하고자 하는 이런 계획은 그렇지 않아도 동요가 가라앉지 않고 여전히 어떤 기대 속에 사로잡혀 있던 유대인들에게 다시 한번 필사적인 시도를 하도록 만들었을 가능성이 있다.

더욱이 디오 카시우스의 믿을 만한 보도에 의하면, 디아스포라 유대인들은 팔레스타인에서 일어나는 일에 대단한 관심을 갖고 있었다. 그들은 팔레스타인에서의 봉기를 은밀하게든 공공연하게든 최선을 다해 밑받침했고, 스스로도 로마에 항거하였다. 실제로 이러한 봉기는 로마 제국 내의 그밖의 불만 세력들에게로 확산되었다.

사건의 경과를 자세하게 추적하는 것은 불가능하다. 시몬이라는 인물이 이 봉기의 지도자가 되었다. 기독교 저술가들에 의하면, 그에게는 '바르 코크바'(별의 아들)라는 영예로운 호칭이 주어졌다고 한다. 랍비 문헌에 따르면, 유명한 서기관 랍비 아키바(Rabbi Akiba)는 민수기 24:17에 토대를 둔 메시야 칭호인 이 이름을 시몬에게 권유하였고, 이 이름을 지닌 자를 메시야 대망의 구현자로 인식하였다고 한다. 랍비 문헌들에는 바르 코지바(Bar-Koziba)로 나오는데, 봉기가 실패한 후에 바르 코크바는 '거짓말의 아

---

36) 이 성의 폼페이 기원 제192년에 있은 황제의 방문 때에 거라사에 세워진 승전탑의 봉헌 명문(銘文)이 1934년에 발견되어 W. F. Stinespring, BASOR, 56 (1934), pp. 15 f.에 전재되었다.

들'이라는 뜻의 바르 코지바로 해석되었던 것이다.

아마도 '벤 코스바'(Ben-Kosba)[37]는 원래 이차적으로 변경되고 그 의미가 재해석된 출신을 의미하는 용어였을 것이다. 봉기는 황제가 오리엔트를 떠난 주후 132년에 일어났다. 로마인들은 처음에는 이 문제를 대수롭지 않게 여겼기 때문에, 반군들은 처음에 그들의 목적을 달성할 수 있었다. '이스라엘'은 시몬을 수장(首長)으로 독립을 획득하였다. 예루살렘은 '해방되었고' 시몬은 예루살렘에서 전국을 통치하였다. 무엇보다도 '혁명화폐'[38]가 이를 입증해준다. 히브리어 명문(銘文)이 새겨진 특별한 주화들이 주조되었다. 새로운 기원(紀元)이 시작되었다는 가정하에서 이 주화들에는 연대들이 다시 계산되어 새겨졌다. '원년'과 '제2년'에 나온 주화들이 현존한다. 이로부터 판단해 보건대, 반군들은 실제로 상당 기간 통치하였던 것 같다.

이 주화들에는 "시몬, 이스라엘의 왕"이라는 명문(銘文)이 새겨져 있다. 또한 주화들은 '이스라엘의 해방'을 경축하고 있다. 새로운 기원은 '이스라엘 해방'을 기점으로 삼고 있다. 예루살렘 도성의 이름이 새겨졌거나 '예루살렘의 해방'이라고 적힌 주화들도 있다. 불행히도 이때에 예루살렘에서 어

---

37) 아주 최근에 이루어진 획기적인 발견으로 이 이름에 대한 문제가 밝혀질 것으로 보인다. 1951-52년 겨울에 수많은 문서의 단편들이 예루살렘 남쪽으로 15마일 가량 떨어진 사해 근처 wadi murabba't에 있는 인적이 닿지 않는 한 동굴에서 발견되었다. 이 문서들에는 'Simon ben Koseba'가 보낸 선언문과 두 통의 서신이 포함되어 있다. 이 인물은 하드리아누스 시대에 유대인 봉기를 이끌었던 인물과 동일 인물일 가능성이 높다. 왜냐하면 이 동굴에서 그 시대의 유물들(예를 들면, 이른바 혁명화폐)이 발견되었기 때문이다. 따라서 우리는 이 '메시야적' 지도자가 쓴 문서들과 아울러 그의 정확한 이름도 알게 되었다. 그의 이름은 'Simon ben Kos(e)ba'(ㅇ를 씀)였을 것이고, 이것이 사실이라면 후대의 랍비 'Bar Koziba'(ㅈ을 씀)는 이 이름을 의도적으로 왜곡시킨 것이 된다 ('거짓말의 아들'). 이 발견에 대해서는 L. Rost, ThLZ, 77, (1952), coll. 317 ff.에 나오는 말과 G. L. Harding, *Palestine Exploration Quarterly*, 84(1952), pp. 105-109에 나오는 중간 보고서를 참조하라. 시므온의 두 서신 중 하나에 대한 사본은 RB, 60 (1953), Pl. xiv and *Biblica*, 34 (1953), opposite p. 420에 실려 있다.

38) Cf. A. Reifenberg, *Ancient Jewish Coins* (^{2}1947), pp. 33 ff. Pll. xii-xv.

떤 일이 일어났는지를 우리는 더 정확히 알지 못한다. 제의도 부활되었다. '제사장 엘르아살'[39]이라는 명문(銘文)이 새겨진 신기원 원년에 나온 주화들이 있다. 따라서 제사장들도 그 기능을 재개하였다. 그리고 이것은 희생제사도 다시 드려졌다는 것을 의미한다. 성전도 다시 중건되지 않았겠는가 하고 생각도 되지만, 이에 대해서는 분명한 기록이 남아 있지 않다. 어쨌든 놀라운 재건이 일어났고, 한동안 열심과 기대가 대단하였다는 것은 쉽게 짐작할 수 있다. '이스라엘'이 다시 제의 공동체, 독립된 민족으로서 소생할 수 있는 것처럼 보였다.

그러나 또다시 처음에 성공하는 것처럼 보였던 봉기는 마침내 우월한 로마 세력에 의해 분쇄되었다. 봉기가 시작되었을 때, 유대 땅의 로마 총독은 티네이우스 루푸스(Tineius Rufus)였다. 그는 봉기를 진압할 수 없었다. 반군들은 로마 군대와의 공개적인 접전을 피했다. 그들은 여러 요새들과 사람이 접근할 수 없는 지역들에 웅거하여 게릴라전을 펼침으로써 적군을 지치게 만들었다. 이웃 수리아 속주 총독이었던 푸블리키우스 마르켈루스(Publicius Marcellus)가 봉기의 진압을 도우라는 명령을 받았지만, 로마군은 여전히 유대인들에게 결정적인 승리를 거둘 수 없었다. 로마군이 얼마나 열세에 있었는지는 반군들이 오지(奧地)에서만이 아니라 예루살렘에서도 상당 기간 동안 세력을 장악하고 있었다는 사실에서 극명하게 나타난다.

결국 하드리아누스는 브리타니아에서 이미 자신의 진가를 입증한 바 있던 브리타니아 총독 율리우스 세베루스(Julius Severus) 장군에게 유대인들과의 전쟁을 수행할 것을 명하였다. 그리고 그는 이례적인 대규모의 로마 군단들과 지원부대를 이끌고 이 봉기를 진압하는 데 성공하였다. 그는 반군들의 필사적인 저항을 고려하여 전면전을 택하지 않고, 디오 카시우스가 기록하고 있듯이, 반군의 수많은 거점들을 포위하여 그들이 굶주려서 스스로 항복할 때까지 기다리는, 오랜 시간이 걸리지만 희생이 적은 전술을 택하였다.

---

39) 주화를 만든 이 제사장과 '왕 시몬'(prince Simon)의 관계는 분명치 않다. 지금까지 2세기에 속한 제사장 주화들이 출토되지 않았기 때문에, 내분과 분쟁이 일어나서 결국에 '왕'이 승리를 거둔 것이 아닌가 싶다.

구체적인 기록은 없지만 예루살렘도 그런 식으로 함락되었을 것이다. 따라서 새로 부활한 '이스라엘'은 서서히 고통스럽게 죽어갔다.

이 비극의 대단원은 또다시 요새 전투였다. 여기서 '왕' 시몬은 나머지 반군들과 함께 아무런 희망도 보이지 않는 저항을 벌였다. 현재는 야파에서 예루살렘으로 통하는 철로가 놓여진 계곡의 남쪽 경계 위로 높이, 예루살렘에서 서쪽으로 6마일 가량 떨어진 현재의 비티르(bittir) 마을 가까이에 키르벳 엘 예훗(khirbet el-yehud, '유대인들의 파멸')이라 불리는 전망 좋은 둥근 산등성이가 있다. 옛날에 이 산등성이에는 벧테르(Bethter)[40]가 있었는데, 그 이름이 현재의 마을 이름에도 그대로 남아 있다. 시몬은 예루살렘이 로마군에 점령당하자 나머지 반군들을 데리고 피신하여 이 곳에 웅거하였다.[41]

그리고 여기에서 완강한 최후의 전투가 벌어졌다. 율리우스 세베루스는 이 곳에 대한 포위작전에 들어갔다. 이 곳에서 지금도 볼 수 있는 로마의 누벽(壘壁, circumvallatio)의 잔해는 이 최후의 전투를 생생하게 증언해 준다.[42] 기아와 목마름 때문이었는지―현재의 비테르 마을 근처의 유일한 샘은 로마군이 장악하고 있었다―포위 공격이 결국 성공해서인지는 모르지만 결국 이 곳도 함락되고 말았다. 여기서도 율리우스 세베루스는 대군을 사용하지 않을 수 없었다.

포위 당시의 것임에 틀림없는 비테르 마을에서 발견된 한 명문(銘文)에는, 당시의 전투에 동원되었던 제5군단 마케도니아(Legio V Macedonia)와 제11군단 클라우디아(Legio XI Claudio)의 지대(支隊)들의 명칭이 적혀 있

---

40) 구약에서는 여호수아 15:59(LXX)에서 이것을 언급하고 있다. 주후 2세기에 이 터에 그것이 여전히 존재했는지는 의심스럽다.
41) Eusebius는 Bethter에서 벌어진 이 최후의 전투를 보도하고 있다 (*Hist, eccl.* IV, 6).
42) 고고학적 발견물들에 대해서는 cf. A. Alt, PJB, 23 (1927), pp. 10 ff.(약도와 함께)와 A. Schulten, ZDPV, 56 (1933), pp. 180 ff. Bethter 전투 및 바르 코크바 봉기 전반에 대해서는 H. Strathmann, PJB. 23 (1927), pp. 92 ff.를 보라.

다. 시몬 바르 코크바는 이 전투에서 목숨을 잃었으나 어떤 일이 벌어졌는지는 정확히 알 수가 없다. 이것으로 '이스라엘을 해방시키기' 위하여 일어났던 봉기는 끝이 났다. 이때가 주후 135년이었던 것 같다.

완강하고 끈질긴 전투가 벌어지는 동안에 이 땅은 초토화되었다. 거민들의 상당수는 목숨을 잃었다. 생포된 반군들은 마므레에 있는 아브라함의 상수리나무 옆 시장에서, 가사의 노예 시장에서 팔려가거나 이집트로 강제이주되었다. 남녀노소를 막론하고 이러한 포로들의 수는 엄청났기 때문에 그들은 헐값으로 팔려나갔다. 이미 주후 66-70년의 봉기로 수많은 목숨을 잃었던 옛 이스라엘 거민 중 남은 자들은 다시 수없이 처절한 죽음을 당했다. 이 땅은 이제 명실상부한 로마의 속주가 되었다.

예루살렘 터에는 승리한 황제의 이름을 본따 콜로니아 엘리아 카피톨리나(Colonia Aelia Capitolina)라는 공식 이름을 지닌 로마의 식민지가 탄생하였다. 봉기를 불러일으켰던 이 새로운 도시 건설 계획은 이제 승리의 징표로서 웅장하게 집행되었다. 성소가 있던 자리에는 주피터 카피톨리누스의 신전이 건립되고, 하드리아누스 황제의 기마상(騎馬像)이 세워졌으며, 후대의 성묘(聖墓)교회(church of the holy Sepulchre)의 터 근방에는 비너스 신전이 건축되었다. 로마의 속주 도시로서 가로(街路)는 잘 정비되었고 로마식 건물들이 들어섰다.[43]

유대인들이 이 도시에 들어가는 것은 금지되었고, 이를 어기면 사형에 처해졌다. 이 도시에는 이방인들이 거주하였다. 따라서 유대인들은 그토록 오랫동안 조상들의 삶의 중심지였던 이 유서깊은 성도(聖都)로부터 완전히 배제되었다. 이제 속주의 명칭도 이전의 유대(Judaea)에서 예전에 '블레셋인들의 땅'인 해안 지역을 가리키던 명칭인 팔레스타인(Palestine)으로 변경되었고, 그 이후에는 이 이름으로 불리웠다.

---

43) 하드리아누스 시대의 Aelia Capitolina의 고고학적 유물들에 대해서는 C. Watzinger, *Denkmäler Palästinas*, II (1935), pp. 79 ff.와 F. M. Abel, loc. cit. pp 98 ff.를 참조하라.
44) 자세한 것은 M. Noth, ZDPV, 62 (1939), pp. 125 ff.를 보라.

이제 속주의 명칭조차도 '유대인의 땅'[44]임을 말해주지 않게 되었다. 따라서 옛 이스라엘의 후손들은 디아스포라와 마찬가지로 고국에서조차도 객(客)이 되고 말았다. 그리고 그들은 성도(聖都)에 들어가지도 못하게 되었다. 이렇게 해서 이스라엘 역사의 후기(後記)는 으시시하게 막을 내렸다.

참고문헌

ABEL, F.-M., Géographie de la Palestine, I (1933), II (1938).
Histoire de la Palestine depuis la conquête d'Alexandre jusqu'à l'invasion arabe, I, II (1952).
ALBRIGHT, W. F., The Archaeology of Palestine and the Bible (^{3} 1935).
From the Stone Age to Christianity (^{2} 1946).
Archaeology and the Religion of Israel (^{2} 1946).
The Archaeology of Palestine (^{2} 1951).
ALT, A., Israel und Ägypten (BWAT, 6) (1909).
Die Landnahme der Israeliten in Palästina (Reformationsprogramm der Universität Leipzig 1925).
Die Staatenbildung der Israeliten in Palästina (Reformationsprogramm der Universität Leipzig 1930).
Der Gott der Väter (BWANT, III, 12) (1929).
Die Ursprünge des israelitischen Rechts (Berichte üb. d. Verh. d. Sächs. Ak. d. Wiss. zu Leipzig, phil.-hist. Kl. 86, 1 [1934]).
Israels Gaue unter Salomo (BWAT, 13, pp. 1-19) (1913).
Judas Gaue unter Josia (PJB, 21 [1925], pp. 100-117).
Das System der Stammesgrenzen im Buche Josua (Sellin-Festschrift [1927], pp. 13-24).
Die Rolle Samarias bei der Entstehung des Judentums (Festschrift Otto Procksch [1934], pp. 5-28).
Kleine Schriften zur Geschichte des Volkes Israel, I, II (1953).
AMARNA-TAFELN : J. A. Knudtzon, Die El-Amarna-Tafeln (Vorderasiatische Bibliothek, 2) (1915).
AUERBACH, E., Wüste und Gelobtes Land, I (1932), II (1936).
BEGRICH, J., Die Chronologie der Könige von Israel und Juda (1929).
BERTHOLET, A., Kulturgeschichte Israels (1919).
BICKERMANN, E., Der Gott der Makkabäer. Untersuchungen über Sinn und Ursprung der makkabäischen Erhebung (1937).
BREASTED, J. H., Ancient Records of Egypt, I-V (1906/7).
CASPARI, W., Die Gottesgemeinde vom Sinai und das nachmalige Volk Israel (1922).
CHABAS, M., Mélanges Égyptologiennes, I (1862).
DALMAN, G., Arbeit und Sitte in Palästina, I-VII (1928-1942).
Aramäisch-neuhebräisches Handwörterbuch (^{3} 1938).
DUSSAUD, R., Les Origines cananéennes du sacrifice israélite (^{2} 1941).
EIFSSELDT, O., Einleitung in das Alte Testament (1934).
Baal Zaphon, Zeus Kasios und der Durchzug der Israeliten durchs Meer (Beiträge zur Religionsgeschichte des Altertums, Heft 1) (1932).
EUSEBIUS, Historia ecclesiastica : Eusebius Kirchengeschichte hrsg. von E. Schwartz. Kleine Ausgabe (^{2} 1914).
Das Onomastikon ed. E. Klostermann. Die griechischen christlichen Schriftsteller : Eusebius' Werke, III, 1 (1904).
FISHER, CL. S., The Excavation of Armageddon (The University of Chicago Oriental Institute Communications No. 4) (1929).

FORRER, E., Die Provinzeinteilung des Assyrischen Reiches (1921).
GADD, G. J., The Fall of Niniveh (1923).
GALLING, K., Biblisches Reallexikon (HAT, I, 1) (1937).
  Textbuch zur Geschichte Israels (1950).
GLUECK, N., Explorations in Eastern Palestine I, II, III, IV (AASOR, XIV, XV, XVIII/XIX, XXV/XXVIII) (1934, 1935, 1939, 1951).
GRESSMANN, H., Altorientalische Texte und Bilder zum Alten Testament (^{2} 1926/27).
GUTHE, H., Geschichte des Volkes Israel (^{3} 1914).
  Bibelatlas (^{2} 1926).
  Palästina (Monographien zur Erdkunde, 21) (^{2} 1927).
GUY, P. L. O., New Light from Armageddon (The University of Chicago Oriental Institute Communications, No. 9) (1931).
INGHOLT, H., Rapport préliminaire sur sept campagnes de fouilles à Hama en Syrie 1932–1938 (1940).
JANSEN, H. L., Die Politik Antiochos' des IV (1943).
JEPSEN, A., Untersuchungen zum Bundesbuch (BWANT, III, 5) (1927).
JEREMIAS, J., Die Passahfeier der Samaritaner (BZAW, 59) (1932).
JIRKU, A., Geschichte des Volkes Israel (1931).
  Die Wanderungen der Hebräer im 3. und 2. Jahrtausend v. Chr. (AO, 24, 2) (1924).
JOSEPHUS : Flavii Josephi opera recogn. B. Niese, I–VI (1888–1895).
JUNGE, P. J., Dareios I König der Perser (1944).
KAPELRUD, A. S., The Question of Authorship in the Ezra-Narrative (1944).
KITTEL, R., Geschichte des Volkes Israel, I ($^{5, 6}$ 1923), II (^{6} 1925), III 1/2 (1927/1929).
KLOSTERMANN, A., Der Pentateuch (1893). Neue Folge (1907).
KOLBE, W., Beiträge zur syrischen und jüdischen Geschichte (BWANT, II, 10) (1926).
LIDZBARSKI, M., Altsemitische Texte I : Kanaanäische Inschriften (1907).
LODS, A., Israël des origines au milieu du VIIIe siècle (1930).
LUCKENBILL, D. D., Ancient Records of Assyria and Babylonia I/II (1927).
MCCOWN, C. C., and J. C. WAMPLER, Tell en-Naṣbeh, I/II (1947).
MARI-TEXTE : Archives royales de Mari I–V (Musée du Louvre. Département des Antiquités Orientales. Textes cunéiformes XXII–XXVI (1946, 1941, 1948, 1951) et Archives royales de Mari publiées sous la direction de A. Parrot et G. Dossin, I–V (1950–1952).
MEYER, E., Die Entstehung des Judentums (1896).
  Die Israeliten und ihre Nachbarstämme (1906).
  Ursprung und Anfänge des Christentums, II (1921).
  Geschichte des Altertums, II, 1 (^{2} 1928), II, 2 (^{2} 1931).
MÖHLENBRINK, K., Der Tempel Salomos (BWANT, IV, 7) (1932).
MORITZ, B., Der Sinaikult in heidnischer Zeit (Abh. d. Gött. Ges. d. Wiss., N.F. 16, 2) (1916).
MÜLLER, M. W., Die Palästinaliste Thutmosis' III (MVAG, XII, 1) (1907).
NOTH, M., Das System der zwölf Stämme Israels (BWANT, III, 10) (1930).
  Das Buch Josua (HAT, I, 7) (^{2} 1953).
  Die Gesetze im Pentateuch (Schriften d. Königsb. Gel. Ges., geisteswiss. Kl. XVII, 2) (1940).

Die Welt des Alten Testaments (² 1953).
Überlieferungsgeschichtliche Studien, I (Schriften d. Königsb. Gel. Ges., geisteswiss. Kl. XVIII, 2) (1943).
Überlieferungsgeschichte des Pentateuch (1948).
OPPENHEIM, M. v., Die Beduinen, I/II/III (1939/43/52).
OTTLI, S., Geschichte Israels bis auf Alexander den Grossen (1905).
OTTO, W., Herodes (1913).
PETRIE, FL., Researches in Sinai (1906).
POSENER, G., Princes et pays d'Asie et de Nubie. Textes hiératiques sur des figurines d'envoûtement du Moyen Empire (1940).
PRITCHARD, J. B. (editor), Ancient Near Eastern Texts Relating to the Old Testament (1950).
RAD, G. v., Das formgeschichtliche Problem des Hexateuchs (BWANT, IV, 26) (1938).
RAS-SCHAMRA-TEXTE : C. H. Gordon, Ugaritic Literature. A comprehensive Translation of the poetic and prose Texts (1949).
REISNER-FISHER-LYON, Harvard Excavations at Samaria 1908–1910, I/II (1924).
ROBINSON, TH. H., and W. O. E. OESTERLEY, A History of Israel, I/II (1932).
ROST, L., Die Überlieferung von der Thronnachfolge Davids (BWANT, III, 6) (1926).
ROTHSTEIN, J. W., Juden und Samaritaner (BWAT, 3) (1908).
SCHAEDER, H. H., Esra der Schreiber (1930).
SCHLATTER, A., Geschichte Israels von Alexander dem Grossen bis Hadrian (³ 1925).
SCHÜRER, E., Geschichte des jüdischen Volkes im Zeitalter Jesu Christi, I (³,⁴ 1901), II (⁴ 1907), III (⁴ 1909).
SELLIN, E., Geschichte des israelitisch-jüdischen Volkes, I (1924), II (1932).
SETHE, K., Die Ächtung feindlicher Fürsten, Völker und Dinge auf altägyptischen Tongefässscherben des Mittleren Reiches (Abh. d. Preuss. Ak. d. Wiss., phil.-hist. Kl. 1926, Nr. 5).
SIMONS, J., Jerusalem in the Old Testament. Researches and Theories (1952).
STURM, J., Der Hettiterkrieg Ramses' II (Beihefte zur Wiener Zeitschrift für die Kunde des Morgenlandes, 4) (1939).
THOMSEN, P., Die Palästina-Literatur. Eine internationale Bibliographie, I (1908), II (1911), III (1916), IV (1927), V (1938), VI (1954).
Palästina und seine Kultur in fünf Jahrtausenden (AO, 30) (² 1932).
TORCZYNER, H., Lachish I : The Lachish Letters (1938).
UNGNAD, Eponymen (Reallexikon der Assyriologie, II [1938], pp. 412-457).
WATZINGER, C., Denkmäler Palästinas. Eine Einführung in die Archäologie des Heiligen Landes, I (1933), II (1935).
WEBER, W., Das antike Judentum (Gesammelte Aufsätze zur Religionssoziologie, III) (1923).
WEISER, A., Einleitung in das Alte Testament (² 1949).
WELLHAUSEN, J., Geschichte Israels, I (1878).
WILLRICH, H., Urkundenfälschung in der hellenistisch-jüdischen Literatur (Forsch. z. Rel. u. Lit. d. A. und N. Test., N.F. 21) (1924).
WRIGHT, G. E., and F. V. FILSON, The Westminster Historical Atlas to the Bible (1945).

이스라엘 역사

| 초판 발행 | 1996년 7월 25일 |
| 중쇄 발행 | 2009년 10월 25일 |

발행처 **크리스챤다이제스트**
발행인 박명곤
주소 경기도 고양시 일산동구 정발산동 1193-2
전화 031-911-9864, 070-7538-9864
팩스 031-911-9824
등록 제 98-75호
판권 ⓒ 크리스챤다이제스트 1996
총판 (주) 기독교출판유통
　　　전화 031-906-9191~4
　　　팩스 080-456-2580

· 값은 표지에 씌어 있습니다.

● 본사 도서목록은 생명의 말씀사 인터넷서점 (lifebook.co.kr)에서 출판사명을 "크리스챤다이제스트" 로 검색하시면 됩니다.